중학교

국어 3-2
자습서

이삼형 교과서편

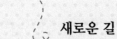

새로운 길   윤동주

내를 건너서 숲으로
고개를 넘어서 마을로

어제도 가고 오늘도 갈
나의 길 새로운 길

민들레가 피고 까치가 날고
아가씨가 지나고 바람이 일고

나의 길은 언제나 새로운 길
오늘도… 내일도…

내를 건너서 숲으로
고개를 넘어서 마을로

이 책으로 공부하는 학생들에게

사랑하는 친구들

새로운 마음으로 한 학기를 시작하고 있겠구나.

또다시 시작된 공부의 길~ 포기하고 싶은 유혹이 들 때가

한두 번이 아닐 거야. 그렇지만 여기서 멈출 순 없지.

나의 길은 아직 시작도 되지 않았고, 나의 꿈은 원대하거든.

스스로 자, 익힐 습, 글 서……. 스스로 익히는 책!

하이라이트 자습서!

친절한 핵심 강의를 통해 내용을 이해하고 단계적으로 문제를

풀다 보면 스스로가 주인공이 되어 즐겁게 공부하는 자신의

모습을 만날 수 있을 거야.

언제나 너희가 꽃길을 만들어 나가는 데 든든한 공부의 동

반자가 되어 줄게. 같이 떠나 보자고~

구성과 특징

대단원을 펼치며

▶ 대단원에서 공부할 내용을 미리 살펴볼 수 있도록 하였습니다.

소단원 도입

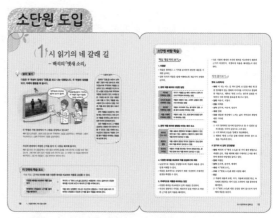

▶ 소단원에서 배워야 할 학습 요소, 핵심 개념을 제시하여 소단원에서 공부할 내용을 미리 살펴볼 수 있도록 하였습니다.

소단원 본문 학습

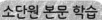

▶ 교과서 내용을 꼼꼼히 분석하여 제시하고 이를 문제로 확인할 수 있도록 하였습니다.
'찬찬샘 핵심 강의'를 통해 스스로 교과서 본문 내용을 이해할 수 있도록 하였습니다.

학습 활동

▶ '지학이가 도와줄게'와 같은 팁을 제시하고 예시 답을 자세하게 수록하여 교과서 학습 활동을 스스로 학습할 수 있도록 하였습니다.

소단원 콕! 짚고 가기

▶ 소단원에 제시된 작품의 핵심 내용과 주요 개념을 일목요연하게 정리하여 주요 내용을 점검할 수 있도록 하였습니다.

소단원 나의 실력 다지기

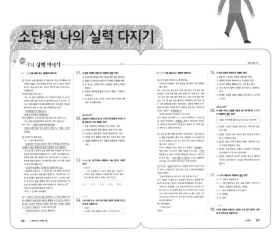

▶ 소단원에서 꼭 알아야 할 유형의 문제를 출제하여 자신의 실력을 평가할 수 있도록 하였습니다.

단원+단원 / 대단원을 닫으며

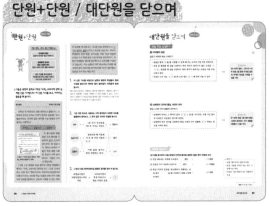

▶ 단원의 내용을 간략하게 정리하여 자신의 실력을 점검할 수 있도록 하였습니다.

대단원 평가 대비하기

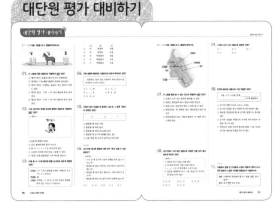

▶ 시험에 꼭 나올 만한 문제를 선별하여 문제화함으로써 대단원에서 배운 내용들을 점검하고 학교 시험에 효과적으로 대비할 수 있도록 하였습니다.

정답과 해설

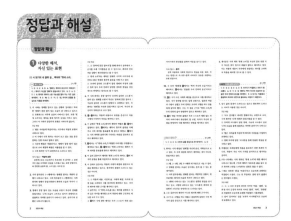

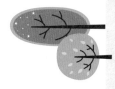

▶ 상세한 해설과 함께 '오답 해설'을 제시하여 동일한 유형의 문제를 반복하여 틀리는 일이 없도록 하였습니다.

이 책의 차례

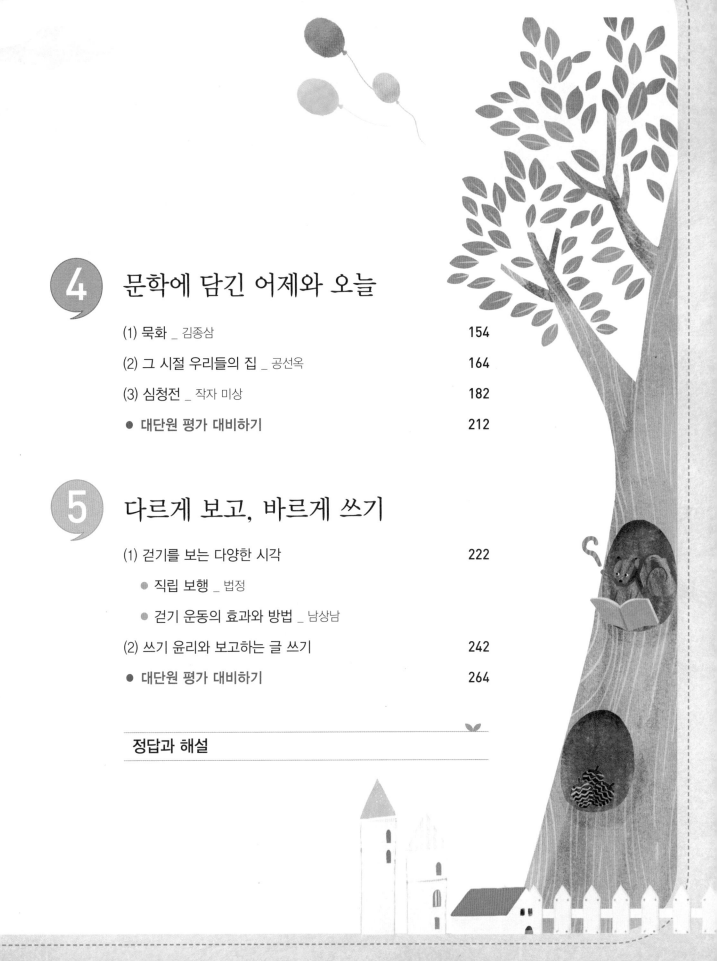

1

다양한 해석, 자신 있는 표현

(1) 시 읽기의 네 갈래 길
  – 백석의 「멧새 소리」 _ 정끝별

(2) 자신 있게 말하기

문화 향유 역량

이 단원에서는 국어로 형성·계승되는 다양한 문화를 이해하고 그 아름다움과 가치를 내면화하여 수준 높은 문화를 향유·생산하는 능력을 기를 수 있다.

의사소통 역량

이 단원에서는 음성 언어, 문자 언어, 기호와 매체 등을 활용하여 생각과 느낌, 경험을 표현하거나 이해하면서 의미를 구성하고 자아와 타인, 세계의 관계를 점검·조정하는 능력을 기를 수 있다.

자기 성찰·계발 역량

이 단원에서는 삶의 가치와 의미를 끊임없이 반성하고 탐색하며 변화하는 사회에서 필요한 재능과 자질을 계발하고 관리하는 능력을 기를 수 있다.

대단원을 펼치며

핵심 질문

다양한 해석을 비교하며 작품을 감상하면 어떤 점이 좋고, 이를 여러 사람 앞에서 자신 있게 발표하려면 어떻게 해야 할까?

이 질문은 이 단원을 이끄는 핵심 질문이란다. 이 단원을 공부하면서 이 질문의 답을 찾아낼 수 있도록 하는 것이 중요해. 다양한 해석을 비교하며 작품을 감상해 보고, 말하기 불안에 대처하는 방안에 관해 생각하며 이 질문의 답을 찾아보자.

보조 질문

• 같은 문학 작품이나 영화 등을 친구와 함께 감상하고, 서로의 해석을 비교해 본 적이 있나요?

예시 답 | 이육사 시인의 「청포도」라는 시를 읽고, 나는 '손님'을 먼 곳에서 오는 반갑고도 귀한 사람이라고 생각했는데, 친구는 조국의 광복이라고 해석하였다.

• 자신의 생각을 여러 사람 앞에서 이야기하는 데 어려움을 겪은 경험을 떠올려 봅시다.

예시 답 | '존경하는 인물'을 주제로 3분 발표를 한 적이 있는데, 교실 앞에 나가서 친구들을 보는 순간 목소리가 떨리고 식은땀이 나서 발표를 망친 적이 있다.

학습 목표

[문학] 근거의 차이에 따른 다양한 해석을 비교하며 작품을 감상할 수 있다.
[듣기·말하기] 여러 사람 앞에서 말할 때 부딪히는 어려움에 효과적으로 대처할 수 있다.

배울 내용

(1) 시 읽기의 네 갈래 길	(2) 자신 있게 말하기	단원 + 단원
다양한 해석을 비교하며 작품 감상하기 작품 해석의 근거 평가하기	말하기 불안의 원인과 증상 파악하기 말하기 불안에 효과적으로 대처하기	• 문학 작품에 관한 해석을 공유하기 • 작품 속 인물이 되어 자신 있게 의견 말하기

(1) 시 읽기의 네 갈래 길

– 백석의 「멧새 소리」

다음은 두 학생이 밀레의 「만종」을 보고 나눈 대화입니다. 두 학생의 대화를 보고, 아래의 활동을 해 봅시다.

전체적으로 부드러운 필치의 묘사가 돋보여.

가을걷이를 끝내고 기도하는 두 사람의 모습이 엄숙한 기분을 느끼게 해.

• 두 학생은 어떤 관점에서 이 그림을 감상하고 있나요?

예시 답 l 남학생은 그림의 표현 형식에 주목하여 그림을 감상하였고, 여학생은 그림이 자신에게 준 느낌에 주목하여 그림을 감상하였다.

• 자신의 관점에서 적절한 근거를 들어 이 그림을 해석해 봅시다.

예시 답 l 방과 후 운동장에서 작은 돌로 바닥에 글씨를 쓰며 친구와 시간을 보낸 적이 있는데, 그때 아무 생각 없이 석양을 보며 친구와 있는 것 자체가 내 마음을 편안하게 해 주었다. 그림 속 사람들도 그럴 것이라는 생각이 든다.

이렇게 열자

밀레의 「만종」을 보면서 남학생은 그림이 어떤 형식으로 표현되었는지에 주목하여 작품을 감상하고 있고, 여학생은 자신이 어떤 느낌을 받았는지에 주목하여 작품을 감상하고 있다. 이처럼 같은 그림을 보고도 감상 내용은 서로 다를 수 있다. 작품을 보는 사람의 인식 수준이나 경험, 가치관, 작품 해석 방법 등이 다르기 때문이다.

문학 작품을 감상하거나 해석할 때도 마찬가지이다. 어떤 근거로 작품을 해석하느냐에 따라 다양한 해석이 존재하게 된다.

같은 작품을 보고도 그 작품을 감상하는 관점에 따라 해석이 다를 수 있다는 것을 이해해 보고, 자신만의 관점으로 적절한 근거를 들어 작품을 해석하는 연습을 해 보도록 한다.

》 이 단원의 학습 요소

학습 목표 l 근거의 차이에 따른 다양한 해석을 비교하며 작품을 감상할 수 있다.

다양한 해석을 비교하며 작품 감상하기	▶ 백석의 시 「멧새 소리」를 감상하고 비평문에 나타난 글쓴이의 다양한 해석을 비교해 보면서 해석의 근거를 파악해 본다.
주체적인 관점에서 근거를 들어 작품 해석하기	▶ 작품 해석 방법뿐만 아니라 자신만의 경험이나 가치관 등에 따라 주체적인 관점에서 타당한 근거를 들어 작품을 해석해 본다.

🌱 소단원 바탕 학습

핵심 개념 미리 보기 🖋

1. 비평문

- 작품을 정의하고 그 가치를 분석하여 판단한 내용을 기재한 글이다.
- 일반 독자가 작품을 쉽게 이해하도록 전문가가 설명한 글이다.

2. 문학 작품 해석의 다양한 방법

작가에 주목하는 방법	작가가 작품을 쓸 때의 내면이나 창작 의도에 주목하여 해석하는 방법
시대적 배경에 주목하는 방법	작품의 배경이 되는 시대적 상황과 관련지어 해석하는 방법
독자에 주목하는 방법	작품이 독자에게 주는 즐거움과 감동, 교훈 등의 효과에 주목하는 방법
작품 자체에 주목하는 방법	작품의 내용, 구조, 표현 등에 초점을 맞추어 해석하는 방법

3. 문학 작품 해석에 영향을 미치는 독자 요소

독자의 인식 수준	작품 내용과 관련하여 독자들이 분별하고 판단하여 알고 있는 내용이나 배경지식 등에 따라 작품 해석이 달라질 수 있음.
독자의 경험	작품 내용과 관련된 독자의 경험이나 관심 등에 따라 작품 해석이 달라질 수 있음.
독자의 가치관	작품의 가치를 판단하는 독자의 관점과 태도, 문학관 등에 따라 작품 해석이 달라질 수 있음.

4. 다양한 해석을 비교하며 작품 감상하기의 의의

- 능동적으로 작품을 감상함으로써 작품의 내용을 깊이 있게 이해할 수 있다.
- 작품을 효과적으로 감상하기 위한 자신만의 주체적인 관점을 확립할 수 있다.

5. 주체적으로 작품을 해석하는 방법

- 다양한 해석을 비교하면서 문학 작품을 감상한다.
- 자신의 경험이나 가치관, 배경지식 등을 바탕으로 타당한 근거를 들어 작품을 해석한다.
- 다른 사람의 해석과 자신의 해석을 비교하면서 해석의 근거가 타당한지, 적절하게 작품을 해석했는지 판단한다.

제재 훑어보기 🖋

멧새 소리(백석)

- **해제:** 이 시는 어느 집 처마 끝에 고드름을 매단 채 꽁꽁 얼어붙어 있는 명태의 이미지를 시각적으로 형상화한 작품으로, 제목인 '멧새 소리'는 청각적 울림을 더하면서 시의 의미를 풍요롭게 해 주고 있다.
- **갈래:** 자유시, 서정시
- **운율:** 내재율
- **성격:** 감각적, 비유적, 일상적
- **제재:** 명태
- **주제:** 암울한 현실에서 느끼는 삶의 적막감과 희망에 대한 기다림
- **특징**
  ① 시가 창작되던 당시에 일상적으로 볼 수 있었던 삶의 풍경을 시각적 심상으로 그려 낸다.
  ② 시적 화자의 모습을 '명태'로 형상화한다.
  ③ 제목인 '멧새 소리'를 통해 다양한 의미와 정서 표현을 가능하게 한다.

시 읽기의 네 갈래 길(정끝별)

- **해제:** 백석의 시 「멧새 소리」를 네 가지 해석 방법으로 비평한 글로, 작품 해석에 대한 구체적인 근거를 제시하여 해석의 타당성을 높이고 있다.
- **갈래:** 비평문
- **성격:** 논리적, 분석적, 체계적
- **제재:** 시 「멧새 소리」
- **주제:** 시 「멧새 소리」에 대한 다양한 해석
- **특징**
  ① 작품의 내용과 표현, 작가, 작품에 반영된 현실, 독자에게 전달되는 의미 등을 고려하여 시를 풍부하게 해석한다.
  ② 시 「멧새 소리」에 대한 감상을 열어 둠으로써 독자에게 여운을 남긴다.

멧새 소리_백석

처마 끝에 명태(明太)를 말린다
　　　화자가 본 일상적 상황
명태(明太)는 꽁꽁 얼었다
　　　계절적 배경: 겨울
명태(明太)는 길다랗고 파리한 물고긴데
　　　시각적 심상을 통해 명태의 이미지를 생생하게 표현함.
꼬리에 길다란 고드름이 달렸다
　　　명태의 부정적 상황을 드러냄.(냉혹한 현실 암시)　서러움(화자의 감정 이입)
❶ 해는 저물고 날은 다 가고 볕은 서러웁게 차갑다
　　　　　　　　　　　　　　　　역설법(볕 ↔ 차갑다)
❷ 나도 길다랗고 파리한 명태(明太)다
　　　'나'(시적 화자)와 '명태'를 동일시함. '명태'는 '나'의 분신
❸ 문(門)턱에 꽁꽁 얼어서
　　　화자가 문턱을 오래 서성였음을 드러냄.
가슴에 길다란 고드름이 달렸다
　　　화자의 기다림, 쓸쓸함 등을 드러냄.

→ 1행: 처마 끝에 명태를 말리고 있음.

→ 2~4행: 명태가 꽁꽁 얼어 있음. → 명태의 모습

→ 5행: 날이 저물었음.

→ 6~8행: '나'도 명태처럼 꽁꽁 얼어 있음. → 화자의 모습과 처지

— 백석, 『정본 백석 시집』

> ❝ **학습 포인트**
> • 시상 전개 과정에 따른 시의 내용 파악하기
> • '명태'와 화자의 관계 이해하기
> • 시의 분위기와 화자의 정서 이해하기

| **작가 소개: 백석(1912～1996)**
시인. 주요 작품으로 「여우난골족」, 「흰 바람벽이 있어」, 「고향」 등이 있다.

○ **시적 허용**
시에서 맞춤법이나 띄어쓰기에 어긋나는 표현을 일부러 사용하여 운율적 효과를 주거나 시의 내용이나 정서를 강조하는 표현 방법이다.

시어 풀이
• 길다랗다: '매우 길거나 생각보다 길다.'라는 의미의 '기다랗다'를 잘못 표기한 것임. (시적 허용)
• 파리하다: 몸이 마르고 낯빛이나 살색이 핏기가 전혀 없다.
• 서러웁다: '원통하고 슬프다.'라는 의미의 '서럽다'를 잘못 표기한 것임. (시적 허용)

시구 풀이
❶ 겨울의 저물녘이라는 시간적 배경을 드러내면서 '볕'과 '차갑다'라는 모순되는 이미지를 연결하여 화자의 서러움을 더욱 강조하고 있다.
❷ 키가 크고 말라서 수척해 보였던 시인의 모습을 연상시키는 '길다랗고 파리한' 이미지의 화자가 명태를 자신과 동일시하고 있다.
❸ 화자인 '나'가 문턱에 꽁꽁 언 채로 가슴에 고드름을 매달고 있다는 표현으로, 화자가 누군가를 기다리면서 문턱에서 오랫동안 서성였음을 짐작하게 한다.

찬찬샘 핵심 강의

■ 시상 전개 과정

시의 내용은 크게 네 부분으로 나눌 수 있는데, 이를 다시 크게 둘로 보면 시의 앞부분에서는 명태를 말리는 객관적 상황을 제시하고 있고, 뒷부분에서는 시적 화자와 명태를 동일시하여 화자의 모습과 처지를 드러낸다고 볼 수 있어.

›핵심 포인트‹

1행	처마 끝에 명태를 말리고 있음.	명태를 말리는 객관적 상황
2~4행	명태가 꽁꽁 얼어 있음. → 대상의 모습 표현	
5행	날이 저물었음.	시적 화자와 명태의 동일시
6~8행	'나'도 명태처럼 꽁꽁 얼어 있음. → 화자의 모습과 처지 표현	

■ '명태'와 화자의 관계

이 시에서 화자가 자신을 '길다랗고 파리한 명태'라고 표현하는 것으로 보아, '명태'는 화자의 분신이며 자화상이라고 볼 수 있어.

›핵심 포인트‹

명태의 모습	화자의 모습
• 처마 끝에 꽁꽁 얼었음. • '길다랗고 파리'함. • '꼬리에 길다란 고드름'이 달렸음.	• 문턱에 꽁꽁 얼었음. • '길다랗고 파리'함. • '가슴에 길다란 고드름'이 달렸음.

↓

'명태'는 화자의 분신이고 자화상임.

■ 시의 분위기와 화자의 정서

이 시의 분위기는 적막하고 쓸쓸해. '멧새 소리'가 들린다는 것은 집 주변에 인적이나 인기척이 드물다는 것을 암시하지. 그리고 화자는 누군가를 기다리며 '문턱'을 서성이고 있어. 화자가 느끼는 서러움은 암울한 당시 우리 민족의 상황 때문이라고 생각해 볼 수도 있어.

›핵심 포인트‹

시의 분위기	'멧새 소리'가 들릴 만큼 적막하고 쓸쓸함.
화자의 정서	• 겨울 볕을 '서러웁게' 느끼고 있음. • 누군가를 기다리며 '문턱'을 서성임. • 가슴에 '길다란 고드름'이 달릴 만큼 슬프고 안타까운 상황임.

콕콕 확인 문제

1. 이 시에 대한 설명으로 적절하지 <u>않은</u> 것은?

① 역설적 표현이 나타나고 있다.
② 독백적인 어조가 나타나고 있다.
③ 공감각적 표현이 나타나고 있다.
④ 시간적, 계절적 배경이 나타나고 있다.
⑤ 시적 화자가 표면적으로 드러나고 있다.

2. 이 시의 흐름을 바르게 이해한 친구는?

① 기문: 시간의 흐름에 따라 시상이 전개되고 있어.
② 문형: 화자의 시선 이동에 따라 시의 내용이 전개되고 있어.
③ 형진: 시상이 전개됨에 따라 화자의 정서가 점층적으로 고조되고 있어.
④ 진희: 시의 앞부분에는 객관적 상황이 제시되고 있고, 뒷부분에는 화자의 모습과 처지가 제시되고 있어.
⑤ 희연: 1~4행에서는 대상의 주관적 모습을 묘사하고 있고, 5~8행에서는 대상의 객관적 모습을 주로 드러내고 있어.

3. 이 시를 감상한 내용으로 적절하지 <u>않은</u> 것은?

① 화자의 슬프고 안타까운 상황이 느껴져.
② 화자는 누군가를 기다리고 있는 상황인 것 같아.
③ 시의 제목이 깨끗하고 맑은 청각적 이미지를 더해 주고 있어.
④ 창작 당시 우리 민족의 상황이 시에 반영되어 있다고 생각할 수도 있어.
⑤ 차갑고 어두운 분위기에서 밝고 활기찬 분위기로의 전환이 나타나고 있어.

|서술형|

4. 이 시에서 '명태'와 화자의 관계를 파악하여 〈조건〉에 맞게 쓰시오.

> **조건**
> • 시에 나타난 '명태'와 화자의 모습에서 유추할 것.
> • 20자 이내의 한 문장으로 쓸 것.

시 읽기의 네 갈래 길 _정끝별
– 백석의 「멧새 소리」

┃작가 소개: 정끝별(1964 ~)
시인. 평론가. 주요 시집으로 『자
작나무 내 인생』, 『흰 책』, 평론집
으로 『패러디 시학』 등이 있다.

1 이 시는 백석의 여러 시 중 드물게 짧고 간결한 시다. 시는 어느 집 처마 끝에 고드름을 매단 채 꽁꽁 얼어붙어 있는 명태를 그리고 있다. 명태는 기다란 데다
<small>시의 주된 이미지가 시각적 심상임을 엿볼 수 있음.</small>
얼기까지 했고, 꼬리에 기다란 고드름을 매달고 있어서 더더욱 파리해 보인다.
<small>시를 통해 그려지는 명태의 이미지</small>
게다가 "해는 저물고 날은 다" 간 저물녘의 겨울 볕이니 서럽도록 차갑기도 할
<small>시의 시간적 배경   화자의 감정 반영</small>
것이다. ❶'볕이 차갑다'라는 모순되는 감각의 이미지는 이런 맥락에서 생성되었
<small>따뜻한 '볕'이 '차갑다'라는 표현은 모순됨(역설법).</small>
다. 한 컷의 흑백 사진을 보는 듯한 탁월한 이미지이다.
<small>🖝 교과서 날개 ①   ➜ 시 「멧새 소리」의 탁월한 이미지 구현</small>

2 이 시의 놀라움은 제목 '멧새 소리'에서 나온다. 시 본문에는 멧새 소리는커녕 멧새의 흔적조차 나오지 않는다. 명태의 시각적 묘사에만 집중하고 있을 뿐이다. 그래서 시를 다 읽고 나면, 왜 제목이 '멧새 소리'일지 한참을 생각하게 한다. 그러나 이 멧새 소리는 시에서 결정적인 역할을 한다. ❷"길다랗고 파리한" 명태의 시각적 이미지에 깨끗하고 맑은 청각적 울림을 더해 줄 뿐 아니라, 시의 의미를 풍요롭게 해 준다.
<small>제목 '멧새 소리'의 효과 ①</small>
<small>➜ '멧새 소리'라는 제목의 효과</small>

3 상상해 보자. 멧새 소리가 들린다는 것은 집 주변에 인적이나 인기척이 드물
<small>사람이 왕래하거나 있다는 것을 알 수 있는 것들</small>
다는 것을 암시한다. 마당이 비어 있으므로 멧새들이 지저귀는 것이고, 그 지저
<small>오가는 사람이 없기 때문에 멧새 소리가 들리는 것임.</small>
귐이 들리는 것이다. 그래서 이때의 멧새 소리는 화자의 적막함 혹은 기다리는
<small>제목 '멧새 소리'의 효과 ②</small>
마음을 강조한다. 나아가 "해는 저물고 날은 다 가고" 있으니 이제 곧 멧새 소리 마저 들리지 않을 시간이다. 이 적막한 기다림의 시간에 멧새 소리마저 없다면
<small>멧새 소리가 있어서 화자의 적막한 마음을 위로해 준다는 의미(설의법)</small>
그 집은 얼마나 쓸쓸할 것인가. 안과 밖을 이어 주는 공간, 그러니까 누군가를 기다리며 화자가 서성이고 있는 저 '문턱' 또한 있으나 마나일 것이다. ❸멧새 소
<small>🖝 교과서 날개 ②</small>
리는 '문턱'과 함께 화자와 외부의 소통 가능성을 열어 주는 작은 길이 된다.
<small>글쓴이가 해석한 '멧새 소리'의 의미</small>
<small>➜ '멧새 소리'의 의미</small>

읽기 중 활동

교과서 날개 ①
시의 제목을 '멧새 소리'라고
붙인 데서 오는 효과는 무엇일
까요?
→ "길다랗고 파리한" 명태의
시각적 이미지에 '멧새 소리'라
는 청각적 이미지를 더하고, 시
의 의미를 풍요롭게 해 준다.

교과서 날개 ②
글쓴이는 '멧새 소리'의 의미를
어떻게 해석하였는지 말해 봅
시다.
→ 화자와 외부의 소통 가능성
을 열어 주는 작은 길

어휘 풀이
· 모순: 어떤 사실의 앞뒤, 또는
두 사실이 이치상 어긋나서
서로 맞지 않음을 이르는 말.
· 적막: 고요하고 쓸쓸함.

어구 풀이
❶ '볕'은 따뜻한 것인데 '차갑
다'라고 했으므로 모순된 표현
같지만, 화자의 서러움 때문에
차갑게 느껴지는 것이므로, 깊
은 진실을 표현하고 있다.
❷ 시에서는 주로 시각적 심상
이 나타나고 있지만 '멧새 소
리'라는 제목을 통해 청각적 이
미지를 더해 주고, 시의 의미를
풍요롭게 해 준다.
❸ 화자의 적막감을 위로하는
듯한 '멧새 소리'와 누군가를
기다리는 공간인 '문턱'은 화자
와 외부의 소통 가능성을 의미
하는 소재가 된다.

■ **제목의 효과와 의미**

이 글에서 다루고 있는 시에서 '멧새'라는 말은 나오지도 않는데 제목은 왜 '멧새 소리'일까? 시의 제목인 '멧새 소리'는 시 속 '길다랗고 파리한' 명태의 시각적 이미지에, '멧새 소리'라는 깨끗하고 맑은 청각적 이미지를 더해 주면서 시의 의미를 풍요롭게 해 주는 역할을 하고 있어. '멧새 소리'가 들린다는 것은 집 주변이 그만큼 적막하다는 것을 의미하니까 화자의 적막함이나 기다림을 더욱 강조하게 되지. 더 나아가 '멧새 소리'는 화자가 누군가를 기다리며 서성이고 있는 '문턱'과 함께 화자와 외부의 소통 가능성을 열어 주는 작은 길이 된다고 볼 수 있어.

⊃핵심 포인트◁

효과	• 명태의 시각적 이미지에 청각적 울림을 더해 줌. • 시의 의미를 풍요롭게 해 줌. • 화자의 적막함과 기다리는 마음을 강조함.
의미	'문턱'과 함께 화자와 외부의 소통 가능성을 열어 주는 작은 길이 됨.

■ **글쓴이의 해석과 근거**

문학 작품은 작가, 시대적 배경, 독자, 작품 등에 주목하여 다양하게 해석할 수 있어. 글쓴이는 백석의 「멧새 소리」를 우선 작품 내용이나 표현을 중심으로 해석하여, 이 시를 이미지가 탁월하고 의미가 풍요롭다고 말하고 있어. 해석에는 반드시 근거가 따라야 하는데, 글쓴이는 이 시가 감각을 잘 묘사하고 있고, '멧새 소리'라는 제목과 '문턱'이라는 소재가 화자와 외부의 소통 가능성을 보여 준다는 근거를 들고 있어.

⊃핵심 포인트◁

작품 내용이나 표현을 중심으로 한 해석

↓

해석	이미지가 탁월하고, 의미가 풍요로움.
근거	감각을 잘 묘사하였고, '멧새 소리'와 '문턱'이 화자와 외부의 소통 가능성을 보여 줌.

5. **1~3**에서 주로 나타나고 있는 작품 해석의 관점으로 적절한 것은?

① 작가와 작품의 관계에 초점을 맞추어 비평하고 있다.
② 작품의 내용이나 표현 등 작품 자체에 주목하고 있다.
③ 작품 속 세계와 현실 세계의 관계에 초점을 맞추고 있다.
④ 다른 작품과의 관련성을 중심으로 작품을 해석하고 있다.
⑤ 작품이 독자에게 주는 즐거움과 감동의 효과에 주목하고 있다.

6. 시 「멧새 소리」에서 제목이 수행하는 역할을 〈보기〉에서 모두 골라 묶은 것은?

보기

ㄱ. 시의 의미를 풍요롭게 해 준다.
ㄴ. 시의 적막한 분위기를 강조한다.
ㄷ. 시상을 전환하는 계기를 마련해 준다.
ㄹ. '명태'가 추구하는 이상향을 상징한다.
ㅁ. '명태'의 이미지에 청각적인 울림을 더해 준다.

① ㄱ, ㄴ, ㄷ   ② ㄱ, ㄴ, ㄹ   ③ ㄱ, ㄴ, ㅁ
④ ㄴ, ㄷ, ㄹ   ⑤ ㄴ, ㄹ, ㅁ

7. **1~3**에 나타난 시 「멧새 소리」에 대한 글쓴이의 해석을 가장 잘 요약한 것은?

① 이미지가 탁월하고 의미가 풍요롭다.
② 백석의 여러 시 중 드물게 짧고 간결한 시이다.
③ '멧새 소리'라는 제목은 시에서 결정적인 역할을 한다.
④ 멧새 소리는 화자의 적막함과 기다리는 마음을 강조한다.
⑤ '길다랗고 파리한' 명태의 시각적 이미지를 잘 묘사하고 있다.

|서술형|

8. 글쓴이는 '멧새 소리'의 의미를 어떻게 해석하였는지 〈조건〉에 맞게 쓰시오.

조건

• 글의 내용을 바탕으로 25자 내외로 쓸 것.

4 시인 백석은 평북 정주에서 태어나 오산 학교를 거쳐 일본에 유학하고, 이 시를 발표할 당시(1938년)에는 함흥에서 교사로 근무하고 있었다. 원산보다도 훨씬 북쪽인 동해의 항구 도시 함흥, 그곳에서 섬세한 *감성의 젊은 시인이 쓸쓸하게 겨울을 넘기고 있었다. _{시인의 삶과 관련한 작품 해석} 그가 보는 모든 것, 그가 듣는 모든 것이 시가 되었다. "나도 길다랗고 파리한 명태다"라고 썼듯이, ❶시 속의 명태는 어쩌면 백석 자신의 모습인지도 모른다. _{'명태'의 의미 ①: 시인 백석의 모습 = 쓸쓸한 시인의 내면 표현}
→ 시인 백석의 모습을 표현한 시어인 '명태'

5 시인의 다른 모습인 화자는 "문턱에 꽁꽁 얼어서 / 가슴에 길다란 고드름"을 매달고 있다. _{'문턱'에 오래 있었음을 의미함.   '눈물, 울음'을 연상하게 함.} 여기서 화자가 다른 데도 아니고 '문턱'에 얼어 있다는 데 주목할 필요가 있다. 화자가 문턱을 오래 서성였다는 뜻일 텐데, ❷가슴에 '길다란 고드름'까지 달고 있으니 누군가를 기다리며 오래 속울음을 울고도 남았을 법하다. 하지만 화자가 그렇게 기다리는 사람은 겨우내 오지 않고 있다. 겨울 볕이 더욱 '서러웁게' 차가운 까닭이다. _{기다림이 심화되고 있음.}
→ 화자의 상황과 정서

6 백석의 시는 그가 살았던 시대와 연결 지을 때 의미가 더욱 깊어진다. 식민지 _{일제 강점기} 에 태어나서 조국과 고향을 떠나 접하는 삶이 얼마나 외롭고 고되었으랴. 더욱이 _{시인이 조국과 고향을 떠나 외롭고 힘들게 살았음.(설의법)} 이 시를 쓸 즈음에는 일본의 억압과 *수탈이 점점 심해져서 *망국민의 한이 끝없이 _{이 시를 창작한 1938년부터 일제의 수탈 정책이 더욱 강화되기 시작함.} 깊어질 때다. 바짝 마른 데다 꽁꽁 언 채 처마 끝에 매달려서 눈물 같은 고드름을 달고 있는 명태는 *암울한 우리 민족의 *분신이기도 한 것이다. 길다랗고 파리한 명태가 되어 꼬리가 아니라 '가슴'에 고드름을 단 채 우리네 슬픈 이웃들은 무엇 _{'명태'의 의미 ②   교과서 날개   조국의 광복을 기다렸을 것임.} 을 기다린 것일까.
→ 시를 창작한 시기로 본 '명태'의 의미

7 이처럼 이 시를 읽는 재미는 명태의 시각적 이미지와 멧새 소리의 청각적인 _{작품에 나타난 표현을 바탕으로 작품을 해석함.} 이미지를 겹쳐 읽는 데서 시작된다. 그리고 ❸그 이미지들의 사이사이에 시인의 _{시인의 삶과 시대적 배경을 중심으로 시를 해석할 수 있는 근거} 삶이, 역사 속의 소리 없는 울림들이 스며든다. 하지만 제일 커다란 울림은 독자 스스로가 채워 넣는 각자의 이야기에서 완성된다. 어떤 독자는 어릴 적 건넛마을 _{독자가 자신의 경험을 반영하여 시를 해석할 수 있음.} 혹은 장에 가신 엄마를 기다렸던 기억을 떠올리고, 어떤 독자는 온다고 하고 오지 않는 애인이나 어떤 이유로든 헤어진 그 누군가를 채워 넣어 읽을 것이다. 또 어떤 독자는 새로운 내일을, 따뜻한 봄을 채워 넣어 읽을 수도 있다. 시 읽기란 작품에서 출발하여 시간과 공간의 화살을 타고 깊은 우주로 날아갔다가 다시 자 _{독자의 경험을 중심으로 시를 해석할 수 있는 근거} 기 안으로 돌아오는 아름다운 여정이기 때문이다.
→ 독자의 경험을 중심으로 한 해석

– 정끝별, 「시심전심」

읽기 중 활동

교과서 날개
'우리네 슬픈 이웃들'이 기다린 것은 무엇일까요?
→ 조국의 광복을 기다렸을 것이다.

어휘 풀이
· 감성: 자극이나 자극의 변화를 느끼는 성질.
· 수탈: 강제로 빼앗음.
· 망국민: 망하여 없어진 나라의 백성.
· 암울하다: 절망적이고 침울하다.
· 분신: 하나의 주체에서 갈라져 나온 것.
· 여정: 여행의 과정이나 일정.

어구 풀이
❶ 낯선 집 처마 끝에 언 채로 꽁꽁 매달려 있는 명태의 모습은 무기력하기만 한 식민지 지식인 백석의 모습으로 볼 수도 있다.
❷ 아마 시인은 명태 꼬리에 매달린 고드름을 보면서, 자신의 가슴에 맺힌 채 얼어 버린 눈물을 연상했을 것이다. 그러므로 화자의 가슴에 매달린 고드름은 마음에서 흐르는 눈물이라고 볼 수 있다.
❸ 이 시는 작품의 표현을 중심으로 해석할 수도 있고, 시인의 삶을 중심으로 해석할 수도 있으며, 작품의 시대적 배경을 중심으로 한 해석도 가능함을 말하고 있다.

찬찬샘 핵심 강의

■ 시어 '명태'의 의미

'명태'는 「멧새 소리」의 중심 소재로, 시를 이해하기 위해서는 '명태'가 시에서 어떤 의미로 쓰였는지를 이해해야 해. '나도 길다랗고 파리한 명태다'라는 구절로 보아, 화자 자신을 '명태'로 표현하고 있음을 파악할 수 있어. 이 시에서 화자는 시인의 또 다른 모습이므로, '명태'는 시인인 백석 자신의 모습이라고 볼 수 있지. 또한 바짝 마른 데다 꽁꽁 언 채 처마 끝에 매달려서 눈물 같은 고드름을 달고 있는 '명태'는 일제 강점기의 암울했던 시기를 살아가는 우리 민족이라고도 볼 수 있어. 그러므로 '명태'는 백석 자신의 모습이자, 암울한 우리 민족의 분신으로 볼 수 있어.

▶핵심 포인트◀

'명태'	• 백석 자신의 모습 • 암울한 우리 민족의 분신

■ 글쓴이의 해석과 근거

글쓴이는 백석의 「멧새 소리」를 다양한 방법으로 해석하고 있어. 이 시를 발표할 당시 동해의 항구 도시인 함흥에서 살았던 시인의 삶을 중심으로 해석하여 이 시가 시인의 쓸쓸한 내면을 잘 드러낸다고 보고 있어. 또한 이 시가 창작될 일제 강점기의 시대적 배경을 중심으로 해석하여 이 시가 우리 민족의 삶을 반영한다고 보고 있지. 끝으로 글쓴이는 시 해석의 완성은 독자의 경험을 바탕으로 시를 해석하는 것임을 강조하며, 시 읽기는 작품에서 출발하여 다시 자기 안으로 돌아오는 여정이라고 표현하고 있어.

▶핵심 포인트◀

시인의 삶 중심	• 해석: 시인의 쓸쓸한 내면을 담고 있음. • 근거: 시인이 홀로 머물고 있던 함흥의 겨울 정서와 명태의 상황을 함축적으로 묘사함.
시대적 배경 중심	• 해석: 우리 민족의 삶을 반영함. • 근거: 시가 창작될 당시는 일본의 억압과 수탈이 심했고, 우리 민족은 조국과 고향을 떠나 암울하게 살았음.
독자의 경험 중심	• 독자가 자신의 경험을 반영하여 해석함. • 시 읽기는 작품에서 출발하여 독자의 내면으로 돌아오는 과정임.

콕콕 확인 문제

9. 이 글을 읽고 보인 반응으로 적절하지 않은 것은?

① 작품을 해석하는 구체적인 근거를 제시하고 있군.
② 시 「멧새 소리」를 다양한 관점에서 풍부하게 해석하고 있어.
③ 글쓴이는 작품에 대해 대체로 긍정적인 태도를 보이고 있어.
④ 시 「멧새 소리」에 관한 해석을 독자의 몫으로 남겨 여운을 남기고 있네.
⑤ 작품의 시대적 배경과 관련지어 풍자적인 관점에서 작품을 해석하고 있어.

10. 이 글에서 해석한 '명태'의 의미로 알맞은 것을 모두 고르시오.

① 시적 화자가 기다리는 대상이다.
② 암울한 우리 민족의 분신으로 볼 수 있다.
③ 화자를 억압하는 부정적인 현실을 나타낸다.
④ 식민지 시대의 지식인이었던 시인 백석의 자화상이다.
⑤ 시인이 이 시를 창작할 당시 잠시 머물렀던 고향에서의 고달픈 삶을 드러낸다.

11. ⑥과 동일한 관점으로 「멧새 소리」를 해석한 내용으로 가장 알맞은 것은?

① 고향을 떠나 접한 삶에 대한 시인의 외로움을 노래하고 있다.
② 조국과 고향을 떠나 암울하게 살았던 우리 민족의 삶을 반영하고 있다.
③ 꽁꽁 언 채 처마 끝에 매달려서 눈물 같은 고드름을 달고 있는 명태의 모습을 묘사하고 있다.
④ 시인이 동해의 항구 도시 함흥에서 추운 겨울을 나며 느낀 스산함과 쓸쓸함을 담아내고 있다.
⑤ '가슴에 길다란 고드름'을 달고 '문턱에 꽁꽁 얼어서' 서성이는 화자의 모습은 어느 겨울, 약속 시간이 한참 지나도 오지 않던 친구를 기다리던 기억을 떠올리게 한다.

|서술형|

12. 에서 제시하고 있는 작품 해석의 방법은 무엇인지 〈조건〉에 맞게 한 문장으로 쓰시오.

조건

• '~ 중심으로 작품을 해석한다.'의 문장 형태로 쓸 것.

학습활동

이해 활동

1. 다음 활동을 하면서 백석의 시 「멧새 소리」의 내용을 파악해 봅시다.

1 시의 내용을 다음과 같이 네 부분으로 나누어 정리해 봅시다.

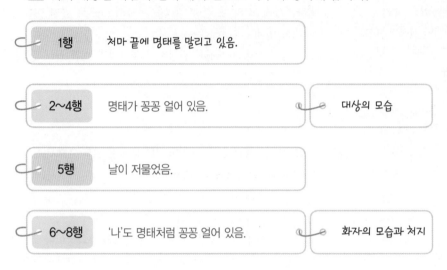

1행	처마 끝에 명태를 말리고 있음.

2~4행	명태가 꽁꽁 얼어 있음.	→ 대상의 모습

5행	날이 저물었음.

6~8행	'나'도 명태처럼 꽁꽁 얼어 있음.	→ 화자의 모습과 처지

1. 시의 내용 및 시적 대상과 화자의 관계 이해하기

★ 지학이가 도와줄게! -1 **1**

비평문을 읽기 전에 비평의 대상이 되는 시의 내용을 이해해 보는 활동이야. 시의 내용을 흐름에 따라 네 부분으로 나누어 정리해 보도록 해. 특히 시의 앞부분에는 명태를 말리는 객관적 상황이 제시되어 있고, 뒷부분에는 화자의 모습과 처지가 드러나고 있음에 유의하렴.

★ 지학이가 도와줄게! -1 **2**

이 시의 화자는 '나'로 직접적으로 드러나고 있어. 따라서 시에서 '명태'와 '나'의 모습을 드러내고 있는 부분을 찾아 내용을 정리해 보고, '명태'와 화자가 어떤 관계인지 파악해서 써 보도록 해. 또한 '명태'와 화자의 관계를 통해 드러내고자 한 시의 정서나 분위기도 생각해 보렴.

2 이 시에 나타난 '명태'와 화자의 모습을 적고, '명태'와 화자의 관계를 파악해 봅시다.

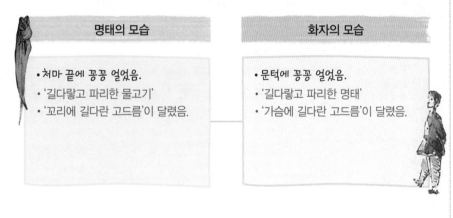

명태의 모습	화자의 모습
• 처마 끝에 꽁꽁 얼었음. • '길다랗고 파리한 물고기' • '꼬리에 길다란 고드름'이 달렸음.	• 문턱에 꽁꽁 얼었음. • '길다랗고 파리한 명태' • '가슴에 길다란 고드름'이 달렸음.

● '명태'와 화자의 관계: 분신, 자화상

정답과 해설 3쪽

시험엔 이렇게!!

1. 이 시를 읽은 후의 반응으로 적절하지 <u>않은</u> 것은?

① 윤정: 시적 대상과 화자가 대비되어 나타나고 있어.
② 기문: 시의 내용을 흐름에 따라 네 부분으로 나눌 수 있어.
③ 준영: 당시에는 흔히 볼 수 있었던 일상적인 풍경을 소재로 삼고 있어.
④ 정우: 시의 앞부분에는 대상의 모습을, 뒷부분에는 화자의 모습을 나타내고 있어.
⑤ 서영: '고드름'은 냉혹한 현실을 암시하면서 화자의 쓸쓸함을 상징적으로 드러내고 있어.

목표 활동

1. 「시 읽기의 네 갈래 길」에 나타난 글쓴이의 해석과 그 근거를 파악해 봅시다.

1. 글쓴이의 해석과 근거 파악하기

작품 내용이나 표현을 중심으로 한 해석
- 해석: 이미지가 탁월하고, 의미가 풍요롭다.
- 근거: 감각을 잘 묘사하였고, '멧새 소리', '문턱'이 화자와 외부의 소통 가능성을 보여 준다.

시인의 삶을 중심으로 한 해석
- 해석: 시인의 쓸쓸한 내면을 담고 있다.
- 근거: 시인이 홀로 머물고 있던 함흥의 겨울 정서와 명태의 상황을 함축적으로 묘사하였다.

「멧새 소리」

시대적 배경을 중심으로 한 해석
- 해석: 우리 민족의 삶을 반영하고 있다.
- 근거: 시가 창작될 당시는 일본의 억압과 수탈이 심했고, 우리 민족은 조국과 고향을 떠나 암울하게 살았다.

독자의 경험을 중심으로 한 해석
- 해석: 독자가 자신의 경험을 반영하여 해석한다.
- 근거: 시 읽기는 작품에서 출발하여 독자의 내면으로 돌아오는 여정이기 때문이다.

★ 지학이가 도와줄게! - 1

이 비평문에는 문학 작품을 해석하기 위한 네 가지 방법이 나타나 있어. 비평문을 다시 한번 읽으면서 「멧새 소리」를 글쓴이가 어떤 방법으로 어떻게 해석하고 있는지를 찾아서 정리해 보도록 해. 물론 그러한 해석을 가능하게 한 근거도 찾아서 정리해야지. 이때 자신의 관점에서 해석하는 것이 아니라 글쓴이의 해석과 근거를 파악해야 한다는 점을 잊지 마!

시험엔 이렇게!!

2. 시 「멧새 소리」에 대한 글쓴이의 해석이 아닌 것은?

① 우리 민족의 삶을 반영하고 있다.
② 시인의 쓸쓸한 내면을 담고 있다.
③ 이미지가 탁월하고, 의미가 풍요롭다.
④ 시가 창작될 당시는 일본의 억압과 수탈이 심했다.
⑤ 누군가를 기다렸던 경험을 반영하여 해석할 수 있다.

★ 지학이가 도와줄게! - 2

같은 문학 작품을 해석하더라도 근거의 차이에 따라 해석은 달라질 수 있어. 비평문에 나타나고 있는 글쓴이의 해석과 근거를 비교해 보면서 자신이 가장 공감할 수 있는 해석을 골라 보도록 해. 이때 자신이 판단하기에 가장 근거가 합리적이고 타당한 해석을 골라야 한다는 점에 유의하렴.

2. 시에 관한 글쓴이의 해석 중 가장 타당하다고 생각하는 것을 그 까닭과 함께 이야기해 봅시다.

예시 답ㅣ시인의 삶을 중심으로 한 해석이 가장 타당하다고 생각한다. 이 시의 '나'는 시인의 분신 같다. 시인은 고향을 떠나 혼자 생활하면서 외롭고 쓸쓸했을 것이므로 인적이 드문 곳에서 가슴에 고드름을 달고 있는 시적 화자는 시인의 자화상처럼 느껴진다.

2. 글쓴이의 해석에 대한 타당성 판단하기

시험엔 이렇게!! ㅣ서술형ㅣ

3. 〈보기〉와 관련된 시 해석 방법은 무엇인지 쓰시오.

[보기]
원산보다도 훨씬 북쪽인 동해의 항구 도시 함흥, 그곳에서 섬세한 감성의 젊은 시인이 쓸쓸하게 겨울을 넘기고 있었다. 그가 보는 모든 것, 그가 듣는 모든 것이 시가 되었다. "나도 길다랗고 파리한 명태다"라고 썼듯이, 시 속의 명태는 어쩌면 백석 자신의 모습인지도 모른다.

 문학 작품 해석의 다양한 방법

문학 작품은 작가, 시대적 배경, 독자, 작품 등에 주목하여 다양하게 해석할 수 있습니다. 작품을 쓰게 된 작가의 내면이나 창작 의도에 주목하여 해석할 수 있고, 작품의 배경이 되는 시대적 상황과 관련지어 해석할 수도 있습니다. 또한 작품이 독자에게 주는 즐거움과 감동, 교훈 등의 효과에 주목하여 해석할 수 있고, 작품의 내용, 구조, 표현 등에 초점을 맞추어 해석할 수도 있습니다. 이러한 해석의 다양성은 독자의 인식 수준, 경험, 문학관 등의 영향을 받습니다.

학습활동

3. 시 「멧새 소리」에 관한 자신의 해석을 발표하고, 친구들의 해석과 비교해 봅시다.

1 시 「멧새 소리」를 자신의 관점에서 해석하고, 그 내용을 발표해 봅시다.

예시

> 이 시의 제목은 '멧새 소리'인데 시에는 멧새에 관한 이야기가 나오지 않는다. 온통 파리한 명태 이야기뿐이다. 화자는 문턱에 서서 꽁꽁 언 명태를 보며 자신도 그런 명태와 같다고 말하고 있다. 명태처럼 외롭고 쓸쓸한 화자, 그런 화자에게 멧새 소리는 따뜻한 희망의 소리가 아니었을까?
>
> 내 마음속에도 멧새 소리가 하나 있다. 배낭여행을 하며 세계 곳곳을 여행하는 꿈! 지금은 명태처럼 적막하고 외롭다는 생각이 들 때도 많지만, 언젠가는 훨훨 넓은 세상 속으로 여행을 떠날 수 있을 것이라는 멧새의 지저귐이 있어서 외롭지만은 않다.

• 시 「멧새 소리」에 관한 나의 해석

예시 답 | 이 시가 창작된 시기인 1938년은 일제 강점기로, 일제의 수탈과 강압이 극에 달해 있던 때이다. 이러한 시대적 상황을 고려할 때 '멧새 소리'는 우리 민족이 기다리는 희망의 메시지를 의미한다고 해석할 수 있다. 기다리는 조국 광복의 날이 쉽게 오지 않기에 화자는 가슴에 고드름을 매단 채 문턱을 서성이고 있는 것이다. 비록 눈에 보이지는 않지만, 멧새 소리가 들리기에 화자는 고독하고 쓸쓸하지만은 않다. 어둠과 추위가 사라지면 해가 다시 떠오르고 따뜻한 볕이 드는 것처럼 화자는 조국의 광복이라는 희망의 메시지가 눈앞에 나타날 것을 확신하고 있다.

지학이가 도와줄게! - 3 ①

자신의 주체적인 관점으로, 즉 자신의 경험이나 가치관, 배경지식 등을 활용하여 시를 해석해 보는 활동이야. 이때 단순히 시에 대한 해석만 할 것이 아니라 왜 그러한 해석이 나왔는지 타당한 근거를 들어야 한다는 점에 유의하렴.

시험엔 이렇게!!

4. 다음은 시 「멧새 소리」를 친구가 해석한 내용이다. 이를 이해한 내용으로 적절한 것은?

> 시 속 '명태'처럼 외롭고 쓸쓸한 화자, 그런 화자에게 멧새 소리는 따뜻한 희망의 소리가 아니었을까?
> 내 마음속에도 멧새 소리가 하나 있다. 배낭여행을 하며 세계 곳곳을 여행하는 꿈! 지금은 명태처럼 적막하고 외롭다는 생각이 들 때도 많지만, 언젠가는 훨훨 넓은 세상 속으로 여행을 떠날 수 있을 것이라는 멧새의 지저귐이 있어서 외롭지만은 않다.

① 타당한 근거가 없이 단순히 해석만 나열했어.
② 작품의 내적 측면을 중심으로 작품을 해석했어.
③ 작품을 둘러싼 현실 세계를 반영하여 작품을 해석했어.
④ 자신에게 전달되는 작품의 의미를 고려하여 작품을 해석했군.
⑤ 작품이 독자에게 주는 감동과 교훈적 요소를 중심으로 작품을 해석했어.

지학이가 도와줄게! - 3 ②

친구들의 발표를 들으면서 친구가 어떤 점에 주목하여 작품을 해석했는지 파악해 보도록 해. 이때 친구의 해석이 주체적인 관점에서 시를 적절하게 해석하고 있는지 판단해야겠지. 또한 그 해석의 근거가 타당한지 등을 생각하며 발표를 듣도록 해. 이러한 과정에서 친구들의 해석과 자신의 해석이 어떻게 다른지 비교해 보렴.

2 친구들의 발표를 듣고, 시에 관한 친구들의 해석과 자신의 해석을 비교해 봅시다.

예시 답 | 명태처럼 쓸쓸한 화자에게 멧새 소리는 따뜻한 희망의 소리였을 것이며, 자신의 마음속에도 멧새 소리가 있어서 외롭지 않다고 한 영주의 해석이 인상 깊었다. 이처럼 시를 감상하고 자신에게 전달되는 의미를 고려하여 해석한 영주와 달리, 나는 이 시가 창작될 당시의 현실 세계를 반영하여 멧새 소리를 조국의 광복이라는 희망의 소리라고 해석하였다.

창의 · 융합 활동

함께하기 ▶😊😊😊

‖ 인상 깊었던 문학 작품의 구절과 그 구절에 관한 해석을 바탕으로 책갈피를 만들어 친구에게 선물해 봅시다.

1. 모둠을 구성하여 각자 인상 깊었던 문학 작품의 구절을 모둠원에게 소개해 봅시다. 예시 답 |

모둠원 이름	인상 깊었던 구절
정소민	봄이면 가지는 그 한 번 덴 자리에 세상에서 가장 아름다운 상처를 터뜨린다 <div align="right">– 고재종, 「첫사랑」 중에서</div>
○○○	자세히 보아야 예쁘다 오래 보아야 사랑스럽다 너도 그렇다<div align="right">– 나태주, 「풀꽃」</div>
○○○	꿈을 이루지 못하는 건 창피한 일이 아니야. 정말 창피한 건 더 이상 꿈을 꿀 수 없게 되는 거야.<div align="right">– 천명관, 「나의 삼촌 브루스 리 1」 중에서</div>

2. 자신이 소개한 구절을 어떤 상황에 처한 친구에게 들려주면 좋을지 생각해 보고, 그 까닭을 말해 봅시다. 예시 답 |

친구가 처한 상황	들려주고 싶은 까닭
상처를 받고 슬픔에 빠져 있다.	힘들어하는 친구를 위로하고 싶다.

3. 모둠원들과 의논하여 책갈피를 선물할 친구를 정하고, 그 친구의 상황에 맞게 문학 작품 구절을 해석해 봅시다.

예시 답 | • 상처를 받고 슬픔에 빠진 친구의 상황에 맞게 「첫사랑」의 구절을 해석해서 친구를 위로하기로 함.
• '덴 자리'는 친구가 받은 상처로, '세상에서 가장 아름다운 상처'는 아픔을 겪은 후에 다가올 더 아름다운 세상으로 해석함.

4. 다음 안내에 따라 책갈피를 만들어 친구에게 선물해 봅시다. 예시 답 | 생략

> **책갈피 만드는 방법**
>
> ① 색지를 가로 20센티미터, 세로 5센티미터로 자릅니다.
> ② 자른 색지의 앞면에 문학 작품의 구절을 적고, 그 구절과 어울리는 그림을 그리거나 사진을 붙여 꾸밉니다.
> ③ 색지의 뒷면에는 앞면에 적은 문학 작품의 구절을 통해 친구에게 하고 싶은 말을 적습니다.

문학 작품의 구절에 대한 해석을 바탕으로 책갈피 만들기

○ **활동 탐구**
여러 문학 작품의 구절 중에서 인상 깊었던 구절 하나를 선정하고, 그 구절을 해석한 내용을 바탕으로 책갈피를 만들어 친구에게 선물하는 활동이다. 앞에서 배운 문학 작품의 해석과 관련지어 문학 작품의 구절을 주체적인 관점에서 적절한 근거를 들어 해석해 본다. 또한 자신이 해석한 문학 작품의 구절을 어떤 친구에게, 왜 선물하고 싶은지를 구체적으로 말해 봄으로써 문학을 생활 속에서 적용해 보도록 한다.

🌟 지학이가 도와줄게! – 1
읽었던 문학 작품 중에서 인상 깊었던 구절을 찾아보고, 그 구절이 기억에 남는 까닭이 무엇인지 소개해 보자.

🌟 지학이가 도와줄게! – 2
1에서 자신이 소개한 구절을 어떤 상황에 처한 친구에게 들려주고 싶은지 생각해 봐. 그리고 그 구절을 들려주고 싶은 까닭을 말해 보렴.

🌟 지학이가 도와줄게! – 3
모둠원들과의 토의를 통해 선물할 친구가 처한 상황이나 처지와 가장 잘 어울리는 문학 작품 구절을 선정하되, 그 친구의 상황에 맞게 구절을 해석해 보렴.

🌟 지학이가 도와줄게! – 4
선정된 문학 작품의 구절에 대한 해석을 바탕으로 책갈피를 선물받을 친구에게 하고 싶은 말을 떠올려 봐. 그런 다음 제시된 안내에 따라 책갈피를 만들어 보렴.

소단원 콕! 짚고 가기

소단원 제재

1. 제재 정리 _「시 읽기의 네 갈래 길」

갈래	비평문	성격	분석적, 논리적, 체계적
제재	시「멧새 소리」	주제	시「멧새 소리」에 관한 다양한 ①□□
특징	• 작품의 내용과 표현, 작가, 작품에 반영된 현실, ②□□에게 전달되는 의미 등을 고려하여 시를 풍부하게 해석함. • 작품 해석에 관한 구체적인 근거를 제시하여 독자들의 이해를 도움. • 시「멧새 소리」에 대한 감상을 열어 둠으로써 독자에게 여운을 남김.		

2. 구성

1	2~6	7
시「멧새 소리」의 ③□□□ 소개	시「멧새 소리」에 대한 다양한 해석 • '멧새 소리'라는 제목의 효과와 의미 • 시인의 삶과 관련지어 해석한 시의 의미 • 당시의 시대적 배경과 관련지어 해석한 시의 의미	독자의 경험을 중심으로 한 열린 해석의 가능성 제시

핵심 포인트

1. 시「멧새 소리」의 시상 전개 과정

1~4행	1행	처마 끝에 명태를 말리고 있음.	명태를 말리는 객관적 상황
	2~4행	명태가 꽁꽁 얼어 있음. → 대상의 모습 표현	
5~8행	5행	날이 저물었음.	시적 화자와 ④□□의 동일시
	6~8행	'나'도 명태처럼 꽁꽁 얼어 있음. → 화자의 모습과 처지 표현	

2. 시「멧새 소리」에 나타난 '명태'와 화자의 관계

명태의 모습	화자의 모습
• 처마 끝에 꽁꽁 얼었음. • '길다랗고 파리'함. • '꼬리에 길다란 고드름'이 달렸음.	• 문턱에 꽁꽁 얼었음. • '길다랗고 파리'함. • '가슴에 길다란 고드름'이 달렸음.

↓

'명태'는 화자의 ⑤□□이고 자화상임.

3. 시 「멧새 소리」의 분위기와 화자의 정서

시의 분위기	'멧새 소리'가 들릴 만큼 ⑥□□하고 쓸쓸함.
화자의 정서	• 겨울 볕을 '서러웁게' 느끼고 있음. • 누군가를 기다리며 '문턱'을 서성이고 있음. • 가슴에 '길다란 고드름'이 달릴 만큼 슬프고 안타까운 상황임.

4. '멧새 소리'라는 제목의 효과와 의미

효과	• 명태의 시각적 이미지에 ⑦□□적 울림을 더해 줌. • 시의 의미를 풍요롭게 해 줌. • 화자의 적막함과 기다리는 마음을 강조함.
의미	'문턱'과 함께 화자와 외부의 ⑧□□ 가능성을 열어 주는 작은 길이 됨.

5. 시어 '명태'의 의미

"나도 길다랗고 파리한 명태다"라는 표현 → 시인인 백석 자신의 모습

바짝 마른 데다 꽁꽁 언 채 처마 끝에 매달려서 눈물 같은 고드름을 달고 있는 모습으로 묘사된 '명태' → 암울한 우리 ⑨□□의 분신

6. 시 「멧새 소리」에 대한 글쓴이의 해석과 근거

> 문학 작품은 작가, 시대적 배경, 독자, 작품 등에 주목하여 다양하게 해석할 수 있어.

해석 방법	해석	근거
작품 내용이나 표현을 중심으로 한 해석	이미지가 탁월하고, 의미가 풍요로움.	감각을 잘 묘사하였고, '멧새 소리'와 ⑩□□은/는 화자와 외부의 소통 가능성을 보여 줌.
시인의 삶을 중심으로 한 해석	시인의 쓸쓸한 내면을 담고 있음.	시인이 홀로 머물고 있던 함흥의 겨울 정서와 명태의 상황을 함축적으로 묘사하였음.
⑪□□ 배경을 중심으로 한 해석	우리 민족의 삶을 반영하고 있음.	시가 창작될 당시는 일본의 억압과 수탈이 심했고, 우리 민족은 조국과 고향을 떠나 암울하게 살았음.
독자의 ⑫□□을/를 중심으로 한 해석	독자가 자신의 경험을 반영하여 해석함.	시 읽기는 작품에서 출발하여 독자의 내면으로 돌아오는 과정임.

7. 시 「멧새 소리」에 관한 주체적인 관점에서의 해석

• 문학 작품의 다양한 해석 방법뿐만 아니라 자신의 경험이나 가치관, 배경지식 등을 활용하여 작품을 해석함.
• 자신의 해석에 대한 타당한 ⑬□□을/를 제시해야 함.

[01~05] 다음 글을 읽고, 물음에 답하시오.

가 처마 끝에 명태(明太)를 말린다
명태(明太)는 꽁꽁 얼었다
명태(明太)는 길다랗고 파리한 물고긴데
꼬리에 길다란 고드름이 달렸다
해는 저물고 날은 다 가고 ⊙별은 서러웁게 차갑다
나도 길다랗고 파리한 명태(明太)다
문(門)턱에 꽁꽁 얼어서
가슴에 길다란 고드름이 달렸다

– 백석, 「멧새 소리」

나 이 시는 백석의 여러 시 중 드물게 짧고 간결한 시다. 시는 어느 집 처마 끝에 고드름을 매단 채 꽁꽁 얼어붙어 있는 명태를 그리고 있다. 명태는 기다란 데다 얼기까지 했고, 꼬리에 기다란 고드름을 매달고 있어서 더더욱 파리해 보인다. 게다가 "해는 저물고 날은 다" 간 저물녘의 겨울 볕이니 서럽도록 차갑기도 할 것이다. '볕이 차갑다'라는 모순되는 감각의 이미지는 이런 맥락에서 생성되었다. 한 컷의 흑백 사진을 보는 듯한 탁월한 이미지이다.

다 이 시의 놀라움은 제목 '멧새 소리'에서 나온다. 시 본문에는 멧새 소리는커녕 멧새의 흔적조차 나오지 않는다. 명태의 시각적 묘사에만 집중하고 있을 뿐이다. 그래서 시를 다 읽고 나면, 왜 제목이 '멧새 소리'일지 한참을 생각하게 한다. 그러나 이 멧새 소리는 시에서 결정적인 역할을 한다. "길다랗고 파리한" 명태의 시각적 이미지에 깨끗하고 맑은 청각적 울림을 더해 줄 뿐 아니라, 시의 의미를 풍요롭게 해 준다.

라 상상해 보자. 멧새 소리가 들린다는 것은 집 주변에 인적이나 인기척이 드물다는 것을 암시한다. 마당이 비어 있으므로 멧새들이 지저귀는 것이고, 그 지저귐이 들리는 것이다. 그래서 이때의 멧새 소리는 화자의 적막함 혹은 기다리는 마음을 강조한다. 나아가 "해는 저물고 날은 다 가고" 있으니 이제 곧 멧새 소리마저 들리지 않을 시간이다. 이 적막한 기다림의 시간에 멧새 소리마저 없다면 그 집은 얼마나 쓸쓸할 것인가. 안과 밖을 이어 주는 공간, 그러니까 누군가를 기다리며 화자가 서성이고 있는 저 '문턱' 또한 있으나 마나일 것이다. 멧새 소리는 '문턱'과 함께 화자와 외부의 소통 가능성을 열어 주는 작은 길이 된다.

01. (가)를 이해한 반응으로 적절하지 <u>않은</u> 것은?
① 시적 화자와 '명태'가 동일시되고 있어.
② 적막하고 쓸쓸한 분위기가 나타나고 있어.
③ 화자의 감정을 이입한 표현이 사용되고 있어.
④ 상징적 시어를 통해 부정적 현실을 암시하고 있군.
⑤ 향토색이 드러나는 시어를 통해 당시 삶의 풍경을 잘 드러내고 있어.

02. (나)~(라)와 같은 글에 대한 설명으로 적절하지 <u>않은</u> 것은?
① 분석적이고 논리적인 성격을 지닌다.
② 비평 대상에 대한 글쓴이의 시각이 드러난다.
③ 관점에 따라 동일 작품의 해석이 달라질 수 있다.
④ 작품의 가치를 독자들에게 홍보하기 위한 글이다.
⑤ 글쓴이의 미적 경험이 바탕이 되어 주관적인 성격을 지닌다.

활동 응용 문제

03. (다)~(라)를 참고할 때 (가)의 제목에 대한 설명으로 알맞지 <u>않은</u> 것은?
① 화자의 기다리는 마음을 강조한다.
② 화자의 마음을 위로해 주는 긍정적인 역할을 한다.
③ 작품에 청각적 이미지를 부여하여 생동감을 준다.
④ 자유로운 삶을 살고 싶은 화자의 소망을 드러낸다.
⑤ 화자와 외부의 소통 가능성을 열어 주는 통로가 된다.

04. ⊙과 같은 표현 방식이 사용되지 <u>않은</u> 것은?
① 우리에게 이 어둠이 얼마나 환희입니까.
② 결별이 이룩하는 축복에 싸여 / 지금은 가야 할 때
③ 임은 갔지마는 나는 임을 보내지 아니하였습니다.
④ 나는 아직 기다리고 있을 테요, 찬란한 슬픔의 봄을
⑤ 오늘도 어제도 아니 잊고 / 먼 후일 그때에 "잊었노라"

활동 응용 문제 |서술형|

05. (나)~(라)에서 (가)를 어떻게 해석하고 있는지 한 문장으로 요약하여 쓰시오.

[06~09] 다음 글을 읽고, 물음에 답하시오.

가 시인 백석은 평북 정주에서 태어나 오산 학교를 거쳐 일본에 유학하고, 이 시를 발표할 당시(1938년)에는 함흥에서 교사로 근무하고 있었다. 원산보다도 훨씬 북쪽인 동해의 항구 도시 함흥, 그곳에서 섬세한 감성의 젊은 시인이 쓸쓸하게 겨울을 넘기고 있었다. 그가 보는 모든 것, 그가 듣는 모든 것이 시가 되었다. "나도 길다랗고 파리한 명태다"라고 썼듯이, 시 속의 명태는 어쩌면 백석 자신의 모습인지도 모른다.

나 시인의 다른 모습인 화자는 "문턱에 꽁꽁 얼어서 / 가슴에 길다란 고드름"을 매달고 있다. 여기서 화자가 다른 데도 아니고 '문턱'에 얼어 있다는 데 주목할 필요가 있다. 화자가 문턱을 오래 서성였다는 뜻일 텐데, 가슴에 '길다란 고드름'까지 달고 있으니 누군가를 기다리며 오래 속울음을 울고도 남았을 법하다. 하지만 화자가 그렇게 기다리는 사람은 겨우내 오지 않고 있다. 겨울 볕이 더욱 '서러웁게' 차가운 까닭이다.

다 백석의 시는 그가 살았던 시대와 연결 지을 때 의미가 더욱 깊어진다. 식민지에 태어나서 조국과 고향을 떠나 접하는 삶이 얼마나 외롭고 고되었으랴. 더욱이 이 시를 쓸 즈음에는 일본의 억압과 수탈이 점점 심해져서 망국민의 한이 끝없이 깊어질 때다. 바짝 마른 데다 꽁꽁 언 채 처마 끝에 매달려서 눈물 같은 고드름을 달고 있는 명태는 암울한 우리 민족의 분신이기도 한 것이다. 길다랗고 파리한 명태가 되어 꼬리가 아니라 '가슴에' 고드름을 단 채 우리네 슬픈 이웃들은 무엇을 기다린 것일까.

라 이처럼 이 시를 읽는 재미는 명태의 시각적 이미지와 멧새 소리의 청각적인 이미지를 겹쳐 읽는 데서 시작된다. 그리고 그 이미지들의 사이사이에 시인의 삶이, 역사 속의 소리 없는 울림들이 스며든다. 하지만 ㉠제일 커다란 울림은 독자 스스로가 채워 넣는 각자의 이야기에서 완성된다. 어떤 독자는 어릴 적 건넛마을 혹은 장에 가신 엄마를 기다렸던 기억을 떠올리고, 어떤 독자는 온다고 하고 오지 않는 애인이나 어떤 이유로든 헤어진 그 누군가를 채워 넣어 읽을 것이다. 또 어떤 독자는 새로운 내일을, 따뜻한 봄을 채워 넣어 읽을 수도 있다. 시 읽기란 작품에서 출발하여 시간과 공간의 화살을 타고 깊은 우주로 날아갔다가 다시 자기 안으로 돌아오는 아름다운 여정이기 때문이다.

활동 응용 문제
06. **(가)와 같은 관점에서 시 「멧새 소리」를 해석한 것은?**

① 이 시가 창작된 시기를 고려할 때, '멧새 소리'는 우리 민족이 기다리는 희망의 메시지를 의미한다.
② 어둠과 추위가 사라지면 해가 다시 떠오르고 볕이 드는 것처럼, 화자는 조국의 광복을 확신하고 있다.
③ 가슴에 고드름을 달고 있는 시적 화자는 고향을 떠나 외롭게 살아갔던 시인의 자화상이라고 볼 수 있다.
④ 지금은 명태처럼 쓸쓸할 때도 있지만, 내 꿈인 세계 여행을 언젠가를 이룰 수 있을 것이라는 멧새의 지저귐이 있어서 외롭지만은 않다.
⑤ 화자는 자신도 명태와 같다고 말하고 있다. 명태처럼 외롭고 쓸쓸한 화자, 그런 화자에게 멧새 소리는 따뜻한 희망의 소리가 아니었을까?

활동 응용 문제
07. **(다)에서 강조하고 있는 작품 해석의 관점은?**

① 독자의 경험 중심
② 작가의 창작 의도 중심
③ 작품에 반영된 사회적 배경 중심
④ 작가의 다른 작품들과의 관련성 중심
⑤ 시어·표현 등 작품의 내적 요소 중심

08. **(가)~(다)를 참고하여 시어 '명태'의 의미를 〈조건〉에 맞게 쓰시오.**

| 조건 |
• '명태'의 의미 두 가지가 나타나도록 쓸 것.
• '명태'는~을/를 의미한다.'의 형태로 30자 내외로 쓸 것.

활동 응용 문제 |서술형|
09. **㉠과 같이 해석한 근거를 〈조건〉에 맞게 쓰시오.**

| 조건 |
• 이 글의 내용을 바탕으로 쓸 것.
• 한 문장으로 쓸 것.

(2) 자신 있게 말하기

생각 열기

다음은 어느 방송인을 면담하고 쓴 기사의 일부입니다. 면담 기사를 읽고, 아래의 활동을 해 봅시다.

중앙일보   2013년 6월 10일

질문 지금은 유명한 방송인이 되었지만, 한때는 무대에 대한 두려움으로 방송 생활을 포기하려고 하셨다면서요?

답변 네, 그렇습니다. 연습 때는 잘하다가도 무대에만 서면 덜덜 떨었어요. 오락부장을 할 때는 친구들 앞이니까 아무 문제가 없었는데 전혀 모르는 사람들 앞에서 말을 하려니 심장이 터질 것만 같았습니다. 대사도 전혀 생각이 안 나고, 입술도 파르르 떨리고. 당시 저는 매 순간이 오디션 결승처럼 느껴졌어요. 이걸 잘해서 반드시 인정을 받겠다고 생각하다 보니 더욱 부담이 컸습니다.

이렇게 열자

제시된 면담 기사는 유명 방송인이 말하기 불안 경험을 겪었던 사례를 담고 있다. 또한 기사에는 나타나지 않으나, 무대에 대한 두려움으로 방송 생활을 포기하려고 했던 사람이 유명한 방송인으로 거듭나기까지는 그 사람의 숨은 노력도 있었다는 사실을 추측해 볼 수 있다.

이 기사를 참고하여 말하기 불안과 관련된 자신의 경험을 떠올려 보고, 유명한 방송인의 사례를 통해 말하기 불안이 모든 사람에게 생길 수 있는 자연스러운 현상임을 이해하도록 한다. 아울러 말하기 불안을 극복하기 위해서는 노력이 필요함을 깨닫도록 한다.

• 여러분도 이 방송인과 비슷한 경험을 한 적이 있나요?

예시 답 | • 발표를 하기 위해 자리에서 일어나기만 하면 말하려고 했던 내용이 하나도 생각나지 않는다.

• 사람들 앞에만 서면 얼굴이 빨개지고 가슴이 두근두근해서 말하기가 어려워진다.

• 유명한 방송인도 말하기 불안을 겪었다는 사실을 알고 나서 어떤 생각이 들었는지 이야기해 봅시다.

예시 답 | • 유명한 방송인이 말하기 불안을 겪었다니 놀랍다.

• 나도 열심히 노력하면 이 방송인처럼 말하기 불안을 극복할 수 있겠다는 생각이 들었다.

이 단원의 학습 요소

학습 목표 | • 여러 사람 앞에서 말할 때 부딪히는 어려움에 효과적으로 대처할 수 있다.

• 근거의 차이에 따른 다양한 해석을 비교하며 작품을 감상할 수 있다.

말하기 불안의 요소 점검하기, 말하기 불안에 대처하기	말하기 불안의 원인과 그에 대한 대처 방안에 관해 알아보고, 말하기 불안의 요소를 점검하면서 충실하게 발표 준비를 하여 말하기 불안에 대처해 본다.
자신의 경험, 배경지식, 가치관 등에 따라 작품 해석하기	문학 작품을 통해 작가가 말하고자 하는 바를 고려하면서 자신의 경험이나 배경지식, 가치관 등을 활용하여 타당하고 적절한 근거를 제시하며 작품을 해석해 본다.

소단원 바탕 학습

핵심 개념 미리 보기

1. 말하기 불안의 의미와 특성

의미	여러 사람 앞에서 말을 하기에 앞서 또는 말을 하는 과정에서 개인이 경험하게 되는 불안 증상
특성	• 사람에 따라 정도의 차이는 있지만, 대부분의 화자가 겪게 되는 심리적 현상임. • 말하기 불안 자체가 문제라기보다는 불안에 대처하는 화자의 대응 태도가 문제가 됨.

2. 말하기 불안의 원인

• 자아 개념이 부정적이거나 자신감이 매우 부족함.
• 지나치게 성격이 소극적이고 부끄럼을 잘 탐.
• 여러 사람 앞에서 말을 해 본 경험이 적음.
• 말할 내용이 충분히 준비되어 있지 않음.
• 청중이 낯설고 말하기 환경이 친숙하지 않음.
• 화제와 관련한 입장이나 내용에 확신이 서지 않음.
• 청중이 어떤 반응을 보일지에 대한 염려가 너무 큼.

↓

말하기 불안의 원인은 하나로 설명될 수 없고, 인지·정서 등과 관련된 다양한 차원의 문제가 복합적으로 작용함.

3. 말하기 불안의 대처 방법

생각 전환하기	• 긍정적인 자기 암시를 통해 불안을 극복함. • 말하기에 성공하는 장면을 그려 보면서 부정적인 생각을 긍정적으로 바꿈.
말하기 숙달도 높이기	• 자신에게 친숙한 주제를 선택하여 자료를 치밀하게 수집함. • 전달하기 편하도록 내용을 효과적으로 조직한 후, 사전 연습을 철저히 함. • 청중이 자신의 앞에 있다고 가정하여 시선, 손동작, 자세 등이 자연스럽도록 연습함.

↓

말하기 불안 증상을 완화하기 위해서는, 그 증상을 다른 사람에게 생길 수 있는 자연스러운 현상으로 받아들이고, 자신에게 있는 말하기 불안의 원인을 정확하게 파악하여 대처하려는 노력이 필요함.

4. 소설을 자신만의 관점으로 해석하고 발표하기

소설 해석하기	• 소설에 나타난 등장인물의 특성과 주제 파악하기 • 등장인물이 추구하는 삶의 방식 중 더 타당하다고 생각하는 방식을 근거를 들어 제시하기 • 자신의 경험이나 배경지식, 가치관 등을 활용하여 자신의 생각과 관점이 잘 드러나도록 해석하기
발표 준비하기	• 발표문을 여러 번 읽고 내용을 완전히 이해하기 • 실제 청중이 있다고 상상하며 처음부터 끝까지 발표를 연습해 보기
발표하기	자연스러운 자세로 발표 내용에 맞게 시선, 표정, 손짓이나 몸짓 등을 활용하기

눈으로 찍고 가기

1. □□□ □□은/는 여러 사람 앞에서 말을 하기에 앞서 또는 말을 하는 과정에서 개인이 경험하게 되는 불안 증상을 이르는 말이다.

2. 문학 작품을 자신만의 관점으로 해석하기 위해서는 자신의 경험이나 배경지식, □□□ 등을 적절하게 활용해야 한다.

3. 말하기 불안에 대한 설명으로 옳으면 ○, 옳지 않으면 X 표를 하시오.

(1) 말하기 불안은 성격이 소극적인 사람만 겪게 되는 심리적인 현상이다. (　)

(2) 말하기 불안에 대처하는 화자의 대응 태도보다는 말하기에 대한 불안감이 더 큰 문제가 된다. (　)

(3) 말할 내용을 효과적으로 조직하고 사전 연습을 철저히 하면 말하기에 대한 숙달도를 높일 수 있다. (　)

정답: 1. 말하기 불안 2. 가치관 3. (1) X (2) X (3) ○

┃ 다음 상황을 보고, 말하기 불안의 원인과 그 대처 방안에 관해 알아봅시다.

상진 내일은 '문학 작품의 다양한 해석'에 관해 우리 모둠이 발표를 하는 날이야. 선구, 네가 발표를 하기로 했었지?

선구 그래, 그런데 난 여러 사람 앞에서 말을 해 본 경험이 별로 없는데 발표를 잘할 수 있을까?
_{말하기 불안의 원인: 대중 앞에서 말을 해 본 경험이 적음.}

현서 평소 우리랑 이야기하는 것처럼 자연스럽게 발표하면 아무 문제 없을 거야.
_{말하기에 자신감을 불어넣기 위함.}

선구 (자신 없는 목소리로) 그, 그래, 알았어.   ➡️ 모둠 대표로 발표를 맡게 된 '선구'
_{말하기 불안이 해소되지 않음.}

  선구는 혼자 있을 때 틈만 나면 모둠 친구들과 함께 작성한 발표문을 보았다. 발표문을 보_{실제로 발표 연습을 해 보지는 않음. → 말하기 연습 방법이 적절하지 않음.}
지 않고도 그 내용을 말할 수 있을 정도로 외운 선구는 안심하고 학교에 갔다.

상진 우리 모두 열심히 발표 준비를 했으니, 전달만 잘되면 좋은 평가를 받을 수 있을 거야.

현서 선구가 발표를 잘해 줄 거라고 믿어. 선구야, 자신 있지?
_{선구에게 부담감을 주는 말임.}

  친구들의 이야기를 들은 선구는 부담감 때문에 갑자기 불안해진다.

선구 (혼잣말로) 우리 모두 발표 준비를 하느라 고생을 많이 했는데, 내가 발표를 못_{말하기 불안의 원인: 말을 잘해야 한다는 부담감이 큼.}
해서 다 망쳐 버리면 어떡하지?   ➡️ 발표를 잘해야 한다는 부담감을 느끼는 '선구'

  국어 수업이 시작된다.

선생님 자, 행복 모둠 차례죠? 행복 모둠 발표자가 '문학 작품의 다양한 해석'이라는 주제로 발표를 시작해 볼까요?

  교실 앞으로 나간 선구는 선생님과 친구들의 얼굴을 보고 긴장된 표정을 짓는다.

선구 (작은 목소리로) 우리 모둠은 백석의 멧……새 소리에 관해 발표를, 아니 조사_{자신감이 부족하기 때문}
를 했고, 다양하게 해석해 보았습니다.

  선구가 불안한 표정으로 모둠 친구들을 힐끔힐끔 쳐다보자, 친구들은 선구가 자신감을 가_{선구가 말하기 불안을 겪고 있음을 드러냄.}
질 수 있도록 응원의 눈빛을 보낸다.

선구 작품의 내용과 표현을 중심으로 살펴보면 멧새 소리는 백……석이……. (당황하여 말을 더듬고) 아니, 내용과 표현이 아니라, 저, 그…… 작가를 중심으로…….

  선구는 식은땀을 흘리고, 두려움에 다리를 떨며, 가쁜 숨을 몰아쉬면서 발표를 이어 간다.
_{말하기 불안에서 오는 증상}

선구 (기어들어 가는 목소리로) 멧새 소리는 당시 우리 민족이 기다렸던 독립에 대한

❝ 학습 포인트
· 말하기 불안의 원인 파악하기
· 말하기 불안의 대처 방안 파악하기

○ 활동 탐구
말하기 불안의 원인을 파악하고 그에 관한 대처 방안을 마련하기 위한 활동이다. 대체로 말하기 불안은 여러 사람 앞에서 말을 해 본 경험이나 말하기 준비가 부족할 때, 말하기에 대해 심한 부담감을 느낄 때 겪게 된다는 것을 이해하고 자신이 말하기 불안을 겪었던 경험을 떠올려 본다. 이와 더불어 말하기 불안을 극복하기 위한 방안에 대해 생각해 보도록 한다.

○ 활동 제재 개관
주제: 말하기 불안으로 자신감 없이 발표를 하게 된 '선구'
특징: 말하기 불안 때문에 발표를 제대로 하지 못하게 된 일상적인 상황을 통해 말하기 불안의 원인에 대해 생각해 보게 함.

➕ 보충 자료
말하기 불안의 종류

성격적 불안증	말하기에 관한 과거의 실패 경험, 부정적 자아 개념 등 개인의 내적인 면과 관련된 것으로 개인별 차이가 큼.
상황적 불안증	정도의 차이는 있지만 보편적인 것으로, 공식적인 자리에서 대중 앞에서 말할 경우 누구나 경험하고 있음.

희망의 메시지……가 아니라, 아니, 이건 당시 시대 상황과…… 관련지어 해석 해 본…….

선생님 목소리가 너무 작은 것 같아요. 좀 더 큰 목소리로 발표하면 좋을 것 같아요.

선구 (고개를 푹 숙이며) 네, 알겠습니다. (떨리는 목소리로) 명태, 아니 멧새가…… 아니, 멧새 소리가……. 멧새 소리의 의미는 (고개를 숙이고 발표문만 들추어 보면서) 우리 민족이 기다리는…….

머릿속이 하얘진 선구는 어떻게 발표를 끝냈는지 기억도 안 난다.

말하기 불안 때문에 발표를 제대로 하지 못했음.   → 긴장감에 발표를 제대로 하지 못한 '선구'

---

1. 선구의 말하기 불안의 원인에 해당하는 것에 ✓ 표시를 해 봅시다. 예시 답 |

- ✓ 말을 잘해야 한다는 부담감이 너무 컸다.
- ✓ 말하기 연습 방법이 적절하지 않았다.
- ✓ 여러 사람 앞에서 말을 해 본 경험이 부족했다.
- ☐ 청중이 낯설고 말하기 환경이 친숙하지 않았다.
- ☐ 청중이 자신의 말을 듣고 어떤 반응을 보일지에 대한 염려가 너무 컸다.

찬찬샘 핵심 강의

■ **말하기 불안**: 말하기 불안은 '여러 사람 앞에서 말을 하기에 앞서 또는 말을 하는 과정에서 개인이 경험하는 불안 증상'을 말해. 말하기 불안을 개선하려면 정확한 원인을 파악하여 그에 대한 대책을 마련해야 해. 일반적으로 자아 개념이 부정적이거나 성격이 소극적이고 부끄럼을 잘 타는 경우, 대중 앞에서 말을 해 본 경험이 적거나 청자를 포함한 말하기 환경에 친숙하지 않을 경우, 자신이 말할 내용이 충분히 준비되어 있지 않거나 화제에 관련한 입장이나 내용에 확신이 서지 않을 경우, 청자의 평가와 반응에 대한 염려가 큰 경우 등에 따라 말하기 불안이 유발될 수 있어.

⟩핵심 포인트⟨

말하기 불안의 개념	여러 사람 앞에서 말을 하기에 앞서 또는 말을 하는 과정에서 개인이 경험하는 불안 증상
말하기 불안의 원인	• 말하기 연습 방법이 적절하지 않은 경우 • 청중의 반응에 대한 염려가 너무 큰 경우 • 여러 사람 앞에서 말을 해 본 경험이 부족한 경우 • 청중이 낯설고 말하기 환경이 친숙하지 않은 경우

➕ 보충 자료
불안증 극복 체조
말하기를 앞두고 긴장이 고조될 때, 발표 차례를 기다리는 동안 불안증 극복 체조를 하면 말하기 불안에 따른 긴장감을 해소하는 데 도움이 된다.
• 심호흡을 천천히 여러 차례 반복한다.
• 혀와 턱을 풀어 준다.
• 바른 자세를 유지한다.
• 손과 손목의 힘을 빼고 손과 손목을 풀어 준다.
• 어깨와 등을 똑바로 하고 앉은 다음 배를 당긴다.
• 머리와 목에 힘을 빼고 머리와 목을 천천히 좌우로 그리고 아래위로 돌린다.

⭐ 지학이가 도와줄게! – 1
실제 말하기 상황에서 불안을 느끼는 원인은 여러 가지일 수 있지만 이 활동에서는 제시된 '선구'의 상황에 해당하는 경우만을 찾아보렴. '선구'가 처한 상황을 상상해 보면서 '선구'의 심리 상태를 이해해 보면 좀 더 쉽게 찾을 수 있을 거야.

콕콕 확인 문제 정답과 해설 4쪽
1. 선구의 말하기 불안의 원인에 해당하는 것끼리 묶인 것은?

- ㉠ 말하기 연습 방법이 적절하지 않았다.
- ㉡ 말을 잘해야 한다는 부담감이 너무 컸다.
- ㉢ 청중이 낯설고 말하기 환경이 친숙하지 않았다.
- ㉣ 여러 사람 앞에서 말을 해 본 경험이 부족했다.
- ㉤ 청중이 자신의 말을 듣고 어떤 반응을 보일지에 대한 염려가 너무 컸다.

① ㉠, ㉡, ㉢
② ㉠, ㉡, ㉣
③ ㉠, ㉡, ㉤
④ ㉡, ㉢, ㉣
⑤ ㉡, ㉣, ㉤

2. 다음 글을 바탕으로 선구에게 말하기 불안의 대처 방안에 관해 조언의 말을 해 봅시다.

> 말하기 불안은 사람에 따라 정도의 차이는 있지만, 대부분의 화자가 겪게 되는 심리적 현상이다. 따라서 문제가 되는 것은 말하기 불안 그 자체라기보다 불안에 대처하는 화자의 대응 태도라고 할 수 있다.
>
> 말하기 불안을 완화하기 위해서는 말하기 불안을 모든 사람에게 생길 수 있는 자연스러운 현상으로 받아들이고, 자신에게 있는 말하기 불안의 원인을 정확하게 파악하여 대처해야 한다.
>
> 먼저 불안을 이길 수 있도록 긍정적인 자기 암시를 하거나 말하기에 성공하는 장면을 그려 보면서 부정적인 생각을 긍정적으로 바꿀 필요가 있다. 또한, 말하기에 대한 숙달도를 높여 불안을 낮추기 위한 훈련도 해야 한다. 말하기 준비를 치밀하게 하고, 사전 연습을 철저히 하되, 청중이 자신의 앞에 있다고 가정하여 시선, 손동작, 자세 등이 자연스럽도록 연습하는 것도 좋은 방법이 될 수 있다.

예시 답ㅣ 오디션 프로그램에 여러 번 도전하는 사람을 본 적이 있어. 그 사람은 실패에 좌절하지 않고 더 열심히 노력해서 다른 도전자들보다 능숙한 모습을 보여 주었어. 그 사람처럼 열심히 연습하고 자신감을 키우면 말하기 불안을 충분히 극복할 수 있을 거야.

3. 선구와 같이 말하기 불안을 겪었던 경험을 떠올려 보고, 앞으로 그와 유사한 상황에 처하면 어떻게 대처할지 이야기해 봅시다.

예시 답ㅣ 발표를 할 때 잘해야 한다는 생각 때문에 외운 발표문의 내용을 떠올리는 데만 집중해서 굉장히 어색하게 발표를 한 경험이 있어. 앞으로는 잘해야 한다는 생각을 버리고 친구들과 눈을 맞추고 평소에 이야기하는 것처럼 자연스럽게 발표를 할 거야.

찬찬샘 핵심 강의

■ **말하기 불안의 대처 방안:** 말하기 불안을 극복하기 위해서는 말하기 불안이 모든 사람에게 생길 수 있는 자연스러운 현상임을 받아들이고, 자신에게 있는 말하기 불안의 원인이 무엇인지 정확하게 파악하여 대처해야 해. 불안을 이기기 위해서는 생각을 전환해야 해. 말하기 상황을 꺼리는 마음, 자신에 대한 부정적인 평가나 '나는 정말 잘해야 해.'와 같은 강박 관념을 바꾸어야 해. 또한 불안 자체를 긍정적인 신호로 받아들여 '초조하고 불안해서 미치겠어.'와 같이 반응하지 않고, '어, 제법 흥미로운데?'와 같이 긍정적으로 표현하면 도움이 된단다. 이와 더불어 말하기 기술에 대해 훈련을 해야겠지? 준비와 사전 연습도 철저하게 하고, 동작이나 자세도 연습하다 보면 말하기 불안이 점점 사라질 거야.

›핵심 포인트‹

말하기 불안의 대처 방안	• 생각 전환하기: 긍정적 자기 암시하기, 성공하는 장면을 그려 보면서 부정적인 생각을 긍정적인 생각으로 바꾸기 • 말하기에 대한 숙달도 높이기: 준비 치밀하게 하기, 사전 연습 철저히 하기, 시선이나 동작 등이 자연스럽도록 연습하기

다음 소설을 읽고, 자신이 해석한 내용을 자신 있게 발표해 봅시다.

불나방과 하루살이

김소진

"얘, 너 어딜 가니?"

늦가을의 별빛이 스미는 창문 틈새를 간신히 비집고 들어오느라 생채기가 난 날개를 쓰다듬던 불나방에게 누군가 말을 걸었습니다. 뒤를 돌아다보니 하루살이와 파리였습니다.

> 손톱 따위로 할퀴거나 긁히어서 생긴 작은 상처

"난 불을 찾아 여기로 날아들었어. 근데 너희들 거기서 뭐하니?"

자세히 보니 그들은 천장에 기다랗게 매달린 끈끈이 띠에 붙어 옴짝달싹 못 하는 처지였지요.

"보면 모르니? 우리는 지금 만찬을 즐기고 있다고."

> 저녁 식사로 먹기 위하여 차린 음식

"아름다운 향기와 입에 쩍쩍 달라붙는 즙이 얼마든지 흐르고 있잖니. 너도 몹시 허기가 진 표정인데 이리 가까이 와서 맛 좀 보렴."

> 아교풀

그러나 불나방은 고개를 내저었습니다.

"난 싫어. 너희들이 먹고 있는 만찬은 가짜야. 사람들이 너희들을 잡기 위해 가짜 꿀 냄새가 나는 아교풀을 발라 놓았다고. 너희는 그 유혹을 이기지 못하고 깜빡 속은 것일 뿐이야."

"흥, 속았다고?"

입가에 끈끈한 아교풀을 잔뜩 묻힌 파리가 코웃음을 쳤습니다.

"유혹을 이기지 못했다고? 그런 너는? 넌 저 휘황찬란한 촛불의 유혹을 이기지 못해 여기로 날아든 게 아니냐고?"

> 불나방은 불을 향해 뛰어드는 습성을 지님.

"그건 사실이야."

불나방이 시인을 하자 더욱 기세가 오른 파리가 다그쳤지요.

"우리가 인간한테 잡혀 죽는 모습을 네가 보게 될 확률보다 불에 뛰어들어 날개와 살이 타서 죽는 너의 꼬락서니를 우리가 먼저 구경하게 될 확률이 훨씬 높을걸? 안 그러니 하루살이야?"

> 자신들(파리, 하루살이)보다 불을 향해 뛰어드는 불나방이 더 일찍 죽게 될 것임.

"글쎄, 난 장담하기 어려워. 오늘 밤 자정 이후에 일어날 일에 대해서는 뭐라고 잘라 말할 수 없기 때문이야. 왜냐하면 너희들도

> 하루만 살다 죽는 하루살이의 습성을 드러냄.

○ 활동 탐구

소설을 읽고, 소설에 관한 자신의 해석을 여러 사람 앞에서 발표해 보는 활동이다. 자기 평가를 통해 말하기 불안 요소를 점검하고, 친구들의 의견을 통해 말하기에 관한 긍정적인 경험을 할 수 있도록 한다.

○ 활동 제재 개관

갈래: 현대 소설, 우화 소설
성격: 교훈적, 비판적, 상징적
시점: 3인칭 전지적 작가 시점
제재: 불나방과 하루살이와 파리의 대화
주제: 눈앞의 욕망보다 자유와 아름다움을 추구하는 삶이 더 가치 있음.
특징
① 우화적 구조를 통해 주제를 효과적으로 전달함.
② 곤충의 습성에 빗대어 인간 삶에 교훈을 주고자 함.
③ 추구하는 가치가 다른 등장인물들을 통해 어떤 삶이 더 가치 있는지 생각해 보게 함.

어휘 풀이
· 끈끈이: 작은 새나 벌레, 파리 따위를 잡는 데 쓰는 끈끈한 물질. 또는 그런 물건.
· 아교풀: 짐승의 가죽, 힘줄, 뼈 따위를 진하게 고아서 굳힌 끈끈한 것. 풀로도 쓰고 지혈제로도 씀.

알다시피 난 하루살이 아냐? 자정을 넘길 수 없을 거야."

"그러니까 넌 선택을 잘한 거야. 자정이면 땡 칠 목숨, 피곤하게 날갯짓하며 하루 종일 푸드덕거려 봤자 제대로 얻어먹기라도 하냐 이거야. 차라리 이렇게 한 상 떡 벌어진 끈끈이 띠에 달라붙어 곧 죽을 때까지 호의호식하는 게 장땡이지 뭐. 하지만 사실 너보다 며칠은 너끈히 더 살 수 있는 난 약간 억울한데 이거."

> 가장 좋은 수나 최고를 속되게 이르는 말
> 하루만 살다 죽는 '하루살이'의 습성을 드러냄.
> ➜ 서로가 처한 상황에 대해 이야기를 나누는 불나방, 하루살이, 파리

그 말을 들은 하루살이는 좀 우울해졌습니다. 그래서 창문턱에서 휴식을 마치고 막 날아오르려는 불나방을 붙잡고 물어보았습니다.

"불나방아, 너는 하루살이에 불과한 나나 파리보다도 훨씬 오래 살잖아."

"그렇다고 할 수도 있지."

"그런데 왜 스스로 뜨거운 불꽃에 몸을 함부로 던지려 하는 거지? 그건 너무 끔찍하잖아? 차라리 우리처럼 향기와 단물이 흐르는 끈끈이 띠에 발을 붙이고 한나절이나마 잘 지내다 사라지는 게 오히려 낫지 않을까? 누가 너에게 그 일을 시켰니?"

> 하루살이의 가치관: 짧은 인생인데 편하게 지내는 것이 더 낫다고 생각함.
> ➜ 불나방에게 불 속에 몸을 던지려는 이유를 묻는 하루살이

불나방은 잠시 눈을 지그시 감았다가 떴습니다.

"아무도 내게 불 속으로 뛰어들라고 강요하지 않았어."

"그럼 도대체 무슨 까닭이야?"

"그건 말로 설명할 순 없어. 느낌이 중요해."

"무슨 느낌?"

"말하자면 자유 같은 거겠지. 찬찬히 돌이켜 생각해 봐. 우리는 그동안 항상 허기를 느끼는 빈 위장과 단물을 쭉쭉 빠는 데 이골이 난 혀의 노예로만 살아왔어."

> 항상 배고픔을 느끼면서 맛있는 음식을 찾는 것에만 몰두해 왔음.

하루살이는 고개를 갸웃거렸습니다.

"그거야 당연한 것 아냐?"

"물론 당연하다고 할 수도 있어. 하지만 그렇게 사느라고 우리가 치른 엄청난 대가들을 생각해 봐. 어느 구석인지 입을 벌리고 있을 음흉한 거미들의 보이지 않는 죽음의 그물망을 염려하느라 몸을 움츠려야 했어. 또 공포스러운 사마귀의 턱이나 새들의 단단한 부리에 우리의 연약한 머

> 거미들에게 잡혀 죽임을 당하지 않기 위해 항상 마음을 졸이며 살아야 했음.
> 사마귀나 새들의 먹이가 될 것을 걱정하며 편하지 못했음.

○ **등장인물**

• 불나방

습성	불을 향해 뛰어듦.
처한 상황	자유와 아름다움을 추구하기 위해 불 속에 몸을 던짐.

• 하루살이

습성	하루만 살다 죽음.
처한 상황	끈끈이 띠에 붙어 옴짝달싹 못 하다 자정이 되어 죽음.

• 파리

습성	음식에 잘 꼬임.
처한 상황	다가오는 죽음을 모른 채 끈끈이 띠에 붙어 열심히 아교풀만 빨아 먹음.

○ **등장인물이 상징하는 인간 유형**

불나방	자신의 이상을 이루기 위해 노력하는 사람
하루살이	인생에 관한 긴 안목을 지니지 못한 사람
파리	이상보다는 눈앞의 물질적 욕구와 쾌락을 추구하는 사람

어휘 풀이

• 호의호식(好衣好食): 좋은 옷을 입고 좋은 음식을 먹음.
• 이골: 아주 길이 들어서 몸에 푹 밴 버릇.

리통이 깨질까 걱정하느라 숨도 제대로 못 쉬었어."

"그건 그래……."

하루살이는 고개를 끄덕였습니다.

"하지만 저렇게 일렁거리며 현란한 춤을 추는 불꽃을 한번 보라고. 얼마나 아름답고
<u>자유스러워.</u> 곤충 주제에 무슨 아름다움이고 자유를 찾냐고 비웃을 수는 있어. 그러나
그것은 그렇게 생각하는 쪽의 <u>오만</u>이고 편견일 뿐이야. 자기 나름대로의 아름다움에
반하고 그런 것을 추구할 권리는 결코 어느 한쪽에서 <u>배타적으로</u> 소유할 수가 없을걸.
우리 모두의 권리야. 오오, 저 춤추는 아름다운 불꽃!"

눈이 부시도록 찬란한
불나방의 가치관: 아름다움과 자유를 추구함.
태도나 행동이 건방지거나 거만함. 또는 그 태도나 행동
남을 배척하는. 또는 그런 것
이상을 추구할 권리는 누구에게나 있음.

"하지만 날개가 타고 몸에 화상을 입으면 고통스럽잖아? 난 무서워."

"아마 <u>고통 없는 아름다움이란 이 세상에 없을 거야.</u> 그리고 우린 어차피 자연의 순환
이라는 법칙에 곧 순종해야 할 운명이야. 난 아무도 모르는 곳에 이미 다음 대를 이어
갈 나의 사랑스런 알들도 까 놓았어. 그럼 안녕!"

아름다움을 이루는 데는 고통이 따르기 마련임.
➔ *아름다움과 자유를 추구하기 위해 불 속에 몸을 던진다고 말하는 불나방*

불나방은 일렁이는 촛불 위를 서너 차례 돈 다음 온 힘을 다해 몸을 던졌습니다. 그 순
간 하루살이도 몸속에서 어떤 뜨거운 기운이 솟는 느낌을 받으며 눈을 질끈 감았지만 다
시는 뜨지 못했습니다. 왜냐하면 그때가 거의 자정 무렵이었기 때문입니다.

자신의 이상을 이루기 위해 자신을 희생하는 모습을 보여 줌.
이상을 추구하는 불나방의 모습에 느낀 바가 있음.
하루살이의 생명이 다함(죽음).

"힝, 그 불나방 잘난 척 한번 더럽게 하더니 결국 저 꼴이 되고 마는군. 이승의 진흙탕
이면 어때! 하루라도 더 구르는 놈이 장땡이지 뭐."

이상보다는 눈앞의 쾌락을 추구하는 삶이 최고라고 생각하는 파리

열심히 아교풀을 빨아 먹던 파리가 한마디 던지고는 계속 혓바닥을 날름거렸지요. 물
론 한 사람이 다가와 파리를 처리하기 위해 가위로 끈끈이 띠를 막 자르려 하는 것은 미
처 보지 못한 채 말입니다.

먹을 것에만 눈이 멀어서(눈앞의 쾌락 때문에) 다가오는 죽음에 대해서도 알지 못함.
➔ *불나방의 행동을 비웃는 파리*

– 김소진, 「달팽이 사랑」

 보충 자료
우화 소설

뜻	인격화한 동·식물이나 기타 사물을 주인공으로 하여 그들의 행동 속에 풍자와 교훈의 뜻을 나타내는 이야기
역할	겉으로는 동물들의 이야기지만 궁극적으로 사람들 사이의 문제를 다루기 때문에 인간의 위선을 풍자하고 진실을 깨우치는 데 중요한 역할을 함.

 등장인물의 말에 담긴 가치관

불나방

"곤충 주제에 무슨 아름다움이고 자유를 찾냐고 비웃을 수는 있어. 그러나 그것은 그렇게 생각하는 쪽의 오만이고 편견일 뿐이야. 자기 나름대로의 아름다움에 반하고 그런 것을 추구할 권리는 결코 어느 한쪽에서 배타적으로 소유할 수가 없을걸. 우리 모두의 권리야."

↓

• 누구나 아름다움과 자유를 추구할 권리가 있음.
• 이상을 추구하는 삶이 의미 있음.

↕

파리

"힝, 그 불나방 잘난 척 한번 더럽게 하더니 결국 저 꼴이 되고 마는군. 이승의 진흙탕이면 어때! 하루라도 더 구르는 놈이 장땡이지 뭐."

↓

이상보다는 눈앞의 쾌락을 추구하는 삶이 더 의미 있음.

1. 자신의 관점에서 이 소설을 해석해 보고, 이를 수업 시간에 발표하기 위한 발표문을 작성해 봅시다.

1 이 소설에 나타난 등장인물의 특성을 파악해 봅시다.

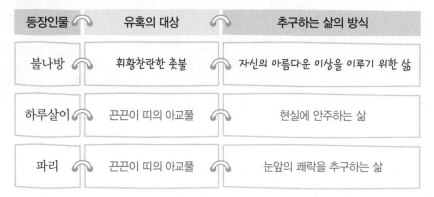

등장인물	유혹의 대상	추구하는 삶의 방식
불나방	휘황찬란한 촛불	자신의 아름다운 이상을 이루기 위한 삶
하루살이	끈끈이 띠의 아교풀	현실에 안주하는 삶
파리	끈끈이 띠의 아교풀	눈앞의 쾌락을 추구하는 삶

★ 지학이가 도와줄게! - 1 **1**

이 소설에 나타난 등장인물의 특성을 파악하기 위해 등장인물을 유혹하는 대상이 무엇인지, 그들이 추구하는 삶의 방식이 무엇인지를 파악해 보는 활동이야. '불나방'의 예를 참고로 하여 하루살이와 파리를 유혹하는 대상을 찾아보고, 그들이 어떤 삶을 추구하는지 파악해 보렴.

2 이 소설의 작가가 등장인물들을 통해 말하고자 한 것은 무엇인지 생각해 봅시다.

예시 답 | 추구하는 가치가 다른 등장인물들을 통해 눈앞의 욕망보다 자유와 아름다움을 추구하는 삶이 더 가치 있다는 주제를 전달하고 있다.

3 이 소설의 등장인물 중에서 자신이 가장 공감하는 인물의 삶의 방식과 그 까닭을 정리해 봅시다.

예시 답 | 나는 파리가 추구하는 삶의 방식을 지지한다. 불가능한 것을 꿈꾸지 않고 현실 속에서 가능한 것을 추구하는 삶이 더 가치 있어 보이기 때문이다.

★ 지학이가 도와줄게! - 1 **2, 3**

앞에서 각 인물이 추구하는 삶의 방식을 파악했다면, 이를 통해 다양한 삶의 방식을 이해할 수 있었을거야. 작가가 말하고자 한 바, 즉 이 소설의 주제가 무엇인지를 파악해 보렴. 그리고 이 소설에 나타나고 있는 등장인물의 삶의 방식을 고려했을 때, 자신이 가장 공감하는 인물은 누구인지, 그 인물에게 공감하는 이유를 구체적으로 정리해 보렴.

4 이 소설을 감상하고, 자신이 해석한 내용을 바탕으로 발표문을 써 봅시다.

유의 사항

- 작가가 소설을 통해 말하고자 하는 바를 고려하면서 자신의 생각과 관점이 잘 드러나도록 발표문을 씁니다.
- 등장인물이 추구하는 삶의 방식 중, 어떤 삶의 방식이 더 타당하다고 생각하는지 근거를 들어 씁니다. 또 자신은 어떤 삶을 추구하고 싶은지도 밝혀 줍니다.
- 친구들이 발표에 관심과 흥미를 가질 수 있도록 발표 내용을 구성합니다.

★ 지학이가 도와줄게! - 1 **4**

등장인물의 특성과 관련지어 자신이 이 소설을 해석한 내용에 대해 작성해 보는 활동이야. 발표문을 쓸 때는 무턱대고 처음부터 내용을 쓰는 것이 아니라 먼저 개요를 작성해야 해. 처음, 중간, 끝에 어떤 내용을 넣을 것인지 순서대로 간단히 작성해 보고, 그것을 바탕으로 제시된 '유의 사항'에 따라 구체적인 발표 내용을 구성하도록 해.

예시 답ㅣ제가 발표할 내용은 김소진 작가의 「불나방과 하루살이」에 관한 해석입니다. 이 소설은 불나방, 하루살이, 파리라는 세 곤충의 습성에 빗대어 우리의 삶에 교훈을 주고 있습니다. 이 소설에 등장하는 '파리'는 달짝지근한 아교풀을 빨아 먹기 위해 끈 끈이 띠에 붙어 있습니다. 이러한 파리는 현실에서 눈앞의 쾌락을 추구하는 인간을 나타냅니다. 그리고 하루만 살면 죽게 되는 '하루살이'는 짧은 삶 동안 무엇을 이루기 위해 힘들게 살기보다 현실에 안주하며 사는 인간 유형을 상징합니다. 반면 고통스 럽게 불에 타 죽을 것을 알면서도 촛불을 향해 뛰어드는 '불나방'은 자유와 아름다움 을 추구하는 인간을 의미합니다. 작가는 이렇게 곤충들을 통해 자신이 원하는 이상 을 향해 모든 것을 바치는 삶이 가치 있는 삶이라는 주제를 전달하고 있습니다.

작가는 불나방의 삶에 대해 긍정적으로 바라보고 있고, 파리와 하루살이의 삶을 부 정적으로 바라보며 비판하고 있지만 저는 파리나 하루살이의 삶의 방식이 무가치하 다고 생각하지 않습니다. 오히려 불나방보다 파리가 추구하는 삶의 방식이 더 가치 있다고 생각합니다. 이룰 수도 없는 꿈만 좇다가 시간만 허비하는 것은 현명한 삶의 태도가 아니기 때문입니다.

저는 눈에 보이지 않는 이상을 좇으며 고통스럽게 사는 것보다 한 번뿐 인 인생이니 하루하루 즐겁게 사는 삶을 살고 싶습니다. 오늘을 충실히 살다 보면 내일도 충실해질 수 있고, 오늘의 행복을 찾으면 내일도 행 복해질 것이라고 믿습니다.

찬찬샘 핵심 강의

■ **자신의 관점에서 소설 해석하기:** 문학 작품은 독자의 경험이나 배경지식, 가치관 등에 따라 다양하게 해석할 수 있어. 이때 유의할 점은 작가가 작품을 통해 말하고자 한 바를 고려하면서 자신의 생각과 관점을 드러내야 한다는 것이야. 소설 「불나방과 하루살이」를 해석할 때에도 등장인물이 추구하는 삶의 방식과 관련지어 작가가 말하고자 한 바를 이해하면서 작품을 해석해야 하고, 반드시 구체적인 근거가 포함되어야 한단다. 소설 속 '불나방'은 휘황찬란한 촛불의 유혹을 느끼면서 결국 불 속으로 뛰어들게 되는데 이를 통해 드러내고자 한 삶의 방식은 무엇인지, 끈끈이 띠의 아교풀의 유혹을 이기지 못하고 그것을 먹으며 만족해하는 '하루살이'와 '파리'를 통해 드러내고자 한 삶의 방식은 무엇인지를 생각해 보도록 해. 또한 작가가 이들을 통해 말하고자 한 바, 즉 주제를 생각해 보면서 자신의 관점을 드러낸다면 작품에 대한 멋진 해석이 나올 수 있을 거야.

▸핵심 포인트◂

등장인물이 추구하는 삶의 방식	• 불나방: 자신의 아름다운 이상을 이루기 위한 삶 • 하루살이: 현실에 안주하는 삶 • 파리: 눈앞의 쾌락을 추구하는 삶
주제	눈앞의 욕망보다 자유와 아름다움을 추구하는 삶이 더 가치 있다.

↓

소설 해석하기	• 작가가 작품을 통해 말하고자 한 바를 고려함. • 등장인물의 특성이나 가치관을 고려하여 구체적인 근거와 함께 자신의 생각과 관점을 드러냄.

3. 이 소설의 등장인물에 대한 설명으로 알맞지 <u>않은</u> 것은?

① 불나방: 자유와 아름다움을 추구한다.
② 하루살이: 인생에 대한 긴 안목을 지니지 못한다.
③ 하루살이: 현실에 안주하는 삶을 살려고 한다.
④ 불나방: 자신의 이상을 이루기 위해 노력한다.
⑤ 파리: 쾌락적인 삶보다는 이상적인 삶을 추구한다.

4. 이 소설의 작가가 말하고자 한 바로 알맞은 것은?

① 타인을 위해 희생할 줄 아는 삶이 더 가치 있다.
② 자유를 포기하고 안주하는 삶을 비난할 수는 없다.
③ 행복을 추구하며 생명을 이어 가는 일도 가치 있다.
④ 자신의 신념과 이상을 추구하는 삶이 더 의미 있다.
⑤ 아무리 자유가 고귀하다고 해도 생명까지 던지는 것은 어리석다.

5. 이 소설의 등장인물에 대한 반응 중, 적절하지 <u>않은</u> 것은?

① 당장의 편안함이 아닌 고귀한 가치를 선택한 불나방의 선택을 지지해.
② 불가능한 것이 아닌 실현 가능한 것을 추구하는 파리의 삶의 방식을 지지해.
③ 하루를 살더라도 의지대로 사는 삶을 추구하는 하루살이의 가치관이 더 멋져.
④ 죽음을 앞두고도 현재의 삶을 즐길 수 있다는 점에서 파리의 가치관에 공감해.
⑤ 길고 비굴한 삶보다는 자유롭게 불타오르는 삶이 의미가 있으므로 불나방의 삶을 지지해.

발표 준비하기

2. 1에서 작성한 발표문을 바탕으로 발표 준비를 해 봅시다.

1 다음 점검표를 통해 자신의 상태를 점검하고, 도움말을 참고하여 발표 준비를 해 봅시다. 예시 답 | 생략

발표하기 며칠 전부터 불안하다.	⇨ ◎ ⊗
발표해야 하는 상황을 피하고 싶다.	⇨ ◎ ⊗
발표할 때 내용을 잊어버리거나 멍해질까 봐 걱정된다.	⇨ ◎ ⊗

도움말

발표 전에는 이렇게!

• 발표문을 여러 번 읽고, 발표 내용을 완전히 이해한다.
• 발표 전의 불안함에 관해 친구들과 이야기를 나누며 그런 불안이 자신만의 문제가 아니라 누구나 겪는 일이라는 것을 이해한다.

2 다음과 같은 상황을 경험한 적이 있는지 점검하고, 도움말을 참고하여 발표 연습을 해 봅시다. 예시 답 | 생략

발표할 때 얼굴이 붉어지거나 굳어진다.	⇨ ◎ ⊗
발표할 때 호흡이 곤란해지거나 목소리가 떨린다.	⇨ ◎ ⊗
익숙한 사람들 앞에서의 발표인데도 긴장이 된다.	⇨ ◎ ⊗

도움말

발표 연습은 이렇게!

• 실제 청중이 있다고 상상하며 처음부터 끝까지 발표를 연습해 본다. 이때 실수를 하거나 발표 내용이 생각이 나지 않더라도 중간에 멈추지 않도록 한다.
• 시선, 표정, 손짓이나 몸짓 등이 자연스럽도록 연습한다.

• 친구들 앞에서 실제 발표를 한다고 가정하고, 발표 장면을 녹화해 봅시다.

• 녹화한 자신의 발표 영상을 보면서 말하기 태도를 점검하고, 부족한 점을 보완해 봅시다.

콕콕 확인 문제

6. 발표문을 바탕으로 발표 준비를 할 때 적절하지 <u>않은</u> 것은?

① 시선, 표정, 동작 등이 자연스럽도록 연습한다.
② 연습 시 발표 장면을 녹화하여 부족한 점을 보완한다.
③ 발표 주제와 자료를 치밀하게 조사한다.
④ 발표문을 여러 번 읽고, 발표 내용을 완전히 이해한다.
⑤ 발표 전의 불안함에 관해 친구들과 공유하며 말하기 불안이 누구나 겪는 일임을 이해한다.

3. 친구들 앞에서 발표를 하고, 자신의 말하기 태도를 평가해 봅시다.

> **도움말**
>
> **발표할 때는 이렇게!**
> • 발표를 시작하기 전에 마음속으로 하나에서 열까지 천천히 센다.
> • 똑바로 서서 다리를 어깨너비로 벌린 후, 몸무게를 양발에 똑같이 싣는다.
> • 몸에 너무 힘을 주지 않도록 하고, 몸을 구부리거나 기대는 자세는 삼간다.
> • 발표 내용에 맞게 시선, 표정, 손짓이나 몸짓 등을 활용한다.

1 다음 점검표를 바탕으로 자신의 발표를 평가해 봅시다. 예시 답 l 생략

평가 기준	예	아니요
❶ 문학 작품에 관한 자신의 관점과 해석의 근거가 잘 드러나 있는가?		
❷ 자신의 의견을 분명하고 자신 있게 표현하였는가?		
❸ 발표 시간을 준수하였는가?		

2 자신의 말하기 태도에 관해 선생님과 친구들의 의견을 들어 봅시다.
예시 답 l 생략

찬찬샘 핵심 강의

■ **말하기 불안을 극복하며 발표하기:** 발표를 하기 전에 친구들과 말하기 불안에 관한 이야기를 나누면 말하기 불안이 자신만의 문제가 아니라 누구나 겪는 일이라는 것을 이해하게 될 거야. 먼저 발표를 준비할 때에는 발표문을 여러 번 읽고, 발표 내용을 완전히 이해하는 것이 가장 기본이야. 발표 연습을 할 때에는 실제 청중이 있다고 상상하며 처음부터 끝까지 발표하는 연습을 해 봐. 이때 실수를 하거나 발표 내용이 생각나지 않더라도 중간에 멈추지 않고 끝까지 해 보는 것이 중요해. 물론 시선이나 표정, 손짓, 몸짓 등도 자연스럽도록 연습해야지. 그리고 자신이 연습한 과정을 녹화해 보고 그것을 보면서 부족한 점을 보완해 보면 많은 도움이 될 거야. 발표할 때에는 자연스러운 자세로 똑바로 서서 발표 내용에 맞게 표정이나 동작을 활용하여 발표하도록 해.

>핵심 포인트<

발표 준비하기	• 발표문을 여러 번 읽고, 내용 완전히 이해하기 • 실제 청중이 있다고 상상하며 처음부터 끝까지 발표 연습하기 • 발표 장면을 녹화하여 자신의 말하기 태도 점검하기
발표하기	자연스러운 자세로 발표 내용에 맞게 시선, 표정, 손짓이나 몸짓 등을 활용하여 발표하기

지학이가 도와줄게! – 3 ❶

제시된 점검표를 바탕으로 자신의 발표를 객관적으로 평가해 보는 활동이야. 자신의 발표를 점검하면서 개선해야 할 점이나 문제점이 있는지 생각해 보자. 물론 긍정적으로 평가할 만한 부분에 대해서도 생각해 보렴.

지학이가 도와줄게! – 3 ❷

자신이 어떤 태도로 발표했는지는 객관적으로 알기 어려워. 이때 친구들이나 선생님의 의견을 들어 보면 다음 말하기에 큰 도움이 될 수 있어. 또한 의견을 수용하는 과정에서 말하기 불안도 점차 극복할 수 있을 거야.

콕콕 확인 문제

7. 발표할 때의 태도로 알맞지 **않은** 것은?

① 몸에 너무 힘을 주지 않도록 약간 기대어 선다.
② 발표 시작 전에 심호흡을 천천히 여러 차례 반복한다.
③ 상황에 맞게 말하기의 속도, 성량, 어조 등을 조절한다.
④ 내용에 맞게 시선, 표정, 손짓이나 몸짓 등을 활용한다.
⑤ 다리를 어깨너비로 벌린 후, 몸무게를 양발에 똑같이 싣는다.

4. 다른 친구들의 발표를 듣고, 아래의 활동을 해 봅시다.

1 친구들의 발표에서 칭찬할 만한 부분과 개선하면 좋을 부분을 정리해 봅시다. 예시 답 l

발표자	칭찬할 만한 부분	개선하면 좋을 부분
○○○	목소리가 커서 뒤에까지 내용이 잘 전달되었음.	말하는 중간에 "음…… 음……" 하는 말버릇을 고치면 좋겠음.
○○○	자신 있는 태도가 돋보였음.	너무 빠른 말의 속도와 책을 읽는 듯한 말투를 개선하면 좋겠음.
○○○	친구들과 두루두루 시선을 맞추며 말하였음.	발음이 좀 더 정확하면 좋겠음.

2 다음 글을 읽고, 자신의 반응이 친구의 발표에 어떤 영향을 주었을지 이야기해 봅시다.

> 청자의 반응은 화자의 말하기 불안에 큰 영향을 미친다. 여러 사람 앞에서 말을 한다는 사실 자체가 불안의 요인이기도 하지만, 낯설거나 우호적이지 않은 청중 앞에서 말을 할 때는 말하기 불안이 더 커질 수 있다.
>
> 청자의 태도나 반응은 말하기 불안을 감소하는 중요한 요인이 될 수도 있다. 청자의 긍정적 반응은 화자에게 자신감을 부여하고, 마음의 여유를 갖게 해 주어 화자가 준비한 내용을 좀 더 잘 전달할 수 있게 만든다.

예시 답 l 공감되는 말에 고개를 끄덕이고, 재미있게 이야기하는 부분에서는 환하게 웃어 주었다. 이런 나의 반응에 친구는 자신의 이야기가 공감을 얻고 있다고 생각하여 더 자신감 있게 발표할 수 있었을 것이다.

3 화자의 말하기 불안을 감소하기 위해 청자가 보일 수 있는 긍정적인 반응에는 어떤 것들이 있는지 말해 봅시다.

예 고개를 끄덕이며 화자의 말이 잘 전달되고 있음을 나타낸다.

예시 답 l 발표자와 시선 맞추기, 미소 짓기 등

찬찬샘 핵심 강의

- **발표 듣기**: 말하기 불안은 청자의 반응에 대한 우려에서 비롯되기도 해. 따라서 화자가 편안한 마음으로 말을 하려면 청자의 긍정적인 반응이 필요해. 청자가 긍정적인 반응을 보여 주면, 화자는 말하기에 자신감을 얻게 되어 마음의 여유를 갖고 준비한 내용을 잘 전달할 수 있어.

>핵심 포인트<

화자의 말에 긍정적인 반응 보이기	• 공감되는 말에는 고개를 끄덕임. • 재미있게 이야기하는 부분에서는 환하게 웃어 줌. • 발표자와 시선을 맞추며 들음.

★ 지학이가 도와줄게! - 4 **1**

친구들의 발표를 듣고 평가해 보는 활동이야. 이때 유의할 점은 발표자가 전문가가 아닌 자신의 친구들이므로 비난보다는 따뜻한 조언이 되도록 하면 좋겠지. 칭찬할 만한 부분과 개선하면 좋을 부분으로 나누어 정리하고, 부족한 부분이 있으면 그 대안이 무엇인지 생각해 보렴.

★ 지학이가 도와줄게! - 4 **2**

청자가 긍정적인 반응을 보일 때와 부정적인 반응을 보일 때, 화자가 느끼는 심리적 부담감에 어떤 차이가 있을지 생각해 봐. 화자가 편안한 마음으로 말을 하기 위해서는 청자가 어떤 반응을 하면 좋을지 생각해 보렴.

★ 지학이가 도와줄게! - 4 **3**

화자의 말하기 불안에는 여러 가지 이유가 있겠지만, 청자의 반응에 대한 우려 때문에 말하기 불안이 생기기도 해. 화자의 말하기 불안을 감소하는 데 도움이 되도록 청자로서 적절한 반응을 하는 방법을 다양하게 제시해 보렴.

(콕콕) **확인 문제**

8. 발표를 들을 때의 자세로 알맞지 <u>않은</u> 것은?

① 공감되는 화자의 말에는 고개를 끄덕여 준다.

② 사실과 의견, 주장과 근거 등을 구분하며 듣는다.

③ 화자가 긴장감을 느끼지 않도록 시선을 맞추지 않는다.

④ 화자가 재미있게 이야기하는 부분에서는 환하게 웃어 준다.

⑤ 자신의 생각과 다른 내용을 말할 때에도 관심을 가지고 경청한다.

창의 · 융합 활동

혼자 하기 ·

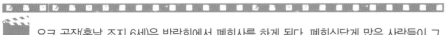

다음은 대중 앞에서 연설을 하지 못했던 왕에 관한 실제 이야기를 다룬
영화 『킹스 스피치』입니다. 영화를 보고, 이어지는 활동을 해 봅시다.

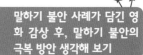
 요크 공작(훗날 조지 6세)은 박람회에서 폐회사를 하게 된다. 폐회식답게 많은 사람들이 그의 입을 주목하는데, 긴장감과 압박감에 떨던 요크 공작은 폐회사의 시작부터 말을 심하게 더듬고, 그 모습을 본 국민들은 실망감에 고개를 떨군다.

 아버지의 강압적인 태도 때문에 연설은커녕 계속 말을 더듬게 된 요크 공작은 언어 치료사 로그를 만나게 된다. 로그는 자신만의 방식대로 요크 공작의 말더듬증을 치료해 나간다.

아버지의 죽음과 형의 왕위 포기로 인해 요크 공작은 영국의 왕 조지 6세가 된다. 조지 6세가 왕이 되었을 당시는 히틀러의 나치가 세력을 확장하던 시기였다. 결국 영국은 히틀러의 나치와 전쟁 선포를 하고, 조지 6세는 왕으로서 라디오 연설을 수행한다.

 연설을 성공적으로 마친 조지 6세는 국민들 앞에 당당하게 나선다.

모두... 일치...단결하여
차분히 극복해 나갈 것을...

◦ 활동 탐구

말하기 불안을 극복한 실제 인물의 사례가 담긴 영화 『킹스 스피치』를 감상하면서 말하기 불안의 극복 방안을 생각해 보는 활동이다. 이 활동을 통해 누구나 말하기 불안 증상을 완화할 수 있다는 것을 파악해 본다.

◦ 활동 제재 개관

해제: 대중 앞에서 연설을 하지 못했던 요크 공작이 언어 치료사 로그를 만나 말더듬증을 치료해 나가고, 훗날 영국 국왕으로 즉위한 후 성공적인 연설을 하게 된다는 내용의 영화이다.
배경: 제2차 세계 대전 무렵, 영국
제재: 요크 공작(훗날 조지 6세)의 말하기 불안
주제: 말하기 불안을 극복하고 세상을 감동시킨 연설을 한 조지 6세
특징
① 말하기 불안을 극복한 실제 인물의 사례를 통해 감동을 줌.
② 서툴지만 진심을 담은 연설을 한 주인공을 통해 '유창한 말하기'에 대한 사람들의 편견을 바꿔 줌.

➕ 참고 자료

조지 6세
• 1895년 영국 국왕 조지 5세의 차남으로 태어났지만, 맏형이 왕위를 포기하여 1936년 영국 국왕으로 즉위함.
• 어려서부터 심한 말더듬증을 앓고 있었는데 언어 치료사의 도움으로 연설을 할 수 있게 됨.
• 제2차 세계 대전 동안 런던을 떠나지 않고 시민들과 생사를 함께한 훌륭한 왕으로 평가받음.

1. 조지 6세는 말하기에 어떤 어려움을 가지고 있었는지 말해 봅시다.

예시 답ㅣ 말을 더듬고, 연설을 하는 데 어려움을 겪었다.

✦ 지학이가 도와줄게! - 1

영화의 장면을 통해 주인공인 조지 6세가 말하기에서 겪고 있는 문제가 무엇인지 말해 보자.

2. 다음과 같은 로그의 말이 조지 6세에게 어떤 영향을 끼쳤을지 말해 봅시다.

예시 답ㅣ

"간장 공장 공장장은 강 공장장, 된장 공장 공장장은 공 공장장이다." →	발음하기 어려운 문장에 관한 연습을 통해 조지 6세의 발음이 교정되었을 것이다.
말문이 막히면 잠시 멈추고 속으로 외치세요. "신이여, 왕을 도와주소서." →	연설을 하다가 막히는 상황에서의 대처 방안을 알려 줌으로써 실제 연설을 할 때의 돌발 상황에 대비하게 해 주었을 것이다.
모든 생각을 지우시고 그냥 내게 말하세요. 내게 말해요. 친구에게 말하듯이. →	다른 사람들 앞에서 말할 때 압박감이나 긴장감을 푸는 방법을 알려 주어 말하기 불안을 해소해 주었을 것이다.

✦ 지학이가 도와줄게! - 2

제시된 로그의 말은 말하기 불안을 겪고 있었던 조지 6세에게 어떤 영향을 끼쳤을지 생각해 보는 활동이야. 다른 언어 치료사들과 로그의 다른 점이 무엇일지를 생각해 보면서, 특히 로그의 말이 조지 6세에게 어떤 심리적인 영향을 끼쳤을지 파악해 보렴.

3. 자신이 영화 속 로그였다면 어떤 방법으로 조지 6세를 도와주었을지 생각해 봅시다.

예시 답ㅣ • 조지 6세의 말이 유창하지 않더라도 말을 끊고 잘못된 점을 바로 지적하기보다는 인내심을 가지고 끝까지 들어줄 것이다.

• 조지 6세의 말에 호응해 주면서 조지 6세가 말하는 것 자체를 꺼리지 않고 자신감을 가질 수 있도록 해 줄 것이다.

✦ 지학이가 도와줄게! - 3

자신이 영화 속의 언어 치료사였다면 조지 6세의 말하기 불안을 어떻게 극복하게 했을지 생각해 봄으로써, 말하기 불안에 효과적으로 대처하는 방법을 제대로 이해하고 있는지를 확인하는 활동이야. 언어 치료사로서 언어적 측면에서 도움을 줄 수도 있겠고, 조지 6세의 말더듬증의 원인으로 볼 때 심리적인 측면에서도 도움을 줄 수 있는 부분이 있을 거야. 다양한 측면에서 조지 6세의 말하기 불안을 치료할 수 있는 방법들을 떠올려 보렴.

소단원 콕! 짚고 가기

소단원 제재

활동 1

성격	일상적, 예시적	제재	'선구'의 말하기 불안
주제	말하기 불안으로 자신감 없이 발표를 하게 된 '선구'		
특징	'선구'라는 학생이 ① ☐☐☐☐ ☐☐ 때문에 발표를 제대로 하지 못하게 된 일상적인 상황을 통해 말하기 불안의 원인에 대해 생각해 보게 함.		

활동 2 「불나방과 하루살이」

갈래	현대 소설, 우화 소설	성격	교훈적, 비판적, 상징적
시점	3인칭 전지적 작가 시점	제재	불나방, 하루살이, 파리의 대화
주제	눈앞의 욕망보다 ② ☐☐와/과 아름다움을 추구하는 삶이 더 가치 있음.		
특징	• 우화적 구조를 통해 주제를 효과적으로 전달함. • 곤충의 습성에 빗대어 인간 삶에 교훈을 주고자 함. • 추구하는 가치가 다른 등장인물들을 통해 어떤 삶이 더 가치 있는지 생각해 보게 함.		

핵심 포인트

1. 말하기 불안의 의미와 특성

의미	여러 사람 앞에서 말을 하기에 앞서 또는 말을 하는 과정에서 개인이 경험하게 되는 ③ ☐☐ 증상
특성	• 사람에 따라 정도의 차이는 있지만, 대부분의 화자가 겪게 되는 심리적 현상임. • 말하기 불안 자체보다는 불안에 대처하는 화자의 대응 태도가 문제가 됨.

2. 말하기 불안의 원인과 대처 방안

원인	• 말하기 연습 방법이 적절하지 않음. • 말을 잘해야 한다는 부담감이 너무 큼. • 여러 사람 앞에서 말을 해 본 ④ ☐☐이/가 부족함. • 청중이 낯설고 말하기 ⑤ ☐☐이/가 친숙하지 않음. • 청중이 자신의 말을 듣고 어떤 반응을 보일지에 대한 염려가 너무 큼.
대처 방안	• 불안을 이길 수 있도록 긍정적인 자기 ⑥ ☐☐을/를 하거나 말하기에 성공하는 장면을 그려 보면서 부정적인 생각을 긍정적으로 바꿈. • 말하기 준비를 치밀하게 하고 사전 ⑦ ☐☐을/를 철저히 하되, 청중이 자신의 앞에 있다고 가정하여 시선이나 동작 등이 자연스럽도록 연습함.

• 말하기 불안의 원인은 인지·정서 등과 관련된 다양한 차원의 문제가 복합적으로 작용함.
• 말하기 불안 증상을 완화하기 위해서는 말하기 불안을 모든 사람에게 생길 수 있는 자연스러운 현상으로 받아들이고, 말하기 불안의 원인을 정확하게 파악하여 대처해야 함.

등장인물들이 추구하는 가치가 어떻게 다른지 생각해 보면 알 수 있어.

3. 「불나방과 하루살이」를 자신만의 관점으로 해석하기

등장인물이 추구하는 삶의 방식	• 불나방: 자신의 아름다운 ⑧□□을/를 이루기 위한 삶 • 하루살이: 현실에 안주하는 삶 • 파리: 눈앞의 ⑨□□을/를 추구하는 삶
주제	눈앞의 욕망보다 자유와 아름다움을 추구하는 삶이 더 가치 있음.

소설 해석하기	• 소설에 나타난 등장인물의 특성과 주제 파악하기 • 등장인물이 추구하는 삶의 방식 중, 더 타당하다고 생각하는 방식을 근거를 들어 제시하기 • 자신의 경험이나 배경지식, 가치관 등을 활용하여 자신의 생각과 관점이 잘 드러나도록 해석하기

4. 말하기 불안을 극복하며 발표하기

발표 준비하기	• 발표문을 여러 번 읽고 발표 내용 완전히 이해하기 • 발표 전의 불안함에 관해 친구들과 공유하고, 말하기 불안이 누구나 겪는 일이라는 것을 이해하기 • 실제 ⑩□□이/가 있다고 상상하며 처음부터 끝까지 발표 연습해 보기 • 시선, 표정, 손짓이나 몸짓 등이 자연스럽도록 연습하기 • 발표를 연습한 장면을 녹화해 보기 • 녹화한 영상을 보면서 말하기 태도 점검하기
발표하기	• 발표를 시작하기 전에 천천히 심호흡을 하며 긴장감 풀기 • 자연스러운 자세로 발표 내용에 맞게 시선, 표정, 손짓이나 몸짓 등을 활용하여 발표하기

5. 발표 듣기

화자의 말에 긍정적인 ⑪□□ 보이기	• 공감되는 말에는 고개 끄덕이기 • 재미있게 이야기하는 부분에서는 환하게 웃어 주기 • 발표자와 시선을 맞추며 듣기

• 청자의 긍정적인 반응은 화자에게 자신감을 부여하고, 마음의 여유를 갖게 해 주어 화자가 준비한 내용을 잘 전달할 수 있게 함.
• 청자의 태도나 반응은 말하기 불안을 줄이는 중요한 요인이 될 수 있음.

정답: ① 말하기 불안 ② 자유 ③ 불안 ④ 경험 ⑤ 환경 ⑥ 암시 ⑦ 연습 ⑧ 이상 ⑨ 쾌락 ⑩ 청중 ⑪ 반응

[01~04] 다음 글을 읽고, 물음에 답하시오.

가 상진　내일은 '문학 작품의 다양한 해석'에 관해 우리 모둠이 발표를 하는 날이야. 선구, 네가 발표를 하기로 했었지?

선구　그래, 그런데 난 여러 사람 앞에서 말을 해 본 경험이 별로 없는데 발표를 잘할 수 있을까?

현서　평소 우리랑 이야기하는 것처럼 자연스럽게 발표하면 아무 문제 없을 거야.

선구　(자신 없는 목소리로) 그, 그래, 알았어.

　선구는 혼자 있을 때 틈만 나면 모둠 친구들과 함께 작성한 발표문을 보았다. 발표문을 보지 않고도 그 내용을 말할 수 있을 정도로 외운 선구는 안심하고 학교에 갔다.

상진　우리 모두 열심히 발표 준비를 했으니, 전달만 잘되면 좋은 평가를 받을 수 있을 거야.

현서　선구가 발표를 잘해 줄 거라고 믿어. 선구야, 자신 있지?

　친구들의 이야기를 들은 선구는 부담감 때문에 갑자기 불안해진다.

선구　(혼잣말로) 우리 모두 발표 준비를 하느라 고생을 많이 했는데, 내가 발표를 못해서 다 망쳐 버리면 어떡하지?

나 선구　(작은 목소리로) 우리 모둠은 백석의 멧……새 소리에 관해 발표를, 아니 조사를 했고, 다양하게 해석해 보았습니다.

　선구는 식은땀을 흘리고, 두려움에 다리를 떨며, 가쁜 숨을 몰아쉬면서 발표를 이어 간다.

선구　(기어들어 가는 목소리로) 멧새 소리는 당시 우리 민족이 기다렸던 독립에 대한 희망의 메시지……가 아니라, 아니, 이건 당시 시대 상황과…… 관련지어 해석해 본…….

선생님　목소리가 너무 작은 것 같아요. 좀 더 큰 목소리로 발표하면 좋을 것 같아요.

선구　(고개를 푹 숙이며) 네, 알겠습니다. (떨리는 목소리로) 명태, 아니 멧새가…… 아니, 멧새 소리가……. 멧새 소리의 의미는 (고개를 숙이고 발표문만 들추어 보면서) 우리 민족이 기다리는…….

01. '선구'가 겪은 것과 같은 말하기 불안에 대한 설명으로 적절하지 <u>않은</u> 것은?

① 청중 앞에 서기 전에도 일어날 수 있다.

② 연습을 통해 누구나 증상을 완화할 수 있다.

③ 대부분의 화자가 겪게 되는 심리적 현상이다.

④ 개인의 성격보다는 준비 미흡으로 인해 생겨난다.

⑤ 말하기 그 자체보다 불안에 대처하는 화자의 대응 태도가 문제가 된다.

활동 응용 문제

02. '선구'에게 할 수 있는 조언으로 적절하지 <u>않은</u> 것은?

① 말하기 불안은 모든 사람에게 생길 수 있는 자연스러운 현상이야.

② 열심히 연습하고 자신감을 키우면 말하기 불안을 충분히 극복할 수 있을 거야.

③ 말하기 불안의 원인이 무엇인지를 정확하게 파악하면 극복하는 데 도움이 될 거야.

④ 평소에 친구들과 이야기하는 것처럼 자연스럽게 발표해 보도록 해.

⑤ 계획대로 실수 없이 말하려고 노력해야 말하기 불안이 생기지 않을 거야.

활동 응용 문제

03. 발표 시 말하기 불안을 극복하기 위한 방안으로 적절하지 <u>않은</u> 것은?

① 연습 장면을 녹화하여 말하기 태도를 점검한다.

② 실수를 줄이기 위해 비언어적 표현은 자제한다.

③ 발표문을 여러 번 읽고, 내용을 완전히 이해한다.

④ 발표 전의 불안함에 관해 친구들과 공유하며 긴장감을 푼다.

⑤ 실제 청중이 있다고 상상하며 처음부터 끝까지 발표를 연습해 본다.

활동 응용 문제 | 서술형 |

04. '선구'의 말하기 불안의 원인을 〈조건〉에 맞게 쓰시오.

┌ 조건 ┐
· (가)의 상황을 바탕으로 쓸 것.
· 원인 3가지를 포함하여 한 문장으로 쓸 것.

[05~08] 다음 글을 읽고, 물음에 답하시오.

"말하자면 자유 같은 거겠지. 찬찬히 돌이켜 생각해 봐. 우리는 그동안 항상 허기를 느끼는 빈 위장과 단물을 쭉쭉 빠는 데 이골이 난 혀의 노예로만 살아왔어."

하루살이는 고개를 갸웃거렸습니다.

"그거야 당연한 것 아냐?"

"물론 당연하다고 할 수도 있어. 하지만 그렇게 사느라고 우리가 치른 엄청난 대가들을 생각해 봐. 어느 구석인지 입을 벌리고 있을 음흉한 거미들의 보이지 않는 죽음의 그물망을 염려하느라 몸을 움츠려야 했어. 또 공포스러운 사마귀의 턱이나 새들의 단단한 부리에 우리의 연약한 머리통이 깨질까 걱정하느라 숨도 제대로 못 쉬었어."

"그건 그래……."

하루살이는 고개를 끄덕였습니다.

"하지만 저렇게 일렁거리며 현란한 춤을 추는 불꽃을 한번 보라고. 얼마나 아름답고 자유스러워. 곤충 주제에 무슨 아름다움이고 자유를 찾냐고 비웃을 수는 있어. 그러나 그것은 그렇게 생각하는 쪽의 오만이고 편견일 뿐이야. 자기 나름대로의 아름다움에 반하고 그런 것을 추구할 권리는 결코 어느 한쪽에서 배타적으로 소유할 수가 없을걸. 우리 모두의 권리야. 오오, 저 춤추는 아름다운 불꽃!"

"하지만 날개가 타고 몸에 화상을 입으면 고통스럽잖아? 난 무서워."

"아마 고통 없는 아름다움이란 이 세상에 없을 거야. 그리고 우린 어차피 자연의 순환이라는 법칙에 곧 순종해야 할 운명이야. 난 아무도 모르는 곳에 이미 다음 대를 이어 갈 나의 사랑스런 알들도 까 놓았어. 그럼 안녕!"

불나방은 일렁이는 촛불 위를 서너 차례 돈 다음 온 힘을 다해 몸을 던졌답니다. 그 순간 하루살이도 몸속에서 어떤 뜨거운 기운이 솟는 느낌을 받으며 눈을 질끈 감았지만 다시는 뜨지 못했습니다. 왜냐하면 그때가 거의 자정 무렵이었기 때문입니다.

"힝, 그 불나방 잘난 척 한번 더럽게 하더니 결국 저 꼴이 되고 마는군. 이승의 진흙탕이면 어때! 하루라도 더 구르는 놈이 장땡이지 뭐."

열심히 아교풀을 빨아먹던 파리가 한마디 던지고는 계속 혓바닥을 날름거렸지요. 물론 한 사람이 다가와 파리를 처리하기 위해 가위로 끈끈이 띠를 막 자르려 하는 것은 미처 보지 못한 채 말입니다.

05. 이 글의 내용을 바르게 이해한 것은?

① '불나방'은 당장의 편안함을 위해서 자유를 포기하는 것은 옳지 않다고 생각하고 있어.

② '일렁이는 촛불'이나 '끈끈이 띠'의 '아교풀'은 등장인물들 간의 갈등을 해소해 주고 있어.

③ '불나방'은 물질적 욕구만을 추구하다 진정한 삶의 의미를 놓치는 사람을 상징하고 있어.

④ '파리'는 '하루살이'에게 일상의 행복과 소중한 생명을 지키는 것이 중요하다고 말하고 있어.

⑤ '하루살이'는 '불나방'의 이야기를 듣고 자신도 구속과 속박에서 벗어나겠다고 다짐하고 있어.

06. 이 글을 감상한 내용으로 적절하지 <u>않은</u> 것은?

① 우화적 방식으로 주제를 효과적으로 전달하는군.

② 작가의 현실 비판 의식과 교훈적 요소를 담고 있군.

③ 작가는 작품 속에 드러나는 곤충들의 성격을 실제 곤충들이 가진 습성에 맞게 설정하였군.

④ 추구하는 가치가 다른 등장인물들을 통해 어떤 삶이 가치 있는 삶인지 생각해 보게 하는 작품이군.

⑤ 표면적으로 파리의 삶을 긍정하는 듯하지만, 이면적으로는 불나방 같은 삶을 추구하고 있군.

07. 이 글을 해석한 내용을 바탕으로 발표문을 작성할 때 유의할 점으로 알맞지 <u>않은</u> 것은?

① 작품을 해석한 근거를 구체적으로 제시한다.

② 발표문의 개요를 미리 작성하여 체계적으로 쓴다.

③ 청중이 발표에 관심과 흥미를 가질 수 있도록 발표 내용을 구성한다.

④ 작가의 창작 의도보다는 작품이 독자에게 주는 감동과 교훈에 초점을 맞추어 작품을 해석한다.

⑤ 자신의 경험, 배경지식, 가치관 등을 바탕으로 자신의 생각과 관점이 잘 드러나도록 작성한다.

08. 이 글의 작가가 등장인물들을 통해 말하고자 한 것이 무엇인지 〈조건〉에 맞게 쓰시오.

> ┤ 조건 ├
> • 등장인물들의 삶의 방식과 관련지어 쓸 것.
> • 30자 이내의 한 문장으로 쓸 것.

단원+단원

시 읽기의 네 갈래 길
다양한 해석을 비교하며 작품을 감상하고, 작품 해석의 근거 평가하기

자신 있게 말하기
말하기 불안의 원인과 증상을 파악하고, 말하기 불안에 효과적으로 대처하기

↓

문학 작품에 관한 해석을 공유하고, 작품 속 인물이 되어 자신 있게 의견 말하기

▎다음 소설을 읽고, 이어지는 활동을 해 봅시다.

초코맨의 사회

황정은

C는 최근 몇 년 동안 열심히 노력한 끝에 초코맨이 되었다. 카카오의 함량은 팔십육 퍼센트 정도로, 일반적으로 도달하는 함량이 오십육 퍼센트쯤이라는 것을 고려했을 때, C의 노력이 상당했다는 것은 의심할 여지가 없었다. C는 자부심을 가지고 정식 초코맨 이력서를 여기저기 넣어 보았지만, 어디서도 흔쾌히 초코맨을 고용하려 들지 않았다.

기껏 초코가 되었건만, 시대의 흐름이 바뀌어 치즈맨에 대한 선호도가 훨씬 높았던 것이었다.

– 글쎄요, 요즘은 치즈가 대세 아닌가요.

라거나,

– 초콜릿이라는 것은 아무래도 먹고 나서 뒷맛이 구린 점도 있고.

라는 식의, 노골적인 평가를 듣고 떨어질 뿐이었다.

– 그게 말이 되냐고.

C가 나를 보러 와서 말했다.

– 내 말은, 구린 것으로 따지자면, 치즈가 훨씬 더하지 않느냐는 말이야.

어쨌거나 치즈맨이 되지 않고서는 가망이 없겠다고 생

각한 C는 관련 육성 기관에 거금을 내고 전문적인 트레이닝을 받기 시작했다. '속성으로 숙성 B코스'였다. 이른바 초코맨의 재사회화라는 과정이었다. 이것이 얼마나 어려웠을지 나로선 짐작할 수가 없었다. 어엿한 초코맨이 되기까지도 몇 년이 걸렸는데, 이제 치즈맨이 되기 위해 전혀 다른 과정을 억세게 밟아야 했던 것이었다. 초콜릿과 치즈의 구조가 완전히 다르다는 것을 이해하는 사람이라면 내 말이 무슨 뜻인지 알 것이다.

C는 일 년에 걸친 각고의 노력 끝에 마침내 치즈맨으로 재사회화되었다.

그러나 그사이 이 시대의 흐름은 다시 바뀌어서, 복고의 바람을 타고 초코가 대세가 되어 있었다는 이야기였다.

– 어떡할 거냐고!

C는 카망베르 계열로 훌륭하게 숙성된 얼굴을 감싸고 외쳤다. 새로운 면접관들에 따르면, 초코가 집중도 면에서 훨씬 뛰어나고, 일 처리도 세련되기 때문에 업무 능률이 좋다는 것이었다. 거기다 알맞게 딱딱해서, 별다른 도구 없이도 깔끔하게 부러뜨릴 수 있다는 점마저 매력으로 어필이 되는 듯했다.

– 어떻게 생각해, 응?

C가 말했다. 나는 뭘 어떻게 생각하느냐고 물었다.

– 이대로 다시 흐름이 바뀌길 기다려 볼까, 아니면 다시 초코맨으로, 응?

– 다시 초코맨이라니.

– 다시 한번 트레이닝이라는 거지, 뭐.

어떻게 생각해, 라고 C는 거듭 묻고 있었지만, 나는 나중에 원망을 들을까 봐 어느 쪽으로도 대답을 줄 수가 없었다. 그런 시대인 것이다.

– 황정은, 『일곱시 삼십이분 코끼리열차』

1. 'C'의 '재사회화'를 중심으로 이 소설의 내용을 파악해 봅시다.

1 'C'의 변화 과정을 정리해 봅시다. 예시 답 |

몇 년 동안 열심히 노력하여 초코맨이 됨.	→	치즈가 대세인 사회가 되어 육성 기관에 거금을 내고 트레이닝을 받아 치즈맨으로 재사회화됨.
'C'는 다시 한번 트레이닝을 하여 초코가 될 것인지를 고민함.	←	그사이 시대의 흐름이 바뀌어 초코가 대세가 됨.

2 '나'가 'C'의 거듭된 물음에 대답을 주지 못한 까닭을 말해 봅시다.

예시 답 | 표면적으로는 나중에 원망을 들을까 봐 어느 쪽으로도 대답을 줄 수 없었던 것이지만, 궁극적으로는 'C'가 트레이닝을 받는 사이 사회가 어떻게 변할지 알 수 없었기 때문이다.

2. 다음 질문 중 한 가지를 골라, 주체적인 관점에서 이 소설을 해석하고 그 질문에 답해 봅시다.

- '초코'와 '치즈'가 상징하는 바는 무엇일까?
- 'C'가 취업에 성공하지 못한 것은 'C' 개인의 책임일까?
- 소설 속 '나'가 말한 '그런 시대'는 어떤 시대를 말하는 것일까?
- 단편 소설보다 짧은 이 소설의 표현상 특징과 그 효과는 무엇일까?
- 작가는 소설을 통해 우리 사회의 어떤 면을 드러내고자 한 것일까?
- '대세'는 누구에 의해 어떻게 만들어진 것일까? '대세'는 따라야만 하는 것일까?
- 자신이 소설 속 '나'라면 "어떻게 생각해, 응?"이라는 'C'의 질문에 어떻게 대답할 것인가?

내가 고른 질문

예시 답 | 작가는 소설을 통해 우리 사회의 어떤 면을 드러내고자 한 것일까?

답

예시 답 | 작가는 너무 쉽게 변하는 우리 사회의 모습과 주체성 없이 시대의 흐름만 좇으려는 소시민의 태도를 소설 속에 반영하였다.

3. 다음 면접관들의 의견에 대해 소설 속 'C'의 입장이 되어 자신의 생각을 말해 봅시다.

초코가 집중도 면에서 훨씬 뛰어납니다.

초코가 일 처리도 세련되기 때문에 업무 능률이 좋습니다.

◯ **유의 사항**

- 카망베르 계열의 치즈로 숙성된 'C'의 입장에서 말합니다.
- 반 친구들을 'C'의 말을 듣는 면접관이라고 가정합니다.
- 'C'의 관점에서 자신의 생각이 드러나게 표현합니다.
- 자신의 의견을 분명하고 자신 있게 말합니다.

예시 답 | 초코가 집중도 면에서 훨씬 뛰어나고, 일 처리도 세련되어 업무 능률이 좋다는 말씀에 저도 동의합니다. 지금 저는 치즈맨이지만, 과거에 초코맨이었던 적이 있습니다. 재사회화를 통해 초코맨에서 치즈맨이 된 것이죠. 따라서 저는 치즈맨이지만 초코의 장점도 충분히 가지고 있다고 생각합니다.

4. 다음 평가표에 따라 친구들의 말하기를 평가해 봅시다.

예시 답 | 생략

평가 기준	예	아니요
❶ 'C'의 관점에서 자신의 생각을 드러냈는가?		
❷ 자신의 의견을 분명하고 자신 있게 말하였는가?		
❸ 시선, 손동작, 자세 등이 자연스럽고 말하기의 내용과 어울리는가?		

대단원을 닫으며

 ·학습 목표 점검하기·

❶ 시 읽기의 네 갈래 길 – 백석의 「멧새 소리」

다양한 해석을 비교하며 작품 감상하기

> • 문학 작품은 작품에 대한 [해][석] 방법이나 [독][자]의 인식 수준, 관심, 경험, 가치관에 따라 다양하게 해석하고 평가할 수 있다.
> • 「시 읽기의 네 갈래 길 – 백석의 「멧새 소리」」는 작품의 내용이나 표현, [작][가]의 삶, 시대적 [배][경], 독자의 경험 등 다양한 해석 방법을 활용하여 시 「멧새 소리」를 해석한 글이다.

> **잘 모른다면**
> 19〜20쪽의 목표 활동을 다시 한번 살펴보면 근거의 차이에 따른 다양한 해석을 비교할 수 있을 거야.

❷ 자신 있게 말하기

말하기 불안에 효과적으로 대처하기

> • 사람들은 대부분 말하기 준비를 적절하게 하지 않았거나 [공][식]적인 상황에 익숙하지 않거나 상대방 혹은 말하기 과제에 과도한 [부][담]을/를 느낄 때 말하기 불안을 경험한다.
> • 여러 사람 앞에서 말할 때 겪는 어려움에 효과적으로 대처하기 위해서는 철저한 사전 준비와 [긍][정]적인 자세가 필요하다.

> **잘 모른다면**
> 28〜30쪽의 활동 1을 통해 말하기 불안의 원인과 그에 따른 대처 방안을 이해하면, 여러 사람 앞에서 말할 때 부딪히는 어려움에 효과적으로 대처할 수 있을 거야.

 ·어휘력 점검하기·

[예]를 참고하여, 〈보기〉의 뜻풀이에 해당하는 단어를 찾아 제시된 말상자에 표시해 보자.
(가로, 세로, 대각선으로 표시할 것)

계	유	용	소	탐	대	아	이
승	암	비	수	끈	교	결	골
시	개	념	외	풀	끈	박	부
애	망	국	민	호	황	이	귀
독	인	사	건	비	의	부	영
편	배	하	이	속	비	호	화
견	경	타	경	어	지	교	식
제	소	극	적	과	오	만	음

[예] 넌지시 알림. 또는 그 내용.

| 보기 |
① 망하여 없어진 나라의 백성.
② 짐승의 가죽, 힘줄, 뼈 따위를 진하게 고아서 굳힌 끈끈한 것.
③ 좋은 옷을 입고 좋은 음식을 먹음.
④ 아주 깊이 들어서 몸에 푹 밴 버릇.
⑤ 남을 배척하는. 또는 그런 것.
⑥ 태도나 행동이 건방지거나 거만함. 또는 그 태도나 행동.

정답: ① 망국민 ② 아교풀 ③ 호의호식 ④ 이골 ⑤ 배타적 ⑥ 오만

대단원 평가 대비하기

[01~04] 다음 글을 읽고, 물음에 답하시오.

가 처마 끝에 명태(明太)를 말린다
명태(明太)는 꽁꽁 얼었다
명태(明太)는 길다랗고 파리한 물고긴데
꼬리에 길다란 고드름이 달렸다
해는 저물고 날은 다 가고 볕은 서러웁게 차갑다
나도 길다랗고 파리한 명태(明太)다
문(門)턱에 꽁꽁 얼어서
가슴에 길다란 고드름이 달렸다

— 백석, 「멧새 소리」

나 이 시는 백석의 여러 시 중 드물게 짧고 간결한 시다. 시는 어느 집 처마 끝에 고드름을 매단 채 꽁꽁 얼어붙어 있는 명태를 그리고 있다. 명태는 기다란 데다 얼기까지 했고, 꼬리에 기다란 고드름을 매달고 있어서 더더욱 파리해 보인다. 게다가 "해는 저물고 날은 다" 간 저물녘의 겨울 볕이니 서럽도록 차갑기도 할 것이다. '볕이 차갑다'라는 모순되는 감각의 이미지는 이런 맥락에서 생성되었다. 한 컷의 흑백 사진을 보는 듯한 탁월한 이미지이다.

다 이 시의 놀라움은 제목 '멧새 소리'에서 나온다. 시 본문에는 멧새 소리는커녕 멧새의 흔적조차 나오지 않는다. 명태의 시각적 묘사에만 집중하고 있을 뿐이다. 그래서 시를 다 읽고 나면, 왜 제목이 '멧새 소리'일지 한참을 생각하게 한다. 그러나 이 멧새 소리는 시에서 결정적인 역할을 한다. "길다랗고 파리한" 명태의 시각적 이미지에 깨끗하고 맑은 청각적 울림을 더해 줄 뿐 아니라, 시의 의미를 풍요롭게 해 준다.

라 상상해 보자. 멧새 소리가 들린다는 것은 집 주변에 인적이나 인기척이 드물다는 것을 암시한다. 마당이 비어 있으므로 멧새들이 지저귀는 것이고, 그 지저귐이 들리는 것이다. 그래서 이때의 멧새 소리는 화자의 적막함 혹은 기다리는 마음을 강조한다. 나아가 "해는 저물고 날은 다 가고" 있으니 이제 곧 멧새 소리마저 들리지 않을 시간이다. 이 적막한 기다림의 시간에 멧새 소리마저 없다면 그 집은 얼마나 쓸쓸할 것인가. 안과 밖을 이어 주는 공간, 그러니까 누군가를 기다리며 화자가 서성이고 있는 저 '문턱' 또한 있으나 마나일 것이다. 멧새 소리는 '문턱'과 함께 (㉠) 작은 길이 된다.

01. 이와 같은 글의 특징으로 알맞지 <u>않은</u> 것은?
① 작품을 깊이 있게 이해하는 데 도움을 준다.
② 타당한 근거를 들어 작품 해석을 구체화한다.
③ 작품에 대한 객관적인 정보 전달을 중심으로 한다.
④ 다양한 해석 방법을 사용하여 작품을 분석한 내용을 다룬다.
⑤ 글쓴이의 관점에 따라 작품에 대한 서로 다른 해석이 나타난다.

|고난도|
02. (나)~(라)에 나타난 작품 해석 방법으로, (가)를 감상한 것은?
① '멧새 소리'는 낯선 고장에서 느낀 백석의 정서와 관련이 있겠구나.
② 이 시가 일제 강점기에 출판되었다는 사실에 주목해서 시의 내용을 이해했어.
③ 얼어붙은 명태에 대한 묘사와 화자의 담담한 듯 쓸쓸한 어조가 시의 분위기를 잘 드러내고 있어.
④ 지난겨울 동해안에 놀러 갔다가 명태를 말리는 것을 본 경험이 떠올라 이 시가 더 생생하게 다가왔어.
⑤ 수난의 시대를 살아갔던 시인의 고뇌는 현대를 살아가는 우리에게도 많은 의미를 전달하고 있다고 생각해.

03. (나)~(라)의 내용으로 볼 때, (가)의 제목을 '멧새 소리'라고 정함으로써 얻을 수 있는 효과는?
① 명태와 화자를 동일시하여 시의 주제를 드러낸다.
② 청각적 울림을 더하고 시의 의미를 풍요롭게 한다.
③ 무생물로서의 '명태'를 살아 있는 것처럼 형상화한다.
④ 시적 대상에 감정을 이입하여 다양한 의미를 드러낸다.
⑤ 중심 소재인 명태의 이미지를 눈에 보이는 듯 생생하게 묘사한다.

| 서술형 |

04. ㉠에 들어갈 내용을 〈조건〉에 맞게 쓰시오.

┤ 조건 ├
• 글의 흐름을 고려하여 '멧새 소리'와 '문턱'이 시에서 공통적으로 상징하는 의미를 쓸 것.
• 시적 화자와 소재와의 관련성을 제시할 것.
• 15자 내외의 관형사구로 쓸 것.

[05~08] 다음 글을 읽고, 물음에 답하시오.

㉮ 시인 백석은 평북 정주에서 태어나 오산 학교를 거쳐 일본에 유학하고, ㉠이 시를 발표할 당시(1938년)에는 함흥에서 교사로 근무하고 있었다. 원산보다도 훨씬 북쪽인 동해의 항구 도시 함흥, 그곳에서 섬세한 감성의 젊은 시인이 쓸쓸하게 겨울을 넘기고 있었다. 그가 보는 모든 것, 그가 듣는 모든 것이 시가 되었다. "나도 길다랗고 파리한 명태다"라고 썼듯이, 시 속의 명태는 어쩌면 백석 자신의 모습인지도 모른다.

㉯ 식민지에 태어나서 조국과 고향을 떠나 접하는 삶이 얼마나 외롭고 고되었으랴. 더욱이 이 시를 쓸 즈음에는 일본의 억압과 수탈이 점점 심해져서 망국민의 한이 끝없이 깊어질 때다. 바짝 마른 데다 꽁꽁 언 채 처마 끝에 매달려서 눈물 같은 고드름을 달고 있는 명태는 암울한 우리 민족의 분신이기도 한 것이다. 길다랗고 파리한 명태가 되어 꼬리가 아니라 '가슴'에 고드름을 단 채 ㉡우리네 슬픈 이웃들은 무엇을 기다린 것일까.

㉰ 이처럼 이 시를 읽는 재미는 명태의 시각적 이미지와 멧새 소리의 청각적인 이미지를 겹쳐 읽는 데서 시작된다. 그리고 그 이미지들의 사이사이에 시인의 삶이, 역사 속의 소리 없는 울림들이 스며든다. 하지만 제일 커다란 울림은 독자 스스로가 채워 넣는 각자의 이야기에서 완성된다. 어떤 독자는 어릴 적 건넛마을 혹은 장에 가신 엄마를 기다렸던 기억을 떠올리고, 어떤 독자는 온다고 하고 오지 않는 애인이나 어떤 이유로든 헤어진 그 누군가를 채워 넣어 읽을 것이다.

05. 이 글에 나타나고 있는 작품 해석 방법을 모두 고르시오.

① 시인의 삶을 중심으로 해석하였다.
② 다른 비평문을 참고하여 해석하였다.
③ 작품의 사회적 배경을 중심으로 해석하였다.
④ 작품의 내용이나 표현을 중심으로 해석하였다.
⑤ 작품 내용이 독자에게 전달되는 의미를 고려하였다.

06. 이 글에서 ㉠을 이해한 내용 중 적절하지 <u>않은</u> 것은?

① 이 시는 시인의 쓸쓸한 내면을 담고 있어.
② 이 시에는 우리 민족의 삶이 반영되어 있어.
③ 독자가 자신의 경험을 반영하여 이 시를 감상하면 더 깊은 감동을 느낄 수 있어.
④ 이 시는 겨울의 함흥에서 시인이 느끼는 정서와 명태의 상황을 연계해 함축적으로 묘사하고 있어.
⑤ 이 시에서 시인은 자신의 이미지와는 대조적인 모습을 구현함으로써 내면의 소망을 표출하고 있어.

| 고난도 |

07. 이 글에서 다루고 있는 작품과 시적 분위기가 가장 유사한 것은?

① 나 하늘로 돌아가리라 / 아름다운 이 세상 소풍 끝내는 날, / 가서 아름다웠더라고 말하리라
　　　　　　　　　　　　　　　　　　　－ 천상병, 「귀천」
② 해는 시든 지 오래 / 나는 찬밥처럼 방에 담겨 / 아무리 천천히 숙제를 해도 / 엄마 안 오시네,
　　　　　　　　　　　　　　　　　　　－ 기형도, 「엄마 걱정」
③ 남들이 열고 들어오는 문을 통해 / 내 가슴에 쿵쿵거리는 모든 발자국 따라 / 너를 기다리는 동안 나는 너에게 가고 있다.
　　　　　　　　　　　　　　　－ 황지우, 「너를 기다리는 동안」
④ 사랑이 끝난 곳에서도 / 사랑으로 남아 있는 사람이 있다 / 스스로 사랑이 되어 / 한없이 봄길을 걸어가는 사람이 있다.　　　　－ 정호승, 「봄길」
⑤ 자세히 보아야 예쁘다 / 오래 보아야 사랑스럽다 / 너도 그렇다　　　　　　　　　　　－ 나태주, 「풀꽃」

| 서술형 |

08. ㉡의 질문에 대한 답을 15자 내외로 쓰시오.

[09~11] 다음 글을 읽고, 물음에 답하시오.

가 선구 그래, 그런데 난 여러 사람 앞에서 말을 해 본 경험이 별로 없는데 발표를 잘할 수 있을까?

현서 평소 우리랑 이야기하는 것처럼 자연스럽게 발표하면 아무 문제 없을 거야.

선구 (자신 없는 목소리로) 그, 그래, 알았어.

선구는 혼자 있을 때 틈만 나면 모둠 친구들과 함께 작성한 발표문을 보았다. 발표문을 보지 않고도 그 내용을 말할 수 있을 정도로 외운 선구는 안심하고 학교에 갔다.

상진 우리 모두 열심히 발표 준비를 했으니, 전달만 잘되면 좋은 평가를 받을 수 있을 거야.

현서 선구가 발표를 잘해 줄 거라고 믿어. 선구야, 자신 있지?

친구들의 이야기를 들은 선구는 부담감 때문에 갑자기 불안해진다.

선구 (혼잣말로) 우리 모두 발표 준비를 하느라 고생을 많이 했는데, 내가 발표를 못해서 다 망쳐 버리면 어떡하지?
(중략)

머릿속이 하얘진 선구는 어떻게 발표를 끝냈는지 기억도 안 난다.

나 말하기 불안을 완화하기 위해서는 말하기 불안을 모든 사람에게 생길 수 있는 자연스러운 현상으로 받아들이고, 자신에게 있는 말하기 불안의 원인을 정확하게 파악하여 대처해야 한다.

먼저 불안을 이길 수 있도록 긍정적인 자기 암시를 하거나 말하기에 성공하는 장면을 그려 보면서 부정적인 생각을 긍정적으로 바꿀 필요가 있다. 또한, 말하기에 대한 숙달도를 높여 불안을 낮추기 위한 훈련도 해야 한다. 말하기 준비를 치밀하게 하고, 사전 연습을 철저히 하되, 청중이 자신의 앞에 있다고 가정하여 시선, 손동작, 자세 등이 자연스럽도록 연습하는 것도 좋은 방법이 될 수 있다.

다 청자의 반응은 화자의 말하기 불안에 큰 영향을 미친다. 여러 사람 앞에서 말을 한다는 사실 자체가 불안의 요인이기도 하지만, 낯설거나 우호적이지 않은 청중 앞에서 말을 할 때는 말하기 불안이 더 커질 수 있다.

청자의 태도나 반응은 말하기 불안을 감소하는 중요한 요인이 될 수도 있다. 청자의 긍정적 반응은 화자에게 자신감을 부여하고, 마음의 여유를 갖게 해 주어 화자가 준비한 내용을 좀 더 잘 전달할 수 있게 만든다.

09. (나)~(다)를 바탕으로 (가)를 이해한 내용으로 적절한 것은?

① 청중이 낯설고 말하기 환경이 친숙하지 않은 것이 '선구'의 말하기 불안의 원인이야.
② '선구'가 겪은 상황은 특수한 경우이긴 하지만 원인만 잘 파악한다면 충분히 대처할 수 있어.
③ '선구'는 적절한 방법으로 말하기 연습을 했지만 경험 부족으로 인해 말하기 불안을 느끼고 있어.
④ '선구'는 청중이 자신의 발표에 어떤 반응을 보일지에 대한 걱정 때문에 말하기 불안이 생겼군.
⑤ 자신의 발표를 기대하는 친구들 때문에 '선구'는 말을 잘해야 한다는 부담감을 더 크게 느꼈을 거야.

10. (나)를 참고하여 (가)의 '선구'에게 해 줄 수 있는 조언으로 적절하지 않은 것은?

① '나는 실수하지 않는 사람'이라는 긍정적인 자기 암시를 해 주세요.
② 말하기 불안은 누구에게나 생길 수 있는 자연스러운 현상이에요.
③ 발표 전에 심호흡을 하고 가벼운 스트레칭으로 몸을 풀어 주세요.
④ 청중이 자신의 앞에 있다고 가정하여 시선이나 동작도 미리 연습하세요.
⑤ 발표 상황을 '나를 부각할 수 있는 좋은 기회'라고 긍정적으로 생각하세요.

11. (다)를 참고할 때, '선구'에게 도움을 줄 수 있는 청자의 태도로 적절하지 않은 것은?

① 공감 가는 내용이 나오면 고개를 끄덕여 준다.
② 잘하고 있다는 확신을 주기 위해 미소를 지어 준다.
③ 웃음을 주고자 넣은 내용이 나오면 크게 재미있거나 우습지 않더라도 웃어 준다.
④ 발표 도중 눈이 마주치면 민망해하지 않도록 고개를 떨구거나 창밖으로 고개를 돌린다.
⑤ 새롭게 알게 된 내용이 나오면 '아!', '그렇구나!'와 같은 감탄사로 추임새를 넣어 준다.

[12~14] 다음 글을 읽고, 물음에 답하시오.

가 처마 끝에 명태(明太)를 말린다
　　명태(明太)는 꽁꽁 얼었다
　　명태(明太)는 길다랗고 파리한 물고긴데
　　꼬리에 길다란 고드름이 달렸다
　　해는 저물고 날은 다 가고 볕은 서러웁게 차갑다
　　나도 길다랗고 파리한 명태(明太)다
　　문(門)턱에 꽁꽁 얼어서
　　가슴에 길다란 고드름이 달렸다

　　　　　　　　　　　　　　　 – 백석, 「멧새 소리」

나 시인 백석은 평북 정주에서 태어나 오산 학교를 거쳐 일본에 유학하고, 이 시를 발표할 당시(1938년)에는 함흥에서 교사로 근무하고 있었다. 원산보다도 훨씬 북쪽인 동해의 항구 도시 함흥, 그곳에서 섬세한 감성의 젊은 시인이 쓸쓸하게 겨울을 넘기고 있었다. (중략) 시인의 다른 모습인 화자는 "문턱에 꽁꽁 얼어서 / 가슴에 길다란 고드름"을 매달고 있다. 여기서 화자가 다른 데도 아니고 '문턱'을 오래 서성였다는 뜻일 텐데, 가슴에 '길다란 고드름'까지 달고 있으니 누군가를 기다리며 오래 속울음을 울고도 남았을 법하다. 하지만 화자가 그렇게 기다리는 사람은 겨우내 오지 않고 있다. 겨울 볕이 더욱 '서러웁게' 차가운 까닭이다.

다 "하지만 날개가 타고 몸에 화상을 입으면 고통스럽잖아? 난 무서워."
　　"아마 고통 없는 아름다움이란 이 세상에 없을 거야. 그리고 우린 어차피 자연의 순환이라는 법칙에 곧 순종해야 할 운명이야. 난 아무도 모르는 곳에 이미 다음 대를 이어 갈 나의 사랑스런 알들도 까 놓았어. 그럼 안녕!"
　　불나방은 일렁이는 촛불 위를 서너 차례 돈 다음 온 힘을 다해 몸을 던졌답니다. 그 순간 하루살이도 몸속에서 어떤 뜨거운 기운이 솟는 느낌을 받으며 눈을 질끈 감았지만 다시는 뜨지 못했습니다. 왜냐하면 그때가 거의 자정 무렵이었기 때문입니다.
　　"힝, 그 불나방 잘난 척 한번 더럽게 하더니 결국 저 꼴이 되고 마는군. 이승의 진흙탕이면 어때! 하루라도 더 구르는 놈이 장땡이지 뭐."
　　열심히 아교풀을 빨아먹던 파리가 한마디 던지고는 계속 혓바닥을 날름거렸지요.

---

12. (나)의 관점으로 (가)를 해석한 것은?

① '명태'처럼 꽁꽁언 화자에게 '멧새 소리'는 따뜻한 희망의 소리가 아니었을까?

② '볕은 서러웁게 차갑다'라는 시구는 화자의 내면을 역설적 표현을 통해 드러내고 있다.

③ 이 시가 창작된 시기를 고려할 때, '멧새 소리'는 우리 민족이 기다리는 희망의 메시지를 의미한다.

④ 고향을 떠나 혼자 생활한 시인의 외로움을 가슴에 고드름을 달고 있는 화자로 형상화하였다.

⑤ 언젠가는 넓은 세상으로 여행을 떠날 것이라는 멧새의 지저귐이 있어서 나 역시 외롭지 않다.

13. (다)의 '파리'와 '불나방'과 유사한 유형의 사람으로 적절하지 <u>않은</u> 것은?

① 파리: 짧지만 큰 인기를 얻은 연예인

② 파리: 월급은 많지만 자유 시간이 없는 직장인

③ 파리: 눈앞의 이익만을 위해 물건을 비싸게 파는 상인

④ 불나방: 음악가나 화가처럼 아름다움을 좇는 예술가

⑤ 불나방: 위험하지만 에베레스트산 등정을 멈추지 않는 등산가

| 고난도 |

14. (다)에 대한 반응 중 성격이 <u>다른</u> 하나는?

① 하루를 살더라도 자신의 의지대로 살아야지.

② 삶이 짧다고 해서 주어진 환경에만 안주하는 것은 바람직하지 않아.

③ 배부른 돼지가 되기보다는 배고픈 소크라테스가 되는 것이 더 낫다고 생각해.

④ 자신의 신념과 이상을 위해 모든 것을 던질 때 우리는 진짜 행복을 느낄 수 있어.

⑤ 하루밖에 살지 못하는 하루살이에게 고통스러운 도전을 부추기는 것은 지나친 일이야.

[01~05] 다음 글을 읽고, 물음에 답하시오.

가 처마 끝에 명태(明太)를 말린다
　　명태(明太)는 꽁꽁 얼었다
　　명태(明太)는 길다랗고 파리한 물고긴데
　　꼬리에 길다란 고드름이 달렸다
　　해는 저물고 날은 다 가고 볕은 서러웁게 차갑다
　　나도 길다랗고 파리한 명태(明太)다
　　문(門)턱에 꽁꽁 얼어서
　　가슴에 길다란 고드름이 달렸다

　　　　　　　　　　　　　　– 백석, 「멧새 소리」

나 이 시는 백석의 여러 시 중 드물게 짧고 간결한 시다. 시는 어느 집 처마 끝에 고드름을 매단 채 꽁꽁 얼어붙어 있는 명태를 그리고 있다. 명태는 기다란 데다 얼기까지 했고, 꼬리에 기다란 고드름을 매달고 있어서 더더욱 파리해 보인다. 게다가 "해는 저물고 날은 다" 간 저물녘의 겨울 볕이니 서럽도록 차갑기도 할 것이다. '볕이 차갑다'라는 모순되는 감각의 이미지는 이런 맥락에서 생성되었다. 한 컷의 흑백 사진을 보는 듯한 탁월한 이미지이다.

다 시인 백석은 평북 정주에서 태어나 오산 학교를 거쳐 일본에 유학하고, 이 시를 발표할 당시(1938년)에는 함흥에서 교사로 근무하고 있었다. 원산보다도 훨씬 북쪽인 동해의 항구 도시 함흥, 그곳에서 섬세한 감성의 젊은 시인이 쓸쓸하게 겨울을 넘기고 있었다. 그가 보는 모든 것, 그가 듣는 모든 것이 시가 되었다. "나도 길다랗고 파리한 명태다"라고 썼듯이, 시 속의 명태는 어쩌면 백석 자신의 모습인지도 모른다.

라 백석의 시는 그가 살았던 시대와 연결 지을 때 의미가 더욱 깊어진다. 식민지에 태어나서 조국과 고향을 떠나 접하는 삶이 얼마나 외롭고 고되었으랴. 더욱이 이 시를 쓸 즈음에는 일본의 억압과 수탈이 점점 심해져서 망국민의 한이 끝없이 깊어질 때. 바짝 마른 데다 꽁꽁 언 채 처마 끝에 매달려서 눈물 같은 고드름을 달고 있는 명태는 암울한 우리 민족의 분신이기도 한 것이다. 길다랗고 파리한 명태가 되어 꼬리가 아니라 '가슴에' 고드름을 단 채 우리네 슬픈 이웃들은 무엇을 기다린 것일까.

01. 글쓴이가 (나)~(라)에서 (가)를 해석한 방법을 〈조건〉에 맞게 쓰시오.

┤ 조건 ├
• (나)~(라)에 나타나고 있는 해석 방법을 각각 구분하여 쓸 것.

02. (가)를 다음과 같이 해석했을 때, 그 근거는 무엇인지 〈조건〉에 맞게 쓰시오.

┤ 해석 ├
　이 시는 시인의 쓸쓸한 내면을 담고 있다.

┤ 조건 ├
• (나)~(라)의 내용을 바탕으로 쓸 것.
• 35자 내외의 한 문장으로 쓸 것.

03. 글쓴이가 (라)에서 (가)를 해석한 내용과 그 근거를 각각 한 문장으로 쓰시오.

해석	
근거	

04. (가)에 관한 글쓴이의 해석 방법 중 가장 타당하다고 생각하는 것을 〈조건〉에 맞게 쓰시오.

┤ 조건 ├
• '나는 ~(한) 해석이 가장 타당하다고 생각한다. 왜냐하면 ~ (기) 때문이다.'의 문장 형태로 쓸 것.

05. (가)를 주체적인 관점에서 해석하여 〈조건〉에 맞게 쓰시오.

┤ 조건 ├
• 문학 작품의 해석 방법을 고려하여 자신의 관점을 선택하여 쓸 것.
• 자신의 경험이나 가치관 등을 바탕으로 작품을 해석할 것.
• 해석에 대한 타당한 근거를 제시하여 200자 내외로 쓸 것.

[01~04] 다음 글을 읽고, 물음에 답하시오.

가 선구는 식은땀을 흘리고, 두려움에 다리를 떨며, 가쁜 숨을 몰아쉬면서 발표를 이어 간다.

선구　(기어들어 가는 목소리로) 멧새 소리는 당시 우리 민족이 기다렸던 독립에 대한 희망의 메시지……가 아니라, 아니, 이건 당시 시대 상황과…… 관련지어 해석해 본…….

선생님　목소리가 너무 작은 것 같아요. 좀 더 큰 목소리로 발표하면 좋을 것 같아요.

선구　(고개를 푹 숙이며) 네, 알겠습니다. (떨리는 목소리로) 명태, 아니 멧새가…… 아니, 멧새 소리가……. 멧새 소리의 의미는 (고개를 숙이고 발표문만 들추어 보면서) 우리 민족이 기다리는…….

나 "하지만 저렇게 일렁거리며 현란한 춤을 추는 불꽃을 한번 보라고. 얼마나 아름답고 자유스러워. 곤충 주제에 무슨 아름다움이고 자유를 찾냐고 비웃을 수는 있어. 그러나 그것은 그렇게 생각하는 쪽의 오만이고 편견일 뿐이야. 자기 나름대로의 아름다움에 반하고 그런 것을 추구할 권리는 결코 어느 한쪽에서 배타적으로 소유할 수가 없을걸. 우리 모두의 권리야. 오오, 저 춤추는 아름다운 불꽃!"

"하지만 날개가 타고 몸에 화상을 입으면 고통스럽잖아? 난 무서워."

"아마 고통 없는 아름다움이란 이 세상에 없을 거야. 그리고 우린 어차피 자연의 순환이라는 법칙에 곧 순종해야 할 운명이야. 난 아무도 모르는 곳에 이미 다음 대를 이어 갈 나의 사랑스런 알들도 까 놓았어. 그럼 안녕!"

불나방은 일렁이는 촛불 위를 서너 차례 돈 다음 온 힘을 다해 몸을 던졌답니다. 그 순간 하루살이도 몸속에서 어떤 뜨거운 기운이 솟는 느낌을 받으며 눈을 질끈 감았지만 다시는 뜨지 못했습니다. 왜냐하면 그때가 거의 자정 무렵이었기 때문입니다.

"힝, 그 불나방 잘난 척 한번 더럽게 하더니 결국 저 꼴이 되고 마는군. 이승의 진흙탕이면 어때! 하루라도 더 구르는 놈이 장땡이지 뭐."

열심히 아교풀을 빨아먹던 파리가 한마디 던지고는 계속 혓바닥을 날름거렸지요. 물론 한 사람이 다가와 파리를 처리하기 위해 가위로 끈끈이 띠를 막 자르려 하는 것은 미처 보지 못한 채 말입니다.

01. (가)의 '선구'에게 할 수 있는 조언을 〈조건〉에 맞게 쓰시오.

│조건│
- 말하기 불안을 극복할 수 있는 태도나 마음가짐과 관련지어 쓸 것.
- 50자 내외의 한 문장으로 쓸 것.

02. (가)와 같은 상황에서 청자가 화자에게 긍정적인 반응을 보임으로써 얻을 수 있는 효과를 〈조건〉에 맞게 쓰시오.

│조건│
- 청자의 긍정적 반응의 효과를 2가지 이상 포함하여 쓸 것.
- '청자의 긍정적 반응은 ~ 할 수 있게 해 준다.'의 문장 형태로 쓸 것.

03. (나)의 등장인물들이 상징하는 인간 유형을 〈조건〉에 맞게 쓰시오.

│조건│
- 불나방, 하루살이, 파리의 습성과 관련지어 쓸 것.
- '불나방은 ~(한) 사람을, 하루살이는 ~ (한) 사람을, 파리는 ~ (한) 사람을 상징한다.'의 문장 형태로 쓸 것.

04. (나)의 등장인물들이 추구하는 삶의 방식 중에서 자신이 가장 공감하는 삶의 방식을 〈조건〉에 맞게 쓰시오.

│조건│
- 공감하는 이유가 포함되도록 쓸 것.
- '나는 ~ 이/가 추구하는 삶의 방식을 가장 공감한다. 왜냐하면 ~ (기) 때문이다.'의 문장 형태로 쓸 것.

2

문법

통일 시대의 우리말

(1) 우리말의 음운

(2) 남북한의 언어와 통일 시대의 국어

문화 향유 역량

이 단원에서는 국어로 형성·계승되는 다양한 문화를 이해하고 그 아름다움과 가치를 내면화하여 수준 높은 문화를 향유·생산하는 능력을 기를 수 있다.

공동체·대인 관계 역량

이 단원에서는 공동체의 가치와 공동체 구성원의 다양성을 존중하고 상호 협력하며 관계를 맺고 갈등을 조정하는 능력을 기를 수 있다.

자료·정보 활용 역량

이 단원에서는 필요한 자료나 정보를 수집, 분석, 평가하고 이를 효과적으로 활용하여 의사를 결정하거나 문제를 해결하는 능력을 기를 수 있다.

대단원을 펼치며

핵심 질문

우리말의 음운 체계를 이해하고, 통일 시대에 국어 생활을 잘하기 위해서는 어떻게 해야 할까?

이 질문은 이 단원을 이끄는 핵심 질문이란다. 이 핵심 질문을 통해 음운의 체계와 특성에 관한 이해를 바탕으로 남북한 언어의 동질성과 이질성을 인식하여 통일 시대의 국어 생활에 관심을 가질 수 있도록 하자.

보조 질문

• 남북한의 언어에서 자음과 모음의 단위는 서로 같을까요, 다를까요?

예시 답 l 남북한 모두 한글을 사용하므로, 자음과 모음의 단위는 서로 같을 것이다.

• 통일이 된다면 남한과 북한의 사람들이 서로 쉽게 대화할 수 있을지 생각해 봅시다.

예시 답 l 단절된 상태로 지낸 기간이 오래되어 남한과 북한이 사용하는 어휘에 차이가 생기기는 했으나 의사소통에는 무리가 없을 것이다.

학습 목표

[문법] • 음운의 체계를 알고 그 특성을 이해할 수 있다.
• 통일 시대의 국어에 관심을 가지는 태도를 지닐 수 있다.

배울 내용

(1) 우리말의 음운	(2) 남북한의 언어와 통일 시대의 국어	단원 + 단원
• 음운의 개념과 체계 파악하기 • 모음과 자음의 체계와 특성 이해하기 • 생활 속 음운의 모습 탐구하기	• 남북한 언어의 동질성과 이질성 이해하기 • 남북한 언어의 차이 파악하기 • 통일 시대의 국어 생활 대비하기	• 음운의 특성 탐구하기 • 통일 시대의 교실 모습 상상해 보기

(1) 우리말의 음운

 생각 열기 --○

다음 그림을 보고, 아래의 활동을 해 봅시다.

산소 원자 하나와 수소 원자 둘이 결합하면 바로 나, 물 분자가 되지.

● 이렇게 열자 ●

　물 분자의 구성 요소를 알아보고, 분자와 원자의 관계를 바탕으로 우리말의 단위를 이해하도록 구성한 활동이다. 물 분자 외에도 쪼개어질 수 있는 물질을 찾아보게 하여, 우리말 음운의 체계와 특성에 관해 흥미롭게 이해할 수 있도록 한다.

• 물 분자는 무엇으로 이루어져 있나요?

　예시 답 | 산소 원자 하나와 수소 원자 둘

• '물'이라는 단어가 분자라면, 이 단어에서 원자에 해당하는 것은 무엇일까요?

　예시 답 | 'ㅁ, ㅜ, ㄹ', 즉 자음과 모음이 원자에 해당한다.

🌱 이 단원의 학습 요소

학습 목표 | 음운의 체계를 알고 그 특성을 이해할 수 있다.

음운의 개념 이해하기	▶	우리말을 이루는 단위들을 살펴보면서 음운의 개념을 이해한다.
음운의 체계와 특성 파악하기	▶	모음과 자음을 실제로 발음, 분류해 보며 음운의 체계와 특성을 파악한다.

소단원 바탕 학습

핵심 개념 미리 보기

1. 음운의 개념과 체계

개념	말의 뜻을 구별할 수 있게 해 주는 소리의 가장 작은 단위	
체계	분절 음운	자음, 모음 → 쉽게 분리되는 음운
	비분절 음운	소리의 길이, 높낮이 → 쉽게 분리되지 않는 음운

2. 모음의 체계와 특성

(1) 개념: 소리 날 때 공기의 흐름이 방해를 받지 않고 나옴.

(2) 단모음과 이중 모음

단모음	발음할 때 입술 모양이나 혀의 위치가 달라지지 않음. (ㅏ, ㅐ, ㅓ, ㅔ, ㅗ, ㅚ, ㅜ, ㅟ, ㅡ, ㅣ)
이중 모음	발음할 때 입술 모양이나 혀의 위치가 달라짐. (ㅑ, ㅒ, ㅕ, ㅖ, ㅘ, ㅙ, ㅛ, ㅝ, ㅞ, ㅠ, ㅢ)

(3) 단모음의 분류

① 혀의 높이에 따라

고모음	발음할 때 입이 조금 벌어지고, 혀의 위치가 높음. (ㅣ, ㅟ, ㅡ, ㅜ)
중모음	발음할 때 입이 조금 더 벌어지고, 혀의 위치가 중간임. (ㅔ, ㅚ, ㅓ, ㅗ)
저모음	발음할 때 입이 많이 벌어지고, 혀의 위치가 낮음. (ㅐ, ㅏ)

② 혀의 최고점의 위치에 따라

전설 모음	발음할 때 혀의 최고점의 위치가 앞쪽에 있는 모음(ㅣ, ㅔ, ㅐ, ㅟ, ㅚ)
후설 모음	발음할 때 혀의 최고점의 위치가 뒤쪽에 있는 모음(ㅡ, ㅓ, ㅏ, ㅜ, ㅗ)

③ 입술 모양에 따라

원순 모음	• 발음할 때 입술 모양이 둥글게 오므려짐. • 입술 모양을 둥글게 하면 입술이 돌출되어 공기의 흐름이 빨라짐. (ㅟ, ㅚ, ㅜ, ㅗ)
평순 모음	• 발음할 때 입술 모양이 평평함. • 입술 모양을 평평하게 하면 입술이 돌출되지 않아 공기의 흐름이 빨라지지 않음. (ㅣ, ㅔ, ㅐ, ㅡ, ㅓ, ㅏ)

3. 자음의 체계와 특성

(1) 개념: 소리 날 때 공기의 흐름이 방해를 받고 나옴.

(2) 자음의 분류

① 소리 나는 위치에 따라

여린입천장과 혀 뒤	ㄱ, ㄲ, ㅋ, ㅇ
두 입술	ㅁ, ㅂ, ㅃ, ㅍ
센입천장과 혓바닥	ㅈ, ㅉ, ㅊ
윗잇몸과 혀끝	ㄴ, ㄷ, ㄸ, ㅌ, ㄹ, ㅅ, ㅆ
목청 사이	ㅎ

② 소리 내는 방식에 따라

파열음	ㅂ, ㅃ, ㅍ, ㄷ, ㄸ, ㅌ, ㄱ, ㄲ, ㅋ
파찰음	ㅈ, ㅉ, ㅊ
마찰음	ㅅ, ㅆ, ㅎ
비음	ㅁ, ㄴ, ㅇ
유음	ㄹ

눈으로 찍고 가기

1. 말의 뜻을 구별하는 소리의 가장 작은 단위를 □□(이)라고 한다.

2. 단모음은 □의 높낮이, □의 최고점의 위치, □□ 모양에 따라 분류할 수 있다.

3. 자음을 소리 내는 방식에 따라 나눌 때, 비음에 해당하는 것을 모두 쓰시오.

정답: 1. 음운 2. 혀, 혀, 입술 3. ㅁ, ㄴ, ㅇ

1. 다음 활동을 하면서 소리의 가장 작은 단위에 관해 알아봅시다.

❶ 다음 단어들의 뜻이 달라지는 까닭을 말해 봅시다.

말 – 발	ㅁ 와/과 ㅂ 의 소리 차이 때문이다.
말 – 물	ㅏ 와/과 ㅜ 의 소리 차이 때문이다.

○ 활동 탐구

모음과 자음의 세부 체계를 배우기 전에 음운의 개념과 체계를 이해하는 과정을 통해 우리말을 이루는 단위에 대해 파악하는 활동이다.

✸ 지학이가 도와줄게! – 1 ❶

음운의 차이에 주목하여 제시된 단어들의 뜻이 구별되는 까닭을 생각해 보렴.

❷ 다음 두 단어를 발음해 보고, 뜻을 구별하려면 어떻게 발음해야 하는지 말해 봅시다.

 말 [말]   말 [말ː]

예시 답ㅣ 동물을 뜻하는 '말'은 [말]로 짧게 발음해야 하며, 발음 기관을 통해 만드는 말소리를 뜻하는 '말'은 [말ː]로 길게 발음해야 한다.

✸ 지학이가 도와줄게! – 1 ❷

단어의 의미는 자음, 모음뿐 아니라 소리의 길고 짧음에 따라서도 달라져. 이러한 요소를 비분절 음운이라고 한단다. '말'이라는 단어의 뜻이 소리의 길이(장단)에 따라 어떻게 달라지는지 비교해 보렴.

🔲 찬찬샘 **핵심** 강의

■ **음운의 개념**: 음운이란 말의 뜻을 구별해 주는 소리의 가장 작은 단위를 뜻해. 예를 들어, '말'과 '발'의 의미가 달라지는 것은 자음 'ㅁ'과 'ㅂ' 때문이고, '발'과 '불'의 의미가 달라지는 것은 모음 'ㅏ'와 'ㅜ'의 차이 때문이지. 이처럼 자음과 모음은 국어에서 말의 뜻을 구별해 주는 역할을 해. 자음과 모음처럼 나누어지는 것도 있지만 소리의 길이처럼 나누어지지 않는 음운도 존재한단다. 이 경우에는 문맥을 고려해 직접 발음해 봐야 의미를 구분할 수 있어.

›핵심 포인트‹

음운	분절 음운	자음, 모음
	비분절 음운	소리의 길이

🔲 **확인 문제** 정답과 해설 9쪽

1. 다음의 ㉠, ㉡에 대한 설명으로 적절하지 <u>않은</u> 것은?

㉠ 말   ㉡ 발

① ㉠은 'ㅁ + ㅏ + ㄹ'로 이루어진 단어이다.
② ㉡은 'ㅂ + ㅏ + ㄹ'로 이루어진 단어이다.
③ ㉠과 ㉡은 소리는 다르지만 의미는 같다.
④ ㉠과 ㉡은 'ㅁ'와 'ㅂ'의 소리 차이 때문에 의미가 달라진다.
⑤ ㉠, ㉡을 통해 'ㅁ'과 'ㅂ'은 말의 뜻을 구별해 주는 단위임을 알 수 있다.

2. 다음 만화를 바탕으로 모음과 자음의 차이가 무엇인지 생각해 봅시다.

예시 답 |

모음은 소리 날 때 공기의 흐름이
방해를 받지 않고 ___ 나온다.

자음은 소리 날 때 공기의 흐름이
방해를 받으며 ___ 나온다.

※ 지학이가 도와줄게! - 2

만화에서 제시한 모음과 자음을 실제로 발음해 보면서 소리 내는 방식의 차이를 느껴 보렴. 이를 통해 모음과 자음의 특성을 조금 더 이해할 수 있을 거야.

찬찬샘 **핵심** 강의

- **모음과 자음의 차이:** 모음과 자음은 소리를 낼 때 공기의 흐름이 방해를 받는지 아닌지에 따라 구별할 수 있어. 우선 모음은 성대의 진동을 받은 소리가 목이나 입 등을 거쳐 나오면서 방해를 받지 않고 순조롭게 나와. 반면에 자음은 발음할 때 발음 기관에 의해 구강 통로가 좁아지거나 완전히 막히는 등 방해를 받으며 소리가 나온단다. 직접 발음해 보면 둘의 차이를 쉽게 구분할 수 있을 거야.

›핵심 포인트‹

소리 날 때 공기의 흐름이 방해를 받고 나온다.

↓ 예	↓ 아니요
자음	모음

콕콕 확인 문제

2. 〈보기〉의 빈칸에 공통적으로 들어갈 적절한 말을 쓰시오.

보기

소리 날 때 □□의 흐름이 방해를 받고 나오는 것을 자음, 소리 날 때 □□의 흐름이 방해를 받지 않고 나오는 것을 모음이라고 한다.

3. 이 만화를 바탕으로 국어의 음운에 대해 이해한 내용으로 적절하지 <u>않은</u> 것은?

① '아' 하고 발음하면 공기가 막히지 않고 소리가 난다.
② '아'는 소리를 낼 때의 양상으로 보면 모음에 해당한다.
③ '앙'이라고 발음하면 공기의 흐름에 방해 없이 소리가 난다.
④ 자음은 홀로 발음되지 못하고 모음과 결합해야 소리를 낼 수 있다.
⑤ '악' 하고 발음할 때 공기의 흐름에 막힘이 생기는 이유는 'ㄱ' 때문이다.

활동 2 모음의 체계와 특성

학습 포인트
· 단모음과 이중 모음의 차이 파악하기
· 단모음의 분류 기준 및 분류 양상 이해하기

1. 친구와 함께 모음을 발음하며 그 특성에 따라 모음을 분류해 봅시다.

1 다음 모음들을 발음하는 친구의 입 모양을 살펴보고, 어떠한 차이가 있는지 말해 봅시다.

ㅏ   ㅑ

예시 답 ㅣ'ㅏ'를 발음할 때는 입술 모양이나 혀의 위치가 달라지지 않지만, 'ㅑ'를 발음할 때는 입술의 모양과 혀의 위치가 달라진다.

○ 활동 탐구

모음의 체계와 특성을 파악하기 위한 활동이다. 제시된 모음들을 직접 발음해 보며 단모음과 이중 모음을 구분하고, 이후에 단모음의 체계를 이해할 수 있을 것이다. 발음할 때 기능하는 기관이 어디인지에 주목하여 단모음을 분류해 보도록 한다.

2 **1**의 두 모음과 관련 있는 내용을 알맞게 연결해 봅시다.

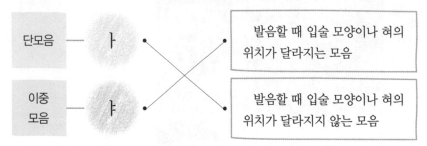

⭐ 지학이가 도와줄게! - **1 1**

모음은 발음할 때 입술 모양이나 혀의 위치가 달라지는지 여부에 따라 단모음과 이중 모음으로 나눌 수 있어. 직접 발음해 보면 둘의 차이를 쉽게 파악할 수 있을 거야.

3 다음 모음들을 발음해 보고, 단모음과 이중 모음으로 분류해 봅시다.

ㅏ, ㅐ, ㅑ, ㅒ, ㅓ, ㅔ, ㅕ, ㅖ, ㅗ, ㅘ, ㅙ, ㅚ, ㅛ, ㅜ, ㅝ, ㅞ, ㅟ, ㅠ, ㅡ, ㅢ, ㅣ

단모음	이중 모음
ㅏ, ㅐ, ㅓ, ㅔ, ㅗ, ㅚ, ㅜ, ㅟ, ㅡ, ㅣ	ㅑ, ㅒ, ㅕ, ㅖ, ㅘ, ㅙ, ㅛ, ㅝ, ㅞ, ㅠ, ㅢ

⭐ 지학이가 도와줄게! - **1 2**

단모음과 이중 모음을 발음해 본 후 알게 된 특징을 바탕으로 둘의 개념을 어렵지 않게 정리할 수 있겠지?

⭐ 지학이가 도와줄게! - **1 3**

입술 모양이나 혀의 위치가 달라지는지에 주목하여 제시된 모음들을 천천히 발음해 봐. 복잡해 보이지만 한 번 분류해 두면 어렵지 않게 둘을 구분할 수 있을 거야. 참고로 단모음은 모두 10개란다.

찬찬샘 핵심 강의

■ **단모음과 이중 모음의 차이:** 소리를 낼 때 공기의 흐름이 방해를 받는지의 여부에 따라 모음과 자음을 구분할 수 있다고 설명했지? 이때 모음은 다시 발음할 때 입술 모양이나 혀의 위치가 달라지는지에 따라 단모음과 이중 모음으로 나눌 수 있어. 발음할 때 입술 모양이나 혀의 위치가 달라지면 이중 모음, 그렇지 않으면 단모음에 해당한단다. 조건이 '발음할 때'이니 단모음과 이중 모음의 차이를 정확히 알기 위해서는 직접 발음해 봐야 해.

⟩핵심 포인트⟨

발음할 때 입술 모양이나 혀의 위치가 달라진다.

↓ 예	↓ 아니요
이중 모음	단모음

콕콕 확인 문제

4. 다음 모음 중 발음할 때 입술 모양이나 혀의 위치가 달라지는 것은?

① ㅏ   ② ㅑ
③ ㅓ   ④ ㅔ
⑤ ㅣ

2. 다음 활동을 통해 단모음을 분류하는 기준에 관해 알아봅시다.

> **보기**
>
> ㅏ, ㅐ, ㅓ, ㅔ, ㅗ, ㅚ, ㅜ, ㅟ, ㅡ, ㅣ

❶ 〈보기〉의 단모음을 발음해 보고, 혀의 높이에 따라 분류해 봅시다.

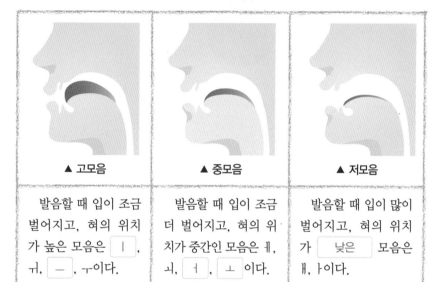

▲ 고모음 　　　▲ 중모음 　　　▲ 저모음

| 발음할 때 입이 조금 벌어지고, 혀의 위치가 높은 모음은 ㅣ, ㅟ, [ㅡ], ㅜ이다. | 발음할 때 입이 조금 더 벌어지고, 혀의 위치가 중간인 모음은 ㅔ, ㅚ, [ㅓ], ㅗ이다. | 발음할 때 입이 많이 벌어지고, 혀의 위치가 [낮은] 모음은 ㅐ, ㅏ이다. |

❷ 〈보기〉의 단모음을 발음해 보고, 혀의 최고점의 위치에 따라 분류해 봅시다.

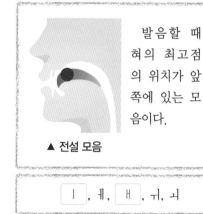

발음할 때 혀의 최고점의 위치가 앞쪽에 있는 모음이다.

▲ 전설 모음

ㅣ, ㅔ, ㅐ, ㅟ, ㅚ

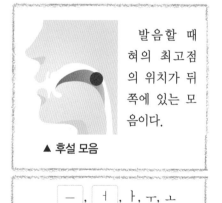

발음할 때 혀의 최고점의 위치가 뒤쪽에 있는 모음이다.

▲ 후설 모음

ㅡ, ㅓ, ㅏ, ㅜ, ㅗ

✦ **지학이가 도와줄게! - 2❶**

단모음 중에서 고모음, 중모음, 저모음을 이해하기 위한 활동이야. 혀의 움직임에 집중하며 발음해 보면 모음에 따라 혀의 높이가 어떻게 달라지는지 알 수 있을 거야.

✦ **지학이가 도와줄게! - 2❷**

단모음 중에서 전설 모음과 후설 모음을 이해하기 위한 활동이야. 혀의 최고점의 위치가 어떻게 달라지는지에 집중하며 발음해 보면 전설 모음과 후설 모음을 어렵지 않게 구분할 수 있어.

콕콕 확인 문제

5. 다음 단모음을 혀의 높이에 따라 분류할 때, 저모음에 해당하는 것을 모두 고르시오.

① ㅣ 　　② ㅡ
③ ㅏ 　　④ ㅗ
⑤ ㅐ

6. 다음 빈칸에 들어갈 알맞은 말을 순서대로 쓰시오.

> 'ㅣ, ㅔ, ㅟ'는 □□할 때 혀의 □□□의 위치가 앞쪽에 있는 □□ 모음이다.

3 〈보기〉의 단모음을 발음해 보고, 입술 모양에 따라 분류해 봅시다.

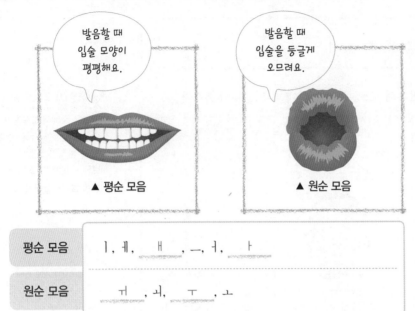

발음할 때 입술 모양이 평평해요.

▲ 평순 모음

발음할 때 입술을 둥글게 오므려요.

▲ 원순 모음

| 평순 모음 | ㅣ, ㅔ, ㅐ, ㅡ, ㅓ, ㅏ |
| 원순 모음 | ㅟ, ㅚ, ㅜ, ㅗ |

✦ 지학이가 도와줄게! – 2 **3**

단모음 중에서 원순 모음과 평순 모음을 구분하기 위한 활동이야. 발음할 때 입술 모양이 평평한지 둥근지에 주목하며 직접 소리내 봐. 이때 정확한 소리를 내야 정확한 모양을 알 수 있단다. 친구끼리 서로의 입 모양을 관찰해 보는 것도 좋은 방법이야.

3. 2의 활동을 바탕으로 우리말 단모음 체계표를 완성해 봅시다.

혀의 높이 ＼ 혀의 앞뒤 ／ 입술 모양	전설 모음		후설 모음	
	평순 모음	원순 모음	평순 모음	원순 모음
고모음	ㅣ	ㅟ	ㅡ	ㅜ
중모음	ㅔ	ㅚ	ㅓ	ㅗ
저모음	ㅐ		ㅏ	

✦ 지학이가 도와줄게! – 3

앞선 활동들을 토대로 우리말의 단모음 체계표를 완성해 보는 활동이야. 의미 없이 내용을 암기하기보다는 단모음들을 다시 한번 직접 발음해 보며 학습한 내용을 정리해 보자.

콕콕 확인 문제

7. 다음 중 원순 모음에 해당하는 단모음이 아닌 것은?

① ㅟ　　　② ㅚ
③ ㅓ　　　④ ㅜ
⑤ ㅗ

8. 〈보기〉의 특성을 모두 가진 단모음으로 적절한 것은?

보기
• 혀의 높이가 높다.
• 혀의 최고점이 뒤에 있다.
• 발음할 때 입술 모양이 평평하다.

① ㅣ　　　② ㅡ
③ ㅟ　　　④ ㅓ
⑤ ㅐ

찬찬샘 핵심 강의

■ **단모음의 분류**: 우리말에 있는 10개의 단모음은 발음할 때 혀의 높낮이에 따라 고모음, 중모음, 저모음으로, 혀의 최고점의 위치가 앞에 있느냐 뒤에 있느냐에 따라 전설 모음과 후설 모음으로, 입술 모양이 평평한지 둥근지에 따라 평순 모음과 원순 모음으로 분류할 수 있어.
　복잡해 보이지만 직접 발음하며 3의 활동처럼 표로 정리해 보면 단모음의 체계를 구조적으로 쉽게 이해할 수 있단다. 표를 무조건 외우려고 하지 말고 분류 기준을 정확히 파악하고 그에 따라 10개의 단모음을 배치하며 정리해 보는 연습을 많이 해 보렴.

활동 3 자음의 체계와 특성

학습 포인트
· 자음 분류 기준 파악하기
· 자음의 체계 이해하기

1. 다음 만화를 보고, 아래 자음들을 소리 나는 위치에 따라 알맞게 연결해 봅시다.

○ **활동 탐구**
자음의 체계와 특성을 이해하기 위한 활동이다. 직접 자음을 소리 내 보면서 자음이 소리 나는 위치와 소리를 내는 방식을 기준으로 분류된다는 것을 이해하도록 한다.

☆ 지학이가 도와줄게! - 1
자음만으로는 소리를 낼 수 없어. 그러므로 자음의 분류를 이해하기 위해서는 음가가 약한 'ㅡ'를 붙여서 발음해 보면 돼. 자음이 소리 나는 위치가 어디인지에 집중해서 각자 발음해 보자.

ㅁ, ㅂ, ㅃ, ㅍ	여린입천장과 혀 뒤 (여린입천장소리)
ㄴ, ㄷ, ㄸ, ㅌ, ㄹ, ㅅ, ㅆ	두 입술 (입술소리)
ㅈ, ㅉ, ㅊ	센입천장과 혓바닥 (센입천장소리)
ㄱ, ㄲ, ㅋ, ㅇ	윗잇몸과 혀끝 (잇몸소리)
ㅎ	목청 사이 (목청소리)

콕콕 **확인 문제**

9. 다음 설명에 해당하는 자음으로 적절한 것은?

> 여린입천장과 혀의 뒷부분 사이에서 나는 소리이다.

① ㄱ ② ㄴ
③ ㅁ ④ ㅈ
⑤ ㅎ

10. 빈칸에 들어갈 말로 가장 적절한 것은?

> 소리가 나는 위치에 따라 'ㅁ, ㅂ, ㅃ, ㅍ'을 분류하면 (   )에 해당한다.

① 목청소리
② 입술소리
③ 잇몸소리
④ 센입천장소리
⑤ 여린입천장소리

찬찬샘 핵심 강의

■ **자음의 분류 ① – 소리 나는 위치에 따라**: 자음은 발음할 때 목이나 입, 혀 등의 발음 기관에 의해 공기의 흐름이 방해를 받으며 소리가 나. 다시 말해 공기 흐름의 방해가 일어나는 곳에서 소리가 만들어지는데, 위치에 따라 다음과 같이 분류돼.

여린입천장소리	입술소리	센입천장소리	잇몸소리	목청소리
ㄱ, ㄲ, ㅋ, ㅇ	ㅁ, ㅂ, ㅃ, ㅍ	ㅈ, ㅉ, ㅊ	ㄴ, ㄷ, ㄸ, ㅌ, ㄹ, ㅅ, ㅆ	ㅎ

2. 다음 글을 읽고, 자음의 소리 내는 방식을 알아봅시다.

자음은 소리 내는 방식에 따라 파열음, 마찰음, 파찰음, 비음, 유음으로 나뉩니다.
파열음은 'ㄱ'과 같이 공기의 흐름을 잠시 막았다가 터뜨리면서 내는 소리입니다.
이러한 방식으로 내는 소리에는 'ㅂ, ㅃ, ㅍ, ㄷ, ㄸ, ㅌ, ㄱ, ㄲ, ㅋ'이 있습니다.

마찰음은 'ㅅ, ㅎ'과 같이 입안이나 목청 사이의 통로를 좁혀 그 틈 사이로 공기
를 내보내 마찰을 일으켜 내는 소리입니다. 이러한 방식으로 내는 소리에는 'ㅅ,
ㅆ, ㅎ'이 있습니다.

파찰음은 'ㅈ'과 같이 공기의 흐름을 막았다가 서서히 터뜨리면서 마찰을 일으켜
내는 소리입니다. 이러한 방식으로 소리 내는 자음에는 'ㅈ, ㅉ, ㅊ'이 있습니다.

파열음, 마찰음, 파찰음은 발음할 때 공기가 입으로만 나가지만, 'ㅇ'과 같은 비
음은 공기가 코로도 나갑니다. 즉, 입안의 통로를 막고 코로 공기를 내보내면서
소리를 냅니다. 이런 방식으로 내는 소리에는 'ㅁ, ㄴ, ㅇ'이 있습니다. 한편 유음
'ㄹ'은 혀끝을 잇몸에 가볍게 대었다 떼거나, 혀끝을 윗잇몸에 댄 채 공기를 그 양
옆으로 흘려보내면서 내는 소리입니다.

1 이 글의 내용을 바탕으로 다음 자음을 소리 내는 방식에 따라 분류해 봅
시다.

> ㄱ, ㄲ, ㄷ, ㄸ, ㅂ, ㅃ, ㅅ, ㅆ, ㅈ, ㅉ, ㅊ, ㅋ, ㅌ, ㅍ, ㅎ

파열음	ㅂ, ㅃ, ㅍ, ㄷ, ㄸ, ㅌ, ㄱ, ㄲ, ㅋ
마찰음	ㅅ, ㅆ, ㅎ
파찰음	ㅈ, ㅉ, ㅊ

2 코를 막고 다음 글자들을 소리 내어 읽어 보고, 코를 막지 않았을 때와 다
르게 소리 나는 부분을 찾아봅시다.

빨간 모자, 노란 양말, 파란 바지

간, 모, 노, 란, 양, 말, 란

콕콕 확인 문제

11. 소리 내는 방식에 따라 나
눌 때, 마찰음에 속하는 것을 모
두 고르시오.

① ㄱ   ② ㄷ
③ ㅅ   ④ ㅍ
⑤ ㅎ

12. 빈칸에 들어갈 알맞은 말을
순서대로 쓰시오.

> 파열음, 마찰음, 파찰음은 발
> 음할 때 공기가 ☐(으)로만 나
> 가지만, 'ㅇ'과 같은 비음은 공
> 기가 ☐(으)로도 나간다. 후자
> 와 같은 방식으로 내는 소리에
> 는 'ㅁ, ㄴ, ㅇ'이 있다.

3 다음 노래 가사의 밑줄 친 부분을 발음해 보고, 발음할 때 어떤 느낌이 드는지 공기의 흐름과 관련지어 말해 봅시다.

> <u>랄랄라 랄라랄라 라라 랄랄라 랄라랄랄라</u>
> <u>랄랄라 랄라랄라 라라 랄랄라 랄라랄랄라</u>
>
> 오늘처럼 흐린 햇살마저 눈부신 날이면
> 주머니에 가득한 먼지를 탁탁 털어 버리지.
>
> — 박창학 작사 · 윤상 작곡, 「랄랄라」

예시 답 | 소리가 부드럽게 흘러가는 느낌이 든다.

지학이가 도와줄게! - 2 ③

노래 가사를 발음하며 어떤 느낌이 드는지 생각해 보면 유음에 대해 이해할 수 있어. 밑줄 친 부분만 읽어서는 어떤 느낌인지 잘 모를 수도 있으니 그 외의 부분도 발음해 보고 둘을 비교해 보렴.

3. 1, 2를 바탕으로 우리말 자음 체계표를 완성해 봅시다.

지학이가 도와줄게! - 3

지금까지 학습한 내용을 바탕으로 우리말 자음 체계표를 완성해 보렴. 체계표를 완성하면서 지금까지의 학습 내용을 스스로 정리할 수 있을 거야.

소리 내는 방식 \ 소리 나는 위치	두 입술	윗잇몸과 혀끝	센입천장과 혓바닥	여린입천장과 혀 뒤	목청 사이
파열음	ㅂ ㅃ ㅍ	ㄷ ㄸ ㅌ		ㄱ ㄲ ㅋ	
파찰음			ㅈ ㅉ ㅊ		
마찰음		ㅅ ㅆ			ㅎ
비음	ㅁ	ㄴ		ㅇ	
유음		ㄹ			

찬찬샘 핵심 강의

■ **자음의 분류 ② – 소리 내는 방식에 따라:** 소리 나는 위치에 따라 자음은 여린입천장소리, 입술소리, 센입천장소리, 잇몸소리, 목청소리로 나눌 수 있다고 했던 거 기억하니? 모음이 혀의 높이나 입술 모양 등 분류 기준이 다양했던 것처럼 자음도 소리 나는 위치뿐 아니라 소리를 내는 방식에 따라서도 구분할 수 있어. 모든 자음은 공기의 흐름이 방해를 받으면서 소리가 나. 이때 공기를 어떤 방식으로 어떻게 막았다 터트리느냐에 따라 파열음, 파찰음, 마찰음, 비음, 유음으로 나눌 수 있어. 참고로 소리의 세기나 성대 진동의 여부에 따라서도 자음을 분류할 수 있단다.

콕콕 확인 문제

13. 빈칸에 들어갈 말로 가장 적절한 것은?

> 'ㄹ'은 혀끝을 윗잇몸에 댄 채 공기를 그 양옆으로 흘려보내면서 내는 소리인 ( )이다. 그래서 '랄랄라 랄라랄라'를 발음하면 소리가 부드럽게 흘러가는 느낌이 든다.

① 유음 ② 비음
③ 파열음 ④ 마찰음
⑤ 파찰음

14. 다음 설명에 해당하는 자음으로 적절한 것을 모두 쓰시오.

• 두 입술 사이에서 소리가 난다.
• 공기의 흐름을 잠시 막았다가 터뜨리면서 내는 소리이다.

활동 4 생활 속의 음운

1. 다음 만화를 보고, 로봇이 손님의 말을 잘못 인식한 까닭을 우리말 모음의 체계를 고려하여 설명해 봅시다.

예시 답 |

> '　ㅐ'는 단모음이므로 <u>입술 모양이나 혀의 위치를 움직이지 않고</u> 발음해야 하고, 'ㅖ'는 이중 모음이므로 <u>입술 모양이나 혀의 위치를 움직이며</u> 발음해야 해.
> 만화에서 로봇이 손님의 말을 제대로 인식하지 못한 까닭은 손님이
> 단모음 'ㅐ'를 <u>이중 모음 'ㅖ'</u>(으)로 잘못 발음했기 때문일 거야.

2. 다음 노래의 가사에서 단모음을 찾아보고, 그것이 어떤 모음에 해당하는지 묻고 답하는 활동을 해 봅시다.

예 이 노래의 가사에 나오는 단모음 중에서 원순 모음에 해당하는 것은 무엇일까?
답: ㅗ, ㅜ

> 퐁당퐁당 돌을 던지자. 누나 몰래 돌을 던지자.
> 냇물아 퍼져라. 널리 널리 퍼져라.
>
> – 윤석중 작사 · 홍난파 작곡, 「퐁당퐁당」

예시 답 | 이 노래의 가사에 나오는 단모음 중에서 고모음에 해당하는 것은 무엇일까?
답: ㅡ, ㅣ, ㅜ

학습 포인트
- 생활 속 음운의 활용 양상 파악하기
- 소리의 세기에 따라 음운 분류하기
- 비분절 음운 이해하기

○ 활동 탐구
일상생활 속의 국어 생활과 연계하여 음운의 양상을 탐구하고 발음의 원리를 이해하기 위한 활동이다. 이전 단계에서 학습한 음운의 체계를 단순히 암기하는 데 그치지 않고 음운에 대한 올바른 이해를 도울 수 있는 주변 상황을 각자 떠올려 보도록 한다.

지학이가 도와줄게! – 1
단모음과 이중 모음의 차이 기억하지? 만화에 제시된 단모음과 이중 모음을 직접 발음하며 둘이 어떻게 다른지 생각해 보자.

지학이가 도와줄게! – 2
앞서 공부한 모음 체계에 관한 내용을 토대로 직접 문제를 만들어서 풀어 볼 수 있는 활동이야. 혼자가 어렵다면 친구와 짝을 이루어서 해 보렴.

콕콕 확인 문제

15. 다음 문장에 대한 설명으로 적절하지 <u>않은</u> 것은?

> 사탕 세 개 주세요.

① '사탕'을 구성하는 모음은 모두 저모음이다.
② '세'는 입술 모양이나 혀의 위치가 달라지며 발음해야 한다.
③ '개'는 입술 모양이나 혀의 위치가 달라지지 않고 발음해야 한다.
④ '주세요'의 '–세–'는 단모음으로 발음해야 한다.
⑤ '주세요'의 '–요'는 이중 모음으로 발음해야 한다.

3. 다음 대화를 보고, 아래의 활동을 해 봅시다.

> 현준: 오랜만에 목욕탕에 왔으니 때를 <u>박박</u> 밀어 볼까?
> 명기: 내가 <u>빡빡</u> 밀어 줄게.
> 현준: <u>팍팍</u> 좀 부탁해.

1 밑줄 친 단어들을 발음해 보고, 느낌이 어떻게 다른지 말해 봅시다.

예시 답 | '박박'보다 '빡빡'과 '팍팍'이 더 강하고 거센 느낌이 든다.

2 다음 글을 바탕으로 'ㅂ, ㅃ, ㅍ'과 같이 소리의 세기에 따라 느낌이 달라지는 또 다른 자음들을 찾아봅시다.

> 자음은 소리의 세기에 따라 예사소리, 된소리, 거센소리로 나누어 볼 수 있습니다. 된소리는 예사소리보다 강하고 단단한 느낌을 주고, 거센소리는 된소리보다 더 세고 거친 느낌을 줍니다.

예사소리 – 된소리 – 거센소리	ㅂ–ㅃ–ㅍ, ㄱ–ㄲ–ㅋ, ㄷ–ㄸ–ㅌ, ㅈ–ㅉ–ㅊ

4. 밑줄 친 단어의 소리의 길이에 유의하며 다음 문장을 읽어 봅시다. 예시 답 | 생략

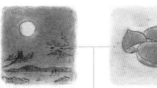

> <u>눈</u>[눈]에 <u>눈</u>[눈:]이 들어갔다.

> <u>밤</u>[밤]에 <u>밤</u>[밤:]을 먹는다.

🔵 찬찬샘 **핵심** 강의

■ **생활 속의 음운:** 국어 문법을 공부하다 보면 '우리가 왜 이렇게 어려운 걸 배워야 하지? 살아가면서 별로 쓸 데도 없을 것 같은데.'라는 생각이 들기도 해. 하지만 국어 문법, 특히 우리가 이번 단원에서 배운 '음운'은 우리의 일상생활과 매우 밀접한 관계를 갖고 있어.

단모음으로 발음할 것을 이중 모음으로 발음하거나 길게 발음해야 할 것을 짧게 발음할 경우, 또는 된소리를 거센소리로 바꾸어 발음하는 등의 경우 의사소통에 문제가 생길 수도 있거든. 즉, 음운에 대한 바른 이해를 토대로 필요한 말을 정확하게 발음해야 자신의 생각을 올바로 전달할 수 있고, 효과적으로 의사소통할 수 있단다. 국어책 속의 음운이 아니라 생활 속의 음운을 배우고 이해했다고 생각하니 뿌듯하지 않니?

✷ 지학이가 도와줄게! – 3

자음은 소리의 세기에 따라 예사소리, 된소리, 거센소리로 나눌 수 있어. 직접 발음해 보면 소리의 세기에 따라 어떤 느낌을 주는지 알 수 있을 거야.

✷ 지학이가 도와줄게! – 4

말의 뜻을 구별할 수 있게 해 주는 소리의 가장 작은 단위를 '음운'이라고 한다고 했던 거 기억하니? 우리말 음운에는 지금까지 우리가 배운 자음과 모음처럼 나누어지는 것도 있지만, 소리의 길이처럼 쉽게 쪼갤 수 없는 것도 있어. 이런 음운을 비분절 음운이라고 해. 제시된 단어들의 뜻을 구별해 주는 것이 무엇인지 파악해 보고, 비분절 음운에 대해서도 이해해 보자.

(콕콕) **확인 문제**

16. 빈칸에 들어갈 말로 가장 적절한 것은?

> 자음은 (   )에 따라 예사소리, 된소리, 거센소리로 나눌 수 있다.

① 성대의 울림
② 소리의 세기
③ 소리의 길이
④ 소리 내는 방법
⑤ 소리가 나는 위치

17. 밑줄 친 단어 중 소리의 길이가 **다른** 하나는?

① 하늘에서 <u>눈</u>이 오네.
② <u>말</u>은 초식 동물이다.
③ <u>밤</u> 늦게 다니지 마세요.
④ 합격 소식은 <u>밤</u>에 들었어.
⑤ <u>눈</u>이 아파서 병원에 다녀왔어.

∥ 지금까지 배운 내용을 바탕으로, 음운에 관한 십자말풀이를 해 봅시다.

○ **활동 탐구**

지금까지 학습한 모음과 자음의 체계와 특성을 정리해 보기 위한 활동이다. 배운 내용을 떠올리며 물음에 답하도록 한다.

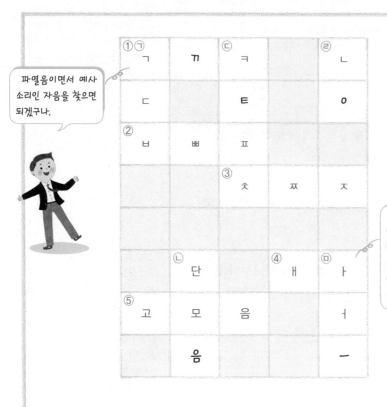

파열음이면서 예사소리인 자음을 찾으면 되겠구나.

후설 모음은 발음할 때 혀의 최고점의 위치가 뒤쪽에 있는 모음이지? 평순 모음은 발음할 때 입술 모양이 평평해.

★ 지학이가 도와줄게!

음운의 체계와 특성을 제대로 이해했는지 마지막으로 확인하는 활동이야. 힘들더라도 스스로 문제를 풀어 보도록 하자.

가로 열쇠
① 소리 나는 위치를 기준으로 여린입천장소리인 자음(예사소리 – 된소리 – 거센소리의 순으로). 비음은 제외함.
② 자음의 소리 내는 방식을 기준으로 하면 파열음이고, 소리 나는 위치를 기준으로 하면 입술소리인 음운(예사소리 – 된소리 – 거센소리의 순으로).
③ 소리 나는 위치를 기준으로 센입천장소리인 자음(거센소리 – 된소리 – 예사소리의 순으로).
④ 평순 모음이면서 저모음인 음운(전설 모음 – 후설 모음 순으로).
⑤ 발음할 때 입이 조금 벌어지고, 혀의 위치가 높은 모음을 일컫는 말.

세로 열쇠
㉠ 공기의 흐름을 잠시 막았다가 터뜨리면서 내는 예사소리 3개.
㉡ 발음할 때 입술 모양이나 혀의 위치가 달라지지 않는 모음.
㉢ 거센소리에 해당하는 자음 4개.
㉣ 비음이지만 입술소리는 아닌 자음.
㉤ 후설 모음이면서 평순 모음인 음운(저모음 – 중모음 – 고모음 순으로).

콕콕 **확인 문제**

18. 다음 모음들의 공통된 특징은? (정답 2개)

┌─────────────┐
│ ㅡ, ㅓ, ㅏ │
└─────────────┘

① 고모음이다.
② 평순 모음이다.
③ 후설 모음에 해당한다.
④ 비분절 음운에 해당한다.
⑤ 발음할 때 입술 모양이 변한다.

19. 다음 중 울림소리로만 이루어진 단어가 <u>아닌</u> 것은?

① 만남   ② 나무
③ 노래   ④ 안경
⑤ 우리

🤸 창의 · 융합 활동

🎵📻 다음 노래를 들어 보고, 노래 가사에 나타난 음운의 특성을 알아봅시다.

봄이 왔네 봄이 왔네
금수강산에 어허얼사 새봄이 왔네
얼사 좋네 아 좋네 군밤이요
에헤라 생률 밤이로구나

– 작자 미상, 「군밤 타령」

🔵 혼자 하기 ☺

1. 이 노래 가사의 밑줄 친 단어들을 발음해 보고, 이 노래는 음운의 어떤 특성을 활용하여 가사를 썼는지 파악해 봅시다.

예시 답 | '네 – 에', '봄 – 밤'과 같이 모음과 자음의 소리 차이로 뜻이 구별되는 음운의 특성을 활용하여 가사를 썼다.

🔵 혼자 하기 ☺

2. 자신이 즐겨 듣는 노래 중에서 이 노래와 같이 음운의 특성을 활용하여 가사를 쓴 노래를 찾아봅시다.

> 예시 답 | 이별은 내게 티어
> 나도 모르게 내 눈가 위에 피어
> 채 내뱉지 못한 이야기들이 흐르고
> 미련이 나의 얼굴 위를 기어
> – 방탄소년단, 「티어(Tear)」

🔵 혼자 하기 ☺

3. 2에서 찾은 노래 중 하나를 선택하여 그 노래의 가사를 다음 조건에 맞게 바꾸어 봅시다.

> **조건**
> 1. 중학교 생활을 돌아보는 내용을 담을 것.
> 2. 음운을 바꾸어 가사의 뜻이 달라지도록 쓸 것.

원래 가사 예시 답		**바뀐 가사** 예시 답	
이별은 내게 티어		시간은 나를 불러	
나도 모르게 내 눈가 위에 피어		나도 모르게 내 마음은 물러	
채 내뱉지 못한 이야기들이 흐르고		채 못다 한 이야기들을 담아	
미련이 나의 얼굴 위를 기어		미련은 나의 얼굴 위로 남아	

🔵 함께하기 ☺☺☺

4. 친구들이 만든 노래 가사들을 모아 '우리 반 가사집'을 만들어 봅시다.

예시 답 | 생략

노래 가사에 나타난 음운의 특성 알아보기

○ 활동 탐구

음운의 특성에 관한 이해를 바탕으로 대중가요의 가사 속에서 음운의 변화 양상을 찾아보는 활동이다. 노래를 들으면서 노래의 느낌이 어떤지, 어떤 음운을 활용하여 노래의 분위기를 형성했는지 생각해 보도록 한다.

✨ 지학이가 도와줄게! – 1

밑줄 친 부분의 노래 가사를 발음해 보면 반복적으로 나오는 음운이 무엇인지 해당 음운이 어떤 느낌과 의미 차이를 만들어 내는지 알 수 있을 거야.

✨ 지학이가 도와줄게! – 2

우리가 즐겨 듣는 노래 가사들을 찬찬히 들여다보면 음운에 약간의 변화를 주어 노래에 재미를 더하고 곡의 주제를 효과적으로 전달하는 것들이 많아. 특히 요즘 유행하는 랩이나 힙합 장르의 경우 이런 식으로 가사를 쓰는 경우가 많더라고. 각자 취향대로 노래를 골라 보고 친구와 고른 노래를 비교해 보면 재미있을거야.

✨ 지학이가 도와줄게! – 3

각자 찾은 노래 중 하나를 선택해 노래 가사를 바꾸어 보자. 이때 자음이나 모음 하나를 바꾸는 것으로 곡이 어떻게 달라지는지에 주목해 보렴.

✨ 지학이가 도와줄게! – 4

각자 만든 노래를 모아 우리 반 가사집을 만들어 보자. 노래 가사를 통해 중학교 생활에 대한 친구들의 생각도 알 수 있고, 음운에 대해 얼마나 잘 이해했는지도 파악할 수 있으니 일거이득이네!

소단원 콕! 짚고 가기

핵심 포인트

소리의 길이와 같은 비분절 음운은 쉽게 분리되지 않지만 뜻을 구별하는 기능을 하기 때문에 음운에 포함된다는 것, 기억하자!

1. 음운의 개념과 체계

개념		말의 뜻을 구별할 수 있게 해 주는 소리의 가장 작은 단위
체계	분절 음운	①□□와/과 모음처럼 쉽게 분리되는 음운
	비분절 음운	소리의 길이, 높낮이처럼 쉽게 분리되지 않는 음운

2. 모음의 체계와 특성

(1) 개념: 소리 날 때 공기의 흐름이 방해를 받지 않고 나옴.

(2) 단모음과 이중 모음

②□□□	발음할 때 입술 모양이나 혀의 위치가 달라지지 않음.	ㅏ, ㅐ, ㅓ, ㅔ, ㅗ, ㅚ, ㅜ, ㅟ, ㅡ, ㅣ
이중 모음	발음할 때 입술 모양이나 혀의 위치가 달라짐.	ㅑ, ㅒ, ㅕ, ㅖ, ㅘ, ㅙ, ㅛ, ㅝ, ㅞ, ㅠ, ㅢ

(3) 단모음의 분류

● 혀의 ③□□에 따라

고모음	발음할 때 입이 조금 열려 혀의 위치가 높은 모음	ㅣ, ㅟ, ㅡ, ㅜ
중모음	발음할 때 입이 조금 더 열려 혀의 위치가 중간인 모음	ㅔ, ㅚ, ㅓ, ㅗ
저모음	발음할 때 입이 크게 열려 혀의 위치가 낮은 모음	ㅐ, ㅏ

● 혀의 최고점의 위치에 따라

전설 모음	발음할 때 혀의 최고점의 위치가 앞쪽에 있는 모음	ㅣ, ㅔ, ㅐ, ㅟ, ㅚ
④□□□□	발음할 때 혀의 최고점의 위치가 뒤쪽에 있는 모음	ㅡ, ㅓ, ㅏ, ㅜ, ㅗ

● 입술 모양에 따라

원순 모음	발음할 때 입술 모양이 둥근 모음	ㅟ, ㅚ, ㅜ, ⑤□
평순 모음	발음할 때 입술 모양이 평평한 모음	ㅣ, ㅔ, ㅐ, ㅡ, ㅓ, ㅏ

● 단모음 체계표

혀의 높이 \ 혀의 앞뒤 입술 모양	전설 모음		후설 모음	
	평순 모음	원순 모음	평순 모음	원순 모음
고모음	⑥□	ㅟ	ㅡ	ㅜ
중모음	ㅔ	ㅚ	ㅓ	ㅗ
저모음	ㅐ		⑦□	

3. 자음의 체계와 특성

(1) 개념: 소리 날 때 공기의 흐름이 ⑧☐☐을/를 받고 나옴.

(2) 소리 나는 위치에 따라

여린입천장과 혀 뒤(여린입천장소리)	ㄱ, ㄲ, ㅋ, ㅇ
두 입술(입술소리)	ㅁ, ㅂ, ㅃ, ㅍ
센입천장과 혓바닥(센입천장소리)	⑨☐, ㅉ, ㅊ
윗잇몸과 혀끝(잇몸소리)	ㄴ, ㄷ, ㄸ, ㅌ, ㄹ, ㅅ, ㅆ
목청 사이(목청소리)	ㅎ

(3) 소리 내는 방식에 따라

파열음	공기의 흐름을 잠시 막았다가 터뜨리면서 내는 소리	ㅂ, ㅃ, ㅍ, ㄷ, ㄸ, ㅌ, ㄱ, ㄲ, ㅋ
파찰음	공기의 흐름을 막았다가 서서히 터뜨리면서 마찰을 일으켜 내는 소리	ㅈ, ㅉ, ㅊ
마찰음	입안이나 목청 사이의 통로를 좁혀 그 틈 사이로 공기를 내보내 마찰을 일으켜 내는 소리	ㅅ, ㅆ, ㅎ
⑩☐☐	입안의 통로를 막고 코로 공기를 내보내면서 내는 소리	ㅁ, ㄴ, ㅇ
유음	혀끝을 잇몸에 댄 채 공기를 그 양 옆으로 흘려보내면서 내는 소리	ㄹ

● **자음 체계표**

자음은 소리 나는 위치나 소리 내는 방식 외에 소리의 세기에 따라 예사소리, 된소리, 거센소리로 나뉘기도 한단다.

소리 내는 방식 \ 소리 나는 위치	두 입술	윗잇몸과 혀끝	센입천장과 혓바닥	여린입천장과 혀 뒤	목청 사이
파열음	ㅂ ㅃ ㅍ	ㄷ ㄸ ㅌ		⑪☐ ㄲ ㅋ	
파찰음			ㅈ ㅉ ㅊ		
마찰음		ㅅ ㅆ			ㅎ
비음	ㅁ	ㄴ		ㅇ	
유음		⑫☐			

정답: ① 자음 ② 단모음 ③ 높이 ④ 후설 모음 ⑤ ㅗ ⑥ ㅣ ⑦ ㅏ ⑧ 방해 ⑨ ㅈ ⑩ 비음 ⑪ ㄱ ⑫ ㄹ

01. 다음의 음운에 대한 설명으로 적절한 것을 모두 골라 묶은 것은?

> ㄱ. 분절 음운과 비분절 음운이 있다.
> ㄴ. '강'은 2개의 음운으로 이루어져 있다.
> ㄷ. 말의 뜻을 구별해 주는 소리의 가장 작은 단위이다.
> ㄹ. '말'과 '발'의 뜻이 다른 이유는 비분절 음운 때문이다.

① ㄱ, ㄴ   ② ㄱ, ㄷ   ③ ㄴ, ㄷ
④ ㄴ, ㄹ   ⑤ ㄷ, ㄹ

02. 다음 빈칸에 들어갈 말로 가장 적절한 것은?

> 음운은 소리를 낼 때 ( )의 여부에 따라 자음과 모음으로 나눌 수 있다.

① 성대가 진동하는지
② 혀의 높이가 어디에 있는지
③ 공기의 흐름이 방해를 받는지
④ 입술 모양이 둥근지 그렇지 않은지
⑤ 혀의 최고점의 위치가 어디에 있는지

03. 다음 중 단모음만으로 짝지어진 것은?

① ㅔ, ㅐ, ㅖ   ② ㅓ, ㅗ, ㅘ   ③ ㅡ, ㅢ, ㅠ
④ ㅏ, ㅓ, ㅜ   ⑤ ㅑ, ㅕ, ㅛ

04. <보기>에 제시된 음운을 발음할 때의 공통된 특징으로 적절하지 않은 것은?

> ┤ 보기 ├
> ㅡ, ㅓ, ㅏ

① 입술 모양이 평평해진다.
② 혀의 최고점의 위치가 뒤쪽에 있다.
③ 공기의 흐름이 방해를 받지 않고 나온다.
④ 입술 모양이나 혀의 위치가 달라지지 않는다.
⑤ 혀의 위치가 높아서 입천장과 혀 사이의 공간이 좁아진다.

[05~07] 다음 단모음 체계표를 바탕으로 물음에 답하시오.

혀의 앞뒤 입술 모양 혀의 높이	전설 모음		후설 모음	
	평순 모음	원순 모음	평순 모음	원순 모음
고모음	ㅣ	ㅟ	ㅡ	㉠
㉡중모음	( )	( )	( )	( )
저모음	ㅐ		ㅏ	

05. 이 표에 대한 설명으로 적절하지 않은 것은?

① 저모음에 해당하는 모음은 모두 평순 모음이다.
② 혀의 위치, 입술 모양에 따라 모음을 나누고 있다.
③ 혀의 높이에 따라 단모음을 세 가지로 나누었다.
④ 전설 모음, 고모음, 평순 모음의 특징을 모두 가진 단모음은 2개이다.
⑤ 전설 모음과 후설 모음은 혀의 위치가 앞인지 뒤인지 여부에 따라 나뉜다.

06. ㉠에 들어갈 모음을 쓰시오.

07. ㉡에 해당하는 모음 4개를 순서대로 바르게 나열한 것은?

① ㅓ, ㅗ, ㅔ, ㅚ   ② ㅓ, ㅚ, ㅗ, ㅔ
③ ㅔ, ㅚ, ㅓ, ㅗ   ④ ㅚ, ㅗ, ㅔ, ㅓ
⑤ ㅗ, ㅔ, ㅓ, ㅚ

08. <보기>에서 ㉠~㉤을 찾아 고친 내용으로 적절하지 않은 것은?

> ┤ 보기 ├
> 자음은 소리 내는 ㉠위치에 따라 파열음, 파찰음, 마찰음, 비음, (㉡)으로 나뉜다. 파열음은 공기의 흐름을 잠시 ㉢터뜨렸다가 막으면서 내는 소리로, ㉣'ㅂ, ㅃ, ㅍ, ㄱ, ㄲ, ㅋ, ㄷ, ㄸ, ㅌ' 등이 있다. 마찰음은 입안이나 목청 사이의 통로를 좁혀 그 틈 사이로 공기를 내보내 마찰을 일으켜 내는 소리로, 'ㅅ, ㅆ, (㉤)'이 있다.

① ㉠을 '방식'으로 수정
② ㉡에 '유음' 넣기
③ ㉢을 '막았다가 터뜨리면서'로 수정
④ ㉣에서 'ㄷ' 삭제
⑤ ㉤에 'ㅎ' 넣기

[09~11] 다음 그림을 보고, 물음에 답하시오.

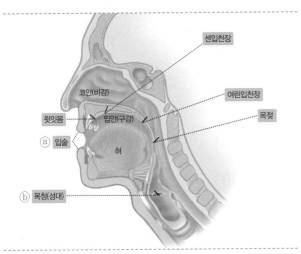

09. 다음은 이 그림을 보고 나눈 대화이다. 자음의 체계에 대해 잘못 이해하고 있는 사람은?

> 경서: 센입천장은 혓바닥과 만나서 센입천장소리를 만들어.
> 서영: 맞아. 'ㄷ, ㄸ, ㅌ'이 센입천장소리에 해당해.
> 은수: 여린입천장이 혀 뒤쪽과 만나서 만들어지는 자음들도 있어.
> 하윤: 'ㄱ, ㄲ, ㅋ'은 여린입천장소리야.
> 소희: 'ㅇ'도 여린입천장소리에 해당되고.

① 경서　　　② 서영　　　③ 은수
④ 하윤　　　⑤ 소희

10. 자음을 소리 나는 위치에 따라 분류할 때, ⓐ와 관련된 자음끼리 묶은 것으로 적절한 것은?

① ㄱ, ㅋ　　　② ㄴ, ㅃ　　　③ ㄷ, ㅍ
④ ㄹ, ㅌ　　　⑤ ㅁ, ㅂ

11. ⓑ에서 소리가 나는 자음으로 알맞은 것은?

① ㄴ　　　② ㄹ　　　③ ㅅ
④ ㅈ　　　⑤ ㅎ

12. 다음 중 코를 막고 발음했을 때 코를 막지 않았을 때와 다르게 소리 나는 자음으로만 이루어진 단어는?

① 마음　　　② 다리　　　③ 마차
④ 빨강　　　⑤ 사슴

13. 다음의 밑줄 친 부분에 해당하는 자음을 순서대로 바르게 나열한 것은?

> 자음은 소리의 세기에 따라 예사소리, 된소리, 거센소리로 나눌 수 있다. 된소리는 예사소리보다 강한 느낌을 주고, 거센소리는 된소리보다 더 거친 느낌을 준다.

① ㄱ, ㅋ, ㄲ　　　② ㄷ, ㄹ, ㅌ　　　③ ㅂ, ㅃ, ㅍ
④ ㅅ, ㅈ, ㅊ　　　⑤ ㅇ, ㅍ, ㅎ

활동 응용 문제

14. 다음 상황에서 로봇이 손님의 말을 잘못 인식한 까닭으로 가장 적절한 것은?

① 손님이 'ㅐ'를 발음할 때 혀의 위치를 너무 낮게 해서
② 손님이 발음할 때 혀의 최고점의 위치를 앞쪽에 두고 발음해서
③ 손님이 잇몸소리인 'ㅅ'을 여린입천장소리로 발음했기 때문에
④ 손님이 단모음 'ㅐ'를 이중 모음 'ㅖ'로 잘못 발음했기 때문에
⑤ 손님의 입 모양이 평평한지 둥근지 정확히 판단할 수 없었기 때문에

(2) 남북한의 언어와 통일 시대의 국어

생각 열기

다음은 북한어에 관한 남한 사람들의 인식을 보여 주는 설문 조사 결과입니다. 다음을 보고, 통일 시대의 국어 생활에 관해 생각해 봅시다.

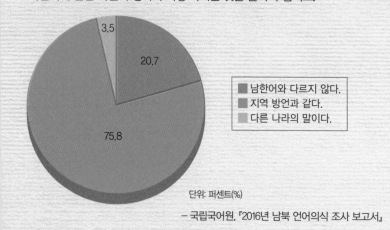

• 북한어에 관한 자신의 생각과 가장 가까운 것을 골라 주십시오.

- 3.5
- 20.7
- 75.8

■ 남한어와 다르지 않다.
■ 지역 방언과 같다.
■ 다른 나라의 말이다.

단위: 퍼센트(%)

– 국립국어원, 『2016년 남북 언어의식 조사 보고서』

● 이렇게 열자 ●

북한어에 관한 각자의 인식을 알아보고 그렇게 생각하는 까닭에 대해 이야기해 보는 활동이다. 이를 통해 통일이 된다면 국어 생활에 어떤 변화가 생길지 함께 생각해 보고, 통일 시대에 효과적으로 의사소통하기 위해서는 어떤 노력이 필요한지에 대해서도 고민해 보자.

• 북한어에 관한 자신의 생각을 그 까닭과 함께 말해 봅시다.

예시 답 | 나는 북한어를 지역 방언의 하나라고 생각한다. 텔레비전에서 북한 사람이 말하는 장면이 나오거나 북한 관련 뉴스가 나올 때 방언처럼 들렸기 때문이다

• 통일이 된다면 우리의 국어 생활에 어떤 일이 벌어질지 친구들과 이야기해 봅시다.

예시 답 | 같은 언어를 사용하고 있는 한민족이 만난 것이므로 통일이 되어도 국어 생활에는 큰 변화가 없을 것이다. 다만 어휘나 표현에 다른 부분이 있어서 약간의 불편함은 있을 수 있다고 생각한다.

이 단원의 학습 요소

학습 목표 | 통일 시대의 국어에 관심을 가지는 태도를 지닐 수 있다.

남북한 언어의 동질성과 이질성 이해하기	남북한 언어가 어떤 점에서 같고 어떤 부분에서 다른지 이해한다.
통일 시대의 국어 생활을 대비하려는 태도 지니기	통일 시대의 국어 생활을 대비하기 위해서는 어떤 노력과 태도가 필요한지 생각한다.

소단원 바탕 학습

핵심 개념 미리 보기

1. 남북한 언어의 동질성

상황	남한과 북한은 분단되어 있지만 두 나라 사람들은 통역 없이 의사소통할 수 있음.
이유	남북한은 원래 하나의 나라였으며, 단일 언어와 문자를 사용하는 한민족이기 때문임.

2. 남북한 언어의 이질성

(1) 같은 대상을 지칭하는 어휘가 다른 경우

예

남한	북한
오징어	낙지
도시락	곽밥

(2) 표현은 같으나 의미가 다른 경우

예

	남한	북한
바쁘다	일이 많거나 또는 서둘러서 해야 할 일로 인해 딴 겨를이 없다.	힘에 부치거나 참기 어렵다.
일없다	소용이나 필요가 없다.	괜찮다.

(3) 외래어와 관련된 여러 표현의 차이

• 문화, 예술 분야에서 외래어가 많이 쓰이는데 남한에서는 외래어를 그대로 받아들여 쓰는 경우가 많고, 북한의 경우 순화해서 쓰는 경우가 많다.

예

남한	북한
패스	연락
사인	표시
스매시	타격

(4) 말하기 방식이 다른 경우

예

남한	북한
• 관계 유지를 위한 간접 화법에 익숙함. • '-ㅂ시다'는 말하는 사람보다 나이가 많거나 직위가 높은 사람에게 사용하지 않는 게 예의임.	• 직접적으로 말하는 표현에 익숙함. • '-ㅂ시다'는 웃어른에게도 사용할 수 있는 예의 바른 표현임.

3. 남북한 언어의 이질성 극복하기

• 서로의 언어의 차이를 이해하고 상대방에게 혼란을 주거나 기분을 상하게 하는 표현을 삼가도록 한다.
• 서로의 언어에 관심을 갖고, 남북한 언어의 차이를 좁히기 위해 구체적인 노력을 해야 한다.

4. 통일 시대의 국어 생활을 위한 우리의 노력

• 운동 경기에 남북한이 단일팀을 이루어 출전하고, 남과 북이 다양한 분야에서 교류가 활발해진 상황을 고려할 때 통일 시대를 대비한 국어에 관심을 가져야 한다.
• 통일 이후의 언어적 혼란을 줄이기 위해 남과 북의 학자들이 함께 모여 『겨레말큰사전』을 만들고 있다.

눈으로 찍고 가기

1. 남한과 북한은 현재는 □□되어 있지만 원래 하나의 나라였으며, 한국어와 □□을/를 언어로 사용하는 한민족이기 때문에 기본적인 의사소통에는 문제가 없다.

2. 남북한의 언어 중 같은 대상을 지칭하는 어휘가 다른 예를 하나 쓰시오.

3. 다음 중 북한어의 특징으로 적절한 것을 모두 고르시오.

> ㉠ 높임법을 사용하지 않는다.
> ㉡ 남한어의 영향을 많이 받았다.
> ㉢ 외래어를 순화해서 사용하는 경우가 많다.
> ㉣ 관계 유지를 위한 간접 화법에 익숙하지 않다.

정답: 1. 분단, 한글 2. 오징어-낙지, 도시락-곽밥 등 3. ㉢, ㉣

활동 1 · 남북한 언어의 동질성과 이질성

1. 다음 신문 기사를 읽고, 남북한 언어의 동질성에 관해 생각해 봅시다.

한겨레   2018년 9월 16일

□□중학교 김○○ 학생의 할아버지는 한국 전쟁 때 형과 헤어졌다. 남쪽과 북쪽에 떨어져 68년을 산 두 형제는 제21차 남북 이산가족 상봉 행사 때 극적으로 다시 만났다. 손녀딸 김○○ 학생은 남쪽의 작은할아버지를 통해 북쪽의 큰할아버지에게 손으로 직접 쓴 편지를 전했다. 손녀딸의 편지는 북쪽 할아버지에게 전달됐고, 할아버지는 손녀딸의 편지를 받고 통곡했다.

큰할아버지께.

큰할아버지, 안녕하세요. 저는 할아버지의 손녀딸 김○○이라고 합니다. 제 편지를 할아버지께서 전해 받으신다는 생각을 하니 꿈만 같고, 감격스럽습니다. 북한에서 잘 지내고 계시죠? 저도 직접 뵙고 인사드리고 싶었는데 그러지 못하여 너무 아쉽습니다. 어서 남북통일이 되어 할아버지 얼굴을 뵐 수 있는 날이 오도록 기도하고 응원하겠습니다. 제가 훌륭한 사람이 되어 남북통일에 힘쓸 수 있도록 열심히 노력하겠습니다. 그때까지 오래오래 건강하게 지내셔야 해요! 작은할아버지 만나서 행복하고 좋은 시간 보내세요. 언젠가는 저도 할아버지를 뵐 수 있는 날을 기다릴게요.

사랑해요, 할아버지.

손녀딸 김○○ 올림.

---

1 남한 손녀딸의 편지를 읽고 북한의 큰할아버지가 통곡한 까닭을 남북한의 언어와 관련지어 말해 봅시다.

예시 답 | 남북한이 동일한 언어를 사용하고 있기 때문에 남한 손녀딸이 쓴 편지를 북한의 큰할아버지가 읽을 수 있었을 것이다. 큰할아버지는 편지를 읽고 남한에 떨어져 있는 가족에 대한 그리움으로 통곡했을 것이다.

2 남북한의 언어가 동질성을 가지는 까닭을 생각해 봅시다.

예시 답 | 남북한은 원래 하나의 나라였으며, 단일 언어와 문자를 사용하는 한민족이기 때문이다.

" 학습 포인트
- 남북한 언어의 동질성과 이질성 파악하기
- 남북한 언어에 관심을 가져야 하는 이유 알기

ㅇ 활동 탐구
남북한 언어의 동질성과 이질성을 이해하기 위한 활동이다. 분단 이후 남북한의 언어가 어떤 차이를 갖게 되었는지, 오랜 시간 교류가 없었음에도 동질성을 갖고 있는 까닭은 무엇인지 파악해 본다. 또한 동질성을 토대로 이질성을 극복하는 방안에 대해서도 생각해 보자.

★ 지학이가 도와줄게! – 1
분단 이후 오랜 시간이 지났지만 남북한 언어가 동질성을 지니고 있기 때문에 남한의 손녀딸이 쓴 편지를 북한의 큰할아버지가 이해할 수 있었을 거야. 남북한 언어가 이렇게 동질성을 가지는 까닭이 무엇인지 생각해 보자.

콕콕 확인 문제   정답과 해설 11쪽

1. 다음 빈칸에 들어갈 적절한 말을 쓰시오.

> 오랜 세월 동안 떨어져 한 번도 만나지 못했던 남한의 손녀딸이 쓴 편지를 읽고 북한의 큰할아버지가 통곡했던 이유는 남북한이 (   ) 있기 때문이다.

2. 다음은 남한 사람과 북한 사람의 대화 상황입니다. 이를 보고, 남북한 언어의 이질성에 관해 생각해 봅시다.

1 **가**의 상황에서 의사소통에 문제가 생긴 까닭을 남북한의 언어와 관련지어 말해 봅시다.

예시 답 | 같은 대상을 지칭하는 어휘가 달라서 의사소통에 문제가 생겼다.

2 통일이 된 이후에 **나**와 같은 상황이 발생한다면 어떤 어려움이 생길 것으로 예상되는지 말해 봅시다.

예시 답 | 의도를 제대로 전달하거나 파악하지 못하여 사람들 사이에 갈등이 생길 수 있다.

3. 1, 2의 활동을 바탕으로 남북한의 언어에 관심을 가져야 하는 까닭을 말해 봅시다.

예시 답 | 오랜 시간 단절된 상태로 지내서 어휘나 표현에 차이가 생기기는 했지만, 남북한은 동일한 언어를 사용하는 한민족이기 때문에 그 차이를 좁혀 나가야 한다.

찬찬샘 핵심 강의

■ **남북한 언어의 동질성과 이질성**: 분단 이후 남한과 북한은 별다른 교류 없이 오랜 시간을 지냈어. 상황이 이렇다 보니 각자 다른 사회와 문화를 형성했지. 하지만 남북한은 원래 하나의 나라였으며 단일 언어와 문자를 사용하는 한민족이야. 그래서 오랜 단절에도 불구하고 남한 사람과 북한 사람이 서로의 생각을 전달하며 의사소통하는 데는 큰 문제가 없단다. 하지만 남북한 사람들이 사용하는 어휘의 양상이나 문법이 다소 차이를 보이는 것은 사실이야. 그래서 오해가 생기기도 하고 말이야.

지학이가 도와줄게! - 2

남북한은 모두 한국어와 한글을 사용하고 있다는 점에서 기본적으로는 동질성을 갖고 있으나, 긴 분단의 세월을 보내면서 차이를 갖게 된 부분들도 많아. 남북한의 언어가 어떤 점에서 다르고 이로 인해 어떤 어려움이 생겨나는지 생각해 보렴.

지학이가 도와줄게! - 3

1990년에 통일이 되기 전까지 독일도 동독과 서독으로 나뉜 분단 국가였어. 우리나라도 지금은 남한과 북한으로 분단되어 있지만, 혼란을 줄이고 힘 있는 나라를 만들기 위해서는 통일을 준비해야 해. 이게 바로 우리가 남북한의 언어에 관심을 가져야 하는 이유인 것이지.

콕콕 확인 문제

2. 다음 중 남북한 언어에 관심을 가져야 하는 이유로 적절하지 **않은** 것은?

① 통일 이후의 원활한 언어생활을 위해서
② 남북한은 원래 같은 언어를 사용했기 때문에
③ 남한과 북한이 각각 자주적으로 발전하기 위해서
④ 남북의 언어가 어휘 면에서 차이를 보이기 때문에
⑤ 남한과 북한이 오랜 시간 동안 분단된 상태로 지냈기 때문에

남북한의 언어 차이 이해하기

1. 남북한의 언어는 어휘에 의한 차이를 보이는 경우가 많습니다. 이어지는 활동을 통해 남북한의 언어 차이를 알아봅시다.

❶ 다음 뮤직비디오를 보고, 이를 통해 알 수 있는 남북한의 언어 차이를 생각해 봅시다.

신나게 축구를 했어.
연락하라 고함치며 신호 보냈어.
나한테 공을 왜 안 주는 건데.
연락이 아니라 패스, 패스, 패스!
 – 플로우식 작사 · 작곡, 「시작하기 좋은 날」

이 영상은 북한 이탈 청소년들이 남한 사회에서의 생활과 미래의 꿈을 주제로 직접 작사에 참여하고 출연한 뮤직비디오입니다.

제시된 부분은 북한 이탈 청소년이 남한에서 경험한 일을 노래 가사로 표현한 부분 중 남북한 언어의 차이로 인해 겪었던 일을 소개하는 부분입니다.

예시 답 | 북한어에서는 외래어 다듬기를 한 표현을 쓰고 있고, 남한어에서는 외래어를 그대로 받아들여 표현하고 있다.

○ **활동 탐구**
남북한 언어의 차이를 알아보기 위한 활동이다. 남한과 북한 모두 한글을 사용하고 있다는 점은 같으나 어휘나 표현에서 차이를 보인다. 남북한 언어가 어떤 면에서 다른지, 그러한 차이가 생긴 원인이 무엇인지 생각해 보도록 한다.

★ 지학이가 도와줄게! – 1
남북한의 언어는 외래어와 관련된 어휘적 측면에서 가장 큰 차이를 보여. 남한은 외래어를 그대로 받아들여 쓰지만 북한의 경우 우리말로 다듬어서 쓰는 경향이 있거든. 남북한 언어의 차이를 확인하고 이러한 차이를 좁힐 수 있는 방법에 대해 친구들과 함께 이야기해 보면 좋을 것 같아.

❷ 다음 글을 읽고, 이를 바탕으로 아래의 대화에서 밑줄 친 말이 어떤 뜻으로 사용된 것인지 인터넷과 사전 등을 활용하여 조사해 봅시다.

남북한의 어휘에는 '도시락(남)', '곽밥(북)'처럼 의미는 같지만 형태가 다른 어휘도 있고, 형태는 같지만 의미가 다른 어휘도 있다.

남한 학생: 어휴, 공부는 아무리 해도 끝이 없어.
북한 학생: 진짜……. 나도 요즘 공부가 <u>바쁘다</u>.

예시 답 | 남한어로는 '일이 많거나 또는 서둘러서 해야 할 일로 인하여 딴 겨를이 없다.'라는 뜻인데, 북한어로는 '힘에 부치거나 참기 어렵다.'라는 뜻으로 사용되고 있다.

❸ ❶, ❷를 바탕으로 남북한의 언어 차이를 좁히려면 우리가 어떠한 태도를 가져야 하는지 친구들과 이야기해 봅시다.

예시 답 | 남북한의 언어 차이를 파악하고, 이를 좁혀 나가기 위해 노력해야 한다. 이를 위해 외래어의 사용을 줄이고, 서로 다른 어휘를 하나로 통일하기 위한 방법을 찾아보아야 한다.

콕콕 **확인 문제**

3. 다음을 바탕으로 알 수 있는 북한어의 특징으로 가장 적절한 것은?

남한어	북한어
패스	연락

① 순우리말만 사용한다.
② 고모음을 많이 사용한다.
③ 외래어를 다듬어서 쓴다.
④ 의미가 모호한 단어가 많다.
⑤ 남한어와 형태는 같지만 의미가 다른 말이 많다.

2. 다음 상황을 보고, 남북한의 말하기 방식의 차이를 알아봅시다.

가 남한 사업가와 북한 사업가의 대화　　**나** 남한 선생님과 북한 이탈 학생의 대화

1 **가**에서 남한 사업가가 한 말에 담긴 의도를 생각해 보고, 북한 사업가는 이 말을 어떻게 이해하고 있는지 생각해 봅시다.　예시 답 |

남한 사람의 표현 의도	북한 사람이 이해하고 있는 내용
헤어질 때 한 인사 표현으로, 관계 유지를 위한 친교의 의도를 담고 있다.	'밥 한번 먹자.'라는 말을 있는 그대로 이해하고 있다. 즉, 실제로 만나서 밥을 한 번 먹자는 약속의 의미로 받아들이고 있다.

2 **나**의 상황에서 '-합시다'라는 담화 표현이 북한에서는 어떤 표현으로 쓰이고 있는지 인터넷 등을 활용하여 조사해 봅시다.

예시 답 | 무언가를 함께 하자고 권할 때 쓰는 '-합시다'라는 표현은 북한에서는 "선생님, 식사합시다."처럼 말하는 사람보다 높은 분에게도 쓸 수 있다. 북한에서 '-ㅂ시다'는 남한의 '-시죠'나 '-실까요'에 해당하는 말이라고 할 수 있다.

3 **1**, **2**를 통해 이러한 담화 표현의 차이가 생기는 까닭을 남한 사람과 북한 사람의 말하기 방식의 측면에서 살펴봅시다.　예시 답 |

> **가**의 상황을 통해 남한 사람들은 관계 유지를 위한 간접 화법에 익숙한 반면, 북한 사람들은 ___직접적으로 말하는 표현___ 에 익숙하다는 것을 알 수 있다. **나**의 상황을 통해 남한에서 '-ㅂ시다'는 말하는 사람보다 나이가 많거나 직위가 높은 사람에게는 사용할 수 없는 표현이지만, 북한에서는 ___웃어른에게도 사용할 수 있는___ 표현이라는 것을 알 수 있다.

🌟지학이가 도와줄게! - 2

남북한 화법의 차이를 이해하기 위한 활동이야. 남한과 북한은 모두 한국어를 사용하지만 사회·문화적 특성에 따라 각각 다른 언어 문화를 형성해 왔어. 어떤 면에서 차이를 보이는지 제시된 예를 통해 알아보자.

(콕콕) **확인 문제**

4. 다음 대화를 통해 알 수 있는 내용으로 적절하지 **않은** 것은?

> 남한 사람: 언제 밥 한번 먹어요.
> 북한 사람: 지난번에도 그렇게 말씀하셔서 식당을 알아봤었습니다.

① 남한과 북한의 화법에는 차이가 존재한다.
② 남한어는 북한어에 비해 높임법이 발달해 있다.
③ 남한 사람은 '밥 한번 먹어요.'라는 말을 인사치레로 한 것이다.
④ 남한 사람은 북한 사람이 식당을 알아봤다는 말에 당황할 것이다.
⑤ 북한 사람은 남한 사람의 인사치레를 약속의 의미로 받아들였다.

5. 빈칸에 들어갈 말로 가장 적절한 것은?

> 북한에서 '-합시다'는 남한의 '-시죠'나 '-실까요'에 해당한다. 이처럼 북한어와 남한어 간에는 (　　　　　) 말들이 존재한다.

① 어원이 다른
② 의미를 알기 어려운
③ 한자어의 영향을 받은
④ 외래어를 다르게 수용한
⑤ 같은 담화 표현이 다르게 쓰이는

3. 다음은 북한 이탈 주민이 남한에서 겪은 일을 재구성한 것입니다. 다음 상황을 보고, 이어지는 활동을 해 봅시다.

지학이가 도와줄게! – 3
재구성한 상황에서 남한 사람과 북한 사람의 의사소통이 제대로 이루어지지 않은 까닭을 살펴보고, 통일 시대의 국어 생활을 위해 어떤 태도가 필요할지 생각하도록 하자.

제가 얼마 전에 상점에 갔는데, 다양한 물건들이 많아서 좋았습니다. 그래서 점원에게 "아이, 뭐 가지가지로 많이 하십니다."라고 말했는데, 제 말을 들은 ㉠점원은 기분이 언짢아 보이더군요. 남북한의 언어가 조금씩 차이는 있지만 의사소통에는 아무 문제가 없을 것이라고 생각했는데, 아직도 그 점원이 언짢아한 까닭을 잘 모르겠어요.

앞으로 남한 사람들과 대화를 나누는 상황이 더 많아질 텐데, 이럴 때는 제가 어떻게 해야 하는지 알고 싶어요.

1 남한의 점원이 북한 이탈 주민의 어떤 말 때문에 기분이 상했을지 생각해 봅시다.

예시 답 | 남한에서 '가지가지 한다'는 주로 부정적인 의미로 사용된다. 따라서 남한의 점원은 자신 또는 자신의 가게를 부정적으로 이야기하는 것으로 생각해 기분이 상했을 것이다.

2 북한 이탈 주민이 남한의 점원에게 '가지가지로 많이 하십니다.'라고 말한 의도를 추측해 봅시다.

예시 답 | 북한어에서 '가지가지로 많이 한다.'는 여러 가지로 많이 한다는 뜻이다. 따라서 북한 사람은 가게에 여러 가지 물건이 많이 있어 흡족하다는 의도로 '가지가지로 많이 하십니다.'라고 표현했을 것이다.

3 북한 이탈 주민의 말을 원래의 의도에 맞고 점원의 기분이 상하지 않도록 바꾸어 표현해 봅시다. 예시 답 | (가게에) 여러 가지 물건이 참 많네요.

찬찬샘 핵심 강의

- **남북한의 언어 차이**: 남한과 북한은 모두 같은 언어를 사용하고 있지만, 떨어진 세월만큼 어휘나 표현에 있어 차이를 나타내고 있어. 어휘에 의한 차이, 말하기 방식의 차이 등으로 인한 의사소통의 불편함이 생겨날 수 있지. 통일 시대를 위해 우리는 이러한 국어의 모습에 관심을 가질 필요가 있어.

| 어휘에 의한 차이, 말하기 방식의 차이 → 의사소통의 불편함 | → | 서로의 언어 차이를 인정하고 이에 관심을 갖는 태도가 필요함. |

콕콕 확인 문제

6. ㉠의 이유로 가장 적절한 것은?

① 쉽게 구하기 어려운 제품을 찾아서
② 알아들을 수 없는 북한어로 주문했기 때문에
③ 손님이 가게의 상황을 고려하지 않고 말했기 때문에
④ 남한의 문화를 설명할 기회를 놓친 것이 아쉬워서
⑤ 손님의 말에 부정적인 뜻이 있다고 생각했기 때문에

7. 북한 이탈 주민의 의도를 고려하여 ㉡을 남한어로 가장 적절하게 고친 것은?

① 많이 보고 배울게요.
② 물건 정리를 도와드릴게요.
③ 물건이 다양하게 참 많아요.
④ 좋은 물건 좀 추천해 주세요.
⑤ 물건이 가지런히 정리되어 있네요.

활동 3 통일 시대의 국어 생활

1. 다음 신문 기사를 읽고, 통일 시대의 국어 생활에 관해 생각해 봅시다.

대전의 한 체육관에서 막을 올린 국제 탁구 대회가 전례 없는 뜨거운 관심 속에 진행되었다. 북한 탁구 대표 팀의 참가와 함께 일부 종목은 남북 단일팀까지 성사되면서 경기장은 사람들로 북적였다. 응원의 힘을 받은 덕분인지 남북 단일팀은 대회 초반 승승장구하였다. 혼합 복식조가 대회 첫날 극적인 뒤집기로 큰 선물을 안겼고, 여자 복식 예선에서도 상대 팀을 20분 만에 3대 0으로 완파했다. 남한 선수는 '연습 첫날과 경기 전날에만 함께 연습을 했는데 생각보다 호흡이 잘 맞았다. 처음 맞추어 보았기에 긴장을 좀 했지만 나중에는 긴장이 풀렸다.'라고 말했다.

서로의 탁구 용어에도 많이 익숙해졌다. 남한은 탁구 용어로 외래어를 많이 사용하지만 북한은 주로 순수 북한어를 사용한다. 남한 선수는 '(북한 선수에게) 처음에 사인을 하라고 했는데, '사인이 뭐냐'라고 묻더라. 북한에서는 '표시'라고 한다더라.'라면서 '나에게 '타격'을 하라더라. 무엇인지 물으니 '스매시'였다. 이제는 알아듣는다. 한 가지씩 들린다.'라고 전했다.

1 이 신문 기사를 통해 남한 선수와 북한 선수가 의사소통하는 데 어떤 어려움이 있었을지 짐작해 봅시다.

예시 답 | 남한의 운동 경기 용어는 외래어로 되어 있는 경우가 대부분인데, 북한에서는 그에 해당하는 용어를 북한어로 다듬어 표현하는 경우가 많다. 그래서 같은 의미라도 서로 다른 어휘를 사용하여 의사소통에 어려움을 겪었을 것 같다.

2 **1**을 바탕으로 남한 선수와 북한 선수가 처음에는 어려웠던 의사소통이 점차 가능해진 까닭을 생각해 봅시다.

예시 답 | 남북한은 단일 언어를 사용하기 때문에 함께 경기하면서 서로의 말에 귀 기울이고, 차이가 나는 어휘들은 서로 설명해 주면서 의사소통이 점차 가능해졌을 것이다.

❝ **학습 포인트**
· 통일 시대의 국어에 대해 생각해 보기
· 통일 시대를 대비해 언어적 측면에서 어떠한 노력을 기울이고 있는지 파악하기

○ 활동 탐구

통일 시대의 국어의 모습에 관심을 가지고 통일 시대에 대비하려는 태도를 기르기 위한 활동이다. 각각의 물음에 정답을 찾으려고 하기보다는 일상 속에서 어렵지 않게 실천할 수 있는 부분에 대해 생각해 보도록 한다.

✱ 지학이가 도와줄게! - 1

우리나라에서 외래어의 사용이 가장 두드러지게 나타나는 분야 중 하나가 운동 경기 분야야. 북한에서는 외래어를 다듬어서 사용하므로 동일한 동작이나 기술을 가리키는 말이 남한과 서로 달라 의사소통에 어려움이 있었을 거야. 이처럼 남북한의 언어 차이로 인해 실질적인 어려움에 부딪혔을 때 어떤 태도로 이 어려움을 극복해야 할지 생각해 보는 것이 중요하겠지?

콕콕 확인 문제

8. 이 신문 기사를 통해 알 수 있는 내용으로 적절하지 <u>않은</u> 것은?

① 북한이 남한에 비해 탁구 강국이다.
② 남한과 북한이 하나의 팀으로 탁구 대회에 출전했다.
③ 남한과 북한에서 다르게 부르는 탁구 용어들이 많았다.
④ 북한 선수들은 처음에는 남한의 탁구 용어를 이해하는 데 어려움이 있었다.
⑤ 남북한 선수들은 경기를 해 나가면서 서로가 운동 중에 무슨 말을 하는지 알아듣게 되었다.

2. 다음은 남한과 북한이 함께 편찬하고 있는 『겨레말큰사전』에 관한 영상입니다. 이를 통해 통일 시대를 대비하여 우리가 어떠한 노력을 기울이고 있는지 생각해 봅시다.

– 통일부, 「남북의 말모이 작전, 겨레말큰사전」

1 통일 시대를 대비하기 위하여 『겨레말큰사전』이 필요한 까닭을 생각해 봅시다.

예시 답 | • 통일이 되었을 때 예상되는 남북한 언어의 이질성을 극복하기 위해서
• 남북한 사람들의 의사소통의 어려움을 최소화하기 위해서

2 우리가 통일 시대의 국어 생활을 위해 어떠한 노력을 기울이고 있는지 또 다른 사례를 찾아 발표해 봅시다.

예시 답 | 남북한 학생들이 서로의 언어를 이해할 수 있도록 도와주는 남북한어 번역 애플리케이션 개발 등

찬찬샘 핵심 강의

■ **통일 시대를 대비한 국어 생활:** 남북한의 교류가 활발해지고, 국제 대회에 남북한이 단일 팀을 이루어 출전하는 등 남한과 북한의 관계가 이전과는 많이 달라졌어. 말과 글로 생각을 나누는 일은 화해와 협력을 위한 기본이야. 남북한 학자들이 한데 모여 『겨레말큰사전』을 만드는 것도 차이를 보이는 남북한의 언어를 정리해서 하나의 책으로 묶어 통일 이후의 혼란을 줄이기 위해서지. 이외에도 여러 가지 노력들이 각계각층에서 이루어지고 있어. 이러한 노력들이 무엇인지 관심을 갖고 찾아보고, 내가 할 수 있는 일이 무엇인지 구체적으로 고민해 보면 좋을 것 같아.

지학이가 도와줄게! - 2

『겨레말큰사전』이 어떤 과정을 거쳐 만들어지고 있는지 영상을 통해 확인할 수 있어. 통일 이후의 언어적 혼란을 줄이기 위해 학자들이 어떤 노력을 기울이고 있는지 알아보고, 우리가 일상 속에서 할 수 있는 노력에는 어떤 것이 있는지 또한 생각해 보자.

콕콕 확인 문제

9. 『겨레말큰사전』에 관한 영상을 보고 난 후 학생들이 나눈 감상이다. 사전의 편찬 목적을 고려할 때 적절하지 않은 것은?

① 민기: 『겨레말큰사전』의 내용을 스마트폰 애플리케이션으로 개발하면 더 효과적일 것 같아.

② 정국: 통일이 되었을 때 『겨레말큰사전』이 남북한 사람들의 의사소통을 돕는 데 크게 기여할 것 같아.

③ 지민: 사전 편찬이 마무리되면 남북한 사람들이 서로의 언어에 대해 더 잘 이해할 수 있지 않을까?

④ 상원: 『겨레말큰사전』 편찬 사업을 통해 남북한의 언어가 현재 많은 부분에서 차이를 보인다는 걸 알 수 있었어.

⑤ 지우: 『겨레말큰사전』을 전 국민에게 보급해 통일 이전에 남북한 언어의 차이를 없애는 게 통일 시대를 준비하는 올바른 자세가 아닐까?

창의 · 융합 활동

함께하기 ◉◉◉

‖ 다음 영상을 보고, 이어지는 활동을 해 봅시다.

1. 다음 영상의 마지막에 들어갈 내용을 '통일 시대의 국어'와 관련지어 생각해 봅시다.

예시 답 |
이어지는 통일 시대의 말과 글

– 통일부, 「남과 북을 평화로 잇다」

2. 1을 바탕으로, 남북한의 언어를 어떻게 이을 수 있을지 생각하여 손수 제작물(UCC)을 만들어 봅시다. 예시 답 |

화면 순서	내용	표현 방법		음향 및 기타
		자막	화면 구성	
1	남한 학생과 북한 학생이 문제 풀기 프로그램에 나온 상황을 보여 준다.	사회자 남한 대표 북한 대표	사회자가 가운데에 있고, 남북한 학생이 각각 왼쪽, 오른쪽에 서 있는 모습이 다 나오도록 구성함.	사회자, 남한 학생, 북한 학생이 필요함.
2	사회자가 단어를 제시하고, 해당 단어를 남한 측과 북한 측에서 각각 설명한다.	휴대 전화(남) 손전화기(북)	남한 학생과 북한 학생이 번갈아 가며 나오도록 구성함.	음향 없이 서로의 목소리가 잘 들리도록 함.
3	남한 측과 북한 측에서 설명한 단어를 어떻게 하면 둘 다 쉽게 이해할 수 있을지 토의한다.	어떻게?	컴퓨터로 휴대 전화가 머리 위에 떠 있는 것처럼 효과를 주어 구성함.	토의하는 장면만 보여 주고, 화면을 점점 작게 하여 영상을 마무리함.

통일 시대의 국어 생활에 관한 동영상 제작해 보기

○ **활동 탐구**
통일 시대의 국어 생활에 대비하려는 태도에 관한 동영상을 제작해 보는 활동이다. 자유롭고 창의적으로 생각해 보고, 주체적으로 영상을 만들도록 한다.

⋆ 지학이가 도와줄게! – 1
'이어지면 좋은 것'을 통일 시대의 국어와 관련지어 생각해 볼 수 있도록 돕는 활동이야. 지금까지 학습한 내용을 바탕으로 각자 자유롭게 생각해 보자.

⋆ 지학이가 도와줄게! – 2
UCC는 우리말로 하면 '손수 제작물' 정도로 순화할 수 있어. 남북한의 언어를 잇는 것을 목적으로 하는 이 활동의 목표를 생각할 때 UCC 또한 우리말로 바꾸어 표현하면 더 좋겠지? 각자 손수 제작물을 구성하는 필수 요소가 적절하게 들어가도록 계획을 마련하고 적극적이고 창의적으로 영상을 만들어 보자.

소단원 콕! 짚고 가기

핵심 포인트

1. 남북한 언어의 동질성과 이질성

(1) 남북한 언어의 동질성

동질성을 갖는 까닭	• 남북한은 원래 ①□□의 나라였음. • 단일 언어와 문자를 사용하는 한민족임.
예시	분단으로 인해 한 번도 만나본 적 없었던 남한의 손녀딸의 편지를 전해 받은 북쪽의 큰할아버지가 편지글을 읽고 가족에 대한 그리움에 통곡을 함.

(2) 남북한 언어의 이질성

②□□□을/를 갖는 까닭	• 분단으로 인해 오랜 시간 단절된 상태로 지냄. • 사회·문화적 배경에 의해 어휘나 표현에 차이가 생김.
예시	• 같은 대상을 지칭하는 ③□□이/가 다른 경우 ⑩ 오징어(남한)＝낙지(북한) • 같은 표현이지만 의미가 다른 경우 ⑩ 일없다: 소용이나 필요가 없다.(남한) / 괜찮다.(북한)

(3) 남북한 언어에 관심을 가져야 하는 까닭

배경	오랜 시간 단절된 상태로 지내서 어휘나 표현에 차이가 생김.

관심을 가져야 하는 까닭	남북한은 동일한 언어를 사용하는 한민족이기 때문에 그 차이를 좁혀 나가야 함.

통일 시대의 국어에 대비하기 위해서는 남북한 언어의 동질성과 이질성을 이해하는 것이 중요해.

2. 남북한의 언어 차이 이해하기

(1) 어휘에 의한 차이

어휘 차이	• 북한어에서는 외래어 다듬기를 한 표현을 쓰고, 남한어에서는 외래어를 그대로 받아들여 표현하는 경우가 많음. ⑩ 패스(남한)＝연락(북한) • ④□□은/는 같지만 형태가 다른 어휘가 있음. ⑩ 도시락(남한)＝곽밥(북한) • 형태는 같지만 의미가 다른 어휘가 있음. ⑩ 바쁘다: 일이 많거나 서둘러서 해야 할 일로 인하여 딴 겨를이 없다.(남한) / 힘에 부치거나 참기 어렵다.(북한)
어휘 차이를 좁히기 위한 우리의 태도	• 남북한의 언어 ⑤□□을/를 파악하고 이를 좁혀 나가기 위해 노력해야 함. • ⑥□□□ 사용을 줄이고, 서로 다른 어휘를 하나로 통일하기 위한 방법을 찾아보아야 함.

(2) 남북한의 말하기 방식의 차이

남한	• 관계 유지를 위한 ⑦ ☐☐ 화법에 익숙함. 　(예) 헤어질 때 인사 표현 "언제 밥 한번 먹자." • '-ㅂ시다'는 말하는 사람보다 나이가 많거나 직위가 높은 사람에게는 사용할 수 없음.
북한	• ⑧ ☐☐적으로 말하는 표현에 익숙함. • '-ㅂ시다'는 웃어른에게도 사용할 수 있는 표현임.

(3) 의사소통의 문제점 파악과 이해하기

남북한의 언어 차이를 좁히고 통일 시대의 국어 생활에 대비해야 해.

예시	가지가지 한다. • 남한: 주로 부정적인 의미로 사용됨. • 북한: 여러 가지로 많이 한다는 의미로 사용됨. → 원래의 의도에 맞게 상대의 기분이 상하지 않도록 바꾸어 표현해야 함.

이해하기	서로의 언어 차이를 이해하고, 상대에게 혼란을 주거나 기분을 언짢게 하는 표현을 삼감.

3. 통일 시대의 국어 생활

• 같은 의미라도 서로 다른 어휘나 표현을 사용하여 의사소통에 어려움이 따를 수 있지만, 서로의 말에 귀 기울이고 차이가 나는 어휘나 표현을 서로 설명해 주면서 ⑨ ☐☐☐☐의 차이를 좁혀야 한다.
• 통일이 되었을 때 예상되는 남북한 언어의 이질성을 극복하기 위해 『겨레말큰사전』과 같은 통일 시대에 대한 ⑩ ☐☐을/를 위한 노력이 필요하다.

정답: ① 하나 ② 이질성 ③ 어휘 ④ 의미 ⑤ 차이 ⑥ 외래어 ⑦ 간접 ⑧ 직접 ⑨ 의사소통 ⑩ 대비

[01~02] 다음 신문 기사를 읽고, 물음에 답하시오.

한겨레, 2018년 9월 16일

□□중학교 김○○ 학생의 할아버지는 한국 전쟁 때 형과 헤어졌다. 남쪽과 북쪽에 떨어져 68년을 산 두 형제는 제21차 남북 이산가족 상봉 행사 때 극적으로 다시 만났다. 손녀딸 김○○ 학생은 남쪽의 작은할아버지를 통해 북쪽의 큰할아버지에게 손으로 직접 쓴 편지를 전했다. 손녀딸의 편지는 북쪽 할아버지에게 전달됐고, 할아버지는 손녀딸의 편지를 받고 통곡했다.

큰할아버지께.

큰할아버지, 안녕하세요. 저는 할아버지의 손녀딸 김○○이라고 합니다. 제 편지를 할아버지께서 전해 받으신다는 생각을 하니 꿈만 같고, 감격스럽습니다. 북한에서 잘 지내고 계시죠? 저도 직접 뵙고 인사드리고 싶었는데 그러지 못하여 너무 아쉽습니다. 어서 남북통일이 되어 할아버지 얼굴을 뵐 수 있는 날이 오도록 기도하고 응원하겠습니다. 제가 훌륭한 사람이 되어 남북통일에 힘쓸 수 있도록 열심히 노력하겠습니다. 그때까지 오래오래 건강하게 지내셔야 해요! 작은할아버지 만나서 행복하고 좋은 시간 보내세요. 언젠가는 저도 할아버지를 뵐 수 있는 날을 기다릴게요.

사랑해요, 할아버지.

손녀딸 김○○ 올림.

01. 이 신문 기사를 읽고 알 수 있는 내용으로 적절하지 않은 것은?

① 편지를 쓴 손녀딸의 할아버지는 한국 전쟁 때 형과 헤어졌다.
② 남한에 사는 손녀딸이 북한에 사시는 큰할아버지께 편지를 썼다.
③ 큰할아버지는 손녀딸의 편지를 읽고 손녀딸의 생각과 마음을 잘 알 수 있었다.
④ 편지를 쓴 손녀딸은 이산가족 상봉 행사에 참여하시는 할아버지 편에 편지를 전달했다.
⑤ 손녀딸은 하루 빨리 통일이 되어 작은할아버지와 큰할아버지가 만날 수 있기를 바라고 있다.

02. 이 신문 기사를 통해 알 수 있는 남북한 언어의 특징으로 알맞은 것을 골라 바르게 묶은 것은?

┤ 보기 ├

ㄱ. 남북한은 단일 언어와 문자를 사용하고 있다.
ㄴ. 남한의 언어는 분단 이전과 크게 달라지지 않았다.
ㄷ. 남한어는 북한어에 비해 높임법이 덜 발달되어 있다.
ㄹ. 남북한 사람들은 별다른 통역 없이 의사소통할 수 있다.

① ㄱ, ㄴ   ② ㄱ, ㄹ   ③ ㄴ, ㄷ
④ ㄴ, ㄹ   ⑤ ㄷ, ㄹ

[03~04] 다음 상황을 보고, 물음에 답하시오.

03. (가)에서 의사소통에 문제가 생긴 이유로 알맞은 것은?

① 서로 먹고 싶어 하는 음식이 달라서
② 동일한 대상을 지칭하는 말이 달라서
③ 제대로 된 높임법을 사용하지 않아서
④ 남자가 여자의 말을 제대로 이해하지 못해서
⑤ 남자의 말이 시간과 장소를 고려할 때 적절하지 않아서

04. (나)의 상황 맥락을 고려할 때 ㉠의 의미가 무엇일지 쓰시오.

05. 다음 빈칸에 들어갈 내용으로 가장 적절한 것은?

> 남한 학생: 어휴, 공부는 아무리 해도 끝이 없어.
> 북한 학생: 진짜……. 나도 요즘 공부가 바쁘다.
>
> 　　　이 대화의 밑줄 친 단어의 뜻을 보면 남북한에
> 는 ＿＿＿＿＿＿＿＿＿＿＿ 알 수 있다.

① 청소년이 지켜야 할 언어 예절이 존재함을
② 대부분의 말에 별다른 의미 차이가 없음을
③ 형태는 같지만 의미가 다른 어휘가 존재함을
④ 한자의 영향을 받은 어휘들이 여전히 많음을
⑤ 처한 상황에 따라 이해가 달라지는 단어가 있음을

[06~07] 다음 상황을 보고, 물음에 답하시오.

06. (가)에서 북한 사람의 대답을 듣고 남한 사람은 어떤 기분을 느꼈을지를 〈조건〉에 맞게 서술하시오.

> ┤ 조건 ├
> • 남한 사람의 기분과 그런 기분을 느낀 이유를
> 함께 서술할 것.
> • 북한 사람의 말을 근거로 쓸 것.

07. (나)에 대한 설명으로 적절하지 않은 것은?

① 학생은 예의를 갖춰 말했다고 생각할 것이다.
② 선생님은 학생의 말을 듣고 조금 당황했을 것이다.
③ '-ㅂ시다'의 활용에 있어서 남한과 북한에는 큰
차이가 없다.
④ 학생의 말을 의도에 따라 남한어로 바꾸면 '선생
님, 저를 믿고, 그만하실까요?'이다.
⑤ 선생님이 북한어에 대해 잘 알고 있었다면 당황
하지 않고 반응할 수 있었을 것이다.

활동 응용 문제 | 서술형 |

08. 다음을 통해 알 수 있는 남한어와 북한어의 특징을 비교해 한 문장으로 쓰시오.

> 　　　남한 탁구 선수는 '(북한 선수에게) 처음에 사인
> 을 하라고 했는데, '사인이 뭐냐'라고 묻더라. 북한
> 에서는 '표시'라고 한다더라.'라면서 '나에게 '타격'
> 을 하라더라. 무엇인지 물으니 '스매시'였다. 이제
> 는 알아듣는다. 한 가지씩 늘린다.'라고 전했다.

09. 〈보기〉의 내용을 바탕으로 할 때, ㉠에 대한 반응으로 가장 적절하지 않은 것은?

> ┤ 보기 ├
> 　　　㉠『겨레말큰사전』은 남한과 북한이 공동으로
> 편찬하는 최초의 우리말 사전이다. 공통으로 쓰
> 는 말은 우선 올리고, 차이를 보이는 말들은 남한
> 과 북한이 성실히 합의하여 단일화한 33만여 개
> 의 올림말을 실을 대사전이다.

① 사전이 완성되면 남북한 사람들이 의사소통할
때의 어려움을 최소화할 수 있을 거야.
② 통일이 되었을 때 예상되는 남북한 언어의 이질
성을 극복하는 것을 목적으로 하고 있어.
③ 분단 이후 남북한의 언어가 많이 달라졌기 때문
에 이러한 사전이 만들어지게 된 거 아닐까?
④ 남북한 언어의 동질성을 부각해서 우리가 결국
하나의 민족이라는 것을 알리려는 의도로 만들
어진다고 볼 수 있어.
⑤ 남한과 북한이 공동으로 사전을 편찬하는 것을
보니 통일이 그리 멀리 있지 않다고 생각하는 사
람들이 많다는 걸 알 수 있어.

단원+단원 통합과 적용

단원+단원, 이렇게 통합·적용했어요!

우리말의 음운
음운의 체계와 특성 이해하기

+

남북한의 언어와 통일 시대의 국어
통일 시대의 국어 생활 대비하기

⇩

신문 기사를 통해 음운의 특성을 탐구하고, 통일 시대의 교실 모습 상상해 보기

∥ 다음은 북한의 중학교 1학년 『수학』 교과서에 관해 살펴본 신문 기사입니다. 이 신문 기사를 보고, 이어지는 활동을 해 봅시다.

동아일보　　　　　　　　　　2018년 5월 23일

　수학은 전 세계인의 공통 언어라고 불립니다. 수학에서 쓰이는 숫자나 기호가 언어와 상관없이 같기 때문이지요. 우리와 같은 언어를 쓰는 북한의 수학 용어는 어떨까요?

| ㉠ 씨수　　　늘같기식　　　겹풀이 |

＜그림 1＞ 『수학』(초급 중학교 1학년용), 교육도서출판사, 121쪽.

　이 용어들의 공통점은 모두 한자를 사용하지 않은 순우리말이라는 데 있습니다. 한자나 외래어 사용이 적은 북한 사회의 특성이 수학 용어에서도 그대로 나타난 것입니다.

　＜그림 1＞은 북한의 초급 중학교 1학년 학생들이 배우는 『수학』 교과서의 일부입니다. ＜그림 1＞에서 보는 바와 같이 '한마디식과 여러마디식(단항식과 다항식)'이라는 소단원 학습 내용을 보면 먼저 단항식의 개념을 정의하고, 간단히 이해할 수 있는 예제

두 문제를 제시합니다. 그다음 토론 항목에서 ㉡'누구의 생각이 옳은가?'라고 질문을 던집니다. 우리가 학생들의 '문제 해결, 의사소통, 추론' 등의 역량에 초점을 두고 학생 중심 수업 방식을 강조하듯이, 북한도 학생들의 참여를 염두에 두고 교과서를 구성하고 있습니다. 이는 남한의 수학 교과서와 비교할 때 여전히 많이 다르지만 과거에 비해 차이가 줄어들고 있음을 보여 주는 예입니다.

1. 이 신문 기사를 바탕으로 남한과 북한의 학생들이 함께 수업을 받는다면 어떠한 일이 벌어질지 자유롭게 말해 봅시다.

예시 답 | 남한에서 사용하는 용어와 북한에서 사용하는 용어가 달라서 처음에는 수업을 진행하기가 쉽지 않을 것 같다. 그러나 배우는 내용은 다 똑같으므로 용어에 금방 익숙해지고 서로 친해져서 재미있게 수업을 할 수 있을 것 같다.

2. ㉠은 어떤 뜻으로 사용되는 수학 용어일지 다양한 자료를 활용하여 찾아보고, 그 뜻이 같은 것끼리 연결해 봅시다.

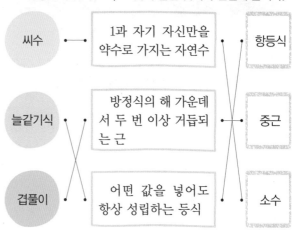

- 씨수 — 1과 자기 자신만을 약수로 가지는 자연수 — 소수
- 늘같기식 — 어떤 값을 넣어도 항상 성립하는 등식 — 항등식
- 겹풀이 — 방정식의 해 가운데서 두 번 이상 거듭되는 근 — 중근

3. ㉡에서 다음 빈칸에 들어갈 알맞은 글자를 찾아 써 봅시다.

| 파열음이면서 여린입천장소리인 자음 | + | 고모음이면서 후설 모음이고, 원순 모음인 음운 | = | 구 |

대단원을 닫으며

 ·학습 목표 점검하기·

❶ 우리말의 음운

음운의 체계와 특성 이해하기

- 음운은 말의 뜻 을/를 구별할 수 있게 해 주는 소리의 가장 작은 단위이다.
- 모음 중 발음할 때 입술 모양이나 혀의 위치가 달라지지 않는 모음을 단 모 음, 발음할 때 입술 모양이나 혀의 위치가 달라지는 모음을 이중 모음 이라고 한다.
- 자음은 소리 나는 위 치 와/과 소리 내는 방 식 에 따라 나눌 수 있다.

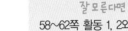

잘 모른다면
58~62쪽 활동 1, 2와 63~65 쪽 활동 3을 통해 우리말 음운 의 체계와 특성을 이해할 수 있을 거야.

❷ 남북한의 언어와 통일 시대의 국어

통일 시대의 국어 생활에 대비하기

- 남북한의 언어는 그 뿌리가 같아 동 질 성 을/를 가지지만, 오랜 시간 떨어 져 지내면서 이질성이 생기게 되었다.
- 남북한의 언어 차이를 극복하여 통일 시대의 국어 생활에 대 비 하려는 태 도를 가져야 한다.

잘 모른다면
81~82쪽 활동 3을 통해 통일 시대에 대비하는 국어 생활을 이해할 수 있을 거야.

· 어휘력 점검하기·

〈보기〉를 참고하여 다음 문장의 빈칸에 들어갈 알맞은 말을 찾아 연결해 보자.

(1) 연일 계속되는 추위에 수도관이 ☐☐됐다. •

(2) 음절은 다시 자음과 모음으로 ☐☐된다. •

(3) 통일 이후의 혼란을 최소화하기 위해서는 남과 북이 ☐☐☐을/를 극복하기 위해 노력해 야 한다. •

• ㉠ 분절

• ㉡ 이질성

• ㉢ 파열

┌ 보기 ┐
- 파열: 깨어지거나 갈라져 터짐.
- 분절: 사물을 마디로 나눔. 또는 그 렇게 나눈 마디.
- 이질성: 서로 바탕이 다른 성질이나 특성.

정답: (1) ㉢ (2) ㉠ (3) ㉡

[01~02] 다음 그림을 보고, 물음에 답하시오.

발 ㉠말 물

01. 이 그림에 대한 설명으로 적절하지 <u>않은</u> 것은?

① '발'과 '말'은 음운의 개수가 모두 3개씩이다.
② '말'에서 'ㄹ'을 빼면 원래의 의미와 달라진다.
③ '말'과 '물'은 구성하는 음운이 서로 같아서 의미도 같다.
④ '말'과 '물'은 'ㅏ'와 'ㅜ'의 차이 때문에 뜻이 달라진다.
⑤ '발'과 '말'은 'ㅂ'과 'ㅁ'의 차이 때문에 뜻이 달라진다.

02. ㉠과 〈보기〉의 '말'을 비교해 설명한 내용으로 적절하지 <u>않은</u> 것은?

┤ 보기 ├

말 [말ː]

① 음운의 배열이 같다.
② 같은 형태이지만 뜻이 다르다.
③ 둘 다 'ㅁ + ㅏ + ㄹ'로 이루어져 있다.
④ 소리의 길이에 따라 뜻을 구분할 수 있다.
⑤ '말'을 길게 발음하면 ㉠의 의미를 갖는다.

03. 다음 중 ⓐ~ⓒ에 들어갈 말을 순서대로 바르게 배열한 것은?

선생님: '(ⓐ)' 하고 발음해 보세요. 어때요? 공기가 (ⓑ) 나오죠?
학생들: 네!
선생님: 이처럼 (ⓒ)은/는 공기의 흐름이 방해를 받지 않고 나오는 소리입니다.

	ⓐ	ⓑ	ⓒ
①	아	천천히	자음
②	자	천천히	모음
③	자	막힘없이	자음
④	오	막힘없이	모음
⑤	구	막힘없이	모음

04. 다음 설명에 해당하는 모음만으로 바르게 짝지어진 것은?

발음하는 동안 입술 모양이나 혀의 위치가 달라지면서 소리가 나온다.

① ㅏ, ㅓ, ㅐ   ② ㅑ, ㅘ, ㅢ
③ ㅗ, ㅡ, ㅖ   ④ ㅔ, ㅖ, ㅞ
⑤ ㅚ, ㅟ, ㅝ

05. 다음과 같이 모음을 세 종류로 나눌 때, 그 분류 기준으로 알맞은 것은?

ㅟ	ㅔ	ㅏ

① 발음할 때 입술 모양
② 발음할 때 혀의 높이
③ 발음할 때 혀의 최고점의 위치
④ 발음할 때 공기가 방해를 받는 정도
⑤ 코를 막을 때 소리가 달라지는지의 여부

| 고난도 |

06. 〈보기〉에 제시된 물음에 대해 모두 '예'로 답할 수 있는 음운은?

┤ 보기 ├

• 소리 날 때 공기의 흐름이 방해를 받지 않고 나오는가?
• 발음할 때 입술 모양이나 혀의 위치가 달라지지 않는가?
• 발음할 때 입이 많이 벌어지고, 혀의 위치가 낮은가?
• 발음할 때 혀의 최고점의 위치가 앞쪽에 있는가?

① ㅏ   ② ㅟ   ③ ㅐ   ④ ㅓ   ⑤ ㅓ

[07~09] 다음 그림을 보고, 물음에 답하시오.

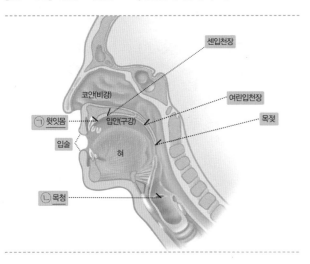

07. 이 그림을 통해 알 수 있는 것으로 적절하지 **않은** 것은?

① 자음이 소리 나는 위치를 확인할 수 있다.
② 혀끝은 윗잇몸과 만나 잇몸소리를 만든다.
③ 입술소리는 입술끼리 만나 소리를 낼 수 있다.
④ 센입천장은 혀 뒤쪽과 만나 센입천장소리를 만든다.
⑤ 여린입천장소리는 여린입천장이 혀 뒤와 만나 소리를 낸다.

08. 〈보기〉에서 ㉠에 대한 설명으로 적절한 것을 모두 골라 바르게 짝지은 것은?

┌─ 보기 ├─
ⓐ 혀끝과 만나 잇몸소리를 낸다.
ⓑ 혀 뒤와 만나면 거센소리를 만든다.
ⓒ ㄴ, ㄷ, ㄹ은 이 위치에서 소리가 난다.
ⓓ 입술을 평평하게 하고 ㉠을 혀끝으로 자극하면 울림소리가 된다.

① ⓐ, ⓑ   ② ⓐ, ⓒ   ③ ⓐ, ⓓ
④ ⓑ, ⓒ   ⑤ ⓒ, ⓓ

09. ㉡에서 소리 나는 자음으로 알맞은 것은?

① ㄱ   ② ㅋ   ③ ㅅ
④ ㅈ   ⑤ ㅎ

10. 빈칸에 들어갈 내용으로 가장 적절한 것은?

┌─────────────────────────────┐
│ 자음 'ㅇ'은 소리를 낼 때 _____   │
│ _____ 소리에 해당한다. │
└─────────────────────────────┘

① 공기가 입뿐 아니라 코로도 나가는
② 공기의 흐름을 잠시 막았다가 터뜨리면서 내는
③ 혀끝을 윗잇몸에 댄 채 공기를 양옆으로 흘려보내는
④ 공기의 흐름을 막았다가 서서히 터뜨리면서 마찰을 일으켜 내는
⑤ 입안이나 목청 시이의 통로를 좁혀 그 틈 사이로 공기를 내보내 마찰을 일으켜 내는

| 서술형 |

11. 다음에서 밑줄 친 단어들의 느낌이 어떻게 다른지 쓰고, 어떤 음운이 느낌의 차이를 만들었는지 서술하시오.

┌─────────────────────────────┐
│ 현준: 오랜만에 목욕탕에 왔으니 때를 <u>박박</u> 밀어 │
│   볼까?   │
│ 명기: 내가 <u>빡빡</u> 밀어 줄게.   │
└─────────────────────────────┘

|고난도|

12. 다음은 한 학생이 음운 수업을 들으며 작성한 노트이다. ㉠, ㉡을 고친 것으로 가장 적절한 것은?

> ㅣ, ㅔ, ㅜ, ㅚ, ㅓ
>
> • 공통점: 모음 중에 ㉠이중 모음에 해당함.
> • ㉡혀의 최고점의 위치가 어디에 있느냐에 따라 'ㅣ, ㅔ, ㅓ'와 'ㅜ, ㅚ'로 나눌 수 있음.

	㉠	㉡
①	단모음	입이 벌어진 정도
②	단모음	혀의 위치가 어디에 있느냐
③	단모음	입술 모양이 둥근지 평평한지
④	전설 모음	혀의 위치가 어디에 있느냐
⑤	전설 모음	입술 모양이 둥근지 평평한지

13. 빈칸에 들어갈 말로 가장 적절한 것은?

> '퐁당퐁당 돌을 던지자. 누나 몰래 돌을 던지자.'라는 동요에 나오는 _____ 해당하는 것은 'ㅡ, ㅣ, ㅜ'가 있다.

① 모음 중에 전설 모음에
② 단모음 중에서 고모음에
③ 모음 중에서 이중 모음에
④ 단모음 중에서 후설 모음에
⑤ 전설 모음 중에서 원순 모음에

14. 다음 대화의 맥락을 고려하여 밑줄 친 말을 남한어로 가장 적절하게 바꾼 것은?

> 남한 학생: 어휴, 공부는 아무리 해도 끝이 없어.
> 북한 학생: 진짜……. 나도 요즘 공부가 바쁘다.

① 공부할 공간이 부족해.
② 공부하는 게 힘에 부치네.
③ 공부하느라 놀 시간이 없어.
④ 공부가 나를 가장 설레게 해.
⑤ 바쁜 시간을 쪼개서 공부하고 있어.

15. 남북한 언어의 특징을 고려할 때, 다음의 빈칸에 들어갈 말로 가장 적절한 것은?

> 민규: 저는 한 번도 만나 뵌 적은 없지만, 저의 큰할아버지께서는 평양에 살고 계시다고 합니다. 다음 달에 있을 이산가족 상봉 행사에 참석하시는 아버지를 통해 큰할아버지께 편지를 전해 드리고 싶은데, 그냥 우리가 사용하는 한글로 편지를 쓰면 될까요? 북한에만 사신 큰할아버지가 제 편지를 읽고 무슨 내용인지 알 수 있으실까 걱정이 됩니다.
> 국어 선생님: 민규는 마음이 참 예쁘구나. 걱정하지 말고 그냥 민규가 사용하는 한글로 편지를 쓰면 돼. 왜냐하면 _____ 때문이야.

① 어린 시절에 습득한 언어는 평생 기억에 남기
② 북한 사람들은 언어를 습득하는 능력이 뛰어나기
③ 남북한의 많은 이들이 통일을 간절하게 소망하기
④ 여러 매체를 통해 남한의 말을 익힌 북한 사람들이 많기
⑤ 남한과 북한은 단일 언어와 문자를 사용하는 한 민족이기

16. 〈보기〉의 상황에 대한 설명으로 적절하지 **않은** 것은?

┤ 보기 ├

① 남한 사람은 북한어에 대해 잘 모르고 있다.
② 남한에는 '낙지'를 가리키는 대상이 따로 있다.
③ 남한 사람이 남한어를 소개하려는 의도로 말을 하고 있는 상황이다.
④ 북한 사람은 남한 사람이 들고 있는 음식을 '오징어'라고 해서 의아했을 것이다.
⑤ 남한 사람이 '도시락'으로 지칭하는 것을 북한 사람이 '곽밥'이라고 부르면 〈보기〉와 비슷한 문제가 생길 것이다.

17. 〈보기〉는 남북한어의 특징을 비교한 글의 일부이다. 이러한 특성을 확인할 수 있는 상황으로 가장 적절한 것은?

┤ 보기 ├
> 남한 사람들은 관계 유지를 위한 간접 화법에 익숙한 반면, 북한 사람들은 이러한 말하기에 익숙하지 않아 의사소통할 때 오해가 생기는 경우가 많다.

① 북한에서 온 친구와 축구를 하는데 나한테 "연락해."라고 외쳐서 무슨 말인지 몰라 한참 우두커니 서 있었어.

② 길을 걷다가 넘어진 북한 사람에게 "괜찮으세요?"라고 물었는데, "일없습니다."라고 대답해서 기분이 좀 상했어.

③ 축제 때 무대에서 춤을 추고 내려오는 내게 북한에서 온 친구가 "가지가지로 많이 한다."라고 말해서 기분 나빴어.

④ 우리 반에 전학 온 북한 이탈 학생에게 "언제 한번 밥 먹자."라고 얘기했는데, 몇 시에 어디에서 만날 건지 물어서 좀 당황했어.

⑤ 북한에서 온 친구가 '예쁜 녀성, 내 친구에게'라고 시작하는 편지를 주었는데, '녀성'에 내가 모르는 다른 뜻이 있는지 궁금했어.

[18~19] 다음 신문 기사를 읽고, 물음에 답하시오.

뉴시스, 2018년 7월 18일

대전의 한 체육관에서 막을 올린 국제 탁구 대회가 전례 없는 뜨거운 관심 속에 진행되었다. 북한 탁구 대표팀의 참가와 함께 일부 종목은 남북 단일팀까지 성사되면서 경기장은 사람들로 북적였다. 응원의 힘을 받은 덕분인지 남북 단일팀은 대회 초반 승승장구하였다. 혼합 복식조가 대회 첫날 극적인 뒤집기로 큰 선물을 안겼고, 여자 복식 예선에서도 상대 팀을 20분 만에 3대 0으로 완파했다. 남한 선수는 '연습 첫날과 경기 전날에만 함께 연습을 했는데 생각보다 호흡이 잘 맞았다. 처음 맞추어 보았기에 긴장을 좀 했지만 나중에는 긴장이 풀렸다.'라고 말했다.

서로의 탁구 용어에도 많이 익숙해졌다. 남한은 탁구 용어로 외래어를 많이 사용하지만 북한은 주로 순수 북한어

를 사용한다. 남한 선수는 '(북한 선수에게) 처음에 사인을 하라고 했는데, '사인이 뭐냐'라고 묻더라. 북한에서는 '표시'라고 한다더라.'라면서 '나에게 '타격'을 하라더라. 무엇인지 물으니 '스매시'였다. 이제는 알아듣는다. 한 가지씩 들린다.'라고 전했다.

---

18. 이 신문 기사의 내용을 바탕으로 할 때, 남북한 선수가 의사소통에 어려움을 겪은 이유로 적절하지 **않은** 것은?

① 남북한 선수들이 서로의 언어에 익숙하지 않아서

② 같은 동작을 일컫는 운동 경기 용어가 서로 달라서

③ 남한에서는 운동 중에 필요한 말을 동작으로 전달하는 경우가 많아서

④ 북한에서는 외래어를 다듬어 고유어나 한자어로 표현하는 경우가 많아서

⑤ 남한에서는 운동에 관련된 용어의 경우 외래어를 그냥 받아들여서 쓰는 경우가 많아서

---

19. 다음은 이 신문 기사를 읽고 나서 한 학생이 쓴 일기이다. 신문 기사와 일기의 내용을 고려할 때, 다음의 빈칸에 들어갈 말로 가장 적절한 것은?

> 남과 북이 하나의 팀이 되어 운동 경기에 참가하고 승리까지 거둔 기사를 읽으니, 감동적이고 뭔가 반성도 됐다. 그동안 북한에 대해서는 별 관심도 없었을 뿐 아니라 통일은 그저 아주 먼 미래의 일이라고만 생각했기 때문이다. 원래 하나의 민족이었던 남과 북이 다시 하나가 되는 날이 왔을 때, 의사소통의 혼란을 줄이고 서로의 생각과 마음을 잘 이해하기 위해 _____.

① 한글을 더욱 사랑해야겠다

② 북한 사람들의 입장을 먼저 생각해야겠다

③ 남북한의 언어에 더 큰 관심을 가져야겠다

④ 북한의 문화를 열린 마음으로 받아들여야겠다

⑤ 남한의 언어 예절을 쉽게 알려 줄 방법을 생각해 봐야겠다

창의력 향상을 위한
논술형 평가 대비하기

01. 다음 만화에서 로봇이 손님의 말을 잘못 인식한 이유를 〈조건〉에 맞게 서술하시오.

┤ 조건 ├
• 손님의 어떤 말이 오해를 불러일으켰는지 구체적으로 언급할 것.
• 우리말 모음 체계를 고려하여 서술할 것.

02. 다음의 밑줄 친 부분에 주목하여 (가)와 (나)가 주는 느낌의 차이를 〈조건〉에 맞게 서술하시오.

(가) 목욕탕에 가서 묵은 때를 박박 밀어 볼까?
(나) 목욕탕에 가서 묵을 때를 빡빡 밀어 볼까?

┤ 조건 ├
• 느낌의 차이를 유발하는 요인을 구체적으로 제시할 것.
• (가)와 (나)를 비교하여 서술할 것.

03. 〈보기〉에 제시된 모음의 공통점을 〈조건〉에 맞게 두 개 이상 쓰시오.

┤ 보기 ├
ㅟ, ㅚ, ㅜ, ㅗ

┤ 조건 ├
• 각각의 공통점이 지니는 특징을 구체적으로 제시할 것.
• '~이면서 ~에 해당한다.'의 형식으로 쓸 것.

[04~05] 다음 그림을 보고, 물음에 답하시오.

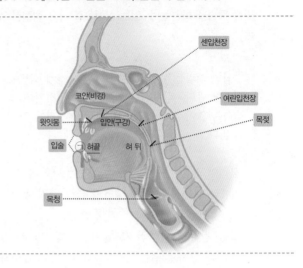

04. 이 그림을 참고하여 〈보기〉를 〈조건〉에 맞게 분류하시오.

┤ 보기 ├
ㄱ, ㄲ, ㅋ, ㅇ

┤ 조건 ├
• 소리 나는 위치와 소리 내기 위해 필요한 발음 기관, 이에 따른 자음의 명칭을 쓸 것.
• 한 문장으로 쓸 것.

05. ㉠이 자음을 소리 내는 데 기여하기 위해 만나야 하는 부분과, 그렇게 해서 만들어진 자음의 예 3가지 이상을 〈조건〉에 맞게 쓰시오.

┤ 조건 ├
• 한 문장으로 쓸 것.

06. 음운의 개념을 서술하고, 개념을 설명할 수 있는 예를 하나 제시하시오.

01. 다음 신문 기사를 읽고, ㉠이 가능했던 이유를 〈조건〉에 맞게 서술하시오.

> 한겨레, 2018년 9월 16일
> □□중학교 김○○ 학생의 할아버지는 한국 전쟁 때 형과 헤어졌다. 남쪽과 북쪽에 떨어져 68년을 산 두 형제는 제21차 남북 이산가족 상봉 행사 때 극적으로 다시 만났다. 손녀딸 김○○ 학생은 남쪽의 작은할아버지를 통해 북쪽의 큰할아버지에게 손으로 직접 쓴 편지를 전했다. 손녀딸의 편지는 북쪽 할아버지에게 전달됐고, ㉠할아버지는 손녀딸의 편지를 받고 통곡했다.

┤ 조건 ├
- 남북한 언어의 특징에 주목하여 이유를 쓸 것.
- 한 문장으로 쓸 것.

02. 다음을 보고 알 수 있는 북한어의 특징을 서술하고, 그러한 특징을 뒷받침할 수 있는 예를 한 가지 쓰시오.

> 신나게 축구를 했어.
> 연락하라 고함치며 신호 보냈어.
> 나한테 공을 왜 안 주는 건데.
> 연락이 아니라 패스, 패스, 패스!
> – 플로우식 작사 · 작곡.
> 「시작하기 좋은 날」

> 이 영상은 북한 이탈 청소년들이 남한 사회에서의 생활과 미래의 꿈을 주제로 직접 작사에 참여하고 출연한 뮤직비디오입니다.
> 제시된 부분은 북한 이탈 청소년이 남한에서 경험한 일을 노래 가사로 표현한 부분 중 남북한 언어의 차이로 인해 겪었던 일을 소개하는 부분입니다.

03. 다음 대화에서 선생님이 당황한 이유가 무엇인지 학생의 말을 근거로 들어 서술하시오.

> 북한 학생: 선생님, 저를 믿고, 그만합시다.
> 남한 선생님: 어? 나에게 하는 소리야?

[04~05] 다음 글을 읽고, 물음에 답하시오.

제가 얼마 전에 상점에 갔는데, 다양한 물건들이 많아서 좋았습니다. 그래서 점원에게 "아이, 뭐 가지가지로 많이 하십니다."라고 말했는데, 제 말을 들은 점원은 기분이 언짢아 보이더군요. 남북한의 언어가 조금씩 차이는 있지만 의사소통에는 아무 문제가 없을 것이라고 생각했는데, 아직도 그 점원이 언짢아한 까닭을 잘 모르겠어요.

앞으로 남한 사람들과 대화를 나누는 상황이 더 많아질 텐데, 이럴 때는 제가 어떻게 해야 하는지 알고 싶어요.

04. 손님의 의도를 고려해 ㉠을 남한어로 바꾸어 쓰시오.

05. 이와 같은 문제가 생기지 않게 하려면 어떤 노력을 기울여야 하는지 서술하시오.

06. 〈보기〉에 등장하는 『겨레말큰사전』이 어떤 역할을 할 수 있을지 2가지 이상 서술하시오.

┤ 보기 ├
『겨레말큰사전』은 분단 이후 남북의 국어학자들이 함께 편찬하는 첫 사전이며, 남북한의 겨레가 함께 볼 최초의 사전이다. 분단 이후 남북한에서 '뜻이 달라진 낱말'의 뜻을 풀이에 적극적으로 반영하였다는 점에서 특징적이다.

3

조정하며 읽고, 근거를 들어 토론하기

읽기

듣기·말하기

(1) 동물의 권리에 관하여 _ 이원영
  ● 한 학기 한 권 읽기

(2) 논리적인 토론

의사소통 역량

이 단원에서는 음성 언어, 문자 언어, 기호와 매체 등을 활용하여 생각과 느낌, 경험을 표현하거나 이해하면서 의미를 구성하고 자아와 타인, 세계의 관계를 점검·조정하는 능력을 기를 수 있다.

비판적 · 창의적 사고 역량

이 단원에서는 공동체의 가치와 공동체 구성원의 다양성을 존중하고 상호 협력하며 관계를 맺고 갈등을 조정하는 능력을 기를 수 있다.

자료 · 정보 활용 역량

이 단원에서는 필요한 자료나 정보를 수집, 분석, 평가하고 이를 효과적으로 활용하여 의사를 결정하거나 문제를 해결하는 능력을 기를 수 있다.

대단원을 펼치며

핵심 질문
자기 주도적으로 글을 읽고, 타당한 근거를 들어 토론하려면 어떻게 해야 할까?

> 이 질문은 이 단원을 이끄는 핵심 질문이란다. 이 단원을 공부하면서 이 질 문의 답을 찾아내는 것이 중요해. 평소 자신의 독서 습관을 점검해 보고, 토론 에 참여했던 경험을 떠올려 이 질문의 답을 찾아보자.

보조 질문

• 평소에 책을 능숙하게 읽는 편인가요? 자신의 읽기 과정을 친구들에게 이야기해 봅시다.

예시 답 | 평소 책을 능숙하게 읽는 편이다. 책을 읽기 전에 책의 종류에 따라 어떤 방법으로 읽을지 정한 다음에 읽는다. 그리고 책을 읽다가 잘 이해되지 않는 부분이 있으면 사전을 찾아보거나 인터 넷 검색 등을 통해 그 내용을 이해한 뒤에 계속 읽는다.

• 토론에서 상대방의 주장을 비판적으로 듣고 논리적으로 반박하기 위해서 필요한 것은 무엇일까요?

예시 답 | 상대방의 주장을 집중해서 듣고, 그것이 합리적인 주장인지 판단해 본다. 그리고 그 주장 에 대한 근거가 사실을 바탕으로 하고 있는지, 타당한 내용인지, 편견에 치우치지는 않았는지 등을 따져 보아야 한다.

학습 목표

[읽기] 자신의 읽기 과정을 점검하고 효과적으로 조정하며 읽을 수 있다.
[듣기·말하기] 토론에서 타당한 근거를 들어 논박할 수 있다.

배울 내용

(1) 동물의 권리에 관하여	(2) 논리적인 토론	단원 + 단원
읽기 과정에 따라 글을 읽으며 읽기 원리 점검하기 자신의 읽기 과정을 점검하고 조정하며 읽기 한 학기 한 권 읽기: 읽기 과정과 원리에 맞게 한 권의 책 읽기	상대방의 주장과 근거를 비판적으로 분석하기 타당한 근거를 들어 상대방의 주장 논박하기	논제를 뽑아 타당한 근거를 마련하여 토론하기

(1) 동물의 권리에 관하여

 생각 열기 -

다음 활동을 하면서, 과정을 점검하는 일이 왜 중요한지 생각해 봅시다.

- 이 학생의 생각과 달리 요리의 맛이 이상한 까닭은 무엇일까요? 중간에 요리
  과정을 점검했다면 학생의 요리는 어떻게 달라졌을지 말해 봅시다.

  예시 답| 감자와 당근을 길쭉하고 잘게 채를 썰어 요리해야 하는데 깍두기처럼 네모나
  게 썰어 요리했기 때문에 익힌 정도가 맞지 않아 맛이 이상해졌다. 요리하는 중간에 자
  신이 잘 모르는 내용을 확인한 후 요리를 했다면 제대로 된 감자볶음을 만들 수 있었을
  것이다.

- 책을 읽을 때는 자신의 읽기 과정을 어떻게 점검해야 할지 생각해 봅시다.

  예시 답| • 모르는 내용이 나오면 자료를 찾아보거나 알 만한 사람한테 물어봄으로써
  해당 내용을 확인한다.
  • 글을 다 읽었는데 내용이 이해되지 않으면 중요한 내용을 찾아 반복해서 읽는다.

이 단원의 학습 요소

학습 목표 | 자신의 읽기 과정을 점검하고 효과적으로 조정하며 읽을 수 있다.

| 읽기 과정에 따른 읽기 방법 이해하기 | ▶ | 글을 읽을 때 읽기의 각 과정에 따라 활용할 수 있는 읽기 방법을 이해한다. |
| 자신의 읽기 과정을 점검하고 효과적으로 조정하기 | ▶ | 자신의 읽기 과정을 점검하고 효과적으로 조정하며 글을 읽을 수 있다. |

소단원 바탕 학습

핵심 개념 미리 보기

1. 읽기 과정의 점검과 조정

문제 상황	읽기 과정 중에 읽은 내용이 제대로 이해되지 않거나, 앞에서 읽은 내용이 뒤에서 읽은 내용과 맞아떨어지지 않거나, 잘 모르는 내용이 나와 책 읽기를 멈추어야 할 때가 있음.

↓

- 읽기 과정의 점검: 자신의 읽기 과정에 어떤 문제가 있는지를 파악함.
- 읽기 과정의 조정: 문제를 해결할 수 있는 적절한 방법을 찾음.

↓

문제 해결	책의 내용을 올바르게 이해할 수 있고, 글을 읽는 목적을 충분히 달성할 수 있음.

2. 읽기 과정에 따른 읽기 방법

읽기 전	• 글을 읽는 목적 확인하기 • 글의 내용과 관련한 배경지식 활성화하기 • 제목, 차례, 삽화를 통해 글의 내용 예측하기 • 글 전체를 훑어보고 궁금한 점을 질문으로 만들기
읽는 중	• 주요 내용을 메모하며 읽기 • 글의 전체 구조를 파악하며 읽기 • 읽기 전에 예측하거나 질문한 내용을 확인하며 읽기 • 궁금한 점을 질문하고 그 질문의 답을 찾으며 읽기 • 내 말로 바꾸어 이해하기 • 모르는 단어나 잘 이해되지 않는 내용은 사전이나 참고 자료를 활용하여 읽기 • 글의 내용에 공감하거나 반박하며 읽기
읽은 후	• 글을 읽은 목적에 따라 읽은 내용 요약하기 • 도표 등을 활용하여 글의 내용 정리하기 • 중심 내용이나 주제 파악하기 • 글쓴이의 생각과 자신의 생각 비교하기 • 더 알고 싶은 내용을 정리하여 찾아보기 • 글을 읽기 전과 읽은 후의 달라진 점 생각하기

3. 읽기 상황에 따른 읽기 과정의 점검과 조정

(1) 읽기 상황을 구성하는 요소: 독자, 글, 읽기 환경

(2) 읽기 상황에 따른 읽기 과정의 점검과 조정의 예

구성 요소	문제 상황	점검과 조정
독자	글을 읽으며 집중력이 떨어지는 경우	잠시 읽기 활동을 멈추고 쉬었다가 다시 시작하기
글	배경지식이 부족하여 글의 내용을 이해하기 어려운 경우	글의 내용과 관련된 참고 자료 활용하기
읽기 환경	소음 등으로 인해 읽기 환경이 불편한 경우	외부의 소음을 차단하는 방법을 찾아 읽기 환경 조정하기

제재 훑어보기

동물의 권리에 관하여(이원영)

- **해제:** 최근 사회적 이슈로 새롭게 떠오르고 있는 동물권의 의미와 관련 쟁점, 논의의 필요성 등을 체계적으로 다루고 있는 글이다.
- **갈래:** 주장하는 글
- **성격:** 객관적, 논리적, 설득적
- **제재:** 동물권의 의미와 동물권에 관한 쟁점들
- **주제:** 존중과 공존에 기반을 둔 동물권에 관한 논의를 시작해야 한다.
- **특징**
  ① 소제목을 제시하여 글의 구성과 내용에 관한 독자의 배경지식을 활성화한다.
  ② 인권과 동물권을 비교하여 설명함으로써 동물권에 대한 이해를 높인다.

읽기 전

• 글의 제목을 보고, 어떤 내용의 글일지 예측해 보세요.
　　　　　　　　　　　　→ 읽기 전 전략 ① 예측하기

• 동물의 권리가 무엇인지 알고 있나요? 동물의 권리에 관해 자신이
　알고 있는 내용을 떠올려 보세요. → 읽기 전 전략 ② 배경지식 활성화하기

• 글 전체를 빠르게 훑어 읽고 궁금한 점을 질문으로 적어 보세요.
　　　　　　　　　　　　→ 읽기 전 전략 ③ 질문 만들기

동물의 권리에 관하여 _이원영

읽는 중

• 주요 내용을 메모해 보세요. → 읽는 중 전략 ① 메모하며 읽기

• 글의 내용에 관해 궁금한 점을 질문하고, 그 질문의 답을 찾으며 읽어
　보세요. → 읽는 중 전략 ② 질문하고 답 찾으며 읽기

• 잘 이해되지 않는 내용이 있으면 매체나 참고 자료를 활용하여
　내용을 이해해 보세요. → 읽는 중 전략 ③ 관련 자료 활용하며 읽기

• 글의 구조를 파악해 보세요. → 읽는 중 전략 ④ 글의 구조 파악하며 읽기

서론 역사적 · 사회적 개념으로서의 인권과 동물권

1 인류가 탄생한 이후 모든 사람이 오늘날과 같은 인권을 누리며 산 것은 아니
다. **❶**인간이라면 누구나 기본적인 인권을 갖는다는 생각이 퍼진 것도 그리 오래
된 일이 아니다. _{↳ 주요 내용 정리하기 ① 예} 인권이라는 개념은, 사람에게 눈이 두 개고 코가 하나라고 하는
것처럼 자연적으로 형성된 개념이 아니라, 오랜 시간에 걸쳐 생성되고 발전해 온
　　　　　　　　　　　　　　　　　　역사적·사회적 개념
개념이다. 즉 인권은 모든 인간이 인간다운 삶을 누리기 위해 노력하는 과정 속
　　　역사적·사회적 개념으로서의 인권 : 인간이 인간다운 삶을 누리고자 노력하는 과정에서 발생한 개념
에서 발전해 온 역사적 · 사회적 개념인 것이다. → 역사적 · 사회적 개념으로서의 인권

_{↳ 주요 내용 정리하기 ② 예}
2 동물권 역시 마찬가지다. 동물이므로 당연하게 지니는 권리가 있다고 하는 주
　역사적·사회적 개념으로서 인권과 동물권의 유사성을 설명함. → 설명 방법: 비교
장은 아직 모든 사람에게 인정받지 못하고 있다. 자칫 인권을 보장받지 못하고
있는 사람들의 처지를 외면하는 것으로 오해를 살 수도 있고, 동물을 사람과 동
일시하는 것으로 여겨질 수도 있다. 하지만 『**❷**동물과 인간이 맺는 관계의 변화
로 인해 그들을 대하는 _{↳ 질문하기 예} 우리의 자세가 달라지면서, 동물권에 관해서도 논의해야
하는 시점에 이른 것은 분명하다.』 → 역사적 · 사회적 개념으로서의 동물권
『 』: 역사적·사회적 개념으로서의 동물권은 동물을 대하는 인간의 자세가 변화하면서 발생한 개념임.

> **서론** 동물과 인간이 맺는 관계의 변화로 동물권에 관한 논의가 시작됨.

▎글쓴이: 이원영(1968~)
수의사. 저서로 『동물을 사랑하면
철학자가 된다』가 있다.

읽기 중 활동

주요 내용 정리하기 ① 예
인권: 인간이 인간다운 삶을 영
위하기 위해 노력하는 과정에
서 발생한 개념

주요 내용 정리하기 ② 예
동물권: 동물과 인간이 맺는 관
계의 변화로 인해 동물을 대하
는 인간의 자세가 달라지면서
발생한 개념

질문하기 예
동물을 대하는 우리의 자세는
어떻게 달라졌을까?

어휘 풀이
• 인권: 인간으로서 당연히 가
　지는 기본적 권리.

어구 풀이
❶ 인간에게는 인간으로서 당
연히 가지는 기본적 권리(인권)
가 있다는 생각은 자연적으로
생겨난 것이 아니라 수많은 사
람들이 인간다운 삶을 영위하
기 위해 오랜 시간에 걸쳐 노
력하는 과정에서 생겨났다는
말이다.
❷ 동물을 대하는 인간의 자세
변화를 배경으로 하여, 역사
적 · 사회적 개념으로서의 동
물권에 대한 논의가 필요함을
이야기하고 있다.

찬찬샘 핵심 강의

■ 글을 '읽기 전'에 활용할 수 있는 읽기 방법

글을 읽는 과정은 '읽기 전-읽는 중-읽은 후'로 나뉘어. 이 과정에 따라 적절한 읽기 방법을 활용하면 글을 더 잘 읽을 수 있지. 글을 읽기 전에는 제목을 보면서 글의 내용을 예측하고, 글의 내용과 관련한 배경지식도 끄집어내고, 글 전체를 대강 훑어보면서 궁금한 점을 질문으로 만들어 보면 좋단다.

> 핵심 포인트 <

예측하기	제목을 보고 동물에게도 권리가 있다는 내용의 글일 거로 예측함.
배경지식 활성화하기	얼마 전에 동물 학대를 다룬 뉴스에서 '세계 동물권 선언'에 대해 들은 내용을 떠올림.
질문 만들기	'동물권의 정확한 뜻은 뭘까?', '동물권을 둘러싼 시사 문제에는 무엇이 있을까?' 등의 질문을 만듦.

■ 역사적·사회적 개념으로서의 인권과 동물권

이 글의 주요 내용은 소제목을 통해 쉽게 파악할 수 있어. 서론에 해당하는 **1**과 **2**는 각각 소제목에서 밝힌 역사적·사회적 개념으로서의 인권과 동물권에 대해 설명하고 있단다.

> 핵심 포인트 <

인권	인간이 인간다운 삶을 영위하기 위해 노력하는 과정에서 발생한 개념
동물권	동물과 인간이 맺는 관계의 변화로 인해 동물을 대하는 인간의 자세가 달라지면서 발생한 개념

■ '읽는 중'의 전략 적용하여 읽기 ①

1~**2**를 읽는 중에 활용할 수 있는 전략으로는 읽기의 기본이라고 할 수 있는 '주요 내용 정리하기'와 적극적이고 능동적인 읽기를 위한 '질문하고 답 찾기' 같은 것들이 있어.

> 핵심 포인트 <

주요 내용 정리하기	**1**과 **2**에서 역사적·사회적 개념으로서의 인권과 동물권의 개념 정리하기
질문하고 답 찾기	**2**에서 '동물을 대하는 우리의 자세가 어떻게 달라졌을까?' 등의 질문을 하고 질문에 대한 답 찾기

콕콕 확인 문제

1. 이 글을 읽기 전에 한 활동으로 적절하지 않은 것은?

① 글을 읽는 목적이 무엇인지 확인해 보았다.

② 글의 제목을 통해 내용을 상상하고 예측해 보았다.

③ 소제목들을 훑어보면서 관련 배경지식을 떠올려 보았다.

④ 글을 대강 훑어보고 궁금한 것들을 질문으로 만들어 보았다.

⑤ 글을 통해 글쓴이가 말하고자 하는 중심 내용을 파악해 보았다.

2. 이 글의 내용에 대한 이해로 적절하지 않은 것은?

① 현재에도 인권을 보장받지 못하고 있는 사람들이 있다.

② 인권은 인류가 탄생한 이후 자연적으로 형성된 개념이다.

③ 동물과 인간이 맺는 관계는 시간이 흐르면서 변화해 왔다.

④ 인권은 인간다운 삶을 영위하기 위해 노력하는 과정에서 발생하였다.

⑤ 동물이 권리를 지녀야 한다는 것에 아직 모두가 동의하는 것은 아니다.

3. 이 글을 읽는 중에 답을 얻을 수 있는 질문에 해당하는 것을 〈보기〉에서 골라 묶은 것은?

> 보기

ㄱ. 동물을 대하는 인간의 태도가 어떻게 달라졌을까?

ㄴ. 동물의 권리를 과연 모든 사람이 인정하고 있을까?

ㄷ. 동물과 인간이 맺는 관계가 어떤 식으로 변화했을까?

ㄹ. 우리는 왜 지금 동물권에 대해 논의를 해야 할까?

① ㄱ, ㄴ   ② ㄱ, ㄷ   ③ ㄴ, ㄷ

④ ㄴ, ㄹ   ⑤ ㄷ, ㄹ

| 서술형 |

4. 다음은 이 글을 읽는 중에 떠올린 생각이다. **2**의 내용을 바탕으로 밑줄 친 질문에 대한 답을 한 문장으로 쓰시오.

일단, 서론의 주요 내용을 정리해야겠어. 소제목을 참고하면 도움이 되겠군. 이 글에서 말하는 역사적·사회적 개념으로서의 '동물권'은 뭐라고 정리할 수 있을까?

❸ 동물권을 인정한다는 것은 간단한 문제가 아니다. 인권과 연결해서 생각해 보면, 그 핵심*쟁점은 '과연 동물이 인간과 동등한 지위를 갖는가?' 하는 점이라 할 수 있다. ❶이에 관한 논의는 동물도 인간과 똑같이 고통을 느낀다는 점에 주목하는지, 아니면 충분하지는 않더라도 지적 능력이나 감정을 지니고 있다는 점에 주목하는지 등에 따라 많은 차이를 낳는다. 인간의 존엄성, 자유와 평등 같은 인권의 핵심 개념이 동물에 대해서는 어떻게 적용되어야 하는지에 관해서도 깊이 논의된 바가 없다.

_{동물권과 관련된 핵심 쟁점: 인권과 연결해서 생각할 때 핵심이 되는 쟁점}
_{동물과 인간을 동등하게 바라볼 때 주목하는 관점의 다양성}
_{인권과 연결해서 동물권을 논의할 때 발생할 수 있는 문제}

→ 동물권과 관련된 핵심 쟁점: '과연 동물이 인간과 동등한 지위를 갖는가?'

❹ 먼저, 동물을 어디까지로 봐야 하는가의 문제가 제기된다. 사람은 그 안에서

_{핵심 쟁점과 관련된 하위 쟁점 ①: 동물의 범위를 결정하는 것에 대한 논의}

생물학적 유사성이 100퍼센트에 가까우므로 논의가 어렵지 않다. 하지만 동물의 경우는 동물군 자체의 차이도 크고, 인간이 그들을 대하는 자세 또한 동물군 혹은 동물*개체에 따라 너무 달라서 내용이 복잡해진다. 『예를 들어, 개, 고양이와 새우, 달팽이를 똑같이 대해야 한다는 주장은 보편적인 견해라 하기 어렵다. 모기나 헬리콥박터라면 더욱 그러하다.』 또한, 반려동물, 식용 동물, *사역 동물, 나아가 산업 동물, 실험동물, 야생 동물 등을 모두 똑같이 대해야 한다는 주장 역시 아직은 보편적이지 않다.

_{동물의 범위를 결정하기 어려운 까닭} _{설명 방법 파악하기 ㉮}
_{『 』: 동물의 범위를 정하기 어려운 까닭을 예를 들어 설명함. → 설명 방법: 예시}
_{인간을 위해 일을 하는 동물}

→ 핵심 쟁점과 관련된 하위 쟁점 ①: '동물의 범위를 어디까지로 봐야 하는가?'

반려동물 / 사역 동물 / 야생 동물 / 실험동물

_{참고 자료 활용하기 ㉮}

❺ 권리라는 용어를 쓰는 과정에서 오해가 생기기도 한다. 물론, 동물의 권리를

_{핵심 쟁점과 관련된 하위 쟁점 ②: 동물에게 권리라는 용어를 쓸 수 있는지에 관한 논의}

주장한다고 해서 동물에게 선거권을 주거나 아파트 분양권을 주자고 말하는 것은 아닐 것이다. 단지 인간이 그들을 지나치게 가혹하게 대하는 측면이 있으니 그 부분을 개선하자는 것이 대세다. ❷이때 그들이 약자이므로 보호해야 한다는

_{사람들 사이에 대략적으로 합의된 '동물의 권리'의 의미}

식의 접근인지, 그 자체로 존중받아야 할 생명이므로 존중해야 한다는 식의 접근

_{동물에게 '권리'라는 용어를 쓸 때 접근 방식의 다양성}

인지 등에 따라 많은 입장 차이가 생긴다. ❸책임과 의무를 지지 않는 존재에게

_{의무가 없는 동물에게 어떻게 권리를 누리게 할 수 있는지}

어떻게 권리를 인정할 수 있는지도 결정하기 어려운 문제다.

→ 핵심 쟁점과 관련된 하위 쟁점 ②: '동물에게 권리라는 용어를 써도 되는가?'

| 본론 1 | 동물권과 관련된 여러 쟁점으로 인해 동물권을 인정하는 문제는 간단하지 않음. |

■ 동물권과 관련된 쟁점들

❸~❺에서는 '동물권과 관련된 쟁점들'을 소개하고 있어. ❸에서는 인권과 연결해서 동물권을 논의할 때 핵심이 되는 쟁점으로 동물이 인간과 동등한 지위를 가질 수 있는지의 문제를 소개하고, ❹에서는 동물의 범위를 어디까지로 봐야 하는지, ❺에서는 동물에게 권리라는 용어를 써도 되는지와 관련된 쟁점을 소개하고 있어. 이렇게 동물권과 관련된 쟁점들을 병렬적으로 나열하여 설명하니까 동물권에 관해 이해하기가 쉽지? 게다가 동물권과 관련된 쟁점들이 얼마나 복잡한 문제들을 안고 있는지도 쉽게 파악할 수 있어.

≻핵심 포인트≺

	내용
동물권과 관련된 쟁점들	• 동물이 인간과 동등한 지위를 갖는가? • 동물의 범위를 어디까지로 봐야 하는가? • 동물에게 권리라는 용어를 써도 되는가?
	내용 전개 방식
	동물권을 둘러싼 여러 가지 쟁점을 병렬적으로 나열하여 설명함.

■ '읽는 중'의 전략 적용하여 읽기 ②

❸~❺를 읽을 때에도 주요 내용을 정리하며 읽는 것은 기본이겠지? 소제목의 내용이 각 문단에 어떻게 제시되어 있는지를 찾아보면 주요 내용을 쉽게 파악할 수 있단다. 그리고 ❹에서는 예시를 활용해 쟁점을 설명하며 내용 이해를 돕고 있어. ❺에서는 '권리'라는 용어를 이해하는 것이 중요하니까, 정확한 뜻을 모른다면 사전을 찾아보는 것이 좋겠지?

≻핵심 포인트≺

주요 내용 정리하기	❸~❺에서 동물권과 관련된 쟁점들을 파악하여 정리하기
설명 방법 파악하기	❹에서 동물의 범위를 정하기가 왜 어려운 논의인가를 예시의 방법으로 설명하고 있음을 파악하기
참고 자료 활용하기	❺의 핵심어인 '권리'라는 용어의 정확한 뜻을 알기 위해 국어사전 찾아보기

5. 이 글의 내용과 일치하지 <u>않는</u> 것은?
① 동물도 인간처럼 고통을 느끼는 존재이다.
② 동물은 인간과 달리 지적 능력이나 감정을 지니고 있지 않다.
③ 인권의 핵심 개념에는 인간의 존엄성, 자유와 평등 등이 있다.
④ 동물은 동물군이나 동물 개체에 따른 차이가 인간보다 매우 크다.
⑤ 동물의 권리를 주장하는 사람들은 인간이 동물을 가혹하게 대하는 것을 개선해야 한다는 것에 대부분 동의한다.

6. ~❺를 읽는 중의 활동으로 적절하지 않은 것은?
① ❸: 동물권과 관련하여 예전에 뉴스에서 들은 적이 있는 '세계 동물권 선언'에 관한 기사를 떠올려 보았다.
② ❹: '산업 동물'과 '사역 동물'이 잘 구분되지 않아 인터넷을 검색하여 관련 정보를 찾아보았다.
③ ❹: 동물을 어디까지로 봐야 하는지에 대한 답을 찾기 위해 백과사전에서 동물의 분류 체계를 조사해 보았다.
④ ❺: '권리'라는 용어의 정확한 뜻을 국어사전에서 찾아보았다.
⑤ ❺: 읽기 전에 메모해 둔 '동물권에 대한 논의는 동물 학대를 막는 것과 관련이 있는 것이 아닐까?'라는 질문에 대한 답을 찾아보았다.

7. ㉠에 해당하는 것을 〈보기〉에서 모두 골라 묶은 것은?

보기
ㄱ. 동물의 범위를 결정하는 문제
ㄴ. 동물의 특징에 대해 논의하는 문제
ㄷ. 동물에게 책임과 의무를 지우는 문제
ㄹ. 동물에게 권리라는 용어를 사용하는 문제
ㅁ. 동물과 인간이 동등한 지위를 갖는가의 문제

① ㄱ, ㄴ, ㄷ ② ㄱ, ㄴ, ㄹ ③ ㄱ, ㄹ, ㅁ
④ ㄴ, ㄷ, ㅁ ⑤ ㄷ, ㄹ, ㅁ

|서술형|
8. ❹에 사용된 설명 방법을 〈조건〉에 맞게 한 문장으로 쓰시오.

조건
• 설명 대상이 무엇인지 쓸 것.
• 설명 방법을 사용함으로써 얻고자 한 효과를 쓸 것.

학습 포인트
· 동물권에 관한 논의의 관점 파악하기
· '읽는 중'의 전략 적용하여 읽기 ③

6 동물권에 관한 논의는 권리의 당사자인 '동물'이 아니라 권리를 부여하는 인간이 주체가 된다는 점에서 특징적이다. _{동물권에 관한 논의의 특징: 권리 부여의 주체가 동물이 아닌 인간임.} 『❶예를 들어 보자. 털을 얻기 위해 양을 기른다면 그 양은 산업 동물이다. 산업 동물에게 인간적으로 측은한 마음을 가질 수는 있어도, 양이 제공하는 털의 가치를 넘어서까지 치료비를 들이기는 어렵다. 하지만 반려동물이라면 이야기가 달라진다. 5만 원을 주고 입양한 개이지만 나와의 관계가 어떠하냐에 따라서 몇백만 원의 치료비를 낼 수도 있다. 양을 반려동물로 삼아 사랑하고 의지한다면 그 양에 대해서도 마찬가지일 것이다.』 이는 _{『 』: 인간과 동물의 관계가 논의의 출발점임을 예를 들어 설명함. → 설명 방법: 예시} 결국 인간과 동물의 관계가 논의의 출발점이 된다는 것을 뜻한다.

➡ 동물권에 관한 논의의 특징: 권리를 부여하는 주체가 인간임.

7 동물권이 인간을 기준으로 결정된다고 해도, 여전히 두 가지의 중요한 관점이 대립한다. 개별적 관계에 따라 논의하는 관점과 보편적 차원에서 동물권을 논의하는 관점이다. _{동물권에 관한 논의의 관점 ①} _{동물권에 관한 논의의 관점 ②} 『❷같은 반려동물이라 하더라도 오랜 시간 정을 주고 온갖 경험을 함께한 내 강아지와 인터넷에서 오늘 처음 알게 된 어느 유명 배우의 고양이 _{나와 개별적 관계를 맺고 있는 특별한 동물의 예} _{나와 개별적 관계를 맺고 있지 않은 동물의 예} 에 관한 내 자세는 다를 수밖에 없다. 이는 인권에 대해서도 마찬가지여서, 내 _{인권에 대한 논의도 개별적 관계에 따른 관점과 보편적 차원에 따른 관점이 있음.} 친구의 목숨과 다른 나라에 사는 어린이의 목숨은 똑같이 소중하지만, 내가 그들 각자에 취하는 자세는 달라지는 것이 보통이다.』 또한, ❸인권이라는 말을 써 가 _{『 』: 동물권과 인권의 유사성을 중심으로 동물권에 관한 논의의 두 관점을 설명함. → 설명 방법: 비교} 며 우리끼리 서로 존중해 주자고 합의하고 살아오다가, 갑자기 동물에 대해서도 ㉠이런 개념을 적용하자는 주장에 대해 불편함을 느낄 수 있다. 현재의 인권 개념처럼 ㉡어떤 상황에서든 누구에게나 차별 없이 적용되는 동물의 권리를 인정하는 것은 다분히 시기상조로 보인다.

➡ 동물권에 관한 논의의 대립적 관점: 개별적 관계와 보편적 차원에 따른 관점

본론 2 | 동물권은 인간이 주체가 되어 논의가 이루어지며, 보편적 차원과 개별적 관계에 따른 관점이 있음.

어휘 풀이
· 측은하다: 가엾고 불쌍하다.
· 시기상조(時機尚早): 어떤 일을 하기에 아직 때가 이름.

어구 풀이
❶ 산업 동물과 반려동물을 대하는 인간의 태도를 바탕으로 동물과 인간이 맺는 관계에 따라 동물권에 대한 논의가 달라질 수 있음을 보여 주고 있다. 이를 통해 동물권을 부여하는 주체가 동물이 아닌 인간이라는 점이 동물권 논의의 중요한 특징임을 이해하기 쉽게 설명하고 있다.
❷ 동물권과 인권을 논의할 때, 나와의 개별적인 관계를 중심으로 논의하는 것과 나와 직접적인 관련이 없는 보편적인 동물이나 인간에 대해 논의하는 것이 다를 수밖에 없음을 설명하고 있다.
❸ 동물권을 인권 개념과 동등하게 다루는 것의 문제점을 보여 주는 부분이다. 인권 개념처럼 동물권을 모든 동물에게 차별 없이 적용하는 것이 어려운 일임을 인정하고 있다.

■ 동물권에 관한 논의의 관점

6에서는 동물권에 관한 논의의 특징으로, 동물의 권리를 부여하는 주체가 당사자인 동물이 아니라 인간임을 서술하고 있어. 이렇게 동물권이 인간을 기준으로 결정된다고 할 때 두 가지 관점이 대립하게 돼. 7에 그 두 관점이 소개되어 있지. 그중 보편적 차원에서의 논의는 모든 동물을 같은 위치에 놓고 권리를 부여해야 한다는 것이고, 개별적 관계에 따른 논의는 대상 동물과 인간과의 관계에 따라 그 권리의 내용을 달리해야 한다는 것이야. 이렇게 동물권에 관한 대립하는 두 개의 관점을 통해 동물권을 둘러싼 또 다른 쟁점을 파악할 수 있단다.

> 핵심 포인트 <

개별적 관계에 따른 논의	보편적 차원에서의 논의
대상 동물과 인간과의 관계에 따라 그 권리의 내용을 달리하여 논의하는 것 ↔	모든 동물을 같은 위치에 놓고 권리를 논의하는 것

■ '읽는 중'의 전략 적용하여 읽기 ③

6~7의 주요 내용을 파악하기 위해 어떤 설명 방법이 쓰였는지 알아봐야 한단다. 6에서는 동물권을 부여하는 주체가 동물이 아닌 인간이고, 그래서 인간과 동물의 관계가 논의의 출발점이 됨을 구체적 사례를 들어 설명하고 있어. 7에서는 동물권 논의의 대립적인 두 관점을 대조적으로 보여 주면서, 두 관점에 대한 이해를 돕기 위해 구체적인 예를 드는 예시의 방법과 인권에 대한 논의와의 유사성을 밝히는 비교의 방법을 사용하고 있단다.

> 핵심 포인트 <

주요 내용 정리하기	6~7에서 동물권에 관한 논의의 특징과 관점을 파악하여 정리하기
설명 방법 파악하기	• 6에서 인간과 동물의 관계가 논의의 출발점이 됨을 설명하기 위해 예시의 방법을 사용하고 있음. • 7에서 동물권에 관한 두 가지의 대립적 관점을 설명하기 위해 대조, 비교, 예시의 방법을 사용하고 있음.

9. 다음은 이 글을 읽는 중에 주요 내용을 메모한 것이다. ⓐ~ⓔ 중, 적절하지 <u>않은</u> 것은?

> • 동물권에 관한 논의의 특징 ·························· ⓐ
> : 권리를 부여하는 주체가 동물이 아니라 인간임. ········· ⓑ
> → 인간과 동물의 관계가 논의의 출발점이 됨. ········· ⓒ
> • 동물권에 관한 논의의 두 관점
> – 개별적 관계에 따라 논의하는 관점
> : 대상 동물과 인간과의 관계에 따라 동물권 내용도 달라져야 함.
> ····································· ⓓ
> – 보편적 차원에서 논의하는 관점
> : 동물도 인간처럼 대우하며 동물에게도 인간이 지닌 권리를 부여해야 함. ····························· ⓔ

① ⓐ   ② ⓑ   ③ ⓒ   ④ ⓓ   ⑤ ⓔ

10. 7에 쓰인 설명 방법에 해당하는 것을 〈보기〉에서 모두 골라 묶은 것은?

> **보기**
> ㄱ. 어떤 대상과 다른 대상의 유사성을 설명하고 있다.
> ㄴ. 서로 대조되는 두 대상을 견주면서 설명하고 있다.
> ㄷ. 어떤 결과를 가져오는 원인을 분석하여 설명하고 있다.
> ㄹ. 어떤 대상의 의미를 알기 쉽게 풀이하여 설명하고 있다.
> ㅁ. 어떤 대상에 대하여 알기 쉬운 사례를 들어 설명하고 있다.

① ㄱ, ㄴ, ㄹ   ② ㄱ, ㄴ, ㅁ   ③ ㄱ, ㄷ, ㄹ
④ ㄴ, ㄷ, ㅁ   ⑤ ㄷ, ㄹ, ㅁ

11. ㉠의 의미로 가장 적절한 것은?

① 존중   ② 관점   ③ 동물권
④ 개별성   ⑤ 관계성

12. ㉡에 대한 독자의 반응으로 적절한 것은?

① 반려동물에만 해당하는 논의가 되겠군.
② 오늘날 대부분 사람들이 받아들이고 있는 내용이군.
③ 동물권을 보편적 차원에서 논의하는 관점과 관련되겠군.
④ 인간이 아닌 동물이 주체가 되어 부여하는 권리에 해당하겠군.
⑤ 개별적 관계에 따라 동물권을 논의하는 관점을 말하는 것이군.

결론 동물권에 관한 논의의 필요성

8 최근 들어 관심이 높아지기는 했지만, 아직까지 동물권은 인간의 윤리와 개인 <u>지금까지의 동물권 논의가 지닌 한계</u> 차원의 양심에 호소하는 측면이 강하다. 하지만 여성과 어린이가 점차로 자신의 권리를 찾고 *향유하게 되었듯이, 동물 역시 그들이 누려야 할 마땅한 권리라는 <u>동물권</u> 것이 있다면 앞으로 점점 더 많은 권리를 누리게 될 것이다. 인간과 동물을 묶어서 하나의 생태계로 보는 관점이 널리 퍼질수록 그 흐름은 빨라질 것이다. ❶각 자의 관점이나 처지가 어떠하든, 이용과 파괴가 아니라 존중과 *공존에 기반을 두 <u>글쓴이의 주장</u> 고 동물권에 관해 발전적으로 논의를 전개해야 할 것이다.

→ 존중과 공존에 기반을 둔 동물권에 관해 논의를 전개할 필요성

결론 존중과 공존에 기반을 두고 동물권에 관한 논의를 발전적으로 전개해야 함.

– 이원영, 「동물을 사랑하면 철학자가 된다」

읽은 후

• 이 글의 전체 내용을 요약해 보세요. → 읽은 후 전략 ① 요약하기
• 이 글을 읽기 전 동물의 권리에 관한 자신의 생각은 어떠하였고, 다 읽은 후에 생각이 어떻게 변하였는지 친구들과 이야기를 나누어 보세요. → 읽은 후 전략 ② 글을 읽기 전과 읽은 후에 달라진 점 생각하기
• 이 글을 읽고 난 후 알게 된 점과 더 알고 싶은 내용을 정리해 보세요. → 읽은 후 전략 ③ 새롭게 알게 된 점과 더 알고 싶은 점 정리하기

66 학습 포인트
• 글쓴이의 주장 파악하기
• 글을 '읽은 후'에 활용할 수 있는 읽기 방법 적용하기

어휘 풀이
• 향유(享有): 누리어 가짐.
• 공존(共存): 서로 도와서 함께 존재함.

어구 풀이
❶ 동물을 생태계의 일원으로서 존중하고 인간과 동물이 함께 살아갈 수 있는 방향으로 동물권에 관한 발전적 논의가 이루어져야 한다고 말하고 있다.

찬찬샘 핵심 강의

■ **글쓴이의 주장**
이 글의 결론인 **8**의 마지막에 글쓴이의 주장이 분명히 드러나 있어. 지금까지의 동물권 논의가 지닌 한계를 벗어나 동물권에 대해 발전적으로 논의를 전개해야 한다는 것이지.

·핵심 포인트·

글쓴이의 주장	존중과 공존에 기반을 두고 동물권에 관한 발전적 논의를 전개해야 한다.

■ **글을 '읽은 후'에 활용할 수 있는 읽기 방법**
글을 읽고 난 후 동물권에 관해 어떤 내용들을 다루었는지 전체 내용을 요약하고 주제를 파악해야겠지. 글을 읽으며 동물권에 대해 새로 알게 된 점과 더 알고 싶은 내용도 정리해 보렴. 동물권에 관한 발전적 논의가 필요하다는 글쓴이의 생각에 대한 자신의 견해도 정리해 보고, 자신의 읽기 과정을 점검하고 조정하여 필요한 경우에는 글을 다시 읽을 필요도 있단다.

콕콕 확인 문제

13. 이 글의 읽기 과정 중 '읽은 후' 활동으로 가장 거리가 먼 것은?
① 글쓴이의 생각과 나의 생각을 비교해 본다.
② 글을 통해 새롭게 알게 된 내용을 정리한다.
③ 글을 읽은 목적에 따라 글 전체의 내용을 요약한다.
④ 글을 읽고 나서 더 알고 싶은 내용을 정리하여 찾아본다.
⑤ 모르는 단어를 국어사전에서 찾아 그 뜻을 파악하여 문장의 의미를 이해한다.

|서술형|
14. 이 글에서 글쓴이가 궁극적으로 말하고자 하는 바를 〈조건〉에 맞게 한 문장으로 서술하시오.

조건
• '동물권'이라는 단어를 사용할 것.
• 글의 갈래적 특성이 드러나게 쓸 것.

학습활동

🐛 이해 활동

1. 이 글을 읽고, 소제목에 따라 글의 내용을 정리해 봅시다.

```
역사적·사회적
개념으로서의
인권과 동물권
```

인권	동물권	
모든 인간이 인간다운 삶을 누리기 위해 노력하는 과정에서 발전해 온 역사적·사회적 개념	동물과 인간이 맺는 관계의 변화로 인해 동물을 대하는 인간의 자세가 달라지면서 발생한 개념	동물권에 관해 논의해야 하는 시점에 이름.

```
동물권과
관련된 쟁점들
```

핵심 쟁점: 과연 동물이 인간과 동등한 지위를 갖는가?
- 동물의 범위를 어디까지로 봐야 하는가?
- 동물에게 권리라는 용어를 써도 되는가?

```
동물권에 관한
논의의 관점
```

권리를 부여하는 주체	대립되는 두 개의 관점
권리의 당사자인 동물이 아니라, 권리를 부여하는 인간이 주체임.	• 개별적 관계에 따라 논의하는 관점 　대상 동물과 인간과의 관계에 따라 그 권리의 내용을 달리하여 논의하는 것 • 보편적 차원에서 논의하는 관점 　모든 동물을 같은 위치에 놓고 권리를 논의하는 것

```
동물권에 관한
논의의 필요성
```

이용과 파괴가 아니라 존중과 공존에 기반을 두고 동물권에 관해 발전적으로 논의를 전개할 필요가 있음.

1. 글의 중심 내용 파악하기

🐛 지학이가 도와줄게! - 1

소제목에 따라 글의 중심 내용을 파악하고 정리하는 활동이야. 소제목을 통해 어떤 내용을 다뤘는지 확인하고, 논제와 관련된 쟁점들을 정리해 보렴. 이를 통해 글쓴이의 주장을 이해할 수 있고, '서론-본론-결론'으로 이루어진 글의 전체 구조도 파악할 수 있을 거야.

정답과 해설 18쪽

시험엔 이렇게!!

1. 이 글에서 알 수 있는 내용으로 적절한 것은?

① 동물권의 의미
② 동물권 논의의 역사
③ 동물권에 관한 최초의 논의
④ 동물권을 둘러싼 시사 문제
⑤ 동물권 보장을 위해 활동하고 있는 시민 단체

|서술형|
2. 이 글에 나타난 글쓴이의 궁극적인 주장을 한 문장으로 쓰시오.

🐛 목표 활동

1. 이 글을 읽으면서 거쳤던 자신의 읽기 과정을 점검해 봅시다.

1 이 글을 읽으면서 자신이 활용한 읽기 방법에 ✓ 표시를 해 봅시다.

예시 답 |

읽기 전

- ✓ 제목을 보고 글의 내용을 예측해 보았다.
- ☐ 글의 내용과 관련한 배경지식을 떠올려 보았다.
- ✓ 글을 빠르게 훑어보고 궁금한 점을 질문으로 적어 보았다.
- ✓ 차례를 살펴보고, 전체 글의 내용을 예측해 보았다.
- ☐ 읽는 목적을 설정한 뒤에 글을 읽었다.

1. 읽기 과정 점검하기

🐛 지학이가 도와줄게! - 1 **1**

글을 읽는 과정에서 사용한 구체적인 방법을 떠올려 보면서 읽기 과정을 점검하는 활동이야. '읽기 전-읽는 중-읽은 후'의 읽기 과정에 따라 자신이 글을 읽으면서 실제로 사용한 방법들을 떠올려 표시해 보렴. 그러면 그 과정을 통해 자연스럽게 자신의 읽기 과정을 돌아보게 될 거야.

학습활동

읽는 중

- ☐ 읽기 전에 예측하거나 질문한 내용을 확인하며 읽었다.
- ☑ 주요 내용을 메모하며 읽었다.
- ☑ 글의 전체 구조를 파악하며 읽었다.
- ☐ 글을 더 깊이 있게 이해하기 위해 글의 내용에 관해 궁금한 점을 질문하고 그 질문의 답을 찾으며 읽었다.
- ☑ 모르는 단어, 잘 이해되지 않는 내용 등은 국어사전이나 참고 자료 등을 활용하여 그 내용을 이해하며 읽었다.
- ☐ 내 말로 바꾸어 이해했다.
- ☐ 글의 내용이나 글쓴이의 주장에 대해 공감하거나 반박하며 읽었다.

읽은 후

- ☐ 글을 읽은 목적에 따라 글의 내용을 요약하였다.
- ☑ 글쓴이의 생각과 자신의 생각을 비교해 보았다.
- ☐ 글을 읽기 전과 읽은 후 달라진 점이 있는지 생각해 보았다.
- ☑ 글을 읽고 나서 더 알고 싶은 내용을 정리하여 찾아보았다.
- ☐ 도표 등을 활용하여 글의 내용을 정리해 보았다.
- ☑ 나의 읽기 방법을 점검하고 반성해 보았다.

시험엔 이렇게!!

3. 글을 읽기 전에 독자가 활용할 수 있는 읽기 전략으로 적절하지 않은 것은?

① 질문 만들기
② 내용 예측하기
③ 읽는 목적 설정하기
④ 배경지식 활성화하기
⑤ 글쓴이의 생각과 비교하기

4. 읽기 과정에 따라 글을 읽으며 한 활동으로 적절하지 않은 것은?

① 글을 읽기 전에 이 글을 왜 읽어야 하는지 생각해 보았다.
② 글을 읽는 중에 주요 내용을 간단히 메모하였다.
③ 글을 읽는 중에는 글쓴이의 생각을 무조건 수용하려고 노력하였다.
④ 글을 읽은 후에 새롭게 알게 된 점을 정리해 보았다.
⑤ 글을 읽은 후에 글을 통해 글쓴이가 말하고자 하는 바를 파악해 보았다.

2 **1**의 활동을 바탕으로 자신의 읽기 과정을 점검해 봅시다. 예시 답ㅣ

읽기 전

읽기 방법	점검 내용
제목을 보고 글의 내용을 예측함.	제목을 보고 동물에게도 권리가 있다는 내용의 글일 것이라고 생각했는데, 동물의 권리에 관한 논의가 필요하다는 내용을 담고 있었어.
소제목을 통해 글의 구성을 예측함.	동물권의 의미와 동물권 관련 쟁점들을 소개한 후 동물권에 관한 논의가 필요한 까닭을 논리적으로 밝히는 글이었어.
글 전체를 훑어보고 궁금한 점들을 정리함.	동물권의 의미를 정확히 몰랐는데 두 번째 문단을 읽고 알게 되었어. 동물권을 둘러싼 시사 문제도 궁금했는데 그것과 관련된 내용은 나타나 있지 않았어.

지학이가 도와줄게! – 1 2

1번 활동에서 확인한 읽기 방법에 따라 점검한 내용을 정리하는 활동이야. 예를 들어, '제목을 보고 글의 내용을 예측하는 방법'을 활용하여 읽었다면, 자신이 제목을 통해 무슨 내용이 나올 것을 예측했는지 쓰고 그 예측이 맞는지를 점검해 보면 된단다. 이렇게 자신의 읽기 과정을 점검하다 보면 읽기 과정을 점검하고 조정하는 것의 중요성을 알게 될 거야.

읽는 중

읽기 방법	점검 내용
글의 전체 구조를 파악하며 읽음.	동물권을 둘러싼 여러 가지 쟁점을 병렬적으로 나열하여 동물권에 관한 이해를 돕고 있어.
뜻을 명확히 모르는 단어의 뜻을 국어사전에서 찾아봄.	국어사전에서 '권리'의 뜻을 찾아보니 글 내용이 더 잘 이해되었어.
주요 내용을 메모하며 읽음.	동물권의 의미, 동물권에 관한 논의가 어려운 까닭, 동물권 논의의 필요성 등을 메모해 두었어.

읽은 후

읽기 방법	점검 내용
글쓴이의 생각과 나의 생각을 비교해 봄.	이용과 파괴가 아니라 존중과 공존에 기반하여 동물권에 관해 발전적으로 논의를 전개할 필요가 있다는 글쓴이의 의견에 동의해.
나의 읽기 과정을 점검하고 조정함.	글을 읽기 전에 읽는 목적을 정하지 않고 읽었어. 동물권에 관한 나의 입장 정립을 목적으로 정하고, 동물권과 관련된 쟁점들을 다룬 부분을 꼼꼼하게 다시 읽어 보았어.
더 알고 싶은 내용을 찾아봄.	동물권 보장을 위해 활동하고 있는 시민 단체와 그 단체에서 하는 일들을 찾아보았어.

2. 다음 글을 바탕으로 평소 자신이 읽기 과정을 점검하고 조정하는 방법에 관해 친구들과 이야기해 봅시다.

> 우리는 항상 글을 성공적으로 읽을 수 있는 것은 아니다. <u>글을 읽으며 집중력이 떨어지는 경우</u>, <u>배경지식이 부족하여 글의 내용을 이해하기 어려운 경우</u>, 또는 <u>글을 읽는 외부 환경이 불편한 경우</u>에는 글을 성공적으로 읽기
> _{독자 자신의 문제}
> _{글 자체의 문제}
> _{읽기 환경의 문제}
> 어렵다. 따라서 독자는 <u>독자 자신의 문제, 읽기의 대상인 글, 그리고 글을 읽을 때의 외부 환경 등을 점검하고 조정하며 글을 읽어야 한다.</u> 이때 읽기
> _{읽기 상황의 구성 요소 → 점검과 조정의 대상}
> 상황을 구성하는 독자, 글, 읽기 환경 등은 모두 점검과 조정의 대상이 될 수 있다. <u>육체적 피로 때문에 집중력이 떨어졌다면 잠시 읽기 활동을 멈추고 쉬었다가 다시 시작할 수도 있고</u>, <u>배경지식이 부족하여 글의 내용을 이</u>
> _{독자 자신의 문제를 점검하고 조정한 예}
> <u>해하기 어려울 때는 참고 자료를 활용할 수 있다.</u> 또한, <u>소음 등으로 인해</u>
> _{글 자체의 문제를 점검하고 조정한 예}
> <u>읽기 환경이 불편할 경우에는 외부의 소음을 차단하는 방법 등으로 읽기 환경을 조정할 수 있다.</u>
> _{읽기 환경의 문제를 점검하고 조정한 예}

시험엔 이렇게!!

5. 다음은 〈보기〉의 방법을 적용하여 이 글을 읽은 것이다. 빈칸에 들어갈 적절한 내용을 쓰시오.

보기
글의 주요 내용을 메모하며 읽기

첫 부분에서는 (   ), 중간에선 동물권에 관한 논의가 어려운 까닭, 끝에선 동물권에 관한 논의의 필요성 등을 메모했어.

지학이가 도와줄게! - 2

글을 읽을 때에는 읽기 상황을 구성하는 독자, 글, 읽기 환경까지도 점검과 조정의 대상이 된단다. 읽기 상황에서 문제가 발생한 경우, 평소 사용하는 읽기 과정을 어떻게 점검하고 조정하는지 자신의 방법과 친구들의 방법을 서로 공유하면서 자신에게 도움이 될 실제적인 방법을 찾아보렴.

○ **읽기 상황의 구성 요소에 따른 읽기 과정의 점검과 조정**
• 독자의 문제: 글을 읽으며 집중력이 떨어짐. → 읽기를 잠시 멈추고 쉬었다가 다시 시작함.
• 글의 문제: 배경지식이 부족해 글의 내용을 이해하기 어려움. → 관련 참고 자료를 활용함.
• 읽기 환경의 문제: 소음 등으로 인해 글을 읽는 외부 환경이 불편함. → 외부의 소음을 차단함.

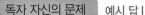 학습활동

독자 자신의 문제 예시 답 |

자신이 쓰는 방법	친구들이 쓰는 방법
나는 오랫동안 앉아 있으면 답답함이 느껴져서 50분 동안 책을 읽은 후에는 일어나서 잠깐 가벼운 체조를 해.	• 책을 읽으려는데 다른 생각이 들면, 잔잔한 음악을 들으며 마음에 안정을 줘. • 책을 읽다가 잠이 오면 잠깐 내 방 안을 걸으며 잠을 깨. • 소설책을 읽다가 지루하게 느껴지는 부분에서는 아이들에게 구연동화를 들려주듯이 소리 내어 책을 읽으면 지루함이 사라져.

글 자체의 문제

자신이 쓰는 방법	친구들이 쓰는 방법
내용의 중요도에 따라 다른 색깔의 펜을 활용하여 내용을 요약해.	• 글의 내용이 어려울 때는 표나 그림을 활용하여 중심 내용을 정리해. • 어려운 내용이 나오면 인터넷 검색을 통해 곧바로 그 내용을 이해하면서 읽어. • 문단별로 핵심어는 동그라미 표시를 하고, 중심 문장은 밑줄을 그어서 표시하면 나중에 전체 내용을 요약할 때 도움이 돼.

읽기 환경의 문제

자신이 쓰는 방법	친구들이 쓰는 방법
규칙적인 약한 소음을 활용하면 글에 더 몰입할 수 있어.	• 책을 읽을 때는 휴대 전화를 꺼서 방해를 받지 않도록 하고 있어. • 온도가 다소 낮은 곳에서 글을 읽으면 집중이 잘되는 편이야. • 시험공부나 학교 숙제를 위해 책을 읽을 때에는 소음이 거의 없는 도서관을 찾아가서 책을 읽어.

3. 자신의 읽기 과정을 점검하고 조정하면서 글을 읽으면 어떤 점이 좋은지 말해 봅시다.

예시 답 | 읽기 과정을 점검하고 조정하면서 읽어야 책에 담긴 내용을 깊이 있게 이해할 수 있다.

 읽기 과정의 점검과 조정

책을 읽다 보면 읽은 내용이 제대로 이해되지 않거나 앞에서 읽은 내용이 뒤에서 읽은 내용과 맞아떨어지지 않는 등 여러 가지 문제가 생길 수 있습니다. 책을 읽는 도중에 잘 모르는 내용이 나와서 책 읽기를 멈추어야 할 때도 있습니다. 이때 우리는 자신의 읽기 과정을 점검해야 합니다. 읽기 과정의 점검을 통해 자신의 읽기 과정에 어떤 문제가 있는지 파악하고, 그 문제를 해결할 수 있는 적절한 방법을 찾아 읽기 과정을 조정해야 책의 내용을 올바르게 이해할 수 있습니다.

6. 글을 읽을 때 점검과 조정의 대상에 해당하지 않는 것은?

① 독자 자신의 문제
② 읽기의 대상인 글
③ 글쓴이가 처한 상황
④ 글을 읽을 때의 외부 환경
⑤ 읽기 전, 읽는 중, 읽은 후의 과정

7. 읽기 과정의 점검과 조정이 필요한 상황으로 적절하지 않은 것은?

① 육체적 피로 때문에 집중력이 떨어졌다.
② 배경지식이 부족하여 글의 내용을 이해하기 어렵다.
③ 글의 내용이 지루하게 느껴져 글을 읽는 중에 잠이 온다.
④ 소음 때문에 시끄러워서 글 읽기를 계속하기가 어렵다.
⑤ 글을 읽는 속도가 빨라서 적은 시간에 많은 글을 읽게 된다.

| 서술형 |
8. 다음과 같은 상황에서 발생한 문제를 해결할 방법을 한 문장으로 쓰시오.

> 배경지식이 부족하여 글의 내용을 이해하기 어려운 상황

지학이가 도와줄게! - 3

읽기 과정을 점검하고 조정하는 일의 중요성에 관해 생각해 보는 활동이야. 읽기의 과정과 그 과정에 따른 적절한 읽기 방법에 관해 알고 있다고 해서 항상 글을 성공적으로 읽을 수 있는 건 아니란다. 따라서 글을 읽을 때에는 읽기의 목적과 상황을 고려하여 읽기 과정을 실제로 점검하고 효과적으로 조정하는 것이 중요해.

한 학기 한 권 읽기

읽기 과정을 점검하며 책 읽기

1 책 앞에서

❝ 학습 포인트
· 읽기 과정과 원리에 따라
독서 습관 점검하기

❍ **활동 탐구**
읽을 책을 선정하기 전에 독서 습관에 관한 내용을 다룬 신문 기사를 읽고, 독서 습관을 점검하기 위한 활동이다.

▌다음 신문 기사를 읽고, 자신의 독서 습관을 점검해 봅시다.

뉴시스   2016년 12월 28일

　최근 독서의 중요성이 부각되면서 책 읽기에 시간을 투자하는 청소년이 늘고 있다. 하지만 독서를 제대로 하지 못하면 오히려 시간 낭비가 될 수 있다. 그 대표적인 경우가 읽은 책의 권수에만 연연하는 독서이다. 아무리 좋은 책을 읽더라도 책이 전하는 메시지를 제대로 이해하지 못했다면 그 책을 읽었다고 할 수 없다. 독서를 할 때 우리가 읽어야 할 것은 문자 자체가 아니라 그 문자 뒤에 있는 의미이고, 그 의미 속에 담겨 있는 인간과 세상이기 때문이다. 따라서 한 권의 책을 읽더라도 꼼꼼하게 읽고, 비판적으로 읽고, 공감하거나 비교하며 읽고, 자신을 투영하며 읽는 태도와 습관을 가지는 것이 중요하다.

　이와 같은 책 읽기 습관을 갖기 위해서는 먼저 이 책을 '왜' 읽을 것인지에 관한 고민이 필요하다. 자신이 책을 읽는 목적에 맞는 독서 방법을 터득해 실천하면 책을 끝까지 읽는 내적 동기가 된다. 또한, 질문을 하면서 읽는 것도 좋다. 책의 내용뿐만 아니라 자신의 독서 습관에 관해서도 스스로 질문을 하며 잘못된 부분이 있다면 조정을 하면서 읽어야 한다.

---

1. 이 신문 기사에서 다루고 있는 잘못된 독서 습관에 관해 이야기해 봅시다.

　예시 답 | 읽은 책의 권수에만 연연해 그 책이 전하는 의미를 제대로 이해하지 못한 독서

✦ 지학이가 도와줄게! - 1
신문 기사에서 다루고 있는 잘못된 독서 습관을 정리해 보고, 읽은 책의 권수에 연연하는 독서가 아니라 한 권의 책을 읽더라도 올바르게 읽는 것이 중요함을 이해하도록 하자.

2. 이 신문 기사의 내용을 바탕으로 자신의 독서 습관을 점검하고 조정해 봅시다.
　예시 답 |
　● 나는 책을 읽는 목적을 생각하면서 (읽었다 / 읽지 않았다).

　　➜ 앞으로는 이 책을 왜 읽을 것인지 정하고, 그 목적에 맞는 독서 방법을 찾으며 책을 읽을 것이다.

　● 나는 평소에 책을 읽을 때 질문을 하면서 (읽었다 / 읽지 않았다).

　　➜ 앞으로는 책 내용뿐 아니라 내 독서 습관에 관해서 질문하고 그 질문의 답을 찾으며 책을 읽을 것이다.

✦ 지학이가 도와줄게! - 2
신문 기사에 제시된 잘못된 독서 습관의 내용을 바탕으로 평소 자신의 독서 습관과 태도를 성찰해 보도록 해. 올바른 책 읽기 습관을 갖기 위해서는 책을 읽기 전에 읽는 목적을 설정하고, 책을 읽을 때 질문을 하면서 읽어야 한다는 것을 잊지 말자.

❷ 책 두드리기

┃ 친구들과 모둠을 지어 이번 학기에 읽을 책을 고르는 활동을 해 봅시다.

1. 다음 활동을 통해 관심 분야가 같은 친구들끼리 모둠을 구성해 봅시다.

❶ 최근 자신의 인터넷 검색 기록을 떠올려 보고, 자신의 관심 분야가 무엇
인지 확인해 봅시다. 예시 답ㅣ우리 사회의 다양한 문제

기후와 관련된 음식

❷ ❶의 활동을 바탕으로 관심 분야가 같은 친구들끼리 모여 모둠을 구성
해 봅시다. 예시 답ㅣ생략

2. 모둠 친구들과 함께 책 읽기 활동을 계획해 봅시다.

❶ 관심 분야와 관련하여 읽고 싶은 책을 찾아보고, 책의 표지와 차례 등을
보면서 내용을 예측하여 모둠 친구들에게 소개해 봅시다.

예측한 내용

책 제목인 '유럽은 왜 빵빵 할까?'
라는 질문에 대한 답이 책 속에 있
을 것 같아. 이 책의 차례에서 땅,
기후, 재해, 갈등, 한
국, 세계라는 6개의
주제를 제시하고 있
는 것을 보니, 여러
나라의 문화를 지리
학적인 관점에서 재
미있게 설명하는 내
용이 담겨 있을 거라
는 생각이 들어.

내가 찾은 책

예측한 내용

① 내가 찾은 책은 『그러니까 이게,
사회라고요?』야. 우리 사회의 다양한
문제를 표제어로 제시하고 있는 것으
로 보아, 우리가 함께 생각해야 할 사
회 문제에 대한 글쓴이의 생각이 담
긴 책인 것 같아. 이 책을 함께 읽고
친구들과 우리 사회의 문제들에 대한
의견을 나누어 보고 싶어.
② 나는 『별빛과 이야기를 나누는 곳』
이라는 책을 찾았어. 차례를 살펴보니
이 책은 글쓴이가 국내에 있는 천문
대를 돌아다니며 체험한 내용과 주변
역사 유적지를 둘러보는 내용을 담고
있는 것 같아. 이 책을 함께 읽고 친
구들과 가 보고 싶은 천문대에 대해
이야기를 나누고 그곳에 함께 찾아가
보고 싶기도 해.

○ **활동 탐구**
관심 분야가 같은 친구들끼리 모
둠을 구성하여 함께 읽을 책을 선
정하고, 책 읽기 계획을 세우는
활동이다.

★ 지학이가 도와줄게! – 1
인터넷에서 검색했던 내용들을
바탕으로 자신의 관심 분야를 찾
아보도록 해. 인터넷 검색을 한
경험이 없는 친구들은 최근 자신
이 관심을 두고 정보를 찾아보고
싶었던 분야가 있었는지 생각해
봐. 그리고 모둠을 구성할 때는
다양한 방법으로 관심 분야를 나
누고 관심 분야가 같은 친구들끼
리 모둠을 구성하는 게 좋아.

★ 지학이가 도와줄게! – 2 ❶
모둠의 관심 분야와 관련하여 구
성원별로 읽고 싶은 책을 선정하
고 그 책에 관해 예측한 내용을
모둠 친구들에게 소개해 보는 활
동이란다. 책 표지와 차례뿐 아니
라 인터넷 서점이나 서평 등을 참
고하여 글의 내용을 예측해 보도
록 하렴.

2 모둠 친구들이 고른 책의 내용을 살펴보고, 이번 학기에 우리 모둠에서 읽을 책을 선정하는 활동을 해 봅시다.

활동 방법

① 큰 종이를 준비합니다.

② 큰 종이에 모둠 친구들이 소개한 책의 제목을 적고, 각 책에 관한 자신의 의견을 적습니다.

③ 모둠 친구들과 함께 읽기를 원하는 책에 관해 의견을 나누어 봅시다.

④ 모둠 친구들과 나눈 이야기를 바탕으로 우리 모둠에서 읽을 책을 고릅니다.

⑤ 모둠에서 고른 책의 읽기 목적을 정합니다. 읽기 목적은 책을 읽고 난 후 모둠 친구들과 함께할 활동과 관련하여 구체적으로 정하도록 합니다.

예시 답 |

독서왕 _____ **모둠**

모둠원: ○○○, △△△, □□□

모둠 친구들이 소개한 책	모둠 친구들과 함께 읽기를 원하는 책
	『유럽은 왜 빵빵 할까?』
그 책에 관한 나의 의견	그 책에 관한 나의 의견
	빵은 누구나 다 좋아하는 소재이므로 모둠원 모두 흥미를 느끼고 이 책을 읽을 수 있을 거야. 빵이 유럽에서 발달하게 된 까닭을 알아보고, 가상 면담을 진행해 보면 재미있을 것 같아.
모둠에서 함께 읽을 책	우리 모둠의 읽기 목적
『유럽은 왜 빵빵 할까?』	책 내용과 관련하여 다양한 질문을 메모하며 읽을 것이다. 이를 바탕으로 책을 다 읽은 후에 가상 면담 활동을 하기로 하였다. 모둠원 중 한 명이 글쓴이의 입장이 되어 다른 모둠원의 질문에 답을 해 보고, 이런 활동을 번갈아 가면서 해 보면 모둠원 모두 책의 내용을 더 잘 이해할 수 있을 것이다.
이 책을 고른 까닭	
다양한 문화를 지리학적 관점에서 설명하고 있는 책으로 보인다. 특히 음식 문화를 지리학적 관점에서 설명하고 있을 것 같다는 점에서 우리 모둠의 흥미를 끌었다.	

지학이가 도와줄게! – 2 ②

자기가 읽고 싶은 책을 간단하게 소개하고, 그중에서 모둠원들의 관심과 흥미를 고려하여 모두가 읽고 싶어 하는 책을 선정하렴.

➕ 보충 자료
능동적 읽기 활동
모든 독서 활동은 '읽기–이야기하기–표현하기'의 통합적 활동(언어 기능의 통합)으로 구성되어 있으며, 읽기는 이야기하기를 통해서 심화하고, 표현하기 과정을 통해서 확장된다. 그런데 '읽기–이야기하기–표현하기'의 통합적 언어 활동을 하다 보면 자칫 독후 활동에 치중해 읽기 전, 읽기 중 과정이 소홀하게 다루어질 수 있다. 다양한 독후 활동도 중요하지만 읽기 전에 스스로 책을 선정하는 활동과 읽으면서 내용을 요약하고 질문을 던지고, 함께 토론하는 과정을 통해 생각을 심화하고 추론하는 등의 능동적인 읽기 활동이 필요하다.
– 이화, 『웹진 서울교육』 통권 232호 제60권

• 모둠 친구들이 소개한 책: 『유럽은 왜 빵빵 할까?』, 『그러니까 이게, 사회라고요?』, 『별빛과 이야기를 나누는 곳』

• 그 책에 관한 나의 의견
 – 『유럽은 왜 빵빵 할까?』: 모든 음식은 그 음식이 발달하게 된 까닭이 있을 거야. 유럽에서는 왜 빵 문화가 발달하게 되었는지 궁금했는데, 이 책을 읽으면 그런 궁금증이 풀릴 것 같아.
 – 『그러니까 이게, 사회라고요?』: 우리나라의 주요 사회 문제들에 관해 알고 싶었는데, 이 책은 그런 주제를 담고 있는 것 같아.
 – 『별빛과 이야기를 나누는 곳』: 천문대라는 낯선 주제를 낭만적으로 푼 것 같아서 흥미를 가지게 되었어.

③ 책 누리기

📖 책을 읽고 매시간 독서 일지를 작성해 봅시다.

1. 책을 읽으며 떠오르는 질문이나 경험한 상황을 자유롭게 메모하며 책을 읽어
봅시다.

예시

유럽의 빵 문화에 관한 글일 것 같아. 즐겨 먹는 음식인 빵에 관해서 자세하게 알아보고 싶어.

유럽은 왜 빵빵 할까?

조지욱

우아! 모양도 크기도 제각각인 빵들이 정말 많구나. 그림을 보니 어떤 빵에 관한 이야기를 하고 있는지 더 궁금해.

❍ 활동 탐구
모둠에서 선정한 책을 함께 읽어 나가는 활동이다. 자기 모둠의 읽기 목적에 따라 읽기의 과정을 점검하고 효과적으로 조정해 보도록 한다.

❍ 활동 제재 개관
갈래: 설명문
제재: 유럽의 빵 문화
주제: 열악한 기후 환경이 유럽을 빵 천국으로 만들게 함.

북서 유럽에 위치한 영국, 프랑스, 독일 등은 누구나 한 번쯤 가 보고 싶어 하는 나라이다. 그런데 이들 나라에서 관광객들을 정말 기쁘게 하는 것은 다름 아닌 빵이다. 어디를 가나 빵, 빵이고, 그래서 관광객들은 빵을 보고 또 보고, 먹고 또 먹어 본다. 어쩌다 유럽은 빵 천지가 된 것일까?

바삭하고 구수한 바게트는 프랑스의 대표 빵이다. 바게트는 딱딱하게 구운 빵으로, 구수한 맛이 나는 누룽지와 만드는 원리가 비슷하다. 프랑스의 빵은 만든 후 8시간 안에 먹어야 그 맛을 제대로 느낄 수

유럽은 빵이 주식인 만큼 각 나라를 대표하는 빵이 있구나. 내가 좋아하는 빵에 관한 이야기도 다루고 있을까?

있다고 한다. 그래서 프랑스 사람들은 빵을 먹을 때마다 필요한 만큼만 산다. 프랑스빵은 크기나 모양에 따라 이름이 제각기인데 바게트는 길이 67~68센티미터, 무게 280그램의 빵이다. 프랑스에서는 신선한 빵 맛을 위해 비닐 포장지 대신 통풍이 잘 되는 포장지를 쓴다고 한다. 통풍이 안 되면 빵 표면이 눅눅해지기 때문이다.

독일의 대표 빵, 프레츨은 중세 교회에서 구운 축제용 빵인데 매듭 모양으로 되어 있다. 밀가루 반죽에 소금을 뿌려 구워 낸 프레츨은 주로 아침 식사용으로 먹지만, 짭짤하고 쫄깃하여 맥주와 함께 먹기도 한다. 맥주 안주용으로도 안성맞춤인 프레츨은 매년 뮌헨에서 열리는 세계 최대 규모의 맥주 축제 덕분에 더 유명해졌다.

영국으로 가면 잉글리시 머핀이 기다린다. 이 빵은 비단길을 따라 유럽에 온 중국의 호떡에서 유래하였다. 잉글리시 머핀은 빵을 구울 때 이스트나 베이킹파우더를 사용하여 팽창시킨 것으로, 수평으로 잘라 햄

빵을 만드는 재료들에 관해 더 알아보고 싶어. 인터넷 검색과 요리책을 보며 각 재료들이 빵을 만드는 데 어떤 역할을 하는지 알면 글의 내용을 이해하는 데 도움이 되겠지?

✦ 지학이가 도와줄게! – 1

모둠에서 정한 읽기 목적에 유의하여 책을 꼼꼼하게 읽으면서 읽기 과정을 점검하고 효과적으로 조정하도록 해 봐.
나중에 가상 면담 활동을 진행할 거니까, 책을 읽기 전에 예측했던 내용을 확인하고 중심 내용을 메모하며, 책 내용에 관해 궁금한 점들을 질문의 형태로 만들면서 책을 읽도록 해.

➕ 보충 자료
유럽 각 나라를 대표하는 빵

바게트

프레츨

잉글리시 머핀

대니시
페이스트리

더치 브레드

이나 소시지, 야채를 올려 먹거나 버터나 잼을 발라 먹으면 더 맛있다. 이외에도 덴마크의 대니시 페이스트리, 네덜란드의 더치 브레드 등 유럽의 빵은 그 종류도 이름도 다양하다.

> 세계 지도에서 북서 유럽 국가들의 위치를 찾아봐야겠군.

북서 유럽은 영국, 프랑스 북부, 독일, 네덜란드, 덴마크, 스칸디나비아 3국(노르웨이, 스웨덴, 핀란드)을 포함하는 곳이다. 이곳에는 오늘날 많은 사람들이 살고 싶어 하는 나라들이 많다. 우리나라 사람 중에도 독일이나 노르웨이의 사회 제도를 부러워하는 사람들이 많다. 하지만 이곳의 기후는 사회 제도만큼 좋지는 않다. 북서 유럽의 기후를 서안 해양성 기후라고 하는데, 이는 대륙의 서쪽에 있으면서 바다의 영향을 받기 때문에 붙여진 이름이다.

북서 유럽은 대부분 중위도에 속하며 유라시아 대륙의 서쪽에 있고, 편서풍의 영향을 크게 받는다. 편서풍은 중위도에 부는 바람으로 서쪽에서 동쪽으로 분다. 과거 콜럼버스가 아메리카 대륙을 발견하고 난 후 다시 유럽으로 돌아올 때 이용했던 바람도 편서풍이다. 대서양을 지나며 바다의 습한 성질을 가지게 되는 편서풍은 북서 유럽에 도착해서 기후에 영향을 준다. 바다는 육지에 비해 서서히 데워지기 때문에 여름에도

> 북서 유럽의 기후 특징을 간략하게 정리해 봐야겠어.

기온이 많이 오르지 않는다. 그래서 북서 유럽에는 여름 평균 기온이 영상 22도를 넘지 않는 곳이 많다. 이런 까닭으로 북서 유럽인들은 서늘하고 건조해도 잘 자라는 밀을 재배하고, 너른 풀밭을 이용해서 소를 키웠다. 밀은 그냥 먹으면 쌀처럼 달달하지 않고, 까칠하며 맛이 없다. 그래서 가루를 내어 빵이나 면을 만들어 먹은 것이다.

> 우리나라에 밀이 아닌 쌀로 된 음식이 많은 것도 기후와 관련이 있을까? 쌀과 기후의 관계를 찾아보면 좋을 것 같아.

북서 유럽에는 메마른 땅이 많다. 빙하기 때 토양이 빙하로 덮여 있어서 새로운 퇴적물이 쌓이지 못해 영양분을 공급받지 못한 탓이다. 워낙 박토이다 보니 농사를 몇 년 지으면 아예 못 쓰는 땅으로 바뀌었

➕ 보충 자료
서안 해양성 기후

서안 해양성 기후는 '북대서양 난류'와 '편서풍'의 영향으로 우리나라보다 겨울은 온화하고 여름은 서늘한 기후를 나타낸다. 북대서양 난류는 중앙아메리카 서부 지역을 타고 올라오는 멕시코 만류의 연장선에 있는 난류이다. 이 난류의 영향으로 겨울이 온화한 기후가 나타난다. 북대서양 난류의 온기를 유럽으로 전해 주는 것은 바다에서 육지로 부는 바람이다. 즉, 북대서양 난류의 온기를 유럽으로 전해 주는 것은 편서풍이다.

– 교육부 공식 블로그(http://if-blog.tistory.com/5453)

○ 읽기 중 질문하기 전략

'왜'라고 질문하기 전략은 글을 읽는 중 '왜'로 시작되는 질문을 만들고 글 속에서, 또는 독자 자신이 가지고 있는 배경지식 속에서 그 답을 찾는 활동을 통해 글을 꼼꼼하게 읽도록 유도하는 전략이다. 이 전략을 사용하면 독자는 내용과 관련된 질문을 한 후 답을 찾기 위해 글 속에 있는 정보를 연결하고 자신의 배경지식을 동원하여 답을 찾게 된다.

– 정혜승 외, 『창의성 계발을 위한 국어과 교수·학습 전략』(사회평론, 2006)

다. 그래서 어떤 농부는 감자, 사탕무, 밀 등 땅으로부터 영양분을 많이 빼앗아 가는 것과 그렇지 않은 것을 돌려 가며 농사를 지었다. 또 어떤 농부는 경지를 계절에 따라 경작을 하는 땅과 쉬게 하는 땅으로 나누고, 일정 기간이 지나면 그 순서를 바꾸었다. 휴경지는 경지가 되고, 경지는 휴경지가 되게 한 것이다.

유럽의 빵 맛을 결정한 숨은 주인공은 소금이다. 북서 유럽에 있는 북해 연안은 세계적인 갯벌 지역으로, 북서 유럽 국가들은 최고급 천일제염을 만드는 기술을 자연스럽게 보유할 수 있었다. 프랑스에서 생산되는 '플뢰르 드 셀(소금의 꽃)'은 유럽 최고의 소금으로 프랑스 고급 요리에 반드시 들어간다고 한다.

> 좋은 소금이 생산되는 것과 갯벌은 무슨 연관이 있지?

오래전부터 북서 유럽에서는 빵을 즐겨 먹었다. 당시의 빵은 지금처럼 화려하지도 재료가 복잡하지도 않았다. 그들은 밀가루에 물과 약간의 소금만 넣어서 자연 발효로 만든 투박하게 생긴 빵을 즐겨 먹었다. 크기도 수박만 한 것이 있을 만큼 지금보다 훨씬 컸다. 작게 만들면 금방 딱딱해져서 오래 보관할 수 없었기 때문이다. 시간이 흐르면서 어떤 빵은 그 모습 그대로 명품이 되었고, 어떤 빵은 시대에 맞게 변화하여 명품이 되었다.

유럽은 신대륙 발견 이전까지만 해도 농사에 불리한 자연환경 때문에 먹고사는 것이 참 힘들었다. 그러나 시련이 사람을 강하게 만들어 주듯이 서늘한 여름, 빙하 박토라는 열악한 환경은 유럽인들로 하여금 세계 최고의 빵을 만들게 했다. 유럽을 '빵빵' 하게 만든 것은 바로 열악한 자연환경을 극복한 그들의 땀방울인 셈이다.

> 유럽의 빵 문화는 열악한 환경을 극복한 사례구나. 우리 주변에 이런 사례가 또 있을까?

— 조지욱, 「유럽은 왜 빵빵할까?」

조지욱(1962~　)
교사. 주요 저서로 『동에 번쩍 서에 번쩍 세계 지리 이야기』, 『문학 속의 지리 이야기』 등이 있습니다.

◑ 질문하며 읽으면 좋은 점
· 글에서 나온 정보 간의 원인- 결과의 관계를 파악하면서 글을 정교하게 읽을 수 있다.
· 묻고 답하는 과정에서 관련된 배경지식을 끌어들여 기존에 알고 있던 사실로부터 더 넓고 깊게 생각하게 된다.
· '왜'라는 질문은 궁금증을 유발하는 힘이 있어서 글을 더 적극적으로 읽을 수 있게 한다.
· 글 속의 구체적인 사실을 기억하는 것뿐만 아니라 그 관계 속에 있는 원리나 규칙 등을 발견해 낼 수 있다.
· 단순히 단어의 뜻을 묻는 수준의 질문으로부터 글 속에 드러나지 않은 내용을 찾아야 하는 수준 높은 질문까지 만들 수 있게 된다.
— 정혜승 외, 『창의성 계발을 위한 국어과 교수·학습 전략』(사회평론, 2006)

➕ 보충 자료
유럽 최고의 소금, '플뢰르 드 셀(fleur de sel)'
바닷물을 가두어 햇빛과 바람에 의해 농도가 짙어지면서 자연적으로 생기는 소금 결정을 천일염이라 한다. 천일염 생산지로는 우리나라, 일본, 프랑스, 멕시코, 호주, 포르투갈이 있다. 그중 프랑스 게랑드 소금이 제일 유명하다. [중략] 게랑드 소금 중 최상급은 '소금의 꽃(fleur de sel)'이라고 한다. 이는 물 표면에 소금이 만들어지기 시작하면서 소금꽃처럼 떠 있을 때 채집한 것으로, 다소 섬세한 과정을 거쳐서 만들어진다.
— 김수경, 『착한 밥상』(넥서스 BOOKS, 2015)

2. 책을 읽으면서 정리한 내용을 토대로 독서 일지를 작성해 봅시다.

지학이가 도와줄게! – 2

책을 읽고 독서 일지를 작성하는 활동이야. 일반적인 독서 일지와는 조금 다르게 스스로 자신의 읽기 과정을 점검하고 조정할 수 있는 내용으로 독서 일지를 쓰도록 구성하였어. 독서 기간에 꾸준히 독서 일지를 작성할 수 있도록 해 보자.

독서 일지

예시

읽은 날짜	책 제목	글쓴이	읽은 쪽수
20○○. ○. ○.	유럽은 왜 빵빵 할까?	조지욱	46~50

책을 읽으며 생각하거나 메모한 내용

읽기 전에 예측한 내용	• 제목을 보니 유럽의 빵 문화와 관련된 내용일 것 같아. • 책의 내용과 차례 등을 살펴보니 유럽의 빵 문화와 기후의 관계를 설명하는 글인 것 같아.
읽는 중에 메모한 내용	• 북서 유럽에서 빵이 주식이 된 것은 밀을 생산할 수밖에 없는 기후와 가루를 내서 먹어야 했던 밀의 특성 때문이구나. • 좋은 소금을 생산하기 위해서는 갯벌이 있어야 하는 것일까? 갯벌과 소금의 관계가 궁금해. • 유럽의 빵 문화는 북서 유럽의 열악한 환경을 극복한 사례구나. 열악한 자연환경을 극복하여 그 나라만의 문화로 만든 또 다른 사례는 무엇이 있을까? • 이 책을 읽기 전에는 요리하기에 편하고 보관하기가 쉬워서 빵이 주식이 된 줄 알았는데, 책을 읽으면서 유럽에서 빵 문화가 발달하게 된 데는 그 지역의 자연환경과 관련이 있다는 것을 알게 되었어. • 우리의 전통 음식이나 주식이 우리나라의 기후 및 자연환경과 어떤 관련이 있는지 알아보고 싶어.
책을 읽으며 경험한 상황	책을 한참 읽고 있는데, 친구가 와서 말을 걸었다. 친구와 대화를 나누다 보니 책 읽기의 흐름이 끊기고, 집중력도 떨어졌다. → 문제 해결 방법: 잠시 눈을 감고 잊었던 내용을 떠올리며 정리해 보았다. 그런 후에 책을 읽으니 내용이 더 잘 이해되었다.
오늘 나의 핵심 질문	자연환경을 극복하여 그 나라만의 문화로 만든 사례는 무엇이 있을까?

선생님의 의견

이 책의 내용을 잘 파악하였구나. 좋은 질문이란 책의 주제를 관통하며, 많은 생각을 하게 만들고, 다른 사람과 함께 이야기해 보고 싶어지는 질문이란다. 이런 점을 생각하며 책을 계속 읽어 보렴.

➕ 보충 자료
책 읽으며 독서 일지 기록하기
독서 일지에는 날짜, 책의 제목과 지은이, 읽은 쪽수, 인상적인 문장과 그 까닭, 책을 읽으면서 든 생각 등을 쓰도록 한다. 일정한 분량을 제시하고, 그 이상 쓰게 해야 깊이 있는 감상이 나온다. 읽고 쓰는 것을 어려워하거나 꾸준히 읽고 기록하는 것 자체에 의의를 둔다면 5줄 이상, 기록하는 것을 좋아하고 더욱 깊이 있는 감상을 원하면 8줄 이상으로 제시하는 것이 좋다.
－『한국교육신문』(2018. 2. 1.)

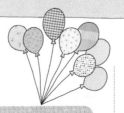

독서 일지

예시 답 |

읽은 날짜	책 제목	글쓴이	읽은 쪽수
20○○. ○. ○.	별빛과 이야기를 나누는 곳	전용훈	～

책을 읽으며 생각하거나 메모한 내용

읽기 전에 예측한 내용	• 제목을 보니 천문대에 관한 내용이 전개될 것 같아. • 책의 내용과 차례를 살펴보니 글쓴이는 목적지인 천문대뿐만 아니라, 천문대에 가는 길에서 만난 자연과 역사를 하나도 놓치지 않고 이 책에 담아낸 것 같아.
읽는 중에 메모한 내용	• 겨울철에 눈이 오면 소백산 천문대의 길이 막힌다는 걸 보니, 천문대의 진입로가 북쪽을 향하고 있어서 눈이 잘 녹지 않는 것 같아. • 우리나라의 천체 관측 일지의 역사는 어떠할까? • 미국의 레몬 산에 망원경을 설치한 이유는 무엇일까? • 글쓴이는 소백산 천문대의 관측 일기를 보고 천문대의 역사를 직접 대할 수 있어서 가슴이 뭉클해졌다고 했어. • 우리나라와 같은 계절풍 기후대에 속한 지역에서는 구경이 큰 대형 망원경이 효율적이지 못하다는 걸 알게 되었어.
책을 읽으며 경험한 상황	생략
오늘 나의 핵심 질문	생략

선생님의 의견

생략

o 독서 일지 작성 활동

이번 학기의 '한 학기 한 권 읽기' 활동은 관심 분야가 같은 친구끼리 모둠을 구성해 읽을 책을 선정하고, 자신의 읽기 과정을 점검하고 효과적으로 조정하며 그 책을 읽는 데 목적이 있다. 따라서 책 내용에 관한 점검 내용, 자신의 읽기 상황에 관한 점검 내용을 중심으로 독서 일지를 작성하도록 한다. 이때 책의 내용을 단순히 기록하는 데 그치지 않고, 책을 읽으며 경험한 상황을 기록하여 자신의 읽기 과정을 점검하는 기회가 되도록 하는 것이 좋다.

독서 일지의 형식은 선생님과 의논하여 자유롭게 정해도 돼요.

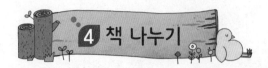

4 책 나누기

‖ 책을 읽으면서 정리한 내용을 바탕으로 가상 면담을 해 봅시다.

○ **활동 탐구**
책의 내용을 요약하면서 읽은 책의 전체 내용을 정리해 보고, 책을 읽으면서 질문한 내용과 읽고 난 후 더 알아본 내용을 바탕으로 가상 면담을 해 보는 활동이다.
가상 면담을 할 때 독자 역할을 맡은 친구들은 각자 1개의 질문을 하고, 글쓴이 역할의 사람이 답을 하되, 글쓴이 역할을 번갈아 가면서 모둠원 모두가 글쓴이 역할을 한 번씩 할 수 있도록 한다.

우리 모둠에서 읽기로 한 책은 다 읽었어?

응. 책을 읽고 유럽에서 빵 문화가 발달한 이유를 알게 되었어.

혹시 더 알고 싶거나 책을 읽고 찾아본 내용은 없어?

책 내용과 관련된 자료들을 더 찾아보고 가상 면담을 해 볼까?

가상 면담이 뭐야?

책을 읽으면서 메모했던 질문을 바탕으로 찾아보려고 해.

질문자와 답변자로 역할을 나누어 이야기를 하는 거야.

글쓴이를 답변자로, 독자를 질문자로 하면 되겠다.

활동 방법

① 모둠 친구들과 함께 이야기를 나누며 읽은 책의 내용을 요약합니다.
② 질문자(독자)와 답변자(글쓴이)로 역할을 나누어 봅니다.
③ 책을 읽으면서 궁금했던 점이나 메모한 내용을 바탕으로 질문자에게 할 질문을 만들어 봅니다.
④ 책 내용과 관련하여 더 알아본 내용을 정리하여 답변 준비를 합니다.
⑤ 질문자와 답변자의 역할을 번갈아 가면서 가상 면담을 합니다.

1. 모둠에서 읽은 책의 내용을 요약해 보고, 책 내용과 관련하여 궁금한 점과 더 알아본 내용을 적어 봅시다. 예시 답 |

책의 내용 요약

북서 유럽은 서늘하고 건조한 기후 탓에 밀을 재배할 수밖에 없었는데 밀은 그냥 먹으면 맛이 없으므로 가루를 내어 빵을 만들어 먹었다. 또한, 북서 유럽의 북해 연안은 세계적인 갯벌 지역으로 최고급 천일제염을 만드는 기술이 자연스럽게 발달했는데 이 소금 덕분에 맛있는 빵을 만들 수 있었다. 이처럼 북서 유럽에서 세계 최고의 빵을 만들 수 있었던 것은 농사에 불리한 자연환경을 극복하려는 그들의 노력이 있었기 때문이다.

궁금한 점

• 내가 좋아하는 파스타는 어떻게 만들어지게 되었을까?
• 좋은 소금이 생산되는 것과 갯벌은 무슨 연관이 있을까?

더 알아본 내용

• 우리나라에 쌀로 만든 음식이 많은 것과 우리나라 기후의 연관성
• 열악한 자연환경을 극복하여 세계 최고의 문화를 만들어 낸 사례

★ 지학이가 도와줄게! - 1

가상 면담이라는 읽기 목적에 맞게 글의 내용을 요약하도록 해. 책을 읽으면서 작성한 독서 일지를 바탕으로 책 내용과 관련해 궁금한 점들을 적고, 책을 읽고 난 후 궁금한 점과 관련된 내용을 더 알아보도록 해. 이런 과정을 통해 책 내용에 관한 이해를 심화하고 확장할 수 있을 거야.

2. 1의 활동을 바탕으로 가상 면담을 진행해 봅시다. 예시 답 | 생략

기후가 그 지역의 문화에 영향을 주나요?

기후는 음식뿐만 아니라 옷과 주거 문화 등에도 큰 영향을 미칩니다. ……

글쓴이

★ 지학이가 도와줄게! - 2

질문자 역할을 맡았을 때는 각자 책에서 인상 깊었던 부분을 소개하게 하고, 자신이 궁금한 점, 더 알고 싶은 점 등에 관해 질문하도록 해 봐. 글쓴이 역할을 맡았을 때는 책 내용, 자신이 더 알아본 내용을 바탕으로 질문에 성실하게 답변하도록 해.

➕ **보충 자료**

『유럽은 왜 빵빵 할까?』의 글쓴이의 말

이 책에서는 지리학의 주요 이슈들을 다루고 있다. 그것도 가능하면 최근 이슈를 중심으로 통합적이고 공간적 시각으로 풀어 보았다. 크게 땅, 기후, 재해, 갈등, 한국, 세계라는 6개의 주제를 잡아서 그 안에서 세상을 지리학의 입으로 말하고 있다. 먼저 땅은 주로 지형과 관련된 이야기들을 담았다. 화산 지형, 카르스트 지형, 하천 지형, 산지 지형 등 다양한 지형을 형성 원리와 함께 풀었다. 우리나라 지형도 있고, 세계 지형도 있는데 지형이 형성되는 원리는 한국과 세계가 다르지 않다. 어느 곳을 가더라도 "와, 좋다!"라고만 할 게 아니라, 그 지형이 어떻게 생기게 됐는지도 안다면 관광의 기쁨이 두 배로 될 것이다. 기후에는 최근 이슈가 되는 기후 관련 이야기들을 담았다. 예를 들면, 더 추워지는 겨울 이야기, 심하게 더워지는 여름 이야기, 어디론가 사라지는 듯한 장마 이야기가 그렇다. 기후 공부를 좀 하고 나면 짜증 나는 더위, 벌벌 떨리는 추위 앞에서 좀 더 의연해질 수 있을 것이다.
　　　　　　　　　　　　　　　　　　　　　　　　　　－ 조지욱, 『유럽은 왜 빵빵 할까?』(나무를심는사람들, 2018)

소단원 쿡! 짚고 가기

1. 제재 정리

글쓴이	이원영(1968~)	갈래	주장하는 글
성격	객관적, 논리적, 설득적	제재	동물권의 의미와 동물권에 관한 ①□□들
주제	존중과 공존에 기반을 둔 동물권에 관한 논의를 전개해야 한다.		
특징	• ②□□□을/를 제시하여 글의 구성과 내용에 관한 독자의 배경지식을 활성화함. • 인권과 동물권을 비교 · 대조하여 설명함으로써 동물권에 대한 이해를 높임.		

2. 구성

서론	본론	결론
동물과 인간이 맺는 관계의 변화로 동물권에 관한 논의가 시작됨.	• 동물권과 관련된 여러 쟁점으로 인해 동물권을 인정하는 문제는 간단하지 않음. • 동물권에 대한 논의는 인간이 주체가 되며, ③□□□ 차원과 개별적 관계에 따른 관점이 있음.	존중과 공존에 기반을 두고 동물권에 관한 발전적 논의를 전개해야 함.

1. 글쓴이의 쟁점과 주장

쟁점	• 과연 동물이 인간과 동등한 지위를 갖는가? • 모든 동물을 같은 위치에 놓고 권리를 부여해야 하는가, 대상 동물과 인간과의 관계에 따라 그 권리의 내용을 달리해야 하는가?
주장	각각의 관점이나 처지가 어떠하든 존중과 공존에 기반을 두고 동물권에 관해 ④□□□(으)로 논의를 전개할 필요가 있다.

2. 읽기 과정에 따른 읽기 방법의 활용 예시

읽기 전	예측하기	제목에서 동물에게도 권리가 있다는 내용일 것으로 예측함.
	배경지식 활성화하기	뉴스에서 '세계 동물권 선언'에 관해 들은 것을 떠올림.
	⑤□□ 만들기	'동물권의 뜻은 뭘까?', '관련된 시사 문제는 무엇일까?'
읽는 중	주요 내용 정리하기	인권과 동물권의 개념, 동물권과 관련된 쟁점, 동물권에 관한 논의의 특징과 관점, 동물권 논의의 필요성에 대해 정리함.
	설명 방법 파악하기	예시, 비교와 대조 등의 설명 방법을 사용하고 있음.
	참고 자료 활용하기	'권리'라는 용어의 정확한 뜻을 알기 위해 국어사전을 찾아봄.
읽은 후	⑥□□하기	주요 내용을 바탕으로 글 전체의 내용을 간략히 요약함.
	글쓴이의 생각과 자신의 생각 비교하기	존중과 공존에 기반하여 동물권에 관한 발전적 논의를 전개해야 한다는 글쓴이의 생각에 동의함.
	알게 된 점과 더 알고 싶은 점 정리하기	동물권을 둘러싼 쟁점이 많다는 것을 알게 되었고, 동물권 보장을 위해 활동하고 있는 시민 단체에 대한 정보를 찾아봄.

정답: ① 쟁점 ② 소제목 ③ 보편적 ④ 발전적 ⑤ 질문 ⑥ 요약

소단원 나의 실력 다지기

[01~05] 다음 글을 읽고, 물음에 답하시오.

⑦ 인류가 탄생한 이후 모든 사람이 오늘날과 같은 인권을 누리며 산 것은 아니다. 인간이라면 누구나 기본적인 인권을 갖는다는 생각이 퍼진 것도 그리 오래된 일이 아니다. 인권이라는 개념은, 사람에게 눈이 두 개고 코가 하나라고 하는 것처럼 자연적으로 형성된 개념이 아니라, 오랜 시간에 걸쳐 생성되고 발전해 온 개념이다. 즉 인권은 모든 인간이 인간다운 삶을 누리기 위해 노력하는 과정 속에서 발전해 온 역사적·사회적 개념인 것이다.

㉯ 동물권 역시 마찬가지다. 동물이므로 당연하게 지니는 권리가 있다고 하는 주장은 아직 모든 사람에게 인정받지 못하고 있다. 자칫 인권을 보장받지 못하고 있는 사람들의 처지를 외면하는 것으로 오해를 살 수도 있고, 동물을 사람과 동일시하는 것으로 여겨질 수도 있다. 하지만 동물과 인간이 맺는 관계의 변화로 인해 그들을 대하는 우리의 자세가 달라지면서, 동물권에 관해서도 논의해야 하는 시점에 이른 것은 분명하다.

㉰ 동물권을 인정한다는 것은 간단한 문제가 아니다. 인권과 연결해서 생각해 보면, 그 핵심 쟁점은 '과연 동물이 인간과 동등한 지위를 갖는가?' 하는 점이라 할 수 있다. 이에 관한 논의는 동물도 인간과 똑같이 고통을 느낀다는 점에 주목하는지, 아니면 충분하지는 않더라도 지적 능력이나 감정을 지니고 있다는 점에 주목하는지 등에 따라 많은 차이를 낳는다.

㉱ 먼저, 동물을 어디까지로 봐야 하는가의 문제가 제기된다. 사람은 그 안에서 생물학적 유사성이 100퍼센트에 가까우므로 논의가 어렵지 않다. 하지만 동물의 경우는 동물군 자체의 차이도 크고, 인간이 그들을 대하는 자세 또한 동물군 혹은 동물 개체에 따라 너무 달라서 내용이 복잡해진다. 예를 들어, 개, 고양이와 새우, 달팽이를 똑같이 대해야 한다는 주장은 보편적인 견해라 하기 어렵다. 모기나 헬리코박터라면 더욱 그러하다.

㉲ 권리라는 용어를 쓰는 과정에서 오해가 생기기도 한다. 물론, 동물의 권리를 주장한다고 해서 동물에게 선거권을 주거나 아파트 분양권을 주자고 말하는 것은 아닐 것이다. 단지 인간이 그들을 지나치게 가혹하게 대하는 측면이 있으니 그 부분을 개선하자는 것이 대세다. 이때 그들이 약자이므로 보호해야 한다는 식의 접근인지, 그 자체로 존중받아야 할 생명이므로 존중해야 한다는 식의 접근인지 등에 따라 많은 입장 차이가 생긴다. 책임과 의무를 지지 않는 존재에게 어떻게 권리를 인정할 수 있는지도 결정하기 어려운 문제다.

㉳ 동물권에 관한 논의는 권리의 당사자인 '동물'이 아니라 권리를 부여하는 인간이 주체가 된다는 점에서 특징적이다. 예를 들어 보자. 털을 얻기 위해 양을 기른다면 그 양은 산업 동물이다. 산업 동물에게 인간적으로 측은한 마음을 가질 수는 있어도, 양이 제공하는 털의 가치를 넘어서까지 치료비를 들이기는 어렵다. 하지만 반려동물이라면 이야기가 달라진다. 5만 원을 주고 입양한 개이지만 나와의 관계가 어떠하냐에 따라서 몇백만 원의 치료비를 낼 수도 있다. 양을 반려동물로 삼아 사랑하고 의지한다면 그 양에 대해서도 마찬가지일 것이다. 이는 결국 인간과 동물의 관계가 논의의 출발점이 된다는 것을 뜻한다.

㉴ 동물권이 인간을 기준으로 결정된다고 해도, 여전히 두 가지의 중요한 관점이 대립한다. 개별적 관계에 따라 논의하는 관점과 보편적 차원에서 동물권을 논의하는 관점이다. 같은 반려동물이라 하더라도 오랜 시간 정을 주고 온갖 경험을 함께한 내 강아지와 인터넷에서 오늘 처음 알게 된 어느 유명 배우의 고양이에 관한 내 자세는 다를 수밖에 없다.

---

01. (가)~(나)의 서술상 특징으로 적절한 것은?

① 비교의 방법으로 주요 개념을 설명하고 있다.

② 비유의 방법으로 대상의 특징을 묘사하고 있다.

③ 연구 결과를 인용하여 주장의 신뢰성을 높이고 있다.

④ 다른 사람의 말을 인용하여 중심 내용을 강조하고 있다.

⑤ 사전적 의미를 제시하여 어려운 개념을 쉽게 풀이하고 있다.

02. 읽기 과정에 따라 이 글을 읽는 방법으로 적절하지 <u>않은</u> 것은?

① 읽기 전에 제목을 보고 글의 내용을 예측한다.

② 읽기 전에 글쓴이의 생각과 자신의 생각을 비교한다.

③ 읽는 중에 문단별로 주요 내용을 정리한다.

④ 읽는 중에 궁금한 점을 질문하고, 그 질문의 답을 찾으며 읽는다.

⑤ 읽은 후에 자신의 읽기 방법을 점검하고 반성한다.

활동 응용 문제

03. (가)~(사) 중, 다음 소제목을 붙이기에 적절한 문단의 기호를 모두 골라 쓰시오.

> 동물권과 관련한 쟁점들

04. 이 글을 읽기 전에 다음 질문을 했다고 가정할 때, 그 답으로 적절한 것을 <보기>에서 모두 골라 묶은 것은?

> 동물권에 관한 논의에는 어떤 관점이 있을까?

┤ 보기 ├

ㄱ. 권리를 부여하는 주체를 동물로 놓고 논의하는 관점

ㄴ. 모든 동물을 같은 위치에 놓고 권리를 논의하는 관점

ㄷ. 동물에게 인간과 똑같은 권리를 주자고 논의하는 관점

ㄹ. 대상 동물과 인간과의 관계에 따라 그 권리의 내용을 달리하여 논의하는 관점

① ㄱ, ㄴ   ② ㄱ, ㄷ   ③ ㄴ, ㄷ

④ ㄴ, ㄹ   ⑤ ㄷ, ㄹ

| 서술형 |

05. (라)와 (바)에 다음과 같은 읽기 방법을 적용하여 읽고, 공통적인 설명 방법과 효과를 한 문장으로 쓰시오.

> 설명 방법을 파악하며 읽기

[06~11] 다음 글을 읽고, 물음에 답하시오.

가 동물권 역시 마찬가지다. ㉠동물이므로 당연하게 지니는 권리가 있다고 하는 주장은 아직 모든 사람에게 인정받지 못하고 있다. 자칫 인권을 보장받지 못하고 있는 사람들의 처지를 외면하는 것으로 오해를 살 수도 있고, 동물을 사람과 동일시하는 것으로 여겨질 수도 있다. 하지만 동물과 인간이 ⓐ맺는 관계의 변화로 인해 그들을 대하는 우리의 자세가 달라지면서, 동물권에 관해서도 논의해야 하는 시점에 이른 것은 분명하다.

나 ㉡동물권을 인정한다는 것은 간단한 문제가 아니다. 인권과 연결해서 생각해 보면, 그 핵심 쟁점은 '과연 동물이 인간과 동등한 지위를 갖는가?' 하는 점이라 할 수 있다. 이에 관한 논의는 동물도 인간과 똑같이 고통을 느낀다는 점에 주목하는지, 아니면 충분하지는 않더라도 지적 능력이나 감정을 지니고 있다는 점에 주목하는지 등에 따라 많은 차이를 낳는다.

다 ㉢동물권이 인간을 기준으로 결정된다고 해도, 여전히 두 가지의 중요한 관점이 대립한다. 개별적 관계에 따라 논의하는 관점과 보편적 차원에서 동물권을 논의하는 관점이다. 같은 반려동물이라 하더라도 오랜 시간 정을 주고 온갖 경험을 함께한 내 강아지와 인터넷에서 오늘 처음 알게 된 어느 유명 배우의 고양이에 관한 내 자세는 다를 수밖에 없다. 이는 인권에 대해서도 마찬가지여서, 내 친구의 목숨과 다른 나라에 사는 어린이의 목숨은 똑같이 소중하지만, 내가 그들 각자에 취하는 자세는 달라지는 것이 보통이다. 또한, 인권이라는 말을 써 가며 우리끼리 서로 존중해 주자고 합의하고 살아오다가, 갑자기 동물에 대해서도 이런 개념을 적용하자는 주장에 대해 불편함을 느낄 수 있다. ㉣현재의 인권 개념처럼 어떤 상황에서든 누구에게나 차별 없이 적용되는 동물의 권리를 인정하는 것은 다분히 시기상조로 보인다.

라 최근 들어 관심이 높아지기는 했지만, 아직까지 동물권은 인간의 윤리와 개인 차원의 양심에 호소하는 측면이 강하다. 하지만 여성과 어린이가 점차로 자신의 권리를 찾고 향유하게 되었듯이, 동물 역시 그들이 누려야 할 마땅한 권리라는 것이 있다면 앞으로 점점 더 많은 권리를 누리게 될 것이다. 인간과 동물을 묶어서 하나의 생태계로 보는 관점이 널리 퍼질수록 그 흐름은 빨라질 것이다. ㉤각자의 관점이나 처지가 어떠하든, 이용과 파괴가 아니라 존중과 공존에 기반을 두고 동물권에 관해 발전적으로 논의를 전개해야 할 것이다.

06. 이 글에 대한 설명으로 적절하지 <u>않은</u> 것은?

① 자신의 의견을 논리적으로 밝히고 있다.
② 근거를 들어 자신의 주장을 펼치고 있다.
③ 비교와 예시의 설명 방법을 사용하고 있다.
④ 서론, 본론, 결론의 3단 구성으로 이루어져 있다.
⑤ 독자를 설득하기 위해 전문가의 말을 인용하고 있다.

활동 응용 문제

07. ㉠~㉤ 중, 글쓴이가 궁극적으로 말하고자 하는 바에 해당하는 것은?

① ㉠   ② ㉡   ③ ㉢   ④ ㉣   ⑤ ㉤

08. 이 글을 읽은 후 다음 활동을 한 예로 적절한 것은?

> 자신의 읽기 과정을 점검하고 조정한다.

① 동물권에 관한 논의가 어려운 까닭이 무엇인지 정리해 보았다.
② 동물권을 둘러싼 시사 문제에 대해 더 알아보려고 관련 자료를 찾아보았다.
③ 읽기 전에 읽는 목적을 정하지 않고 읽어서 목적을 정한 후 글을 다시 읽었다.
④ 문단별 주요 내용을 바탕으로 글 전체의 내용을 요약하여 구조도로 그려 보았다.
⑤ 동물권에 관한 발전적 논의가 필요하다는 글쓴이의 생각이 옳은지 따져 보고 동의하였다.

활동 응용 문제

09. 다음은 (가)~(라)에 소제목을 붙인 것이다. 빈칸에 들어갈 적절한 말을 쓰시오.

> (가) 역사적 · 사회적 개념으로서의 동물권
> (나) 동물권과 관련된 쟁점들
> (다) 동물권에 관한 논의의 관점
> (라) (   )

10. 이 글과 관련하여 다음과 같은 활동을 하였다. 이와 관련 있는 읽기 과정과 읽기 방법을 바르게 짝지은 것은?

> 동물권을 둘러싼 다양한 시사 문제들이 더 궁금해져서 관련 자료를 찾아보고, 동물권 보장을 위해 활동하고 있는 시민 단체와 그 단체에서 현재 어떤 일들을 하고 있는지도 따로 알아보았어.

① 읽기 전: 소제목을 통해 글의 구성을 예측한다.
② 읽는 중: 글의 전체 구조를 파악한다.
③ 읽는 중: 잘 이해되지 않는 내용은 참고 자료를 활용하여 이해한다.
④ 읽은 후: 글쓴이의 생각과 자신의 생각을 비교해 본다.
⑤ 읽은 후: 더 알고 싶은 내용을 찾아본다.

11. ⓐ와 유사한 의미로 쓰인 것은?

① 새벽이 되자 풀잎에 이슬이 맺었다.
② 그녀는 목이 메어서 말끝을 못 맺고 울음을 터트렸다.
③ 희주는 오랫동안 맺어 온 민수와의 관계를 끊어 버렸다.
④ 그는 상자에 끈을 여러 겹으로 두르고 단단히 매듭을 맺었다.
⑤ 그는 사과나무에 열매가 맺을 때까지 지극정성으로 나무를 보살폈다.

| 서술형 |

12. 읽기 과정의 점검과 조정이 필요한 까닭을 한 문장으로 서술하시오.

(2) 논리적인 토론

 생각 열기

다음 두 그림을 보고, 아래의 활동을 해 봅시다.

● 이렇게 열자 ●

토론의 성격을 이해하고, 토론이 필요한 상황을 떠올려 보는 활동이다.

테니스는 두 사람이 그물을 사이에 두고 일정한 규칙에 따라 라켓으로 테니스공을 치고 받아 승부를 겨루는 운동 경기이다. 이런 테니스의 특징을 바탕으로, 토론에 참여하는 사람, 토론이 진행되는 방식 등에서 테니스와 공통되는 토론의 특징을 찾아본다. 또한 주변에서 발생하는 문제 상황들을 떠올려 보고, 그때 토론을 통해 어떤 식으로 문제를 해결할 수 있을지 생각해 본다.

이러한 활동을 통해 토론은 일정한 규칙에 따라 상대와 주장을 주고받으며 논박하는 말하기임을 파악해 보자.

• 테니스는 그물을 사이에 두고 라켓으로 테니스공을 치고 받아 승부를 겨루는 운동 경기입니다. 이런 테니스와 토론은 어떤 공통점이 있을까요?

예시 답 | • 일정한 규칙이 있으며 이를 준수해야 한다.
• 두 명 이상의 사람이 교대로 순서를 바꿔 가며 진행한다.

• 우리 주변에서 발생하는 문제를 떠올려 보고, 토론이 필요한 상황을 말해 봅시다.

예시 답 | 우리 학교 학생들이 교실 청소를 누가 해야 하는가를 두고 논란을 벌이고 있다. 이 문제를 해결하기 위해 '교실 청소를 위탁 업체에 맡겨야 한다.'를 논제로 토론할 필요가 있다.

》 이 단원의 학습 요소

학습 목표 | 토론에서 타당한 근거를 들어 논박할 수 있다.

상대측의 주장과 근거 파악하기 ▶	토론에서 논제에 관한 상대측의 주장과 그것을 뒷받침하는 근거를 파악할 수 있다.
상대측의 주장에 대해 논리적으로 반박하기 ▶	토론에서 상대측 주장의 허점을 찾고 이에 대해 타당한 근거를 들어 논리적으로 반박할 수 있다.

소단원 바탕 학습

핵심 개념 미리 보기

1. 토론의 뜻

- 어떤 문제에 관해 서로 다른 의견을 가지고 있는 개인이나 집단이 합리적으로 문제를 해결해 가는 의사소통 행위이다.
- 논제에 관해 찬성과 반대 의견을 가진 사람들이 양측으로 나뉘어 각각 근거를 들어 자기 측 주장이 옳음을 내세우고, 상대측 주장이나 근거가 옳지 않음을 논리적으로 밝히는 말하기 방식이다.

2. 토론의 절차

논제 제시	사회자가 토론에서 다룰 논제를 제시하고 절차에 따라 토론을 진행함.

입론	토론자가 찬성 또는 반대 입장에서 자기 측의 주장이 옳다는 것을 근거를 들어 내세움.

반론	토론자가 상대측 입론에서 내놓은 주장이나 근거를 반박하면서 자기 측의 주장이 옳다는 것을 변호함.

최종 발언	토론 과정에서 드러난 쟁점을 정리하고, 자기 측의 주장과 근거가 옳다는 것을 다시 강조함.

배심원 평가	배심원은 양측 주장과 근거의 타당성, 신뢰성, 공정성 등을 기준으로 토론의 결과를 판정함.

3. 토론의 논박(논리적 반박)

논박의 뜻	상대측 주장과 근거를 비판적으로 분석하여 상대측 입장의 허점이나 오류를 합리적 근거를 들어 논리적으로 비판하고, 자기 측 입장이 옳다는 것을 반대의 입장에서 강하게 부각하는 말하기
논박의 중요성	• 토론은 찬반 양측의 주장과 이에 대한 반박이 이루어지면서 진행되므로 논박은 토론의 핵심이자 본질임. • 토론자는 반박을 통해 상대측의 논리적 약점을 청중에게 설득적으로 제시하여 자기 측 논리의 타당성을 강화할 수 있음.

4. 토론 참여자의 역할

사회자	• 토론의 배경과 논제를 소개함. • 토론자들에게 토론 규칙을 알려 주고 토론 절차에 따라 토론을 진행함. • 토론자들에게 발언 기회를 공평하게 제공함. • 중립적 입장에서 공정하게 토론을 진행함. • 토론자의 발언 내용을 요약 · 정리하여 토론의 원활한 진행을 도움.
토론자	• 토론의 절차와 방법, 규칙과 발언 순서를 지킴. • 정해진 시간 동안 근거를 들어 주장을 명확하게 제시함. • 상대측의 발언을 경청하며 상대방을 존중하는 태도를 지녀야 함. • 상대측을 비방하거나 감정적인 발언을 삼가고 예의를 갖추어 토론에 참여해야 함.
배심원	토론의 과정과 결과를 토론의 평가 기준에 따라 합리적이고 객관적인 입장에서 평가함.

눈으로 찍고 가기

1. 다음 ㉠~㉢에 들어갈 적절한 단어를 각각 쓰시오.

> 토론은 공동의 문제를 해결하기 위한 의사소통 행위로, ㉠ 와/과 ㉡ 이/가 대립하는 상황에서 토론자들이 자신의 주장이 옳음을 ㉢ 하는 말하기이다.

2. 토론의 논박에 대한 설명으로 적절하지 <u>않은</u> 것은?

① 상대측 논리의 약점을 찾아 반박한다.
② 상대방 주장과 근거를 비판적으로 분석한다.
③ 토론 과정과 결과를 공정하게 평가해야 한다.
④ 합리적 근거를 들어 논리적으로 비판해야 한다.
⑤ 상대측의 논리적 약점을 청중에게 설득적으로 제시한다.

3. 다음 설명 중 옳으면 ○표, 옳지 않으면 ×표를 하시오.
(1) 토론에서 주장과 근거의 평가 기준에는 신뢰성, 타당성, 공정성 등이 있다. ( )
(2) 사회자는 토론 도중 논제에 대한 자신의 의견을 요약 · 정리하여 발표할 수 있다. ( )

정답: 1. ㉠: 찬성, ㉡: 반대, ㉢: 입증 2. ③ 3. (1) ○ (2) ×

![활동 1] 토론의 절차와 방법 알아보기

‖ 다음 토론을 보고, 토론의 절차와 방법에 관해 알아봅시다.

> 토론하는 문제의 해결을 위한 제안이나 주장
> **논제: 우리 사회에서 사람들 사이의**
> **경쟁을 그만두어야 한다.**

사회자 『우리는 태어나면서부터 끊임없이 경쟁을 하며 살아갑니다. 그러나 경쟁이 꼭
<u>토론하게 된 배경(논제의 배경) 소개</u>
<u>필요한 것인가에 관해서는 여전히 많은 논란이 있습니다.</u> 오늘은 '우리 사회에서 사
람들 사이의 경쟁을 그만두어야 한다.'를 논제로 토론해 보겠습니다. 먼저 <u>찬성 측의</u> _{논제}
<u>입론을 듣겠습니다.</u>』 『♪: 사회자의 역할 → 토론의 배경과 논제를
소개함, 절차에 따라 토론을 진행함. ➜ 사회자의 논제 제시 및 토론의 시작
☐: 토론의 절차를 보여 주는 말

(찬성) 지윤 저희는 경쟁을 하지 않고도 얼마든지 좋은 결과를 낼 수 있다고 생각합
<u>근거 ①: 경쟁 없이도 좋은 결과를 낼 수 있음.</u>
니다. <u>오히려 경쟁은 여러 가지 부작용을 낳기도 합니다.</u>
<u>근거 ②: 경쟁은 여러 가지 부작용을 낳음.</u>
우리나라 헌법에는 '행복 추구권'이 명시되어 있는데요, 과연 여러분은 얼마나 행
복하신가요? 날마다 경쟁을 하며 쫓기듯 불안하게 살고 있지는 않은가요? 저희는
<u>우리가 경쟁을 그만두면 우리의 흥미와 재능을 발견할 수 있는 기회가 확대되고, 현</u>
<u>재보다 더욱 훌륭한 교육이 이루어질 것이라고 생각합니다.</u> _{주장: 경쟁을 그만두어야 함.} ➜ 논제에 대한 찬성 측 입론

사회자 예, 잘 들었습니다. 이어서 <u>반대 측의 입론</u>도 들어 보겠습니다.

(반대) 경수 우리가 재미있어하는 일에는 대부분 경쟁이라는 요소가 들어 있습니다.
<u>사람들이 축구처럼 경쟁이 치열한 운동 경기에 열광하는 까닭은 경쟁이 인간의</u>
<u>근거 ①: 경쟁은 인간의 본능임.</u>
<u>본능이기 때문입니다.</u>
그리고 <u>경쟁은 개인의 능력을 최대치로 발휘하게 하고, 개인과 사회는 그것을 통</u>
<u>근거 ②: 경쟁은 개인의 능력을 발휘하게 하여 사회의 발전을 이끎.</u>
<u>해 발전을 이끌 수 있습니다.</u> 다시 말해 경쟁 없이는 발전을 할 수 없다는 것이지요.
경쟁이 싫다고 경쟁 자체를 그만두면 우리 스스로가 우리의 발전을 포기하는 것이
됩니다. 따라서 <u>우리에게 필요한 것은 경쟁의 부정이 아닌, 경쟁의 긍정적인 힘을</u>
<u>배우고 활용하는 지혜입니다.</u> _{주장: 경쟁을 그만두어서는 안 됨.} ➜ 논제에 대한 반대 측 입론

사회자 양측의 입론을 잘 들었습니다. <u>이제부터는 상대측 주장과 근거의 오류를 지적</u>
<u>하고, 자신 측의 입론을 보강하는</u> _{사회자의 역할: 토론 절차에 따라 토론을 진행함.} <u>1차 반론</u>을 해 주십시오. 먼저 <u>반대 측 반론</u>을 듣
겠습니다.

❝❞ 학습 포인트
· 토론의 절차와 방법 이해
하기
· 찬성 측과 반대 측의 주장
과 근거 정리하기
· 신뢰성, 타당성, 공정성을
기준으로 양측의 근거 평
가하기

◦ 활동 탐구
'우리 사회에서 사람들 사이의 경
쟁을 그만두어야 한다.'라는 논제
에 대한 토론을 보면서 토론의 절
차와 방법을 파악하는 활동이다.
토론이 어떤 순서에 따라 진행되
는지, 토론에서 지켜야 할 규칙은
무엇인지, 토론자들이 어떻게 주
장과 근거를 제시하고 반론을 펴
는지 등을 파악하도록 한다.

◦ 활동 제재 개관
갈래: 토론문
성격: 설득적, 논리적, 예시적
논제: 우리 사회에서 사람들 사이
의 경쟁을 그만두어야 한다.
특징
① 토론의 절차에 따라 사회자가
양측의 의견을 이끌어 냄.
② 토론자는 여러 사례를 근거로
들어 자신의 의견을 뒷받침함.
③ 공식적인 상황의 말하기에 알
맞은 격식 있는 표현을 사용함.

◦ 찬성 측과 반대 측의 입론

찬성 측	
주장	경쟁을 그만두어야 한다.
근거	·경쟁하지 않고도 좋은 결과를 낼 수 있음. ·경쟁은 여러 가지 부작용을 낳음.

⇕

반대 측	
주장	경쟁을 그만두어서는 안 된다.
근거	·경쟁은 인간의 본능임. ·경쟁은 개인의 능력을 발휘하게 하여 사회의 발전을 이끎.

미란 찬성 측은 경쟁 때문에 우리가 행복하지 않다고 말하고 있습니다. 하지
_{찬성 측이 입론에서 내세운 주장}
만 이는 경쟁으로 인해 우리가 행복해질 수 있다는 사실을 간과한 것입니다. 앞
_{반론의 근거 ①: 경쟁을 통해 행복해질 수 있음.}
서 말씀드린 것처럼 우리가 재미있어하는 일에는 대부분 경쟁이라는 요소가 들어 있

습니다.

경쟁 자체가 공정하지 않다면 그것은 잘못된 것입니다. 그래서 인류는 공정한 경
_{반론의 근거 ②: 행복하지 않은 것은 경쟁 때문이 아니라 경쟁이 공평하지 않기 때문임.}
쟁을 위해 결과에 승복할 수 있는 제도를 만들어 왔습니다. 시험을 치르거나 운동

경기를 할 때도 규칙에 따라 공정하게 경쟁을 합니다. 지금 이 토론도 규칙을 지키

면서 경쟁을 하고 있는 것입니다.

따라서 우리가 고민해야 할 문제는 경쟁할 것인가 말 것인가를 선택하는 게 아니
_{반대 측의 주장: 경쟁 여부가 아닌 공정한 경쟁의 방안에 대해 논의해야 함.}
라, 어떻게 하면 공정한 경쟁을 할 수 있을 것인가입니다. ➔ 반대 측 1차 반론

사회자 이어서 찬성 측의 반론을 듣겠습니다.

수남 반대 측에서는 경쟁 심리가 인간의 본능이라고 말씀하셨는데, 저희는 그
_{반대 측이 입론에서 내세운 주장}
렇게 생각하지 않습니다. 그리스의 철학자 아리스토텔레스가 '인간은 사회적
_{반론의 근거 ①: 협력을 통해 사회적 관계를 맺는 것이 인간의 본성임.}
동물'이라고 말했듯이, 서로 협력하고 의존하면서 사회적 관계를 맺는 것이 인간의

본성입니다.

경제협력개발기구(OECD)가 만 15세 학생들을 대상으로 시행하는 국제학업성취
_{반론의 근거 ②: 협동의 방식으로 교육받은 핀란드 학생들의 학업 성취도와 삶의 만족도가 높음.}
도평가(PISA)에서 상위권을 유지하며 학생들의 삶의 만족도도 높은 핀란드의 교육

방식은 경쟁이 아니라 협동입니다. 우열반을 폐지하고, 등수를 없애고, 뒤처지는 학

생을 끌어올리는 데 집중한 결과 핀란드는 학생들 사이의 편차는 가장 낮으면서 학업

성취도 수준은 높은 나라가 되었습니다. 이것은 경쟁을 하지 않고도 훌륭한 결과를
_{찬성 측의 주장: 경쟁 없이도 좋은 결과를 낼 수 있음.}
낳을 수 있다는 것을 보여 주는 사례입니다. ➔ 찬성 측 1차 반론

사회자 양측의 1차 반론을 들어 보았습니다. 이제 2차 반론으로 넘어가겠습니다. 2차

반론에서는 상대측에 질문을 하거나 이에 대해 답변을 하여도 좋습니다. 그럼, 찬성
_{사회자의 역할: 토론 방법에 대해 안내함.}
측부터 시작하겠습니다.

지윤 반대 측에서는 경쟁은 받아들일 수밖에 없는 것이니 어떻게 하면 공정한
_{반대 측이 1차 반론에서 내세운 주장}
경쟁을 할 수 있을 것인가에 집중하라고 말씀하셨지요?

경수 예, 맞습니다.

○ **반대 측의 1차 반론**

찬성 측의 입론
경쟁 때문에 우리가 행복하지 않다.

⇕

반대 측의 1차 반론
• 경쟁을 통해 우리가 행복해질 수 있다는 사실을 간과함. • 우리가 행복하지 않은 것은 경쟁 때문이 아니라 경쟁이 공평하지 않아서이므로, 어떻게 하면 공정하게 경쟁할 수 있을지를 고민해야 함.

○ **찬성 측의 1차 반론**

반대 측의 입론
경쟁 심리는 인간의 본능이다.

⇕

찬성 측의 1차 반론
• 아리스토텔레스의 말을 인용하여 협력하고 의존하면서 사회적 관계를 맺는 것이 인간의 본성이라고 함. • 경쟁이 아닌 협동을 선택한 핀란드의 교육 방식을 보면 경쟁을 하지 않고도 훌륭한 결과를 낼 수 있음을 알 수 있음.

○ **논리적 반박**

주장과 근거의 신뢰성, 타당성, 공정성을 비판적으로 분석해야 한다.

✚ **보충 자료**
반론의 자세
• 상대방의 발언을 경청하여 상대방의 주장과 근거를 논리적으로 판단해야 한다.
• 합리적인 근거를 제시하면서 상대방 논리의 허점을 지적해야 한다.
• 자신의 주장을 제시할 때도 예상되는 반박을 고려하여 이에 따른 대비를 해야 한다.

찬성 수남 그렇다면 왜 경쟁을 받아들일 수밖에 없는 것이라고 생각하는지 그 이유를 듣고 싶습니다.

반대 미란 사람들은 대부분 아름다운 것, 좋은 것을 추구합니다. (가치 있는 것) 하지만 그런 것들은 대개 한정되어 있지요. 그래서 공기, 물, 흙 같은 것을 두고는 경쟁하지 않지만 사람들이 바라는 바를 충족시켜 주는 물건을 얻기 위해서는 경쟁을 하는 것입니다.

찬성 수남 반대 측에서는 가치 있는 것은 한정되어 있으므로 경쟁을 할 수밖에 없다고 하셨는데요, (반대 측의 답변 요약) 저희는 다 함께 좋은 것을 얻을 수 있다고 생각합니다. (찬성 측의 반론: 협력을 통해 가치 있는 것을 다 함께 얻을 수 있음.)

옛날부터 사람들은 전 세계의 인구가 많아지면 식량이 부족해서 굶어 죽는 사람들이 늘어날 수 있다고 했습니다. 하지만 인구가 많이 늘어난 지금 어떻습니까? 과학 기술의 발전으로 더 많은 먹을거리를 생산하여 이전보다 풍요로워졌습니다. 일부 국가에서 아이들이 배고픔에 시달리는 까닭은 식량이 부족해서가 아니라 탐욕스러운 누군가가 자신의 이익을 위해 식량을 독점하였기 때문입니다. 지금 이 순간 굶어 죽어 가고 있는 빈민국의 아이들을 살리는 것은 경쟁이 아니라 그들에게 내미는 따뜻한 손길입니다. 함께 협력해야 함께 살아 나갈 수 있습니다. (반론의 근거: 세계 식량 문제를 보면 경쟁이 아닌 협력을 통해 함께 좋은 것을 얻을 수 있음을 알 수 있음.)

➜ 찬성 측 2차 반론

사회자 예, 시간이 다 되었습니다. (토론의 규칙: 정해진 시간 안에 발언해야 함.) 그럼 이어서 반대 측의 2차 반론을 들어 보겠습니다.

반대 미란 찬성 측에서는 핀란드의 교육 성과를 근거로 경쟁을 하지 않고서도 좋은 결과를 낼 수 있다고 말씀하셨습니다. (찬성 측이 1차 반론에서 내세운 주장) 그런데 그것은 평가나 선발이 전제되어 있지 않았기 때문에 가능했던 것입니다. (반대 측의 반론: 평가나 선발의 상황에서는 경쟁이 필수적임.) 어떤 기업체에서 훌륭한 인재를 채용하려는 상황에서도 함께 협동하면서 경쟁 없이 좋은 결과를 낳을 수 있을까요?

찬성 지윤 채용과 같은 경우도 준비하는 사람들이 함께 협동해서 좋은 결과를 만들 수 있다고 생각합니다.

반대 경수 협력을 통해 좋은 결과를 낼 수는 있지만, (찬성 측의 주장을 일부 인정함.) 최종적으로 합격자가 있고 불합격자가 있는 이상 경쟁은 피할 수 없겠지요? (반대 측의 주장을 일부 인정함.)

찬성 수남 채용처럼 특수한 상황은 어쩔 수 없다고 봅니다. (반대 측의 입장: 경쟁은 피할 수 없음.) 하지만 우리 사회에서는 이런 상황을 너무 과도하게 경쟁으로만 몰아붙이고 있다고 생각합니다. (찬성 측의 입장: 경쟁이 지나치게 많음.)

➜ 반대 측 2차 반론

사회자 이상으로 찬성 측과 반대 측의 반론을 모두 마치겠습니다. 그럼 최종 발언을 시작하겠습니다. 반대 측 먼저 최종 발언을 해 주십시오.

찬성 측의 2차 반론

반대 측의 1차 반론
경쟁은 피할 수 없으니 어떻게 하면 공정한 경쟁을 할 수 있을 것인가에 집중해야 한다.

↕

찬성 측의 2차 반론
경쟁은 불가피한 것이 아니며, 세계 식량 문제 등을 보면 우리는 협력을 해야 함께 살아 나갈 수 있음을 알 수 있음.

2차 반론의 질문

상대측 입론과 반론 내용에서 상대측 주장과 근거의 문제점, 허점 등을 찾아 그것이 드러나도록 질문해야 한다.

반대 측의 2차 반론

찬성 측의 1차 반론
핀란드의 교육 성과를 보면 경쟁을 하지 않고서도 좋은 결과를 낼 수 있음을 알 수 있다.

↕

반대 측의 2차 반론
학교 교육이 아닌 평가나 선발의 상황에서는 경쟁이 필수적일 수밖에 없음.

보충 자료

논박할 때 유의할 점

- 자기 측 주장에 유리한 것을 쟁점으로 삼아 상대측 주장을 반박함으로써 자기 측 주장의 정당성을 설득력 있게 제시해야 한다.
- 자신에게 주어진 시간 안에 상대측 주장이나 근거의 허점이나 오류를 분명하게 지적해야 한다.
- 입론에서 내세운 주장을 단순히 반복하지 말고, 주장의 타당성과 정당성을 더욱 강화할 수 있는 근거를 제시해야 한다.

반대 미란 찬성 측에서는 경쟁 자체가 지니는 효과와 특수한 상황, 즉 채용과 같은 상황에서는 경쟁이 있을 수밖에 없다는 사실을 인정했습니다. 이 말은 경쟁 자체를 없애야 한다는 것이 아니라 보완이 필요하다는 것으로 받아들일 수 있습니다.

우리 사회에서 경쟁은 앞으로도 계속될 것입니다. 따라서 <u>힘드니까 경쟁을 하지 말자고 할 게 아니라, 경쟁에서 밀려나는 사람들을 어떻게 위로하고 도와줄 수 있는</u>
반대 측의 최종 입장: 보완을 통해 공정한 경쟁을 추구해야 함.
<u>가에 집중해야 한다고 생각합니다. 우리에게 주어진 과제는 공정한 경쟁을 함께 추구하는 것입니다.</u>

→ 반대 측 최종 발언

사회자 이어서 <u>찬성 측 최종 발언</u>을 해 주십시오.

찬성 지윤 경쟁이 더 나은 결과를 낳을 수 있다는 논리는 오랫동안 우리 사회에서 변함없는 진리로 여겨져 왔습니다. 하지만 저희는 경쟁이 아닌 다른 방식으로 발전할 수 없는지를 진지하게 따져 보아야 한다고 생각합니다. 『경쟁 자체를 없애는 것은 불가능하겠지만 경쟁하지 않아도 될 상황에서의 불필요한 경쟁은 그만두어야 한다고 말씀드리고 싶습니다.

한 사람의 행복이 아니라 우리 모두의 행복을 위해 힘을 합쳐야 합니다.』 함께
『 』: 찬성 측의 최종 입장: 불필요한 경쟁 대신 협력과 연대를 통한 발전을 추구해야 함.
웃을 수 있는 사회야말로 우리가 추구해야 할 가치라고 생각합니다.

→ 찬성 측 최종 발언

사회자 지금까지 양측의 의견을 들어 보았습니다. <u>오늘은 이것으로 토론을 마치겠습니다.</u> <u>배심원</u> 여러분께서는 나누어 드린 평가표를 참고하여 어느 편이 잘하였는가를
사회자가 토론의 종결을 선언함.
토론의 절차: 토론이 끝난 후에 배심원은 토론의 결과를 판정해야 함.
<u>판정</u>해 주기 바랍니다.

→ 토론의 종결 및 배심원의 판정 안내

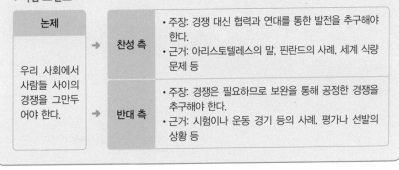

찬찬샘 핵심 강의

■ **논제에 대한 찬성 측과 반대 측의 주장과 근거**: 이 토론에서는 경쟁을 그만두어야 한다는 것을 논제로 찬성과 반대 입장을 가진 양측이 각자의 주장을 펼치고 있어. 상대측이 무엇을 근거로 들어 어떤 주장을 펼치고 있는지 함께 정리해 보자.

▶핵심 포인트◀

논제		
우리 사회에서 사람들 사이의 경쟁을 그만두어야 한다.	찬성 측	• 주장: 경쟁 대신 협력과 연대를 통한 발전을 추구해야 한다. • 근거: 아리스토텔레스의 말, 핀란드의 사례, 세계 식량 문제 등
	반대 측	• 주장: 경쟁은 필요하므로 보완을 통해 공정한 경쟁을 추구해야 한다. • 근거: 시험이나 운동 경기 등의 사례, 평가나 선발의 상황 등

ㅇ 찬성 측과 반대 측의 최종 발언

찬성 측의 최종 발언
모두의 행복을 위해 경쟁 대신 협력과 연대를 통한 발전을 추구해야 한다.

⇕

반대 측의 최종 발언
경쟁은 앞으로도 계속될 것이며, 경쟁 자체를 없앨 수 없으므로 보완을 통해 공정한 경쟁을 추구해야 한다.

ㅇ 최종 발언
토론 과정에서 드러난 쟁점을 정리하고, 자기 측 주장과 근거가 옳다는 것을 다시 한번 강조한다.

➕ 보충 자료
토론의 평가 기준
• 신뢰성: 제시한 자료가 믿을 만한지, 자료의 출처가 명확한지 등을 평가한다.
• 타당성: 주장과 근거가 긴밀하게 연관되어 있는지, 주장이나 의견이 이치에 맞는지, 결론을 이끌어 낸 방식이 합리적인지 등을 평가한다.
• 공정성: 주장과 근거가 어느 한쪽의 이념이나 가치관에 치우치지 않고 공정한지, 공동체의 보편적 가치나 도리에 맞는지 등을 평가한다.

1. 토론의 절차에 유의하여 토론 내용을 정리해 봅시다.

> 논제: 우리 사회에서 사람들 사이의 경쟁을 그만두어야 한다.

찬성 측		반대 측
경쟁하지 않고도 좋은 결과를 낼 수 있으며, 오히려 경쟁이 여러 가지 부작용을 낳기도 한다.	입론 →	경쟁은 인간의 본능이며, 개인의 능력을 발휘하게 하여 사회의 발전을 이끈다.
경쟁이 아닌 협동을 선택한 핀란드의 교육 방식을 보면 경쟁을 하지 않고도 훌륭한 결과를 낳을 수 있음을 알 수 있다.	← 1차 반론	우리가 행복하지 않은 것은 경쟁 때문이 아니라 경쟁이 공평하지 않아서이므로, 어떻게 하면 공정하게 경쟁할 수 있을지를 고민해야 한다.
경쟁은 불가피한 것이 아니며, 우리는 협력을 해야 함께 살아나갈 수 있다.	2차 반론 →	평가나 선발의 상황에서는 경쟁이 필수적이다.
모두의 행복을 위해 경쟁 대신 협력과 연대를 통한 발전을 추구해야 한다.	← 최종 발언	경쟁은 앞으로도 계속될 것이며, 경쟁 자체를 없앨 수 없으므로 보완을 통해 공정한 경쟁을 추구해야 한다.

찬찬샘 핵심 강의

- **토론의 절차**: 토론을 할 때에는 정해진 절차를 이해하고 따라야 한단다. 사회자는 토론의 절차를 안내하며 절차에 따라 토론을 진행해야 하고, 토론자는 사회자의 진행 발언에 따라 절차를 준수하며 토론을 해야 하지. 이 토론에서도 사회자의 진행 발언과 토론자의 발언 순서를 통해 다음과 같이 토론 절차를 정리해 볼 수 있어.

＞핵심 포인트＜

논제 제시	입론	반론	최종 발언	배심원 평가
사회자가 토론의 배경과 논제를 제시함.	찬성 측, 반대 측의 순서로 입론을 함.	반대 측, 찬성 측의 순서로 1차 반론을 함. 찬성 측, 반대 측의 순서로 2차 반론을 함.	반대 측, 찬성 측의 순서로 최종 발언을 함.	배심원이 토론의 결과를 평가함.

★ 지학이가 도와줄게! - 1

토론의 전체 흐름을 바탕으로 토론의 절차를 파악하고, 각 토론 단계에 따라 찬성 측과 반대 측의 주장과 근거를 정리하는 활동이야. 토론에서 사회자는 토론을 진행하는 역할이므로 사회자의 발언을 중심으로 토론의 절차를 정리하면 효과적이란다. 그리고 그 절차에 따른 발언 순서를 고려하여 각 발언자의 의견을 요약하면 토론 내용을 정리할 수 있을 거야.

콕콕 **확인 문제** 정답과 해설 20쪽

1. 이 토론에서 논제에 대한 반대 측의 입장에 해당하는 것은?

① 경쟁은 여러 가지 부작용을 낳기도 한다.
② 경쟁하지 않고도 좋은 결과를 낼 수 있다.
③ 모두의 행복을 위해서는 경쟁 대신 협력과 연대를 선택해야 한다.
④ 경쟁이 아닌 협동의 교육 방식을 통해 학업 성취 수준을 높일 수 있다.
⑤ 경쟁이 우리를 불행하게 하는 것이 아니라 경쟁이 공평하지 않은 것이 문제이다.

2. 다음은 이 토론을 보면서 토론의 절차를 정리한 것이다. ㉠과 ㉡에 들어갈 적절한 말을 쓰시오.

> 논제 제시 → (㉠) → 1차 반론 → 2차 반론 → (㉡) → 배심원 평가

2. 찬성 측과 반대 측에서 제시한 근거를 정리하고, 그 근거를 평가해 봅시다.

예시 답 |

찬성 측
• 아리스토텔레스의 말을 인용하여 협력하는 사회적 관계를 맺어야 한다고 주장함. • 협동을 강조한 핀란드가 국제학업성취도평가에서 상위권을 유지하며 삶의 만족도도 높음. • 세계 식량 문제 등을 보면 경쟁이 아니라 협력이 옳은 방향임을 알 수 있음. → 근거의 내용이 정확하고 출처를 신뢰할 수 있으며 공정하다. 하지만 재화는 식량에만 국한되는 것이 아니므로 식량 문제를 들어 협력이 옳은 방향이라고 한 점은 타당하지 않아 보인다.

반대 측
• 시험, 운동 경기 등의 사례를 들어 경쟁을 통해 행복해질 수 있다고 주장함. • 경쟁은 인간의 본능이고 발전의 원동력임. • 기업체의 인재 채용 등 평가나 선발의 상황에서는 경쟁이 필수적임. → 근거의 내용이 이치에 맞고 합당하며, 공정하다. 하지만 근거의 출처를 신뢰할 수가 없다.

3. 다음 평가 기준에 따라 토론의 과정을 평가해 봅시다. 예시 답 | 생략

평가 기준	찬성 측			반대 측		
	상	중	하	상	중	하
토론의 논제에서 벗어나지는 않았는가?						
토론의 절차를 준수하였는가?						
논제에 관한 자기 측의 주장을 정확하게 밝혔는가?						
근거가 타당하고, 신뢰할 만하며, 공정한가?						
상대측의 주장에 대해 적절한 반론을 제시하였는가?						
상대측의 의견과 주장을 경청하고, 차이를 존중하면서 예의를 갖추어 토론에 임하였는가?						

4. 3의 활동을 바탕으로 토론의 결과를 판정해 봅시다.

예시 답 | 찬성 측의 승리라고 생각한다. 핀란드의 국제학업성취도평가(PISA) 결과와 아리스토텔레스의 말 등 신뢰할 만한 자료를 근거로 제시하였으며, 주장의 내용이 사회의 정의에 부합한다고 생각하여 찬성 측에 더 높은 점수를 주었다.

합리적 문제 해결 방식, 토론

토론은 어떤 문제에 관해 서로 다른 의견을 가지고 있는 개인이나 집단이 합리적으로 문제를 해결해 가는 의사소통 행위입니다. 따라서 토론을 할 때는 토론 방법과 절차를 따라야 합니다. 또한, 상대측의 주장을 이해하고 차이를 존중하며 예의를 갖추어 토론해야 합니다.

지학이가 도와줄게! - 2

토론에서 양측이 제시한 근거를 파악하고 그 근거를 평가해 보는 활동이야. 근거를 정리할 때는 찬성 측과 반대 측이 입론과 반론을 펴는 과정에서 사용한 근거를 찾아보렴. 그리고 평가를 할 때에는 평가의 기준이 필요한데, 일반적인 기준으로는 신뢰성, 타당성, 공정성이 있단다. 신뢰성은 근거로 제시한 자료가 믿을 만한지를, 타당성은 근거가 주장을 긴밀하게 뒷받침하고 있는지, 근거의 내용이 이치에 맞고 합당한지를 평가하는 기준이지. 그리고 공정성은 근거가 어느 한쪽의 이념이나 가치관에 치우치지 않고 공동체의 보편적 가치나 도리에 부합하는지를 평가하는 기준이란다. 이러한 세 가지 기준에 따라 양측의 근거를 객관적으로 평가해 보렴.

지학이가 도와줄게! - 3, 4

토론 전반에 대해 평가해 보는 활동이야. 토론은 판정을 통해 승패가 갈리기 때문에 토론 과정과 토론 결과를 공정하게 평가하는 것은 매우 중요하단다. 제시한 평가 기준에 따라 찬성 측과 반대 측으로 나누어 공정하게 평가하고, 그 평가를 바탕으로 토론의 결과를 판정하도록 하렴.

콕콕 확인 문제

|서술형|
3. 이 토론에서 반대 측의 다음 근거를 '신뢰성'을 기준으로 평가하여 한 문장으로 쓰시오.

> 경쟁은 인간의 본능이며, 경쟁 없이는 발전을 할 수 없습니다.

2 토론에서 타당한 근거를 들어 논박하기

‖ 모둠을 구성하여 제시된 논제 중 하나를 고르고, 토론 절차에 따라 토론을 해 봅시다.

66 학습 포인트
• 토론의 논제 정하기
• 입론과 반론 작성하기
• 토론의 절차와 방법에 따라 실제 토론하기

1단계: 논제 정하기

1. 모둠원끼리 상의하여 제시된 논제 중 하나를 선정해 봅시다. 예시 답 ‖

> ☐ 인터넷 실명제를 확대해야 한다.
> ☐ 청소년 봉사 활동을 의무화해야 한다.
> ☐ 보행 시 휴대 전화 사용을 금지해야 한다.
> ☑ 교내에 무인 방범 카메라를 설치해야 한다.
> ☐ _____

2단계: 입장 정하고 쟁점 분석하기

2. 논제와 관련한 우리 모둠의 입장을 정하고, 쟁점을 정리해 봅시다. 예시 답 ‖

● 우리 모둠의 입장: 교내에 무인 방범 카메라를 설치하는 것에 찬성한다.

논제	교내에 무인 방범 카메라를 설치해야 한다.

↓

쟁점 1	무인 방범 카메라 설치는 교내 사건 예방과 해결에 효과적이다.

쟁점 2	교내 무인 방범 카메라 설치는 학생들의 사생활을 침해할 수 있다.

찬찬샘 핵심 강의

■ **논제 정하기**: 토론은 찬성과 반대 입장이 분명하게 나뉘는 말하기 방식이야. 따라서 논제를 정할 때 찬성과 반대 입장이 명백하게 나뉠 수 있는지를 고려해야 해. 또한 토론 참여자의 수준에 맞으면서 모두가 관심을 두고 고민하는 문제인지도 고려해야겠지.

■ **입장 정하고 쟁점 분석하기**: 토론에서 쟁점은 찬성 측과 반대 측의 입장이 나뉘는 부분을 말해. 그래서 쟁점을 분석하는 것은 토론의 논제에 관한 입장을 강화하고, 주장을 뒷받침할 근거와 자료를 수집하는 데 도움이 된단다.

> **핵심 포인트**

논제 설정	• 명백하게 찬성과 반대의 입장으로 나뉠 수 있어야 함. • 토론 참여자들이 관심을 가지고 고민하는 문제로 정해야 함. • 하나의 주제를 담고 있으며, 구체적이고 입증 가능한 것이어야 함.
쟁점 분석	• 토론의 논제에 관한 입장을 강화함. • 주장을 뒷받침할 근거와 자료를 수집하는 데 도움됨.

● 활동 탐구

토론의 절차와 방법에 따라 실제로 토론을 해 보는 활동이다. '논제 정하기 → 입장 정하고 쟁점 분석하기 → 근거를 수집하여 입론 작성하기 → 상대측의 주장과 근거를 예상하고 반론 작성하기 → 토론의 절차와 방법에 따라 토론하기'의 순서로 활동한다.

✦ 지학이가 도와줄게! – 1

좋은 논제는 모두가 관심을 가지고 고민하는 문제이면서 찬성과 반대 의견이 분명히 나뉠 수 있는 것이어야 해. 이 점을 고려하여 모둠별로 논제를 선정해 보렴.

✦ 지학이가 도와줄게! – 2

논제에 관한 찬성 혹은 반대의 입장을 정한 다음에는 논제에 관한 쟁점을 미리 파악해야 해. 쟁점을 분석하면 근거를 마련하고 자료를 수집하는 데 도움을 받을 수 있단다.

콕콕 확인 문제

4. 토론의 논제를 정할 때 고려할 점으로 거리가 먼 것은?

① 토론자의 수준에 맞는가?
② 구체적으로 입증 가능한가?
③ 찬반이 분명하게 나뉘는가?
④ 개인에게 이익을 줄 수 있는가?
⑤ 토론자의 관심과 고민을 담고 있는가?

3. 논제에 대한 자신의 주장을 뒷받침할 근거 자료를 수집하고, 입론을 작성해 봅시다.

예시

주장과 근거 자료	자료의 출처
• 주장: 무인 방범 카메라를 설치해도 사생활을 보호할 수 있다. • 근거 자료: 인터넷망을 통해 카메라 영상 정보의 수집이 가능해짐에 따라 카메라 영상 정보의 유출 위험이 증가하였다. 이에 카메라의 아이피(IP) 정보를 철저히 관리하고, 카메라 영상 정보 전송 시에는 암호화하는 등의 보호 조치를 취하도록 하였다.	행정자치부 블로그
• 주장: 무인 방범 카메라는 범죄 예방과 해결에 효과적이다. • 근거 자료: 어린이 보호 구역 반경 100미터 지역에서 발생한 강력 범죄 건수가 무인 방범 카메라 설치 후 34퍼센트 감소하였다. 설치 전(2013년) 범죄 건수 / 설치 후(2016년) 범죄 건수 1,655건 / 1,091건	국민 안전처와 경찰청

	주장과 근거 자료	자료의 출처
쟁점 1	• 주장: 무인 방범 카메라 설치는 교내 사건 예방과 해결에 효과적이다. • 근거 자료: ○○시에서는 무인 방범 카메라 설치로 학교 • 폭력이 줄어드는 효과가 나타나 2021년까지 모든 초·중·고등학교에 고화질 무인 방범 카메라를 설치하기로 했다.	에스비에스(SBS) 뉴스, (2018. 3. 5.)
쟁점 2	• 주장: 무인 방범 카메라 설치로 인한 학생들의 사생활 침해를 최소화할 수 있다. • 근거 자료: 무인 방범 카메라를 쉽게 인식할 수 있도록 안내판을 설치하도록 하는 법 규정에 따르면 사생활 침해를 최소화할 수 있다.	개인정보 보호법 제25조 제4항, 시행령 제24조

입론: 최근 교내에서 학교 폭력과 도난 등의 사고가 자주 발생하고 있으며, 그것 때문에 많은 학생이 불안해하고 있습니다. 무인 방범 카메라를 설치하면 이런 문제들을 어느 정도 해결할 수 있습니다. ○○시에서는 무인 방범 카메라가 학교 폭력을 줄이는 효과가 있다고 판단해 2021년까지 ○○시의 모든 학교에 무인 방범 카메라를 설치하기로 했습니다. 이처럼 무인 방범 카메라를 설치하면 학교 폭력과 같은 사건을 줄일 수 있습니다. 또한, 무인 방범 카메라의 설치는 사건 예방뿐만 아니라 사건을 해결하는 데에도 도움을 줍니다. 무인 방범 카메라에 찍힌 영상을 통해 사건의 전후 과정을 확인할 수 있기 때문입니다.

무인 방범 카메라가 학생들의 사생활을 침해한다고 하는데 이는 여러 방법을 통해 보완할 수 있습니다. 교내 모든 곳에 방범 카메라를 설치하는 것이 아니라 사건이 자주 발생하는 곳에만 설치하면 학생들의 사생활은 크게 침해되지 않을 것입니다. 또한, 학생들 몰래 무인 방범 카메라를 설치하는 게 아니라 무인 방범 카메라가 설치되어 있음을 알리는 표지판을 세워 두면 사생활 침해 문제는 해결될 것입니다.

따라서 저희는 교내에 무인 방범 카메라를 설치해야 한다고 생각합니다.

지학이가 도와줄게! – 3

예상 쟁점을 바탕으로 자신의 주장을 뒷받침할 수 있는 근거를 마련하는 활동이야. 근거로 활용할 관련 자료를 수집할 때에는 다양한 매체와 방법을 적극적으로 활용하되, 객관적이고 신뢰할 수 있는 자료를 수집해야 한다는 것을 기억하렴.

➕ **보충 자료**

토론에서 활용 가능한 근거 자료
• 통계 자료: 숫자를 포함한 문장, 도표, 그래프 등 어떤 현상이나 문제에 관한 집단적 현상의 특징을 숫자로 제시한 것
• 전문가의 견해: 주장의 정당성을 입증하기 위해 관련 분야의 연구자나 전문가의 판단이나 관점을 빌리는 것
• 사례: 실제로 일어난 예로, 신문 기사나 각종 보도 자료 등에서 찾을 수 있으며, 인용한 자료의 출처와 날짜를 밝혀야 함.

콕콕 **확인 문제**

5. 다음 주장을 뒷받침하는 근거 자료로 적절하지 <u>않은</u> 것은?

> 교내에 무인 방범 카메라를 설치하는 것에 찬성한다.

① 무인 방범 카메라 설치 후 강력 범죄 건수가 줄어들었다.
② 무인 방범 카메라의 영상 정보 전송 시 암호화가 이루어진다.
③ 무인 방범 카메라 안내판 설치에 관한 법 규정이 마련되었다.
④ 무인 방범 카메라의 감시 기능 때문에 학생들의 긴장감과 불안감이 높아졌다.
⑤ ○○시에서는 학교 폭력 예방 효과를 확인하여 무인 방범 카메라 설치를 확대하기로 하였다.

4. 각 쟁점에 관한 상대측의 주장과 근거를 예상해 보고, 그에 대한 반론을 써 봅시다. 예시 답 |

예상한 상대측의 주장과 근거	반론
• 주장: 무인 방범 카메라 설치는 사건 예방과 해결에 효과적이지 않다. • 근거 자료: 교내 모든 장소에 무인 방범 카메라를 설치할 수 없으므로 무인 방범 카메라가 설치되지 않은 곳에서 얼마든지 학교 폭력이나 절도 사건이 발생할 수 있다.	사건이 자주 발생했거나 자주 발생할 만한 곳에 설치하면 그곳에서의 사건이 줄어든다. ○○중학교에서 운동장 구석에 무인 방범 카메라를 설치하고 나서 교내 폭력 사건이 절반으로 줄어들었다고 한다.
• 주장: 무인 방범 카메라 설치는 학생들의 사생활을 침해한다. • 근거 자료: 무인 방범 카메라는 학생들 개개인의 움직임을 끊임없이 녹화하므로 학생들은 감시를 당하고 있다는 생각에 불쾌감을 느낄 것이다.	교실이나 화장실 등이 아닌 학교의 공적인 장소에만 무인 방범 카메라를 설치하는 것이므로 학생들의 사생활에 크게 문제가 될 것이 없으며, 무인 방범 카메라로 녹화된 영상을 철저하게 관리하면 된다.

4단계: 토론하기

5. 모둠별로 각자 맡은 역할에 따라 토론의 절차와 방법을 준수하며 토론을 해 봅시다. 예시 답 | 생략

찬찬샘 핵심 강의

■ **입론과 반론 준비하기:** 토론을 준비하는 과정에서 가장 중요한 것은 입론과 반론을 작성하는 것이야. 입론은 처음에 자기 측 주장이 옳다는 것을 근거를 들어 내세우는 것이고, 반론은 상대측 주장을 반박하면서 자신의 주장이 옳다는 것을 변호하고 강화하는 것이지. 따라서 자신의 주장의 옳음을 입증할 만한 합리적인 근거 자료를 사전에 충분히 마련하고, 예상 쟁점의 분석을 통해 상대측의 주장과 근거를 적절하게 예상하여 그에 대한 반론을 준비해 두어야 한단다.

›핵심 포인트‹

입론 준비	• 입론: 토론에서 토론자가 자기 측의 주장이 옳다는 것을 내세우는 말하기 → 자신의 주장을 뒷받침하는 적절한 근거 자료를 수집해야 함. → 출처를 확인하여 객관적이고 신뢰할 수 있는 자료를 선별해야 함. → 수집한 근거 자료를 언제 어떻게 활용할지 구체적인 전략을 마련해야 함.
반론 준비	• 반론: 상대측의 주장을 반박하면서 자신 측의 주장이 옳다는 것을 변호하는 말하기 → 논제에 관한 예상 쟁점들을 정확히 파악하여 상대측의 주장과 근거를 예상해야 함. → 예상되는 상대측 주장과 근거의 허점이나 오류를 파악하여 반론의 근거를 마련해야 함. → 반론을 통해 자기 측 논리의 타당성을 강화할 수 있도록 해야 함.

★ 지학이가 도와줄게! - 4

반론은 토론에서 상대측 주장과 근거를 비판적으로 분석하여 상대측 입장의 허점이나 오류를 논리적으로 반박하는 것으로, 토론의 핵심이자 본질이라고 할 수 있어. 따라서 토론에 임할 때는 반론을 미리 준비할 필요가 있지. 먼저, 논제에 관한 예상 쟁점들을 바탕으로 상대측이 어떤 주장을 할 것인지와 어떤 근거를 마련하여 상대측이 자신들의 주장을 뒷받침할지 예상해 보자. 그런 다음, 상대측의 예상 주장을 어떻게 반박할 것인지 반론에 관한 계획을 구체적으로 세워 보렴. 필요하다면 반론의 근거를 추가로 마련해야겠지.

★ 지학이가 도와줄게! - 5

지금까지 준비한 내용을 바탕으로 '논제 제시-양측의 주장 제시-상대측에 대한 반론-최종 발언'이라는 일반적인 토론 절차에 따라 토론 규칙을 준수하면서 적극적으로 토론에 참여해 보렴.

콕콕 확인 문제

6. 토론 과정에서 이루어지는 '반론'에 대한 설명으로 적절하지 <u>않</u>은 것은?

① 상대측 주장과 근거의 허점이나 오류를 파악한다.
② 상대측과 자기 측의 토론을 공정하게 평가한다.
③ 상대측 입장에서 자기 측 입장이 옳다는 것을 부각한다.
④ 상대측의 논리적 약점을 청중에게 설득적으로 제시한다.
⑤ 합리적인 근거를 들어 상대측 주장을 논리적으로 비판한다.

6. 다음 평가표에 따라 토론을 평가해 봅시다. 예시 답 l 생략

	평가 항목	찬성 측	반대 측
입론	• 각 쟁점에 따른 주장을 명확하게 제시하였는가? • 주장과 근거가 신뢰성, 타당성, 공정성을 갖추고 있는가?	☆☆☆☆☆	☆☆☆☆☆
반론	• 상대측의 주장을 바르게 이해하고 반박하였는가? • 상대측 주장에 관한 근거의 불충분함이나 부적절함을 적절하게 지적하였는가?	☆☆☆☆☆	☆☆☆☆☆
최종 발언	• 토론 과정에서 드러난 쟁점을 정리하고, 자기 측의 주장이 옳다는 것을 강조하였는가? • 토론 내용을 반영하여 설득력 있게 주장을 제시하였는가?	☆☆☆☆☆	☆☆☆☆☆
토론 태도	• 목소리, 말의 속도, 말투, 얼굴 표정 등이 적절하였는가? • 상대측 의견에 감정적으로 대응하지 않고 존중하는 태도를 유지하였는가? • 상대측의 말을 경청하고 토론 순서를 지켜 발언하였는가?	☆☆☆☆☆	☆☆☆☆☆

✏️ **토론할 때 유의할 점**

• 발언 순서와 시간을 준수합니다.
• 토론 주제에서 벗어난 말은 하지 않습니다.
• 크고 분명한 목소리로 간단명료하게 말합니다.
• 상대측의 발언을 끝까지 듣고, 의견의 차이를 존중합니다.
• 상대측 토론자에 대한 비방이나 감정적인 발언을 삼가고 예의를 갖추어 참여합니다.

★ 지학이가 도와줄게! - 6

토론이 끝난 후, 전체 토론 내용을 정리하고 토론 결과를 판정하는 활동이야. 제시된 평가표에는 토론 절차에 따라 입론, 반론, 최종 발언, 토론 태도 등을 평가할 수 있는 항목이 나와 있어. 토론 내용뿐만 아니라 토론자의 토론 태도에 대해서도 평가할 수 있지. 제시된 표는 토론 결과 판정의 기준이 되니까 평가 항목에 관해 공정하게 판정하는 것이 중요하단다. 배심원뿐만 아니라 토론자들이 자신의 토론에 관해 스스로 평가해 보는 것도 토론 실력을 끌어올릴 수 있는 좋은 방법이 될 거야.

(콕콕 **확인 문제**)----------

7. 토론 절차에 따른 평가 항목을 잘못 짝지은 것은?

① 입론: 상대측 주장을 이해하고 반박이 적절하였는가?
② 입론: 쟁점에 따른 주장을 분명하게 제시하였는가?
③ 반론: 상대측 주장의 오류를 적절하게 지적하였는가?
④ 최종 발언: 토론 내용이 반영되었는가?
⑤ 토론 태도: 상대측 의견을 존중하는 태도를 유지했는가?

|서술형|
8. 다음 토론 장면에서 '사회자'가 '반대 측 토론자'에게 할 수 있는 적절한 당부의 말을 한 문장으로 쓰시오.

> 사회자: 이어서 찬성 측의 반론을 듣겠습니다.
> 반대 측 토론자: 저희의 반론이 아직 안 끝났습니다. 시간이 너무 부족했습니다. 지금 반론을 좀 더 하겠습니다.
> 사회자: (   )

▍ 다음은 '교내에 무인 방범 카메라를 설치해야 한다.'를 논제로 토론한 뒤 그 결과에 관해 학생들이 나눈 대화입니다. 대화를 보고, 이어지는 활동을 해 봅시다.

민우   지난번 토론 결과에 따라 <u>우리 학교에 무인 방범 카메라를 설치하기로 결정했잖아.</u> 이제 어떻게 해야 할까?
토론 결과: 찬성 측의 승리

영서   먼저, 토론 결과를 바탕으로 우리가 할 수 있는 일들을 정리해 볼까?

주연   <u>토론에서는 학생들의 사생활을 최대한 보호하면서, 안전이 취약한 장소에 무인 방범 카메라를 설치하자고 결론을 내렸어.</u>
토론의 결론

민우   맞아. 그렇지만 나는 무인 방범 카메라 설치에 반대했던 측의 의견도 존중해 주어야 한다고 생각해.

준수   나는 무인 방범 카메라 설치를 반대하는 입장이었어. <u>사생활 침해와 예산 문제 때문에 교내 무인 방범 카메라 설치가 효과적이지 않다고 보았거든.</u>
반대 측 입장의 근거

주연   사생활 침해 문제는 매우 중요하니까 <u>학생들의 사생활을 침해하지 않는 장소를 신중히 찾아보자.</u>
토론 결과의 실천 계획 ①

준수   <u>우리 학교에서 안전이 취약한 곳은 3학년 교실이 있는 운동장 끝이니까 그쪽에 무인 방범 카메라를 설치하면 될 것 같아.</u> 그리고 <u>무인 방범 카메라로 녹화된 자료를 철저히 관리하면</u> 사생활 침해 문제는 해결할 수 있겠지?
토론 결과의 실천 계획 ②   토론 결과의 실천 계획 ③

영서   좋은 생각이야. 그곳에 무인 방범 카메라를 설치하는 것에 관해 학생들의 의견을 듣고 최종적으로 설치 장소를 결정하자. 그리고 예산 문제는 학교에서 교육청과 상의를 하겠지만, <u>우리도 자치 단체장에게 무인 방범 카메라를 교내에 설치하고자 하는 의도를 논리적으로 전달하는 건의문을 작성해서 보내도록 하자.</u>
토론 결과의 실천 계획 ④

민우   좋은 의견들인 것 같아. 그럼 학교에 무인 방범 카메라를 설치하기 위해 우리가 논의한 방안들을 하나씩 실천해 볼까?

◉ **활동 탐구**
토론을 한 뒤, 토론의 결과를 우리 일상생활에 적용하기 위한 방안을 모색해 보는 활동이다. 실제로 토론 활동은 단순히 찬성 측과 반대 측의 논쟁으로 끝나는 것이 아니라 우리 주변에 산재한 실제 현안들을 해결할 수 있는 활동이다. 이러한 인식을 바탕으로, 제시된 사례를 참고하여 실제 토론을 통해 도출한 결과가 단지 토론으로 끝나지 않고 실생활에 적용될 수 있는 방안에 대해 고민해 본다.

◉ **활동 제재 개관**
해제: '교내에 무인 방범 카메라를 설치해야 한다.'에 관한 토론 결과와 이를 실천하기 위한 구체적 방안을 마련하는 사례가 제시되어 있다.
주제: 학교에 무인 방범 카메라를 설치하기 위한 구체적 방안에 관한 논의
특징
① 논제에 대한 찬성과 반대 입장을 모두 고려하여 토론 결과의 적절한 실천 방안에 대해 논의함.
② 서로를 존중하는 분위기에서 협력적 태도로 대화가 이루어짐.

혼자 하기

1. 토론을 마친 모둠의 학생들이 교내에 무인 방범 카메라를 설치하기 위해 세운 실천 계획을 정리해 봅시다.

• 학생들의 사생활이 침해되지 않는 장소를 찾는다.

예시 답 | • 안전에 취약한 운동장 끝에 무인 방범 카메라를 설치한다.
• 무인 방범 카메라로 녹화된 자료를 철저히 관리한다.
• 자치 단체장에게 무인 방범 카메라 설치에 관한 건의문을 보낸다.

함께하기

2. 이 단원에서 했던 토론 활동의 결과에 관한 실천 방안을 마련해 봅시다.

1 우리 모둠의 토론 논제와 토론의 판정 결과를 적어 봅시다. 예시 답 |

논제	우리 반 누리집에 인터넷 실명제를 확대해야 한다.
토론의 결과	찬성 측의 승리(인터넷 실명제 확대를 통해 인터넷 공공 예절을 강화해야 한다.)

2 토론의 결과를 우리의 일상생활에 적용하기 위한 실천 방안을 마련해 봅시다.

예시 답 | • 우리 반 누리집의 익명 게시판 삭제

• 인터넷 실명제에 관한 교내 캠페인 진행

• 인터넷의 익명성으로 인해 피해를 본 실제 피해자의 사례 소개

지학이가 도와줄게! – 1

학생들이 나눈 대화의 내용 중에서 실천 계획에 해당하는 것들을 찾아보렴. 무인 방범 카메라를 어디에 설치하기로 하였는지, 무인 방범 카메라 설치로 인한 사생활 침해 문제는 어떻게 해결하기로 하였는지, 교내에 무인 방범 카메라 설치를 위해 어떤 일들을 하기로 하였는지 등 구체적인 내용을 찾아 정리해 보자.

지학이가 도와줄게! – 2 **1**

우리 모둠의 토론 논제를 '~해야 한다.'와 같은 형식으로 적어 보렴. 그리고 토론의 결과로 찬성 측과 반대 측 중 누가 이겼는지를 명시한 뒤, 그 구체적 토론 결과를 적어 보자. 토론 결과에는 무엇을 실천해야 하는지에 대한 명확한 내용이 담겨야 한다는 것도 기억하렴.

지학이가 도와줄게! – 2 **2**

이제는 토의가 필요할 때야. 토론을 함께했던 모둠원들과 다시 머리를 맞대어 토론 결과에 관한 구체적인 실천 방안을 마련하는 토의를 진행해 보렴. 이때에는 찬성과 반대의 대립하는 입장에서 벗어나, 협력적인 태도로 대책을 마련해야 하겠지? 특히 구체적인 실천 방안은 실제로 실천할 수 있는 것이어야 한다는 점을 명심하렴.

➕ **보충 자료**

토의와 토론

• 공통점
  – 공동의 문제를 해결하기 위한 집단적 의사소통의 과정임.
  – 논리적인 근거를 들어 의견이나 주장을 말함.

• 차이점

토의	협력적 말하기	참가자들이 협력하여 의견을 나누어 최선의 해결 방안을 도출함.
토론	대립적 말하기	찬반 대립의 상황에서 참가자들이 자신의 주장이 옳음을 입증하면서 최선의 결론을 도출함.

소단원 콕! 짚고 가기

1. 토론의 절차와 방법

① □□ 제시	사회자가 '우리 사회에서 사람들 사이의 경쟁을 그만두어야 한다.'라는 논제를 제시하고 토론을 시작함.

↓

입론	찬성 측	경쟁하지 않고도 좋은 결과를 낼 수 있으며, 오히려 경쟁이 여러 가지 부작용을 낳기도 하므로 경쟁은 필요하지 않음.
	반대 측	경쟁은 인간의 ② □□이며, 개인의 능력을 발휘하게 하여 사회의 발전을 이끌기 때문에 경쟁은 필요함.

↓

반론의 내용을 정리할 때에는 상대측의 어떤 주장이나 근거에 대해 반론을 펴는지, 그리고 어떤 근거를 들어 자기 측 주장의 타당성을 강화하는지 파악하면서 내용을 정리해 봐!

1차 반론	반대 측	〈'경쟁 때문에 우리가 행복하지 않다.'라는 찬성 측 입론에 대한 반론〉 • 경쟁을 통해 우리가 행복해질 수 있다는 사실을 간과함. • 우리가 행복하지 않은 것은 경쟁 때문이 아니라 경쟁이 공평하지 않아서이므로, 어떻게 하면 공정하게 경쟁할 수 있을지를 고민해야 함.
	찬성 측	〈'경쟁 심리는 인간의 본능이다.'라는 반대 측 입론에 대한 반론〉 • 아리스토텔레스의 말을 ③ □□하여 협력하는 사회적 관계를 맺는 것이 인간의 본성이라고 함. • 경쟁이 아닌 협동을 선택한 핀란드의 교육 방식을 보면 경쟁을 하지 않고도 훌륭한 결과를 낳을 수 있음을 알 수 있음.

↓

2차 반론	찬성 측	〈'경쟁은 받아들일 수밖에 없는 것이다.'라는 반대 측 반론에 대한 재반론〉 경쟁은 불가피한 것이 아니며, 세계 식량 문제 등을 보면 우리는 협력을 해야 함께 살아 나갈 수 있음을 알 수 있음.
	반대 측	〈'핀란드의 교육 성과를 보면 경쟁을 하지 않고서도 좋은 결과를 낼 수 있음을 알 수 있다.'라는 찬성 측 반론에 대한 재반론〉 학교 교육이 아닌 평가나 선발 상황에서는 경쟁이 필수적일 수밖에 없음.

↓

최종 발언	반대 측	모두의 행복을 위해 경쟁 대신 ④ □□와/과 연대를 통한 발전을 추구해야 함.
	찬성 측	경쟁은 앞으로도 계속될 것이며, 경쟁 자체를 없앨 수 없으므로 보완을 통해 ⑤ □□한 경쟁을 추구해야 함.

토론에서 제시한 근거는 타당성, 공정성, 신뢰성에 따라 평가해야 해.

↓

배심원 평가	배심원이 평가 기준에 따라 토론의 결과를 판정함.

2. 토론에서 타당한 근거를 들어 논박하기

1단계 논제 정하기	• 우리가 관심을 두고 고민하는 문제로 정함. • ⑥□□하게 찬성과 반대의 입장으로 나눌 수 있어야 함.
2단계 입장 정하고 쟁점 분석하기	• 토론에서의 ⑦□□은/는 찬성 측과 반대 측의 입장이 나뉘는 부분임. • 쟁점 분석은 토론의 논제에 관한 입장을 강화하고, 주장을 뒷받침할 근거와 자료를 수집하는 데 도움이 됨.
3단계 토론 준비하기	• 논제에 대한 자신의 주장을 뒷받침할 근거 자료를 수집하고, 입론을 작성함. • 다양한 매체와 방법을 활용해 근거 자료를 수집하되, 객관적이고 신뢰할 수 있는 자료여야 하며 수집한 자료의 출처를 밝혀 정리해야 함. • 입론을 미리 글로 써 보면 자신의 생각을 논리적으로 정리할 수 있음. • 논제에 관한 예상 쟁점들을 바탕으로 상대측이 어떤 주장을 할 것인지와 어떤 근거를 마련하여 주장을 뒷받침할지 예상해야 함. • 상대측의 예상 주장을 어떻게 반박할 것인지 ⑧□□에 관한 계획을 세워야 함.
4단계 토론하기	'논제 제시-양측 주장 제시-상대측에 대한 반론-최종 발언'이라는 일반적인 토론 절차에 따라 토론 규칙을 준수하며 토론함.
5단계 토론 평가하기	• 전체 토론 과정을 고려한 평가 항목에 따라 찬성 측과 반대 측의 토론 내용과 토론 태도 등을 평가함. • 입론: 각 쟁점에 따른 주장을 명확하게 제시했는지, 주장과 근거가 ⑨□□□, 타당성, 공정성을 갖추었는지 평가함. • 반론: 상대측의 주장을 바르게 이해하고 반박했는지, 상대측 주장에 관한 근서의 불충분함이나 부적절함을 적절하게 지적했는지 평가함. • 최종 발언: 토론 과정에서 드러난 쟁점을 정리하고, 자기 측 주장이 옳나는 것을 강조했는지, 토론 내용을 반영하여 설득력 있게 주장을 제시했는지 평가함. • 토론 ⑩□□: 목소리, 말의 속도, 말투, 표정 등이 적절했는지, 상대측 의견에 감정적으로 대응하지 않고 존중하는 태도를 유지했는지, 상대측의 말을 경청하고 토론 순서를 지켜 발언했는지 평가함.

토론할 때에는 적절한 비언어적, 준언어적 표현을 사용하는 것도 중요해. 크고 분명한 목소리로 간단명료하게 말하고, 자신감 있는 표정으로 발언하는 게 좋아.

정답: ① 논제 ② 본능 ③ 인용 ④ 협력 ⑤ 공정 ⑥ 명백 ⑦ 쟁점 ⑧ 반론 ⑨ 신뢰성 ⑩ 태도

소단원 나의 실력 다지기

[01~05] 다음 글을 읽고, 물음에 답하시오.

가 **사회자** 우리는 태어나면서부터 끊임없이 경쟁을 하며 살아갑니다. 그러나 경쟁이 꼭 필요한 것인가에 관해서는 여전히 많은 논란이 있습니다. 오늘은 '우리 사회에서 사람들 사이의 경쟁을 그만두어야 한다.'를 논제로 토론해 보겠습니다. 먼저 찬성 측의 입론을 듣겠습니다.

나 **찬성** **지윤** 저희는 경쟁을 하지 않고도 얼마든지 좋은 결과를 낼 수 있다고 생각합니다. 오히려 경쟁은 여러 가지 부작용을 낳기도 합니다.

우리나라 헌법에는 '행복 추구권'이 명시되어 있는데요, 과연 여러분은 얼마나 행복하신가요? 날마다 경쟁을 하며 쫓기듯 불안하게 살고 있지는 않은가요? 저희는 우리가 경쟁을 그만두면 우리의 흥미와 재능을 발견할 수 있는 기회가 확대되고, 현재보다 더욱 훌륭한 교육이 이루어질 것이라고 생각합니다.

사회자 예, 잘 들었습니다. 이어서 반대 측의 입론도 들어 보겠습니다.

다 **반대** **경수** 우리가 재미있어하는 일에는 대부분 경쟁이라는 요소가 들어 있습니다. 사람들이 축구처럼 경쟁이 치열한 운동 경기에 열광하는 까닭은 경쟁이 인간의 본능이기 때문입니다.

그리고 경쟁은 개인의 능력을 최대치로 발휘하게 하고, 개인과 사회는 그것을 통해 발전을 이끌 수 있습니다. 다시 말해 경쟁 없이는 발전을 할 수 없다는 것이지요. 경쟁이 싫다고 경쟁 자체를 그만두면 우리 스스로가 우리의 발전을 포기하는 것이 됩니다. 따라서 우리에게 필요한 것은 경쟁의 부정이 아닌, 경쟁의 긍정적인 힘을 배우고 활용하는 지혜입니다.

사회자 양측의 입론을 잘 들었습니다. 이제부터는 상대측 주장과 근거의 오류를 지적하고, 자신 측의 입론을 보강하는 1차 반론을 해 주십시오. 먼저 반대 측 반론을 듣겠습니다.

라 **반대** **미란** 찬성 측은 경쟁 때문에 우리가 행복하지 않다고 말하고 있습니다. 하지만 이는 경쟁으로 인해 우리가 행복해질 수 있다는 사실을 간과한 것입니다. 앞서 말씀드린 것처럼 우리가 재미있어하는 일에는 대부분 경쟁이라는 요소가 들어 있습니다.

경쟁 자체가 공정하지 않다면 그것은 잘못된 것입니다. 그래서 인류는 공정한 경쟁을 위해 결과에 승복할 수 있

는 제도를 만들어 왔습니다. 시험을 치르거나 운동 경기를 할 때도 규칙에 따라 공정하게 경쟁을 합니다. 지금 이 토론도 규칙을 지키면서 경쟁을 하고 있는 것입니다.

따라서 우리가 고민해야 할 문제는 경쟁할 것인가 말 것인가를 선택하는 게 아니라, 어떻게 하면 공정한 경쟁을 할 수 있을 것인가입니다.

마 **사회자** 이어서 찬성 측의 반론을 듣겠습니다.

찬성 **수남** 반대 측에서는 경쟁 심리가 인간의 본능이라고 말씀하셨는데, 저희는 그렇게 생각하지 않습니다. 그리스의 철학자 아리스토텔레스가 '인간은 사회적 동물'이라고 말했듯이, 서로 협력하고 의존하면서 사회적 관계를 맺는 것이 인간의 본성입니다.

경제협력개발기구(OECD)가 만 15세 학생들을 대상으로 시행하는 국제학업성취도평가(PISA)에서 상위권을 유지하며 학생들의 삶의 만족도도 높은 핀란드의 교육 방식은 경쟁이 아니라 협동입니다. 우열반을 폐지하고, 등수를 없애고, 뒤처지는 학생을 끌어올리는 데 집중한 결과 핀란드는 학생들 사이의 편차는 가장 낮으면서 학업 성취도 수준은 높은 나라가 되었습니다. 이것은 경쟁을 하지 않고도 훌륭한 결과를 낳을 수 있다는 것을 보여 주는 사례입니다.

01. 이와 같은 말하기의 특징으로 적절하지 <u>않은</u> 것은?

① 상대측 입장의 허점이나 오류를 찾아 반박해야 한다.

② 정해진 절차와 규칙, 발언 순서와 시간 등을 준수해야 한다.

③ 적절한 근거를 들어 논리적으로 각자의 주장이 옳음을 밝혀야 한다.

④ 개인이나 집단이 의사소통을 통해 합리적으로 문제를 해결해 가야 한다.

⑤ 상대측 의견을 듣기보다는 자신의 의견을 내세우는 데 초점을 맞춰야 한다.

활동 응용 문제

02. 이 토론의 준비 과정에서 해야 할 일로 적절하지 <u>않은</u> 것은?

① 논제와 관련한 여러 쟁점을 정리하고 분석한다.

② 상대측의 주장과 근거를 예상하고 반론을 써 본다.

③ 찬성과 반대 입장이 분명히 나뉘는 논제를 정한다.

④ 자신의 주장을 뒷받침할 수 있는 근거 자료를 수집한다.

⑤ 사회자와 토론자가 미리 함께 모여 토론의 내용을 조율한다.

03. 이 토론에서 찬성 측이 제시한 근거로 적절한 것은?

① 경쟁을 통해 우리는 행복해질 수 있다.

② 경쟁 없이도 좋은 결과를 얻을 수 있다.

③ 경쟁 심리는 인간이 지닌 본능에 해당한다.

④ 공정한 경쟁을 위한 방안에 대해 논의해야 한다.

⑤ 경쟁은 개인과 사회의 발전을 이끄는 원동력이다.

활동 응용 문제

04. (마)에 나타난 '수남'의 반론에 대한 평가로 적절한 것을 〈보기〉에서 모두 고르시오.

│ 보기 │
ㄱ. 근거의 출처를 신뢰할 수 있어.
ㄴ. 근거의 내용이 정확하고 이치에 맞아.
ㄷ. 주장과 잘 연결되지 않아 타당성이 떨어져.
ㄹ. 최근의 연구 결과들만 수집하여 참신함이 느껴져.

활동 응용 문제 | 서술형 |

05. 이 토론에 나타난 찬성 측과 반대 측의 입론을 〈조건〉에 맞게 서술하시오.

│ 조건 │
• 논제에 대한 찬반 입장이 분명하게 드러나게 쓸 것.
• 찬성 측과 반대 측의 입론을 각각 한 문장으로 쓸 것.

[06~10] 다음 글을 읽고, 물음에 답하시오.

가 **지윤** 반대 측에서는 경쟁은 받아들일 수밖에 없는 것이니 어떻게 하면 공정한 경쟁을 할 수 있을 것인가에 집중하라고 말씀하셨지요?

경수 예, 맞습니다.

수남 그렇다면 왜 경쟁을 받아들일 수밖에 없는 것이라고 생각하는지 그 이유를 듣고 싶습니다.

미란 사람들은 대부분 아름다운 것, 좋은 것을 추구합니다. 하지만 그런 것들은 대개 한정되어 있지요. 그래서 공기, 물, 흙 같은 것을 두고는 경쟁하지 않지만 사람들이 바라는 바를 충족시켜 주는 물건을 얻기 위해서는 경쟁을 하는 것입니다.

수남 반대 측에서는 가치 있는 것은 한정되어 있으므로 경쟁을 할 수밖에 없다고 하셨는데요, 저희는 다 함께 좋은 것을 얻을 수 있다고 생각합니다. / 옛날부터 사람들은 전 세계의 인구가 많아지면 식량이 부족해서 굶어 죽는 사람들이 늘어날 수 있다고 했습니다. 하지만 인구가 많이 늘어난 지금 어떻습니까? 과학 기술의 발전으로 더 많은 먹을거리를 생산하여 이전보다 풍요로워졌습니다. 일부 국가에서 아이들이 배고픔에 시달리는 까닭은 식량이 부족해서가 아니라 탐욕스러운 누군가가 자신의 이익을 위해 식량을 독점하였기 때문입니다. 지금 이 순간 굶어 죽어 가고 있는 빈민국의 아이들을 살리는 것은 경쟁이 아니라 그들에게 내미는 따뜻한 손길입니다. 함께 협력해야 함께 살아 나갈 수 있습니다.

나 **미란** 찬성 측에서는 핀란드의 교육 성과를 근거로 경쟁을 하지 않고서도 좋은 결과를 낼 수 있다고 말씀하셨습니다. 그런데 그것은 평가나 선발이 전제되어 있지 않기 때문에 가능했던 것입니다. 어떤 기업체에서 훌륭한 인재를 채용하려는 상황에서도 함께 협동하면서 경쟁 없이 좋은 결과를 낳을 수 있을까요?

지윤 채용과 같은 경우도 준비하는 사람들이 함께 협동해서 좋은 결과를 만들 수 있다고 생각합니다.

경수 협력을 통해 좋은 결과를 낼 수는 있지만, 최종적으로 합격자가 있고 불합격자가 있는 이상 경쟁은 피할 수 없겠지요?

수남 채용처럼 특수한 상황은 어쩔 수 없다고 봅니다. 하지만 우리 사회에서는 이런 상황을 너무 과도하게 경쟁으로만 몰아붙이고 있다고 생각합니다.

다 사회자 (　　　　㉠　　　　)

반대 미란 찬성 측에서는 경쟁 자체가 지니는 효과와 특수한 상황, 즉 채용과 같은 상황에서는 경쟁이 있을 수밖에 없다는 사실을 인정했습니다. 이 말은 경쟁 자체를 없애야 한다는 것이 아니라 보완이 필요하다는 것으로 받아들일 수 있습니다. / 우리 사회에서 경쟁은 앞으로도 계속될 것입니다. 따라서 힘드니까 경쟁을 하지 말자고 할 게 아니라, 경쟁에서 밀려나는 사람들을 어떻게 위로하고 도와줄 수 있는가에 집중해야 한다고 생각합니다. 우리에게 주어진 과제는 공정한 경쟁을 함께 추구하는 것입니다.

라 **찬성** 지윤 경쟁이 더 나은 결과를 낳을 수 있다는 논리는 오랫동안 우리 사회에서 변함없는 진리로 여겨져 왔습니다. 하지만 저희는 경쟁이 아닌 다른 방식으로 발전할 수 없는지를 진지하게 따져 보아야 한다고 생각합니다. 경쟁 자체를 없애는 것은 불가능하겠지만 경쟁하지 않아도 될 상황에서의 불필요한 경쟁은 그만두어야 한다고 말씀드리고 싶습니다. / 한 사람의 행복이 아니라 우리 모두의 행복을 위해 힘을 합쳐야 합니다. 함께 웃을 수 있는 사회야말로 우리가 추구해야 할 가치라고 생각합니다.

마 사회자 지금까지 양측의 의견을 들어 보았습니다. 오늘은 이것으로 토론을 마치겠습니다. 배심원 여러분께서는 ㉡나누어 드린 평가표를 참고하여 어느 편이 잘하였는가를 판정해 주기 바랍니다.

---

06. 이 토론의 내용에 대한 이해로 적절하지 않은 것은?

① (가)에서 '미란'은 한정된 재화를 근거로 들어 경쟁의 불가피성을 주장하고 있다.

② (나)에서 '지윤'은 상대측 반론을 비판하면서 채용과 같은 특별한 상황은 논의에서 배제할 것을 요청하고 있다.

③ (나)에서 '경수'는 상대측 반론을 일부 인정하면서도 자신의 주장을 굽히지 않고 있다.

④ (다)에서 '미란'은 경쟁을 피하기보다는 공정한 경쟁을 추구해야 한다고 주장하고 있다.

⑤ (라)에서 '지윤'은 경쟁보다는 협력과 연대를 통한 발전이 중요함을 주장하고 있다.

07. 이 토론의 논제를 〈조건〉에 맞게 쓰시오.

┤ 조건 ├

• 이 토론에 나오는 단어를 사용하여 쓸 것.
• '~(해)야 한다.'의 형태로 끝맺는 한 문장으로 쓸 것.

08. 토론 절차를 고려할 때, ㉠에 들어갈 사회자의 발언으로 가장 적절한 것은?

① 예, 잘 들었습니다. 이어서 반대 측의 입론도 들어 보겠습니다.

② 예, 시간이 다 되었습니다. 그럼 이어서 반대 측의 2차 반론을 들어 보겠습니다.

③ 2차 반론에서는 상대측에 질문을 하거나 이에 대해 답변을 하여도 좋습니다. 그럼, 반대 측부터 시작하겠습니다.

④ 이상으로 찬성 측과 반대 측의 반론을 모두 마치겠습니다. 그럼 최종 발언을 시작하겠습니다. 반대 측 먼저 최종 발언을 해 주십시오.

⑤ 이제부터는 상대측 주장과 근거의 오류를 지적하고, 자신 측의 입론을 보강하는 1차 반론을 해 주십시오. 먼저 반대 측 반론을 듣겠습니다.

활동 응용 문제

09. ㉡에 들어갈 평가 항목으로 적절하지 않은 것은?

① 토론의 절차를 준수하였는가?

② 토론의 논제에서 벗어나지는 않았는가?

③ 논제에 관한 자기 측의 주장을 명확히 밝혔는가?

④ 상대측의 주장에 대해 적절한 반론을 제시하였는가?

⑤ 상대측과 협력하여 문제에 대한 해결책을 마련하였는가?

활동 응용 문제 | 서술형 |

10. 〈보기〉에 따라 (가)에서 '수남'이 제시한 근거를 평가하여 한 문장으로 쓰시오.

┤ 보기 ├

타당성: 근거가 주장을 긴밀하게 뒷받침하고 있는지, 근거의 내용이 이치에 맞고 합당한지에 관한 평가 요소

단원+단원

통합과 적용

단원+단원, 이렇게 통합·적용했어요!

동물의 권리에 관하여
글에 나타난 정보와 자신의 배경지식을 활용하여 글 읽기

+

논리적인 토론
타당한 근거를 들어 자신의 주장을 펼칠 수 있는 말하기

⬇

읽기 과정을 점검·조정하며 쟁점이 담긴 글을 읽어 보고, 독서 토론하기

┃「동물의 권리에 관하여」는 글 안에 많은 논제를 담고 있습니다. 그 안에서 논제를 찾거나 그로부터 이끌어 낼 수 있는 논제를 정해 토론을 해 봅시다.

1. 소단원 (1)에서 읽은 「동물의 권리에 관하여」의 내용 중 친구들과 토론하고 싶은 논제를 찾아봅시다.

● 예시 답 I 동물권은 반려동물에게만 부여해야 한다.

2. 친구들과 의논하여 토론의 논제를 정한 후에 그 논제에 따른 쟁점을 정리하고, 쟁점별로 자신의 주장을 적어 봅시다.

토론 논제: 동물권은 반려동물에게만 부여해야 한다.

쟁점	자신의 주장
동물권을 부여할 동물의 범위를 반려동물로 제한해야 한다.	동물권은 동물이 지닌 기본적인 권리를 의미하므로 반려동물이 아닌 동물들을 제외하는 것은 동물권의 의미와 가치에 어긋난다. 따라서 동물권은 모든 동물의 생명을 존중하는 방향에서 논의되어야 한다.

3. 자신의 주장을 뒷받침할 근거를 마련하고, 근거의 신뢰성, 타당성, 공정성을 검토하여 선정해 봅시다. 예시 답 I

근거의 내용	유네스코에서 공포한 '세계 동물권 선언'에서 '지각력 있는 모든 비인간 동물은 고통받지 않을 권리를 갖는다.'라는 것을 명시하고 있으므로 동물권을 반려동물에게만 부여해서는 안 된다.
자료의 출처	유네스코, '세계 동물권 선언'(1978. 10. 15.)
근거의 신뢰성, 타당성, 공정성	공인된 기관에서 발표한 내용이므로 신뢰할 수 있는 자료이다. 또 생명 존중의 차원에서 공정성이 있으며 주장이 도출된 과정이 합리적이고 타당하다.
선정 여부	주장을 뒷받침할 자료로 선정한다.

4. 상대측의 반론을 예상해 보고, 이에 대응할 방법을 준비해 봅시다. 예시 답 I

예상되는 상대측의 반론	지각력 있는 모든 비인간 동물을 판정할 수 있는 자격은 누구에게 있는지 궁금합니다. 또 판정할 수 있는 기준이 존재합니까?
대응할 방법	수의학 박사 등 동물 전문가들의 연구 자료 중 여러 동물군의 지각력 등을 조사하여 대응한다.

5. 절차에 따라 토론을 진행하고, 토론 후에 소감을 이야기해 봅시다. 예시 답 I 생략

대단원을 닫으며

·학습 목표 점검하기·

❶ 동물의 권리에 관하여

자신의 읽기 과정을 점검하고 조정하며 읽기

> • 글을 능숙하게 읽기 위해서 독자는 자신의 읽기 과정을 점검하고 조정 해야 한다.
> • 「동물의 권리에 관하여」는 동물권의 의미와 관련 쟁점, 논의의 필요성 등과 관련한 내용을 바탕으로, 동물권에 관해 발전적으로 논의를 전개해야 함을 주장하고 있는 글이다.

> **잘 모른다면**
> 107~110쪽의 목표 활동을 다시 한번 살펴보면 자신의 읽기 과정을 점검하고 조정하는 방법을 이해할 수 있을 거야.

❷ 논리적인 토론

토론에서 타당한 근거를 들어 논박하기

> • 토론에서는 상대측 주장과 근거의 신뢰성, 타당성, 공정성 등을 비판적으로 분석해야 논리적으로 반박할 수 있다.
> • 토론을 할 때는 토론의 절차에 따라 논제에 관한 자신의 입장을 논리적으로 구성하여 설득력 있게 제시해야 한다.

> **잘 모른다면**
> 134쪽의 활동 2를 다시 한번 살펴보면 토론에서 상대측 주장과 근거의 허점과 오류를 찾아 논박하는 방법을 알 수 있을 거야.

·어휘력 점검하기·

다음의 빈칸에 들어갈 적절한 말을 〈보기〉에서 골라 문장을 완성해 보자.

> **보기**
> • 공존: 서로 도와서 함께 존재함.
> • 쟁점: 서로 다투는 중심이 되는 점.
> • 조정: 어떤 기준이나 실정에 맞게 정돈함.
> • 경쟁: 같은 목적에 대하여 이기거나 앞서려고 서로 겨룸.
> • 논박: 어떤 주장이나 의견에 대하여 그 잘못된 점을 조리 있게 공격하여 말함.

(1) 글을 읽을 때에는 자신의 읽기 과정을 점검하며 ☐☐해야 한다.

(2) 동물권과 관련한 여러 ☐☐들로 인해 동물권을 인정하는 문제는 간단하지 않다.

(3) 이용과 파괴가 아니라 존중과 ☐☐에 기반을 두고 동물권에 관해 발전적으로 논의를 전개해야 한다.

(4) 토론에서는 상대측 주장의 허점이나 오류를 합리적 근거를 들어 ☐☐해야 한다.

(5) 모두의 행복을 위해 ☐☐ 대신 협력과 연대를 통한 발전을 추구해야 한다.

정답: (1) 조정 (2) 쟁점 (3) 공존 (4) 논박 (5) 경쟁

[01~05] 다음 글을 읽고, 물음에 답하시오.

가 역사적 · 사회적 개념으로서의 인권과 동물권

인류가 탄생한 이후 모든 사람이 오늘날과 같은 인권을 누리며 산 것은 아니다. 인간이라면 누구나 기본적인 인권을 갖는다는 생각이 퍼진 것도 그리 오래된 일이 아니다. 인권이라는 개념은, 사람에게 눈이 두 개고 코가 하나라고 하는 것처럼 자연적으로 형성된 개념이 아니라, 오랜 시간에 걸쳐 생성되고 발전해 온 개념이다. 즉 인권은 모든 인간이 인간다운 삶을 누리기 위해 노력하는 과정 속에서 발전해 온 역사적 · 사회적 개념인 것이다. / 동물권 역시 마찬가지다. 동물이므로 당연하게 지니는 권리가 있다고 하는 주장은 아직 모든 사람에게 인정받지 못하고 있다. 자칫 인권을 보장받지 못하고 있는 사람들의 처지를 외면하는 것으로 오해를 살 수도 있고, 동물을 사람과 동일시하는 것으로 여겨질 수도 있다. 하지만 동물과 인간이 맺는 관계의 변화로 인해 그들을 대하는 우리의 자세가 달라지면서, 동물권에 관해서도 논의해야 하는 시점에 이른 것은 분명하다.

나 동물권과 관련된 쟁점들

동물권을 인정한다는 것은 간단한 문제가 아니다. 인권과 연결해서 생각해 보면, 그 핵심 쟁점은 '과연 동물이 인간과 동등한 지위를 갖는가?' 하는 점이라 할 수 있다. 이에 관한 논의는 동물도 인간과 똑같이 고통을 느낀다는 점에 주목하는지, 아니면 충분하지는 않더라도 지적 능력이나 감정을 지니고 있다는 점에 주목하는지 등에 따라 많은 차이를 낳는다. 인간의 존엄성, 자유와 평등 같은 인권의 핵심 개념이 동물에 대해서는 어떻게 적용되어야 하는지에 관해서도 깊이 논의된 바가 없다.

다 동물권에 관한 논의의 관점

동물권이 인간을 기준으로 결정된다고 해도, 여전히 두 가지의 중요한 관점이 대립한다. 개별적 관계에 따라 논의하는 관점과 보편적 차원에서 동물권을 논의하는 관점이다. 같은 반려동물이라 하더라도 오랜 시간 정을 주고 온갖 경험을 함께한 내 강아지와 인터넷에서 오늘 처음 알게 된 어느 유명 배우의 고양이에 관한 내 자세는 다를 수밖에 없다. 이는 인권에 대해서도 마찬가지여서, 내 친구의 목숨과 다른 나라에 사는 어린이의 목숨은 똑같이 소중하지만, 내가 그들 각자에 취하는 자세는 달라지는 것이 보통이다. 또한, 인권이라는 말을 써 가며 우리끼리 서로 존중해 주자고 합의하고 살아오다가, 갑자기 동물에 대해서도 이런 개념을 적용하자는 주장에 대해 불편함을 느낄 수 있다. 현재의 인권 개념처럼 어떤

상황에서든 누구에게나 차별 없이 적용되는 동물의 권리를 인정하는 것은 다분히 시기상조로 보인다.

라 동물권에 관한 논의의 필요성

최근 들어 관심이 높아지기는 했지만, 아직까지 동물권은 인간의 윤리와 개인 차원의 양심에 호소하는 측면이 강하다. 하지만 여성과 어린이가 점차로 자신의 권리를 찾고 향유하게 되었듯이, 동물 역시 그들이 누려야 할 마땅한 권리라는 것이 있다면 앞으로 점점 더 많은 권리를 누리게 될 것이다. 인간과 동물을 묶어서 하나의 생태계로 보는 관점이 널리 퍼질수록 그 흐름은 빨라질 것이다. 각자의 관점이나 처지가 어떠하든, 이용과 파괴가 아니라 존중과 공존에 기반을 두고 동물권에 관해 발전적으로 논의를 전개해야 할 것이다.

01. 일반적인 읽기 과정을 고려할 때, 이 글을 '읽는 중'에 활용한 읽기 방법으로 적절하지 <u>않은</u> 것은?

① 글의 전체 구조를 파악하면서 읽었다.
② 읽기 전에 예측하거나 질문한 내용을 확인하였다.
③ 글쓴이의 주장에 대해 공감하거나 반박해 보았다.
④ 글을 읽은 목적에 따라 글의 전체 내용을 요약하였다.
⑤ 글의 내용에 관해 궁금한 점을 질문하고 그 답을 찾았다.

02. 이 글의 서술상의 특징으로 적절한 것을 〈보기〉에서 골라 묶은 것은?

| 보기 |

ㄱ. 인권과 동물권을 비교하여 설명함으로써 동물권에 관한 이해를 높이고 있다.
ㄴ. 소제목을 제시하여 글의 구성과 내용에 관한 독자의 배경지식을 활성화하고 있다.
ㄷ. 동물권에 관한 찬반 주장의 근거를 제시하여 동물권 논의에 관한 균형 잡힌 시각을 제공하고 있다.
ㄹ. 동물권에 관한 논의의 역사를 시간의 흐름에 따라 소개함으로써 바람직한 논의의 방향을 제시하고 있다.

① ㄱ, ㄴ　　② ㄱ, ㄷ　　③ ㄴ, ㄷ
④ ㄴ, ㄹ　　⑤ ㄷ, ㄹ

|고난도|

03. 이 글을 읽으면서 점검한 읽기 과정으로 적절하지 <u>않은</u> 것은?

① 읽기 전: 제목을 보고 동물에게도 권리가 있다는 내용의 글일 것이라고 생각했는데, 동물의 권리에 관한 논의가 필요하다는 내용을 담고 있었어.

② 읽기 전: 동물권의 의미를 정확히 몰랐는데, 글 전체를 훑어보니 (가)에서 알 수 있을 것 같았어.

③ 읽는 중: 국어사전에서 '쟁점'의 뜻을 찾아보고 나서 글 내용을 더 잘 이해하게 되었어.

④ 읽는 중: 동물권의 의미, 동물권에 관한 논의가 어려운 까닭 등을 메모해 두었어.

⑤ 읽은 후: 모든 동물에게 동물권을 인정해야 한다는 글쓴이의 주장에 동의하기가 어려웠어.

04. 〈보기〉의 점검 내용과 관련 있는 읽기 방법으로 가장 적절한 것은?

| 보기 |

글을 읽기 전에는 읽는 목적을 정하지 않고 읽었다. 그래서 동물권에 관한 나의 입장 정립을 글 읽기의 목적으로 정하고, 동물권과 관련된 쟁점들을 다룬 부분을 꼼꼼하게 다시 읽어 보았다.

① 나의 읽기 과정을 점검하고 조정한다.

② 글의 내용을 내 말로 바꾸어 이해한다.

③ 제목을 보면서 글의 내용을 예측해 본다.

④ 글쓴이의 생각과 나의 생각을 비교해 본다.

⑤ 글을 읽고 나서 더 알고 싶은 내용을 찾아본다.

|서술형|

05. 이 글의 글쓴이가 독자에게 전하려는 핵심 주장을 〈조건〉에 맞게 쓰시오.

| 조건 |

• '~해야 한다.'의 형태로 한 문장으로 쓸 것.

[06~10] 다음 글을 읽고, 물음에 답하시오.

가 사회자 우리는 태어나면서부터 끊임없이 경쟁을 하며 살아갑니다. 그러나 경쟁이 꼭 필요한 것인가에 관해서는 여전히 많은 논란이 있습니다. 오늘은 '우리 사회에서 사람들 사이의 경쟁을 그만두어야 한다.'를 논제로 토론해 보겠습니다. 먼저 찬성 측의 입론을 듣겠습니다.

나 찬성 지윤 저희는 경쟁을 하지 않고도 얼마든지 좋은 결과를 낼 수 있다고 생각합니다. 오히려 경쟁은 여러 가지 부작용을 낳기도 합니다. / 우리나라 헌법에는 '행복 추구권'이 명시되어 있는데요, 과연 여러분은 얼마나 행복하신가요? 날마다 경쟁을 하며 쫓기듯 불안하게 살고 있지는 않은가요? 저희는 우리가 경쟁을 그만두면 우리의 흥미와 재능을 발견할 수 있는 기회가 확대되고, 현재보다 더욱 훌륭한 교육이 이루어질 것이라고 생각합니다.

사회자 예, 잘 들었습니다. 이어서 반대 측의 입론도 들어 보겠습니다.

다 반대 경수 우리가 재미있어하는 일에는 대부분 경쟁이라는 요소가 들어 있습니다. 사람들이 축구처럼 경쟁이 치열한 운동 경기에 열광하는 까닭은 경쟁이 인간의 본능이기 때문입니다. / 그리고 경쟁은 개인의 능력을 최대치로 발휘하게 하고, 개인과 사회는 그것을 통해 발전을 이끌 수 있습니다. 다시 말해 경쟁 없이는 발전을 할 수 없다는 것이지요. 경쟁이 싫다고 경쟁 자체를 그만두면 우리 스스로가 우리의 발전을 포기하는 것이 됩니다. 따라서 우리에게 필요한 것은 경쟁의 부정이 아닌, 경쟁의 긍정적인 힘을 배우고 활용하는 지혜입니다.

라 반대 미란 찬성 측은 경쟁 때문에 우리가 행복하지 않다고 말하고 있습니다. 하지만 이는 경쟁으로 인해 우리가 행복해질 수 있다는 사실을 간과한 것입니다. 앞서 말씀드린 것처럼 우리가 재미있어하는 일에는 대부분 경쟁이라는 요소가 들어 있습니다. / 경쟁 자체가 공정하지 않다면 그것은 잘못된 것입니다. 그래서 인류는 공정한 경쟁을 위해 결과에 승복할 수 있는 제도를 만들어 왔습니다. 시험을 치르거나 운동 경기를 할 때도 규칙에 따라 공정하게 경쟁을 합니다. 지금 이 토론도 규칙을 지키면서 경쟁을 하고 있는 것입니다.

따라서 우리가 고민해야 할 문제는 경쟁할 것인가 말 것인가를 선택하는 게 아니라, 어떻게 하면 공정한 경쟁을 할 수 있을 것인가입니다.

마 사회자 이어서 찬성 측의 ㉠반론을 듣겠습니다.

찬성 수남 반대 측에서는 경쟁 심리가 인간의 본능이라고 말씀하셨는데, 저희는 그렇게 생각하지 않습니다. 그리스의 철학자 아리스토텔레스가 '인간은 사회적 동물'이라고 말했듯이, 서로 협력하고 의존하면서 사회적 관계를 맺는 것이 인간의 본성입니다. / 경제협력개발기구(OECD)가 만 15세 학생들을 대상으로 시행하는 국제학업성취도평가(PISA)에서 상위권을 유지하며 학생들의 삶의 만족도도 높은 핀란드의 교육 방식은 경쟁이 아니라 협동입니다. 우열반을 폐지하고, 등수를 없애고, 뒤처지는 학생을 끌어올리는 데 집중한 결과 핀란드는 학생들 사이의 편차는 가장 낮으면서 학업 성취도 수준은 높은 나라가 되었습니다. 이것은 경쟁을 하지 않고도 훌륭한 결과를 낳을 수 있다는 것을 보여 주는 사례입니다.

(바) 반대 미란 찬성 측에서는 경쟁 자체가 지니는 효과와 특수한 상황, 즉 채용과 같은 상황에서는 경쟁이 있을 수밖에 없다는 사실을 인정했습니다. 이 말은 경쟁 자체를 없애야 한다는 것이 아니라 보완이 필요하다는 것으로 받아들일 수 있습니다. / 우리 사회에서 경쟁은 앞으로도 계속될 것입니다. 따라서 힘드니까 경쟁을 하지 말자고 할 게 아니라, 경쟁에서 밀려나는 사람들을 어떻게 위로하고 도와줄 수 있는가에 집중해야 한다고 생각합니다. 우리에게 주어진 과제는 공정한 경쟁을 함께 추구하는 것입니다.

(사) 찬성 지윤 경쟁이 더 나은 결과를 낳을 수 있다는 논리는 오랫동안 우리 사회에서 변함없는 진리로 여겨져 왔습니다. 하지만 저희는 경쟁이 아닌 다른 방식으로 발전할 수 없는지를 진지하게 따져 보아야 한다고 생각합니다. 경쟁 자체를 없애는 것은 불가능하겠지만 경쟁하지 않아도 될 상황에서의 불필요한 경쟁은 그만두어야 한다고 말씀드리고 싶습니다. / 한 사람의 행복이 아니라 우리 모두의 행복을 위해 힘을 합쳐야 합니다. 함께 웃을 수 있는 사회야말로 우리가 추구해야 할 가치라고 생각합니다.

(아) 사회자 지금까지 양측의 의견을 들어 보았습니다. 오늘은 이것으로 토론을 마치겠습니다. 배심원 여러분께서는 나누어 드린 평가표를 참고하여 어느 편이 잘하였는가를 판정해 주기 바랍니다.

---

06. 〈보기〉에서 설명하는 토론 절차에 해당하는 문단끼리 골라 묶은 것은?

| 보기 |
토론 과정에서 드러난 쟁점을 정리하고, 자기 측의 주장과 근거가 옳다는 것을 다시 강조한다.

① (가), (나) ② (나), (다) ③ (라), (마)
④ (바), (사) ⑤ (사), (아)

07. (나)~(마)에서 찬성 측과 반대 측이 제시한 근거를 다음과 같이 정리할 때, ⓐ~ⓔ 중, 적절하지 **않은** 것은?

[찬성 측 근거]
ⓐ 경쟁하지 않고도 좋은 결과를 낼 수 있으며, 오히려 경쟁이 여러 가지 부작용을 낳기도 한다.
ⓑ 협력을 통해 사회적 관계를 맺는 것이 인간의 본성이다.
[반대 측 근거]
ⓒ 경쟁은 인간의 본능이며, 개인의 능력을 발휘하게 하여 사회의 발전을 이끈다.
ⓓ 교육에서는 경쟁이 아닌 방식으로 학업 성취 수준을 높일 수 있다.
ⓔ 우리가 행복하지 않은 것은 경쟁 때문이 아니라 경쟁이 공정하지 않기 때문이다.

① ⓐ ② ⓑ ③ ⓒ ④ ⓓ ⑤ ⓔ

08. 이 토론의 논제에 대한 의견 중, 찬성 측과 같은 입장으로 볼 수 있는 것은?

① 평가나 선발의 상황에서 경쟁은 불가피해.
② 운동 경기에서 경쟁이 사라지면 재미가 없을걸.
③ 경쟁에서 밀려나는 사람들을 도울 방법도 생각해 봐야지.
④ 경쟁을 없애기보다는 공정한 경쟁을 위한 보완이 필요해.
⑤ 친구랑 도와 가며 공부해서 좋은 성적을 거둔 적이 있어.

09. ㉠을 위해 세운 전략으로 적절하지 않은 것은?

① 타당한 근거를 들어 논리적으로 반박한다.
② 상대측 입장의 허점이나 오류를 찾아낸다.
③ 상대측 주장과 근거를 비판적으로 분석한다.
④ 상대측 말을 듣기보다는 자기 측 근거 보완에 집중한다.
⑤ 상대측 주장에서 자기 측 입장의 옳음을 찾고 이를 부각한다.

10. 이 토론을 통해 알 수 있는 사회자의 역할을 두 가지만 쓰시오.

[01~03] 다음 글을 읽고, 물음에 답하시오.

가 동물권 역시 마찬가지다. 동물이므로 당연하게 지니는 권리가 있다고 하는 주장은 아직 모든 사람에게 인정받지 못하고 있다. 자칫 인권을 보장받지 못하고 있는 사람들의 처지를 외면하는 것으로 오해를 살 수도 있고, 동물을 사람과 동일시하는 것으로 여겨질 수도 있다. 하지만 동물과 인간이 맺는 관계의 변화로 인해 그들을 대하는 우리의 자세가 달라지면서, 동물권에 관해서도 논의해야 하는 시점에 이른 것은 분명하다.

나 동물권을 인정한다는 것은 간단한 문제가 아니다. 인권과 연결해서 생각해 보면, 그 핵심 쟁점은 '과연 동물이 인간과 동등한 지위를 갖는가?' 하는 점이라 할 수 있다. 이에 관한 논의는 동물도 인간과 똑같이 고통을 느낀다는 점에 주목하는지, 아니면 충분하지는 않더라도 지적 능력이나 감정을 지니고 있다는 점에 주목하는지 등에 따라 많은 차이를 낳는다. 인간의 존엄성, 자유와 평등 같은 인권의 핵심 개념이 동물에 대해서는 어떻게 적용되어야 하는지에 관해서도 깊이 논의된 바가 없다.

다 동물권에 관한 논의는 권리의 당사자인 '동물'이 아니라 권리를 부여하는 인간이 주체가 된다는 점에서 특징적이다. 예를 들어 보자. 털을 얻기 위해 양을 기른다면 그 양은 산업 동물이다. 산업 동물에게 인간적으로 측은한 마음을 가질 수는 있어도, 양이 제공하는 털의 가치를 넘어서까지 치료비를 들이기는 어렵다. 하지만 반려동물이라면 이야기가 달라진다. 5만 원을 주고 입양한 개이지만 나와의 관계가 어떠하냐에 따라서 몇백만 원의 치료비를 낼 수도 있다. 양을 반려동물로 삼아 사랑하고 의지한다면 그 양에 대해서도 마찬가지일 것이다. 이는 결국 인간과 동물의 관계가 논의의 출발점이 된다는 것을 뜻한다.

라 최근 들어 관심이 높아지기는 했지만, 아직까지 동물권은 인간의 윤리와 개인 차원의 양심에 호소하는 측면이 강하다. 하지만 여성과 어린이가 점차로 자신의 권리를 찾고 향유하게 되었듯이, 동물 역시 그들이 누려야 할 마땅한 권리라는 것이 있다면 앞으로 점점 더 많은 권리를 누리게 될 것이다. 인간과 동물을 묶어서 하나의 생태계로 보는 관점이 널리 퍼질수록 그 흐름은 빨라질 것이다. 각자의 관점이나 처지가 어떠하든, 이용과 파괴가 아니라 존중과 공존에 기반을 두고 동물권에 관해 발전적으로 논의를 전개해야 할 것이다.

01. 〈보기〉는 이 글을 읽는 중에 (가)~(라)의 중심 내용을 메모한 것이다. ㉠~㉢ 중 잘못된 것 둘을 찾아 바르게 고쳐 쓰시오.

| 보기 |

(가): 역사적·사회적 개념으로서의 동물권의 의미 ………………………………………… ㉠

(나): 동물권과 관련된 인권의 핵심 개념들 … ㉡

(다): 동물권에 관한 논의의 특징 ………… ㉢

(라): 동물권을 비롯한 사회적 약자에 관한 관심 증대 ………………………………………… ㉣

02. 다음은 (다)를 읽을 때 읽기 방법에 따라 활동한 내용을 정리한 것이다. ㉠과 ㉡에 들어갈 적절한 내용을 서술하시오.

읽기 방법	활동 내용
설명 방법 파악하기	㉠
㉡	국어사전에서 '권리'라는 용어의 정확한 뜻을 찾아봐야겠어.

03. 〈보기〉는 이 글을 읽기 전에 글 전체를 훑어보고 궁금한 것을 질문한 내용이다. 이 글에 질문에 대한 답을 찾아 각각 서술하시오.

| 보기 |

(1) 이 글은 동물권에 관한 논의를 담고 있는 것 같은데, 왜 지금 동물권에 관해 논의를 해야 하는 것일까?

(2) 동물권에 관한 논의를 해야 한다면 어떤 관점에서 어떤 태도로 해야 할까?

[01~04] 다음 글을 읽고, 물음에 답하시오.

가 **찬성** 지윤 저희는 경쟁을 하지 않고도 얼마든지 좋은 결과를 낼 수 있다고 생각합니다. 오히려 경쟁은 여러 가지 부작용을 낳기도 합니다. / 우리나라 헌법에는 '행복 추구권'이 명시되어 있는데요, 과연 여러분은 얼마나 행복하신가요? 날마다 경쟁을 하며 쫓기듯 불안하게 살고 있지는 않은가요? 저희는 우리가 경쟁을 그만두면 우리의 흥미와 재능을 발견할 수 있는 기회가 확대되고, 현재보다 더욱 훌륭한 교육이 이루어질 것이라고 생각합니다.

사회자 예, 잘 들었습니다. 이어서 반대 측의 입론도 들어보겠습니다.

반대 경수 우리가 재미있어하는 일에는 대부분 경쟁이라는 요소가 들어 있습니다. 사람들이 축구처럼 경쟁이 치열한 운동 경기에 열광하는 까닭은 경쟁이 인간의 본능이기 때문입니다. / 그리고 경쟁은 개인의 능력을 최대치로 발휘하게 하고, 개인과 사회는 그것을 통해 발전을 이끌 수 있습니다. 다시 말해 경쟁 없이는 발전을 할 수 없다는 것이지요. 경쟁이 싫다고 경쟁 자체를 그만두면 우리 스스로가 우리의 발전을 포기하는 것이 됩니다. 따라서 우리에게 필요한 것은 경쟁의 부정이 아닌, 경쟁의 긍정적인 힘을 배우고 활용하는 지혜입니다.

사회자 양측의 입론을 잘 들었습니다. 이제부터는 (㉠) 1차 반론을 해 주십시오. 먼저 반대 측 반론을 듣겠습니다.

나 **반대** 미란 찬성 측에서는 경쟁 자체가 지니는 효과와 특수한 상황, 즉 채용과 같은 상황에서는 경쟁이 있을 수밖에 없다는 사실을 인정했습니다. 이 말은 경쟁 자체를 없애야 한다는 것이 아니라 보완이 필요하다는 것으로 받아들일 수 있습니다. / 우리 사회에서 경쟁은 앞으로도 계속될 것입니다. 따라서 힘드니까 경쟁을 하지 말자고 할 게 아니라, 경쟁에서 밀려나는 사람들을 어떻게 위로하고 도와줄 수 있는가에 집중해야 한다고 생각합니다. 우리에게 주어진 과제는 공정한 경쟁을 함께 추구하는 것입니다.

사회자 이어서 찬성 측 최종 발언을 해 주십시오.

찬성 지윤 경쟁이 더 나은 결과를 낳을 수 있다는 논리는 오랫동안 우리 사회에서 변함없는 진리로 여겨져 왔습니다. 하지만 저희는 경쟁이 아닌 다른 방식으로 발전할 수 없는지를 진지하게 따져 보아야 한다고 생각합니다. 경쟁 자체를 없애는 것은 불가능하겠지만 경쟁하지 않아도 될 상황에서의 불필요한 경쟁은 그만두어야 한다고 말씀드리고 싶습니다. / 한 사람의 행복이 아니라 우리 모두의 행복을 위해 힘을 합쳐야 합니다. 함께 웃을 수 있는 사회야말로 우리가 추구해야 할 가치라고 생각합니다.

---

01. 이 토론에서 파악할 수 있는 토론의 절차를 〈조건〉에 맞게 서술하시오.

┤ 조건 ├
• 사회자의 발언에 나온 단어를 사용하여 쓸 것.
• 토론의 절차를 3단계로 서술할 것.

02. (가)에 제시된 찬성 측과 반대 측의 근거를 다음과 같이 정리할 때, 빈칸에 들어갈 적절한 내용을 서술하시오.

찬성 측	반대 측
경쟁 없이도 좋은 결과를 낼 수 있으며, 오히려 경쟁은 여러 가지 부작용을 낳을 수 있다.	

03. (나)에서 알 수 있는 찬성 측과 반대 측의 주장을 각각 한 문장으로 서술하시오.

• 찬성 측 주장:
• 반대 측 주장:

04. ㉠에 들어갈 적절한 발언을 〈조건〉에 맞게 서술하시오.

┤ 조건 ├
• 반론의 구체적인 방법을 두 가지 쓸 것.
• '오류', '입론'이라는 단어가 들어가게 쓸 것.
• '~하는'의 형태로 끝맺을 것.

4

문학에 담긴 어제와 오늘

자기 성찰 · 계발 역량

이 단원에서는 삶의 가치와 의미를 끊임없이 반성하고 탐색하며 변화하는 사회에서 필요한 재능과 자질을 계발하고 관리하는 능력을 기를 수 있다.

공동체 · 대인 관계 역량

이 단원에서는 공동체의 가치와 공동체 구성원의 다양성을 존중하고 상호 협력하며 관계를 맺고 갈등을 조정하는 능력을 기를 수 있다.

문화 향유 역량

이 단원에서는 국어로 형성 · 계승되는 다양한 문화를 이해하고 그 아름다움과 가치를 내면화하여 수준 높은 문화를 향유 · 생산하는 능력을 기를 수 있다.

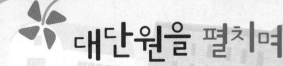

대단원을 펼치며

핵심 질문

과거의 삶이 반영된 작품을 오늘날의 관점에서 감상하면 어떤 가치를 찾을 수 있을까?

이 질문은 이 단원을 이끄는 핵심 질문이란다. 과거의 삶이 반영된 작품을 오늘날의 관점에서 감상하면 어떤 가치가 있을지 생각해 보도록 하는 질문이야. 과거의 가치를 오늘날 어떻게 수용하고 평가할 수 있을지 자유롭게 이야기하면서 질문의 답을 찾아보자.

보조 질문

• 조선 시대 풍속화에 담긴 과거의 삶의 모습은 오늘날의 모습과 어떤 점이 다른가요?

예시 답 | 갓을 썼다는 것은 장가를 갔다는 뜻이므로, 훈장님의 왼쪽에 앉은 학생은 어린 나이에 결혼했다는 것을 알 수 있다. 이처럼 어린 나이에 결혼을 하고 서당에 다니는 모습은 오늘날의 모습과 다르다.

• 과거의 삶이 담긴 문학 작품을 감상했던 경험을 떠올려 보고, 그때 자신이 느꼈던 점을 이야기해 봅시다.

예시 답 | 1학년 때 「홍길동전」을 읽으면서 홍길동이 서자이기 때문에 아버지를 아버지라고 부르지 못했다는 것이 이해가 되지 않았다.

학습 목표

[문학] • 작품에 반영된 과거의 삶과 오늘날의 삶을 비교하며 감상할 수 있다.
• 작품에 담긴 과거의 가치를 오늘날의 관점에서 수용할 수 있다.

배울 내용

(1) 묵화	(2) 그 시절 우리들의 집	(3) 심청전	단원 + 단원
• 현대시를 감상하고, 작품에 반영된 과거의 삶과 오늘날의 삶을 비교하기 • 오늘날까지 변하지 않는 가치를 발견하고 깨닫기	• 현대 수필을 감상하고, 작품에 반영된 과거의 삶과 오늘날의 삶을 비교하기 • 현재에 잃어버리고 있는 가치를 발견하고 깨닫기	• 고전 소설을 감상하고, 작품에 반영된 과거의 삶과 오늘날의 삶을 비교하기 • 작품 속 가치를 주체적으로 평가하고 수용하기	• 과거와 오늘날의 삶의 모습을 비교하여 자기 생각 말하기

(1) 묵화(墨畵)

생각 열기

다음은 영화 『워낭 소리』의 줄거리입니다. 이를 보고, 아래의 활동을 해 봅시다.

> 평생 땅을 지키며 살아온 농부 최 노인에게는 30년을 부려 온 소 한 마리가 있다. 소의 수명은 보통 15년, 그런데 이 소의 나이는 무려 마흔 살이다.
> 최 노인은 귀가 잘 안 들리지만 희미한 워낭 소리는 귀신같이 듣고, 한쪽 다리가 불편하지만 소 먹일 풀을 베기 위해 매일 산을 오른다. 소 역시 제대로 서지도 못 하면서 최 노인이 고삐를 잡으면 산 같은 나뭇짐도 마다하지 않고 나른다.

• 이 영화의 최 노인에게 소는 어떤 존재일까요?

예시 답 | 오랜 세월을 함께 지냈으므로 가족 같은 존재일 것 같다.

• 소와 함께 살아가는 최 노인의 삶이 어떻게 느껴지는지 친구들과 이야기해 봅시다.

예시 답 | 나이가 많이 드셨고 힘든 농사일을 하셔야 하지만 자신의 곁을 묵묵히 지키는 소가 있어서 든든하고 쓸쓸하지 않아 보인다.

◦ 이렇게 열자 ◦

영화 『워낭 소리』의 줄거리를 바탕으로 등장인물의 삶을 짐작해 보면서, 시간이 흘러도 변하지 않는 삶의 모습과 가치에 대해 생각해 보는 활동이다.

『워낭 소리』에서 농부 최 노인은 소 한 마리와 30년을 함께 살아왔다. 최 노인은 귀가 잘 안 들리고 소는 제대로 서지도 못할 정도로 둘은 늙었다. 그럼에도 불구하고 서로의 곁을 지키며 서로가 필요할 때 서로에게 힘이 되어 주고 있다. 최 노인과 소처럼 사람과 동물이 서로 교감하는 삶의 모습과 가치는 시대를 초월하여 사람들에게 큰 감동과 울림을 준다. 그리고 오늘날에도 사람이 동물과 함께 삶을 나누며 살아가는 모습을 만날 수 있다.

문학 작품에서도 이처럼 오늘날까지 변하지 않는 삶의 모습과 가치를 발견할 수 있음을 알고, 이 단원에서 이러한 보편적 가치를 중심으로 문학 작품을 감상하게 될 것임을 이해한다.

〉 이 단원의 학습 요소

학습 목표 | 작품에 반영된 과거의 삶과 오늘날의 삶을 비교하여 작품을 감상할 수 있다.

작품에 반영된 과거의 삶과 오늘날의 삶을 비교하며 감상하기	시에 반영된 과거의 삶의 모습과 오늘날의 삶의 모습을 비교하여 감상할 수 있다.
오늘날까지 변하지 않는 가치를 발견하고 깨닫기	시에 담긴 과거의 삶의 모습과 가치가 오늘날까지 변하지 않고 이어지고 있음을 발견하고 깨달을 수 있다.

소단원 바탕 학습

핵심 개념 미리 보기

1. 문학과 삶의 가치

• 문학은 인간의 가치 있는 삶을 언어로 형상화한 예술이 므로, 문학에는 인간의 삶의 모습과 가치가 담겨 있다.

• 가치는 시대나 배경이 되는 문화에 따라 다르게 평가될 수 있는데, 시대에 따른 인식의 변화 속에서도 오늘날 까지 변하지 않는 가치도 있고 현대인의 관점에서 새롭 게 평가될 수 있는 가치도 있다.

2. 문학 작품에 담긴 보편적 가치

• 오늘날까지 이어지는 과거의 삶의 모습과 그것이 지닌 가치를 말한다.

• 오늘날의 독자에게도 변함없이 감동과 깨달음을 준다.

• 시대를 뛰어넘어 오늘날의 관점에서도 공감을 얻고 가 치를 인정받는다.

> (예) 어져 내 일이야 그릴 줄을 모르더냐
> 이시라 하더면 가랴마는 제 구태여
> 보내고 그리는 정은 나도 몰라 하노라
> – 황진이

└, 조선 시대에 창작된 시조로, 이별의 상황에서 사랑하 는 이를 그리워하는 마음은 오늘날에도 누구나 공감 할 수 있는 보편적 정서라고 할 수 있다.

3. 시에 반영된 과거의 삶의 모습과 가치를 파악하는 방법

• 과거의 사회·문화적 배경을 드러내는 시어나 시구를 통해 과거 삶의 모습을 파악한다.

• 시의 내용과 분위기, 화자의 상황과 정서를 통해 과거 에 중시되던 삶의 가치를 파악한다.

• 주요 소재와 표현에 담긴 함축적 의미를 통해 과거의 삶의 가치를 이해한다.

4. 과거의 삶이 반영된 시를 오늘날의 삶에 비추어 감상하기

시의 화자와 인물, 배경과 분위기, 함축적 의미를 통해 과거 삶의 모습과 가치를 파악하기	→	시에 드러난 과거의 삶을 오늘날의 삶과 비교하며 공통점과 차이점을 파악하기	→	시에 반영된 과거의 삶의 가치를 바탕으로 오늘날 우리의 삶을 성찰하기

심화 자료

한국 문학의 보편성

주제	사랑과 이별, 삶과 죽음, 선악의 대립 등 시대와 지역을 초월하여 누구나 공감할 수 있는 주제를 다룸.
이야기 구조	건국 이야기, 영웅의 일대기, 전래 동화 등에서 다른 나라 문학과 비슷한 이야기 구조를 보임.

제재 훑어보기

묵화(김종삼)

• **해제**: 한 편의 수묵화처럼 할머니와 소의 모습을 짧은 시로 담담하게 형상화하여 여백의 미를 느끼게 하는 작품이다. 할머니와 소가 힘겹고 고단한 하루하루의 삶을 함께 나누는 모습을 통해 시간이 흘러도 변하지 않는 삶의 모습과 가치를 발견하고 깨닫게 한다.

• **갈래**: 자유시, 서정시

• **운율**: 내재율

• **성격**: 애상적, 서정적

• **제재**: 할머니와 소

• **주제**: 할머니의 쓸쓸하고 힘겨운 삶과 소와의 유대감

• **특징**

① 절제된 언어 표현과 간결한 형식이 어우러져 여백의 미를 느끼게 한다.

② '-고'라는 연결 어미와 쉼표로 마무리하여 앞으로도 할머니와 소가 정서적으로 교감하는 삶이 지속될 것임을 암시한다.

묵화(墨畵) _김종삼

❶물먹는 소 목덜미에
　　　목의 뒤쪽 부분과 그 아래 근처
할머니 손이 얹혀졌다.
소를 위로해 주려는 할머니의 마음이 표현된 행동　　　　　　　　　→ 할머니와 소의 모습(선경)
❷『이 하루도
　　　　　　『 』: 할머니와 소의 관계 – 삶을 나누며 함께 살아가는 동반자적 관계
함께 지났다고,　　　　　　→ 힘겨운 삶을 함께 나누고 있는 모습에서 따뜻한 분위기가 느껴짐.

서로 ㉠발잔등이 부었다고, 　▢: '-고'의 반복으로 운율을 형성하고 여운을 남김.
고된 농사일에 발등이 부은 모습 → 할머니와 소의 고달프고 힘겨운 삶
서로 ㉡적막하다고』　　　　　　　　　　　　　→ 할머니와 소의 교감(후정)
소가 할머니의 유일한 벗임. → 할머니의 쓸쓸하고 외로운 삶

　　　　　　　　　　　　　　　　　　　　　　– 권명옥 엮음, 『김종삼 전집』

❝ **학습 포인트**
· 시의 내용과 분위기 이해
하기
· 표현상 특징과 그 효과 파
악하기
· 시에 담긴 삶의 모습과 가
치 이해하기

┃ **작가 소개:** 김종삼(1921~1984)
시인. 이야기가 있는 시를 많이
썼으며, 과감한 생략에 의한 여백
의 미를 중시한 작가로 평가받는
다. 주요 작품으로 「북 치는 소
년」, 「시인 학교」, 「장편 2」, 「물통」
등이 있다.

◉ **시의 제목에 담긴 의미**
묵화는 화려하지 않고 담담하게
대상을 표현하는 특징을 지니는
데, 이 시도 세부적인 모습이나 배
경을 생략한 채 인생의 고단함과
적막함을 절제된 언어로 담담하게
표현하여 여백의 미가 느껴지므로
한 폭의 묵화가 연상된다.

◉ **'선경후정'의 시상 전개 방식**

선경	전반부에 자연이나 사물을 묘사함.

＋

후정	후반부에 시인의 감정이나 생각을 말함.

시어 풀이
· 묵화(墨畵): 수묵화(먹으로
짙고 엷음을 이용하여 그린
그림).
· 적막하다: 의지할 데 없이 외
롭다.

시구 풀이
❶ 할머니와 소의 관계를 보여
주는 행동으로, 할머니는 소를
위로하며 소와 교감하고 있다.
❷ 고단하고 쓸쓸하게 하루를
보낸 할머니의 심정과, 그 힘겨
운 삶을 함께 나누는 할머니와
소의 정서적 교감이 드러난다.

찬찬샘 핵심 강의

■ 시의 내용과 분위기

이 시의 1~2행에는 소 목덜미에 할머니가 손을 얹는 행동이, 3~6행에는 그런 행동을 하는 할머니의 심정이 표현되어 있어. 할머니가 발잔등이 붓고 적막하다고 할 만큼 고단하고 힘겨운 삶을 사는 걸 보면 슬픔과 안타까움이 느껴져. 하지만 할머니는 그 삶을 소와 함께 나누고 있어. 그래서 따뜻함도 느낄 수 있단다.

›핵심 포인트‹

내용	분위기
할머니와 소가 힘든 농사일을 하며, 적막하게 살아감.	쓸쓸함, 슬픔
할머니와 소가 고단한 삶을 함께 나눔.	따뜻함

■ 표현상 특징과 그 효과

이 시의 4~6행을 보면 '-고'라는 연결 어미와 쉼표가 반복되고 있어. 마지막 행에서도 종결 어미 대신 연결 어미를 사용하고 마침표 대신 쉼표로 끝을 맺고 있는데, 이러니까 여운이 남고 이런 장면이 늘 반복될 것처럼 느껴지지 않니?

›핵심 포인트‹

표현상 특징	'-고'라는 연결 어미와 쉼표로 마무리되며, '-고,'가 세 번 반복됨.
↓	
효과	여운을 주고 운율을 형성하며, 할머니와 소의 정서적 교감이 지속될 것임을 암시함.

■ 시에 담긴 삶의 모습과 가치

이 시에는 할머니와 소가 서로를 위로하며 정서적으로 교감하는 모습이 한 폭의 '묵화'처럼 그려져 있어. 할머니와 소가 힘겹고 고단한 하루하루의 삶을 함께 나누는 모습에서 우리는 동반자, 함께하는 삶, 교감과 유대감 같은 삶의 소중한 가치들을 발견할 수 있단다.

›핵심 포인트‹

시에 담긴 삶의 가치	• 사람이 동물과 서로 위로하고 교감하며 사는 삶의 가치 • 주변의 대상과 삶을 나누며 함께 살아가는 동반자적 관계의 가치

콕콕 확인 문제

1. 이 시에 대한 설명으로 적절한 것은?

① 시의 화자는 의인화된 동물인 소이다.

② 공간의 이동에 따라 시상이 전개되고 있다.

③ 할머니가 소와 대화를 나누는 형식으로 이루어져 있다.

④ 다양한 심상을 활용하여 화자의 상황을 구체적으로 드러내고 있다.

⑤ 앞부분에서 구체적인 장면을, 뒷부분에서 인물의 정서를 표현하고 있다.

2. 이 시의 내용에 대한 이해로 적절한 것은?

① 할머니는 소와의 이별을 앞두고 있다.

② 할머니는 소를 만난 지 얼마 되지 않았다.

③ 할머니는 소와 온종일 함께 시간을 보냈다.

④ 할머니는 여러 가축을 기르면서 살고 있다.

⑤ 할머니는 농사일을 하지 못하는 병든 소를 돌보고 있다.

3. 이 시에서 발견할 수 있는 주된 삶의 가치로 가장 적절한 것은?

① 자신이 원하는 것을 마음껏 추구할 수 있는 자유로운 삶

② 사랑하는 가족과 친구를 위해 자신을 기꺼이 희생하는 삶

③ 일에 쫓기지 않고 휴식을 취하며 여가를 즐기는 여유로운 삶

④ 주변 대상과 함께 삶을 보내면서 서로 위로하고 교감하는 삶

⑤ 욕심을 부리지 않고 주어진 것에 만족하며 행복을 느끼는 소박한 삶

4. ㉠과 ㉡을 통해 알 수 있는 할머니의 삶의 모습을 적절하게 표현한 단어를 〈보기〉에서 모두 골라 바르게 묶은 것은?

보기

ㄱ. 외롭다   ㄴ. 바쁘다   ㄷ. 즐겁다
ㄹ. 풍요롭다   ㅁ. 고단하다

① ㄱ, ㄴ   ② ㄱ, ㅁ   ③ ㄴ, ㄹ

④ ㄷ, ㄹ   ⑤ ㄹ, ㅁ

|서술형|

5. 이 시의 4~6행에 나타나는 표현상의 특징을 〈조건〉에 맞게 서술하시오.

조건

• 운율 형성 요소가 드러나게 쓸 것.
• 행을 끝맺는 방식을 중심으로 쓸 것.

학습활동

이해 활동

1. 이 시의 내용과 분위기를 파악해 봅시다.

1 다음 시구에서 떠오르는 생각과 느낌을 적고, 이 시의 내용을 파악해 봅시다. 예시 답 |

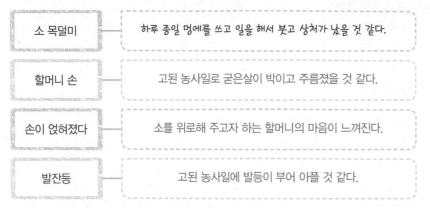

소 목덜미	하루 종일 멍에를 쓰고 일을 해서 붓고 상처가 났을 것 같다.
할머니 손	고된 농사일로 굳은살이 박이고 주름졌을 것 같다.
손이 얹혀졌다	소를 위로해 주고자 하는 할머니의 마음이 느껴진다.
발잔등	고된 농사일에 발등이 부어 아플 것 같다.

→ 이 시는 힘든 하루 일을 마친 할머니와 소의 고달픈 삶을 노래하는 내용의 시야.

2 할머니와 소의 하루가 어땠을지 상상해 보고, 이 시의 전체적인 분위기를 파악해 봅시다. 예시 답 |

> 하루 종일 힘든 일을 했지만, 할머니와 소가 함께 있어서 따뜻한 분위기가 느껴져.

> 발잔등이 부을 만큼 힘든 농사일을 마치고 적막하다고 하는 할머니와 소의 모습에서 슬픈 분위기가 느껴져.

2. 다음 부분에서 나타나는 이 시의 표현상 특징과 그 효과를 말해 봅시다. 예시 답 |

> 함께 지났다고,
> 서로 발잔등이 부었다고,
> 서로 적막하다고,

표현상의 특징
- '−고'라는 연결 어미와 쉼표로 시행이 마무리됨.
- '−고,'가 세 번 반복됨.

표현 효과
- 여운을 줌.
- 운율이 느껴짐.
- 제시된 장면이 매일 반복될 것이고, 할머니와 소의 교감이 지속될 것임을 예측하게 해 줌.

1. 시의 내용과 분위기 파악하기

지학이가 도와줄게!

먼저 **1** 에서 제시된 시구가 주는 생각이나 느낌을 자유롭게 적어 본 후, 그 시구의 의미를 작품 전체로 확장하여 시 전체의 내용을 파악해 보렴. 그러고 나서 할머니와 소의 하루를 상상하면 시의 분위기를 파악할 수 있을 거야.

정답과 해설 26쪽

시험엔 이렇게!!

1. 이 시의 내용으로 가장 적절한 것은?

① 할머니는 소를 팔아 생계를 이어 가고 있다.
② 할머니와 소는 힘겹고 고단한 삶을 함께 나누고 있다.
③ 할머니와 소는 병에 걸렸지만 치료를 받지 못하고 있다.
④ 농사일을 해 주는 소 덕분에 할머니는 편안하게 살고 있다.
⑤ 할머니는 바쁜 일상 속에서도 소를 돌보며 여유를 누리고 있다.

2. 시의 표현상 특징과 효과 이해하기

지학이가 도와줄게!

시의 앞부분과 달리 뒷부분에서는 어떻게 시행을 마무리했는지 살펴보고 효과를 생각해 보자.

시험엔 이렇게!! |서술형|

2. 다음과 같은 이 시의 표현 방식이 주는 효과를 주제와 관련지어 쓰시오.

> '−고,'를 세 번 반복하면서 연결 어미 '−고'와 쉼표로 시행을 마무리하고 있다.

 목표 활동

1. 다음 설명을 참고하여, 이 시의 제목을 '묵화(墨畵)'라고 한 까닭을 생각해 봅시다.

> 묵화는 먹으로 짙고 엷음을 이용하여 그린 그림으로, 화려하지 않고 담담하게 대상을 표현하는 특징을 갖는다.

예시 답 | 세부적인 묘사나 배경을 생략한 채 인생의 고단함과 적막함을 절제된 언어로 담담하게 표현하여 한 폭의 묵화가 연상되고, 여백의 미가 느껴지기 때문이다.

2. 다음 글을 읽고, 이 시에 담긴 삶의 자세와 가치에 관해 살펴봅시다.

> 과거 우리의 삶에서 소는 가족과 같이 친근하고 귀한 가축이었다. 이런 시각에서 보면, 이 시에서 소와 할머니가 동고동락하는 모습으로 등장하는 것이 쉽게 이해된다. 자연을 살아 있는 것으로, 따뜻하게 대하던 과거의 삶이 묻어 있기 때문이다. 이 시는 자연과 공존하던 우리네 삶의 단순하지만 조용하고 깊은 멋을 형상화하고 있다.

① 이 시에서 소는 할머니에게 어떤 존재일지 생각해 봅시다.

예시 답 | 소는 할머니에게 단순히 부리는 대상이 아닌, 가족 같은 삶의 동반자이자 육체적 노동의 힘듦과 정신적인 적막함을 덜어 주는 친구 같은 존재이다.

② 다음 시어의 의미에 주목하여, 이 시에 담긴 삶의 모습과 가치에 관해 이야기해 봅시다.

(함께) (서로)

예시 답 | 할머니는 힘든 농사일을 하며 외롭게 살고 있지만 곁에서 힘든 일을 도와주며 항상 함께해 주는 소가 있어 삶의 위안을 얻고 있다. 이를 통해 이 시에서는 주변 대상과 함께 삶을 보내면서 서로 위로하고 교감하며 사는 삶의 가치를 전달하고 있다.

3. 다음 신문 기사의 제목을 보고, 이 시가 오늘날 어떻게 수용될 수 있을지 이야기해 봅시다.

> ○○일보　　　　　　　　　　2○○○년 ○○월 ○○일
>
> **들꽃 하나하나에 감수성 느껴, 들꽃 지킴이 ○○○ 씨**
>
> 　　　　　　　　　　　　　　　　　2○○○년 ○○월 ○○일
>
> **명절이 곤욕… 생이별하는 반려동물과 반려인들**

예시 답 | 이 시에 나타난 것과 같이 오늘날도 들꽃, 동물 등을 가족처럼 여기며 함께하는 삶의 모습을 볼 수 있다. 이처럼 대상과의 교감이라는 삶의 가치는 인식의 변화 속에서도 과거로부터 오늘날까지 이어지고 있으며, 예나 지금이나 소중한 것으로 여겨지고 있다.

1. 제목에 담긴 의미 이해하기

🖋️ 지학이가 도와줄게!

수묵화는 먹으로 그리기 때문에 화려하지 않고 담백하며 빈 공간이 많아 여백의 미가 느껴지는데, 이 시에도 그러한 특징이 있는지 살펴보렴.

시험엔 이렇게!!

3. 이 시의 제목을 '묵화'라고 한 까닭으로 적절하지 않은 것은?

① 여백의 미가 느껴져서
② 인물 간의 대화가 없어서
③ 화려한 세부 묘사가 없어서
④ 절제된 언어를 사용하고 있어서
⑤ 구체적인 배경이 생략되어 있어서

2. 시에 담긴 삶의 가치 이해하기

🖋️ 지학이가 도와줄게!

앞부분에 나타난 할머니의 행동과 뒷부분에서 느껴지는 정서를 바탕으로 할머니와 소의 관계를 생각해 보면 이 시에 담긴 삶의 모습과 가치를 이해할 수 있을 거야.

시험엔 이렇게!!

4. 이 시에 담긴 삶의 모습과 가치를 표현한 단어가 아닌 것은?

① 교감　② 끈기　③ 위로
④ 함께　⑤ 동반자

3. 시에서 오늘날까지 변하지 않는 가치 발견하기

🖋️ 지학이가 도와줄게!

들꽃과 반려동물을 소중히 여기는 오늘날 사람들의 모습과 이 시에서 소를 대하는 할머니의 모습의 공통점을 찾아보렴.

학습활동

창의 · 융합 활동

∥ 자신과 정서적인 교감을 나누는 대상을 친구들에게 소개해 봅시다.

예시

내 삶의 동반자.
기쁠 때나 슬플 때나 내 곁에 앉아 나를 든든하
게 바라봐 주는
나의 소중하고 든든한 친구.

혼자 하기 😊

1. 자신이 특별하게 생각하는 대상을 선정하고, 그 대상에 손을 얹어 사진을 찍어 봅시다.

예시 답 | 단짝 친구

혼자 하기 😊

2. 1에서 찍은 사진을 붙이고, 이 단원에서 배운 「묵화」의 내용을 사진 속 대상에 어울리게 재구성해 봅시다.   예시 답 |

항상 내 옆에 있는 친구의 어깨 에
내 손이 얹혀졌다.
이 하루도
함께 지났다고,
서로 곁을 지켜 주어서 고맙다고 ,
서로 행복하다고 ,

함께하기 😊😊😊

3. 친구들에게 자신과 교감을 나누는 대상을 소개하고, 그 대상이 자신에게 특별한 까닭을 설명해 봅시다.

예시 답 | 콧물 찔찔거리던 어린 시절부터 내 옆에 있어 준 친구의 어깨에 내 손이 얹혀져 있는 모습을 찍은 사진이다. 공부하느라 힘들 때, 부모님께 야단을 맞았을 때 아무 말 없이 내 편이 되어 주는 고마운 친구이다. 슬플 때나 기쁠 때나 가만히 어깨를 내어 주는 이 친구와의 우정은 절대 깨지지 않을 것 같다.

자신과 정서적 교감을 나누는 대상을 선정하여 소개하기

○ 활동 탐구
자신과 정서적으로 교감을 나누는 대상을 선정하여 그 대상의 의미를 사진과 시로 표현하고 친구들에게 대상을 소개하는 활동이다.

지학이가 도와줄게! - 1

「묵화」에 담긴 삶의 모습과 가치를 이해하고, 이를 자신의 삶에 적용해 보는 활동이야. 자신과 정서적으로 교감하는 대상을 자유롭게 선정해 보렴. 주변 사람은 물론 동물, 식물, 사물 등 자신이 특별하게 생각하는 소중한 대상을 떠올려 보자.

지학이가 도와줄게! - 2

2학년 때 문학 작품의 재구성에 대해 공부했던 것을 기억하지? 앞의 1번 활동에서 선정한 대상의 의미를 표현하기 위해 시 「묵화」를 재구성해 볼 거란다. 그 대상과 나눈 교감의 내용을 떠올리면서 「묵화」의 내용을 자신의 이야기로 재구성해 보자. 이때 자신의 마음을 진솔하게 표현해야 한다는 것을 기억하렴.

지학이가 도와줄게! - 3

이제는 친구들에게 소개해야겠지? 자신이 찍은 사진을 보여 주고 왜 그 대상을 선정했는지 이야기해 보자. 그리고 그 대상이 자신에게 갖는 의미를 사진 속 모습과 「묵화」를 재구성한 내용을 바탕으로 설명해 보렴.

4. 친구들이 소개한 대상에 관한 자신의 생각과 소감을 써 봅시다. 예시 답|

친구 이름	소개한 대상	나의 생각과 소감
최빛나		빛나에게 세상을 새롭게 바라보는 눈이 되어 주었다는 사진기. 사진을 찍으며 빛나가 받은 감동과 사진기의 렌즈를 통한 빛나와 사진기의 교감이 고스란히 느껴졌다. 빛나는 앞으로도 사진기와 교감하며 세상을 이해해 나갈 것처럼 보였다.
박정민		아주 어렸을 때부터 가지고 있던 인형 위에 손을 조심스럽게 얹은 모습이 재미있다.
이준호		일기장이 누구보다도 편하고 가까운 친구 같다는 준호. 글쓰기를 좋아하는 준호는 나중에 커서 작가가 될 것 같다.

지학이가 도와줄게! – 4

친구들이 정서적 교감을 나누는 대상을 소개한 것을 듣고 그 대상에 관한 자신의 생각과 느낌을 써 보는 활동이야. 친구들의 소개를 듣다 보면, 주변의 대상과 정서적인 교감을 나누는 것이 문학 작품 속 혹은 과거의 삶 속에만 국한된 것이 아니라 오늘날을 사는 우리들에게까지 이어지고 있는 소중한 가치라는 것을 느낄 수 있겠지? 이렇게 주변 대상과 교감하며 사는 삶의 가치 이외에 오늘날까지 변함없이 이어지는 가치들을 더 찾아봐도 좋겠다.

활동 더 해 보기 자연과의 교감을 다룬 시 감상하기

자연과의 교감을 다룬 시를 감상하며 시조에 등장하는 자연물과 화자의 관계를 이야기해 보자.

> 나무도 아닌 것이 풀도 아닌 것이
> 곧기는 뉘 시기며 속은 어이 비었느냐?
> 저렇게 사시에 푸르니 그를 좋아하노라. 〈제5수〉
>
> 작은 것이 높이 떠서 만물을 다 비추니
> 밤중에 밝은 빛이 너만 한 것이 또 있겠느냐?
> 보고도 말을 하지 않으니 내 벗인가 하노라. 〈제6수〉
>
> – 윤선도, 「오우가」

이 시조에서 화자는 '대나무'의 푸름을 좋아한다고 함으로써 곧은 절개를 상징하는 대나무를 찬양하고 있다. 또한, '달'은 하늘에서 만물을 고루 비추면서도 침묵하고 포용하는 자세를 지니고 있어 화자의 벗이 되는 존재라고 말하고 있다. 이를 통해 이 시조에서 화자는 '대나무'와 '달'을 벗이라 칭하며 본받고 싶어 한다는 것을 알 수 있다.

소단원 콕! 짚고 가기

소단원 제재

1. 제재 정리

작가	김종삼(1921~1984)	성격	애상적, 서정적
운율	내재율	제재	① ☐☐☐와/과 소
주제	할머니의 쓸쓸하고 힘겨운 삶과 소와의 유대감		
특징	• 절제된 언어 표현과 간결한 형식이 어우러져 여백의 미를 느낄 수 있음. • 선경후정의 시상 전개 방식을 사용하여 할머니의 삶의 모습을 효과적으로 드러냄. • '-고'라는 연결 어미와 쉼표로 마무리하여 할머니와 소의 정서적 교감이 ② ☐☐될 것임을 암시함.		

2. 시의 짜임

1~2행	할머니와 소의 모습(선경)	→	3~6행	할머니와 소의 교감(후정)

핵심 포인트

1. 이 시의 내용과 분위기

내용	분위기
• 할머니가 소 목덜미에 손을 얹으며 소를 위로함. • 할머니와 소는 발잔등이 부을 만큼 고된 농사일을 함께하며 적막하게 살아감.	• 고단하고 외로운 삶에서 슬픔과 쓸쓸함이 느껴짐. • 할머니와 소의 교감에서 ③ ☐☐☐이/가 느껴짐.

2. 이 시에 담긴 삶의 모습과 가치

삶의 모습	할머니와 소가 힘든 농사일을 함께하며 고단한 하루하루의 삶을 함께 나눔.
삶의 가치	주변 대상과 함께 삶을 보내면서 서로 위로하고 ④ ☐☐하며 사는 삶의 가치

3. 이 시의 표현상 특징과 효과

• 4~6행에서 '-고'라는 연결 어미와 쉼표로 시행을 마무리함. • 4~6행에서 '-고,'를 세 번 반복함.	→	• ⑤ ☐☐이/가 느껴지고 여운을 줌. • 할머니와 소의 고된 삶이 반복될 것이고, 할머니와 소의 교감이 지속될 것임을 암시함.

4. 제목 '묵화'에 담긴 의미

'묵화'의 사전적 의미	먹으로 짙고 엷음을 이용하여 그린 그림으로 '수묵화'라고도 하며, 화려하지 않고 담담하게 대상을 표현함.
시의 제목을 '묵화'라고 한 까닭	시에서 세부적인 묘사나 배경을 생략하고 삶의 고단함과 적막함을 절제된 언어로 담담하게 표현하여 ⑥ ☐☐의 미가 느껴지는 등 한 폭의 묵화가 연상되기 때문임.

정답: ① 할머니 ② 지속 ③ 따뜻함 ④ 교감 ⑤ 운율 ⑥ 여백

[01~06] 다음 시를 읽고, 물음에 답하시오.

ㄱ물먹는 소 목덜미에
할머니 손이 얹혀졌다.
이 하루도
함께 지났다고,
서로 발잔등이 부었다고,
서로 적막하다고,

01. 이 시의 구성 방식에 대한 설명으로 적절한 것은?

① 처음과 끝에 같거나 비슷한 내용을 배치하고 있다.
② 객관적 장면 묘사에 이어 인물의 심정을 드러내고 있다.
③ 화자가 현재 상황에서 과거를 회상하는 구조로 짜여 있다.
④ 화자와 청자가 질문과 대답을 주고받는 형태로 이루어져 있다.
⑤ 가까운 곳에서 먼 곳으로 시선을 이동하며 시상을 전개하고 있다.

활동 응용 문제

02. 이 시의 표현상 특징을 다음과 같이 설명할 때, 그 효과로 적절하지 않은 것은?

> 이 시의 4~6행에서는 '-고,'라고 시행을 끝맺고 있다. 종결 어미가 아닌 연결 어미로, 마침표가 아닌 쉼표로 시행을 마무리하고 있으며, 이러한 '-고,'를 세 번 반복하고 있다.

① 독자에게 여운을 남긴다.
② 같은 음절을 반복하여 운율이 느껴진다.
③ 제시된 장면이 매일 반복될 것임을 암시한다.
④ 할머니와 소의 교감이 앞으로도 지속될 것임을 예측하게 한다.
⑤ 소를 대하는 할머니의 태도에 변화가 있을 것임을 짐작하게 한다.

활동 응용 문제

03. 이 시의 분위기로 가장 적절한 것은?

① 신나고 즐겁다.　　② 슬프지만 따뜻하다.
③ 힘겹고 절망적이다.　　④ 고요하고 엄숙하다.
⑤ 쓸쓸하지만 유쾌하다.

활동 응용 문제

04. 다음은 이 시에 대한 감상문의 일부이다. 밑줄 친 부분과 관련 있는 신문 기사의 제목으로 적절하지 않은 것은?

> 이 시에는 시대가 달라져도 변함없이 이어지는 삶의 가치가 담겨 있다. 할머니가 소로부터 삶의 위안을 얻고 할머니와 소가 교감하며 살아가는 모습과 유사한 모습은 오늘날에도 우리 주변에서 찾아볼 수 있다.

① 주인 잃고 헤매는 유기견의 수, 해마다 증가
② 명절이 곤욕… 생이별하는 반려동물과 반려인들
③ 혼자 살아가는 노인, 식물을 키우며 외로움 달래
④ 돌을 보기만 해도 행복하다는 돌 수집가를 만나다
⑤ 야생화와 평생을 함께해 온 야생화 지킴이 ○○○ 씨

05. ㄱ에 담긴 할머니의 심정으로 적절한 것은?

① 곧 죽게 될 소의 앞날을 걱정하고 있다.
② 소의 상태를 알지 못해 답답해하고 있다.
③ 힘든 농사일로 고생한 소를 위로하고 있다.
④ 소가 제대로 먹지 못해 안타까워하고 있다.
⑤ 소에 불편한 몸을 기대어 휴식을 취하고 있다.

활동 응용 문제 |서술형|

06. 이 시에 나타난 할머니와 소의 관계를 다음과 같이 표현할 때, 빈칸에 들어갈 말을 한 단어로 쓰고 그렇게 쓴 까닭을 서술하시오.

> 소는 할머니에게 단순히 부리는 대상이 아니라, (　　　) 같은 존재이다.

②그 시절 우리들의 집

● 이렇게 열자 ●

생각 열기 ···

다음은 한 사람의 일생과 관련하여 집에서 이루어진 중요한 일들을 표현한 것입니다. 그림을 보고, 아래의 활동을 해 봅시다.

과거의 삶에서는 집이 어떠한 역할을 했는지 살펴보고, 오늘날의 삶에서 집의 의미가 어떻게 변화했는지 생각해 보는 활동이다.

제시된 그림은 '탄생, 결혼, 죽음'이라는 한 인간의 삶의 과정이 과거에는 모두 집에서 이루어졌음을 보여 주고 있다. 하지만 오늘날에는 집에서 태어나고 결혼하고 죽는 사람을 찾아보기 어렵다. 이렇듯 과거와 달라진 오늘날의 집의 역할은 무엇인지 생각해 보고, 시대의 흐름에 따라 집의 역할과 의미가 어떻게 달라졌는지 이야기해 보자.

또한 이러한 집의 의미 변화에 주목하면서 잃어버린 과거의 가치가 무엇일지 생각해 보고, 문학 작품을 통해 현재에 잃어버리고 있는 가치를 발견하고 깨달을 수 있음을 이해한다.

• 개인의 일생과 관련하여 옛날에는 집에서 어떤 일들이 이루어졌을까요?

예시 답 | 옛날에는 오늘날과 달리 집에서 사람이 태어나고 성장하여 결혼하고 그 집에서 죽음을 맞이했다. 즉 집이 한 사람의 인생과 궤를 같이하였다.

• 그림 속의 일들이 오늘날에는 어디에서 이루어지는지 생각해 보고, 집의 의미가 어떻게 변하였는지 이야기해 봅시다.

예시 답 | 오늘날은 대부분 병원에서 태어나 병원에서 죽음을 맞이하고, 결혼은 예식장에서 한다. 옛날과 비교할 때 오늘날의 집은 의식주를 해결하는 공간 정도로 그 기능과 의미가 퇴색되었다.

⟩ 이 단원의 학습 요소

학습 목표 | 작품에 반영된 과거의 삶과 오늘날의 삶을 비교하여 작품을 감상할 수 있다.

작품에 반영된 과거의 삶과 오늘날의 삶을 비교하며 감상하기	수필에 반영된 과거의 삶의 모습과 오늘날의 삶의 모습을 비교하며 이해할 수 있다.
현재에 잃어버리고 있는 가치를 발견하고 깨닫기	수필을 읽으면서 현재에 잃어버리고 있는 과거의 가치를 발견하고, 이를 토대로 오늘날 우리의 삶을 성찰할 수 있다.

소단원 바탕 학습

핵심 개념 미리 보기

1. 문학과 현실의 관계

문학에는 작가가 살아간 시대와 사회의 모습, 역사적 상황, 작가가 속한 문화적 배경 등 당시 현실이 반영되어 있다. 따라서 문학 작품에 반영된 현실을 통해 드러나는 삶의 모습과 그것이 지닌 가치를 파악하며 작품을 감상해야 한다.

2. 오늘날의 관점에서 새롭게 평가될 수 있는 작품 속 가치

• 작품에 반영된 특수한 역사적 상황이나 사회·문화적 배경을 고려하여 과거의 삶의 모습과 가치를 파악한다.
• 과거의 삶 속의 의미 있는 가치 중 현재에 잃어버리고 있는 가치를 깨닫고 오늘날의 삶의 모습을 성찰한다.
• 시대의 흐름과 인식의 변화 때문에 사라져 가는 과거의 가치를 오늘날의 관점에서 새롭게 평가한다.

> ㉠ 옛날 사람들은 흥정은 흥정이요 생계는 생계지만, 물건을 만드는 그 순간만은 오직 훌륭한 물건을 만든다는 그것에만 열중했다. 그리고 스스로 보람을 느꼈다. 그렇게 순수하게 심혈을 기울여 공예 미술품을 만들어 냈다. 이 방망이도 그런 심정에서 만들었을 것이다. 나는 그 노인에 대해서 죄를 지은 것 같은 괴로움을 느꼈다. "그따위로 해서 무슨 장사를 해 먹는담." 하던 말은 "그런 노인이 나 같은 청년에게 멸시와 증오를 받는 세상에서 어떻게 아름다운 물건이 탄생할 수 있담." 하는 말로 바뀌어졌다.
> — 윤오영, 「방망이 깎던 노인」 중에서

ㄴ, 오늘날 사라져 가는 장인 정신의 가치를 일깨우는 수필이다. 방망이 하나를 만들기 위해 심혈을 기울이며 최선을 다하는 노인의 모습을 통해 소중한 삶의 가치를 발견하고 오늘날의 삶을 성찰할 수 있다.

3. 수필에 반영된 과거의 삶의 모습과 가치를 파악하는 방법

• 글의 사회·문화·역사적 배경이나 글쓴이의 구체적인 경험을 통해 과거의 삶의 모습을 파악한다.
• 글쓴이의 생각과 감정, 깨달음을 통해 과거에 중시되던 삶의 가치를 파악한다.

• 주요 소재와 표현에 담긴 함축적 의미를 통해 과거의 삶의 가치를 이해한다.

4. 과거의 삶이 반영된 수필을 오늘날의 삶에 비추어 감상하기

> 수필에 쓰인 주요 소재 및 글쓴이의 경험과 깨달음을 통해 과거 삶의 모습과 가치를 파악하기

> 수필에 드러난 과거의 삶을 오늘날의 삶과 비교하며 공통점과 차이점을 파악하기

> 수필에 반영된 과거의 삶의 가치를 바탕으로 오늘날 우리의 삶을 성찰하기

제재 훑어보기

그 시절 우리들의 집(공선옥)

• **해제**: 과거 토담집에서의 아름다운 기억을 떠올리며 집에 담긴 소중한 의미를 이야기하고 있는 수필이다. 과거의 토담집과 현대의 아파트를 비교하며 가족들이 자연과 조화를 이루며 살던 과거의 집의 역할과 가치를 이야기하고, 이를 통해 오늘날 잃어버리고 있는 소중한 가치를 발견하고 깨닫게 한다.
• **갈래**: 수필
• **성격**: 회고적, 사색적, 체험적, 감상적
• **제재**: 토담집에 얽힌 사연
• **주제**: 토담집에서의 자연 친화적인 삶에 대한 그리움
• **특징**
  ① 3인칭 시점을 사용하여 '그'의 이야기를 서술하고 있다.
  ② 과거와 현재를 대비함으로써 주제를 부각시키고 있다.

그 시절 우리들의 집 _공선옥

학습 포인트
· 과거의 삶의 모습 이해하기
· 과거의 삶에서 집의 역할과 의미 파악하기

처음 **1** 저녁 어스름이 내리고 있을 무렵이었다. 「돌확에 곱게 간 보리쌀을 솥에
_{넷째 아들('그')이 태어난 날의 저녁 묘사}
안쳐 「한소끔 끓여 내놓고서 쌀 한 줌과 끓여 낸 보리쌀을 섞으려고 허리를 구부
리는 순간 산기가 느껴졌다. <u>아낙</u>은 서두르지 않고 침착하게 쌀과 보리를 섞은
_{'그'의 어머니}   _{'아낙'은 산기를 느꼈음에도 당황하지 않고 차분하게 저녁 식사 준비를 계속함.}
_{달이 찬 임신부가 아이를 낳으려는 기미}
다음 아궁이에 불을 지펴 놓고 텃밭으로 갔다.
→ '아낙'이 저녁 식사를 준비하던 중에 산기를 느낌.

2 장에 간 남편은 어디서 술을 한잔하는지 저녁이 되어도 돌아오지 않고 이제
곧 세상에 나오려고 신호를 보내기 시작한 뱃속의 아기 위로 셋이나 되는 아이들
_{아낙이 곧 출산할 아이는 넷째 아이임.}
은 저녁의 골목에서 제 어미가 저녁밥 먹으라고 부르기를 기대하며 와자하게 놀
고 있었다.
→ '아낙'의 남편은 돌아오지 않고 아이들은 놀고 있음.

3 아낙은 저녁 찬거리로 텃밭의 가지와 호박을 따다가 잠시 땅바닥에 쭈그리고
앉았다. <u>뱃속의 아기가 이번에는 좀 더 강한 신호를 보내왔다.</u> **❶**아낙은 진통이
_{진통이 더 심해졌기 때문에}
_{출산이 임박했음을 보여 줌.}
가시기를 기다려 찬거리를 안아 들고 텃밭을 나왔다. 아궁이에서 밥이 끓기 시작
하자 텃밭에서 따 온 가지를 끓고 있는 밥물 위에 올려놓고 호박과 호박잎을 뚝
뚝 썰어 「톱톱하게 받아 놓은 「뜨물에 된장국을 끓이고 오이채를 썰어 매콤한 오잇
국을 만들어서 저녁상을 차렸다. 그러고 나서 아이 낳을 채비를 하기 시작했다.
→ '아낙'은 저녁상을 차리고 홀로 출산을 준비함.

4 물을 데워 놓고 끓는 물에 아기 탯줄 자를 가위를 소독하고 미역도 담가 놓고
_{아낙이 집에서 홀로 출산을 준비하는 과정 → 과거에는 병원이 아닌 집에서 출산이 이루어짐.}
안방 바닥에 짚을 깔고 그 위에 드러누웠다. 장에 가서 술 한잔 걸치고 뱃노래를
흥얼거리며 아낙의 남편이 막 사립문을 들어섰을 때 안방 쪽에서 갓 태어난 아기
_{넷째 아들의 탄생}
울음소리가 들려오고 있었다. 순산이었다. 남편은 늘 그래 왔듯이, 첫째 때도 둘
째 때도 셋째 때도 그러했듯이, 술 취한 기분에도 부엌으로 들어가 아내가 미리
_{남편은 아내가 출산할 때마다 미역국을 끓임.}
물에 담가 둔 미역을 씻어 「첫국밥을 끓였다. 첫국밥을 끓여서 아내에게 들여놓아
주고 나서 **❷**남편은 사립문 양쪽에 대나무를 세우고 새끼줄에 검은 숯과 붉은 고
_{넷째 아들의 탄생을 알림.}
추를 끼워 대나무에 매달았다. 넷째 아들이 태어나던 날 밤.
→ '아낙'은 넷째 아들을 낳고, 남편은 아들의 출생을 알림.

처음	토담집에서 태어난 넷째 아들의 출산 과정

작가 소개: 공선옥(1963~)
소설가. 주요 작품으로 「붉은 포
대기」, 「일가」, 「명랑한 밤길」 등이
있다.

어휘 풀이
· **돌확:** 돌로 만든 조그만 절구.
· **한소끔:** 한 번 끓어오르는 모
양.
· **톱톱하다:** 국물이 조금 적어
묽지 아니하다.
· **뜨물:** 곡식을 씻어 내 부옇게
된 물.
· **첫국밥:** 아이를 낳은 뒤에 산
모가 처음으로 먹는 국과
밥.

어구 풀이
❶ '아낙'은 진통이 이어지는
와중에도 저녁 준비를 계속하
며 저녁상을 차려 낸다. 상차림
이 끝난 후에야 아이 낳을 채
비를 하기 시작하는데, 도와주
는 사람도 없이 홀로 침착하게
출산을 준비한다. 이런 '아낙'
의 모습을 통해 과거에는 출산
을 특별한 행사가 아닌 일상생
활의 일부로 자연스럽게 받아
들였음을 알 수 있다.
❷ 과거의 삶의 모습을 엿볼
수 있는 부분이다. 과거에는 아
이를 낳으면 부정한 것의 침범
을 막기 위해 문에 금줄을 매
달았는데, 사내아이의 경우에
는 숯덩이와 빨간 고추를 금줄
에 간간이 꽂고, 계집아이의 경
우에는 작은 생솔가지와 숯덩
이를 간간이 꽂았다. 이 글에서
는 아들이 태어났으므로 붉은
고추를 끼워 매달았다.

찬찬샘 핵심 강의

■ 출산 과정에 반영된 과거 삶의 모습

1~4에는 한 여인의 출산 과정이 담담하게 서술되어 있는데, 오늘날 출산하는 모습과는 달라도 참 많이 다르지? '아낙'은 저녁 준비를 하면서 진통을 느끼지만 침착하게 진통을 참아 가며 저녁상을 차려. 그러고 나서 누구의 도움도 없이 출산을 준비하고 자기 집 안방에서 넷째 아들을 낳아. 그 위의 세 아이를 낳을 때에도 그랬겠지? 과거의 그들에게 출산은 잠을 자고 밥을 먹고 농사를 짓듯이 집에서 이루어지는 자연스러운 일상생활의 일부였던 것 같아. '아낙의 남편'도 마찬가지야. 남편은 집으로 돌아왔을 때 아기 울음소리가 들리자, 자연스럽게 미역국을 끓이고 사립문에 금줄을 쳐서 아들의 탄생을 알리고 있어.

▶핵심 포인트◀

넷째 아들의 출산 과정	• '아낙'은 산통을 겪으면서 저녁상을 차린 후 홀로 출산을 준비해 아들을 낳음. • '아낙의 남편'은 아내를 위해 미역국을 끓이고 사립문에 금줄을 매달아 출산을 알림.

↓

과거의 삶의 모습	• 출산이 병원이 아닌 집에서 이루어짐. • 출산을 특별한 행사가 아니라 자연스러운 일상생활의 한 부분으로 여김.

■ 과거의 삶에서 집의 역할과 의미

넷째 아들이 태어난 장소는 그 아이가 살아갈 집의 안방이야. 오늘날 대부분의 사람이 병원에서 태어나는 것과 참 대조적이지? 넷째 아들은 자신이 태어난 그 집에서 자신의 인생을 시작하게 될 거야. 과거의 집은 단순히 의식주만 해결하는 공간을 넘어서서, 한 생명이 태어나는 탄생의 공간이자 한 사람의 인생이 시작되는 소중한 의미를 지닌 공간이었단다.

▶핵심 포인트◀

과거 집의 역할과 의미	생명이 탄생하고 한 사람의 인생이 시작되는 소중한 공간

콕콕 확인 문제

1. 이와 같은 글의 특징으로 적절한 것은?
① 일상의 경험을 소재로 하는 글이다.
② 글쓴이가 상상하여 꾸며 낸 이야기이다.
③ 등장인물 간의 갈등을 중심으로 사건을 전개한다.
④ 삶에 유용한 정보를 제공하는 것을 목적으로 한다.
⑤ 개인의 의견을 타당한 근거를 들어 논리적으로 서술한다.

2. 이 글의 내용과 일치하지 않는 것은?
① '아낙'은 저녁 식사를 다 차린 후 출산 준비를 했다.
② '남편'은 사립문에 금줄을 쳐서 아들의 탄생을 알렸다.
③ '아낙'의 아이들은 엄마 곁에서 엄마의 출산을 지켜보았다.
④ '아낙'은 자신이 살고 있는 집 안방에서 넷째 아이를 낳았다.
⑤ '남편'은 아내가 출산할 때마다 아내를 위해 첫국밥을 끓였다.

3. 이 글에서 알 수 있는 과거의 삶의 모습으로 적절한 것은?
① 아들과 딸에 대한 차별이 존재했다.
② 남편과 아내의 관계가 평등하지 않았다.
③ 가난 때문에 병원에서 아기를 낳을 수 없었다.
④ 출산을 생활의 한 부분으로 자연스럽게 받아들였다.
⑤ 아기를 낳을 때 이웃들이 집으로 찾아와 도움을 주었다.

4. 이 글에 나타난 '집'의 의미를 표현한 문구로 가장 적절한 것은?
① 상처를 치유하는 희망의 공간
② 모두가 하나 되는 화목한 공간
③ 신나고 즐거운 흥이 넘치는 공간
④ 탄생과 시작이 있는 소중한 공간
⑤ 끊임없이 대화가 이어지는 소통의 공간

|서술형|
5. 이 글의 중심 사건을 〈조건〉에 맞게 서술하시오.

> **조건**
> • '아낙이'를 주어로 하여 한 문장으로 쓸 것.
> • 사건이 일어난 시간대와 장소를 쓸 것.

중간 5 그의 어머니는 그렇게 팔 남매를 낳았다. 집은 ㉠토담집이었다. 그의 아
앞부분에 나온 '아낙'을 가리킴.   이 글의 중심 소재, '그'가 태어나 자란 곳
버지와 어머니가 신접살림을 나면서 손수 지은 집이었다. 판판한 주춧돌 위에 튼
처음으로 차린 살림살이
튼한 소나무 기둥을 세우고 지붕을 만들었다. 마을에서는 그렇게 새집 짓는 일을
토담집의 건축 과정 ①: 주춧돌 위에 기둥 세우고 지붕 만들기
'성주 모신다'고 했다. 마을 남정네들은 집 짓는 일을 돕고 아낙들은 음식을 만들
었다. 황토에 논흙을 섞고 짚을 썰어 지붕 흙을 만들고 몇 사람은 지붕 위로 올라
가고 몇 사람은 마당에 길게 서서 다 이겨진 흙을 지붕 위로 올렸다.

　대나무나 뽕나무로 미리 살을 만들어 놓은 위에 차진 흙이 발라졌다. 흙이 마
　　　　창문이나 연, 부채, 바퀴 따위의 뼈대가 되는 부분
르면 노란 짚을 엮어 지붕을 이었다. 이제 그 지붕은 아무리 비가 많이 와도 아무
리 거센 바람이 불어도 끄떡없을 것이었다. 지붕이 다 만들어지자 벽을 만들었
　　　　　　　　　　　　　　　　　　　　　　　　토담집의 건축 과정 ②: 벽 만들기
다. 지붕에서처럼 대나무로 살을 만들고 흙을 바르고 그리고 구들장을 놓았다.
　　　　　　　　　　　　　　　　　　　　토담집의 건축 과정 ③: 방바닥 만들기
노란 송판을 반들반들하게 켜서 마루도 만들었다.
토담집의 건축 과정 ④: 마루 만들기　　　　　　　　➔ '그'가 태어난 토담집의 건축 과정

6 그와 그의 형제들은 바로 그 집에서 나고 그 집에서 컸다. 노란 흙벽, 노란 초
　　　　　아이들의 '탄생'과 '성장'이 있는 공간
가지붕, 노란 마루, 노란 마당, 정다운 노란 집. 그 집의 봄 여름 가을 겨울. 봄
여름 가을 겨울의 아침과 낮과 저녁과 밤이 그 집 아이들의 성장에 함께 있었다.
　　　　　　　　그 집 아이들은 자연의 섭리에 순응하면서 자연과 조화를 이루며 자라남.
❶그는 그 집의 봄 여름 가을 겨울과 봄 여름 가을 겨울의 어느 아침과 낮과 저녁
과 밤을 먼 훗날까지 그의 영혼 깊은 곳에 간직해 두고서는 몹시 힘들고 고달픈
도시에서의 봄 여름 가을 겨울의 어느 아침과 낮과 저녁과 밤에 마음속의 보석처
럼 소중한 그 추억들을 끄집어내 보고는 했다.
그의 유년 시절 토담집에서의 추억　　　➔ '그'와 '그의 형제들'이 토담집에서 태어나고 자라며 집에 관한 추억을 쌓음.

7 그 집은 그 집 아이들에게 작은 우주였다. 그곳에는 많은 비밀이 있었다. 자연
토담집의 의미: 단순히 거주하는 공간을 넘어서서, 아이들이 알아 가고 경험하는 세계임.
속에는 눈에 보이는 것 말고도 눈에 보이지 않는 무한한 비밀이 감춰져 있었다.

㉡그는 그 집에서 크면서 자연 속에 감춰진 비밀들을 깨달아 갔다.
　자연의 섭리를 따르며 자연 친화적 삶을 살아옴.　　➔ '그'는 토담집에서 자라며 자연의 비밀들을 깨달음.

✐교과서 날개 ①
8 석양의 북새, 혹은 낮게 깔리는 굴뚝 연기를 보고 그는 비설거지를 했다. 그런
　　　　　　　　　유년 시절 토담집에서의 추억 ①
다음 날은 틀림없이 비가 올 것이므로. 비가 온 날 저녁에는 또 지렁이가 밤새 운
　　　　　　　　　　　　　　　　　유년 시절 토담집에서의 추억 ②
다는 것을 그는 알고 있었다. 똑또르 똑또르 하는 지렁이 울음소리. 냄새와 소리
와 맛과 색깔과 형태들이 그 집에서는 선명했다. 모든 것들이 말이다. 왜냐하면
❷봄과 여름과 가을과 겨울과 아침과 낮과 저녁과 밤이 그 집에서는 뚜렷했으므
토담집의 의미: 자연과 조화를 이루는 공간으로, 모든 것이 뚜렷한 자연처럼 삶도 명료함.
로. 자연이 그러한 것처럼 사람들의 삶이 명료했다.
　　　　　　　　　　　➔ 사람들의 삶이 명료했던, '그'의 유년 시절 토담집에서의 추억

중간　토담집의 건축 과정과 유년 시절 토담집에서의 추억

· 서술 방식과 효과 파악하기
· 토담집의 의미 이해하기
· '그'의 추억에 반영된 과거의 삶의 모습 이해하기

읽기 중 활동

교과서 날개
토담집과 관련된 '그'의 추억들을 말해 봅시다.
→ 석양의 북새나 굴뚝 연기를 보고 비설거지를 하고, 비가 온 날 저녁에 지렁이 울음소리를 들음.

어휘 풀이
· 토담집: 흙으로 쌓아 만든 담 위에 지붕을 덮어 지은 집.
· 주춧돌: 기둥 밑에 기초로 받쳐 놓은 돌.
· 성주: 가정에서 모시는 신의 하나. 집의 건물을 수호하며, 가신(家神) 가운데 맨 윗자리를 차지함.
· 구들장: 방고래 위에 깔아 방바닥을 만드는 얇고 넓은 돌. '방고래'는 방의 구들장 밑으로 나 있는, 불길과 연기가 통하여 나가는 길을 말함.
· 송판: 소나무를 켜서 만든 널빤지.
· 북새: '노을'의 방언.
· 비설거지: 비가 오려고 하거나 비가 올 때, 비에 맞으면 안 되는 물건을 치우거나 덮는 일.

어구 풀이
❶ '그'가 고향을 떠나 도시에서 힘들게 살아갈 때, 유년 시절 자연과 함께한 토담집에서의 추억이 '그'에게 다시 살아갈 힘이 되어 주었음을 보여 준다.
❷ 유년 시절의 토담집에서는 사계절과 밤낮의 변화가 뚜렷했기 때문에 사람들도 그에 맞추어 살아갈 수 있었다는 뜻이다.

■ **3인칭 시점의 서술 방식과 효과**

대부분 수필에는 글쓴이 자신이 '나'로 등장하여 자신의 이야기를 하지만, 이 글에서는 글쓴이가 독자에게 '그'의 이야기를 들려주고 있어. 이렇게 3인칭 시점을 활용하면 '나'의 주관적 생각이나 느낌이 직접 드러나지 않기 때문에 이야기의 객관성을 확보할 수 있단다.

›핵심 포인트‹

3인칭 시점의 표현		효과
그, 그의 어머니, 그의 아버지, 그의 형제들	→	'나'가 아닌 '그'의 이야기를 들려주는 형식으로 서술함으로써 객관성을 확보함.

■ **토담집에 담긴 의미**

7에서 '그'가 태어나고 자란 토담집은 그를 비롯한 아이들에게 작은 우주였다고 했어. 우주처럼 아이들이 알아 가고 경험해야 할 신비한 세계였다는 뜻이겠지. **8**에서는 봄, 여름, 가을, 겨울의 사계절과 아침, 낮, 저녁, 밤의 변화를 뚜렷이 느낄 수 있는 집이라고 했어. 그러니 그 집의 사람들은 자연의 변화에 맞추어 살았을 거야.

›핵심 포인트‹

토담집의 의미	• 단순한 거주지를 넘어 아이들이 알아 가고 경험하는 세계로서의 의미를 지님. • 사계절과 밤낮의 변화가 분명하여 사람들도 그에 맞추어 명료하게 살아가게 함.

■ **토담집의 추억에 반영된 과거 삶의 모습**

8에는 '그'의 유년 시절 토담집에서의 추억이 나타나 있단다. 자연을 온몸으로 느끼며 자연 속에 감춰진 비밀을 깨달아 가는 모습에서 자연과 조화를 이루며 산 과거 사람들의 삶의 모습을 발견할 수 있단다.

›핵심 포인트‹

'그'의 추억		과거 삶의 모습
• 석양의 북새나 굴뚝 연기를 보고 비설거지를 함. • 비가 온 날 저녁에 지렁이 울음소리를 들음.	→	자연을 온몸으로 느끼며 자연과 함께하는 자연 친화적 삶

---

6. 이 글의 서술상 특징으로 적절한 것은?
① 시점의 변화로 현실과 상상을 구분하여 서술하고 있다.
② 3인칭 시점을 사용하여 이야기의 객관성을 확보하고 있다.
③ 1인칭 시점을 사용하여 글쓴이의 속마음을 진솔하게 표현하고 있다.
④ 서술자를 여러 명으로 설정하여 대상에 대한 다양한 관점을 보여 주고 있다.
⑤ 1인칭 시점과 3인칭 시점을 번갈아 사용하여 상황을 효과적으로 전달하고 있다.

7. **5**에서 알 수 있는 집의 건축 과정을 〈보기〉에서 찾아 순서대로 연결한 것은?

> **보기**
> ㄱ. 나무로 살을 만든 뒤에 흙을 발라 벽을 만든다.
> ㄴ. 구들장을 놓아 방바닥을 만들고 송판으로 마루를 만든다.
> ㄷ. 판판한 주춧돌 위에 튼튼한 나무로 기둥을 세운다.
> ㄹ. 나무로 만든 살 위에 흙을 바르고 짚을 엮어 지붕을 만든다.

① ㄱ-ㄴ-ㄷ-ㄹ   ② ㄱ-ㄹ-ㄷ-ㄴ
③ ㄴ-ㄱ-ㄹ-ㄷ   ④ ㄷ-ㄱ-ㄹ-ㄴ
⑤ ㄷ-ㄹ-ㄱ-ㄴ

8. **6**~**8**에 드러난 과거 사람들의 삶의 모습을 표현한 말로 가장 적절한 것은?
① 끊임없는 성장과 발전을 도모하는 삶
② 자연과 조화를 이루는 자연 친화적 삶
③ 고통을 참고 견디는 인내와 끈기의 삶
④ 힘든 현실 속에서 참된 이상을 추구하는 삶
⑤ 개인의 이익보다 공동체적 가치를 우선시하는 삶

9. ㉠에 대한 설명으로 적절하지 않은 것은?
① 나무와 흙과 돌을 재료로 만들었다.
② '그'와 '그'의 형제들이 태어나서 자란 곳이다.
③ '그'가 도시에서 고달픈 생활을 할 때 위안을 준 곳이다.
④ 복잡한 구조로 지어져 '그'가 알지 못하는 비밀 공간이 많았다.
⑤ '그'의 아버지와 어머니가 마을 사람들의 도움으로 직접 지었다.

|서술형|
10. ㉡에 해당하는 구체적 예를 **8**에서 찾아 쓰시오.

끝 **9** **❶**이제 그 집을 떠난 그에게는 모든 것이 불분명하다. 아침과 저녁이 불

'그'는 고향의 토담집을 떠나 도시의 아파트에서 살고 있음.

분명하고 사계절이 불분명하고 오감이 불분명하다. 병원에서 태어나 수십 군데

자연의 변화를 느낄 수 없는 곳에서 살고 있음. 토담집에서의 삶과 대조적임.

이사를 다니고 나서 겨우 장만한 아파트. 그 사각진 콘크리트 벽 속에 살고 있는

아파트

그의 아이는 여름에 긴팔 옷을 입고 겨울에 반팔 옷을 입는다.

'그'의 아이는 유년 시절의 '그'와 대조적임. → 자연의 이치를 거스르며 살아감.　→ 토담집을 떠난 후의 '그'의 불분명한 삶

10 돈은 은행에서 나고 먹을 것은 슈퍼에서 나는 것으로 아는 아이는, 수박이 어

느 계절의 과일인지 ⓐ분간하지 못하는 아이는 그래서 ❷봄 여름 가을 겨울을 알

지 못한다. 아침저녁의 냄새와 소리와 맛과 형태와 색깔이 어떻게 다른지 알지

못한다.　　　　　　　　→ 아파트에서 살면서 자연의 섭리에 어긋난 삶을 살아가는 '그'의 아이

11 어머니의 ⓑ부음을 듣고 그는 그가 나고 성장한 그 노란 집으로 갔다. 팔 남

'그'의 부모님이 손수 짓고 '그'가 유년 시절을 보낸 토담집

매를 낳고 기르느라 조그마해질 대로 조그마해진 어머니는 바로 자신의 아이들

'그'의 어머니는 자신이 살아온 집에서 죽음을 맞이함.

을 낳았던 그 자리에 자신의 몸을 부려 놓고 있었다.

　　　　　　　　　　　→ '그'를 낳았던 토담집에서 죽음을 맞이한 '그'의 어머니

12 그 집, 노란 그 집에 탄생과 죽음이 있었다. 그 집 안주인의 죽음 이후 ㉠그

'그'와 '그'의 형제들의 탄생, '그'의 어머니의 죽음을 말함.　　'그'의 어머니

집은 ⓒ적막해졌다. 아무도 그 집에 들어와 살지 않을 것이며 누구도 아이를 그

'그'의 어머니의 죽음 이후 '그' 집은 더 이상 탄생과 죽음이 없는 집이 됨.

집에서 낳지 않을 것이며 그러므로 죽음 또한 그 집에서는 일어나지 않을 것이

다. 그 집의 역사는 그렇게 끝이 난 것이다.　→ '그'의 어머니의 죽음으로 그 집의 역사는 끝이 남.

서술 시점의 변화 → '그'라는 개인의 이야기가 '우리들' 모두의 이야기로 확대됨.

13 우리들의 어머니의 죽음과 함께 ⓓ조왕신과 ⓔ성주신이 살지 않는 ㉡우리들

의 집은 이제 적막하다. 더 이상의 탄생과 죽음이 없는 우리들의 집은 쓸쓸하다.

교과서 날개 ②

우리는 오늘 밤도 쓸쓸한 집으로 돌아들 간다.　→ 탄생과 죽음이 없어 쓸쓸한 우리들의 집

과거와 대조되는 오늘날 집의 특징을 바탕으로 오늘날의 삶의 모습을 성찰하게 함.

끝 탄생과 죽음이 없는 우리들의 집(아파트)

– 공선옥, 「자운영 꽃밭에서 나는 울었네」

❝ 학습 포인트
- 오늘날 집에서의 삶의 모습 성찰하기
- 현재에 잃어버리고 있는 집의 역할과 가치 깨닫기
- 서술 시점의 변화와 그 효과 이해하기

읽기 중 활동

교과서 날개 ①

'이제 그 집을 떠난 그에게는 모든 것이 불분명하다.'가 의미하는 바는 무엇인가요?

→ 자연과 단절된 공간에서 자연의 이치를 거스르며 살아가고 있음을 뜻한다.

교과서 날개 ②

글쓴이가 '쓸쓸한 집'이라고 표현한 까닭은 무엇일까요?

→ 어머니의 죽음 이후 더 이상의 탄생과 죽음이 없어진 '그 집'처럼, 오늘날 우리들의 집에도 탄생과 죽음이 없을 것이기 때문이다.

어휘 풀이
- 조왕신: 부엌을 맡는다는 신. 늘 부엌에 있으면서 모든 길흉을 판단한다고 함.

어구 풀이
❶ 과거 토담집에서의 삶과 비교해 오늘날 아파트에서의 삶이 어떻게 달라졌는지를 보여 주고 있다. 유년 시절의 '그'가 토담집에서 자연의 변화를 뚜렷하게 느끼며 자연의 이치를 따르는 명료한 삶을 살았던 것과 대조된다.
❷ 아파트에 거주하는 '그'의 아이의 삶은, 유년 시절 토담집에서 살았던 '그'가 사계절의 변화를 뚜렷이 느끼고 자연의 냄새와 소리와 맛과 색깔과 형태들을 선명하게 느끼며 자연 친화적 삶을 살았던 것과 대조를 이룬다.

■ **과거와 대조되는 오늘날 집에서의 삶의 모습**

9~10에는 토담집을 떠나 아파트에 살면서 달라진 '그'의 삶이 그려져 있어. 자연의 변화를 느낄 수도 없고 탄생도 없는 집. 그래서 '그'의 아이는 사계절의 변화도, 자연이 주는 오감의 기쁨도 느끼지 못하고 자연의 이치를 거스르며 살고 있어.

›핵심 포인트‹

과거의 토담집		오늘날의 아파트
• 사계절과 낮밤과 오감이 선명함. • 탄생과 죽음이 있음. • 자연의 섭리에 순응하며 살아감.	대 조 ↔	• 사계절과 낮밤과 오감이 불분명함. • 탄생과 죽음이 없음. • 자연의 이치를 거스르며 살아감.

■ **현재에 잃어버린 집의 역할과 가치**

12에서 글쓴이는 '그'의 어머니의 죽음으로 그 집의 역사는 끝났다고 말하고 있어. 그 집에는 더 이상 탄생과 죽음이 없기 때문이야. 그런데 13을 보면 그 쓸쓸한 공간은 '우리들의 집'이기도 해. 즉 그 집의 역사가 끝남으로써 잃어버리게 된 그 집의 역할과 가치는 오늘날 우리가 잃어버린 소중한 삶의 가치이기도 한 거야.

›핵심 포인트‹

잃어버린 집의 기능과 가치	• 태어나 성장하여 죽기까지 한 사람의 인생과 궤를 같이함. • 자연과 조화를 이루며 살아가는 자연 친화적 삶을 가능하게 함.

■ **서술 시점의 변화와 효과**

12의 '그 집'은 13에서 '우리들의 집'으로 바뀌었어. 탄생과 죽음이 없는 쓸쓸한 '그 집'은 '그'만의 특수한 집이 아니라 오늘날 '우리들'의 집임을 말하는 거겠지. 오늘 밤도 쓸쓸한 집으로 돌아가는 우리의 모습을 성찰하면서 우리가 현재에 잃어버린 가치를 다시 한번 생각해 봤으면 좋겠어.

›핵심 포인트‹

시점의 변화	'그', '그 집' → '우리', '우리들의 집'
효과	'그'의 이야기가 특수한 이야기가 아니라 '우리'의 보편적 이야기임을 드러냄.

11. 이 글에 나타난 오늘날의 집의 모습으로 적절한 것은?

① 외식 문화로 인해 주방에서 요리를 거의 하지 않는다.
② 대화와 소통이 부족하여 외롭고 쓸쓸한 분위기가 느껴진다.
③ 사계절의 변화나 낮과 밤의 변화를 감각적으로 느끼기 어렵다.
④ 사회와 단절된 사적인 공간으로 개인주의적 문화를 만들어 낸다.
⑤ 가족 구성원들 모두 학교 또는 일터에서 생활하느라 잠만 자는 공간으로 전락했다.

12. 다음은 이 글을 읽고 현대인의 삶을 성찰한 내용이다. 빈칸에 공통으로 들어갈 말을 한 단어로 쓰시오.

> 도시에 사는 현대인들이 주로 거주하는 공동 주택에서의 삶은 참 편리하다. 이 글에 나오는 '그'의 아이처럼 겨울에는 난방이 잘 되어 반팔을 입고 생활할 수 있고, 먹을 것을 구하기 위해 땀 흘려 농사지을 필요도 없다. 굳이 슈퍼까지 나가지 않더라도 손가락만 까딱하면 집 앞으로 먹을 것을 배달해 주는 세상. 그런데 그런 편리함을 추구하면서 우리는 (   )이/가 주는 기쁨이나 (   ) 안에 숨겨진 놀라운 신비를 더 이상 느낄 수 없게 되었다. 우리는 점점 (   )와/과 함께하는 삶을 통해 얻을 수 있는 소중한 것들을 잃어 가고 있다.

13. 11~13을 통해 글쓴이가 말하고자 하는 바로 가장 적절한 것은?

① '그 집'과 '우리들의 집'에는 많은 차이가 있다.
② '우리들의 집'이 역사에서 사라질 위기에 처해 있다.
③ '그'의 어머니의 죽음으로 인해 '그'는 슬픔을 느끼고 있다.
④ '우리들의 집'은 탄생과 죽음이 없기에 쓸쓸하고 적막하다.
⑤ '그 집'의 가치를 인정하여 '그 집'을 역사적 유물로 남겨야 한다.

14. ⓐ~ⓔ의 뜻풀이로 적절하지 <u>않은</u> 것은?

① ⓐ: 어떤 대상이나 사물을 다른 것과 구별하여 내지
② ⓑ: 사람이 죽었다는 것을 알리는 말이나 글
③ ⓒ: 고요하고 쓸쓸해졌다
④ ⓓ: 부엌을 맡는다는 신
⑤ ⓔ: 사람의 운명을 결정한다는 신

|서술형|

15. ㉠이 ㉡으로 바뀜으로써 얻을 수 있는 효과를 서술하시오.

학습활동

이해 활동

1. 이 글에 나타난 토담집에서의 삶과 현재의 삶을 정리해 봅시다.

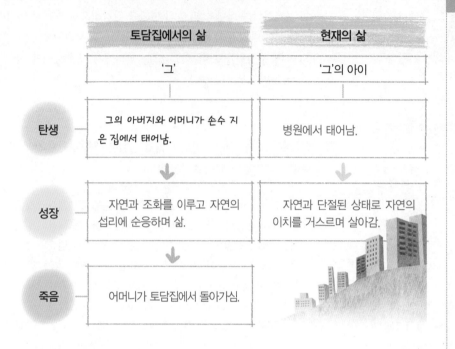

토담집에서의 삶	현재의 삶
'그'	'그'의 아이

	토담집에서의 삶	현재의 삶
탄생	그의 아버지와 어머니가 손수 지은 집에서 태어남.	병원에서 태어남.
성장	자연과 조화를 이루고 자연의 섭리에 순응하며 삶.	자연과 단절된 상태로 자연의 이치를 거스르며 살아감.
죽음	어머니가 토담집에서 돌아가심.	

1. 글에 담긴 삶의 모습 정리하기

🔆 지학이가 도와줄게!

'탄생-성장-죽음'이라는 인생의 궤도에 맞춰 '그'가 토담집에서 무엇을 했는지, 토담집에서 어떤 일들이 벌어졌는지를 떠올려 보렴. 그리고 현재 아파트에서 '그'의 아이는 어떤 삶을 살고 있는지를 대비하면서 정리해 보자.

정답과 해설 28쪽

시험엔 이렇게!!

1. 이 글에 나타난 토담집에서의 삶의 모습으로 볼 수 없는 것은?

① '그'는 집에서 태어났다.
② '그'의 부모가 손수 집을 지었다.
③ '그'의 어머니는 집에서 돌아가셨다.
④ '그'는 자연의 섭리에 순응하며 살았다.
⑤ '그'의 부모는 가난 때문에 궁핍한 삶을 살았다.

2. 다음 표현들의 차이점을 바탕으로, 이 글의 서술 방식과 그 효과를 파악해 봅시다.

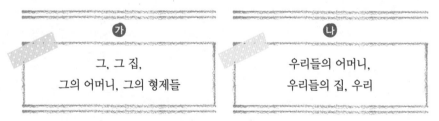

가	나
그, 그 집, 그의 어머니, 그의 형제들	우리들의 어머니, 우리들의 집, 우리

1 글쓴이가 **가**와 같은 표현을 사용한 까닭을 말해 봅시다.

예시 답 | 3인칭 시점을 활용하여 '그'의 이야기를 들려줌으로써 객관성을 확보하기 위해서

2 **가**와 **나**의 표현상의 차이로 알 수 있는 이 글의 서술 방식의 특징과 그 효과를 말해 봅시다.

예시 답 | '우리들의 집, 우리'와 같은 표현을 통해 '그'의 이야기를 '우리들의 이야기'로 확대하면서 '그'의 이야기가 오늘날 '우리' 모두의 이야기라는 점, 즉 특수한 이야기가 아니라 보편적인 이야기라는 점을 효과적으로 드러내고 있다.

2. 서술 방식과 그 효과 파악하기

🔆 지학이가 도와줄게!

이 글에서 글쓴이가 글쓴이 자신을 드러내는 대신 '그'의 이야기를 들려주고 있다는 점에 주목해 활동을 해 보렴.

시험엔 이렇게!! | 서술형 |

2. 〈보기〉를 참고하여 이 글에 나타난 서술 방식의 특징을 시점과 관련지어 서술하시오.

보기

그와 그의 형제들은 바로 그 집에서 나고 그 집에서 컸다. (중략) 그는 그 집에서 크면서 자연 속에 감춰진 비밀들을 깨달아 갔다.

목표 활동

1. 토담집에서의 삶의 모습을 바탕으로 토담집의 의미와 가치에 관해 생각해 봅시다.

1 다음 구절을 중심으로 토담집의 의미를 파악해 봅시다. 예시 답 I

구절	토담집의 의미
그 집은 그 집 아이들에게 작은 우주였다.	단순히 거주하는 공간을 넘어서, 아이들이 알아 가고 경험하는 세계로서의 의미를 지님.
봄과 여름과 가을과 겨울과 아침과 낮과 저녁과 밤이 그 집에서는 뚜렷했으므로, 자연이 그러한 것처럼 사람들의 삶이 명료했다.	그 집에서는 사계절과 밤낮의 변화가 분명했기 때문에 사람들도 그에 맞추어 살아갈 수 있었음.
• 그 집, 노란 그 집에 탄생과 죽음이 있었다. • 더 이상의 탄생과 죽음이 없는 우리들의 집은 쓸쓸하다.	과거 토담집은 한 인간의 탄생에서 죽음에 이르기까지 일생을 함께하는 공간이었음.

2 **1**의 활동을 바탕으로 오늘날 우리가 잃어버린 가치는 무엇인지 말해 봅시다.

예시 답 I 과거의 집은 자연의 섭리에 순응하며 살았던 한 사람의 삶의 모든 과정이 담긴 공간인 반면, 오늘날 우리들의 집에서는 이러한 일들이 일어나지 않아 쓸쓸한 공간이 되고 말았다. 이러한 집에 관한 인식 변화로 오늘날 우리의 주거 공간은 자연의 섭리에 순응하고 조화를 이루며 사는 삶의 가치를 잃어버렸다.

2. 이 글에 담긴 과거의 삶의 방식과 가치가 오늘날의 문제를 해결하는 데 어떤 도움이 될지 이야기해 봅시다.

> 집값이 상승하여 서민들이 살 집을 마련하기 어렵다고 해. 집을 사는 곳이 아닌 돈의 가치로 여기는 사람들 때문에 집값이 오른 것이라고 한 기사를 본 적이 있어.

예시 답 I 오늘날 부동산 투기 문제는 집을 재산 증식의 수단으로 보는 데서 비롯되는 것 같아. 투기 목적으로 한 사람이 여러 채의 집을 소유하다 보니 집이 부족해지는 문제가 생기게 돼. 이 글에서 말하는 것처럼 집을 우리 삶의 한 부분으로 받아들인다면, 굳이 한 사람이 여러 채의 집을 소유할 필요가 없겠지. 그럼 부동산 투기 문제도 자연스럽게 사라질 것 같아.

1. 글에 담긴 과거의 삶의 모습과 가치 파악하기

✻ 지학이가 도와줄게!

과거의 삶이 반영된 글을 오늘의 삶에 비추어 감상하면서 오늘날에 잃어버린 가치를 찾아보는 활동이야. **1**에 제시된 구절에 담긴 과거 토담집의 의미를 파악하고, 이를 바탕으로 과거의 집과 오늘날의 집을 비교하면서 집의 의미에 관해 새롭게 인식하고 성찰한 것을 **2**에 적어 보자.

시험엔 이렇게!!

3. 이 글에 담긴 토담집의 의미로 적절하지 않은 것은?

① 자연의 비밀을 알아가는 공간
② 고난과 시련을 극복하는 공간
③ 자연과 조화를 이루는 삶의 공간
④ 한 사람의 삶의 과정이 담긴 공간
⑤ 사계절과 밤낮의 변화가 분명한 공간

2. 글에 담긴 과거의 가치를 오늘날의 삶에 적용하기

✻ 지학이가 도와줄게!

과거의 가치를 새롭게 평가해 보는 활동이란다. 집에 관한 과거의 생각이 오늘날 '집'과 관련하여 발생하는 문제들을 해결하는 데 어떤 도움이 될 수 있을지 생각해 보자.

시험엔 이렇게!! | 서술형 |

4. 〈보기〉의 신문 기사 표제와 이 글에 나타난 집이 어떻게 다른지 서술하시오.

보기

갈 곳 없는 서민들, 부동산 투기로 집값 치솟아

학습활동

3. 다음 글을 읽고, 오늘날 사라져 가는 과거의 삶의 모습과 가치에 관해 생각해 봅시다.

태반을 묻은 곳이라는 뜻으로 태어난 곳을 비유하는 말

글쓴이

일가족이 태자리를 뒤로 하고 고향을 떠날 때 <u>나</u>는 초등학교 5학년이었다. 있어

과거를 회상함.

도 그만 없어도 그만인, 자질구레한 세간을 실은 손바닥만 한 트럭에 어머니가 타

형편이 넉넉하지 않았음을 보여 줌.

고 먼저 떠난 뒤 할머니와 나, 동생은 새로운 삶의 터전을 찾아 길을 걷기 시작했

다. 철없는 어린 동생도 그날은 아무 말 없이 먼지가 풀풀 나는 신작로를 내쳐 걷

기만 했다. 우리 가족을 그냥 떠나보내기 아쉬웠던 명원네 대모가 항아리를 하나

'나'의 어머니와 할머니가 쓰던 장독을 가리킴.

머리에 이고 뒤를 따랐다. 트럭 위에도 대모의 머리에도 선택받지 못한 독과 항아

이사 갈 때 가지고 오지 못한 장독들

리 들은 사람이 더 이상 살지 않는 집에 남았다. 대모가 머리에 인 항아리는 할머

니, 어머니가 가장 아끼던 것들 중 하나였다. 쏟아진 햇살은 항아리 위에서 연신

*자반뒤집기를 했다. 나는 자꾸만 눈을 깜박거렸다.

　독과 항아리를 열심히 닦던 어머니나, 항아리를 이고 먼 길을 걸어간 어른들 심

'나'가 어른이 된 후 장독의 의미를 깨닫게 됨.

정을 조금이라도 이해할 수 있게 된 건 세월이 한참 흐른 뒤였다. 내가 깨달은 장

독의 의미는, 한 집안이 여전히 존재하고 있음을 상징하는 *증표였다. 그 구성원들

장독에 담긴 의미 ①

이 세워 놓은 깃발이었다.

　하지만 우리는 언젠가부터 장독을 잃어버렸다. 우리가 지켜 내야 할 증표를 잃

어버렸다. 도시에서는 장독대를 따로 두기도 쉽지 않거니와, 설령 있다고 해도 길

떠난 가장의 안전을 염원하며 장독대를 닦는 아낙 역시 없다. 『김치는 김치냉장고

장독대는 집안의 한 부분을 지켜 주는 신이 머무는 곳으로 어머니들에게 신앙의 공간이었음.

속에서 더할 나위 없이 안온하다. 플라스틱 통에 들어 있는 된장과 고추장은 세월

이 가도 그 고운 빛을 잃지 않는다. 양조간장은 언제 먹어도 입에 붙을 듯 달다.』

『　』: 장독이 사라진 오늘날의 삶의 모습

그럴 뿐이다. 새삼 서글퍼할 일은 아니다. 『세월에 쫓기어 꼬리를 말고 사라진 게

『　』: 장독대를 비롯하여 전통적 삶의 모습이 담긴 것들이 사라져 가는 현실에 대한 아쉬움이 드러남.

어디 장독대뿐이랴. 하지만 난 매일 궁금하다. 장독대와 함께 떠나보낸 우리 고유

장독에 담긴 의미 ②

의 정과 사랑은 지금 어느 곳을 떠돌고 있을까.』

－ 이호준, 「장독대, 끝내 지켜 내던 가문의 상징」

3. 수필을 읽고 사라져 가는 과거 삶의 모습과 가치 생각하기

◎ 활동 제재 개관

갈래: 수필

성격: 회고적, 체험적, 사색적

제재: 장독

주제: 장독대와 함께 우리 고유의 정과 사랑이 사라져 가는 현실에 대한 아쉬움

특징

① 글쓴이의 어린 시절 체험을 바탕으로 내용이 전개됨.

② 시대의 변화를 대상의 변화에 빗대어 주제 의식을 부각함.

◎ 장독의 의미

'장독'의 사전적 의미
간장, 된장, 고추장 따위를 담아 두거나 담그는 독

↓

과거에 '장독'이 가졌던 의미
• 한 가족이 그 집에 살고 있음을 보여 주는 증표 • 우리 고유의 정과 사랑

어휘 풀이

• **자반뒤집기:** 몹시 아플 때에, 몸을 엎치락뒤치락하는 짓. 여기서는 햇살의 모습을 비유적으로 이르는 표현임.

• **증표(證票):** 증명이나 증거가 될 만한 표.

1 이 글에서 알 수 있는, 과거에 장독이 가졌던 의미는 무엇인지 생각해 봅시다.

예시 답 | 과거의 장독은 한 가족이 그 집에 살고 있음을 보여 주는 증표로, 그 집안의 구성원들이 세워 놓은 깃발과 같은 것이었다. / 우리 고유의 정과 사랑이 담긴 물건이다.

2 이 글의 장독처럼 오늘날 그 의미가 달라졌거나 사라진 대상을 찾아봅시다. **예시 답 |**

예전에는 공동 우물이 있어서 마을 사람들이 모여서 교류를 했다고 해. 지금은 공동체가 모여서 함께 생활할 공간이 없는 것 같아.

옛날에는 집집마다 비밀스러운 것을 간직할 수 있는 다락이 존재했는데 아파트가 들어서면서 다락은 기억 속에만 남아 있게 되었어.

3 **2** 에서 찾은 대상의 가치를 바탕으로, 오늘날 우리의 삶을 성찰하는 글을 써 봅시다. **예시 답 |**

> 우리는 언젠가부터 [우물] 을/를 잃어버렸다. 우리가 지켜 내야 할 [쉼터] 을/를 잃어버렸다.
>
> 대부분 아파트가 들어서 있는 도시에서는 우물을 만들기 어렵고, 설령 있다고 해도 그 우물가에 모여 정을 나눌 이웃이 없다. 목이 마른 나그네가 물을 급히 마시지 않도록 버들잎 한 장을 물에 띄워 물 한 바가지 건네주는 사람도 없다. 오늘날은 집에서 버튼만 누르면 시원한 물, 따뜻한 물이 콸콸 나온다. 굳이 밖에 나가지 않더라도 컴퓨터와 스마트폰만 있으면 누구와 언제든지 이야기를 나눌 수 있다. 생활은 편리해졌지만 함께 모여 정을 나눌 공간이 사라지고, 우물가에 모여 기쁜 일, 슬픈 일을 함께 나누며 웃고 우는 이웃이 사라져 가는 것이 새삼 서글프다.

✸ 지학이가 도와줄게! - 3 **1**

글 속에서 과거 장독의 기능과 의미를 찾아보는 활동이야. 글쓴이가 세월이 흐른 후 깨달은 장독의 의미가 무엇이었는지 찾아보렴. 그리고 오늘날 우리의 삶에 비추어 장독의 의미가 어떻게 변화했는지도 생각해 보자.

✸ 지학이가 도와줄게! - 3 **2**

과거의 삶의 모습과 가치를 반영하고 있는 대상 중에서 오늘날 의미가 달라졌거나 사라져 가고 있는 것을 찾아보는 활동이야. 각자 직접 알고 있거나 문학 작품이나 영화 등에서 보았던 대상 중에서 오늘날 우리의 삶을 성찰하게 하는 대상을 찾아보렴.

✸ 지학이가 도와줄게! - 3 **3**

2 에서 찾은 대상이 어떤 가치를 지니고 있는지 생각해 보고, 그 가치를 오늘날의 관점에서 평가해 본 후, 오늘날 우리의 삶을 성찰해 보는 활동이야. 그 대상과 관련한 과거의 삶의 모습을 구체적으로 떠올려 보고, 시대의 흐름과 인식의 변화 때문에 사라져 가는 과거의 가치가 무엇인지 생각해 보자.

🍃 시험엔 이렇게!!

5. 이 글에서 알 수 있는, 장독과 관련한 과거의 삶의 모습으로 적절하지 **않은** 것은?

① 대부분의 집에 장독대가 따로 있었다.
② 장독은 한 집안의 존재를 상징하는 것이었다.
③ 어머니는 가족의 안전을 염원하며 장독대를 닦기도 했다.
④ 이사를 갈 때에는 기존의 집에 모든 장독들을 두고 갔다.
⑤ 장독대가 있던 시절에는 우리 고유의 정과 사랑이 있었다.

학습활동

창의 · 융합 활동

 혼자 하기 ☺

‖ 다음은 도시에서의 삶에 지친 주인공이 고향으로 돌아가 자신의 상처를 치유하는 과정을 그린 영화 『리틀 포레스트』입니다. 영화를 감상하고, 이어지는 활동을 해 봅시다.

봄 여름 가을 겨울

1. 영화 속 주인공에게 고향의 사계절은 어떤 의미가 있는지 생각해 봅시다.

예시 답 | 배고파서 돌아왔다는 주인공에게 다채로운 자연의 식재료를 아낌없이 내주는 고향의 사계절은 어린 시절 사랑의 음식으로 주인공의 마음을 따뜻하게 품어 주었던 어머니와 같은 의미를 지니는 것 같다.

2. 가장 인상 깊은 대사나 장면을 찾아 그 의미를 말해 봅시다.

예시

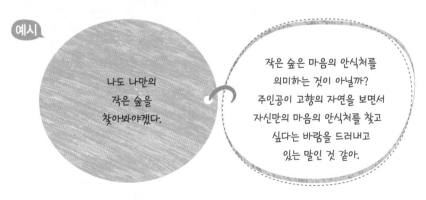

나도 나만의 작은 숲을 찾아봐야겠다.

작은 숲은 마음의 안식처를 의미하는 것이 아닐까? 주인공이 고향의 자연을 보면서 자신만의 마음의 안식처를 찾고 싶다는 바람을 드러내고 있는 말인 것 같아.

예시 답 | 주인공의 친구가 회사에서 뛰쳐나와 고향 집으로 돌아온 까닭을 설명하면서 "다른 사람이 결정하는 인생은 살고 싶지 않아."라고 말한 부분이 기억에 남아. 지금 나는 과연 내 뜻대로 내가 하고 싶은 일을 하며 살고 있는가에 관한 생각을 하게 되었어.

영화를 감상하고 자연에 순응하며 사는 삶의 가치에 관한 짧은 글 쓰기

○ **활동 탐구**
영화 『리틀 포레스트』를 감상하고 그 영화에 담긴, 자연에 순응하며 사는 삶의 가치에 관한 짧은 글을 지어 보는 활동이다. 각자 영화 속 주인공이 되어 자연과 하나 되는 경험을 해 보고, 오늘날 자신의 삶을 성찰한다.

○ **활동 제재 개관**
해제: 혜원이 도시에서의 경쟁으로 인해 얻은 상처를 치유하기 위해 고향의 자연을 찾으면서 일어나는 이야기를 다루고 있다. 고향에서 사계절의 변화에 따라 자연과 함께하는 삶을 살아가면서 혜원은 상처를 치유하고 다시 살아갈 힘을 얻는다.
갈래: 영화
성격: 향토적, 전원적, 성찰적
주제: 자연과 함께하는 삶을 통한 상처의 치유

★ 지학이가 도와줄게! – 1
주인공인 혜원의 입장이 되어 혜원에게 사계절의 자연이 어떤 의미일지 생각해 보렴. 봄, 여름, 가을, 겨울이 지나면 또 봄이 시작되는 계절의 순환, 계절에 따라 달라지는 식재료들, 각 계절이 지닌 상징적 의미 등과 관련하여 사계절의 자연이 지닌 의미를 해석해 보자.

★ 지학이가 도와줄게! – 2
영화를 감상하면서 가장 인상 깊은 대사나 장면을 떠올려 보자. 그런 다음 그 대사와 장면이 어떤 의미를 담고 있는지에 관해 이야기해 보렴. 등장인물의 처지, 영화의 주제와 관련지어 영화 속 대사나 장면의 의미를 파악해 보면 좋을 거야.

---

3. 다음은 주인공의 엄마가 남긴 편지의 일부입니다. 편지를 읽고, 주인공의 상황에서 엄마에게 짧은 답장을 써 봅시다.

> 내가 여기를 떠나지 않은 이유는 너를 여기에 심고 뿌리내리게 하고 싶어서였어. 혜원이가 힘들 때마다 이곳의 흙냄새와 바람과 햇볕을 기억한다면 언제든 다시 털고 다시 일어설 수 있을 거라고 엄마는 믿어.

조건
- 주인공의 과거의 삶과 가치가 남아 있는 고향의 의미가 드러나게 쓸 것.
- 자신의 상처를 치유하겠다는 주인공의 다짐이 드러나게 쓸 것.

예시 답ㅣ 내게 무언가 좋은 일이 있을 때나 혹은 안 좋은 일이 있을 때면 엄마는 항상 제철 음식을 해 주셨어. 엄마에게 어깨너머로 배운 요리법은 도시 생활을 하며 배고팠던 나를 살리고 있어. 나는 도시로부터 도망친 게 아니야. 따뜻한 한 끼와 그걸 챙기는 나를 소중하게 여기게 되었기 때문에 고향에 정착하려는 거야. 그러니까 아무 걱정하지 마. 나는 이곳에서 나만의 소중한 숲을 찾아 아름답게 가꾸며 지낼 테니까.

지학이가 도와줄게! – 3

영화를 감상할 때에는 주인공에게 감정을 이입하여 자신이 주인공인 것처럼 영화 속 상황을 경험해 보는 것이 좋단다. 이 영화에서는 그런 과정을 통해 자연과 하나 되어 사는 삶의 가치를 깨달을 수 있어. 주인공의 엄마가 주인공에게 남긴 편지에도 그러한 삶의 가치가 드러나 있지. 주인공의 엄마가 주인공으로 하여금 자연에 뿌리내리게 하고 싶었던 까닭은 무엇일지, 자연에 어떤 가치를 부여하고 있는지 등을 생각해 보면서 답장을 써 보렴. 답장을 쓸 때엔 주의할 점이 있어. 이 활동에는 조건이 주어져 있으니까 주인공의 입장에서 제시된 조건에 맞게 답장을 작성해야 한다는 것을 기억하렴.

➕ **보충 자료**

영화 「리틀 포레스트」 명대사
- "나도 이곳의 토양과 공기를 먹고 자란 작물이라는 걸."
- "그렇게 바쁘게 산다고 문제가 해결돼?"
- "온기가 있는 생명은 다 의지가 되는 법이야."
- "기다려, 기다릴 줄 알아야 최고로 맛있는 음식을 맛볼 수 있어."
- "아무것도 시도하지 않는 것보다는 분명 의미 있는 시간일 거라고 믿어."

소단원 콕! 짚고 가기

소단원 제재

1. 제재 정리

작가	공선옥(1963~)	갈래	현대 수필
성격	회고적, 사색적, 체험적, 감상적	제재	①□□□에 얽힌 사연
주제	토담집에서의 자연 친화적 삶에 대한 그리움		
특징	• ②□□□ 시점을 사용하여 '그'의 이야기를 서술함으로써 객관성을 확보함. • 과거의 집과 현재의 집에서의 삶의 모습을 대비함으로써 주제를 부각함.		

2. 구성

처음	중간	끝
토담집에서 태어난 넷째 아들의 출산 과정	토담집의 유래와 유년 시절 토담집에서의 추억	탄생과 죽음이 없는 우리들의 집(아파트)

핵심 포인트

1. 과거 토담집에서의 삶과 현재의 삶의 모습

과거 토담집에서의 삶		현재의 삶
• 사계절과 밤낮의 변화를 분명히 느낌. • ③□□와/과 죽음이 있음. • 자연과 조화를 이루며 자연의 섭리에 순응하며 살아감.	대조	• 사계절과 밤낮의 변화가 불분명함. • 탄생과 죽음이 없음. • 자연과 단절된 상태로 자연의 이치를 거스르며 살아감.

2. 현재에 잃어버린 과거 집의 역할과 가치

• 단순히 거주하는 공간을 넘어서서, 아이들이 알아 가고 경험하는 세계로서의 의미를 지님.
• 자연의 섭리에 ④□□하고 자연과 함께하는 자연 친화적 삶을 가능하게 함.
• 태어나고 성장하여 죽기까지 한 사람의 인생과 궤를 같이함.

3. 이 글에 쓰인 서술 방식과 그 효과

서술 방식	효과
3인칭 시점을 사용하여 '그'의 이야기를 들려주고 있음.	'나'의 주관적 생각이나 느낌을 직접 드러내지 않고 이야기의 객관성을 확보함.
글의 끝부분에서 '그'에서 '우리'로 시점이 변화하고 있음.	'그'의 이야기를 '우리'의 이야기로 확대하면서 '그'의 이야기가 특수한 개인의 이야기가 아니라 '우리' 모두의 ⑤□□ 이야기임을 효과적으로 드러냄.

정답: ① 토담집 ② 3인칭
③ 탄생 ④ 순응 ⑤ 보편적

[01~04] 다음 글을 읽고, 물음에 답하시오.

가 저녁 어스름이 내리고 있을 무렵이었다. 돌확에 곱게 간 보리쌀을 솥에 안쳐 한소끔 끓여 내놓고서 쌀 한 줌과 끓여 낸 보리쌀을 섞으려고 허리를 구부리는 순간 산기가 느껴졌다. 아낙은 서두르지 않고 침착하게 쌀과 보리를 섞은 다음 아궁이에 불을 지펴 놓고 텃밭으로 갔다

나 장에 간 남편은 어디서 술을 한잔하는지 저녁이 되어도 돌아오지 않고 이제 곧 세상에 나오려고 신호를 보내기 시작한 뱃속의 아기 위로 셋이나 되는 아이들은 저녁의 골목에서 제 어미가 저녁밥 먹으라고 부르기를 기대하며 와자하게 놀고 있었다.

다 아낙은 저녁 찬거리로 텃밭의 가지와 호박을 따다가 잠시 땅바닥에 쭈그리고 앉았다. 뱃속의 아기가 이번에는 좀 더 강한 신호를 보내왔다. 아낙은 진통이 가시기를 기다려 찬거리를 안아 들고 텃밭을 나왔다. 아궁이에서 밥이 끓기 시작하자 텃밭에서 따 온 가지를 끓고 있는 밥물 위에 올려 놓고 호박과 호박잎을 뚝뚝 썰어 톱톱하게 받아 놓은 뜨물에 된장국을 끓이고 오이채를 썰어 매콤한 오잇국을 만들어서 저녁상을 차렸다. 그러고 나서 아이 낳을 채비를 하기 시작했다.

라 물을 데워 놓고 끓는 물에 아기 탯줄 자를 가위를 소독하고 미역도 담가 놓고 안방 바닥에 짚을 깔고 그 위에 드러누웠다. 장에 가서 술 한잔 걸치고 뱃노래를 흥얼거리며 아낙의 남편이 막 사립문을 들어섰을 때 안방 쪽에서 갓 태어난 아기 울음소리가 들려오고 있었다. 순산이었다. 남편은 늘 그래 왔듯이, 첫째 때도 둘째 때도 셋째 때도 그러했듯이, 술 취한 기분에도 부엌으로 들어가 아내가 미리 물에 담가 둔 미역을 씻어 첫국밥을 끓였다. 첫국밥을 끓여서 아내에게 들여놓아 주고 나서 남편은 사립문 양쪽에 대나무를 세우고 새끼줄에 검은 숯과 붉은 고추를 끼워 대나무에 매달았다. 넷째 아들이 태어나던 날 밤.

마 그의 어머니는 그렇게 팔 남매를 낳았다. 집은 토담집이었다. 그의 아버지와 어머니가 신접살림을 나면서 손수 지은 집이었다.

01. 이 글에 대한 설명으로 적절한 것은?
① '아낙'은 글쓴이 자신이다.
② 인물의 심리 변화가 자세히 서술되어 있다.
③ 인물의 내적 갈등을 중심으로 사건이 전개된다.
④ 3인칭 시점을 사용하여 객관성을 확보하고 있다.
⑤ 비유적 표현을 사용하여 상황을 생생하게 묘사하고 있다.

02. (가)~(마) 중, 다음에서 말하는 과거의 삶의 모습이 반영된 문단은?

"과거에는 아이를 낳으면 부정한 것의 침범을 막기 위해 문에 금줄을 매달았다는 이야기를 들은 적이 있어."

① (가) ② (나) ③ (다) ④ (라) ⑤ (마)

03. (가)~(라)의 중심 내용으로 적절한 것은?
① 농촌에 사는 아낙이 저녁상을 차리는 과정
② 토담집에서 태어난 넷째 아들의 출산 과정
③ '그'의 아버지와 어머니가 생각하는 집의 의미
④ 출산 과정에서 어머니가 느끼는 고통과 기쁨
⑤ 서로에게 힘이 되는 아내와 남편의 정겨운 모습

활동 응용 문제 |서술형|

04. 이 글과 〈보기〉를 참고하여, 과거와 현재의 다른 점을 〈조건〉에 맞게 서술하시오.

보기
병원에서 태어나 수십 군데 이사를 다니고 나서 겨우 장만한 아파트. 그 사각진 콘크리트 벽 속에 살고 있는 그의 아이는 여름에 긴팔 옷을 입고 겨울에 반팔 옷을 입는다.
돈은 은행에서 나고 먹을 것은 슈퍼에서 나는 것으로 아는 아이는, 수박이 어느 계절의 과일인지 분간하지 못하는 아이는 그래서 봄 여름 가을 겨울을 알지 못한다.

조건
• 과거의 집의 기능을 〈보기〉에 나타난 삶의 모습과 대조하여 한 문장으로 쓸 것.

[05~08] 다음 글을 읽고, 물음에 답하시오.

가 그의 어머니는 그렇게 팔 남매를 낳았다. 집은 토담집이었다. 그의 아버지와 어머니가 신접살림을 나면서 손수 지은 집이었다. 판판한 주춧돌 위에 튼튼한 소나무 기둥을 세우고 지붕을 만들었다. 마을에서는 그렇게 새집 짓는 일을 '성주 모신다'고 했다. 마을 남정네들은 집 짓는 일을 돕고 아낙들은 음식을 만들었다. 황토에 논흙을 섞고 짚을 썰어 지붕 흙을 만들고 몇 사람은 지붕 위로 올라가고 몇 사람은 마당에 길게 서서 다 이겨진 흙을 지붕 위로 올렸다.

나 그와 그의 형제들은 바로 그 집에서 나고 그 집에서 컸다. 노란 흙벽, 노란 초가지붕, 노란 마루, 노란 마당, 정다운 노란 집. 그 집의 봄 여름 가을 겨울. 봄 여름 가을 겨울의 아침과 낮과 저녁과 밤이 그 집 아이들의 성장에 함께 있었다. 그는 그 집의 봄 여름 가을 겨울과 봄 여름 가을 겨울의 어느 아침과 낮과 저녁과 밤을 먼 훗날까지 그의 영혼 깊은 곳에 간직해 두고서는 몹시 힘들고 고달픈 도시에서의 봄 여름 가을 겨울의 어느 아침과 낮과 저녁과 밤에 ㉠마음 속의 보석처럼 소중한 그 추억들을 끄집어내 보고는 했다.

다 그 집은 그 집 아이들에게 작은 우주였다. 그곳에는 많은 비밀이 있었다. 자연 속에는 눈에 보이는 것 말고도 눈에 보이지 않는 무한한 비밀이 감춰져 있었다. 그는 그 집에서 크면서 자연 속에 감춰진 비밀들을 깨달아 갔다.

라 석양의 북새, 혹은 낮게 깔리는 굴뚝 연기를 보고 그는 비설거지를 했다. 그런 다음 날은 틀림없이 비가 올 것이므로. 비가 온 날 저녁에는 또 지렁이가 밤새 운다는 것을 그는 알고 있었다. 똑또르 똑또르 하는 지렁이 울음소리. 냄새와 소리와 맛과 색깔과 형태들이 그 집에서는 선명했다. 모든 것들이 말이다. 왜냐하면 봄과 여름과 가을과 겨울과 아침과 낮과 저녁과 밤이 그 집에서는 뚜렷했으므로. 자연이 그러한 것처럼 사람들의 삶이 명료했다.

마 이제 그 집을 떠난 그에게는 모든 것이 불분명하다. 아침과 저녁이 불분명하고 사계절이 불분명하고 오감이 불분명하다. 병원에서 태어나 수십 군데 이사를 다니고 나서 겨우 장만한 아파트. 그 사각진 콘크리트 벽 속에 살고 있는 그의 아이는 여름에 긴팔 옷을 입고 겨울에 반팔 옷을 입는다.

05. 이 글에 나타난 '그'의 과거의 삶에 대한 설명으로 적절하지 <u>않은</u> 것은?

① 병원이 아닌 집에서 태어났다.
② 흙으로 만든 노란 토담집에서 자라났다.
③ '그'가 살던 집은 부모님께서 직접 지으셨다.
④ 계절과 밤낮의 변화를 뚜렷하게 느끼며 살았다.
⑤ 우주처럼 느껴질 정도로 큰 집에서 여유롭게 생활했다.

활동 응용 문제

06. 이 글에서 알 수 있는 토담집의 의미와 가치를 〈보기〉에서 모두 골라 묶은 것은?

┤ 보기 ├
ㄱ. 자연과 함께하는 자연 친화적 삶을 살 수 있었다.
ㄴ. 생명이 탄생하고 한 사람의 인생이 시작되는 곳이었다.
ㄷ. 아이들의 움직임을 고려하여 공간을 효율적으로 배치하였다.
ㄹ. 단순히 거주하는 공간을 넘어서서 아이들이 알아 가고 경험하는 세계로서의 의미를 지녔다.

① ㄱ　　　　② ㄴ, ㄷ　　　　③ ㄱ, ㄴ, ㄹ
④ ㄴ, ㄷ, ㄹ　　⑤ ㄱ, ㄴ, ㄷ, ㄹ

07. ㉠에 대한 설명으로 적절하지 <u>않은</u> 것은?

① 유년 시절 토담집에서의 추억들을 가리킨다.
② 토담집을 지을 때 이웃이 도와준 것을 말한다.
③ '자연 속에 감춰진 비밀들'에 해당한다.
④ 비가 온 날 저녁에 들었던 지렁이의 울음소리를 말한다.
⑤ 석양의 북새나 굴뚝 연기를 보고 비설거지를 한 것을 말한다.

활동 응용 문제 |서술형|

08. (라)와 (마)를 바탕으로 '그'의 삶과 '그'의 아이의 삶이 어떻게 다른지 한 문장으로 서술하시오.

[09~12] 다음 글을 읽고, 물음에 답하시오.

㉮ 그와 그의 형제들은 바로 그 집에서 나고 그 집에서 컸다. 노란 흙벽, 노란 초가지붕, 노란 마루, 노란 마당, 정다운 노란 집. 그 집의 봄 여름 가을 겨울. 봄 여름 가을 겨울의 아침과 낮과 저녁과 밤이 그 집 아이들의 성장에 함께 있었다.

㉯ 석양의 북새, 혹은 낮게 깔리는 굴뚝 연기를 보고 그는 비설거지를 했다. 그런 다음 날은 틀림없이 비가 올 것이므로. 비가 온 날 저녁에는 또 지렁이가 밤새 운다는 것을 그는 알고 있었다. 똑또르 똑또르 하는 지렁이 울음소리. 냄새와 소리와 맛과 색깔과 형태들이 그 집에서는 선명했다. 모든 것들이 말이다. 왜냐하면 봄과 여름과 가을과 겨울과 아침과 낮과 저녁과 밤이 그 집에서는 뚜렷했으므로. 자연이 그러한 것처럼 사람들의 삶이 명료했다.

㉰ 이제 그 집을 떠난 그에게는 모든 것이 불분명하다. 아침과 저녁이 불분명하고 사계절이 불분명하고 오감이 불분명하다. 병원에서 태어나 수십 군데 이사를 다니고 나서 겨우 장만한 아파트. 그 사각진 콘크리트 벽 속에 살고 있는 그의 아이는 여름에 긴팔 옷을 입고 겨울에 반팔 옷을 입는다.

㉱ 돈은 은행에서 나고 먹을 것은 슈퍼에서 나는 것으로 아는 아이는, 수박이 어느 계절의 과일인지 분간하지 못하는 아이는 그래서 봄 여름 가을 겨울을 알지 못한다. 아침저녁의 냄새와 소리와 맛과 형태와 색깔이 어떻게 다른지 알지 못한다.

㉲ 어머니의 부음을 듣고 그는 그가 나고 성장한 그 노란 집으로 갔다. 팔 남매를 낳고 기르느라 조그마해질 대로 조그마해진 어머니는 바로 자신의 아이들을 낳았던 그 자리에 자신의 몸을 부려 놓고 있었다.

㉳ 그 집, 노란 그 집에 탄생과 죽음이 있었다. 그 집 안주인의 죽음 이후 그 집은 적막해졌다. 아무도 그 집에 들어와 살지 않을 것이며 누구도 아이를 그 집에서 낳지 않을 것이며 그러므로 죽음 또한 그 집에서는 일어나지 않을 것이다. 그 집의 역사는 그렇게 끝이 난 것이다.

㉴ 우리들의 어머니의 죽음과 함께 조왕신과 성주신이 살지 않는 우리들의 집은 이제 적막하다. 더 이상의 탄생과 죽음이 없는 우리들의 집은 쓸쓸하다.

우리는 오늘 밤도 쓸쓸한 집으로 돌아들 간다.

09. 이 글에서 알 수 있는 글쓴이의 생각으로 적절한 것은?

① 가족 간의 대화가 단절된 현실에 대한 비판
② 가족을 위해 밤낮으로 헌신했던 어머니에 대한 그리움
③ 인간의 삶의 본질에 쓸쓸함과 외로움이 있다는 깨달음
④ 사람의 죽음에 대해 무관심한 사회 분위기에 대한 불만
⑤ 모든 것이 명료하지 않은 아파트에서의 삶에 대한 아쉬움

10. 이 글에 주로 쓰인 표현 방법으로 적절한 것은?

① 과거 토담집의 구조를 분석하고 있다.
② 과거와 현재의 집에서의 삶을 대비하고 있다.
③ 현대인의 집을 다양한 형태로 분류하고 있다.
④ 사계절이 지닌 특징을 예를 들어 보여 주고 있다.
⑤ 자연이 인간의 삶에 미치는 영향을 인과의 방법으로 서술하고 있다.

활동 응용 문제

11. 이 글에서 알 수 있는 과거에 집이 지녔던 역할이나 가치로 적절한 것은?

① 집 안에서 자급자족이 가능하다.
② 한 사람의 탄생과 성장, 죽음을 함께한다.
③ 대가족이 함께 살며 공동체적 삶의 가치를 구현한다.
④ 한 나라의 흥망성쇠와 함께하여 역사적 의미를 지닌다.
⑤ 자연이 주는 시련을 극복함으로써 삶의 지혜를 얻게 한다.

활동 응용 문제 |서술형|

12. 이 글에 나타난 서술 방식상의 특징과 그 효과를 〈조건〉에 맞게 서술하시오.

| 조건 |
• 이 글에서 서술 시점의 변화를 보여 주는 말을 찾아 활용할 것.
• 서술 시점의 변화와 그 효과를 각각 한 문장으로 쓸 것.

(3) 심청전

생각 열기

다음은 '효(孝)'를 주제로 한 광고입니다. 광고를 보고, 아래의 활동을 해 봅시다.

오 분 기다린 상사에게는

죄송합니다.
늦었습니다.

평생을 기다려 준 부모님께는

왜
나왔어?

이렇게 열자

'효(孝)'를 주제로 한 이 광고의 제목은 '말 한마디가 효도입니다'이다. 이를 보면서 오늘날에는 '효'의 가치를 어떻게 여기고 있는지 살펴보는 활동이다.

광고 속 청년은 오 분 기다린 상사에게는 죄송하다고 사과하고 있지만, 평생을 기다려 주신 부모님께는 고맙다는 감사의 말은커녕 왜 나왔냐며 질책하는 듯한 말을 하고 있다. 이러한 광고 속 청년의 행동에 대해 평가해 보고, 이 광고에 비추어 보았을 때 효란 무엇일지 생각해 본다. 나아가 과거의 효와 오늘날의 효는 어떻게 같고 다른지 생각해 보면서 효에 관한 과거와 오늘날의 인식을 비교해 본다.

이를 통해 문학 작품에 반영된 과거의 가치도 시대의 흐름에 따른 인식의 변화로 오늘날의 관점에서 새롭게 평가하고 재해석될 수 있음을 이해한다.

• 광고 속 청년의 행동을 자신의 관점에서 평가해 봅시다.

예시 답 l • 추운 겨울날 밖에서 자신을 기다리고 계시는 엄마에 대한 안쓰러움 때문에 무뚝뚝하게 대하고 있는 것 같다.
• 어색함과 쑥스러움 때문에 부모님께 자신의 마음을 잘 표현하지 못하는 것 같다.

• 과거의 효와 비교할 때 오늘날 효의 가치와 인식이 어떻게 변하였다고 생각하는지 말해 봅시다.

예시 답 l 효라는 가치는 과거부터 지금까지 중요하게 여겨지고 있지만 효에 관한 인식은 많이 바뀌었다. 과거에는 부모님을 위해 자신을 희생하거나 부모님을 극진히 봉양하는 것을 당연한 효라고 생각했었는데, 오늘날에는 부모님께 자신의 마음을 잘 표현하는 것도 효라고 생각한다.

이 단원의 학습 요소

학습 목표 | 작품에 담긴 과거의 가치를 오늘날의 관점에서 수용할 수 있다.

작품에 반영된 과거의 삶과 오늘날의 삶 비교하기	소설에 반영된 과거의 삶의 모습과 오늘날의 삶의 모습을 비교하여 이해할 수 있다.
작품 속 가치를 주체적으로 평가하고 수용하기	소설에 담긴 과거의 가치를 오늘날의 관점에서 주체적으로 평가하고 수용하여 인간의 삶에 관한 이해를 넓힐 수 있다.

소단원 바탕 학습

핵심 개념 미리 보기

1. 문학 작품에 담긴 가치의 보편성과 특수성

- 가치의 보편성: 시대와 지역을 초월하여 누구나 공감할 수 있는 가치, 오늘날까지 변하지 않는 삶의 가치
- 가치의 특수성: 시대나 사회·문화적 배경에 따라 다르게 평가될 수 있는 가치, 오늘날 달라질 수 있는 삶의 가치

㉖「심청전」에 반영된 가치의 보편성과 특수성

> 심청이 아버지 심 봉사의 눈을 뜨게 하려고 공양미 3백 석에 자신의 몸을 팔아 인당수에 빠짐.

↓

가치의 보편성	가치의 특수성
자신을 길러 준 부모에게 효도하는 것이 자식의 도리라는 사실은 오늘날에도 변함없는 가치임.	눈먼 아버지를 홀로 남겨 두고 죽으려 한 것이 진정한 효도인지에 대한 생각은 다를 수 있음.

2. 문학 작품 속 가치의 주체적 수용

- 작품에 반영된 과거의 삶의 모습과 가치를 현대적 관점에서 재해석한다.
- 작품에 나타난 과거의 가치를 자신만의 관점으로 새롭게 재평가한다.
- 작품 속 가치에 대한 재해석과 재평가를 통해 자신의 삶을 성찰하며 인간의 삶에 관한 이해를 넓힌다.
- 작품 속에 반영된 과거의 삶 중에서 오늘날에도 가치 있는 것과 오늘날의 관점에서 새롭게 평가해야 하는 것을 구분하고, 작품을 오늘날의 삶에 비추어 감상한다.

3. 소설에 반영된 과거의 삶의 모습과 가치를 파악하는 방법

- 과거의 시대 모습을 보여 주는 소재나 배경을 통해 과거 삶의 모습을 파악한다.
- 인물의 행동, 인물 간의 대화, 인물의 갈등 해결 과정 등을 단서로 삼아 과거에 중요시되던 삶의 가치를 파악한다.
- 주요 소재와 중심 사건에 담긴 함축적 의미를 통해 드러나는 과거의 삶의 가치를 이해한다.

4. 과거의 삶이 반영된 소설을 오늘날의 삶에 비추어 감상하기

소설 속 인물, 배경, 사건을 통해 과거의 삶의 모습과 가치를 파악하기	→	소설에 드러난 과거의 삶을 오늘날의 삶과 비교하며 공통점과 차이점을 파악하기	→	소설에 반영된 과거의 삶의 가치를 오늘날의 관점에서 주체적으로 평가하고 수용하기

제재 훑어보기

심청전(작자 미상)

- **해제**: 심청이라는 인물을 중심으로 심청의 희생과 환생, 심 봉사의 개안(開眼)이라는 내용 전개를 통해 유교적 관념인 '효'를 형상화하고 있는 작품이다.
- **갈래**: 고전 소설, 판소리계 소설, 윤리 소설, 설화 소설
- **성격**: 교훈적, 비현실적, 환상적
- **제재**: 심청의 효
- **주제**: 부모에 대한 지극한 효심과 인과응보
- **특징**
  ① 유교적 덕목인 '효'를 강조한다.
  ② 현실 세계를 중심으로 펼쳐지는 전반부와 환상적인 이야기 중심의 후반부로 내용이 구분된다.
  ③ 전래되는 설화에서 판소리로 가창되다가 고전 소설로 정착되었다.
- **구성(작품 전체)**

전반부	심청이 가난하고 비천하게 살다가 아버지인 심 봉사의 눈을 뜨게 하려고 공양미 3백 석에 몸을 팔아 인당수의 제물이 됨.

전환점	심청이 인당수로 투신함.

후반부	인당수에 빠진 심청이 용왕에게 구출되고, 이후 황후가 된 심청이 맹인 잔치에서 부친과 상봉하게 됨.

심청전 _작자 미상

학습 포인트
· 작품에 반영된 삶의 모습 파악하기
· '공양미 3백 석'의 의미 이해하기

[앞부분 줄거리]

심 봉사는 늦은 나이에 딸 청이를 얻게 되나 얼마 뒤 아내 곽씨 부인이 죽게 된다. 심 봉사는 온갖 고생
_{소설의 주인공: 심청}
을 하며 딸을 키우고, 심청은 자라면서 아버지를 지극 정성으로 봉양한다. 그러던 어느 날 심 봉사는 심청
_{심청은 어려서부터 효심이 남다름.}
을 마중 나가다가 물에 빠지는 사고를 당하고, 이때 지나가던 중이 그를 구한다. 신세를 한탄하는 심 봉사
에게 중은 쌀 3백 석을 시주하면 눈을 뜨게 된다는 말을 하고, 이에 심 봉사는 앞뒤 생각 없이 덜컥 시주하
_{심청이 인당수의 제물로 자신을 팔게 되는 계기}
겠다는 약속을 해 버린다. 뒤늦게 이 일을 후회하며 근심하는 아버지를 위해 심청은 제물로 바칠 처녀를
사러 다니는 남경 뱃사람들에게 쌀 3백 석을 받고 자신의 몸을 팔고자 한다.
_{배를 부리거나 배에서 일하는 사람}

전반부 1 **1** 하루는 들으니,

'남경 장사 뱃사람들이 열다섯 살 난 처녀를 사려 한다.'
_{심청의 나이가 15세임.}

하기에, 심청이 그 말을 반겨 듣고 귀덕 어미를 사이에 넣어 사람 사려 하는 까닭
_{이웃에 사는 여인}　　　_{통해}
을 물으니,

❶"우리는 남경 뱃사람으로 인당수를 지나갈 제 제물로 제사하면 가없는 너른
_{뱃사람들이 15세 처녀를 사려는 까닭: 인당수를 무사히 건너고 돈을 벌기 위해}
바다를 무사히 건너고 수만금 이익을 내기로, 몸을 팔려 하는 처녀가 있으면
값을 아끼지 않고 주겠습니다."

하기에 심청이 반겨 듣고,

"나는 이 동네 사람인데, ❷우리 아버지가 앞을 못 보셔서 '공양미 3백 석을 지
_{심청이 자신의 목숨을 팔려는 까닭: 눈먼 아버지의 눈을 뜨게 해 드리려고}
성으로 불공하면 눈을 떠 보리라.' 하기로, 집안 형편이 어려워 장만할 길이 전
혀 없어 내 몸을 팔려 하니 나를 사 가는 것이 어떠하실는지요?"

뱃사람들이 이 말을 듣고,
_{심청의 인물됨: 아버지의 개안(開眼)을 위해 자신의 하나뿐인 목숨을 바치려 함.}
"효성이 지극하나 가련하군요."
_{심청이 처한 상황: 공양미 3백 석을 마련하기 위해 목숨을 내놓아야 함.}
하며 허락하고, 즉시 쌀 3백 석을 몽운사로 날라다 주고,

"오는 3월 보름날에 배가 떠나기로 되어 있습니다."

하고 가니, 심청이 아버지께 여쭙기를,

㉠"공양미 3백 석을 이미 실어다 주었으니, 이제는 근심치 마셔요."
_{→ 심청이 뱃사람들에게 제물이 되겠다는 약속을 하고 몽운사로 공양미 3백 석을 보냄.}

➕ **보충 자료**
판소리계 소설
· 뜻: 판소리(광대 한 사람이 고수의 북 장단에 맞추어 사설을 이어 부르는 우리의 민속 음악) 사설이 문자로 정착되어 형성된 고전 소설
· 특징
－ 여러 이본이 존재함.
－ 운문체와 산문체가 섞여 있음.
－ 조선 후기의 사회상과 평민들의 의식이 반영됨.
· 작품: 「춘향전」, 「흥부전」, 「토끼전」, 「심청전」 등

어휘 풀이
· 가없다: 끝이 없다.
· 공양미(供養米): 공양에 쓰는 쌀. '공양'은 부처 앞에 음식물을 올리는 일을 뜻함.
· 지성(至誠): 지극한 정성.

어구 풀이
❶ 젊은 처녀를 제물로 바치면 인당수를 무사히 지나갈 수 있다고 생각하는 뱃사람들의 모습에서, 자연이 주는 어려움을 극복하기 위해 사람을 제물로 바치던 과거의 삶의 모습을 짐작할 수 있다.
❷ 공양미 3백 석을 몽운사의 불전에 시주하면 아버지의 눈을 뜨게 할 수 있다고 믿는 심청의 모습을 통해, 신적 대상에게 소원을 빌면 그 소원이 이루어진다고 여겼던 과거 사람들의 생각을 알 수 있다.

찬찬샘 핵심 강의

■ 작품에 반영된 삶의 모습

1에는 심청이 아버지인 심 봉사의 눈을 뜨게 하기 위해 공양미 3백 석에 몸을 팔아 인당수의 제물이 되기로 결심하는 내용이 나와 있어. 요즘에는 상상하기조차 어려운 일이지? 이 부분에서 우리는 과거의 삶의 모습을 엿볼 수 있어. 뱃사람들이 심청을 인당수의 제물로 바치려는 까닭은 자신들의 안전과 재물을 지키기 위해서야. 당시에는 이렇게 바다에서 제사를 지낼 때 사람을 제물로 바치기도 했단다. 그리고 심청이 자신의 목숨을 내놓는 까닭은 공양미 3백 석이 필요했기 때문이야. 그것을 부처님께 바치면 눈먼 아버지가 눈을 뜰 수 있다고 믿었던 것이지. 신적 대상에게 소원을 빌면 이루어지리라고 생각했던 당시 사람들의 생각을 짐작할 수 있어.

▶핵심 포인트◀

내용	과거의 삶의 모습
뱃사람들이 인당수를 지날 때 제물로 제사하기 위해 15세 처녀를 삼.	자연으로부터의 안전을 지키고 재물을 얻기 위해 사람을 제물로 바침.
심청이 눈먼 아버지의 눈을 뜨게 하기 위해 몽운사의 불전에 공양미 3백 석을 시주함.	부처와 같은 신적 대상에게 소원을 빌면 이루어질 수 있다고 생각함.

■ '공양미 3백 석'의 의미

공양미 3백 석 때문에 심청은 자신의 목숨을 내놓았어. 그것은 눈먼 아버지의 눈을 뜨게 해 줄 수 있는 것이었으니까. 심청의 효심이 얼마나 지극했는지 알 수 있겠지? 하지만 안타깝게도 그 공양미 3백 석 때문에 심 봉사는 자신의 딸 심청과 영원히 이별해야 하는 슬픔을 겪게 된단다.

▶핵심 포인트◀

공양미 3백 석	• 심청이 자신의 몸을 판 값 • 심 봉사가 눈을 뜨기 위한 최소한의 조건
의미	• 심청의 효성을 상징함. • 심 봉사와 심청의 이별을 의미함.

콕콕 확인 문제

1. 이 글에 대한 설명으로 적절하지 <u>않은</u> 것은?

① 작가가 누구인지 알려져 있지 않다.
② 시간의 흐름에 따라 사건이 전개되고 있다.
③ 시 · 공간적 배경이 구체적으로 드러나 있지 않다.
④ 주인공이 서술자가 되어 이야기를 들려주고 있다.
⑤ 유교적 관념인 효를 중심으로 이야기가 펼쳐지고 있다.

2. 이 글의 등장인물인 심청에 대한 설명으로 적절하지 <u>않은</u> 것은?

① 심 봉사의 하나뿐인 딸이다.
② 현재 심청의 나이는 열다섯 살이다.
③ 어려서부터 아버지에 대한 효성이 지극하였다.
④ 태어난 지 얼마 되지 않아 어머니가 돌아가셨다.
⑤ 아버지와 함께 절을 찾아 소원을 비는 일이 많았다.

3. 이 글에 나타난 삶의 모습으로 적절하지 <u>않은</u> 것은?

① 사람을 제물로 바치는 풍습이 있었다.
② 해상 무역으로 돈을 버는 사람들이 있었다.
③ 절에 시주를 하면서 소원을 비는 문화가 있었다.
④ 부처와 같은 신적 대상에 대한 믿음을 가지고 있었다.
⑤ 가난 때문에 부모와 함께 살지 못하는 사람들이 많았다.

4. 이 글에서 알 수 있는 심 봉사의 성격으로 가장 적절한 것은?

① 가장으로서의 책임감이 부족하다.
② 생각이 깊지 않고 경솔하게 행동한다.
③ 자존심이 강하여 남에게 굽히지 않는다.
④ 낙천적이어서 다른 사람의 말에 쉽게 속는다.
⑤ 어려운 처지에 놓인 사람들을 헌신적으로 돕는다.

|서술형|
5. ㉠에 이르기까지의 과정을 서술하시오.

공양미 3백 석을 구할 수 없는 집안 형편을 알고 있어서

2 심 봉사가 깜짝 놀라,
공양미 3백 석을 어떻게 구했는지를 물어봄.

"너, 그 말이 웬 말이냐?"

└ 교과서 날개

심청같이 타고난 효녀가 어찌
서술자의 개입: 서술자가 이야기 속에 개입하여

아버지를 속이랴마는, 어찌할 수
심청의 입장을 옹호하며 서술함.

없는 형편이라 잠깐 거짓말로 속

여 대답한다.

❶"장 승상 댁 노부인이 달포 전에
한 달이 조금 넘는 기간

저를 수양딸로 삼으려 하셨는데
남의 자식을 데려다가 제 자식처럼 기른 딸

차마 허락지 않았습니다. 그러나

지금 형편으로는 공양미 3백 석을 장만할 길이 전혀 없기로 이 사연을 노부인
늙은 여자를 높여 이르는 말

께 말씀드렸더니, 쌀 3백 석을 내어 주시기에 수양딸로 팔리기로 했습니다."

심 봉사가 *물색도 모르면서 이 말만 반겨 듣고,
심청의 말이 거짓인 것을 모름. → 심 봉사의 단순한 성격이 드러남.

"그렇다면 고맙구나. 그 부인은 한 나라 재상의 부인이라 아마도 다르리라. 복

을 많이 받겠구나. 저러하기에 그 아들 삼 형제가 벼슬길에 나아갔나 보구나.

그나저나 양반의 자식으로 몸을 팔았단 말이 듣기에 *괴이하다마는 장 승상 댁

수양딸로 팔린 거야 어떻겠느냐. 언제 가느냐?"

"다음 달 보름날에 데려간다 합디다."

"어허, 그 일 매우 잘되었다."

➜ 심청이 공양미 3백 석을 받고 장 승상 댁 수양딸로 가게 되었다고 아버지에게 거짓말을 함.

전반부 1	심청이 뱃사람들에게 제물이 되겠다는 약속을 하고 받은 공양미 3백 석을 몽운사로 보낸 후, 아버지에게 장 승상 댁 수양딸로 가게 되었다고 거짓말을 함.

전반부 2 **3** 심청이 그날부터 곰곰 생각하니, 눈 어두운 백발 아비 영 이별하고 죽
심청의 근심 ①: 아버지와의 이별

을 일과 사람이 세상에 나서 열다섯 살에 죽을 일이 정신이 아득하고 일에도 뜻
심청의 근심 ②: 자신의 죽음

이 없어 식음을 *전폐하고 근심으로 지내다가, 다시금 생각하기를,
먹지도 마시지도 않고

'엎질러진 물이요, 쏘아 논 화살이다.'
한번 저지른 일을 다시 고치거나 중지할 수 없음을 비유적으로 이르는 속담

날이 점점 가까워 오니 생각하기를,
배가 떠나는 날, 심청이 집을 떠나는 날

'이러다간 안 되겠다. 내가 살았을 제 아버지 의복 빨래나 해 두리라.'
심청이 자신의 죽음을 앞두고 혼자 남게 될 아버지를 위해 의복 빨래를 함. → 효심이 깊음.

하고, 춘추 의복 *상침 *겹것, 하절 의복 한삼 *고의 박아 지어 들여놓고, 동절 의복

솜을 넣어 보에 싸서 농에 넣고, *청목으로 갓끈 접어 갓에 달아 벽에 걸고, *망건
심청이 죽을 날이 하루 앞으로 다가옴.

꾸며 *당줄 달아 걸어 두고, 배 떠날 날을 헤아리니 하룻밤이 남아 있다. 밤은 깊
하룻밤을 오경(五更)으로 나눈 셋째 부분. 밤 열한 시에서 새벽 한 시 사이

어 삼경인데 은하수 기울어졌다. 촛불을 대하여 두 무릎을 마주 꿇고 머리를 숙
서술자의 개입: 서술자가 이야기 속에 개입하여 심청의 심정을 헤아리며 동조함.

이고 한숨을 길게 쉬니, 아무리 효녀라도 마음이 온전하겠는가.

➜ 심청이 자신이 죽을 일과 아버지와의 이별을 걱정함.

186 4. 문학에 담긴 어제와 오늘

🎙 학습 포인트
· 서술자의 서술 태도 이해
 하기
· 심청의 행동에 드러난 인
 물됨 파악하기

읽기 중 활동

교과서 날개
심청이 아버지에게 왜 거짓말
을 했을지 생각해 봅시다.
→ 자신이 인당수 제물로 팔렸
다고 하면 아버지가 가슴 아파
하실까 봐 장 승상 댁 수양딸
로 가게 되었다는 거짓말을 한
것이다.

어휘 풀이
· 물색(物色): 어떤 일의 까닭
 이나 형편.
· 괴이하다: 이상야릇하다.
· 전폐(全廢): 아주 그만둠. 또
 는 모두 없앰.
· 상침(上針): 박아서 지은 겹
 옷이나 보료, 방석 따위의
 가장자리를 실밥이 겉으로
 드러나도록 꿰매는 일.
· 겹것: 겹옷. 솜을 두지 않고
 거죽과 안을 맞붙여 지은
 옷.
· 고의: 남자의 여름 홑바지.
· 청목(靑木): 검푸른 물을 들
 인 무명.
· 망건(網巾): 상투를 튼 사람
 이 머리카락을 걷어 올려 흘
 러내리지 아니하도록 머리에
 두르는 그물처럼 생긴 물건.
· 당줄: 망건에 달아 상투에 동
 여매는 줄.

어구 풀이
❶ 제물로 팔린 사실을 알면
아버지가 걱정하고 슬퍼할 것
을 염려하여 의도적으로 거짓
말을 하는 모습에서 심청의 효
심을 확인할 수 있다.

■ **서술자의 서술 방식과 태도**

　이 작품의 시점은 3인칭 전지적 시점으로, 서술자는 이야기 밖에서 인물의 심리를 모두 파악하여 전달하고 있어. 아버지와 이별하고 죽음을 맞이해야 하는 상황에서 심청이 느끼는 감정을 직접적으로 서술하고 있지. 또한 서술자는 심청에 대한 긍정적 태도를 드러내며 이야기 속에 개입하고 있어. 이런 것을 '서술자의 개입'이라고 하는데, '심청같이 타고난 효녀가 어찌 아버지를 속이랴마는'에서는 심청에 대한 생각을 직접 드러내기도 하고, '아무리 효녀라도 마음이 온전하겠는가.'에서는 심청의 심정에 적극적으로 공감하는 태도를 보이기도 한단다.

▶핵심 포인트◀

구절	서술자의 개입
'심청같이 타고난 효녀가 ~ 거짓말로 속여 대답한다.'	서술자가 이야기 속에 개입하여 심청에 대한 생각을 직접 드러내고 심청을 옹호함.
'아무리 효녀라도 마음이 온전하겠는가.'	서술자가 이야기 속에 개입하여 심청의 심정을 헤아리며 공감을 표현함.

■ **심청의 행동에 드러난 인물됨**

　②에서 심청이 아버지를 안심시키기 위해 하는 거짓말과 ③에서 심청이 아버지의 의복을 정성스레 지어 놓는 행동은 보는 이의 가슴을 뭉클하게 만들어. 아버지가 걱정하실까 봐 수양딸로 팔려 간다며 거짓을 말하고, 자신의 죽음을 앞두고 아버지의 의복을 정성껏 마련하는 심청의 행동에서 심청의 효심이 얼마나 지극한지 느낄 수 있단다.

▶핵심 포인트◀

심청의 행동	• 심청은 자신이 뱃사람들에게 팔려 인당수에 제물로 바쳐질 것이라는 사실을 아버지가 알면 걱정할까 봐 거짓말을 함. • 자신의 죽음을 앞둔 절박한 상황에서도 아버지의 옷을 지으며 혼자 남을 아버지를 걱정함.

↓

인물됨	아버지를 위하는 효심이 깊음.

6. 이 글의 내용과 일치하지 않는 것은?
① 심청은 다음 달 보름날에 집을 떠날 예정이다.
② 심 봉사는 심청과 이별할 상황에 슬픔을 느낀다.
③ 심청은 자신에게 닥칠 불행한 일 때문에 힘들어한다.
④ 심청은 공양미 3백 석을 구한 대신 목숨을 잃게 된다.
⑤ 심청은 앞으로 일어날 일이 돌이킬 수 없는 것임을 알고 있다.

7. 이 글의 서술 방식에 대한 이해로 가장 적절한 것은?
① 서술자는 이야기 안에서 인물의 행동에 대해 평가하고 있다.
② 이야기 밖에 있는 서술자가 이야기 속에 종종 끼어들고 있다.
③ 이야기 안에 있는 서술자가 인물의 말과 행동을 관찰하고 있다.
④ 이야기 밖에 있는 서술자가 인물의 생각을 추측하여 전달하고 있다.
⑤ 이야기 안에 있는 서술자가 인물의 속마음을 자세히 서술하고 있다.

8. ②와 ③에 공통으로 나타나는 심청의 인물됨으로 적절한 것은?
① 미래를 내다볼 줄 아는 선견지명이 있다.
② 긍정적이고 적극적인 성향을 지니고 있다.
③ 상대방을 배려할 줄 알고 효심이 지극하다.
④ 소심한 성격으로 쓸데없는 걱정이 많은 편이다.
⑤ 목적을 달성하기 위해 수단과 방법을 가리지 않는다.

9. ②에 나타난 심 봉사의 말과 행동에 대한 반응으로 가장 적절한 것은?
① 심청의 말을 있는 그대로 믿는 것을 보니 순진하고 어리숙해.
② 심청이 장 승상 댁 수양딸로 가는 것이 심 봉사의 평생소원이었군.
③ 심청이 하는 일에 무조건 찬성하는 것을 보니 줏대가 없는 사람이군.
④ 심 봉사는 양반 가문 사람이라 체면을 가장 중요하게 생각하는 것 같아.
⑤ 심청이 거짓말을 하는 것을 알면서도 애써 모른 척하는 모습이 안타까워.

|서술형|

10. ②에서 심청이 아버지에게 거짓말을 한 까닭을 〈조건〉에 맞게 서술하시오.

조건
• 심청을 '나'로 지칭하여 심청이 혼잣말을 하는 형식으로 쓸 것.

4 '아버지 버선이나 마지막으로 지으리라.'

하고 바늘에 실을 꿰어 드니, 가슴이 답답하고 두 눈이 침침, 정신이 아득하여
　　　　　　　　　　　　심청의 심정: 자신의 죽음과 아버지와의 이별을 생각하며 슬퍼함.
하염없는 울음이 가슴속에서 솟아나니, 아버지가 깰까 하여 크게 울지는 못하고

흐느끼며 얼굴도 대어 보고 손발도 만져 본다.
　　　아버지에 대한 애틋한 마음이 행동으로 드러남.
　　"날 볼 날이 몇 밤인가? 내가 한번 죽어지면 누굴 믿고 사실가? 애달프다, 우

리 아버지. 내가 철을 알고 나서 밥 빌기를 놓으시더니, 내일부터라도 동네 거
　　　　　　　心청이 일을 하며 아버지를 봉양했음을 알 수 있음.
지 되겠으니 눈치인들 오죽하며 멸시인들 오죽할까. 무슨 험한 팔자로서 초칠
　　　자신이 죽고 난 뒤의 아버지의 처지를 생각하며 슬퍼함.
일 안에 어머니 죽고 아버지조차 이별하니 이런 일도 또 있을까? ❶저문 날에
　　　심청이 자신의 처지를 한탄함.
구름일 때 소통천의 모자 이별, 수유꽃 꽃놀이에 근심하던 용산의 형제 이별,

타향살이 설위하던 위성의 친구 이별, 전쟁터에 임을 보낸 오희 월녀 부부 이

별, 이런 이별 많건마는 살아 당한 이별이야 소식 들을 날이 있고 만날 날이
　　　　　　　　　　　　　　자신이 죽고 나면 아버지를 다시는 만날 수 없다는 절망감이 드러남.
있건마는, 우리 부녀 이별이야 어느 날에 소식 알며 어느 때에 또 만날까. 돌

아가신 어머니는 ˙황천으로 가 계시고 나는 이제 죽게 되면 수궁으로 갈 것이
　　　　　　　　　　　　　　　　　심청은 인당수에 빠져 죽게 될 것임.
니, 수궁에서 황천 가기 몇만 리, 몇천 리나 되는고? 모녀 ˙상면하려 한들 어머

니가 나를 어찌 알며, 내가 어찌 어머니를 알리. 묻고 물어 찾아가서 모녀 상

면하는 날에 응당 아버지 소식을 물으실 테니 무슨 말씀으로 대답하리.
　　　　　　↗교과서 날개
　　　❷㉠오늘 밤 새벽 때를 ˙함지에다 머물

게 하고, 내일 아침 돋는 해를 ˙부

상지에다 매어 두면 가련하

신 우리 아버지 좀 더 모

셔 보련마는, 날이 가
　　　　　　　　　아버지와의
고 달이 가니 뉘라서
이별을 막을 수 없어 절망감을 느낌.
막을쏘냐. 애고 애고,

설운지고."

　천지가 사정없어 이윽

고 닭이 우니 심청이 하릴
심청이 떠나야 할 날이 밝음.
없어,

　㉡"닭아 닭아, 우지 마라. 제발 덕분에 우지 마라. ˙반야 진관에서 닭 울음 기다

리던 맹상군이 아니로다. 네가 울면 날이 새고, 날이 새면 나 죽는다. 죽기는
　　　　　의지할 데 없는　　　　　　자신의 죽음보다 혼자 남게 될 아버지를 더 걱정함. → 심청의 지극한 효심.
섧잖아도 의지 없는 우리 아버지 어찌 잊고 가잔 말이냐?"
　　　　　　　　→ 심청이 자신이 죽은 후 혼자 남게 될 아버지를 걱정하며 서러워함.

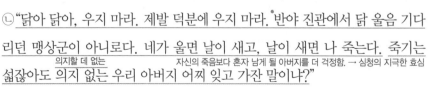

전반부 2 │ 심청이 혼자 남게 될 아버지를 걱정하며 슬퍼함.

읽기 중 활동

교과서 날개
뱃사람들에게 팔려 가는 심청
의 심정은 어떠했을까요?
→ 자신이 죽게 될 것을 생각하
니 두렵고 무서웠을 것이다. /
혼자 남게 될 아버지 걱정에
슬펐을 것이다.

어휘 풀이
· 황천(黃泉): 저승. 사람이 죽
은 뒤에 그 혼이 가서 산다
고 하는 세상.
· 상면(相面): 서로 만나서 얼
굴을 마주 봄.
· 함지(咸池): 해가 진다고 하
는 서쪽의 큰 못.
· 부상지: '중국 전설에서, 해
가 뜨는 동쪽 바닷속에 있다
고 하는 상상의 나무. 또는
그 나무가 있다는 곳.'을 뜻
하는 '부상(扶桑)'을 말함.
· 반야(半夜): 한밤중.

어구 풀이
❶ 중국 고사에 나오는 모자,
형제, 친구, 부부 간의 다양한
이별 상황들을 나열한 뒤, 자신
은 죽음으로 이별하는 것이라
다시는 아버지를 만날 수 없다
는 절망감을 토로하고 있다.
❷ 떨어지는 해를 붙들고 떠오
르는 해를 묶어 두어 시간이
지나가는 것을 막고 싶은 마음
을 표현한 부분으로, 심청이 느
끼는 절망감과 두려움이 잘 드
러나 있다.

■ 심청의 정서

❹에는 뱃사람과 함께 떠나기 전날 밤 심청의 마음이 잘 드러나 있어. 마지막까지 아버지를 위해 버선을 짓다가 자신이 곧 죽게 된다는 사실을 떠올리며 하염없이 울고 있는 심청의 모습이 참 가련하게 느껴지지? 아마 두렵고 무서웠을 거야. 그 와중에도 아버지와의 영원한 이별에 가슴 아파하고 자신이 죽고 난 뒤 홀로 남게 될 아버지를 끝까지 걱정하고 있어. 시간이 지나가는 것을 막고 싶어 하는 그 절절한 마음이 참 안타깝게 느껴져.

>핵심 포인트<

내용	심청의 정서
• 자신이 죽고 난 뒤 홀로 남게 될 아버지의 삶을 걱정함. • 자신이 죽고 나면 아버지를 다시는 만날 수 없음을 슬퍼함.	• 근심과 걱정 • 슬픔과 절망감
• 배 떠나는 날이 오지 않기를 바라며 울면서 밤을 새우고 있음.	• 두려움과 무서움

■ 심청의 행동에 대한 평가

❹에서 심청이 겪어야 하는 슬픔과 고통은 심청이 아버지의 눈을 뜨게 하려고 자기 자신의 목숨을 바치기로 결정한 데서 비롯된 거야. 그런데 이런 심청의 행동에 대한 독자의 평가는 다양할 수 있어. 하나뿐인 목숨을 내놓을 정도로 아버지를 위하는 마음을 진정한 효라고 긍정적으로 평가할 수도 있겠지. 반대로 아버지의 눈을 뜨게 하려고 자식이 먼저 죽는 것에 대해 부정적으로 평가할 수도 있어. 아버지를 홀로 남겨 두고 죽는 것보다는 눈먼 아버지 곁에서 평생 아버지를 정성껏 봉양하는 것이 더 큰 효도라고 생각할 수도 있으니까.

>핵심 포인트<

긍정적 평가		부정적 평가
아버지를 위해 자기 목숨을 내놓고도 마지막까지 홀로 남겨질 아버지의 삶을 걱정하는 모습을 효성이 지극한 모습으로 평가할 수 있음.	↔	제물이 되면서 홀로 남게 될 아버지가 걱정할 것이 아니라 아버지 곁에서 아버지를 정성껏 봉양하는 것이 진정한 효도라고 평가할 수 있음.

11. 이 글에 나타난 주된 갈등 양상으로 적절한 것은?

① 심청의 내적 갈등
② 아버지의 내적 갈등
③ 뱃사람들 간의 외적 갈등
④ 심청과 어머니 간의 외적 갈등
⑤ 심청과 아버지 간의 외적 갈등

12. 이 글에 드러난 심청의 정서로 적절하지 <u>않은</u> 것은?

① 자신의 불행한 신세를 한탄하고 있다.
② 자신의 죽음에 두려움을 느끼고 있다.
③ 아버지와의 이별에 가슴 아파하고 있다.
④ 혼자 남겨질 아버지의 삶을 걱정하고 있다.
⑤ 자신이 만날 수 없는 곳에 있는 어머니를 원망하고 있다.

13. ㉠에 담긴 의미로 적절한 것은?

① 잠에서 깨어나고 싶지 않다.
② 자연의 순리를 거스르고 싶지 않다.
③ 지나가는 시간을 붙잡아 두고 싶다.
④ 시간을 거꾸로 흐르게 하여 과거로 돌아가고 싶다.
⑤ 해가 지고 해가 뜨는 것은 날마다 일어나는 일이다.

14. ㉡에 사용된 표현법을 〈보기〉에서 모두 찾아 묶은 것은?

> **보기**
>
> ㄱ. 생명이 없는 무생물을 생명이 있는 생물처럼 나타내는 표현법
> ㄴ. 가락이 비슷한 말을 짝을 맞추어 나타내는 표현법
> ㄷ. 겉으로 표현한 내용과 속마음에 있는 내용을 서로 반대로 나타내는 표현법
> ㄹ. 앞 구절의 끝 어구가 다음 구절의 처음에 이어지는 구조가 연속적으로 전개되는 표현법

① ㄱ, ㄴ   ② ㄱ, ㄷ   ③ ㄴ, ㄷ   ④ ㄴ, ㄹ   ⑤ ㄷ, ㄹ

|서술형|

15. 이 글에 나타난 심청의 행동을 평가하여 〈조건〉에 맞게 서술하시오.

> **조건**
>
> • 심청의 행동을 부정적, 비판적 관점에서 평가하여 쓸 것.
> • '진정한 효'에 관한 자신의 생각이 드러나게 쓸 것.

5 어느덧 동방이 밝아 오니, 심청이 아버지 진지나 마지막 지어 드리리라 하고 문을 열고 나서니, 벌써 뱃사람들이 사립문 밖에서,

"오늘이 배 떠나는 날이오니 수이 가게 해 주시오."

_{쉬이}

하니, 심청이 이 말을 듣고 얼굴빛이 없어지고 손발에 맥이 풀리며 목이 메고 정신이 어지러워 뱃사람들을 겨우 불러,

_{심청은 자신의 죽음이 현실로 다가오자 두려움을 느낌.}

❶"여보시오 선인네들, 나도 오늘이 배 떠나는 날인 줄 이미 알고 있으나, 내

_{뱃사람}

몸 팔린 줄을 우리 아버지가 아직 모르십니다. 만일 아시게 되면 지레 야단이 날 테니, 잠깐 기다리면 진지나 마지막으로 지어 잡수시게 하고 말씀 여쭙고 떠나게 하겠어요."

하니 뱃사람들이,

"그리하시지요."

하였다. 심청이 들어와 눈물로 밥을 지어 아버지께 올리고, 상머리에 마주 앉아 아무쪼록 진지 많이 잡수시게 하느라고 ˚자반도 떼어 입에 넣어 드리고 ˚김쌈도 싸서 수저에 놓으며,

_{아버지에게 차려 드리는 마지막 진짓상에서 심청이 정성을 다함.}

"진지를 많이 잡수셔요."

심 봉사는 철도 모르고,

"야, 오늘은 반찬이 유난히 좋구나. 뉘 집 제사 지냈느냐."

_{상황을 모르고 엉뚱한 소리를 하는 심 봉사 → 비극성을 높임.}

❷그날 밤에 꿈을 꾸었는데, 부자간은 ˚천륜지간이라 꿈에 미리 보여 주는 바가 있었다.

_{서술자의 개입: 서술자가 이야기 속에 개입하여 심 봉사의 꿈의 역할을 알려 줌.}

_{교과서 날개}

❸"아가 아가, 이상한 일도 있더구나. 간밤에 꿈을 꾸니, ㉠네가 큰 수레를 타고 한없이 가 보이더구나. 수레라 하는 것이 귀한 사람이 타는 것인데 우리 집에 무슨 좋은 일이 있을란가 보다. 그렇지 않으면 장 승상 댁에서 가마 태워 갈란가 보다."

심청이는 저 죽을 꿈인 줄 짐작하고 둘러대기를,

_{심 봉사의 꿈에 대한 심청의 해석}

"그 꿈 참 좋습니다."

하고 진짓상을 물려 내고 담배 태워 드린 뒤에 밥상을 앞에 놓고 먹으려 하니 간장이 썩는 눈물은 눈에서 솟아나고, 아버지 신세 생각하며 저 죽을 일 생각하니

_{심청은 아버지와의 이별을 코앞에 두고 슬픔과 두려움을 느낌.}

정신이 아득하고 몸이 떨려 밥을 먹지 못하고 물렸다. 그런 뒤에 심청이 ˚사당에 ˚하직하려고 들어갈 제, 다시 세수하고 사당 문을 가만히 열고 하직 인사를 올렸다. → 심청이 아버지의 마지막 진짓상을 차려 드리고 사당에 가서 하직 인사를 올림.

전반부 3 심청이 아버지를 위해 마지막 진짓상을 차려 드리고 사당에 하직 인사를 올림.

학습 포인트
· 비극적 상황의 표현 방법 이해하기
· 심 봉사가 꾼 꿈의 의미와 역할 이해하기

읽기 중 활동

교과서 날개
심 봉사의 꿈 이야기를 들은 심청의 마음은 어떠했을지 생각해 봅시다.
→ 자신의 상황과 반대되는 아버지의 꿈 이야기에 슬픔과 비참함이 더욱 커졌을 것이다.

어휘 풀이
· 자반: 생선을 소금에 절여서 만든 반찬감. 또는 그것을 굽거나 쪄서 만든 반찬.
· 김쌈: 김으로 밥을 싼 음식.
· 천륜지간(天倫之間): 천륜으로 맺어진 사이. '천륜'은 부모와 자식 간에 하늘의 인연으로 정하여져 있는 사회적 관계나 혈연적 관계를 뜻함.
· 사당(祠堂): 조상의 신주(神主)를 모셔 놓은 집.
· 하직(下直): 먼 길을 떠날 때 웃어른께 작별을 고하는 것.

어구 풀이
❶ 행선 날에 아버지에게 마지막 진지를 올리려는 심청의 효심이 잘 드러나 있다.
❷ 심 봉사의 꿈이 앞으로 일어날 일을 암시하고 있음을 서술자가 독자에게 직접 알려 주고 있다.
❸ 심청은 곧 죽게 되는데, 이러한 상황을 모른 채 심 봉사는 유난히 좋았던 간밤의 꿈에 관해 이야기하고 있다. 이는 심청의 처지에 관한 비극성을 심화하는 대사이다.

■ **비극적 상황의 표현 방법**

5에는 행선 날이 되어 심청이 아버지를 위해 마지막 진짓상을 차려드리는 장면이 그려져 있어. 심청과 심 봉사가 영원히 이별하는 비극적인 상황인데, 심 봉사는 이걸 모르고 있어. 반찬이 좋다며 기뻐하고 좋은 꿈을 꾸었다며 즐거워하는 심 봉사의 모습을 보며 심청은 무엇을 느꼈을까? 슬픔이 더해지고 비참함이 느껴졌을 거야. 이렇게 심청의 처지를 모르는 심 봉사의 엉뚱한 말은 비극성을 심화하고 있단다.

❯핵심 포인트❮

비극적 상황
심청이 인당수의 제물로 팔려 감.

↓

표현 방법
심 봉사는 심청이 올린 마지막 밥상을 대하고 기뻐하며 좋은 꿈을 꾸었다고 즐거워함.

↓

효과
• 이별을 앞둔 심청의 슬픔과 비참함이 더욱 커짐. • 심청의 처지에 관한 비극성을 심화함.

■ **심 봉사가 꾼 꿈의 의미와 역할**

5에서 서술자는 심 봉사의 꿈 이야기를 들려주기 전에 '부자간은 천륜지간이라 꿈에 미리 보여 주는 바가 있었다.'라고 말하고 있어. 심 봉사의 꿈이 앞으로 일어날 일을 암시하고 있음을 알려 주는 거야. 꿈속에 등장하는 '수레'는 두 가지 의미, 즉 긍정적 의미와 부정적 의미로 해석이 가능해. 그것에 따라 심 봉사의 꿈은 곧 일어날 심청의 죽음 또는 그 이후에 일어날 심청의 재생을 암시할 수 있단다.

❯핵심 포인트❮

꿈의 두 가지 의미	역할
'수레'는 이승과 저승을 이어 주는 매개물을 의미하며, 심청이 인당수에 제물로 바쳐진다는 사실을 하늘이 심 봉사에게 알려 준 것임.	앞으로 일어날 일을 암시함.
'수레'는 부귀영화를 상징하기도 하므로 심청이 인당수에 제물로 바쳐졌다가 다시 살아나 천자와 결혼하여 황후가 될 것을 암시하기도 함.	

16. 이 글에 나타난 뱃사람들의 속마음을 추측한 내용으로 적절한 것을 〈보기〉에서 골라 묶은 것은?

> **보기**
> ㄱ. 심청이 아버지를 위하는 효심은 참 감동적이야.
> ㄴ. 심청이 자꾸 시간을 끄는 것을 보니 걱정이 되는군.
> ㄷ. 심청의 마음이 아플 테니 인간적인 배려는 해 줘야지.
> ㄹ. 우리가 한 일을 심청의 아버지가 알지 못하게 해야 해.

① ㄱ, ㄴ　　② ㄱ, ㄷ　　③ ㄴ, ㄷ　　④ ㄴ, ㄹ　　⑤ ㄷ, ㄹ

17. 이 글에 대한 감상으로 적절하지 않은 것은?

① 심청이 아버지께 마지막 진짓상을 올리며 정성을 다하는 모습에서 감동이 느껴져.
② 밥상을 받고 즐거워하는 심 봉사의 어리숙함 때문에 상황이 더욱 비극적으로 느껴져.
③ 심청이 아버지와의 이별을 앞두고 밥을 전혀 먹지 못하는 모습을 보니 가련하고 안타까워.
④ 심청이 사당에 가서 조상들께 하직인사를 올리는 것에서 당시의 유교적 풍습을 엿볼 수 있어.
⑤ 심청이 자신의 죽음을 두려워하지 않고 아버지의 신세만 걱정하는 모습에서 깊은 효심이 느껴져.

18. 이 글에 등장하는 꿈에 대한 설명으로 적절한 것을 〈보기〉에서 골라 묶은 것은?

> **보기**
> ㄱ. 꿈에 대한 심 봉사와 심청의 해석이 서로 다르다.
> ㄴ. 심청의 운명이 심 봉사의 손에 달려 있음을 알려 주고 있다.
> ㄷ. 꿈 이야기를 들은 심청은 슬픔과 비참함이 더 커졌을 것이다.
> ㄹ. 심 봉사가 심청이 처한 상황을 전혀 모르고 있음을 보여 준다.
> ㅁ. 심 봉사를 위하는 심청의 애틋한 마음이 꿈으로 표현되고 있다.

① ㄱ, ㄴ, ㄹ　　　② ㄱ, ㄴ, ㅁ　　　③ ㄱ, ㄷ, ㄹ
④ ㄴ, ㄷ, ㅁ　　　⑤ ㄷ, ㄹ, ㅁ

|서술형|

19. 이 글의 내용을 바탕으로 ㉠의 의미를 해석하여 〈조건〉에 맞게 서술하시오.

> **조건**
> • 구체적인 지명을 쓸 것.
> • 심청에게 앞으로 일어날 일을 쓸 것.

학습 포인트
· 심 봉사의 심정 추측하기
· 심 봉사의 말을 통해 뱃사람들의 성격 파악하기

읽기 중 활동

교과서 날개
심 봉사가 뱃사람들에게 욕을 퍼부은 까닭은 무엇입니까?
→ 뱃사람들이 자신의 목숨보다 소중한 딸 심청을 제물로 바치려고 하는 것이 비정하다고 생각했기 때문이다.

➕ 보충 자료
공양미 3백 석의 현재 가치
3백 석은 총 540가마니인데 오늘날 쌀 한 가마니 가격을 대략 20만 원으로 쳤을 때, 3백 석을 오늘날 금액으로 환산하면 시가 약 1억 800만 원에 해당한다.

어휘 풀이
· 사궁지수(四窮之首): 사궁의 첫째. 늙은 홀아비를 이름. '사궁'은 네 가지의 궁한 처지라는 뜻으로, 늙은 홀아비와 늙은 홀어미, 부모 없는 어린이, 자식 없는 늙은이를 통틀어 이르는 말.
· 앙화(殃禍): 지은 죄의 앙갚음으로 받는 재앙.

어구 풀이
❶ 심청은 행선 날이 되어서야 심 봉사에게 사실을 고한다. 심청이 심 봉사의 눈을 뜨게 하기 위해 목숨을 희생했다는 것을 심 봉사가 행선 당일에 알게 된 것은, 심 봉사와 심청이 처한 상황을 더욱 비극적으로 느끼게 한다.
❷ 심 봉사가 자신의 소중한 딸을 인당수의 제물로 바치려는 뱃사람들에게 욕을 퍼붓는 장면이다. 자신들의 이익을 위해 사람의 목숨을 제물로 바치는 뱃사람들의 비정함을 비판하고 있다.

전반부 4 ⑥ "못난 여손(女孫) 심청이는 아비 눈 뜨기를 위하여 인당수 제물로 몸을
　손녀
팔려 가오매, 조상 제사를 끊게 되오니 사모하는 마음을 이기지 못하겠습니다."

울며 하직하고 사당 문 닫은 뒤에 아버지 앞에 나와 두 손을 부여잡고 기절하

니, 심 봉사가 깜짝 놀라,

"아가 아가, 이게 웬일이냐? 정신 차려 말하거라."
심청이 기절하는 것을 보고 불길한 일이 일어났음을 눈치채고 심청에게 사실을 고하게 함.
심청이 여쭙기를,

❶"제가 못난 딸자식으로 아버지를 속였어요. 공양미 3백 석을 누가 저에게 주

겠어요. 남경 뱃사람들에게 인당수 제물로 몸을 팔아 오늘이 떠나는 날이니

저를 마지막 보셔요." ➔ 심청이 아버지에게 자신이 인당수 제물로 팔려 죽게 되었다는 사실을 말함.

⑦ 심 봉사가 이 말을 듣고,

"참말이냐, 참말이냐? 애고 애고, 이게 웬말인고? 못 가리라, 못 가리라. 네가

날더러 묻지도 않고 네 마음대로 한단 말이냐? 네가 살고 내가 눈을 뜨면 그는

마땅히 할 일이나, 자식 죽여 눈을 뜬들 그게 차마 할 일이냐? 『너의 어머니 늦
『 』: 심청의 출생과 성장 과정을 요약적으로 제시함.
게야 너를 낳고 초이레 안에 죽은 뒤에, 눈 어두운 늙은것이 품 안에 너를 안
　　　　　　　　　　　　　　　　심 봉사 자신을 가리킴.
고 이 집 저 집 다니면서 구차한 말 해 가면서 동냥젖 얻어 먹여 이만치 자랐는

데,』 내 아무리 눈 어두우나 너를 눈으로 알고, 너의 어머니 죽은 뒤에 걱정 없
　　　　　　　　　　심청을 의지하고 살아옴.
이 살았더니 이 말이 무슨 말이냐? ㉠마라 마라, 못 하리라. 아내 죽고 자식

잃고 내 살아서 무엇하리? 너하고 나하고 함께 죽자. 눈을 팔아 너를 살 터에

너를 팔아 눈을 뜬들 무엇을 보려고 눈을 뜨리?

어떤 놈의 팔자길래 ˚사궁지수(四窮之首) 된단 말이냐? ❷네 이놈 상놈들아!
　　　　　　　　아내에 이어 자식까지 잃게 될 자신의 신세를 한탄함.　뱃사람들을 가리킴.
장사도 좋지마는 사람 사다 제사하는 데 어디서 보았느냐? 하느님의 어지심과
　사람의 목숨보다 자신들의 장사를 더 중요하게 여기는 뱃사람들의 비정함을 비판함.
귀신의 밝은 마음 ˚앙화가 없겠느냐? 눈먼 놈의 무남독녀 철모르는 어린아이
　　　　　　　　　　　　　　　　　　　　　　심청을 가리킴.
나 모르게 유인하여 값을 주고 산단 말이냐? 돈도 싫고 쌀도 싫다, 네 이놈 상

놈들아.

■ 심 봉사의 심정

7에는 심청이 제물로 팔려 간다는 것을 알게 된 심 봉사가 절규하는 내용이 나와 있어. 참 눈물겨운 장면이지? 심 봉사는 '자식 죽여 눈을 뜬들 그게 차마 할 일이냐?'라고 말하며 자신 때문에 딸이 죽게 되는 것에 대해 죄책감을 느끼고 있어. 그리고 '너를 팔아 눈을 뜬들 무엇을 보려고 눈을 뜨리?'라고 말하며 심청이 없는 삶은 아무 의미가 없음을 이야기하고 있어. 심 봉사가 심청을 얼마나 소중하게 여기는지 알 수 있겠지? 그래서 슬픔과 절망감이 더 크게 느껴져. 아내에 이어 자식까지 잃고 살아가야 할 자신의 '팔자'를 한탄하는 모습에서는 안타까움도 느낄 수 있단다.

> 핵심 포인트 <

심 봉사의 심정	• 눈을 뜨기 위해 딸을 죽음으로 내몰았다는 데서 오는 죄책감 • 자신의 목숨보다 소중한 딸을 잃게 된 데 대한 고통과 절망감 • 아내에 이어 자식까지 잃고 홀로 남을 자신의 신세에 대한 한탄

■ 심 봉사의 말을 통해 본 뱃사람들의 성격

7에서 심 봉사는 뱃사람들을 '네 이놈 상놈들'이라고 부르며 욕을 퍼붓고 있어. 사람을 제물로 바쳐서 장사를 하려는 그들의 모습과, 보호자인 심 봉사의 허락도 없이 어린 심청의 제안에 덥석 공양미 3백 석을 내주고 심청을 데려가는 것을 맹비난하고 있지. 자신들의 이익을 위해 사람을 제물로 바치는 것은 뱃사람들의 이기적이고 비정한 면모를 보여 준다고 할 수 있어.

> 핵심 포인트 <

뱃사람에 대한 심 봉사의 비난	'장사도 좋지마는 사람 사다 제사하는 데 어디서 보았느냐?'

↓

뱃사람들의 성격	개인의 이익을 위해 사람을 사서 제물로 바치는 이기적이고 비정한 성격

20. **6**에서 다음과 같은 의미를 지닌 소재를 찾아 쓰시오.

> • 심 봉사의 소망을 이루어 줄 수단
> • 뱃사람들이 제물을 얻기 위해 치러야 할 대가
> • 심청이 자신의 효심을 실천하는 데 필요한 재물

21. **7**에 나타난 심 봉사의 심정에 대한 설명으로 적절하지 <u>않은</u> 것은?

① 하나뿐인 딸이 죽게 되자 슬픔과 절망감을 느끼고 있다.
② 자신의 소중한 딸을 빼앗아 간 뱃사람들을 원망하고 있다.
③ 아내에 이어 자식까지 잃고 살아갈 자신의 신세를 한탄하고 있다.
④ 딸이 팔려 가는 것에 무관심한 동네 사람들에게 서운함을 느끼고 있다.
⑤ 딸의 희생으로 자신이 눈을 뜨게 되는 것에 대해 죄책감을 느끼고 있다.

22. 〈보기〉의 ⓐ~ⓔ 중, ㉠에서 확인할 수 있는 것은?

> 보기
>
> 판소리계 소설은 판소리 사설이 독서물로 정착한 고전 소설이다. 여러 사람의 손을 거쳐 변화가 누적되었고 여러 이본이 존재한다. 또한 ⓐ산문체와 운문체가 혼합되어 나타나며, 평민층의 친근한 속어와 함께 ⓑ세련된 한문투의 양반층 언어도 쓰였다. ⓒ의성어나 의태어가 많이 보이며, ⓓ상투적인 비유어도 즐겨 사용하였다. ⓔ서술자가 직접 개입하여 사건의 상황이나 인물의 성격에 대해 평가하는 서술자의 개입이 나타나는 것도 특징이라고 할 수 있다.

① ⓐ   ② ⓑ   ③ ⓒ   ④ ⓓ   ⑤ ⓔ

|서술형|

23. **7**에서 심 봉사가 뱃사람들을 비난하는 내용이 무엇인지 〈조건〉에 맞게 서술하시오.

> 조건
>
> • 심 봉사의 말을 근거로 들어 쓸 것.
> • 뱃사람들의 성격이 드러나게 쓸 것.

학습 포인트
· 뱃사람들에 대해 평가하기
· 작품에 담긴 배경 사상 파악하기

옛글을 모르느냐? °칠년대한(七年大旱) 가물 적에 사람으로 빌라 하니 탕 임
_{사람을 제물로 삼아}
금 어지신 말씀, '내가 지금 비는 바는 사람을 위함인데 사람 죽여 빌 양이면

내 몸으로 대신하리라.' 몸소 희생되어 몸을 정히 하여 상임 뜰에 빌었더니 수

천 리 너른 땅에 큰비가 내렸느니라. 이런 일도 있었으니 ㉠내 몸으로 대신 감
_{심 봉사가 심청을 대신하여 죽으려고 함. → 심청을 자신의 목숨보다 소중히 여김.}
이 어떠하냐? 이보시오 동네 사람, 저런 놈들을 그저 두고 보오?"
_{➔ 심청이 죽게 되었다는 말을 듣고 심 봉사가 크게 놀라며 슬퍼함.}

8 심청이 아버지를 붙들고 울며 위로하기를,

❶"아버지 할 수 없어요. 저는 이미 죽지마는 아버지는 눈을 떠서 밝은 세상 보

시고, 착한 사람 구하셔서 아들 낳고 딸을 낳아 °후사나 전하고, 못난 딸자식은

생각지 마시고 오래오래 평안히 계십시오. 이도 또한 천명이니 후회한들 어찌

하겠어요?"
_{심청이 자신의 죽음을 어쩔 수 없는 운명으로 받아들이며 아버지를 위로함.}
_{➔ 심청이 슬퍼하는 아버지를 위로하며 하직 인사를 함.}

전반부 4 심청이 아버지에게 자신이 죽게 되었음을 말하고 두 사람이 함께 슬퍼함.

전반부 5 **9** 뱃사람들이 그 딱한 형편을 보고 모여 앉아 °공론하기를,

"심 소저의 효성과 심 봉사의 일생 신세 생각하여 봉사님 굶지 않고 헐벗지 않
_{심청과 심 봉사를 위한 배려 → '효'라는 윤리 의식에 공감하는 당시의 가치관이 반영됨.}
게 한 살림을 꾸며 주면 어떻겠소?"

"그 말이 옳소."

하고 쌀 2백 석과 돈 3백 냥이며, 무명 삼베 각 한 동씩 마을에 들여놓고 동네 사

람들을 모아 당부하기를,

┌ ❷"쌀 2백 석과 돈 3백 냥을 착실한 사람 주어 실수 없이 온전하게 늘려 심 봉

│ 사에게 바칩시다. 2백 석 가운데 20석은 올해 양식으로 제하고, 나머지는 해
㉡│ 마다 빚을 주어 이자를 받으면 양식이 넉넉할 테고, 명베 삼베로는 사철 의

│ 복 장만해 드리기로 하고, 이런 내용을 관청에 공문으로 보내고 마을에도 알
└ 립시다."
_{➔ 뱃사람들이 혼자 남게 될 심 봉사를 위해 쌀과 돈과 무명 삼베를 주기로 함.}

어휘 풀이
· 칠년대한(七年大旱): 칠 년
동안이나 내리 계속되는 큰
가뭄. 중국 은나라 탕왕 때에
있었던 큰 가뭄에서 유래함.
· 후사(後嗣): 대(代)를 잇는 자
식.
· 공론(公論)하다: 여럿이 의논
하다.

어구 풀이
❶ 심청은 자신이 죽게 될 것을
알고 절규하는 아버지를 위로
하며, 자신이 제물로 바쳐지는
것을 어쩔 수 없는 운명으로 받
아들이며 체념하는 태도를 보
이고 있다.
❷ 뱃사람들은 비록 자신들의
생계를 위해 심청을 제물로 삼
지만, 심청의 효심에 감동하고
심청이 겪을 아픔을 이해하면
서 홀로 남을 심 봉사를 배려
고 있다.

■ 뱃사람들에 대한 평가

심청이 제물로 팔려 간다는 것을 알게 된 심 봉사가 절규하는 **7**의 내용이 계속 이어지고 있는 걸 알 수 있을 거야. 뱃사람들을 당장 쫓아내고 싶어도 앞이 보이지 않으니 잡을 수조차 없어 동네 사람들에게 도움을 청하는 심 봉사의 안타까운 모습이 드러나 있단다.

8에는 뱃사람들이 심청네의 딱한 형편을 보고 심 봉사가 평생을 굶거나 헐벗지 않도록 도와주는 장면이 나와. 이를 통해 이들이 비록 자신들의 안전과 이익을 위해 남의 목숨을 돈으로 사기는 했지만 심 봉사의 딱한 사정을 돌볼 줄도 아는 마음씨를 가지고 있음을 알 수 있어. 그리고 이런 도움에는 심청을 제물로 사 감으로써 심 봉사의 처지가 더 어렵게 될 것에 대한 걱정과 미안한 감정도 포함되어 있을 거야. 하지만 이런 뱃사람들의 모습을 다르게 평가하는 사람들도 있을 거야. 사실 심 봉사가 진정으로 원하는 것은 쌀과 돈이 아니라 심청을 데려가지 않는 것이거든. 그걸 알면서도 외면한 채 물질로만 문제를 해결하고 있다고 뱃사람들을 비판할 수도 있겠지.

■ 작품 전체에 담긴 배경 사상

「심청전」은 유교의 근본 사상인 효를 바탕으로 한 작품이지만, 불교와 도교의 사상이나 민간 신앙의 모습도 일부 나타나고 있단다. 이를 정리하면 다음과 같아.

╸핵심 포인트╺

유교 사상	아버지의 눈을 뜨게 하려고 인당수 제물로 팔려 가는 심청의 희생을 통해 효(孝)를 강조함.
불교 사상	• 심청의 효성이 지극하여 후에 복을 받음.(인과응보) • 화주승을 통해 불교의 신통력을 강조함.
도교 사상	용궁이나 옥황상제, 선궁(仙宮), 선녀(仙女) 등이 등장해서 심청을 소생시킴.
민간 신앙	• 눈이 먼 심 봉사가 제의적 행위를 통해 눈을 뜰 수 있다고 믿음. • 뱃사람들이 인간을 제물로 바쳐 제사를 지냄.

24. 이 작품에 나타난 배경 사상으로 볼 수 없는 것은?
① 실학사상
② 유교 사상
③ 도교 사상
④ 불교 사상
⑤ 민간 신앙

25. 이 글을 바탕으로 영상물을 제작하기 위해 토의한 내용으로 적절하지 않은 것은?
① 분장 팀은 심 봉사 역을 머리나 의복이 흐트러진 차림으로 꾸며 주세요.
② 동네 사람들이 소란스러운 심청의 집을 기웃거리며 하나둘씩 모여드는 모습을 넣어 주세요.
③ 심 봉사가 절규할 때 뱃사람들은 고개를 숙이고 안타까워하는 표정이 드러나도록 연기해 주세요.
④ 심청이 아버지를 위로하며 하직 인사를 하는 장면에는 애잔하고 처연한 배경 음악을 넣어 주세요.
⑤ 뱃사람들이 심청을 유인하여 제물로 몸을 팔라고 설득하는 장면을 삽입하여 내용 이해가 쉽도록 해 주세요.

26. ㉠으로 볼 때, 심청이 효를 실천한 방법에 대한 비판적 물음으로 가장 적절한 것은?
① 효가 중요하다고 해도 자기 생명보다 더 중요할 수 있을까?
② 아버지를 두고 자식이 먼저 죽는 것이 과연 진정한 효일 수 있을까?
③ 공양미 3백 석을 시주해 아버지 눈을 뜨게 한다는 것이 현실적으로 가능한 일일까?
④ 헤어지기 직전까지 죽으러 가는 사실을 숨기는 것이 과연 아버지를 위한 행동일까?
⑤ 아버지의 애통함을 생각한다면 끝까지 제물로 팔려 간다는 사실을 숨겨야 하지 않았을까?

27. ㉡에 대한 독자의 반응으로 가장 적절한 것은?
① 심청의 마음이 바뀔까 봐 뱃사람들이 전전긍긍하고 있군.
② 심청이 희생하는 대가로 심청의 이웃들이 이익을 얻겠군.
③ 심청을 제물로 바치는 값으로 공양미 3백 석은 부족했나 보네.
④ 뱃사람들이 심청의 효심에 감동하여 심 봉사를 배려하고 있군.
⑤ 뱃사람들은 심청을 빨리 데려가기 위해 어쩔 수 없이 재물을 더 내놓고 있어.

⑩ 구별을 다 짓고 나서 심 소저를 가자 할 때, 무릉촌 장 승상 댁 부인이 그제야
이 말을 듣고 급히 *시비를 보내어 심 소저를 부르기에, 소저가 시비를 따라가니
'아가씨'를 한문 투로 이르는 말
심청이 뱃사람들에게 팔려 가게 되었다는 말
승상 부인이 문밖에 내달아 소저의 손을 잡고 울며 말했다.

"네 이 무상한 사람아. 나는 너를 자식으로 알았는데 너는 나를 어미같이 알지

를 않는구나. 쌀 3백 석에 몸이 팔려 죽으러 간다 하니 효성이 지극하다마는

네가 살아 세상에 있어 하는 것만 같겠느냐? ❶나와 의논했더라면 진작 주선해

주었지. 쌀 3백 석을 이제라도 다시 내어 줄 것이니 뱃사람들 도로 주고 당치

않은 말 다시 마라."
<u>승상 부인은 자신의 쌀 3백 석을 내주고서라도 심청을 구하려고 함. → 마음이 따뜻하고 자비로운 성격</u>

하시니 심 소저가 여쭈었다.

"당초에 말씀 못 드린 것을 이제야 후회한들 무엇하겠습니까? 또한 부모를 위
「교과서 날개
해 공을 드릴 양이면 어찌 남의 명분 없는 재물을 바라며, 쌀 3백 석을 도로 내
<u>승상 부인이 내어 주려고 한 쌀 3백 석을 말함.</u>
어 주면 뱃사람들 일이 낭패이니 그도 또한 어렵고, 남에게 몸을 허락하여 약
<u>뱃사람들의 입장을 배려함.</u>
속을 정한 뒤에 다시 약속을 어기면 못난 사람들 하는 짓이니, 그 말씀을 따르
<u>신의를 지키는 것을 중시함.</u>
지 못하겠습니다. 하물며 값을 받고 몇 달이 지난 뒤에 차마 어찌 낯을 들어

무슨 말을 하겠습니까? 부인의 하늘 같은 은혜와 착하신 말씀은 저승으로 돌
<u>승상 부인의 제안을 거절하고 뱃사람을 따라가기로 함.</u>
아가서 *결초보은하겠습니다."

하고 눈물이 옷깃을 적시니, 부인이 다시 보니 엄숙한지라, 하릴없이 다시 말리

지 못하고 놓지도 못했다.   → 승상 부인이 쌀 3백 석을 주겠다고 제안하지만 심청이 거절함.

전반부 5 뱃사람들이 혼자 남게 될 심 봉사를 위해 한 살림을 꾸며 주고, 심청은 쌀 3백 석을 주겠
다는 승상 부인의 제안을 거절함.

— 정하영 역주, 「심청전」

◖◗ **학습 포인트**
· 승상 부인과 심청의 성격
  파악하기
· 심청의 행동에 반영된 과
  거의 삶의 가치 이해하기

읽기 중 활동

교과서 날개
심청의 말을 통해 알 수 있는
심청의 성격은 어떠한가요?
→ 부모에 대한 효심이 깊고, 타
인을 배려할 줄 알며, 신의를 지
키는 것을 중시하는 성격이다.

어휘 풀이
· 시비(侍婢): 곁에서 시중을
  드는 계집종.
· 결초보은(結草報恩): 죽은 뒤
  에라도 은혜를 잊지 않고 갚
  음을 이르는 말.

어구 풀이
❶ 심청의 사정을 알게 된 승
상 부인은 자신과 미리 의논했
더라면 진작에 도와주었을 거
라며 슬퍼한다. 심청의 어려운
일을 자신의 일처럼 여기며 심
청을 돕고자 하는 따뜻한 마음
이 느껴진다.

■ 승상 부인과 심청의 성격

10에 등장하는 승상 부인은 심청이 아버지에게 수양딸로 팔려 가게 되었다고 거짓말을 할 때 등장했던 인물이야. 실제로 승상 부인은 심청을 자기 딸처럼 아끼고 사랑했어. 그랬던 심청이 쌀 3백 석 때문에 죽게 되었으니 얼마나 마음이 아팠을까? 진작 알았다면 도와주었을 거라며, 지금이라도 쌀 3백 석을 내줄 테니 뱃사람들을 따라가지 말라고 하는 말에서 승상 부인이 마음씨가 따뜻하고 자비로운 성격의 인물임을 알 수 있지. 심청은 그런 승상 부인에게 깊은 감사의 마음을 나타내면서도 여러 가지 까닭을 들어 부인의 제안을 거절해. 자신이 죽는 마당에도 뱃사람들의 입장을 배려하고 한번 정한 약속은 지켜야 한다고 말하는 모습에서 심청의 또 다른 면모를 발견할 수 있단다.

↘핵심 포인트↙

승상 부인	남의 어려움을 외면하지 않는 따뜻하고 자비로운 마음을 지님.
심청	효심이 깊고, 타인을 배려할 줄 알며, 신의를 지키는 것을 중시함.

■ 심청의 행동에 반영된 과거의 삶의 가치

심청은 목숨을 바쳐서 아버지의 눈을 뜨게 해 드리겠다고 결심하고 이를 실천했어. 오늘날에 이런 일이 벌어진다면 사람들이 쉽게 받아들이기 어려울 거야. 하지만 이 소설이 창작된 조선 시대에는 '효'라는 유교적 덕목을 절대적으로 여기는 사회 분위기가 있었어. 부모를 위한 효에는 목숨까지도 내놓을 수 있는 가치가 담겨 있었던 것이지. 하지만 오늘날의 관점에서는 새롭게 평가할 수도 있겠지? 효는 중요한 가치이지만 진정한 효는 어떤 것이어야 하는가에 대해서는 생각이 다를 수 있을 거야.

↘핵심 포인트↙

심청의 행동	아버지의 눈을 뜨게 하기 위해 자신의 목숨을 바침.
↓	
과거의 삶의 가치	부모에 대한 '효'라는 윤리적인 가치를 절대적으로 여김.

28. 이 글에서 심청을 통해 전하려는 가치로 가장 적절한 것은?
① 부모에 대한 효 의식
② 사회적 약자에 대한 배려
③ 부모와 자식의 소중한 인연
④ 자식에 대한 부모의 헌신적인 사랑
⑤ 어려움을 극복할 수 있는 인내와 끈기

29. 이 글의 주제 의식을 담고 있는 한자 성어로 적절하지 <u>않은</u> 것은?
① 관포지교(管鮑之交)
② 망운지정(望雲之情)
③ 반포지효(反哺之孝)
④ 풍수지탄(風樹之嘆)
⑤ 혼정신성(昏定晨省)

30. 이 글에 나타난 승상 부인의 행동을 오늘날의 삶에 비추어 감상한 내용으로 가장 적절한 것은?
① 잘못된 생각을 하는 심청을 훈계하는 모습에서 올바른 교육자의 면모를 발견할 수 있었어.
② 자신의 재물을 내어 주고서라도 심청을 구하려는 모습에서 따뜻한 공동체의 정을 느낄 수 있었어.
③ 사람 목숨을 돈으로 바꾸려고 하는 태도에서 오늘날 물질 만능주의적 사고방식을 보는 것 같았어.
④ 목숨을 가볍게 여기는 심청의 경솔한 태도를 나무라는 모습을 보면서 생명 존중의 가치에 대해 생각해 보았어.
⑤ 사람을 제물로 바치는 당시 풍습을 비판하는 모습에서 잘못된 현실을 바꾸고자 노력하는 개혁가의 면모가 느껴졌어.

31. 이 글에서 알 수 있는 심청의 인물됨으로 적절한 것을 〈보기〉에서 골라 묶은 것은?

> **보기**
> ㄱ. 효심이 지극하여 부모를 진심으로 위한다.
> ㄴ. 다른 사람의 입장을 이해하고 배려할 줄 안다.
> ㄷ. 소외된 이웃에 대해 남다른 관심과 애정을 보인다.
> ㄹ. 한번 정한 약속을 끝까지 지키는 등 신의를 중요시한다.
> ㅁ. 위기 상황에 처했을 때 문제를 해결하는 능력이 뛰어나다.

① ㄱ, ㄴ, ㄹ
② ㄱ, ㄴ, ㅁ
③ ㄱ, ㄷ, ㄹ
④ ㄴ, ㄷ, ㅁ
⑤ ㄷ, ㄹ, ㅁ

학습활동

이해 활동

1. 이 소설을 감상하고, 주요 장면별로 사건의 내용을 정리해 봅시다.

심청이 뱃사람들에게 자신이 제물로 가겠다는 약속을 하고 몽운사로 공양미 3백 석을 보냄.

심청이 아버지에게 장 승상 댁 수양 딸로 가게 되었다고 거짓말을 함.

심청이 혼자 남게 될 아버지를 걱정하며 슬퍼함.

심청이 아버지에게 자신이 죽게 되었음을 말하고 두 사람이 함께 슬퍼함.

승상 부인이 심청에게 쌀 3백 석을 주겠다고 제안하지만 심청이 거절함.

1. 중심 내용 파악하기

지학이가 도와줄게!

주요 장면이 그려진 삽화를 보면서 각각의 장면이 소설 전체의 내용 중에서 어디에 해당하는지를 생각해 보렴. 그리고 각각의 장면을 자연스럽게 이어 보면 소설의 전체적인 흐름을 파악할 수 있을 거야.

○ 「심청전」의 전체 구조와 내용

전반부: 비극적, 현실적
태어나자마자 어머니를 여의고 온갖 고생을 하던 심청이 아버지의 눈을 뜨게 하기 위해 공양미 3백 석에 몸을 팔아 인당수에 투신함.

↓

후반부: 비현실적, 환상적
용왕의 구원으로 환생하여 황후가 된 심청이 맹인 잔치를 벌이고 심 봉사와 상봉한 뒤 심 봉사가 눈을 뜨게 됨.

시험엔 이렇게!! 정답과 해설 34쪽

1. 이 글의 주요 사건에 대한 설명으로 적절하지 <u>않은</u> 것은?

① 심청이 자신을 제물로 바치기로 하고 남경 상인들에게 공양미 3백 석을 받아 몽운 사에 시주한다.

② 심청이 장 승상 댁 수양딸로 가게 되었다고 아버지에게 거짓말을 한다.

③ 행선 날이 되어서야 심청이 아버지에게 사실을 고한다.

④ 뱃사람들은 심청에게 고마움을 느껴 심청이 사는 마을 사람들에게 쌀, 돈, 의복 등을 기부한다.

⑤ 승상 부인이 심청을 살리기 위해 쌀 3백 석을 주겠다고 제안하지만 심청이 이를 거절한다.

목표 활동

1. 이 소설 속 인물들의 성격을 파악해 보고, 오늘날의 관점에서 그 인물들을 평가해 봅시다.

1 인물들의 행동을 바탕으로 각 인물의 성격을 파악해 봅시다. 예시 답 |

인물	인물의 행동	성격
심청	아버지와의 이별과 자신의 죽음을 앞두고도 아버지의 옷을 짓는다.	효심이 깊다.
심 봉사	자신 때문에 딸이 죽게 되는데도 이를 막지 못한다.	현실감이 없고 무능하다.
뱃사람들	인당수를 건너기 위해 제물로 바칠 사람을 구하러 다닌다.	이기적이고 비정하다.
승상 부인	자신이 쌀 3백 석을 내주고서라도 심청을 구하려고 한다.	마음이 따뜻하고 자비롭다.

2 오늘날의 관점에서 이 소설의 인물과 비슷한 인물 유형을 찾고, 그 인물에 관한 자신의 생각을 말해 봅시다. 예시 답 |

인물	오늘날 비슷한 인물 유형	자신의 생각
심청	병든 부모님을 간호하기 위해 고향으로 내려간 사람	자기 생활을 포기하면서까지 부모님을 위하는 효심이 감동적이야.
심 봉사	무능하고 철이 없어 가족을 힘들게 하는 사람	가족 간의 사랑은 무조건적인 것이 아니라 상호 소통하는 것이라고 생각해. 가족을 그만 힘들게 했으면 좋겠어.
뱃사람들	돈을 위해서라면 어떤 일도 서슴지 않는 사람	돈보다 소중한 것이 있다는 것을 모르는 사람들이야. 이런 사람들 때문에 세상은 점점 더 각박해져 가는 거야.
승상 부인	매주 봉사 활동을 하며 우리 주변의 소외된 이웃을 보살펴 주는 사람	우리 사회를 밝게 비추어 주는 이 시대의 진정한 의인이라고 생각해.

1. 오늘날의 관점에서 소설 속 인물의 삶의 모습과 가치관 평가하기

지학이가 도와줄게!

인물에 관한 생각과 평가는 다양할 수 있어. 따라서 인물들의 성격을 파악할 때에는 그렇게 생각한 근거가 중요하단다. 해당 인물이 등장하는 부분을 중심으로 소설을 꼼꼼히 읽어 보면서 그 인물의 어떤 행동을 근거로 어떤 성격을 유추해 낼 수 있는지 생각해 보렴. 그리고 1 에서 파악한 인물의 성격을 바탕으로 오늘날 그와 유사한 행동을 하는 인물 유형을 찾아보자. 주변 사람들, 뉴스나 신문 기사에서 본 사람들, 영화나 소설 속 인물 등을 떠올려 보면 좋을 거야.

시험엔 이렇게!!

| 서술형 |
2. 〈보기〉에서 알 수 있는 뱃사람들의 성격을 한 문장으로 서술하시오.

보기
우리는 남경 뱃사람으로 인당수를 지나갈 제 제물로 제사하면 가없는 너른 바다를 무사히 건너고 수만금 이익을 내기로, 몸을 팔려 하는 처녀가 있으면 값을 아끼지 않고 주겠습니다.

3. 이 글의 등장인물 중 오늘날의 관점에서 다음과 같이 평가할 수 있는 인물은?

이웃의 어려움을 외면하지 않으며 정의를 실천할 만한 사람

① 심청   ② 심 봉사
③ 뱃사람들   ④ 승상 부인
⑤ 몽운사 스님

학습활동

2. 오늘날의 삶에 비추어 이 소설에 나타난 심청의 행동을 평가해 봅시다.

1 심청이 공양미 3백 석에 자신의 몸을 판 까닭을 말해 봅시다.

예시 답 | 공양미 3백 석을 시주하면 눈을 뜰 수 있다는 중의 말에 심 봉사가 덜컥 시주 약속을 해 버리고 걱정을 하자, 심청은 쌀 3백 석을 구해 아버지의 눈을 뜨게 하려고 뱃사람들에게 자신의 몸을 판 것이다.

2 **1**의 행동에 관해 어떻게 생각하는지 친구들과 의견을 나누어 봅시다.

나는 심청이 진정한 효녀라고 생각해.

왜냐하면 아버지를 위해 하나밖에 없는 자신의 목숨을 내놓았기 때문이야

나는 심청이 진정한 효녀라고 생각하지 않아.

왜냐하면 앞을 못 보는 아버지를 홀로 남겨 두고 죽으려 했을 뿐만 아니라 자신 때문에 딸이 죽게 되었다며 평생 죄책감에 괴로워할 심 봉사의 입장을 배려하지 않았기 때문이야

3 심청이 어떤 가치관을 지닌 인물인지 말해 보고, 이러한 가치를 오늘날에는 어떻게 평가하고 받아들여야 할지 생각해 봅시다.

예시 답 | 심청은 아버지에 대한 효를 절대시하는 인물이다. 이러한 가치관은 세대 간의 단절과 가정불화가 심해지고 있는 오늘날의 삶을 반성하게 하면서 우리가 잃어버리고 있는 소중한 가치를 새롭게 일깨워 준다.

2. 오늘날의 관점에서 주인공 심청의 행동을 평가하기

🌟 지학이가 도와줄게!

심청이 자신의 몸을 팔게 된 까닭을 생각할 때 심청의 개인적인 상황 못지않게 중요하게 고려할 점이 있어. 심청이 속해 있던 당시 사회에서 '효'라는 가치를 절대적으로 중시했다는 것. 이것도 고려해서 답을 찾아보렴. 그리고 심청의 행동을 진정한 효로 볼 수 있을지 자신의 관점에서 평가해 보렴. 그런 다음, 오늘날에 비추어 심청의 가치관 중 어떤 점을 살리고 어떤 점을 새롭게 발전시켜야 할지도 생각해 보자.

시험엔 이렇게!!

4. 이 글에 나타난 심청의 행동과 관련이 깊은 유교적 덕목을 한 글자로 쓰시오.

5. 이 글에 형상화된 심청의 가치관을 오늘날의 관점에서 긍정적으로 평가한 내용으로 적절한 것은?

① 개인의 이익보다 사회 정의를 우선하는 삶의 가치를 깨닫게 한다.

② 생명의 소중함을 일깨우고 생명 경시 풍조에 대해 성찰하게 한다.

③ 세대 간의 대화가 사라지고 가정불화가 심해지는 현실을 반성하게 한다.

④ 자식을 위해 기꺼이 자신을 희생하는 부모의 헌신적 사랑에 대해 고마움을 느끼게 한다.

⑤ 자신의 신념을 지키기 위해 목숨을 버리는 사람들의 행동이 과연 정당한 것인지 생각하게 한다.

3. 다음은 이 소설에 반영된 삶의 모습을 오늘날의 삶에 비추어 감상하며 나눈 대화입니다. 대화를 보고, 아래의 활동을 해 봅시다.

1 다음은 이 소설을 감상한 친구들의 의견입니다. 이를 참고하여 소설의 내용 중 자신이 특별히 관심을 가진 부분과 그에 관한 의견을 이야기해 봅시다.

> 나는 이 소설에 나타난 문화나 사고방식이 지금과 많이 다르다는 것에 주목하였어. 특히 뱃사람들이 자신들의 순탄한 항해를 위해 사람의 목숨을 제물로 바쳐도 되는가에 관해 생각해 보았어.

> 나는 승상 부인이 보인 공동체적 사고방식에 관심이 가더라. 자신이 쌀 3백 석을 내어 주고서라도 심청을 구하려고 하는 승상 부인의 모습에서 따뜻한 공동체의 정을 느낄 수 있었거든.

> **예시 답 |** 나는 이 작품을 읽으면서 장애인의 삶에 관해 생각해 보았어. 앞도 보지 못하는 심 봉사가 심청이를 홀로 키우면서 겪었을 고생을 상상하니 코끝이 찡해지더라. 요즘 장애인에 대한 인식이 개선되고 여러 복지 정책이 마련되었지만, 여전히 그들을 배려하는 마음과 정책이 부족한 것 같아서 안타까워.

2 친구들의 의견을 듣고, 자신이 공감한 부분이나 생각이 다른 부분에 관해 자유롭게 이야기해 봅시다.

예시 답 | 나는 이 작품을 읽으면서 사람의 목숨을 돈으로 사는 뱃사람들에 관해 문제를 제기하고 싶었어. 심청과 심 봉사의 딱한 처지를 보고 쌀과 돈으로 해결하려는 뱃사람들의 비정한 모습이 마치 돈이라면 무엇이든지 해결할 수 있다는 오늘날 물질 만능주의를 보는 것 같아 씁쓸해졌어.

과거의 삶과 가치가 반영된 작품을 오늘날에 비추어 감상하기

> 가치는 시대나 사회·문화적 배경에 따라 다르게 평가될 수 있습니다. 문학 작품 속에 반영된 과거의 삶 중에는 오늘날에도 가치 있는 것이 있고, 오늘날의 관점에서 새롭게 평가해야 하는 가치도 있습니다. 따라서 과거의 삶이 반영된 문학 작품을 오늘날의 삶에 비추어 감상하고, 그것을 주체적으로 평가하고 수용하여 인간의 삶에 관한 이해를 넓힐 수 있어야 합니다.

3. 소설에 반영된 삶의 모습을 오늘날의 삶에 비추어 감상하기

☀ 지학이가 도와줄게!

「심청전」에는 효 사상 외에도 다양한 삶의 모습과 가치가 담겨 있어. 이러한 과거의 삶의 모습과 가치를 오늘날의 관점에 비추어 살펴보는 활동이야. 등장인물들의 삶의 모습과 가치관이 드러나는 인상적인 대목이나 내용을 골라서 새롭게 평가해 보고 이에 관해 친구들과 의견을 나누어 보자.

🍎 시험엔 이렇게!!

6. 이 글에 반영된 과거의 삶의 모습으로 적절하지 <u>않은</u> 것은?

① 뱃사람들은 무사히 바다를 건너기 위해 사람을 제물로 바치기도 했다.

② 가족을 가난에서 벗어나게 하려고 심청과 같이 목숨을 잃는 안타까운 일들이 많았다.

③ 심 봉사처럼 아내를 일찍 여읜 경우 아버지 혼자서 자식을 키우며 살아가는 사람도 있었다.

④ 심 봉사처럼 앞을 보지 못하는 시각 장애인들은 제도적인 도움을 받지 못하고 힘들게 살아야 했다.

⑤ 높은 신분의 사람들 중에는 자신보다 어려운 상황에 놓인 이웃을 도와주려는 승상 부인과 같은 사람도 있었다.

| 서술형 |

7. 다음에 나타난 뱃사람들의 행동을 오늘날의 삶에 비추어 비판적 관점에서 평가하여 서술하시오.

> 뱃사람들은 혼자 남게 될 심 봉사의 딱한 처지를 생각하여 쌀 2백 석과 돈 3백 냥, 무명 삼베 등 한 살림을 꾸려 준 후, 심청을 데리고 떠난다.

학습활동

창의 · 융합 활동

함께하기

다음은 웹툰 『신과 함께』에 나오는 지옥의 대왕들에 관한 설명입니다. 다음 지옥 중 한 곳을 선택하여 심청의 행동에 관한 재판을 진행해 봅시다.

한빙지옥의 송제 대왕

타인의 마음을 얼어붙게 만든 자, 특히 불효자를 전문적으로 심판한다. 흉부 엑스레이 사진을 보여 주며 피고인이 그 사람의 가슴에 박은 못의 개수를 세어 죄를 심판한다.

발설지옥의 염라대왕

입으로 지은 모든 죄를 심판한다. 피고인의 죄를 보여 주는 '업경'이라는 거울에 비추어 거짓말을 하거나 말로 누군가를 상처 준 적이 있는지 등을 살펴본다.

거해지옥의 태산 대왕

누군가를 속이거나 배신을 해서 이익을 취한 자를 심판한다. 그리고 일곱 개 지옥에서의 재판 결과를 바탕으로 피고인을 여섯 개의 문 중 어떤 문으로 보낼지 결정한다.

◎ 활동 탐구

심청의 행동을 평가하기 위해 웹툰 『신과 함께』의 내용에 맞게 모의재판을 진행해 보는 활동이다. 원작 내용과 달리 심청이 인당수에 빠진 후에 저승에 가서 재판을 받는다고 가정하고, 학습자가 직접 판관과 변호사가 되어 심청의 행동을 비판하고 옹호하는 활동을 수행한 후 최종 판결문을 작성해 본다.

➕ 보충 자료

웹툰 『신과 함께』
- 한국의 전통 신화를 그림으로 옮긴 작품
- 한국의 민속 신들을 현대적 감각으로 재해석함.
- 저승 세계라는 배경을 통해 선조들이 가졌던 죽음에 관한 세계관과 삶의 지혜, 교훈을 알려 줌.

1. 심청의 행동을 비판하는 판관과 심청을 옹호하는 변호사의 역할을 맡아 재판을 진행해 봅시다.

❶ 세 곳의 지옥 중에서 재판을 진행할 지옥을 선택하고, 판관의 역할을 맡아 심청을 비판해 봅시다.

예 발설지옥

"피고 심청은 뱃사람들과 인당수로 떠나기 직전까지 아버지께 자신은 장 승상 댁 수양딸로 갈 것이라는 거짓말을 했습니다. 선의의 거짓말이라고 해도 상대방이 어떻게 생각할지 고려하지 않은 것이므로, 이에 대해 심청의 죄를 묻고자 합니다."

지학이가 도와줄게! - 1 ❶

먼저, 판관의 역할을 맡아 심청의 행동을 비판하는 활동이야. 판관은 심청의 행동에서 잘못된 점, 다시 말해 심청의 죄를 찾아내어 물어야 한단다. 한빙지옥, 발설지옥, 거해지옥 중 지옥의 성격에 맞게 심청의 잘못된 행동을 정확히게 지적하렴. 이때 그 지적을 뒷받침하는 타당한 근거를 대는 것이 중요해.

예시 답 | 한빙지옥

"피고 심청은 아버지께 큰 불효를 저질렀습니다. 자식의 죽음을 통해 아버지가 사는 것은 결국 아버지의 마음을 더 아프게 하는 일입니다. 심 봉사는 심청이 자신 때문에 죽었다고 생각하며 남은 생애 동안 딸을 죽게 만든 자신을 원망하며 자책할 것입니다. 또한 심청은 자신의 생명을 아끼고 잘 보존하는 것이 진정 부모를 위한 길임을 망각하고, 아버지를 위한다는 잘못된 명분으로 자기 목숨을 버림으로써 부모의 가슴에 큰 못을 박았습니다. 이에 대해 심청의 죄를 묻고자 합니다."

2 심청을 옹호하는 변호사의 역할을 맡아 심청을 변론해 봅시다.

예 발설지옥

"심청은 자신을 위해서가 아니라 아버지를 안심시키기 위해서 어쩔 수 없이 거짓말을 한 것입니다. 효를 실천하기 위함이라는 동기를 배제하고 거짓말을 한 심청의 행동만으로 죄를 묻는 것은 부당합니다."

예시 답 | 한빙지옥

"심청이 아버지를 위하다 못해 자신의 목숨까지 바친 것은 아름답고 감동적인 효의 실천으로 볼 수 있습니다. 부모를 위해 자신을 희생하기는 정말 쉽지 않은 일입니다. 그런데도 심청은 아버지를 위해 자신의 목숨을 바쳤고, 자신이 죽으러 가는 순간까지도 아버지 걱정만을 했습니다. 이처럼 자신의 목숨을 희생하면서까지 아버지를 위하는 심청의 행동은 진정한 효의 모습이라고 할 수 있으므로 심청의 행동은 정당합니다."

지학이가 도와줄게! - 1 **2**

이번에는 변호사의 역할을 맡아 심청의 입장을 옹호하는 활동이야. 변호사는 판관이 지적한 심청의 잘못된 행동에 대해 왜 그런 행동을 할 수밖에 없었는지 심청의 입장을 옹호하는 발언을 해야 해. 심청의 내적 동기나 심청의 진심 등을 강조하는 것이 좋겠지. 따라서 소설 속 심청의 말과 행동을 꼼꼼히 살펴보면서 근거를 마련해야 한단다.

2. 재판을 진행한 지옥의 대왕의 관점에서 최종 판결문을 작성해 봅시다.

예시 답 | 나 염라대왕은 심청의 행동에 대해 다음과 같이 판결하노라.
심청은 뱃사람들과 떠나기 직전까지도 아버지께 사실을 말하지 않고, 장 승상 댁 수양딸로 가기로 했다는 거짓말을 했다. 이는 부모를 속이는 큰 죄를 지은 것이다. 그러나 이러한 거짓말은 자신의 이익을 취하기 위함이 아니라 부모를 안심시키기 위해 어쩔 수 없이 한 것이므로 심청에게 무죄를 판결한다. 따라서 기소된 내용 전부를 기각한다.

지학이가 도와줄게! - 2

1번의 활동을 바탕으로 최종 판결문을 작성하는 활동이야. 심청의 행동에 대한 판관과 변호사의 서로 다른 판단과 관점을 면밀히 살펴본 후, 자신의 최종 입장을 정해 보렴.
판결문을 작성할 때에는 다음 사항에 유의해야 해. 먼저, 판결문에는 심청의 행동에 관한 다양한 판단과 관점이 제시되고, 이를 뒷받침하는 근거가 갖추어져야 한단다. 다시 말해 자신이 선택한 관점과 반대되는 관점에 관한 반론도 서술해야 해. 그리고 심청의 행동에 관한 자신의 입장을 정해 서술할 때 체계성과 논리성을 갖추고 타당한 평가가 이루어지도록 해야 한단다. 심청의 운명이 결정되는 판결문이니까 신중하게 작성하렴.

소단원 콕! 짚고 가기

1. 제재 정리

작가	작자 미상
갈래	고전 소설, 판소리계 소설, 윤리 소설, 설화 소설
성격	교훈적, 비현실적, 환상적
시점	3인칭 전지적 시점
제재	심청의 ①☐
주제	부모에 대한 지극한 효심과 인과응보
특징	• 조선 시대에 중시되던 유교적 덕목인 '효'를 강조함. • 현실적이고 비극적인 전반부와 비현실적이고 환상적인 후반부로 내용이 구분됨. • 전래되는 설화에서 판소리로 가창되다가 고전 소설로 정착되었음.

2. 구성(교과서 수록 부분)

전반부 1	전반부 2	전반부 3	전반부 4	전반부 5
심청이 뱃사람들에게 자신이 ②☐☐이 되겠다고 약속하고 받은 공양미 3백 석을 몽운사로 보낸 후, 아버지에게 장 승상 댁 수양딸로 가게 되었다고 거짓말을 함.	심청이 혼자 남게 될 아버지를 걱정하며 슬퍼함.	심청이 아버지를 위해 마지막 진짓상을 차려 드리고 사당에 하직 인사를 올림.	심청이 아버지에게 자신이 죽게 되었음을 말하고 두 사람이 함께 슬퍼함.	뱃사람들이 혼자 남게 될 심 봉사를 위해 한 살림을 꾸며 주고, 심청은 쌀 3백 석을 주겠다는 승상 부인의 제안을 ③☐☐함.

1. 이 글에 나타난 과거의 삶의 모습

뱃사람들이 인당수를 지날 때 제물로 제사하기 위해 15세 처녀를 삼.		자연으로부터의 안전과 재물을 지키기 위해 사람을 제물로 바치는 풍습이 있었음.
심청이 눈먼 아버지의 눈을 뜨게 하기 위해 몽운사의 불전에 공양미 3백 석을 시주함.		부처와 같은 신적 대상에게 ④☐☐을/를 빌면 이루어질 수 있다고 생각함.

2. 등장인물의 성격

인물	행동	성격
심청	• 아버지의 눈을 뜨게 하려고 뱃사람들에게 공양미 3백 석을 받고 자신의 몸을 팖. • 아버지와의 이별과 자신의 죽음을 앞두고도 아버지의 옷을 지음. • 뱃사람들의 처지와 약속의 중요성을 이야기하며 승상 부인의 제안을 거절함.	• 아버지를 위하는 효심이 깊음. • 타인을 배려할 줄 알며 ⑤□□을/를 지키는 것을 중시함.
심 봉사	• 심청의 거짓말을 전혀 눈치채지 못하고 심청이 장 승상 댁에 수양딸로 가게 되었다고 기뻐함. • 자신 때문에 딸이 죽게 되는데도 이를 막지 못함.	• 순진하고 어리숙함. • 현실감이 없고 무능함.
뱃사람들	• 인당수를 무사히 건너기 위해 제물로 바칠 사람을 구하러 다님. • 심청의 효심과 심 봉사의 딱한 처지를 보고 쌀과 돈, 무명 삼베를 더 내어 줌.	• ⑥□□□이고 비정함. • 남을 배려할 줄도 앎. • 자신들의 이익을 우선시하는 현실주의자임.
승상 부인	• 자신이 쌀 3백 석을 내주고서라도 심청을 구하려고 함.	• 마음이 따뜻하고 자비로움.

3. 심청의 행동에 반영된 과거의 삶의 가치

심청의 행동		과거의 삶의 가치
아버지의 눈을 뜨게 하기 위해 인당수 제물이 되겠다고 하고 받은 공양미 3백 석을 몽운사에 보냄.		⑦□□적 덕목을 중시한 조선 시대에는 부모에 대한 '효'라는 윤리적인 가치를 절대적으로 여김.

4. 오늘날의 관점에서 평가한 심청의 '효' 실천 방식

심청의 '효'		
홀로 자신을 키워 준 아버지를 극진히 봉양하고, 아버지의 눈을 뜨게 하려고 자신의 목숨까지 내놓음.		**긍정적 평가** • 자신이 죽으러 가는 순간까지도 홀로 남겨질 아버지의 삶을 걱정하는 모습은 지극한 ⑧□□을/를 보여 줌. • 세대 간의 단절과 가정불화가 심해지는 오늘날의 삶을 반성하게 하면서 우리가 잃어버리고 있는 소중한 가치를 새롭게 일깨움.
		부정적 평가 • 홀로 남을 아버지를 걱정하며 죽음을 선택하는 것보다 아버지 곁에서 아버지를 정성껏 봉양하는 것이 진정한 효도임. • 딸이 자신 때문에 죽게 되었다며 평생 ⑨□□□으로 괴로워할 심 봉사의 입장을 배려하지 않았으므로 진정한 효도로 보기 어려움.

정답: ① 효 ② 제물 ③ 거절 ④ 소원 ⑤ 신의(약속) ⑥ 이기적 ⑦ 유교 ⑧ 효심 ⑨ 죄책감

[01~04] 다음 글을 읽고, 물음에 답하시오.

가 "우리는 남경 뱃사람으로 인당수를 지나갈 제 제물로 제사하면 가없는 너른 바다를 무사히 건너고 수만금 이익을 내기로, 몸을 팔려 하는 처녀가 있으면 값을 아끼지 않고 주겠습니다."

하기에 심청이 반겨 듣고,

"나는 이 동네 사람인데, 우리 아버지가 앞을 못 보셔서 '공양미 3백 석을 지성으로 불공하면 눈을 떠 보리라.' 하기로, 집안 형편이 어려워 장만할 길이 전혀 없어 내 몸을 팔려 하니 나를 사 가는 것이 어떠하실는지요?"

㉠뱃사람들이 이 말을 듣고,

"효성이 지극하나 가련하군요."

하며 허락하고, 즉시 쌀 3백 석을 몽운사로 날라다 주고,

"오는 3월 보름날에 배가 떠나기로 되어 있습니다."

하고 가니, ㉡심청이 아버지께 여쭙기를,

"공양미 3백 석을 이미 실어다 주었으니, 이제는 근심치 마셔요."

나 심 봉사가 깜짝 놀라,

"너, 그 말이 웬 말이냐?"

㉢심청같이 타고난 효녀가 어찌 아버지를 속이랴마는, 어찌할 수 없는 형편이라 잠깐 거짓말로 속여 대답한다.

"장 승상 댁 노부인이 달포 전에 저를 수양딸로 삼으려 하셨는데 차마 허락지 않았습니다. 그러나 지금 형편으로는 공양미 3백 석을 장만할 길이 전혀 없기로 이 사연을 노부인께 말씀드렸더니, 쌀 3백 석을 내어 주시기에 수양딸로 팔리기로 했습니다."

㉣심 봉사가 물색도 모르면서 이 말만 반겨 듣고,

"그렇다면 고맙구나. 그 부인은 한 나라 재상의 부인이라 아마도 다르리라. 복을 많이 받겠구나. 저러하기에 그 아들 삼 형제가 벼슬길에 나아갔나 보구나. 그나저나 양반의 자식으로 몸을 팔았단 말이 듣기에 괴이하다마는 장 승상 댁 수양딸로 팔린 거야 어떻겠느냐. 언제 가느냐?"

"다음 달 보름날에 데려간다 합디다."

"어허, 그 일 매우 잘되었다."

다 ㉤심청이 그날부터 곰곰 생각하니, 눈 어두운 백발 아비 영 이별하고 죽을 일과 사람이 세상에 나서 열다섯 살에 죽을 일이 정신이 아득하고 일에도 뜻이 없어 식음을 전폐하고 근심으로 지내다가, 다시금 생각하기를,

ⓐ'엎질러진 물이요, 쏘아 논 화살이다.'

---

01. 이 글을 이해한 내용으로 적절하지 <u>않은</u> 것은?

① 심 봉사와 심청은 비록 가난하지만 양반 신분이다.
② 심청은 심 봉사를 안심시키기 위해 거짓말을 한다.
③ 심 봉사는 심청의 말이 거짓임을 전혀 눈치채지 못한다.
④ 심청은 뱃사람들에게 자신이 제물로 가겠다고 약속한다.
⑤ 심 봉사가 눈을 뜨려면 스님이 되어 공양미 3백 석을 시주해야 한다.

02. 오늘날의 관점으로 볼 때, (가)의 뱃사람들과 비슷한 인물 유형으로 가장 적절한 것은?

① 주변 사람들의 어려움을 모른 척하는 사람
② 국가의 대의를 위해 개인을 희생시키는 사람
③ 무능하고 철이 없어 가족을 힘들게 하는 사람
④ 이익을 얻기 위해서 어떤 일도 서슴지 않는 사람
⑤ 지혜를 발휘하여 위기 상황을 현명하게 극복하는 사람

03. ㉠~㉤ 중, 〈보기〉에서 설명하는 서술 방식이 사용된 것은?

| 보기 |

고전 소설에서는 이야기 밖에 있는 서술자가 이야기 속에 개입하여 인물에 대한 자신의 생각이나 평가를 직접 드러내는 경우가 있다.

① ㉠   ② ㉡   ③ ㉢   ④ ㉣   ⑤ ㉤

| 서술형 |

04. ⓐ의 뜻을 쓰고, 이와 같이 말한 심청의 의도를 〈조건〉에 맞게 서술하시오.

| 조건 |
• 심청이 처한 상황과 심정이 드러나게 쓸 것.

[05~08] 다음 글을 읽고, 물음에 답하시오.

㉮ 날이 점점 가까워 오니 생각하기를,

'이러다간 안되겠다. 내가 살았을 제 아버지 의복 빨래나 해 두리라.'

하고, 춘추 의복 상침 겹것, 하절 의복 한삼 고의 박아 지어 들여놓고, 동절 의복 솜을 넣어 보에 싸서 농에 넣고, 청목으로 갓끈 접어 갓에 달아 벽에 걸고, 망건 꾸며 당줄 달아 걸어 두고, 배 떠날 날을 헤아리니 하룻밤이 남아 있다. 밤은 깊어 삼경인데 은하수 기울어졌다. 촛불을 대하여 두 무릎을 마주 꿇고 머리를 숙이고 한숨을 길게 쉬니, 아무리 효녀라도 마음이 ㉠온전하겠는가.

'아버지 버선이나 마지막으로 지으리라.'

하고 바늘에 실을 꿰어 드니, 가슴이 답답하고 두 눈이 침침, 정신이 아득하여 ㉡하염없는 울음이 가슴속에서 솟아나니, 아버지가 깰까 하여 크게 울지는 못하고 흐느끼며 얼굴도 대어 보고 손발도 만져 본다.

㉯ "오늘 밤 새벽 때를 함지에다 머물게 하고, 내일 아침 돋는 해를 부상지에다 메어 두면 가련하신 우리 아버지 좀 더 모셔 보련마는, 날이 가고 달이 가니 뉘라서 막을쏘냐. 애고 애고, 설운지고."

천지가 사정없어 이윽고 닭이 우니 심청이 ㉢하릴없어,

"닭아 닭아, 우지 마라. 제발 덕분에 우지 마라. ㉣반야진관에서 닭 울음 기다리던 맹상군이 아니로다. 네가 울면 날이 새고, ⓐ날이 새면 나 죽는다. 죽기는 섧잖아도 의지 없는 우리 아버지 어찌 잊고 가잔 말이냐?"

㉰ 어느덧 ㉤동방이 밝아 오니, 심청이 아버지 진지나 마지막 지어 드리리라 하고 문을 열고 나서니, 벌써 뱃사람들이 사립문 밖에서,

"오늘이 배 떠나는 날이오니 수이 가게 해 주시오."

하니, 심청이 이 말을 듣고 얼굴빛이 없어지고 손발에 맥이 풀리며 목이 메고 정신이 어지러워 뱃사람들을 겨우 불러,

"여보시오 선인네들, 나도 오늘이 배 떠나는 날인 줄 이미 알고 있으나, 내 몸 팔린 줄을 우리 아버지가 아직 모르십니다. 만일 아시게 되면 지레 야단이 날 테니, 잠깐 기다리면 진지나 마지막 지어 잡수시게 하고 말씀 여쭙고 떠나게 하겠어요."

하니 뱃사람들이,

"그리하시지요."

하였다.

---

05. 이 글의 표현상 특징으로 적절한 것은?

① 운율이 느껴지는 문체가 사용되고 있다.

② 인물의 정서를 반어적으로 드러내고 있다.

③ 비극적 상황을 해학적으로 그려 내고 있다.

④ 조선 후기의 양반 사회를 풍자적으로 표현하고 있다.

⑤ 다양한 심상을 통해 상황을 감각적으로 묘사하고 있다.

활동 응용 문제

06. 이 글에 나타난 심청을 다음과 같이 평가할 때, 그 근거로 적절하지 **않은** 것은?

> "심청은 아버지에 대한 효심이 참 깊은 인물이야."

① 심청은 자신의 죽음을 앞두고도 아버지의 옷을 짓고 있다.

② 심청은 자신이 죽는 것보다 홀로 남게 될 아버지를 더 걱정하고 있다.

③ 심청은 잠든 아버지 곁에서 밤을 지새우며 자신의 처지를 한탄하고 있다.

④ 심청은 아버지와의 이별을 슬퍼하며 아버지를 조금이라도 더 모시고 싶어 한다.

⑤ 심청은 아버지가 마지막 진지를 잡수실 때까지 자신이 죽게 된다는 사실을 아버지에게 알리지 않는다.

---

07. ㉠~㉤의 뜻풀이로 적절하지 **않은** 것은?

① ㉠: 기쁘고 즐겁겠는가

② ㉡: 어떤 행동이나 심리 상태 따위가 자신의 의지와는 상관없이 계속되는 상태인

③ ㉢: 달리 어떻게 할 도리가 없어

④ ㉣: 한밤중

⑤ ㉤: 동쪽

| 서술형 |

08. (다)의 내용을 바탕으로 심청이 ⓐ와 같이 말하는 까닭을 한 문장으로 서술하시오.

[09~12] 다음 글을 읽고, 물음에 답하시오.

가 심 봉사는 철도 모르고,

"야, 오늘은 반찬이 유난히 좋구나. 뉘 집 제사 지냈느냐."

그날 밤에 꿈을 꾸었는데, 부자간은 천륜지간이라 꿈에 미리 보여 주는 바가 있었다.

"아가 아가, 이상한 일도 있더구나. 간밤에 꿈을 꾸니, 네가 큰 수레를 타고 한없이 가 보이더구나. 수레라 하는 것이 귀한 사람이 타는 것인데 우리 집에 무슨 좋은 일이 있을란가 보다. 그렇지 않으면 장 승상 댁에서 가마 태워 갈란가 보다."

심청이는 저 죽을 꿈인 줄 짐작하고 둘러대기를,

㉠"그 꿈 참 좋습니다."

하고 진짓상을 물려 내고 담배 태워 드린 뒤에 밥상을 앞에 놓고 먹으려 하니 간장이 썩는 눈물은 눈에서 솟아나고, 아버지 신세 생각하며 저 죽을 일 생각하니 정신이 아득하고 몸이 떨려 밥을 먹지 못하고 물렸다. 그런 뒤에 심청이 사당에 하직하려고 들어갈 제, 다시 세수하고 사당 문을 가만히 열고 하직 인사를 올렸다.

나 "제가 못난 딸자식으로 아버지를 속였어요. 공양미 3백 석을 누가 저에게 주겠어요. 남경 뱃사람들에게 인당수 제물로 몸을 팔아 오늘이 떠나는 날이니 저를 마지막 보셔요."

심 봉사가 이 말을 듣고,

"참말이냐, 참말이냐? 애고 애고, 이게 웬말인고? 못 가리라, 못 가리라. 네가 날더러 묻지도 않고 네 마음대로 한단 말이냐? 네가 살고 내가 눈을 뜨면 그는 마땅히 할 일이나, 자식 죽여 눈을 뜬들 그게 차마 할 일이냐? 너의 어머니 늦게야 너를 낳고 초이레 안에 죽은 뒤에, 눈 어두운 늙은것이 품 안에 너를 안고 이 집 저 집 다니면서 구차한 말 해 가면서 동냥젖 얻어 먹여 이만치 자랐는데, 내 아무리 눈 어두우나 너를 눈으로 알고, 너의 어머니 죽은 뒤에 걱정 없이 살았더니 이 말이 무슨 말이냐? 마라 마라, 못 하리라. 아내 죽고 자식 잃고 내 살아서 무엇하리? (중략) 어떤 놈의 팔자길래 사궁지수(四窮之首) 된단 말이냐? 네 이놈 상놈들아! 장사도 좋지마는 사람 사다 제사하는 데 어디서 보았느냐? 하느님의 어지심과 귀신의 밝은 마음 앙화가 없겠느냐? 눈먼 놈의 무남독녀 철모르는 어린아이 나 모르게 유인하여 값을 주고 산단 말이냐? 돈도 싫고 쌀도 싫다, 네 이놈 상놈들아."

---

09. (가)와 (나)에 대한 설명으로 적절한 것은?

① (가)에서 희망을 발견한 심청은 (나)에서 좌절감을 느낀다.

② (가)에서 즐거워하던 심 봉사는 (나)에서 슬픔과 절망감을 느낀다.

③ (가)에서 (나)로 가면서 심청이 앞으로 겪게 될 일에 변화가 생긴다.

④ (가)에서 시작된 심 봉사와 심청 사이의 갈등이 (나)에서 더욱 심화된다.

⑤ (가)에서 아버지에게 사실을 말하지 않았던 심청이 (나)에서 또 다른 거짓말을 한다.

활동 응용 문제

10. (가)에 나타난 심 봉사의 인물됨에 대한 설명으로 적절한 것은?

① 순진하고 어리숙하다.

② 부정적이고 비판적이다.

③ 이해타산적이며 영악하다.

④ 이기적이고 자기중심적이다.

⑤ 타인을 배려할 줄 알고 친절하다.

11. ㉠에 대한 설명으로 적절한 것은?

① 심청의 속마음과 반대되는 반어적 표현이다.

② 심청이 아버지의 심정에 공감하고 있음을 알 수 있다.

③ 심청이 아버지의 꿈에 관심이 없음을 드러내는 말이다.

④ 심청이 꿈의 내용을 제대로 이해하지 못했음을 보여 준다.

⑤ 심청은 꿈의 의미에 대해 아버지와 같은 해석을 하고 있다.

활동 응용 문제 |서술형|

12. (나)에서 짐작할 수 있는 뱃사람들의 가치관을 오늘날의 관점에서 평가하여 〈조건〉에 맞게 서술하시오.

┌ 조건 ┐
• 비판적인 관점에서 평가할 것.
• 심 봉사의 말을 인용하여 근거로 쓸 것.

㉮ "아버지 할 수 없어요. 저는 이미 죽지마는 아버지는 눈을 떠서 밝은 세상 보시고, 착한 사람 구하셔서 아들 낳고 딸을 낳아 후사나 전하고, 못난 딸자식은 생각지 마시고 오래오래 평안히 계십시오. 이도 또한 천명이니 후회한들 어찌하겠어요?"

뱃사람들이 그 딱한 형편을 보고 모여 앉아 공론하기를,

"심 소저의 효성과 심 봉사의 일생 신세 생각하여 봉사님 굶지 않고 헐벗지 않게 ㉠한 살림을 꾸며 주면 어떻겠소?" / "그 말이 옳소."

하고 쌀 2백 석과 돈 3백 냥이며, 무명 삼베 각 한 동씩 마을에 들여놓고 동네 사람들을 모아 당부하기를,

"쌀 2백 석과 돈 3백 냥을 착실한 사람 주어 실수 없이 온전하게 늘려 심 봉사에게 바칩시다. 2백 석 가운데 20석은 올해 양식으로 제하고, 나머지는 해마다 빚을 주어 이자를 받으면 양식이 넉넉할 테고, 명베 삼베로는 사철 의복 장만해 드리기로 하고, 이런 내용을 관청에 공문으로 보내고 마을에도 알립시다."

㉯ 구별을 다 짓고 나서 심 소저를 가자 할 때, 무릉촌 장 승상 댁 부인이 그제야 ㉡이 말을 듣고 급히 시비를 보내어 심 소저를 부르기에, 소저가 시비를 따라가니 승상 부인이 문밖에 내달아 소저의 손을 잡고 울며 말했다.

"네 이 무상한 사람아. 나는 니를 자식으로 알았는데 너는 나를 어미같이 알지를 않는구나. 쌀 3백 석에 몸이 팔려 죽으러 간다 하니 효성이 지극하다마는 네가 살아 세상에 있어 하는 것만 같겠느냐? 나와 의논했더라면 진작 주선해 주었지. 쌀 3백 석을 이제라도 다시 내어 줄 것이니 뱃사람들 도로 주고 당치 않은 말 다시 말라."

하시니 심 소저가 여쭈었다.

"㉢당초에 말씀 못 드린 것을 이제야 후회한들 무엇하겠습니까? 또한 부모를 위해 공을 드릴 양이면 어찌 ㉣남의 명분 없는 재물을 바라며, 쌀 3백 석을 도로 내어 주면 뱃사람들 일이 낭패이니 그도 또한 어렵고, 남에게 몸을 허락하여 약속을 정한 뒤에 다시 약속을 어기면 못난 사람들 하는 짓이니, ㉤그 말씀을 따르지 못하겠습니다. 하물며 값을 받고 몇 달이 지난 뒤에 차마 어찌 낯을 들어 무슨 말을 하겠습니까? 부인의 하늘 같은 은혜와 착하신 말씀은 저승으로 돌아가서 결초보은하겠습니다."

하고 눈물이 옷깃을 적시니, 부인이 다시 보니 엄숙한지라, 하릴없이 다시 말리지 못하고 놓지도 못했다.

13. 이 글에 반영된 과거의 삶의 모습으로 적절한 것은?

① 관청에서는 어려운 사람들을 돕는 제도가 있었다.
② 마을마다 장애인을 돌보는 사람들이 따로 있었다.
③ 효를 실천하는 사람에게는 나라에서 상을 주었다.
④ 부모에 대한 효라는 유교적 덕목을 매우 중시했다.
⑤ 돈을 받은 후에 계약을 취소하는 것은 불가능했다.

활동 응용 문제

14. (나)를 읽고 승상 부인에 관한 자신의 생각을 발표한 내용으로 가장 적절한 것은?

① 승상 부인은 사람의 목숨보다 더 소중한 가치가 있다는 것을 저에게 일깨워 주었습니다.
② 승상 부인처럼 자신이 가진 것을 사회에 환원하는 사람이 되어야겠다는 생각을 했습니다.
③ 아무리 두려워도 불의에 맞서 싸울 용기가 필요하다는 승상 부인의 가르침에 깊이 공감했습니다.
④ 승상 부인이 심청을 대하는 태도를 보면서 부모님께 효도를 하는 것이 왜 중요한지를 알게 되었습니다.
⑤ 승상 부인을 보면서 매주 봉사 활동을 하며 우리 주변의 소외된 이웃을 보살펴 주는 분들이 떠올랐습니다.

15. ㉠~㉤이 가리키는 내용으로 적절하지 않은 것은?

① ㉠: 쌀 2백 석과 돈 3백 냥, 무명 삼베 각 한 동씩
② ㉡: 심청이 뱃사람들에게 팔려 가게 되었다는 말
③ ㉢: 심청이 승상 부인의 수양딸이 되고 싶었다는 말
④ ㉣: 승상 부인이 내어 주려고 한 쌀 3백 석
⑤ ㉤: 뱃사람들에게 쌀 3백 석을 돌려주고 심청의 목숨을 구하라는 말

활동 응용 문제 |서술형|

16. (나)를 통해 알 수 있는 심청의 인물됨을 〈조건〉에 맞게 서술하시오.

┤조건├
• 인물됨 세 가지를 한 문장으로 쓸 것.

단원+단원

통합과 적용

단원+단원, 이렇게 통합·적용했어요!

묵화/그 시절 우리들의 집
오늘날까지 이어지고 있는 과거의 삶이 반영된 작품 감상하기

+

심청전
오늘날 새롭게 평가될 수 있는 과거의 삶이 반영된 작품 감상하기

↓

과거와 오늘날의 삶의 모습을 비교하여 자기 생각 말하기

▌주변의 박물관을 방문하여 과거의 삶의 모습과 가치가 담겨 있는 전시물을 관람해 봅시다.

국립중앙 박물관
국립춘천 박물관
국립공주 박물관
국립경주 박물관
국립전주 박물관
국립제주 박물관

1. 우리 지역의 박물관 중 자신이 방문할 곳을 정하고, 방문 계획서를 작성해 봅시다. 예시 답 |

국립중앙 박물관 방문 계획서

▶ 방문 목적: 과거의 삶의 모습을 조사해 본다.

▶ 방문 일시: 20○○년 ○○월 30일 오전 ○○시

▶ 준비물: 필기도구, 사진기

▶ 유의 사항

• 자신이 관람한 전시물과 관련하여 중요한 내용을 메모한다.

• 과거의 삶의 모습과 오늘날의 삶의 모습을 비교하며 관람한다.

2. 자신이 관람한 전시물을 다음과 같이 정리해 봅시다.
예시 답 |

과거의 가치가 오늘날까지 이어지고 있는 전시물

 민화: 과거에는 생활 공간을 장식하거나 민속적인 관습에 따라 집에 민화를 걸어 두었다. 오늘날에도 집을 예쁘게 꾸미기 위해서 그림을 걸거나 재물, 장수 등을 기원하는 그림을 집에 걸어 둔다.

오늘날 우리가 잃어버린 가치를 담고 있는 전시물

화로: 과거에는 가족들의 추위를 막아 주고 가족 공동체의 대화가 이루어지는 공간의 역할을 했지만, 현대 사회의 주거 문화는 각 방마다 난방이 되어서 이런 문화와 가치가 사라지게 되었다.

과거의 가치와는 달리 오늘날의 관점에서 새롭게 평가될 수 있는 전시물

왕관: 과거에는 그 시대를 대표하는 군주가 쓰는 것으로써 고귀함과 존엄함의 의미를 지니고 있었는데, 민주주의를 표방하는 현대 사회에서는 계급과 군주주의를 상징하는 부정적인 의미를 가지게 되었다.

3. 박물관을 방문하고 나서 느낀 점이나 새롭게 알게 된 점을 이야기해 봅시다.

조건

오늘날의 관점에서 과거의 삶이 반영된 전시물을 보며 얻은 깨달음을 중심으로 이야기할 것.

예시 답 | • 아주 오래전에 사용되었던 물건들인데, 그 모습과 가치가 오늘날과 유사한 것이 많아서 신기했다.

• 소박한 삶의 모습과 아름다운 가치를 담고 있는 전시물들이 많이 있었는데, 오늘날에는 편리함만 추구하다 보니 그런 것들이 많이 사라져 버려서 아쉬운 마음이 들었다.

대단원을 닫으며

·학습 목표 점검하기·

❶ 묵화(墨畵)

오늘날까지 이어지고 있는 과거의 삶이 반영된 작품 감상하기

- 대상과의 조화(이)라는 삶의 모습은 과거로부터 오늘날까지 이어지고 있다.
- 「묵화」는 할머니와 소가 힘든 삶을 함께하며 서로 정서적으로 교감하는 모습을 간결하게 표현한 현대시이다.

> **잘 모른다면**
> 159쪽의 목표 활동을 살펴보면 이 시에 담긴 과거의 삶의 모습과 가치를 이해할 수 있을 거야.

❷ 그 시절 우리들의 집

오늘날에 사라져 가고 있는 과거의 삶이 반영된 작품 감상하기

- 오늘날 우리가 잃어버리고 있는 과거의 삶의 모습과 가치가 담긴 작품을 읽고, 우리의 삶을 성찰할 수 있다.
- 「그 시절 우리들의 집」은 과거의 토담집와/과 오늘날의 아파트를 대비하면서 집에 담긴 소중한 가치를 일깨우고 있는 현대 수필이다.

> **잘 모른다면**
> 173~175쪽의 목표 활동을 살펴보면 오늘날 우리가 잃어 가고 있는 과거의 삶의 모습과 가치가 무엇인지 깨달을 수 있을 거야.

❸ 심청전

오늘날 새롭게 평가될 수 있는 과거의 삶이 반영된 작품 감상하기

- 작품에 반영된 과거의 삶과 가치를 오늘날의 관점에서 새롭게 평가하고 통찰함으로써 인간의 삶에 관한 이해를 넓힐 수 있다.
- 「심청전」은 부모에 대한 심청의 지극한 효성을 통해 오늘날 바람직한 효에 관해 생각해 보게 하는 고전 소설이다.

> **잘 모른다면**
> 199~201쪽의 목표 활동을 살펴보면 현대인의 관점에서 새롭게 평가될 수 있는 가치를 발견하고 통찰할 수 있을 거야.

·어휘력 점검하기·

초성이 제시된 순우리말 단어들의 뜻풀이를 보고, 해당하는 낱말을 완성해 보자.

(1) ㅁㄷㅁ: 목의 뒤쪽 부분과 그 아래 근처.

(2) ㅌㅌ하다: 국물이 조금 적어 묽지 아니하다.

(3) ㅈㅊㄷ: 기둥 밑에 기초로 받쳐 놓은 돌.

(4) ㅂㅅㄱㅈ: 비가 오려고 하거나 올 때, 비에 맞으면 안 되는 물건을 치우거나 덮는 일.

(5) ㄱㅇㄷ: 끝이 없다.

(6) ㅈㅂ: 생선을 소금에 절여서 만든 반찬감. 또는 그것을 굽거나 쪄서 만든 반찬.

정답: (1) 목덜미 (2) 톱톱하다 (3) 주춧돌
(4) 비설거지 (5) 가없다 (6) 자반

[01~05] 다음 시를 읽고, 물음에 답하시오.

물먹는 ㉠소 목덜미에
㉡할머니 손이 얹혀졌다.
㉢이 하루도
함께 지났다고,
㉣서로 발잔등이 부었다고,
㉤서로 적막하다고,

01. 이 시에 대한 설명으로 적절한 것은?

① 비현실적, 환상적 분위기를 조성하고 있다.
② 서글프고 절망적인 정서가 주로 나타나 있다.
③ 선경후정의 시상 전개 방식을 사용하고 있다.
④ 행의 길이를 비슷하게 맞춰 운율을 형성하고 있다.
⑤ 비유적 표현을 사용하여 화자의 심정을 드러내고 있다.

| 고난도 |

02. 〈보기〉를 참고하여 이 시의 표현상 특징을 다음과 같이 설명할 때, ⓐ~ⓔ 중 적절하지 않은 것은?

┤ 보기 ├

이 시의 제목인 '묵화'는 먹으로 짙고 엷음을 이용하여 그린 그림으로, 화려하지 않고 담담하게 대상을 표현하는 특징을 갖는다.

이 시는 ⓐ세부적인 배경을 생략한 채 ⓑ삶의 모습을 절제된 언어로 담담하게 표현하여 한 폭의 묵화를 연상시키고 ⓒ여백의 미를 느끼게 한다. 또한 ⓓ인물의 모습에 대한 구체적인 묘사를 하지 않고 ⓔ인물의 정서를 짐작하게 하는 단서를 제공하지 않아 묵화와 같은 담백한 분위기를 조성하고 있다.

① ⓐ　　② ⓑ　　③ ⓒ　　④ ⓓ　　⑤ ⓔ

03. 이 시에 드러난 삶의 모습으로 가장 적절한 것은?

① 힘든 하루 일을 마친 할머니와 소의 고달픈 삶
② 이별 후에 다시 만난 할머니와 소의 행복한 삶
③ 병든 소를 치료하며 살아가는 할머니의 고된 삶
④ 소의 죽음을 눈앞에 두고 괴로워하는 할머니의 슬픈 삶
⑤ 이웃으로부터 외면당해 소외된 채 살아가는 할머니와 소의 고립된 삶

04. ㉠~㉤을 읽고 떠올린 생각이나 느낌으로 적절하지 않은 것은?

① ㉠: 하루 종일 멍에를 쓰고 일을 해서 붓고 상처가 났을 것 같아.
② ㉡: 소를 위로해 주고자 하는 할머니의 마음이 감동적으로 느껴져.
③ ㉢: 그동안은 알지 못했던 함께한다는 것의 소중함을 처음 깨달은 특별한 날인 것 같아.
④ ㉣: 고된 농사일에 할머니와 소 모두 발등이 부어 아플 것 같아.
⑤ ㉤: 할머니와 소가 얼마나 외롭고 쓸쓸한 삶을 살아가고 있는지 느껴져.

| 서술형 | | 고난도 |

05. 다음 설명을 참고하여 이 시에 담긴 삶의 가치를 〈조건〉에 맞게 서술하시오.

과거 우리의 삶에서 소는 가족과 같이 친근하고 귀한 가축이었다. 이런 시각에서 보면, 이 시에서 소와 할머니가 동고동락하는 모습으로 등장하는 것이 쉽게 이해된다. 자연을 살아 있는 것으로, 따뜻하게 대하던 과거의 삶이 묻어 있기 때문이다. 이 시는 자연과 공존하던 우리네 삶의 단순하지만 조용하고 깊은 멋을 형상화하고 있다.

┤ 조건 ├

• 할머니와 소의 관계에서 드러나는 가치를 서술할 것.
• '~하는 삶의 가치'의 형태로 쓸 것.

[06~11] 다음 글을 읽고, 물음에 답하시오.

가 물을 데워 놓고 끓는 물에 아기 탯줄 자를 가위를 소독하고 미역도 담가 놓고 안방 바닥에 짚을 깔고 그 위에 드러누웠다. 장에 가서 술 한잔 걸치고 뱃노래를 흥얼거리며 아낙의 남편이 막 사립문을 들어섰을 때 안방 쪽에서 갓 태어난 아기 울음소리가 들려오고 있었다. 순산이었다. 남편은 늘 그래 왔듯이, 첫째 때도 둘째 때도 셋째 때도 그러했듯이, 술 취한 기분에도 부엌으로 들어가 아내가 미리 물에 담가 둔 미역을 씻어 첫국밥을 끓였다. 첫국밥을 끓여서 아내에게 들여놓아 주고 나서 남편은 사립문 양쪽에 대나무를 세우고 새끼줄에 검은 숯과 붉은 고추를 끼워 대나무에 매달았다. 넷째 아들이 태어나던 날 밤.

나 그의 어머니는 그렇게 팔 남매를 낳았다. 집은 토담집이었다. 그의 아버지와 어머니가 신접살림을 나면서 손수 지은 집이었다. 판판한 주춧돌 위에 튼튼한 소나무 기둥을 세우고 지붕을 만들었다. 마을에서는 그렇게 새집 짓는 일을 '성주 모신다'고 했다.

다 [그]와 그의 형제들은 바로 그 집에서 나고 그 집에서 컸다. 노란 흙벽, 노란 초가지붕, 노란 마루, 노란 마당, 정다운 노란 집. 그 집의 봄 여름 가을 겨울. 봄 여름 가을 겨울의 아침과 낮과 저녁과 밤이 그 집 아이들의 성장에 함께 있었다. 그는 그 집의 봄 여름 가을 겨울과 봄 여름 가을 겨울의 어느 아침과 낮과 저녁과 밤을 먼 훗날까지 그의 영혼 깊은 곳에 간직해 두고서는 몹시 힘들고 고달픈 도시에서의 봄 여름 가을 겨울의 어느 아침과 낮과 저녁과 밤에 마음속의 보석처럼 소중한 그 추억들을 끄집어내 보고는 했다.

라 그 집은 그 집 아이들에게 작은 우주였다. 그곳에는 많은 비밀이 있었다. 자연 속에는 눈에 보이는 것 말고도 눈에 보이지 않는 무한한 비밀이 감춰져 있었다. 그는 그 집에서 크면서 자연 속에 감춰진 비밀들을 깨달아 갔다.

석양의 북새, 혹은 낮게 깔리는 굴뚝 연기를 보고 그는 비 설거지를 했다. 그런 다음 날은 틀림없이 비가 올 것이므로. 비가 온 날 저녁에는 또 지렁이가 밤새 운다는 것을 그는 알고 있었다. 똑또르 똑또르 하는 지렁이 울음소리. 냄새와 소리와 맛과 색깔과 형태들이 그 집에서는 선명했다. 모든 것들이 말이다. 왜냐하면 봄과 여름과 가을과 겨울과 아침과 낮과 저녁과 밤이 그 집에서는 뚜렷했으므로. 자연이 그러한 것처럼 사람들의 삶이 명료했다.

마 ⊙이제 그 집을 떠난 그에게는 모든 것이 불분명하다. 아침과 저녁이 불분명하고 사계절이 불분명하고 오감이 불분명하다. 병원에서 태어나 수십 군데 이사를 다니고 나서 겨우 장만한 아파트. 그 사각진 콘크리트 벽 속에 살고 있는 [그의 아이]는 여름에 긴팔 옷을 입고 겨울에 반팔 옷을 입는다.

돈은 은행에서 나고 먹을 것은 슈퍼에서 나는 것으로 아는 아이는, 수박이 어느 계절의 과일인지 분간하지 못하는 아이는 그래서 봄 여름 가을 겨울을 알지 못한다. 아침저녁의 냄새와 소리와 맛과 형태와 색깔이 어떻게 다른지 알지 못한다.

바 어머니의 부음을 듣고 그는 그가 나고 성장한 그 노란 집으로 갔다. 팔 남매를 낳고 기르느라 조그마해질 대로 조그마해진 어머니는 바로 자신의 아이들을 낳았던 그 자리에 자신의 몸을 부려 놓고 있었다.

그 집, 노란 그 집에 탄생과 죽음이 있었다. 그 집 안주인의 죽음 이후 그 집은 적막해졌다. 아무도 그 집에 들어와 살지 않을 것이며 누구도 아이를 그 집에서 낳지 않을 것이며 그러므로 죽음 또한 그 집에서는 일어나지 않을 것이다. 그 집의 역사는 그렇게 끝이 난 것이다.

사 우리들의 어머니의 죽음과 함께 조왕신과 성주신이 살지 않는 우리들의 집은 이제 적막하다. 더 이상의 탄생과 죽음이 없는 우리들의 집은 쓸쓸하다.

우리는 오늘 밤도 쓸쓸한 집으로 돌아들 간다.

---

06. 이 글에 대한 설명으로 적절하지 않은 것은?
① 인물의 내면 심리를 섬세하게 묘사하고 있다.
② 오늘날 도시에서의 삶에 대한 성찰을 담고 있다.
③ 과거와 현재를 대비함으로써 주제를 부각하고 있다.
④ 3인칭 시점을 사용하여 '그'의 이야기를 서술하고 있다.
⑤ 토담집에 얽힌 사연을 중심으로 이야기가 펼쳐지고 있다.

07. 이 글에 나타난 주된 정서로 적절한 것은?

① 사라진 것에 대한 아쉬움

② 새로운 미래에 대한 기대감

③ 사회 제도의 모순에 대한 불만

④ 돌이킬 수 없는 실수에 대한 후회

⑤ 희망이 사라진 현실에 대한 좌절감

| 고난도 |

08. 이 글과 〈보기〉를 비교하여 감상한 내용으로 적절한 것은?

┤ 보기 ├

　독과 항아리를 열심히 닦던 어머니나, 항아리를 이고 먼 길을 걸어간 어른들 심정을 조금이라도 이해할 수 있게 된 건 세월이 한참 흐른 뒤였다. 내가 깨달은 장독의 의미는, 한 집안이 여전히 존재하고 있음을 상징하는 증표였다. 그 구성원들이 세워 놓은 깃발이었다.

　하지만 우리는 언젠가부터 장독을 잃어버렸다. 우리가 지켜 내야 할 증표를 잃어버렸다. 도시에서는 장독대를 따로 두기도 쉽지 않거니와, 설령 있다고 해도 길 떠난 가장의 안전을 염원하며 장독대를 닦는 아낙 역시 없다. 김치는 김치냉장고 속에서 더할 나위 없이 안온하다. 플라스틱 통에 들어 있는 된장과 고추장은 세월이 가도 그 고운 빛을 잃지 않는다. 양조간장은 언제 먹어도 입에 붙을 듯 달다. 그럴 뿐이다. 새삼 서글퍼할 일은 아니다. 세월에 쫓기어 꼬리를 말고 사라진 게 어디 장독대뿐이랴. 하지만 난 매일 궁금하다. 장독대와 함께 떠나보낸 우리 고유의 정과 사랑은 지금 어느 곳을 떠돌고 있을까.

① 이 글의 '토담집'과 〈보기〉의 '장독대'는 현재 우리가 잃어버린 가치를 되돌아보게 해.

② 이 글의 '그'는 〈보기〉의 글쓴이처럼 이웃 간의 정이 메말라 가는 현실을 안타까워하고 있어.

③ 이 글과 〈보기〉는 과거 조상들의 삶을 통해 진정한 가족의 의미를 우리에게 깨닫게 하고 있어.

④ 이 글과 〈보기〉에 나타난, 과거의 어머니들이 쌓아 올린 삶의 지혜는 오늘날에도 이어져 내려오고 있어.

⑤ 이 글과 〈보기〉의 글쓴이는 오늘날 도시에서의 삶이 과거 시골에서의 삶보다 더 가치 있다고 생각하고 있어.

| 고난도 |

09. (다)와 (라)에 나타난 삶의 태도와 유사한 태도가 드러난 것은?

① 묏버들 가려 꺾어 보내노라 님에게

　자시는 창밖에 심어 두고 보소서

　밤비에 새잎 나거든 나인가도 여기소서　– 홍랑

② 이 몸이 죽고 죽어 일백 번 고쳐 죽어

　백골이 진토되어 넋이라도 있고 없고

　임 향한 일편단심이야 가실 줄이 있으랴 – 정몽주

③ 십 년을 경영하여 초가삼간 지어내니

　나 한 간, 달 한 간, 청풍 한 간 맡겨 두고

　강산은 들일 곳 없으니 둘러 두고 보리라　– 송순

④ 까마귀 싸우는 골에 백로야 가지 마라

　성낸 까마귀 흰빛을 시샘할세라

　청강에 기껏 씻은 몸을 더럽힐까 하노라

　　　　　　　　　　　　　　– 정몽주 모

⑤ 천만 리 머나먼 길에 고운 임 여의옵고

　내 마음 둘 데 없어 냇가에 앉아 있으니

　저 물도 내 맘 같아서 울며 밤길 가는구나

　　　　　　　　　　　　　　– 왕방연

10. 이 글의 그와 그의 아이에 대한 설명으로 적절하지 않은 것은?

① '그'와 '그의 아이'는 현재 도시에서 살고 있다.

② '그'는 집에서, '그의 아이'는 병원에서 태어났다.

③ '그'와 '그의 아이'는 자연과 함께하는 삶을 경험하지 못했다.

④ '그'는 흙집에서 자라났고, '그의 아이'는 콘크리트 집에서 자라고 있다.

⑤ '그'와 '그의 아이'가 현재 살고 있는 집은 탄생과 죽음이 없는 쓸쓸한 집이다.

| 서술형 |

11. ㉠의 의미를 〈조건〉에 맞게 서술하시오.

┤ 조건 ├

• ㉠에 나오는 '모든 것'의 의미가 드러나게 쓸 것.

• '그'의 현재 삶의 모습과 관련하여 '이제 그는 ~ 살아가고 있다.' 형식의 한 문장으로 쓸 것.

[12~18] 다음 글을 읽고, 물음에 답하시오.

가 심청같이 타고난 효녀가 어찌 아버지를 속이랴마는, 어찌할 수 없는 형편이라 잠깐 거짓말로 속여 대답한다.

"장 승상 댁 노부인이 달포 전에 저를 수양딸로 삼으려 하셨는데 차마 허락지 않았습니다. 그러나 지금 형편으로는 공양미 3백 석을 장만할 길이 전혀 없기로 이 사연을 노부인께 말씀드렸더니, 쌀 3백 석을 내어 주시기에 수양딸로 팔리기로 했습니다."

심 봉사 가 물색도 모르면서 이 말만 반겨 듣고,

"그렇다면 고맙구나. 그 부인은 한 나라 재상의 부인이라 아마도 다르리라. 복을 많이 받겠구나. 저러하기에 그 아들 삼 형제가 벼슬길에 나아갔나 보구나. 그나저나 양반의 자식으로 몸을 팔았단 말이 듣기에 괴이하다마는 장 승상 댁 수양딸로 팔린 거야 어떻겠느냐. 언제 가느냐?"

"다음 달 보름날에 데려간다 합디다."

"어허, 그 일 매우 잘되었다."

나 심청 이 그날부터 곰곰 생각하니, 눈 어두운 백발 아비 영 이별하고 ㉠죽을 일과 사람이 세상에 나서 열다섯 살에 죽을 일이 정신이 아득하고 일에도 뜻이 없어 식음을 전폐하고 근심으로 지내다가, 다시금 생각하기를,

'(　　　　　　　　　　㉡　　　　　　　　　　)'

날이 점점 가까워 오니 생각하기를,

'이러다간 안되겠다. 내가 살았을 제 아버지 의복 빨래나 해 두리라.'

하고, 춘추 의복 상침 겹것, 하절 의복 한삼 고의 박아 지어 들여놓고, 동절 의복 솜을 넣어 보에 싸서 농에 넣고, 청목으로 갓끈 접어 갓에 달아 벽에 걸고, 망건 꾸며 당줄 달아 걸어 두고, 배 떠날 날을 헤아리니 하룻밤이 남아 있다.

다 ㉢"아가 아가, 이상한 일도 있더구나. 간밤에 꿈을 꾸니, 네가 큰 수레를 타고 한없이 가 보이더구나. 수레라 하는 것이 귀한 사람이 타는 것인데 우리 집에 무슨 좋은 일이 있을란가 보다. 그렇지 않으면 장 승상 댁에서 가마 태워 갈란가 보다."

심청이는 저 죽을 꿈인 줄 짐작하고 둘러대기를,

"그 꿈 참 좋습니다."

하고 진짓상을 물려 내고 담배 태워 드린 뒤에 밥상을 앞에 놓고 먹으려 하니 간장이 썩는 눈물은 눈에서 솟아나고, 아버지 신세 생각하며 저 죽을 일 생각하니 정신이 아득하고 몸이 떨려 밥을 먹지 못하고 물렸다.

라 "제가 못난 딸자식으로 아버지를 속였어요. 공양미 3백 석을 누가 저에게 주겠어요. 남경 뱃사람들 에게 인당수 제물로 몸을 팔아 오늘이 떠나는 날이니 저를 마지막 보셔요."

심 봉사가 이 말을 듣고,

"참말이냐, 참말이냐? 애고 애고, 이게 웬말인고? 못 가리라, 못 가리라. 네가 날더러 묻지도 않고 네 마음대로 한단 말이냐? 네가 살고 내가 눈을 뜨면 그는 마땅히 할 일이나, 자식 죽여 눈을 뜬들 그게 차마 할 일이냐?"

마 구별을 다 짓고 나서 심 소저를 가자 할 때, 무릉촌 장 승상 댁 부인 이 그제야 이 말을 듣고 급히 시비를 보내어 심 소저를 부르기에, 소저가 시비를 따라가니 승상 부인이 문밖에 내달아 소저의 손을 잡고 울며 말했다.

"네 이 무상한 사람아. 나는 너를 자식으로 알았는데 너는 나를 어미같이 알지를 않는구나. 쌀 3백 석에 몸이 팔려 죽으러 간다 하니 효성이 지극하다마는 네가 살아 세상에 있어 하는 것만 같겠느냐? 나와 의논했더라면 진작 주선해 주었지. 쌀 3백 석을 이제라도 다시 내어 줄 것이니 뱃사람들 도로 주고 당치 않은 말 다시 말라."

하시니 심 소저가 여쭈었다.

"당초에 말씀 못 드린 것을 이제야 후회한들 무엇하겠습니까? 또한 부모를 위해 공을 드릴 양이면 어찌 남의 명분 없는 재물을 바라며, 쌀 3백 석을 도로 내어 주면 뱃사람들 일이 낭패이니 그도 또한 어렵고, 남에게 몸을 허락하여 약속을 정한 뒤에 다시 약속을 어기면 못난 사람들 하는 짓이니, 그 말씀을 따르지 못하겠습니다. 하물며 값을 받고 몇 달이 지난 뒤에 차마 어찌 낯을 들어 무슨 말을 하겠습니까? 부인의 하늘 같은 은혜와 착하신 말씀은 저승으로 돌아가서 결초보은하겠습니다."

---

12. 이 글의 인물에 대한 평가로 가장 적절한 것은?

① 심청 : 타인을 배려할 줄 알고 신의를 중시하는군.

② 심 봉사 : 딸을 구하려고 지혜를 발휘하고 있어.

③ 뱃사람들 : 자신의 이익을 위해 사람을 속이고 있어.

④ 뱃사람들 : 위기 상황에 대처하는 임기응변이 뛰어나군.

⑤ 장 승상 댁 부인 : 다른 사람의 어려움을 틈타 자신이 원하는 것을 이루려 하는군.

13. 이 글을 읽고 나눈 〈보기〉의 대화에서 내용을 잘못 이해한 사람을 골라 묶은 것은?

┤보기├

재혁: 심청이 아버지를 위해 승상 부인의 수양딸로 팔려 가는 모습이 참 가여워.

선미: 심청은 사실 죽을 곳으로 가는 건데 심 봉사가 이 사실을 모르고 꿈 얘기를 하는 거야.

예규: 그런 와중에도 아버지의 옷을 짓고 있는 걸 보니 심청이 아버지를 위하는 마음이 참 대단한 것 같아.

아영: 심청은 심 봉사의 꿈 이야기를 듣고 겉으로는 아무렇지 않은 척하지만, 결국 눈물을 흘리며 밥도 못 먹고 있어.

찬수: 승상 부인이 시비를 보내 심청을 빨리 데려오려고 했지만 심청은 안타까운 마음에 아버지 곁을 바로 떠나지 못하고 시간을 끌고 있어.

① 재혁, 선미 ② 재혁, 찬수 ③ 선미, 예규
④ 예규, 아영 ⑤ 아영, 찬수

14. 이 글을 읽는 방법으로 적절하지 않은 것은?

① 인물의 말과 행동을 단서로 삼아 인물의 가치관을 파악한다.
② 인물의 갈등 해결 과정을 통해 과거에 중시되던 가치를 파악한다.
③ 중심 사건에 담긴 의미를 통해 드러나는 과거의 삶의 가치를 이해한다.
④ 과거의 시대 모습을 보여 주는 소재들을 통해 과거의 삶의 모습을 파악한다.
⑤ 작품의 배경이 되는 사회·문화적 상황 속에 오늘날의 삶의 모습이 어떻게 반영되어 있는지 파악한다.

15. ㉠의 구체적인 내용이 드러난 문단을 적절하게 묶은 것은?

① (가), (나) ② (가), (다) ③ (나), (라)
④ (다), (마) ⑤ (라), (마)

16. ㉡에 들어갈 속담으로 적절한 것은?

① 고생 끝에 낙이 온다.
② 아닌 밤중에 홍두깨다.
③ 같은 값이면 다홍치마다.
④ 엎질러진 물이요, 쏘아 논 화살이다.
⑤ 귀에 걸면 귀걸이, 코에 걸면 코걸이다.

17. ㉢에 대한 독자의 반응으로 적절하지 않은 것은?

① 심 봉사가 얼마나 순진하고 어리숙한지 알 수 있어.
② 심청이 이 말을 듣고 슬픔과 비참함을 더욱 크게 느끼겠구나.
③ 심청의 처지에 관한 비극성을 심화시키는 역할을 하고 있어.
④ 심 봉사를 완벽하게 속이고 있는 심청의 치밀함이 무섭게 느껴져.
⑤ 심 봉사는 심청에게 좋은 일이 생길 거라고 좋아하고 있지만 실제 상황은 정반대라 안타까워.

|서술형|

18. 이 글과 〈보기〉에서 공통적으로 중시하고 있는 삶의 가치를 〈조건〉에 맞게 서술하시오.

┤보기├

아버님 날 낳으시고 어머님 날 기르시니
두 분 곧 아니시면 이 몸이 살았을까
하늘 같은 끝없는 은덕을 어디 다 갚으리

– 정철

┤조건├

• 이 글과 〈보기〉의 내용을 근거로 들어 서술할 것.
• 유교적 덕목과 관련지어 서술할 것.

[01~04] 다음 시를 읽고, 물음에 답하시오.

물먹는 소 목덜미에
할머니 손이 얹혀졌다.
이 하루도
함께 지났다고,
서로 발잔등이 부었다고,
서로 적막하다고,

---

01. 이 시를 읽고 〈보기〉의 밑줄 친 부분에 해당하는 내용을 〈조건〉에 맞게 서술하시오.

┤ 보기 ├

　문학은 인간의 가치 있는 삶을 언어로 형상화한 예술이므로 문학 작품에는 인간의 삶의 모습과 가치가 담겨 있다. 그 가치는 시대나 배경이 되는 문화에 따라 다르게 평가될 수 있는데, 시대에 따른 인식의 변화 속에서도 오늘날까지 변하지 않는 가치도 있고, 현대인의 관점에서 새롭게 평가될 수 있는 가치도 있다.

┤ 조건 ├

• 할머니와 소의 관계를 근거로 들어 쓸 것.
• 이 시에 담긴 삶의 모습이 드러나게 쓸 것.

02. 〈보기〉의 설명을 참고하여, 이 시의 제목을 '묵화'라고 한 까닭을 〈조건〉에 맞게 쓰시오.

┤ 보기 ├

　묵화는 먹으로 짙고 엷음을 이용하여 그린 그림으로, 화려하지 않고 담담하게 대상을 표현하는 특징을 갖는다.

┤ 조건 ├

• 표현 방법을 중심으로 한 문장으로 쓸 것.

03. 〈보기〉는 이 시의 표현상 특징에 대한 수업 내용의 일부이다. 빈칸에 들어갈 적절한 내용을 쓰시오.

┤ 보기 ├

선생님: 이 시의 4~6행을 보세요. 각 행에서 어떤 공통점이 눈에 띄나요?
학생 1: '-고'라는 연결 어미와 쉼표로 행을 마무리했어요.
학생 2: 맞아요. 매번 '-고,'를 반복하고 있어요.
선생님: 잘 찾았어요. 그렇다면 시인은 왜 이렇게 표현을 했을까요? 그 효과에 대해 말해 볼까요?
학생 1: '-고'라는 연결 어미가 반복되니까 운율이 느껴져요.
학생 2: 마침표로 시가 끝나지 않으니 여운이 느껴져요.
학생 3: 저는 주제랑 관련지어 생각해 봤는데, 이 장면이 (　　　　　　　) 것임을 예측할 수 있어요.

04. 〈보기〉는 이 시의 전체적인 분위기에 대해 나눈 대화이다. 빈칸에 들어갈 적절한 말을 쓰시오.

┤ 보기 ├

영진: 할머니와 소는 하루 종일 힘든 일을 했지만 둘이 함께 있었잖아. 그 모습에서 따뜻한 분위기를 느낄 수 있었어.
아인: 나는 (　　　　　　　　　　)의 모습에서 슬픈 분위기가 느껴졌어.

[01~03] 다음 글을 읽고, 물음에 서술하시오.

가 그 집은 그 집 아이들에게 작은 우주였다. 그곳에는 많은 비밀이 있었다. 자연 속에는 눈에 보이는 것 말고도 눈에 보이지 않는 무한한 비밀이 감춰져 있었다. 그는 그 집에서 크면서 자연 속에 감춰진 비밀들을 깨달아 갔다.

석양의 북새, 혹은 낮게 깔리는 굴뚝 연기를 보고 그는 비설거지를 했다. 그런 다음 날은 틀림없이 비가 올 것이므로. 비가 온 날 저녁에는 또 지렁이가 밤새 운다는 것을 그는 알고 있었다. 똑또르 똑또르 하는 지렁이 울음소리. 냄새와 소리와 맛과 색깔과 형태들이 그 집에서는 선명했다. 모든 것들이 말이다. 왜냐하면 봄과 여름과 가을과 겨울과 아침과 낮과 저녁과 밤이 그 집에서는 뚜렷했으므로. 자연이 그러한 것처럼 사람들의 삶이 명료했다.

나 이제 그 집을 떠난 그에게는 모든 것이 불분명하다. 아침과 저녁이 불분명하고 사계절이 불분명하고 오감이 불분명하다. 병원에서 태어나 수십 군데 이사를 다니고 나서 겨우 장만한 아파트. 그 사각진 콘크리트 벽 속에 살고 있는 그의 아이는 여름에 긴팔 옷을 입고 겨울에 반팔 옷을 입는다.

돈은 은행에서 나고 먹을 것은 슈퍼에서 나는 것으로 아는 아이는, 수박이 어느 계절의 과일인지 분간하지 못하는 아이는 그래서 봄 여름 가을 겨울을 알지 못한다. 아침저녁의 냄새와 소리와 맛과 형태와 색깔이 어떻게 다른지 알지 못한다.

다 어머니의 부음을 듣고 그는 그가 나고 성장한 그 노란 집으로 갔다. 팔 남매를 낳고 기르느라 조그마해질 대로 조그마해진 어머니는 바로 자신의 아이들을 낳았던 그 자리에 자신의 몸을 부려 놓고 있었다.

그 집, 노란 그 집에 탄생과 죽음이 있었다. 그 집 안주인의 죽음 이후 그 집은 적막해졌다. 아무도 그 집에 들어와 살지 않을 것이며 누구도 아이를 그 집에서 낳지 않을 것이며 그러므로 죽음 또한 그 집에서는 일어나지 않을 것이다. 그 집의 역사는 그렇게 끝이 난 것이다.

우리들의 어머니의 죽음과 함께 조왕신과 성주신이 살지 않는 우리들의 집은 이제 적막하다. 더 이상의 탄생과 죽음이 없는 우리들의 집은 쓸쓸하다.

우리는 오늘 밤도 ㉠쓸쓸한 집으로 돌아들 간다.

01. 〈보기〉를 참고하여 이 글에 쓰인 특징적인 서술 방식을 〈조건〉에 맞게 설명하여 쓰시오.

> **보기**
>
> 수필에서는 일반적으로 글쓴이가 서술자인 '나'로 등장하여 자신의 이야기를 고백하듯이 들려준다. 따라서 '나'의 주관적인 생각이나 느낌이 직접적으로 독자에게 전달된다.

> **조건**
>
> • 이 글에 쓰인 시점을 쓸 것.
> • 이 글에 쓰인 서술 방식의 효과를 쓸 것.

02. (가)에 나타난 과거의 삶의 모습과 (나)에 나타난 현재의 삶의 모습이 어떻게 다른지 〈조건〉에 맞게 서술하시오.

> **조건**
>
> • 자연을 대하는 태도가 드러나게 쓸 것.
> • (가)와 (나)의 삶의 모습을 대조적으로 서술할 것.

03. (다)의 내용을 바탕으로 글쓴이가 ㉠과 같이 표현한 까닭을 〈조건〉에 맞게 서술하시오.

> **조건**
>
> • '그 집'의 변화가 드러나게 쓸 것.
> • '그 집'과 '우리들의 집'의 공통점을 중심으로 쓸 것.

[01~03] 다음 글을 읽고, 물음에 답하시오.

㉮ 심청이 그날부터 곰곰 생각하니, 눈 어두운 백발 아비 영 이별하고 죽을 일과 사람이 세상에 나서 열다섯 살에 죽을 일이 정신이 아득하고 일에도 뜻이 없어 식음을 전폐하고 근심으로 지내다가, 다시금 생각하기를,

'엎질러진 물이요, 쏘아 논 화살이다.'

날이 점점 가까워 오니 생각하기를,

'이러다간 안되겠다. 내가 살았을 제 아버지 의복 빨래나 해 두리라.' (중략)

"오늘 밤 새벽 때를 함지에다 머물게 하고, 내일 아침 돋는 해를 부상지에다 메어 두면 가련하신 우리 아버지 좀 더 모셔 보련마는, 날이 가고 달이 가니 뉘라서 막을쏘냐. 애고 애고, 설운지고."

천지가 사정없어 이윽고 닭이 우니 심청이 하릴없어,

"닭아 닭아, 우지 마라. 제발 덕분에 우지 마라. 반야 진관에서 닭 울음 기다리던 맹상군이 아니로다. 네가 울면 날이 새고, 날이 새면 나 죽는다. 죽기는 섧잖아도 의지 없는 우리 아버지 어찌 잊고 가잔 말이냐?"

㉯ "제가 못난 딸자식으로 아버지를 속였어요. 공양미 3백 석을 누가 저에게 주겠어요. 남경 뱃사람들에게 인당수 제물로 몸을 팔아 오늘이 떠나는 날이니 저를 마지막 보셔요."

심 봉사가 이 말을 듣고,

"참말이냐, 참말이냐? 애고 애고, 이게 웬말인고? 못 가리라, 못 가리라. 네가 날더러 묻지도 않고 네 마음대로 한단 말이냐? 네가 살고 내가 눈을 뜨면 그는 마땅히 할 일이나, 자식 죽여 눈을 뜬들 그게 차마 할 일이냐? (중략)

네 이놈 상놈들아! 장사도 좋지마는 사람 사다 제사하는데 어디서 보았느냐? 하느님의 어지심과 귀신의 밝은 마음 앙화가 없겠느냐? 눈먼 놈의 무남독녀 철모르는 어린아이 나 모르게 유인하여 값을 주고 산단 말이냐? 돈도 싫고 쌀도 싫다, 네 이놈 상놈들아."

㉰ 뱃사람들이 그 딱한 형편을 보고 모여 앉아 공론하기를,

"심 소저의 효성과 심 봉사의 일생 신세 생각하여 봉사님 굶지 않고 헐벗지 않게 한 살림을 꾸며 주면 어떻겠소?"

"그 말이 옳소."

하고 쌀 2백 석과 돈 3백 냥이며, 무명 삼베 각 한 동씩 마을에 들여놓고 동네 사람들을 모아 당부하기를,

"쌀 2백 석과 돈 3백 냥을 착실한 사람 주어 실수 없이 온전하게 늘려 심 봉사에게 바칩시다. 2백 석 가운데 20석

은 올해 양식으로 제하고, 나머지는 해마다 빚을 주어 이자를 받으면 양식이 넉넉할 테고, 명베 삼베로는 사철 의복 장만해 드리기로 하고, 이런 내용을 관청에 공문으로 보내고 마을에도 알립시다."

---

01. 이 글에 나타난 심청의 행동을 다음과 같이 해석할 때 빈칸에 들어갈 적절한 내용을 〈조건〉에 맞게 쓰시오.

해석	심청의 행동은 진정한 효도라고 할 수 없다.
근거	

┤ 조건 ├
• 두 가지 근거를 한 문장으로 쓸 것.
• (가)와 (나)의 내용을 바탕으로 쓸 것.

02. (나)에 반영된 과거의 삶의 모습을 〈조건〉에 맞게 서술하시오.

┤ 조건 ├
• 오늘날과 다른 과거의 삶의 모습을 한 문장으로 쓸 것.

03. 다음은 (다)에 나타난 뱃사람들의 행동에 대한 상반된 평가이다. 빈칸에 들어갈 적절한 내용을 쓰시오.

긍정적 평가	뱃사람들이 홀로 남게 될 심 봉사를 위해 물질적 도움을 주는 것은, 심 봉사에 대한 인간적 배려라고 할 수 있다.
부정적 평가	

5
다르게 보고, 바르게 쓰기

(1) 걷기를 보는 다양한 시각

(2) 쓰기 윤리와 보고하는 글 쓰기

읽기

쓰기

비판적·창의적 사고 역량

이 단원에서는 다양한 상황이나 자료, 담화, 글을 주체적인 관점에서 해석하고 평가하여 새롭고 독창적인 의미를 부여하거나 만드는 능력을 기를 수 있다.

의사소통 역량

이 단원에서는 음성 언어, 문자 언어, 기호와 매체 등을 활용하여 생각과 느낌, 경험을 표현하거나 이해하면서 의미를 구성하고 타인, 세계의 관계를 점검·조정하는 능력을 기를 수 있다.

자료·정보 활용 역량

이 단원에서는 필요한 자료나 정보를 수집, 분석, 평가하고 이를 효과적으로 활용하여 의사를 결정하거나 문제를 해결하는 능력을 기를 수 있다.

대단원을 펼치며

핵심 질문

같은 제재를 다룬 여러 글을 비교하며 읽으면 어떤 점이 좋을까? 또한 보고하는 글을 쓸 때 유의해야 할 점은 무엇일까?

> 이 질문은 이 단원을 이끄는 핵심 질문이란다. 동일한 화제를 다룬 여러 글의 관점과 형식을 비교하며 읽으면 글을 폭넓고 깊이 있게 읽을 수 있어. 혹시 보고서를 쓴 경험이 있다면 떠올려 보고 쓰기 윤리의 중요성을 생각해 보렴.

보조 질문

• 동일한 이야깃거리라도 글쓴이의 관점과 글의 형식에 따라 주제가 달라질 수 있다고 생각하나요? 이에 관한 자신의 생각을 그 까닭과 함께 말해 봅시다.

예시 답 | 글을 쓰는 사람의 관점과 글의 형식에 따라 글의 주제가 달라질 수 있다고 생각한다. 왜냐하면 동일한 이야깃거리라도 사람마다 그것에 관한 관점이 다르며, 형식에 따라 글의 특성이 달라지기 때문이다.

• 보고서를 써 본 경험을 떠올려 보고, 보고서를 쓸 때 주의해야 할 점을 자유롭게 이야기해 봅시다.

예시 답 | 보고서를 쓸 때는 조사 주제 및 목적, 기간, 방법, 결과 등의 절차가 드러나도록 써야 하고, 자료를 조사할 때는 쓰기 윤리를 위반하지 않도록 주의해야 한다.

학습 목표

[읽기] 동일한 화제를 다룬 여러 글을 읽으며 관점과 형식의 차이를 파악할 수 있다.
[쓰기] • 쓰기 윤리를 지키며 글을 쓰는 태도를 지닌다.
      • 관찰, 조사, 실험의 절차와 결과가 드러나게 글을 쓸 수 있다.

배울 내용

(1) 걷기를 보는 다양한 시각	(2) 쓰기 윤리와 보고하는 글 쓰기	단원 + 단원
동일한 화제를 다룬 두 글을 읽으며 관점과 형식 파악하기 각각의 글이 관점이나 형식 면에서 어떠한 특성을 가지고 있는지 이해하기	쓰기 윤리의 중요성 파악하기 보고하는 글 쓰기의 절차 알아보기 절차와 결과가 드러나도록 보고하는 글 쓰기	대상에 관한 새로운 관점이 반영된 미술 작품을 조사하여 소개하는 글 쓰기

(1) 걷기를 보는 다양한 시각

이렇게 열자

제시된 두 자료는 첫눈이 내리는 상황에 관해 서로 다른 관점과 형식으로 표현하고 있다. 두 자료에 나타난 관점과 형식의 차이를 비교하며 읽어 보고, 각 자료의 표현 형식이 독자에게 어떤 효과를 주는지 생각해 보자.

이 활동을 통해 동일한 상황이라도 그 상황을 바라보는 관점이나 표현하는 형식이 다를 수 있고, 전달하는 내용이나 주제도 다를 수 있다는 것을 알 수 있다. 이제 본문 학습을 통해 동일한 화제를 다룬 다양한 형식의 두 글을 읽어 보자. 그리고 각 글이 어떤 관점에서 쓰였는지 파악하고, 관점이 글의 형식과 잘 어울리는지 판단해 보자. 나아가 비교하며 읽는 활동을 바탕으로 글을 깊이 있게 읽고 대상에 대한 사고의 폭을 넓히는 계기를 마련해 보자.

생각 열기

다음 두 자료를 보고, 아래의 활동을 해 봅시다.

가

눈 오는 날

이정하

눈 오는 날엔
사람과 사람끼리 만나는 게 아니라
마음과 마음끼리 만난다.

나

전국 곳곳 '첫눈' 소식

오늘 오전 서울을 비롯하여 전국 곳곳에 첫눈이 내렸다. 기상청 관계자는 "적설량은 많지 않겠지만 밤사이 기온이 떨어지면서 도로 곳곳에 빙판길이 생길 수 있으니 안전에 유의해야 한다."라고 전했다.

- **가**와 **나**에서는 첫눈이 내리는 상황을 각각 어떻게 바라보고 있나요?
  예시 답 | **가**는 서정적으로 바라보고 있고, **나**는 객관적으로 바라보고 있다.

- **가**와 **나**의 표현 형식은 각각 어떤 효과를 주는지 말해 봅시다.
  예시 답 | **가**는 첫눈이 내리는 모습을 시로 표현하여 서정적이고 즐거움을 주는 반면, **나**는 첫눈이 내림으로 인해 나타나는 날씨의 양상을 사실적이고 객관적인 신문 기사로 표현하여 사람들에게 안전에 유의해야 한다는 정보를 전달해 준다.

이 단원의 학습 요소

학습 목표 | 동일한 화제를 다룬 여러 글을 읽으며 관점과 형식의 차이를 파악할 수 있다.

여러 편의 글을 비교하며 읽으면서 관점과 형식의 차이 파악하기	'걷기'에 관해 서로 다른 관점이 반영된 수필과 설명하는 글을 비교하여 읽으며, 각각의 글쓴이가 글을 쓴 의도와 글에 나타난 형식상의 차이를 파악한다.
동일한 화제를 다룬 여러 글의 특성과 효과를 이해하며 감상하기	두 글이 관점과 형식 면에서 어떤 특성과 효과를 지니는지 비교하여 읽으며, 글을 폭넓고 깊이 있게 이해하고 창의적으로 감상한다.

소단원 바탕 학습

핵심 개념 미리 보기

1. 관점과 형식의 차이 비교하며 읽기

- 동일한 화제를 다룬 여러 편의 글을 읽으며 관점이나 형식의 차이를 파악하는 활동을 말한다.
- 동일한 화제를 다룬 여러 글이 관점과 형식 면에서 어떤 특성과 효과를 지니는지 이해하고, 창의적으로 감상하는 활동을 말한다.

2. 글의 관점 파악하며 읽기

(1) 관점
어떤 화제나 대상에 관해 글쓴이가 가지고 있는 생각이다.

(2) 글의 관점과 내용
동일한 화제를 다루더라도 글쓴이의 관점에 따라 글의 내용과 주제가 다를 수 있다.

(3) 글의 관점을 파악하며 읽는 방법

대상, 주제에 대한 시각 살펴보기	글의 대상, 주제 등에 관한 글쓴이의 태도나 시각을 살핌.
글의 중심 내용과 의도 살펴보기	글을 통해 전하려는 중심 내용과 글쓴이의 의도를 살핌.
글쓴이의 관심 분야 살펴보기	글쓴이가 대상의 어떤 측면이나 분야에 관심을 집중하고 있는지를 살핌.

(4) 글의 관점을 파악하며 읽는 이유
- 대상을 다양하게 바라볼 수 있다.
- 글쓴이가 전달하려는 내용이 무엇인지 알 수 있다.
- 글쓴이가 제시한 정보가 정확한지 판단할 수 있다.

3. 글의 형식 파악하며 읽기

(1) 글의 형식
- 글의 유형이나 짜임, 내용을 표현하는 방식 등을 말한다.
- 동일한 화제를 지닌 글이라도 다양한 형식으로 달리 표현될 수 있다.
- 형식에 따라 글의 특성이 달라지면서 글의 주제도 달라질 수 있다.

(2) 글의 형식을 파악하며 읽는 방법
- 글쓴이가 글을 쓴 목적이나 의도를 파악한다.
- 글의 구조와 구성 방식을 파악한다.
- 글에 쓰인 매체 자료의 종류나 특징을 파악한다.

4. 글의 관점과 형식 비교하며 읽기의 의의

- 관점과 형식의 차이를 비교하며 읽으면 글을 깊이 있게 읽을 수 있다.
- 대상에 대한 다양한 관점을 이해함으로써 사고의 폭을 넓힐 수 있다.
- 대상에 대한 자신의 관점을 뚜렷하게 가질 수 있다.

제재 훑어보기

(가) 직립 보행(법정)

- **해제**: '걷기'에 관한 글쓴이의 경험과 깨달음이 담긴 수필이다. 차를 타지 않고 먼 길을 걸으며 걷기가 생각의 자유를 누릴 수 있게 하는 가치 있는 행위임을 사유하는 내용을 담고 있다.
- **갈래**: 수필
- **성격**: 사색적, 성찰적
- **제재**: 오랜만에 경험한 직립 보행
- **주제**: 생각의 자유를 누릴 수 있는 걷기의 가치
- **특징**
  ① '걷기'의 의미와 가치에 관한 글쓴이의 생각을 명확하게 표현하고 있다.
  ② 현대 문명을 비판적으로 바라보고 있다.

(나) 걷기 운동의 효과와 방법(남상남)

- **해제**: 걷기 운동의 긍정적 효과와 함께 올바른 걷기의 자세와 강도 등을 설명하고 있는 글이다. 건강을 위한 운동으로서의 걷기에 관한 글쓴이의 관점이 잘 드러나 있다.
- **갈래**: 설명하는 글
- **성격**: 객관적, 해설적
- **제재**: 걷기 운동의 효과와 방법
- **주제**: 걷기는 간편하지만 효과적인 운동이다.
- **특징**
  ① 걷기가 건강에 미치는 효과와 걷기의 방법을 소개하고 있다.
  ② 구체적인 수치를 활용하여 걷기의 효과를 강조하고 있다.

학습 포인트
- 글의 형식 파악하기
- 글의 내용 파악하기

글쓴이: 법정(1932~2010)
승려, 수필가. 주요 저서로는 『무소유』, 『오두막 편지』 등이 있다.

가 직립 보행 _법정

처음 **1** ❶오늘은 볼일이 좀 있어 세상 바람을 쐬고 돌아왔다. 산에서 가장 가까운 도시래야 백사십 리 밖에 있는 광주시. 늘 그렇듯이 세상은 시끄러움과 먼지를 일으키며 바쁘게 돌아가고 있었다. 우체국에서 볼일을 마치고, 나온 걸음에 시장에 들러 *찬거리를 좀 사고, 눈 속에서 신을 털신도 한 켤레 골랐다. 그리고 화장품 가게가 눈에 띄길래 손 튼 데 바르는 약도 하나 샀다. 돌아오는 길에는 차 시간이 맞지 않아 다른 데로 가는 차를 타고 도중에 내려 삼십 리 길을 걸어서 왔다.

(우체국 볼일, 찬거리와 털신, 약 구입 / 1리가 약 0.393km이므로 약 55km 떨어진 / 글쓴이가 생각하는 도시의 모습 / 약 11.78km / 차 시간이 맞지 않았기 때문에)

➜ 볼일이 있어 하산했다가 차 시간이 맞지 않아 삼십 리를 걸어 돌아옴.

처음	삼십 리 길을 걷게 된 계기

중간 **2** 논밭이 텅 빈 ㉠초겨울의 들길을 *휘적휘적 걸으니, 차 속에서 찌뿌드드하던 머리도 말끔히 개어 상쾌하게 부풀어 올랐다. 걷는 것은 얼마나 자유스럽고 주체적인 동작인가. 밝은 햇살을 온몸에 받으며 상쾌한 공기를 마음껏 마시고 *스적스적 활개를 치면서 걷는다는 것은 참으로 유쾌한 일이다. 걷는 것은 어디에도 의존하지 않고 내가 내 힘으로 이동하는 일이다.

(추수가 끝난 시점임. / 걷기의 의미 ① – 자유스럽고 주체적인 동작임. / 걷기의 의미 ② – 자기 힘으로 이동하는 일임.)

➜ 글쓴이가 생각하는 '걷기'의 의미

3 흥이 나면 휘파람도 불 수 있고, 산수가 아름다운 곳에 이르면 걸음을 멈추고 눈을 닦을 수도 있다. 길벗이 없더라도 *무방하리라. *치수가 맞지 않는 길벗은 오히려 부담이 되니까, ❷좀 허전하더라도 그것은 나그네의 체중 같은 것. 혼자서 걷는 길이 생각에 몰입할 수 있어 좋다. 살아온 자취를 되돌아보고 앞으로 넘어야 할 삶의 고개를 헤아린다.

(길을 함께 가는 동무 / 생각이나 가치관이 맞지 않는 / 혼자 걷는 사람을 비유함. / 걷기의 가치 ① – 살아온 삶을 성찰하고 살아갈 삶에 대해 생각하게 함.)

➜ 글쓴이가 생각하는 '걷기'의 가치 ①

보충 자료
경험을 수필로 표현하기
- 수필의 개념: 글쓴이가 자신의 체험을 생각나는 대로 쓰는 산문 형식의 글
- 수필의 표현상의 특징
  - 일상의 의미 있는 경험에 대한 생각이나 깨달음을 형식에 얽매이지 않고 자유롭게 쓴다.
  - 자기 생각을 잘 전달할 수 있도록 자연스럽게 쓴다.
  - 문장은 소박하고 진실되게 쓴다.

어휘 풀이
- 찬거리: 반찬을 만드는 데 쓰는 여러 가지 재료.
- 휘적휘적: 걸을 때에 두 팔을 몹시 자꾸 휘젓는 모양.
- 스적스적: 물건이 서로 맞닿아 자꾸 비벼지는 소리. 또는 그 모양.
- 무방하다: 거리낄 것이 없이 괜찮다.
- 치수: 길이에 대한 몇 자 몇 치의 셈.

어구 풀이
❶ 글쓴이가 승려임을 고려할 때, 볼일을 보기 위해 산(절)을 잠시 내려갔다 돌아온 상황임을 알 수 있다.
❷ 혼자 걸으면 허전할 수 있지만, 그 허전함은 걷는 사람이 견뎌야 할 자신의 체중과도 같다는 의미이다.

찬찬샘 핵심 강의

■ 글의 관점과 형식 비교하며 읽기

이 소단원에서는 동일한 화제를 다룬 두 글을 읽고 두 글의 관점과 형식의 차이를 비교해 볼 거야. 같은 문제를 다룬 글이라도 글쓴이의 관점이나 글의 형식에 따라 글의 내용과 주제가 다를 수 있거든. '걷기'에 관해 서로 다른 관점이 반영된 수필과 설명하는 글을 비교하여 읽으며, 각각의 글쓴이가 글을 쓴 의도와 글에 나타난 형식상의 차이를 파악해 볼 거란다.

■ 글쓴이의 체험과 글의 형식

이 글은 법정 스님이 1977년에 쓴 글이란다. 글쓴이는 산에서 가장 가까운 도시인 광주에 와 볼일을 본 뒤 돌아가려고 하는데, 차 시간이 맞지 않자 다른 곳으로 가는 차를 타고 도중에 내려 삼십 리 길을 걸어 돌아간단다. 글쓴이는 이러한 자신의 경험을 글로 썼는데, 그 내용을 효과적으로 표현하기 위해 수필이라는 갈래를 선택하고 있어.

▶핵심 포인트◀

글쓴이의 체험	글의 형식
• 산으로 돌아가는 차 시간이 맞지 않음. • 30리를 걷게 됨.	수필

■ 글쓴이가 생각하는 '걷기'의 의미와 가치

이 글의 제목인 '직립 보행'이란 사지, 즉 두 팔과 두 다리를 가지는 동물이 다리만을 사용해 등을 꼿꼿하게 세우고 걷는 일을 말해. 당연히 인간이 이동하는 모습을 말하는 것이지. 글쓴이는 글의 중간 부분인 **2**와 **3**에서 자신이 생각하는 '걷기'의 의미와 가치를 이야기하고 있어. 이를 볼 때 글쓴이가 걷기를 매우 긍정적으로 생각한다는 것을 알 수 있겠지?

▶핵심 포인트◀

걷기의 의미	걷기의 가치 ①
• 자유롭고 주체적인 동작임. • 자기 힘으로 이동하는 일임.	살아온 자취를 되돌아보고 앞으로 넘어야 할 삶의 고개를 헤아리게 함.

콕콕 확인 문제

1. 이와 같은 글에 대한 설명으로 적절한 것은?
① 인물의 행동과 대사를 통해 사건을 전개하고 있는 글이다.
② 글쓴이가 현실에 있음 직한 일을 상상하여 꾸며 낸 글이다.
③ 글쓴이가 자신의 경험에 대한 생각과 느낌을 자유롭게 쓴 글이다.
④ 일상생활에서 일어나는 일들을 짧고 압축된 말로써 노래하듯이 표현한 글이다.
⑤ 생활에 도움을 주는 것을 목적으로 어떤 일에 조리를 내세워 알기 쉽게 설명한 글이다.

2. 이 글의 내용과 일치하지 않는 것은?
① 글쓴이는 볼일이 있어 산을 내려갔다가 돌아왔다.
② 글쓴이는 삼십 리 길을 걸어 광주시에 도착하였다.
③ 글쓴이는 혼자 걸을 때 생각에 몰입할 수 있다고 생각한다.
④ 글쓴이는 걷기를 자유롭고 주체적인 동작으로 여기고 있다.
⑤ 글쓴이는 추수가 끝난 들길을 걸으며 걷기에 대한 생각을 밝히고 있다.

3. 이 글의 내용으로 볼 때, ㉠의 이유로 적절한 것은?
① 걷는 것이 취미였기 때문에
② 길벗과 함께 걷고 싶었기 때문에
③ 건강한 삶을 유지하고 싶었기 때문에
④ 산으로 돌아가는 차 시간이 맞지 않았기 때문에
⑤ 따스한 햇살을 받고 상쾌한 공기를 마시고 싶었기 때문에

4. 이 글을 읽은 후 독자가 글쓴이에 대해 보인 반응으로 적절한 것은?
① 도시에 적응하지 못해 산에서 살고 있는 셈이군.
② 길벗을 부담스럽게 여겨서 혼자 걷기를 즐기고 있군.
③ 바쁘게 돌아가는 도시인의 삶을 긍정적으로 보고 있군.
④ 걷기의 장단점을 고르게 평가하여 그 의미를 규정하고 있군.
⑤ 걷기를 긍정적으로 생각하며 그 가치를 높이 평가하고 있군.

4 인간이 사유하게 된 것은, 모르긴 하지만 걷는 일로부터 시작됐을 것이다. 한
<u>걷기의 가치 ② - 인간에게 사유의 계기를 마련해 줌.</u>
곳에 멈추어 생각하면 맴돌거나 `망상에 사로잡히기 쉽지만, 걸으면서 궁리를 하

면 막힘없이 술술 풀려 깊이와 무게를 더할 수 있다. 칸트나 베토벤의 경우를 들
<u>산책을 즐겨 한 대표적 철인과 예술가</u>
출 것도 없이, 위대한 `철인이나 예술가들이 즐겨 산책길에 나선 것도 따지고 보

면 걷는 데서 창의력을 일깨울 수 있었기 때문일 것이다.
<u>철인이나 예술가들이 즐겨 산책한 이유</u>   ➡ 글쓴이가 생각하는 '걷기'의 가치 ②

5 그런데 언제부턴가 우리들은 잃어 가고 있다. 이렇듯 당당한 직립 보행을. 인

간만이 누릴 수 있다는 그 의젓한 자세를. ❶더 말할 나위도 없이 자동차라는 교
<u>편리한 현대 문명을 대표함.</u>
통수단이 생기면서 우리들은 걸음을 조금씩 빼앗기고 말았다. 그리고 생각의 자

유도 서서히 박탈당하기 시작했다. 붐비는 차 안에서는 긴장을 풀 수 없기 때문

에 생각을 제대로 펴 나갈 수가 없다. ❷이름도 성도 알 수 없는 몸뚱이들에게 떠

밀려 둥둥 떠 있어야 한다.

    그리고 운전기사와 안내양이 공모하여 노상 틀어 대는 소음 장치 때문에 우리
<u>이 글이 쓰인 시대의 사회·문화적 모습을 알 수 있음.</u>
는 머리를 비워 주어야 한다. 차가 내뿜는 매연의 독소는 말해 봐야 잔소리이니

덮어 두기로 하지만, 편리한 교통수단이라는 게 이런 것인가. 편리한 만큼 우리

는 귀중한 무엇인가를 잃어 가고 있다.
<u>걸음과 생각의 자유</u>   ➡ 교통수단의 발달로 인해 인간의 걸음과 생각의 자유가 박탈당함.

6 삼십 리 길을 걸어오면서, 이 넓은 천지에 내 몸 하나 기댈 곳을 찾아 이렇게
<u>글쓴이가 머물고 있는 절</u>
걷고 있구나 싶으니 ❸새나 짐승, 곤충들까지도 그 `귀소의 길을 방해해서는 안
<u>삼십 리 길을 걸어오면서 깨달은 생각</u>
되겠다는 생각이 들었다. 그들도 저마다 기댈 곳을 찾아 부지런히 길을 가고 있

을 테니까.
                                        ➡ 삼십 리 길을 걸어오면서 깨달은 생각

> **중간**   걷기의 의미와 가치 및 교통수단의 발달에 대한 글쓴이의 생각

끝 **7** 나는 오늘 차가 없이 걸어온 것을 고맙고 다행하게 생각한다. 내가 내 길
<u>걸으면서 사유함.</u>
을 내 발로 디디면서 모처럼 직립 보행을 할 수 있었다.

교과서 날개 ②
언젠가 읽었던 한 시인의 글이 생각난다.

'현대인은 자동차를 보자 첫눈에 반해 그것과 결혼하였다. 그래서 영영 `목가적

인 세계로 돌아오지 못하게 되었다.' ➡ 차가 없어서 직립 보행한 것을 고맙고 다행하게 생각함.

> **끝**   직립 보행의 경험을 감사히 여김.

                                        – 법정, 「서 있는 사람들」

읽기 중 활동

교과서 날개 ①
글쓴이가 인간이 사유하게 된
것이 걷는 일로부터 시작됐을
것이라고 생각한 까닭은 무엇
인가요?

→ 멈추어서 사유하는 것보다
걸으면서 사유하는 것이 생각
에 몰입하기 쉽고, 더 깊게 생
각할 수 있기 때문이다.

교과서 날개 ②
글쓴이가 시인의 글을 인용한
의도는 무엇일까요?

→ '자동차'라는 편리한 교통수
단을 이용하게 되면서 깊이 생
각하며 걸을 수 있는 기회를
잃게 되었다는 점을 강조하고
자 하였다.

어휘 풀이
· 망상(妄想): 이치에 맞지 아
 니한 망령된 생각을 함. 또
 는 그 생각.
· 철인(哲人): 어질고 사리에
 밝은 사람.
· 귀소(歸巢): 동물이 집이나
 둥지로 돌아감.
· 목가적(牧歌的): 농촌처럼 소
 박하고 평화로우며 서정적
 인. 또는 그런 것.

어구 풀이
❶ 현대 문명을 비판적으로 바
라보는 글쓴이의 모습을 볼 수
있다.
❷ 붐비는 차 안에서 생각할
여유를 갖지 못한 채 사람들에
치여 이리저리 떠밀리는 상황
을 표현한 것이다.
❸ 삼십 리 길을 걸어 돌아오
면서 글쓴이가 깨달은 내용으
로, 종교인으로서의 모습을 보
여 주고 있는 부분이다.

■ **글쓴이가 생각하는 '걷기'의 가치**

글쓴이는 에 이어서 ④에서도 걷기의 가치를 계속 이야기하고 있단다. 바로 인간이 걷게 되면서부터 인간의 사유가 시작되었을 거라는 것이지. 멈추었을 때보다 걸으면서 사유하는 것이 생각에 몰입하기 쉽고 더 깊게 생각할 수 있다는 글쓴이 자신의 체험에, 칸트나 베토벤과 같은 인물들의 예를 보태어 걷기에 대한 남다른 소회를 밝히고 있어.

➤**핵심 포인트**◄

걷기의 가치 ②
인간에게 사유의 계기를 제공함.

■ **'걷기'에 대한 글쓴이의 관점**

글쓴이는 ⑤에서 자동차라는 교통수단이 발달하면서 인간이 걸음과 생각의 자유를 박탈당했다고 보고 있어. 글쓴이는 현대 문명을 대표하는 자동차라는 교통수단에 대해 부정적인 관점을 보이는데, 그만큼 걷기의 가치가 크다는 것을 이야기하고 싶었기 때문일 거야. 이로 볼 때 글쓴이가 말하는 '직립 보행'이란 단순히 걷는 것만을 말하는 것 같지는 않아. 글쓴이에게 걷는다는 것은 인간의 권리인 사유를 할 수 있다는 것을 의미하니까. 즉 글쓴이가 말하는 직립 보행은 생각의 자유를 누리는 것을 포함하고 있다고 볼 수 있겠어.

➤**핵심 포인트**◄

걷기를 체험함.	→	삶을 돌아봄.	→	걷기의 가치 발견

⊕ 보충 자료
버스 안내양
버스 안에서 손님을 안내하는 일을 하는 여성으로, 출발 신호나 승객 안내, 버스 요금 징수, 출입문 여닫기 등 운전 외 차 안의 일을 맡았다. 1961년 6월 17일에 도입되었으며 시내버스와 고속버스 등 노선버스에서 일하였다. 그러다가 1984년부터 버스에 하차지를 알리는 안내 방송이 시작되고, 버스 벨이 개설됨에 따라 문이 자동으로 열리게 되면서 급속도로 사라졌다.

---

5. 〈보기〉를 참고할 때, 이 글을 읽는 방법으로 적절하지 <u>않은</u> 것은?

> **보기**
>
> 어떤 화제나 대상에 관해 글쓴이가 가지고 있는 생각을 관점이라고 한다. 이때 관점은 찬성과 반대와 같은 입장의 차이일 수도 있고, 대상을 바라보는 다양한 시각일 수도 있다. 관점을 파악하며 읽으면 글쓴이가 전달하려는 내용이 무엇인지도 알 수 있고, 대상에 대한 자신의 관점을 뚜렷하게 가질 수 있다.

① 글의 중심 내용을 파악하며 읽는다.
② 글쓴이가 글을 쓴 목적이나 의도를 파악하며 읽는다.
③ 글쓴이가 대상의 어떤 측면에 주목하는지를 파악하며 읽는다.
④ 글쓴이와 독자의 관점이 일치하는지 여부를 파악하며 읽는다.
⑤ 글의 대상에 대해 글쓴이가 어떤 태도를 지니는지 파악하며 읽는다.

6. 이 글에 나타난 글쓴이의 관점이나 생각으로 볼 수 <u>없는</u> 것은?
① 현대 문명을 비판적으로 바라보고 있다.
② 걷기를 체험하면서 걷기의 가치를 발견하고 있다.
③ 교통수단에 생각의 자유를 빼앗기고 있다고 생각하고 있다.
④ 새나 짐승, 곤충들을 보살피려는 마음이 중요하다고 여긴다.
⑤ 한곳에 멈추었을 때보다 걸을 때 더 창의력이 발휘될 수 있다고 여긴다.

7. 이 글에서 글쓴이가 자신의 생각을 효과적으로 표현하기 위해 활용한 방법으로 적절한 것은? (정답 2개)
① 구체적인 사례를 제시하고 있다.
② 서로 반대되는 의견을 나열하고 있다.
③ 한 문인의 글을 인용하여 제시하고 있다.
④ 대상의 변화 과정을 단계적으로 드러내고 있다.
⑤ 구체적 수치로 대상의 특성을 객관적으로 설명하고 있다.

|서술형|
8. 이 글에서 글쓴이가 말한 '걷기'의 가치를 ④의 내용을 바탕으로 서술하시오.

나 걷기 운동의 효과와 방법 _남상남

처음 1 건강한 삶은 우리 모두의 꿈이다. 모든 것을 다 가져도 건강을 잃으면 아
무 소용이 없다. _{모두들 건강하게 살기를 원한다.} 건강하게 장수하기 위해서는 올바른 식생활과 규칙적인 운동이
필요하다. _{교과서 날개 ①} _{건강하게 장수하기 위한 조건} ㉠만약 누군가 수많은 운동 중 몸에 좋은 운동을 한 가지만 추천해 달
라고 한다면 나는 주저 없이 '걷기'라고 말하고 싶다. 걷기 운동은 건강에 미치는
효과가 매우 뛰어나며 남녀노소 누구나 언제 어디서든 간편하게 할 수 있는 운동
이기 때문이다. _{글쓴이가 걷기 운동을 추천하는 이유}
→ 간편하면서 건강에 효과적인 걷기 운동

처음	간편하고 효과적인 걷기 운동

중간 1 _{교과서 날개 ②} **2** 걷기 운동을 하면 하체가 단련되고 여러 신체 기관의 기능이 좋아진
다. _{걷기 운동의 효과 ①} 다리의 혈관과 신경은 다른 신체 기관에 밀접하게 연결되어 있어서, 걷기 운
동을 습관화하면 다리의 근력이 좋아질 뿐 아니라 심장과 혈관, 호흡기 등의 기
능이 강화된다. _{여러 신체 기관} 또한 몸에 좋은 콜레스테롤의 농도를 높여 *동맥 경화를 막아 주
어 심장병, 고혈압 등을 예방하는 데에도 도움이 된다. _{성인병}
→ 걷기 운동의 효과 ① – 하체가 단련되고 여러 신체 기관의 기능이 좋아짐.

3 걷기는 두뇌 건강에도 도움이 된다. _{걷기 운동의 효과 ②} 걷는 동안에는 뇌 속에서 고통을 *완화하
는 기능을 가진 호르몬이 증가하는데, 이 호르몬은 우울증과 스트레스를 감소하
고 기분을 좋게 해 준다. _{고통을 완화해 주는 호르몬} 또한 걷는 동안 뇌에 적절한 자극이 주어져 머리가 좋아
질 뿐만 아니라 치매도 예방할 수 있다. → 걷기 운동의 효과 ② – 두뇌 건강에 도움이 됨.

4 걷기는 대표적인 *유산소 운동으로 다이어트에도 효과적이다. _{걷기 운동의 효과 ③} 인간은 체온 유
지나 심장 박동 등 최소한의 생존을 위해 에너지를 소비하며, 일상생활에서도 일
_{기초 대사량} 정 정도의 에너지를 소비한다. 그러나 소비하는 에너지보다 섭취하는 에너지가
더 많으면 영양 과잉 상태가 되는데, 사람마다 차이가 있지만 현대인은 보통 하
루에 300킬로칼로리 정도의 과잉 에너지가 체내에 축적된다고 한다. 이렇게 축
적된 에너지를 그대로 두면 비만이 될 수 있으므로 반드시 소비해야 하는데, 이
때 가장 간편하고 효과적인 방법이 걷기 운동이다.
→ 걷기 운동의 효과 ③ – 다이어트에 효과적임.

중간 1	걷기 운동의 효과³⁰⁰ -300킬로칼로리

| 글쓴이: 남상남(1952~2018)
대학교수. 한국걷기과학학회 부
회장을 역임했으며 주요 저서로
는 『건강 걷기 30분』, 『과학적 트
레이닝』 등이 있다.

읽기 중 활동

교과서 날개 ①
글쓴이가 걷기 운동을 추천하
는 까닭은 무엇인가요?
→ 건강에 미치는 효과가 뛰어
날 뿐 아니라, 모든 사람이 언
제 어디서나 간편하게 할 수
있는 운동이기 때문이다.

교과서 날개 ②
걷기 운동의 효과를 말해 봅시
다.
→ ① 하체가 단련되고 여러
신체 기관의 기능이 좋아진다.
② 두뇌 건강에 도움이 된다.
③ 다이어트에 효과적이다.

어휘 풀이
- **동맥 경화(動脈硬化):** 동맥의
벽이 두꺼워지고 굳어져서
탄력을 잃는 질환. 일종의 노
화 현상으로 고혈압, 비만,
당뇨병 따위가 주요 원인이
며 혈류 장애, 혈전 형성, 뇌
중풍, 심근 경색 따위의 주
원인이 됨.
- **완화(緩和)하다:** 긴장된 상
태나 급박한 것을 느슨하게
하다.
- **유산소 운동(有酸素運動):** 몸
속의 지방을 산화시켜 체중
조절에 효과가 있는 운동.

■ **글쓴이의 관점**

이 글은 처음 부분만 읽고도 바로 글쓴이의 관점을 파악할 수 있단다. 글의 처음 부분에서 글쓴이는 걷기를 건강에 미치는 효과와 접근성의 측면에서 소개하고 있는데, 이를 통해 글쓴이가 독자에게 걷기 운동을 추천하는 까닭을 알 수 있거든. 즉 처음부터 글쓴이는 '걷기'는 사람의 건강에 미치는 효과가 뛰어날 뿐 아니라, 모든 사람이 언제 어디서든 간편하게 할 수 있는 운동이라고 설명하고 있어.

›핵심 포인트‹

걷기	→	간편하면서도 효과적인 운동의 한 방법으로 바라봄.

■ **걷기 운동의 효과**

글의 중간 부분에는 글쓴이가 말하고자 하는 중심 내용이 담겨 있단다. 이 글의 글쓴이 역시 글의 '중간 1' 부분인 ②, ③, ④에서 이 글의 중심 내용인 걷기 운동의 효과를 나열하고 있지. 이 글은 중심 내용이 명확하게 잘 드러나 있는 글인데, 독서 훈련이 어느 정도 되어 있다면 각 문단의 첫 문장이 글의 중심 내용이라는 것을 금방 파악할 수 있을 거야. 이 글의 글쓴이는 걷기 운동의 효과를 설명하고 있는 '중간 1' 부분을 3개의 문단으로 나누어 두괄식으로 정리하고 있거든.

›핵심 포인트‹

걷기 운동의 효과	→	• 하체가 단련되고 여러 신체 기관의 기능이 좋아짐. • 두뇌 건강에 도움이 됨. • 다이어트에 효과적임.

➕ **보충 자료**
두괄식 구성
글의 첫머리에 중심 내용이 오는 산문 구성 방식을 말한다. 즉 맨 처음부터 글쓴이가 하고 싶은 말을 하고 그 뒤에 이를 뒷받침하는 상세한 서술이나 예시 등이 따라오는 구성 방식을 말한다.

---

9. 이 글에 대한 설명으로 적절한 것은?
① 어떤 사실에 대한 정보를 독자에게 제공하고 있다.
② 대상에 대한 글쓴이의 부정적 관점을 드러내고 있다.
③ 사회적으로 알려진 문제에 대해 짧게 비평하고 있다.
④ 사회 현상에 대해 글쓴이가 알기 쉽게 풀어쓰고 있다.
⑤ 글쓴이가 살면서 겪은 개인적인 체험을 고백하고 있다.

10. 이 글의 '중간 1'에서 다룬 핵심 내용으로 적절한 것은?
① 걷기 운동의 개념　　② 걷기 운동의 효과
③ 걷기 운동의 방법　　④ 걷기 운동이 간편한 이유
⑤ 걷기 운동의 올바른 자세

11. 이 글에서 알 수 있는 내용으로 적절하지 <u>않은</u> 것은?
① 걷기 운동은 우울증과 스트레스 감소에 도움을 준다.
② 걷기 운동은 모든 콜레스테롤의 농도를 높여 성인병을 예방해 준다.
③ 바른 식생활과 규칙적인 운동은 건강한 장수를 위한 필수 조건이다.
④ 소비하는 에너지보다 섭취하는 에너지가 더 많으면 비만이 될 수 있다.
⑤ 걷기 운동은 장소와 시간에 구애받지 않고 할 수 있는 간편한 운동이다.

12. ②~④에서 글쓴이가 글의 신뢰성을 높이기 위해 공통적으로 사용한 방법으로 적절한 것은?
① 외국의 사례를 들고 있다.
② 전문가의 말을 인용하고 있다.
③ 다양한 표현 방법을 사용하고 있다.
④ 몇 년간에 걸친 통계 자료를 제시하고 있다.
⑤ 과학적인 근거로 중심 문장을 뒷받침하고 있다.

|서술형|
13. 이 글의 내용을 바탕으로 글쓴이가 ㉠과 같이 말하는 이유를 서술하시오.

중간 2 **5** 모든 운동이 그렇듯이 걷기 운동도 자세가 중요하다. 걸을 때에는 <u>상</u> 교과서 날개 ①
<u>체를 바로 세우고 팔과 다리는 자연스럽게 앞뒤로 움직인다는 기분으로 걷는다.</u>
_{걷기의 올바른 자세 ①}
이때 유의할 점은 걸을 때 지면에 닿는 발동작이다. <u>발뒤꿈치가 먼저 닿고 그다</u>
<u>음 발바닥 전체가 닿은 뒤, 마지막으로 발의 앞 끝이 들리는 순서로 걸어야 한</u>
_{걷기의 올바른 자세 ②}
다. 이때 몸의 무게 중심은 발뒤꿈치에서 발바닥 바깥 부분으로, 다시 새끼발가
락에서 엄지발가락 순서로 옮겨진다.   → 걷기의 올바른 자세

6 또 하나 중요한 것은 운동의 강도다. °보폭은 <u>신장의 35~40퍼센트 정도로 하</u>
_{걷기에 적당한 보폭}
<u>되 자연스럽게 내디딜 수 있는 정도면 된다.</u> 빨리 걷기 위해 무리하게 팔을 흔들
거나 다리를 뻗는 일은 삼가고, 평소보다 <u>조금 빠르다는 느낌으로 걷는 것이 좋</u>
<u>다.</u> 이때 <u>숨을 깊게 들이마시고 내쉬어야</u> 에너지를 효율적으로 사용하고 운동 효
_{걸을 때의 호흡법}
과를 극대화할 수 있다. 걸으면서 깊은 호흡을 하는 것이 힘들다면 걷기 전 5분
동안 코로 숨을 깊게 들이마시고 내쉬는 훈련을 하도록 한다.
     → 걸을 때의 보폭과 운동의 강도

7 걷기 운동은 규칙적으로 꾸준히 하는 것이 좋다. ❶<u>초보자의 경우 일주일에 세</u>
<u>번, 30분 이상 걷는 것으로 시작하여 중급 이상의 단계가 되면 일주일에 다섯</u>
<u>번, 한 시간 이상으로 늘리는 것이 좋다.</u> 보통 속도로 걸었을 때 한 시간에 만 걸
음 정도 걸을 수 있으며, 그 정도면 300킬로칼로리를 소비하는 데 충분하다. 걷
_{한 시간 걷기로 소비되는 열량}
기 운동은 <u>다른 운동에 비해 그 효과가 천천히 나타나므로 최소 두 달 이상은 지</u>
<u>속해야 운동 효과를 볼 수 있다.</u>   → 걷기 운동은 규칙적으로 꾸준히 해야 함.
_{운동 효과 측면에서의 걷기의 특징}

중간 2	올바른 걷기의 자세와 방법

끝 **8** 현대인은 영양 상태가 좋아지고 평균 수명이 늘었지만, 그에 못지않게
수많은 질병에 시달리고 있다. 과거에는 없던 새로운 질병이 생겨나고, 노화가
_{글쓴이는 운동 부족을 질병의 가장 큰 원인으로 봄.}
진행될 때 발생하던 °성인병이 어린아이들에게서도 나타나고 있다. 이렇게 된 데
에는 여러 가지 까닭이 있겠지만, 운동 부족이 가장 큰 원인이라고 할 수 있다.
교과서 날개 ②
『걷기는 가장 단순하면서도 효과적인 운동으로, 편안한 옷차림과 여유만 있다면
『』 글쓴이가 이 글을 쓴 이유
언제든지 할 수 있는 운동이다. ❷올바른 걷기 자세를 익힌 후 자신에게 맞는 강
도로 일주일에 세 번 이상 꾸준히 걸어 보자. 그러면 자기도 모르는 사이에 몸뿐
아니라 마음까지 건강해질 것이다.』   → 올바른 걷기 자세로 꾸준히 걷기를 권유함.

끝	현대인에게 도움이 되는 걷기

– 남상남, 「걷기 운동 30분」

학습 포인트
· 글의 형식 파악하기
· 글의 내용 파악하기

읽기 중 활동

교과서 날개 ①
걷기의 올바른 자세를 말해 봅
시다.

→ ① 상체를 바로 세우고 팔
과 다리는 자연스럽게 앞뒤로
움직인다.
② 발뒤꿈치가 먼저 닿고, 그다
음은 발바닥 전체가 닿은 뒤,
마지막으로 발의 앞 끝이 들리
는 순서로 걷는다.

교과서 날개 ②
글쓴이가 이 글을 쓴 까닭은
무엇일까요?

→ 간편하면서 효과적인 걷기
운동을 추천하기 위해서이다.

어휘 풀이
· 보폭(步幅): 걸음을 걸을 때
앞발 뒤축에서 뒷발 뒤축까
지의 거리.
· 성인병(成人病): 중년 이후에
문제 되는 병을 통틀어 이르
는 말. 동맥 경화증, 고혈압,
악성 종양, 당뇨병, 백내장,
심근 경색, 폐 공기증, 뼈의
퇴행성 변화 따위가 있음.

어구 풀이
❶ 초보자와 중급 이상으로 걷
기 운동의 단계를 나누어 운동
횟수와 시간을 구체적으로 제
시하고 있다.
❷ 중간 부분에서 걷기 운동의
효과와 올바른 걷기의 자세 및
방법에 대해 설명한 뒤, 끝부분
에서는 이를 실천할 것을 권유
하고 있다.

■ **걷기의 올바른 자세**

　글쓴이는 **5**에서 걷기에 관한 세부 내용을 설명하고 있단다. 즉 글쓴이는 걷기 운동의 자세가 중요하다고 한 뒤, 걷기의 올바른 자세를 구체적으로 설명하고 있어.

⊱핵심 포인트⊰

걷기의 올바른 자세	→	• 상체를 바로 세우고 팔과 다리를 자연스럽게 앞뒤로 움직임. • 발뒤꿈치가 먼저 닿고 이어 발바닥 전체가 닿은 뒤, 발의 앞 끝이 들리는 순서로 걸음.

■ **걷기 운동의 강도와 방법**

　글쓴이는 **6**과 **7**에서는 걷기 운동의 강도와 실천 방법을 구체적으로 설명하고 있어. 이 부분을 읽으며 걷기 운동에 관한 세부 정보를 알아보자.

⊱핵심 포인트⊰

강도	→	• 보폭은 신장의 35~40퍼센트 정도로 함. • 평소보다 조금 빠르다는 느낌으로 걸음.
실천 방법		• 초보자: 일주일에 세 번, 30분 이상 걸음. • 중급 이상: 일주일에 다섯 번, 한 시간 이상으로 늘리도록 함. • 최소 두 달 이상은 지속해야 함.

■ **글의 형식과 글쓴이가 글을 쓴 목적**

　글쓴이는 이 글의 끝부분에서 현대인의 운동 부족이 여러 질병의 가장 큰 원인이라며 걷기를 추천하고 있어. 이로 볼 때, 글쓴이는 독자에게 걷기의 효과와 방법에 관한 객관적 정보를 잘 전달하기 위해 설명하는 글, 즉 설명문이라는 형식을 택해 글을 썼음을 알 수 있지.

⊱핵심 포인트⊰

글을 쓴 목적		글의 형식
걷기를 추천하고자 함. → 걷기의 효과와 방법을 설명함.	→	설명하는 글

14. 이와 같은 글을 읽는 방법으로 적절하지 **않은** 것은?
① 글의 형식적 특성을 고려하지 않고 읽는다.
② 대상에 대한 글쓴이의 생각을 살펴보며 읽는다.
③ 글쓴이가 제시한 정보의 정확성을 판단하며 읽는다.
④ 글쓴이가 대상을 바라보는 시각을 파악하며 읽는다.
⑤ 글을 통해 전하려는 내용과 의도를 파악하며 읽는다.

15. 글쓴이가 이 글을 쓴 까닭으로 볼 수 있는 것은?
① 대상을 추천하기 위해
② 특정인에게 대상을 건의하기 위해
③ 대상이 지닌 문제점을 밝히기 위해
④ 대상과 관련한 쟁점을 부각하기 위해
⑤ 대상의 진행 상황이나 결과 등을 알리기 위해

16. 이 글을 통해 얻을 수 있는 '걷기 운동'에 대한 정보가 **아닌** 것은?
① 걸을 때에는 상체를 바로 세우고 걷는다.
② 걸을 때의 보폭은 신장의 35~40퍼센트 정도로 한다.
③ 숨을 깊게 들이마시고 내쉬면서 걸으면 걷는 효과를 높일 수 있다.
④ 중급 이상의 단계에서는 일주일에 다섯 번, 한 시간 이상으로 늘려 걷는다.
⑤ 발뒤꿈치가 먼저 닿고 발바닥 전체가 닿은 뒤 마지막으로 발의 뒤 끝이 들리는 순서로 걷는다.

17. 이 글을 읽은 후 독자가 보인 반응으로 적절하지 **않은** 것은?
① 글쓴이는 서술 대상에 대해 긍정적인 눈으로 바라보고 있군.
② 글쓴이는 걷기를 체험한 내용을 바탕으로 그 가치를 발견하고 있군.
③ 걷기의 올바른 자세를 상체, 팔과 다리, 발동작의 순서로 서술하고 있군.
④ 글쓴이는 걷기의 구체적인 방법을 전달하기 위해 설명문 형식을 선택한 것이겠군.
⑤ 법정 스님이 쓴 「직립 보행」이라는 글과 동일한 화제를 다루고 있지만, 글을 쓴 목적은 서로 다르군.

학습활동

이해 활동

1. **가**와 **나**를 읽고, 두 글의 내용을 정리해 봅시다.

   1. **가**와 **나**에서 공통적으로 다루고 있는 화제는 무엇인지 말해 봅시다.

      걷기

   2. 다음 빈칸을 완성하며 **가**와 **나**의 내용을 정리해 봅시다.

가 직립 보행	**나** 걷기 운동의 효과와 방법
오랜만에 도시에 나갔다가 차 시간이 맞지 않아 삼십 리 길을 걸어서 집에 돌아가게 되었다.	걷기는 건강에 미치는 효과가 뛰어나고, 언제 어디서든 간편하게 할 수 있는 운동이다.
[걷기]을/를 통해 살아온 자취를 되돌아보고 남은 삶의 고개를 헤아릴 수 있었다.	걷기는 [하체]뿐만 아니라 두뇌를 포함한 여러 신체 기관의 기능을 강화하는 데 도움이 되며, [다이어트](에)도 효과적이다.
[자동차](이)라는 편리한 교통수단에 걸을 기회를 빼앗기면서, 우리는 생각의 [자유]을/를 조금씩 잃어 가고 있다.	걷기 운동은 올바른 [자세]와/과 강도가 중요하며, [규칙적]으로 꾸준히 하는 것이 좋다.
모처럼 [직립 보행]을/를 하며 생각할 수 있어서, 차가 없이 걸어온 것을 다행스럽게 생각했다.	걷기 운동은 현대인들이 몸과 마음의 [건강]을/를 유지하는 데 도움이 될 것이다.

정답과 해설 42쪽

1. 중심 화제와 내용 파악하고 정리하기

지학이가 도와줄게!

소단원 (1)에서 우리는 동일한 화제를 다룬 두 글을 비교하며 읽어 봤어. 그런데 어땠니? 화제는 '걷기'로 동일하지만 글에 담긴 글쓴이의 관점과 형식이 달라지면서 내용도 다르게 표현했음을 알 수 있었을 거야. 이제 두 글을 비교하며 읽은 내용을 바탕으로 두 글의 중심 내용을 정리해 보자. 내용을 정리할 때에는 글의 구성과 흐름을 파악하면서 정리하면 더 효율적으로 정리가 될 거야.

시험엔 이렇게!!

1. **가**와 **나**의 내용과 일치하지 않는 것은?

① **가**: 글쓴이는 삼십 리 길을 걸어 집으로 돌아간 경험이 있다.

② **가**: 글쓴이는 교통수단에 생각의 자유를 빼앗기고 있다고 생각한다.

③ **나**: 걷기는 언제 어디서든 간편하게 할 수 있는 운동이다.

④ **나**: 걷기는 올바른 자세와 강도로 규칙적으로 하는 것이 좋다.

⑤ **나**: 걷기는 두뇌를 포함한 여러 신체 기관의 기능과 상체를 강화해 준다.

➕ **보충 자료**

글의 내용은 대체로 '처음-중간-끝' 또는 '서론-본론-결론'의 구조로 구성되며, 이러한 구성 방식은 글을 쓰는 목적과 글의 종류에 따라 다르다. 예를 들어, 설명문이나 논설문은 글의 구성 방식이 비교적 체계적이고 엄밀하지만, 수필은 비교적 자유롭고 다양하다. 그러나 크게 봤을 때 모든 글은 '처음-중간-끝' 또는 '서론-본론-결론'의 구조를 가진다는 점에서 공통성을 지닌다고 볼 수 있다.

목표 활동

1. '걷기'에 관한 글쓴이의 관점을 바탕으로, 가와 나의 특징을 파악해 봅시다.

1 가와 나의 글쓴이가 글을 쓴 목적은 무엇인지 말해 봅시다.

예시 답 | 가의 글쓴이는 글쓴이의 체험을 바탕으로 걷기의 가치를 이야기하고자 하였고, 나의 글쓴이는 걷기 운동의 효과와 방법에 관한 정보를 전달하고자 하였다.

2 '걷기'에 관한 글쓴이의 생각을 비교해 봅시다.

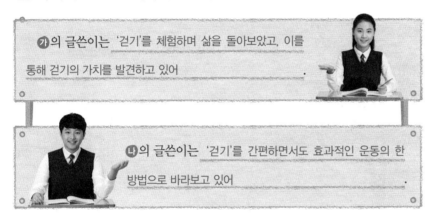

가의 글쓴이는 '걷기'를 체험하며 삶을 돌아보았고, 이를 통해 걷기의 가치를 발견하고 있어.

나의 글쓴이는 '걷기'를 간편하면서도 효과적인 운동의 한 방법으로 바라보고 있어.

3 가와 나가 형식 면에서 어떤 특성을 가지고 있는지 정리해 보고, 글쓴이가 이러한 형식을 선택하여 글을 쓴 까닭을 생각해 봅시다.

가	나
가는 수필이다. 수필은 자신의 체험과 경험을 통해 깨달은 바를 전달한다. 가의 글쓴이는 자신의 체험을 통해 깨달은 걷기의 가치를 전달하기에 수필이 적절한 형식이었기 때문에 선택하였을 것이다.	나는 설명하는 글이다. 설명하는 글은 사람들에게 정보를 전달하기 위해 객관적으로 서술한 글이다. 나의 글쓴이는 걷기의 효과와 방법을 구체적이고 사실적으로 설명하기 위해 이 형식을 선택하였을 것이다.

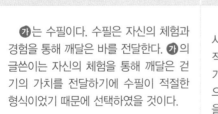 **동일한 화제를 다룬 글의 관점과 형식**

어떤 화제나 대상에 관해 글쓴이가 가지고 있는 생각을 관점이라고 합니다. 이때 관점은 찬성과 반대와 같은 입장의 차이일 수도 있고, 대상을 바라보는 다양한 시각일 수도 있습니다. 동일한 화제를 다룬 글이라도 글쓴이에 따라 다른 관점에서 쓰일 수 있고, 다양한 형식으로 표현될 수 있습니다.

1. 글쓴이의 관점을 바탕으로 글의 특징 파악하기

지학이가 도와줄게!

두 글을 비교하면서 글의 관점과 형식의 차이를 파악하기 위한 활동이란다. 어떤 관점이나 표현 형식이 더 타당한지 평가하기보다는 각각의 글이 지니는 특성과 효과를 이해하는 데 중점을 두어 활동해 보렴.
먼저 글의 내용 이해를 바탕으로 글쓴이가 글을 쓴 목적을 파악하고, '걷기'에 관한 두 글쓴이의 관점을 비교해 보자. 이어서 두 글의 목적을 고려하여 글쓴이가 선택한 형식이 글쓴이의 관점을 드러내기에 효과적인지 생각해 보자.

시험엔 이렇게!!

2. 가와 나에 대한 이해로 적절하지 <u>않은</u> 것은?

① 가의 글쓴이는 자신의 체험을 바탕으로 글을 쓰고 있다.
② 나의 글쓴이는 걷기 운동에 관한 객관적 정보를 전달하고 있다.
③ 가와 나의 글쓴이가 선택한 글의 형식은 서로 다르다.
④ 가와 나 모두 '걷기'라는 동일한 화제를 다루고 있다.
⑤ 화제에 대해 가의 글쓴이는 부정적인 관점을, 나의 글쓴이는 긍정적인 관점을 취하고 있다.

|서술형|
3. 나의 글쓴이가 설명하는 글의 형식으로 글을 쓴 까닭을, 글의 형식상 특성을 고려하여 쓰시오.

학습활동

2. 다음 공익 광고를 보고, 광고에 담긴 '걷기'의 관점을 다른 형식으로 표현해 봅시다.

자연을 살리는 발견

자동차 배기가스는 지구 온난화의 원인이 됩니다.
가까운 거리는 걷거나, 자전거를 이용해 보세요!
자연을 지키고, 지구의 건강도 지킬 수 있답니다.
당신의 작은 실천으로 지구 온난화를 막을 수 있습니다.

1 이 광고에서는 '걷기'를 어떻게 바라보고 있는지 생각해 봅시다.

예시 답 | 자동차의 배기가스는 지구 온난화의 원인이 되므로, 자동차를 타는 대신 걷기를 통해서 환경을 보호할 수 있다고 생각한다.

2 이 광고에 담긴 '걷기'의 관점을 다른 형식으로 표현하려고 합니다. 다음 중 어떤 형식이 효과적일지 그 까닭과 함께 말해 봅시다.

| 주장하는 글 | 편지글 | 설명하는 글 | 수필 |

예시 답 | 주장하는 글이 효과적일 것이라고 생각한다. 자동차의 배기가스가 환경 오염을 일으킨다는 자료를 근거로 활용하여, 걷기를 통해 자동차의 배기가스를 줄인다면 지구 온난화를 막을 수 있다는 주장과 근거를 제시할 수 있기 때문이다.

2. 공익 광고에 담긴 관점을 다른 형식으로 표현하기

지학이가 도와줄게!

제시된 공익 광고의 관점을 파악하고, 이를 다른 형식의 글로 표현해 보는 활동이란다. 동일한 화제를 다루더라도 글의 의도와 목적에 따라 주장하는 글이나 설명하는 글로 쓰일 수도 있고, 수필이나 편지글로 쓰일 수도 있어. 각 형식이 지니는 특성과 효과를 고려해야 자신의 관점을 효과적으로 표현할 수 있다는 것을 이 활동을 하면서 다시 한번 확인할 수 있을 거야.

➕ 보충 자료

광고

광고는 '세상에 널리 알림.'이라는 의미를 가지고 있는데, 상품 판매와 기업 홍보, 공공의 이익을 목적으로 인쇄 매체나 라디오, 텔레비전 등의 매체를 통해 소비자나 대중을 설득하는 행위이다. 광고는 목적에 따라 크게 공익 광고와 상업 광고로 나뉘는데, 공익 추구를 목적으로 하는 공익 광고는 사람들의 생각을 변화시켜 잘못된 점을 반성하게 하기도 한다.

시험엔 이렇게!!

4. 이 공익 광고에 대한 이해로 적절하지 않은 것은?

① 자동차 배기가스를 지구 온난화의 원인으로 보는군.

② 사람들의 생각을 변화시킬 목적으로 만든 것이겠군.

③ 만든 이의 주장과 이에 대한 근거가 함께 드러나 있군.

④ 지구의 건강을 위해서 걷거나 자전거만 이용할 것을 주장하고 있군.

⑤ 이 광고에 담긴 동일한 관점을 주장하는 글 형식으로 표현해도 효과적이겠군.

3. 다음 두 글은 '역사적 사실을 바탕으로 한 영화'에 관해 서로 다른 관점에서 쓴 글입니다. 두 글을 읽고, 아래의 활동을 해 봅시다.

한국일보	2017년 8월 1일

영화는 기본적으로 허구성을 지닌다. 따라서 역사적 배경을 토대로 하여 창작했더라도 그 영화의 내용이 실제 역사 속 그대로의 모습일 수는 없다. 영화 제작자들은 역사의 시대적 배경과 사건을 탐구해 인물과 이야기를 창조해 내고 개연성 있게 표현하는 사람일 뿐, 역사를 있는 그대로 담으려는 사람과는 거리가 멀다. 전문가들은 "문화가 다양한 형태로 발전하려면 자유로운 창작이 가능해야 한다."라며 "영화는 창작의 영역에 속하기 때문에 사실을 바탕으로 창작했을지라도 작가적 표현을 최대한 보장받아야 하며, 해당 영화에 관한 평가는 엄연히 관객의 몫이다."라고 강조했다.

○○○ 감독님, 저는 행복중학교에 다니는 김서연입니다. 이번에 감독님께서 제작하신 영화를 보게 되었는데요, 영화의 내용 중에 역사적 사실과 다른 부분들이 있었습니다. 물론 영화는 사실을 바탕으로 한 허구적 예술 작품이지만, 우리나라의 역사적 상황을 배경으로 할 때는 역사의 명백한 사실만을 다루어야 한다고 생각합니다. 역사적 사실을 왜곡하게 되면 관객들이 우리나라의 역사를 잘못 받아들일 수도 있기 때문입니다.

1 두 글의 글쓴이가 글을 쓴 목적을 파악하고, 두 글의 형식이 글의 목적을 드러내는 데 효과적인지 생각해 봅시다. 예시 답ㅣ

	신문 기사	편지글
목적	영화 속의 역사는 자유로운 창작의 대상이라는 것을 주장하기 위해	영화 속의 역사라도 사실을 왜곡해서는 안 된다는 것을 주장하기 위해
효과	신문 기사는 전문가의 의견을 인용하여 자신의 주장을 뒷받침하며 보도하기에 적절한 형식이다.	편지글은 특정 대상에게 친근감 있게 이야기하듯이 말하면서 자신의 생각을 드러내는 데 효과적이다.

2 **1**의 활동을 바탕으로, 두 글의 관점 중 자신이 타당하다고 생각하는 관점을 그 까닭과 함께 이야기해 봅시다.

예시 답ㅣ • 신문 기사의 관점이 타당하다고 생각한다. 영화는 재미와 감동을 목적으로 하기 때문에 작가의 상상을 바탕으로 한 허구성을 인정해 주어야 하며, 창작의 자유를 보장해 주어야 한다고 생각한다.
• 편지글의 관점이 타당하다고 생각한다. 요즈음 역사적 사실을 바탕으로 한 드라마나 영화에서 과도하게 역사를 왜곡하여 논란이 되고 있는데, 이렇게 왜곡된 내용들이 매체를 통해 지속적으로 노출된다면 허구적 내용도 사실로 받아들일 위험이 있고, 역사를 배우고 있는 청소년들에게도 안 좋은 영향을 끼칠 수 있다고 생각한다.

✿ 지학이가 도와줄게!

동일한 사회적 쟁점에 관해 관점과 형식이 다른 두 글을 읽고, 각각의 글에 나타난 관점과 형식의 차이를 비교하는 활동이란. 제시된 두 글을 읽고 글쓴이가 글을 쓴 목적을 생각해 보고, 글쓴이가 택한 글 형식이 글의 관점을 드러내기에 적절한지 판단해 보렴.
또한, 쟁점에 관해 찬성과 반대의 입장에서 쓴 글을 읽고 자신의 생각을 정리해 보는 활동을 통해 서로 관련성 있는 글을 폭넓게 읽음으로써 균형 있는 시각을 가지는 것이 중요함을 다시 상기해 보자.

➕ 보충 자료
팩션 영화
팩션(faction)은 사실[fact]과 허구[fiction]를 합성하여 만든 말이다. 이는 역사적 사실이나 실존 인물의 이야기에 작가의 상상력을 덧붙여 새롭게 만든 작품을 말한다.

✿ 시험엔 이렇게!!

5. 이 두 글의 글쓴이가 모두 동의하고 있는 내용으로 적절한 것은?
① 영화는 허구성을 지닌 예술 작품이다.
② 영화 속의 역사는 자유로운 창작의 대상이다.
③ 영화 속의 역사라도 사실을 왜곡해서는 안 된다.
④ 영화의 내용이 실제 역사 속 그대로의 모습일 수는 없다.
⑤ 영화 제작자들은 역사를 있는 그대로 담으려고 하지는 않는다.

학습활동

창의 · 융합 활동

▌ 우리 반을 상징하는 단어를 선정하고, 그 단어와 관련한 자신의 생각을 표현하여 '우리 반 소개집'을 만들어 봅시다.

혼자 하기

1. 지난 1년을 돌아보고, 우리 반을 상징하는 단어를 정해 봅시다. 그리고 그 단어를 선택한 까닭을 말해 봅시다.

> 예 신호등, 우리 반은 신호등의 속성처럼 질서를 잘 지키는 학생들이기 때문이다.

예시 답ㅣ생략

'우리 반 소개집' 만들기

○ 활동 개관
이 활동은 다양한 자료를 활용하여 동일한 대상을 다양한 관점과 형식으로 표현하는 활동이다. 앞에서 학습한 여러 형식의 글 외에 사진이나 그림, 노래 등의 다양한 매체 자료를 활용하여 자신의 창의적 능력을 발휘해 본다.

지학이가 도와줄게! – 1
1년 동안 반에서 있었던 일들을 떠올려 보고, 이를 통해 우리 반을 가장 잘 드러낼 수 있는 단어를 선정해 보면 어떨까?

혼자 하기

2. 1에서 선정한 단어를 바탕으로, 자신이 쓰려고 하는 글과 관련한 자료를 찾아 우리 반을 소개하는 글을 써 봅시다.

지학이가 도와줄게! – 2
먼저 1에서 선정한 단어에 관한 자신의 관점을 효과적으로 드러낼 수 있는 자료를 찾아 선택해 보자. 그리고 이를 바탕으로 우리 반을 소개하는 내용이 잘 드러나도록 적절한 형식을 선택해 글을 쓰는 거지. 이때 사진이나 그림, 신문 기사 등 다양한 매체 자료를 어떻게 활용해야 할지 막막하다면 제시된 예시를 참고해 보렴.

예시

♪ **음악**

때론 빨간불처럼 멈추고
때론 노란불처럼 천천히
때론 파란불처럼 앞으로 달려가.
힘들 땐 빨간불을 켜고
잠시나마 더 쉬어 가.

– 김재훈 작사 · 작곡, 「신호등」

쉴 때 쉬고, 앞으로 가야 할 때는 달려간다는 노래 가사가 우리 반의 모습과 비슷해 보여. 이 노래의 가사에 등장하는 신호등의 속성을 우리 반의 모습에 비추어 수필로 써 볼 거야.

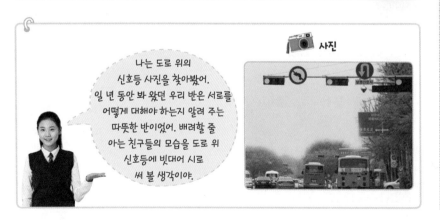

나는 도로 위의 신호등 사진을 찾아봤어. 일 년 동안 봐 왔던 우리 반은 서로를 어떻게 대해야 하는지 알려 주는 따뜻한 반이었어. 배려할 줄 아는 친구들의 모습을 도로 위 신호등에 빗대어 시로 써 볼 생각이야.

사진

유의 사항

- 단어와 관련한 다양한 자료들을 찾아봅니다.
- 적절한 자료를 선택하여, 이를 바탕으로 자신의 관점을 드러내기에 적절한 형식을 찾아 글을 씁니다.

예시 답 |

　나에게 우리 반은 빨강 신호등이다. 누구나 한 번쯤은 깜빡이는 파랑 신호등을 보며 급하게 뛴 적이 있을 것이다. 때로는 빨간불로 바뀐 신호등 앞에서 빨리 건너가지 못해서 안타까워하기도 했을 것이다. 하지만 신호등의 빨간불과 파란불은 언제나 공정하게 규칙적으로 반복되는 것이므로 기다리다 보면 파란불은 다시 켜지기 마련이다. 어떻게 보면 우리 앞의 빨간불은 우리 자신을 돌아보며 쉴 기회인지도 모른다. 그런 의미에서 우리 반 친구들은 나에게 빨간불 같은 존재들이었다. 친구들과 서로의 고민을 나누고, 서로의 꿈을 이야기하던 순간들은 깜빡이는 파랑 신호등을 건너기 위해 무작정 뛰던 나를 돌아볼 수 있게 해 주었다. 시간이 많이 흐른 뒤에도 친구들과의 추억을 떠올리며 잠시 쉴 수 있기를 소망해 본다.

함께하기 👁️👁️👁️

3. 친구들이 만든 자료들을 모아 '우리 반 소개집'을 만들어 봅시다.　예시 답 | 생략

🌟 *지학이가 도와줄게! - 3*

앞의 활동에서 선택한 자료를 바탕으로 자신의 관점을 효과적으로 드러낼 수 있는 형식을 선택하여 글을 썼다면, 글을 쓰고 난 후에는 반 친구들이 만든 자료들을 살펴보면서 '우리 반 소개집'을 만들어 보자. 이렇게 함께하는 활동을 하면서 동일한 화제에 관해 다양한 관점과 형식으로 표현할 수 있다는 것을 다시 한번 확인할 수 있을 거야.

🔖 **활동 평가 Tip**

　이 활동의 목표는 다양한 매체 자료를 활용하여 자신의 관점을 효과적으로 드러낼 수 있는 형식을 선택하여 글을 쓰는 것이다. 따라서 주제와 선정한 자료와의 연관성, 글에 나타난 관점과 형식과의 적절성 위주로 평가할 수 있다. 각각의 결과물을 공유하는 과정을 통해 의사소통 능력과 자료·정보 활용 능력을 함께 평가할 수 있다.

　활동의 평가 기준을 제시하면 다음과 같다.

평가 기준	결과
우리 반을 상징하는 단어와 관련된 다양한 형식의 자료를 제시하였으며, 자신의 관점에 맞는 형식을 골라 글을 썼다.	상
우리 반을 상징하는 단어와 관련된 다양한 형식의 자료를 제시하였으나, 글에 자신의 관점이 명확히 드러나지 않는다.	중
선정한 자료가 우리 반을 상징하는 단어와 연관성이 부족하며, 글에 자신의 관점이 잘 나타나지 않는다.	하

소단원 콕! 짚고 가기

소단원 제재

제재 정리 및 구성

	가 직립 보행	**나** 걷기 운동의 효과와 방법
갈래	수필	설명하는 글
성격	사색적, 성찰적	객관적, 해설적
제재	오랜만에 경험한 직립 보행	걷기 운동의 효과와 방법
주제	생각의 자유를 누릴 수 있는 걷기의 ①□□	걷기는 간편하지만 ③□□적인 운동임.
특징	• 걷기의 의미와 가치에 관한 글쓴이의 생각이 명확하게 표현됨. • 현대 문명을 ②□□적으로 바라봄.	• 걷기가 건강에 미치는 효과와 걷기의 방법을 소개함. • 구체적 수치를 들어 걷기 효과를 강조함.

구성			
	처음	삼십 리 길을 걷게 된 계기	간편하고 효과적인 걷기 운동
	중간	걷기의 의미와 가치 및 교통수단의 발달에 대한 글쓴이의 생각	1. 걷기 운동의 효과 2. 올바른 걷기의 자세와 방법
	끝	직립 보행의 경험을 감사히 여김.	현대인에게 도움이 되는 걷기

핵심 포인트

1. 글의 공통 화제와 중심 내용

	가	**나**
공통 화제	둘 다 '④□□'에 관해 다루고 있음.	
중심 내용	• 걷기는 자유롭고 ⑤□□적인 동작임. • 걷기는 자기 힘으로 이동하는 일임. • 걷기는 살아온 자취를 되돌아보고 앞으로 넘어야 할 삶의 고개를 헤아리게 함. • 걷기는 인간에게 ⑥□□의 계기를 제공함.	• 걷기 운동으로 ⑦□□이/가 단련되고 여러 신체 기관의 기능이 좋아짐. • 걷기는 두뇌 건강에 도움이 됨. • 걷기는 다이어트에 효과적임. • 걷기 운동은 올바른 ⑧□□와/과 강도가 중요하며, 규칙적으로 꾸준히 하는 것이 좋음.

2. 글을 쓴 목적과 글의 형식

가	글쓴이 자신이 체험한 일을 바탕으로 걷기의 가치를 이야기하고자 함.
나	독자들에게 걷기 운동의 효과와 방법에 관한 정보를 전달하고자 함.

→ ⑨□□
설명하는 글

3. 다양한 글의 관점과 형식 비교하며 읽기의 의의

• 관점이나 형식의 차이를 비교하며 읽음으로써 글을 깊이 있게 읽을 수 있다.
• 대상에 대한 다양한 관점을 이해함으로써 사고의 폭을 넓힐 수 있다.
• 대상에 대한 자신의 ⑩□□을/를 뚜렷하게 가질 수 있다.

정답: ① 가치 ② 비판 ③ 효과
④ 걷기 ⑤ 주체 ⑥ 사유 ⑦ 하체
⑧ 자세 ⑨ 수필 ⑩ 관점

[01~04] 다음 글을 읽고, 물음에 답하시오.

가 오늘은 볼일이 좀 있어 세상 바람을 쐬고 돌아왔다. 산에서 가장 가까운 도시래야 백사십 리 밖에 있는 광주시. 늘 그렇듯이 세상은 시끄러움과 먼지를 일으키며 바쁘게 돌아가고 있었다. 우체국에서 볼일을 마치고, 나온 걸음에 시장에 들러 찬거리를 좀 사고, 눈 속에서 신을 털신도 한 켤레 골랐다. 그리고 화장품 가게가 눈에 띄길래 손 튼 데 바르는 약도 하나 샀다. 돌아오는 길에는 차 시간이 맞지 않아 다른 데로 가는 차를 타고 도중에 내려 삼십 리 길을 걸어서 왔다.

나 논밭이 텅 빈 초겨울의 들길을 휘적휘적 걸으니, 차 속에서 찌뿌드드하던 머리도 말끔히 개어 상쾌하게 부풀어 올랐다. 걷는 것은 얼마나 자유스럽고 주체적인 동작인가. 밝은 햇살을 온몸에 받으며 상쾌한 공기를 마음껏 마시고 스적스적 활개를 치면서 걷는다는 것은 참으로 유쾌한 일이다. 걷는 것은 어디에도 의존하지 않고 내가 내 힘으로 이동하는 일이다.

다 흥이 나면 휘파람도 불 수 있고, 산수가 아름다운 곳에 이르면 걸음을 멈추고 눈을 닦을 수도 있다. 길벗이 없더라도 무방하리라. 치수가 맞지 않는 길벗은 오히려 부담이 되니까, 좀 허전하더라도 그것은 나그네의 체중 같은 것. 혼자서 걷는 길이 생각에 몰입할 수 있어 좋다. 살아온 자취를 되돌아보고 앞으로 넘어야 할 삶의 고개를 헤아린다.

라 인간이 사유하게 된 것은, 모르긴 하지만 걷는 일로부터 시작됐을 것이다. 한곳에 멈추어 생각하면 맴돌거나 망상에 사로잡히기 쉽지만, 걸으면서 궁리를 하면 막힘없이 술술 풀려 깊이와 무게를 더할 수 있다. 칸트나 베토벤의 경우를 들출 것도 없이, 위대한 철인이나 예술가들이 즐겨 산책길에 나선 것도 따지고 보면 걷는 데서 창의력을 일깨울 수 있었기 때문일 것이다.

마 나는 오늘 차가 없이 걸어온 것을 고맙고 다행하게 생각한다. 내가 내 길을 내 발로 디디면서 모처럼 직립 보행을 할 수 있었다.
언젠가 읽었던 한 시인의 글이 생각난다.
'현대인은 자동차를 보자 첫눈에 반해 그것과 결혼하였다. 그래서 영영 목가적인 세계로 돌아오지 못하게 되었다.'

01. (가)~(마)의 중심 내용으로 적절하지 **않은** 것은?
① (가): 삼십 리 길을 걷게 된 계기
② (나): 글쓴이가 생각하는 걷기의 의미
③ (다): 글쓴이가 생각하는 걷기의 가치
④ (라): 글쓴이가 생각하는 사유의 뜻과 의의
⑤ (마): 직립 보행의 경험을 감사히 여기는 글쓴이

02. 이 글에 담긴 글쓴이의 관점을 파악하며 읽는 방법으로 적절하지 **않은** 것은?
① 중심 내용을 파악하며 읽는다.
② 글쓴이의 의도를 파악하며 읽는다.
③ 매체 자료의 유무를 파악하며 읽는다.
④ 대상에 대한 글쓴이의 태도를 파악하며 읽는다.
⑤ 대상의 어떤 측면에 주목하는지를 파악하며 읽는다.

03. 이 글에 나타난 글쓴이의 생각으로 적절하지 **않은** 것은?
① 걷기는 자유롭고 주체적인 동작이다.
② 걷기는 스스로의 힘으로 이동하는 일이다.
③ 인간은 걷게 되면서 생각하게 되었을 것이다.
④ 걷기를 통해 살아온 자취를 되돌아볼 수 있다.
⑤ 걷기는 운동 중에 가장 효과적이고 간편한 운동이다.

활동 응용 문제 |서술형|

04. 글쓴이가 이 글을 쓴 목적을 〈조건〉에 맞게 쓰시오.

┤ 조건 ├
• 이 글의 내용을 바탕으로 한 문장으로 서술할 것.
• 이 글의 형식적 특성을 반영하여 서술할 것.

[05~08] 다음 글을 읽고, 물음에 답하시오.

가 걷기 운동을 하면 하체가 단련되고 여러 신체 기관의 기능이 좋아진다. 다리의 혈관과 신경은 다른 신체 기관에 밀접하게 연결되어 있어서, 걷기 운동을 습관화하면 다리의 근력이 좋아질 뿐 아니라 심장과 혈관, 호흡기 등의 기능이 강화된다. 또한 몸에 좋은 콜레스테롤의 농도를 높여 동맥 경화를 막아 주어 심장병, 고혈압 등을 예방하는 데에도 도움이 된다.

나 걷기는 대표적인 유산소 운동으로 다이어트에도 효과적이다. 인간은 체온 유지나 심장 박동 등 최소한의 생존을 위해 에너지를 소비하며, 일상생활에서도 일정 정도의 에너지를 소비한다. 그러나 소비하는 에너지보다 섭취하는 에너지가 더 많으면 영양 과잉 상태가 되는데, 사람마다 차이가 있지만 현대인은 보통 하루에 300킬로칼로리 정도의 과잉 에너지가 체내에 축적된다고 한다. 이렇게 축적된 에너지를 그대로 두면 비만이 될 수 있으므로 반드시 소비해야 하는데, 이때 가장 간편하고 효과적인 방법이 걷기 운동이다.

다 걸을 때에는 상체를 바로 세우고 팔과 다리는 자연스럽게 앞뒤로 움직인다는 기분으로 걷는다. 이때 유의할 점은 걸을 때 지면에 닿는 발동작이다. 발뒤꿈치가 먼저 닿고 그다음 발바닥 전체가 닿은 뒤, 마지막으로 발의 앞 끝이 들리는 순서로 걸어야 한다. 이때 몸의 무게 중심은 발뒤꿈치에서 발바닥 바깥 부분으로, 다시 새끼발가락에서 엄지발가락 순서로 옮겨진다.

라 또 하나 중요한 것은 운동의 ⬚ ㉠ ⬚ (이)다. 보폭은 신장의 35~40퍼센트 정도로 하되 자연스럽게 내디딜 수 있는 정도면 된다. 빨리 걷기 위해 무리하게 팔을 흔들거나 다리를 뻗는 일은 삼가고, 평소보다 조금 빠르다는 느낌으로 걷는 것이 좋다. 이때 숨을 깊게 들이마시고 내쉬어야 에너지를 효율적으로 사용하고 운동 효과를 극대화할 수 있다. 걸으면서 깊은 호흡을 하는 것이 힘들다면 걷기 전 5분 동안 코로 숨을 깊게 들이마시고 내쉬는 훈련을 하도록 한다.

마 걷기 운동은 규칙적으로 꾸준히 하는 것이 좋다. 초보자의 경우 일주일에 세 번, 30분 이상 걷는 것으로 시작하여 중급 이상의 단계가 되면 일주일에 다섯 번, 한 시간 이상으로 늘리는 것이 좋다. 보통 속도로 걸었을 때 한 시간에 만 걸음 정도 걸을 수 있으며, 그 정도면 300킬로칼로리를 소비하는 데 충분하다. 걷기 운동은 다른 운동에 비해 그 효과가 천천히 나타나므로 최소 두 달 이상은 지속해야 운동 효과를 볼 수 있다.

- -

활동 응용 문제

05. 이와 같은 글의 목적으로 적절한 것은?

① 특정인에게 문제 해결을 건의하고자 한다.
② 객관적인 정보를 독자에게 전달하고자 한다.
③ 일의 진행 상황이나 결과 등을 알리고자 한다.
④ 주장과 근거를 내세워 독자를 설득하고자 한다.
⑤ 알릴 만한 가치가 있는 사건이나 사실을 빠르게 전달하고자 한다.

06. 이 글을 통해 얻을 수 있는 '걷기'에 대한 정보가 <u>아닌</u> 것은?

① 걷기는 간편하고 효과적인 유산소 운동이다.
② 걷기로 심장과 혈관, 호흡기 등의 기능을 강화할 수 있다.
③ 다른 운동에 비해 효과가 더디게 나타나므로 꾸준히 해야 한다.
④ 걷기 효과를 극대화하려면 숨을 깊게 들이마시고 내쉬며 걷는다.
⑤ 걸을 때에는 상체를 앞쪽으로 살짝 기울이고 팔과 다리를 자연스럽게 움직인다.

07. 이 글에서 활용한 내용 전개 방법으로 적절한 것은?

① 비유적 표현을 통해 대상을 구체화하고 있다.
② 정의의 방법을 활용하여 대상의 속성을 밝히고 있다.
③ 구체적인 수치를 활용해 대상의 효과를 강조하고 있다.
④ 전문가의 말을 인용하여 대상에 대한 신뢰성을 높이고 있다.
⑤ 새로운 정보를 제시함으로써 대상에 대한 일반적인 통념을 비판하고 있다.

08. ㉠에 들어갈 말로 가장 적절한 것은?

① 장점 　② 강도 　③ 효과
④ 결과 　⑤ 부작용

[09~12] 다음 글을 읽고, 물음에 답하시오.

- -

가 인간이 사유하게 된 것은, 모르긴 하지만 걷는 일로부터 시작됐을 것이다. 한곳에 멈추어 생각하면 맴돌거나 망상에 사로잡히기 쉽지만, 걸으면서 궁리를 하면 막힘없이 술술 풀려 깊이와 무게를 더할 수 있다. 칸트나 베토벤의 경우를 들출 것도 없이, 위대한 철인이나 예술가들이 즐겨 산책길에 나선 것도 따지고 보면 걷는 데서 창의력을 일깨울 수 있었기 때문일 것이다.

그런데 언제부턴가 우리들은 잃어 가고 있다. 이렇듯 당당한 직립 보행을. 인간만이 누릴 수 있다는 그 의젓한 자세를. 더 말할 나위도 없이 자동차라는 교통수단이 생기면서 우리들은 걸음을 조금씩 빼앗기고 말았다. 그리고 생각의 자유도 서서히 박탈당하기 시작했다. 붐비는 차 안에서는 긴장을 풀 수 없기 때문에 생각을 제대로 펴 나갈 수가 없다. 이름도 성도 알 수 없는 몸뚱이들에게 떠밀려 둥둥 떠 있어야 한다.

그리고 운전기사와 안내양이 공모하여 노상 틀어 대는 소음 장치 때문에 우리는 머리를 비워 주어야 한다. 차가 내뿜는 매연의 독소는 말해 봐야 잔소리이니 덮어 두기로 하지만, 편리한 교통수단이라는 게 이런 것인가. 편리한 만큼 우리는 귀중한 무엇인가를 잃어 가고 있다.

삼십 리 길을 걸어오면서, 이 넓은 천지에 내 몸 하나 기댈 곳을 찾아 이렇게 걷고 있구나 싶으니 새나 짐승, 곤충들까지도 그 귀소의 길을 방해해서는 안 되겠다는 생각이 들었다. 그들도 저마다 기댈 곳을 찾아 부지런히 길을 가고 있을 테니까.

🔵 모든 운동이 그렇듯이 걷기 운동도 자세가 중요하다. 걸을 때에는 상체를 바로 세우고 팔과 다리는 자연스럽게 앞뒤로 움직인다는 기분으로 걷는다. 이때 유의할 점은 걸을 때 지면에 닿는 발동작이다. 발뒤꿈치가 먼저 닿고 그다음 발바닥 전체가 닿은 뒤, 마지막으로 발의 앞 끝이 들리는 순서로 걸어야 한다. 이때 몸의 무게 중심은 발뒤꿈치에서 발바닥 바깥 부분으로, 다시 새끼발가락에서 엄지발가락 순서로 옮겨진다.

또 하나 중요한 것은 운동의 강도다. 보폭은 신장의 35~40퍼센트 정도로 하되 자연스럽게 내디딜 수 있는 정도면 된다. 빨리 걷기 위해 무리하게 팔을 흔들거나 다리를 뻗는 일은 삼가고, 평소보다 조금 빠르다는 느낌으로 걷는 것이 좋다. 이때 숨을 깊게 들이마시고 내쉬어야 에너지를 효율적으로 사용하고 운동 효과를 극대화할 수 있다. 걸으면서 깊은 호흡을 하는 것이 힘들다면 걷기 전 5분 동안 코로 숨을 깊게 들이마시고 내쉬는 훈련을 하도록 한다.

걷기 운동은 규칙적으로 꾸준히 하는 것이 좋다. 초보자의 경우 일주일에 세 번, 30분 이상 걷는 것으로 시작하여 중급 이상의 단계가 되면 일주일에 다섯 번, 한 시간 이상으로 늘리는 것이 좋다. 보통 속도로 걸었을 때 한 시간에 만 걸음 정도 걸을 수 있으며, 그 정도면 300킬로칼로리를 소비하는 데 충분하다. 걷기 운동은 다른 운동에 비해 그 효과가 천천히 나타나므로 최소 두 달 이상은 지속해야 운동 효과를 볼 수 있다.

09. (가)와 (나)를 비교해서 읽은 독자의 반응으로 적절하지 **않은** 것은?

① (가)는 실제 체험에서 깨달은 것을 서술하고 있군.
② (가)의 글쓴이는 현대 문명을 비판적으로 바라보고 있군.
③ (나)는 구체적인 수치를 활용하고 있군.
④ (가)와 (나)는 '걷기'라는 동일한 제재를 다루고 있군.
⑤ (가)와 (나)는 표현의 차이는 있지만 걷기를 동일한 관점에서 판단하고 있군.

활동 응용 문제

10. 〈보기〉의 빈칸에 들어갈 내용으로 적절하지 **않은** 것은?

┤ 보기 ├

　(가)는 수필이고, (나)는 설명하는 글이군. (나)의 글쓴이가 설명하는 글의 형식을 선택한 까닭은 (　　　　　　　　　　) 수 있기 때문이겠군.

① 주제를 감동적으로 참신하게 표현할
② 글쓴이의 의도를 직접적으로 드러낼
③ 대상을 구체적이고 사실적으로 설명할
④ 말하고자 하는 바를 체계적으로 전달할
⑤ 대상에 대한 정보를 객관적으로 설명할

11. (가)와 (나)를 비교하며 읽을 때 얻을 수 있는 효과로 가장 적절한 것은?

① 대상에 대한 경험을 쌓아 그것을 바탕으로 글을 쓸 수 있다.
② 사회적으로 관심이 큰 소재가 무엇인지 쉽게 파악할 수 있다.
③ 정확하고 효과적인 표현 방법을 익혀 실제로 사용할 수 있다.
④ 다양한 삶을 경험함으로써 타인의 삶을 깊이 이해할 수 있다.
⑤ 대상에 대한 다양한 관점을 이해함으로써 사고의 폭을 넓힐 수 있다.

| 서술형 |

12. (가)와 (나) 각각에 담긴 글쓴이의 중심 생각을 쓰시오.

(2) 쓰기 윤리와 보고하는 글 쓰기

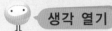 생각 열기

다음 동영상을 보고, 아래의 활동을 해 봅시다.

– 『지식채널e』(한국교육방송공사(EBS), 2013. 6. 25. 방송)

• 이 영상에서 말하고 있는 '지식 도둑'은 무엇을 가리킬까요?

예시 답 | 다른 사람의 생각이나 글을 마치 자신의 생각이나 글인 것처럼 사용하는 사람을 가리킨다.

• 글을 썼던 경험을 떠올려 보고, 다양한 자료를 활용하여 글을 쓸 때의 올바른 태도에 관해 자유롭게 이야기해 봅시다.

예시 답 | 독서 감상문을 쓰면서 원작의 글을 인용한 적이 있어. 글을 쓰면서 자료를 인용할 때는 원작자와 인용한 책이나 자료명, 발췌한 쪽 번호 등을 정확하게 밝혀야 해.

> **이렇게 열자**
>
> 소단원을 배우기 전에 『지식 도둑』이란 동영상을 보며 '쓰기 윤리', 즉 글을 쓸 때 마땅히 지켜야 할 도리에 대해 생각해 보는 활동이다. 영상을 보며 누군가가 시간과 노력을 들여 정리한 생각이나 글을 마치 자신의 것인 양 함부로 가져다 쓰는 태도에 대해 생각해 보자. 그리고 우리의 글쓰기 태도는 올바른지 성찰해 보자.

이 단원의 학습 요소

학습 목표 | • 쓰기 윤리를 지키며 글을 쓰는 태도를 지닌다.
• 관찰, 조사, 실험의 절차와 결과가 드러나게 글을 쓸 수 있다.

쓰기 윤리의 중요성을 인식하고, 쓰기 윤리를 준수하는 태도 기르기	저작권의 의미를 알아보면서 쓰기 윤리의 중요성을 파악하고 쓰기 윤리를 지키는 태도를 기른다.
보고하는 글의 특성과 작성 과정을 이해하고, 관찰, 조사, 실험의 절차와 결과가 드러나게 보고서 쓰기	보고서를 작성해 보면서 보고서의 특성과 구성 요소, 보고서 작성의 절차 등을 이해한다.

소단원 바탕 학습

핵심 개념 미리 보기

1. 쓰기 윤리를 지키는 글쓰기 방법

- 다른 사람의 글을 인용할 때는 글쓴이의 허락을 받은 후에 활용한다.
- 다른 사람의 글을 인용할 때는 도서명과 저자명, 인터넷 사이트의 주소 등을 정확하게 제시하는 등 출처를 명확하게 밝힌다.
- 다른 사람의 연구 자료를 인용할 때는 자료를 과장하거나 왜곡하지 않아야 한다.

2. 보고하는 글 쓰기

(1) 보고하는 글

다른 사람에게 알리기 위한 목적으로 어떤 주제에 대하여 관찰, 조사, 실험한 내용을 절차와 결과가 드러나도록 쓰는 글이다.

(2) 보고하는 글의 특성

- 정확성: 내용과 결과가 사실에 근거하여 바르고 확실해야 한다.
- 객관성: 내용과 결과가 주관적이거나 한쪽에 치우치지 않고 누가 보아도 그러하다고 인정되어야 한다.
- 체계성: 내용과 결과가 일정한 원리에 따라 짜임새 있게 조직되어야 한다.
- 명료성: 내용과 결과가 뚜렷하고 분명해야 한다.
- 신뢰성: 전문가의 견해나 사실 관계가 검증된 자료를 제시해야 한다.

(3) 보고하는 글의 구성

처음	조사나 실험의 주제, 목적을 제시하고, 조사 기간과 대상, 방법 등을 설정함.

↓

중간	조사, 실험, 관찰 결과 및 분석한 내용 등을 체계적으로 서술함.

↓

끝	조사한 내용을 요약하고, 조사자의 의견 등을 덧붙임.

(4) 보고하는 글을 쓰는 과정

계획 세우기
• 조사, 관찰, 실험이 가능한 보고서의 주제 정하기 • 기간, 방법, 준비물 등을 계획하기

↓

자료 수집하기
• 계획에 따라 실제로 조사, 관찰, 실험하며 자료 수집하기

↓

자료 정리 및 분석하기
• 조사, 관찰, 실험한 내용을 과정과 절차가 잘 드러나도록 정리하기 • 정리한 내용을 분석하여 결과를 이끌어 내기

↓

보고서 쓰기
• 동기 및 목적, 주제, 인원, 조사 기간, 조사 방법, 조사 결과, 참고 자료 등이 잘 드러나도록 보고서 작성하기 • 관련 사진, 지도 등을 보조 자료로 제시하기

(5) 보고하는 글을 쓸 때의 유의점

- 정확하고 명료한 표현으로 간결하게 작성한다.
- 조사, 관찰, 실험의 절차와 결과가 잘 드러나도록 작성한다.
- 조사 및 연구 결과를 과장하거나 왜곡하지 않고 사실대로 제시한다.
- 다른 사람의 글이나 자료를 표절하지 않고 출처를 밝혀 인용한다.

(6) 보고하는 글의 종류

관찰 보고서	어떤 대상을 지속적으로 살펴본 결과를 정리하여 보고하는 글 예 개구리의 성장 과정 관찰
조사 보고서	어떤 주제를 조사하여 확인한 사실이나 수집한 자료를 정리하여 보고하는 글 예 지역 문화재 조사, 우리 학교 학생들의 여가 생활 실태 등
실험 보고서	어떤 가설을 실험으로 검증하고 그 과정과 결과를 분석하여 보고하는 글 예 유리병에 탄성이 있는지 알아보는 실험

활동 1 쓰기 윤리의 중요성

학습 포인트
· 저작권의 의미 알기
· 저작권은 지켜야 할 윤리적 규범임을 알기

1. 다음 블로그의 글을 보고, 아래의 활동을 해 봅시다.

○ 활동 탐구
쓰기 윤리의 중요성을 알고, 이를 지키며 글을 쓰는 태도를 기르기 위한 활동이다.

오늘은 저작권에 관해 생각해 보려고요.　　　　　　→ 글의 소재 제시

우리가 사는 사회를 °정보화 사회라고 하죠? 여러분들은 오늘 하루에도 다양한 매체를 통해 수많은 정보를 접하였을 것입니다. 이러한 정보 통신 기술
〔책, 신문, 텔레비전, 인터넷 등〕
의 발달은 누구나 다양한 분야의 정보 생산자가 될 수 있는 기회를 만들어 주었습니다. 지금 저도 저작권에 관해 관심을 가지고 여러 매체의 자료를 통해 공부한 뒤에, 제가 알고 있는 정보를 생산하고 있는 것이지요. 그러나 요즘,
〔저작권에 대한 글을 쓰고〕
다양한 매체에서 찾은 자료를 자신의 글인 것처럼 사용하는 경우가 자주 발생하고 있어서 문제가 되고 있습니다.　　　　→ 저작권 침해 문제 제기

'한국저작권위원회 누리집(http://www.copyright.or.kr)'에서는 저작권을 '사람의 생각이나 감정을 표현한 결과물에 관해 그것을 표현한 사람에게 주는 권리'라고 설명하고 있습니다. 즉, 저작권은 개인의 창작물에 관한 권리이며,
〔저작권의 정의〕
그것을 함부로 쓰는 것은 저작자의 재산을 훔치는 행위라고 할 수 있습니다.
　　　　　　　　　　→ 저작권의 정의 및 저작권 침해 행위의 비도덕성
여러분, 남의 물건을 훔치는 행위를 어떻게 생각하세요? 그럼, 다른 사람의 글을 훔치는 행위는요?

저작권도 우리가 지켜야 할 윤리적 °규범이라는 것, 모두 잊지 마세요.
　　　　　　　　　　　　→ 지켜야 할 윤리적 규범인 저작권

[댓글 달기]

(아이콘) 마음이　　얼마 전에 제가 블로그에 감상문 하나를 올렸는데요. 어떤 사람이 말도
〔허락을 구하지 않고 가져감.〕
없이 가져가서 자기가 쓴 것처럼 본인 블로그에 올려 두었더라고요. 『제
〔감상문이 자기 것인 양 출처를 밝히지 않음. → 저작권 침해〕
가 쓴 글은 전문적인 글이 아니기 때문에 아직 저작권에 해당되지 않는
『 』: 글쓴이의 오해. 전문적인 글이 아니어도 개인의 창작물이면 저작권 보호를 받을 수 있음.
것 같아 너무 속상해요.』

○ 활동 제재 개관
갈래: 블로그 글
성격: 설득적
주제: 저작권은 우리가 지켜야 할 윤리적 규범임.

어휘 풀이
· 정보화 사회: 정보가 유력한 자원이 되고 정보의 가공과 처리에 의한 가치의 생산을 중심으로 사회나 경제가 운영되고 발전되어 가는 사회.
· 규범: 인간이 행동하거나 판단할 때에 마땅히 따르고 지켜야 할 가치 판단의 기준.

1 이 블로그에서 강조한 쓰기 윤리가 무엇인지 말해 봅시다.

예시 답 | 저작권 보호. 저작권은 개인의 창작물에 관한 권리이고, 타인의 저작권을 함부로 쓰는 것은 저작자의 재산을 훔치는 행위와 같다.

🌟 지학이가 도와줄게! – 1**1**

이 글에서 글쓴이는 저작권에 대해 설명하고 있어. 저작권의 개념을 충분히 이해하고, 저작권을 침해해서는 안 되는 까닭을 생각해 보자.

➕ **보충 자료**

이럴 땐 저작권 침해!

· 인터넷에 있는 글, 그림, 사진을 무단으로 다운 · 복제해서 개인 홈페이지에 올리거나 공유 사이트, 웹하드 등에서 주고받은 경우
· 유료 영화 · 음악 파일 등을 게시판 자료로 올린 경우
· 유료 컴퓨터 프로그램을 CD로 구워서 친구들에게 나눠 준 경우
· 인기 드라마, 쇼 프로 등 방송 프로그램을 캡처하여

인터넷에 게재한 경우
· 좋아하는 가수 팬클럽 카페에 유료 음악 올린 경우
· 글짓기, 그리기 대회에 다른 사람의 글, 그림을 베껴서 낸 경우
· 학교 과제, 인터넷 자료를 그대로 옮겨서 내 것인 양 제출한 경우

－ 한국저작권위원회 저작권 교실

2 이 블로그와 다음 자료를 참고하여 마음이가 쓴 댓글에 답을 달아 봅시다.

다른 사람의 저작물을 사용할 때는 우선 저작권자의 허락을 꼭 받아야 합니다. 그런 뒤 출처를 명확히 밝힘으로써 인용한 것임을 드러내야 합니다. 자신의 블로그나 누리 소통망(SNS)에 신문 기사 등의 자료를 가져올 때도 주의해야 합니다. 반드시 신문사 또는 기자의 허락을 받고 출처를 밝혀야 한다는 사실을 잊지 마세요. 우리가 인터넷을 통해 쉽게 찾을 수 있는 음악 파일, 영화나 드라마, 사진 등의 자료, 블로그에 올린 글짓기 숙제나 독서 감상문도 모두 보호해야 할 대상입니다.

댓글 31개 | 엮인 글 | 공감하기

👤 마음이 얼마 전에 제가 블로그에 감상문 하나를 올렸는데요. 어떤 사람이 말도 없이 가져가서 자기가 쓴 것처럼 본인 블로그에 올려 두었더라고요. 제가 쓴 글은 전문적인 글이 아니기 때문에 아직 저작권에 해당되지 않는 것 같아 너무 속상해요.

↳ 👤 나

예시 답 | 블로그에 올린 감상문도 자신의 생각과 감정을 표현한 창작물이므로, 감상문을 사용할 때는 마음이 님의 허락을 꼭 받아야 해요. 그러니까 저작권의 보호를 받을 수 있어요.

3 이 블로그의 내용을 자신의 블로그에 인용한다고 할 때, 어떤 점에 주의해야 하는지 말해 봅시다.

예시 답 | 글을 쓴 사람에게 글을 인용해도 되는지 허락을 받고, 올바른 인용 방법에 따라 출처를 명시해야 한다.

찬찬샘 핵심 강의

■ **저작권의 의미와 정직한 인용 방법**: 저작권에 대한 인식이 부족하여 다른 사람의 생각이나 글을 함부로 사용하는 경우가 일어나는데, 이는 다른 사람의 지적 재산을 훔치는 행위야. 저작권을 알고 정직하게 인용해서 쓰기 윤리를 지키는 태도가 필요해.

≫핵심 포인트≪

저작권	• 사람의 생각이나 감정을 표현한 결과물에 관해 그것을 표현한 사람에게 주는 권리 • 보호 대상: 신문 기사, 음악 · 영화 · 드라마 · 사진, 글짓기 숙제, 감상문 등
정직한 인용	• 표절: 다른 사람의 글이나 생각 등을 마음대로 베끼거나, 인용하면서 출처를 밝히지 않는 행위 • 인용 방법: 인용 부호를 사용하고, 출처를 밝힐 때는 도서명, 저자명, 인터넷 사이트 주소 등을 정확하게 제시해야 함.

🌟지학이가 도와줄게! - 1 **2**, **3**

2의 자료에는 다른 사람의 저작물을 인용할 때의 방법과 저작권의 범위가 설명되어 있어. 이를 참고하여 댓글을 달고, **3**에서 다른 사람의 저작물을 인용할 때 유의할 점을 정리해 보자.

콕콕 확인 문제   정답과 해설 43쪽

1. 이 블로그 글을 읽은 후의 반응으로 적절하지 <u>않은</u> 것은?

① 표절은 저작자의 재산을 훔치는 것이로군.

② 저작권을 보호하는 것은 쓰기 윤리를 지키는 일이군.

③ 생각과 감정을 표현한 창작물은 저작권 보호를 받는군.

④ 저작권은 모두에게 다양한 분야의 정보 생산자가 될 수 있는 기회를 주었군.

⑤ 인터넷 사진을 무단으로 가져와 내 글을 꾸미는 일도 저작권 침해에 해당하겠군.

2. 매체 자료를 인용하는 방법으로 바람직한 것은?

① 내가 만든 자료인 것처럼 가장한다.

② 다른 사람의 글을 인용할 때는 인용 부호인 따옴표를 사용한다.

③ 방송 뉴스나 신문 기사 등의 공공 자료는 허락 없이 사용할 수 있다.

④ 다른 사람의 연구 자료는 그대로 인용하지 말고 약간 수정하여 사용한다.

⑤ 전문적인 작가가 작성한 자료가 아닌 경우에는 자료의 출처를 명시하지 않는다.

2. 다음 대화를 보고, 조사한 자료의 결과를 정리할 때 지켜야 할 쓰기 윤리에 관해 생각해 봅시다.

> 우진: 얘들아, 이 그래프를 봐. 우리 학교 학생 100명을 대상으로 한 설문 조사 결과를 보니, 아침밥을 먹는 친구들이 우리가 예상했던 것보다 많은 것 같아.
>
> 영미: 정말? 다들 안 먹고 오는 줄 알고, 아침밥을 먹어야 하는 까닭도 다 조사해 놓았는데……
>
> 서진: 에이, 그냥 조사 결과를 조금 바꾸자. 어차피 결과는 우리만 알고 있으니까, 조금 수정해도 괜찮을 거야.

① 이 대화에서 서진이 설문 조사 결과를 왜곡하려는 까닭을 생각해 보고, 이로 인해 발생할 문제에 관해 말해 봅시다.

예시 답 | 자신이 예측한 대로 결과가 나오지 않아서 결과를 조작하려 하고 있다. 이처럼 정보를 왜곡하면 보고서의 사실성과 신뢰성이 떨어지게 될 것이다.

② 이 대화의 학생들이 실제의 설문 조사 결과를 바탕으로 보고서를 작성할 경우, 조사 결과를 어떻게 분석해야 할지 생각해 봅시다.

예시 답 | 아침밥을 먹는 것이 두뇌 회전과 건강에도 좋다는 신문 기사 자료를 근거로 제시하면서 우리 반 학생들처럼 아침밥을 꾸준히 먹는다면 건강한 두뇌와 체력을 유지할 수 있다고 분석해야 할 것이다.

3. 1, 2의 활동을 바탕으로 쓰기 윤리를 지켜야 하는 까닭을 말해 봅시다.

예시 답 | 저작권은 개인의 창작물에 관한 권리이므로 이를 함부로 쓰는 것은 범죄 행위와도 같으며, 쓰기 윤리를 위반하는 행위는 독자에 대한 예의가 아니기 때문이다.

찬찬샘 핵심 강의

- **조사한 자료의 결과를 정리할 때 지켜야 할 쓰기 윤리:** 제시된 대화에서 서진은 조사 결과가 예측대로 나오지 않자 결과를 조작하려고 해. 실험이나 관찰, 조사 등을 할 때 그 과정이나 결과를 조작하여 자신에게 유리하게 작성하거나, 자신에게 불리한 결과 혹은 자신이 의도한 결과에 어긋나는 내용 등을 의도적으로 누락하는 것은 윤리적인 글쓰기라고 할 수 없어. 조사 결과가 나온 이유를 분석하여 조사 보고서의 방향을 수정하는 것이 쓰기 윤리를 지키는 태도야.

▶핵심 포인트◀

'보고하는 글'의 쓰기 윤리	→	• 실험이나 관찰, 조사 등을 할 때 그 과정이나 결과를 과장·왜곡하지 않고 사실에 근거하여 씀. • 다른 사람의 연구 결과를 표절하지 않음. • 인용한 내용이나 참고 자료의 출처를 정확하게 밝힘.

콕콕 확인 문제

3. 이 대화의 '서진'에게 쓰기 윤리와 관련하여 해 줄 조언으로 적절하지 않은 것은?

① 실제 조사 결과를 바탕으로 조사 보고서의 방향을 수정하는 것이 좋겠어.
② 의도와 다른 조사 결과가 나왔더라도 그대로 밝히는 것이 올바른 태도야.
③ 조사 결과를 바꿀 때는 예상했던 결론과 달라지지 않도록 하는 것이 중요해.
④ 보고서를 쓸 때는 조사나 관찰 등의 과정이나 결과를 사실에 근거해서 써야 해.
⑤ 조사 결과를 왜곡하는 것은 보고서의 신뢰성을 떨어뜨리는 행위이므로, 이는 독자에 대한 예의가 아니야.

활동 2 보고하는 글 쓰기의 특성

1. ○○ 모둠은 '우리 학교 학생들의 여가 활용 실태'에 관한 조사 보고서를 쓰려고 합니다. 다음 대화를 보고, 조사 계획서를 완성해 봅시다.

> 정화: 이번에 모둠별로 보고서를 써야 하잖아. 어떤 주제로 쓰는 것이 좋을까?
>
> 채연: 최근에 인터넷에서 오늘날 청소년들의 평일 여가 시간이 2시간도 안 된다는 기사를 봤어. 우리 학교 학생들은 어떨지 궁금해. <u>우리 학교 학생들의 평일 여가 시간이 얼마나 되는지</u> 조사하는 것이 어때?
> 조사 주제 ①
>
> 동명: 그거 괜찮다. <u>여가 시간에 어떠한 활동을 하는지</u>도 조사하자.
> 조사 주제 ②
>
> 정화: 그래. <u>설문지를 만들어서 조사하는 것</u>이 좋겠어. <u>우리 학교 학생들 100</u>
> 조사 방법 ①　　　　　　　　　　조사 대상
> 명을 대상으로 조사하면 되겠지?
>
> 재현: 응. 그럼 나는 『<u>통계 자료를 바탕으로</u> <u>오늘날 청소년들의 여가 시간과</u>
> 『 』: 조사 방법 ②　　　　　조사 내용 ①
> <u>활동에 관한 자료를 찾아볼게.』</u>
>
> 동명: 나는 『<u>인터넷 백과사전에서</u> <u>여가의 의미를 찾아볼게.</u>』 채연이는 면담을
> 『 』: 조사 방법 ③　　조사 내용 ②　　　　　　　　　조사 방법 ④
> 통해 <u>여가의 긍정적인 효과</u>를 조사해 줘.
> 조사 내용 ③

예시 답ㅣ

조사 계획서

- **조사 주제:** 우리 학교 학생들의 평일 여가 활용 실태

- **조사 동기 및 목적:** 오늘날 청소년들의 여가 시간이 부족하다는 인터넷 기사를 접했다. 실제로 주변 친구들도 평일에 여가 시간을 제대로 누리지 못하고 있는 것 같다. 여가의 의미와 긍정적 효과를 조사하여 여가의 중요성을 파악하고, 우리 학교 학생들의 평일 여가 활용 실태에 관해 살펴보고자 한다.

- **조사 내용:** 우리 학교 학생들의 평일 여가 시간과 여가 활동 양상, 오늘날 청소년들의 평일 여가 시간과 활동, 여가의 의미와 긍정적 효과

- **조사 기간:** 20○○년 ○월 ○일~○일

- **조사 방법**
  - 설문 조사: 설문지를 제작하여 우리 학교 학생 100명을 대상으로 조사
  - 자료 조사: 통계 자료, 인터넷 백과사전, 면담

찬찬샘 핵심 강의

- **보고하는 글 쓰기:** 보고서는 관찰, 조사, 실험한 내용의 절차와 결과가 드러나도록 체계적으로 쓰는 글이야. 따라서 일정한 절차와 방법에 따라 작성해야 해.

핵심 포인트

보고서 작성 절차	계획 세우기	→	자료 수집하기	→	자료 정리 및 분석하기	→	보고서 쓰기

66 학습 포인트
- 보고서의 특성 알기
- 보고서 쓰기의 과정 알기

○ 활동 탐구

조사 보고서를 쓰는 과정을 알기 위한 활동이다. 차례대로 각 활동을 해 봄으로써 보고서의 특성과 보고서 쓰기의 과정을 알 수 있다.

지학이가 도와줄게! - 1

대화 내용을 바탕으로 조사 계획서의 빈칸을 채워 보는 활동이야. 이를 통해 보고서 쓰기의 계획 단계에서 해야 할 일과 조사 계획서에 포함되어야 하는 항목을 파악할 수 있어.

○ 계획 세우기

계획 세우기 단계에서는 조사 주제, 조사 동기 및 목적, 조사 내용, 조사 기간, 조사 방법 등을 정한다.

콕콕 확인 문제

4. 〈보기〉는 보고서 작성 절차이다. 순서에 맞게 기호를 나열하시오.

> **보기**
> ㄱ. 계획 세우기
> ㄴ. 자료 정리 및 분석하기
> ㄷ. 보고서 쓰기
> ㄹ. 자료 수집하기

5. 보고서를 쓰기 위한 조사 계획서에 담을 내용으로 적절하지 않은 것은?

① 조사 주제　② 조사 목적
③ 조사 내용　④ 조사 기간
⑤ 조사 평가

2. 다음은 보고서를 쓰기 위해 수집한 자료들입니다. 이어지는 활동을 통해 수집한 자료들을 정리하는 과정을 알아봅시다.

가 우리 학교 학생들을 대상으로 한 설문 조사

> **질문 1** 평일 하루 일과 중 당신의 여가 시간은 어느 정도입니까?
> 1시간 미만(31명), 1~2시간(39명), 2~3시간(19명), 3~4시간(8명), 4시간 이상(3명)
>
> **질문 2** 평일 여가 시간에는 주로 무엇을 합니까?
> 컴퓨터 게임 · 인터넷 검색(35명), 텔레비전 시청(29명), 휴식(22명), 운동 및 운동 경기 관람(9명), 문화 · 예술 활동(3명), 기타(2명)
>
> **질문 3** 본인이 적절하다고 생각하는 평일 여가 시간은 어느 정도이며, 여가 시에는 무엇을 하고 싶습니까?
> – 1시간 미만(0명), 1~2시간(22명), 2~3시간(63명), 3~4시간(11명), 4시간 이상(4명)
> – 컴퓨터 게임 · 인터넷 검색(13명), 텔레비전 시청(7명), 휴식(18명), 운동 및 운동 경기 관람(26명), 문화 · 예술 활동(32명), 기타(4명)

나 인터넷 백과사전을 활용한 자료 조사

> 여가는 다양한 취미 활동을 할 수 있는 개인의 자유로운 시간으로, 정신적이고 육체적인 균형을 위해 반드시 필요하다. 주말과 휴가, 방과 후의 시간 등을 이용하여 자신이 좋아하는 일을 찾아 그 일을 즐기는 과정에서 스트레스를 해소하며 재충전의 기회를 갖는다.
>
> – 한국민족문화대백과사전
> (http://encykorea.aks.ac.kr)

다 학교 체육 선생님 면담 조사

면담자 여가의 긍정적인 효과에 관해 알고 싶어요.

선생님 청소년기는 급격한 신체적 · 정신적 변화가 나타나는 시기이며, 그로 인해 높은 스트레스를 받을 수 있습니다. 청소년들의 여가 활용은 스트레스를 해소해 주고, 기분 전환을 할 수 있게 해 줍니다. 또한, 학생 개인의 재능 발달이나 흥미 유발에 좋은 영향을 주어 학업 성취도 및 자아 존중감을 높이는 데에도 긍정적인 기능을 하지요.

라 통계 자료 조사

통계청과 여성가족부에서 발표한 「2018 청소년 통계」에 따르면, 오늘날의 청소년들은 평일 대부분의 여가 시간을 '컴퓨터 게임 · 인터넷 검색', '텔레비전 시청', '휴식' 등에 활용하는 것으로 조사되었다.

➕ 보충 자료
다양한 조사 방법
• 설문 조사: 조사나 통계 수치를 얻기 위해 주제에 대해 질문하는 방법으로 주로 설문지를 이용한다. 응답자가 생각하는 바를 자유롭게 문장으로 표현하는 자유 응답형과, 이미 마련되어 있는 몇 개의 내용 중에서 선택하여 응답하도록 하는 택일형이 있다.
• 자료(문헌) 조사: 책, 신문, 인터넷 등과 같은 자료를 활용하여 주제와 관련된 내용을 조사하는 방법이다.
• 현장 조사: 주제와 관련된 장소를 직접 방문하여 자료를 얻는 방법으로, 현장의 생생한 자료를 수집할 수 있다.
• 전문가 면담: 주제에 대해 잘 알고 있는 전문가와의 면담을 통해 자료를 얻는 방법이다.

🔵 자료 수집 시의 유의점
• 자료가 보고서의 주제와 목적에 적합한지 확인한다.
• 자료의 출처가 명확하고 믿을 만한 것인지 파악한다.
• 정확하고 객관적인 자료를 수집한다.

1 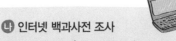 **⑦~⑭**의 자료를 보고서에서 어떻게 활용할 수 있을지 생각하며 학생들의 대화를 완성해 봅시다.

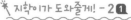

> **⑦ 설문 조사**
> 정화: 보고서의 주제가 '우리 학교 학생들의 평일 여가 활용 실태'이니까, 실제 사례를 보여 주는 자료로 활용할 수 있을 것 같아.

> **⑭ 인터넷 백과사전 조사**
> 동명: 보고서의 처음 부분에 '여가'의 의미를 정확하게 설명하면서 시작하면, 여가 활용의 중요성을 강조할 수 있을 거야.

예시 답 |

> **⑭ 면담 조사**
> 채연: 여가의 뜻을 설명할 때 여가의 긍정적인 효과도 같이 제시하면 청소년들이 여가 활용을 해야 하는 까닭을 보여 줄 수 있을 거야.

> **⑭ 통계 자료 조사**
> 재현: 우리 학교 학생들의 여가 활용 실태에 관한 설문 조사 결과를 분석할 때 오늘날 청소년의 여가 활용 실태와 비교할 수 있을 것 같아.

2 보고서에 **⑦**의 설문 조사 결과를 넣을 때 어떤 방식으로 제시하는 것이 효과적일지 생각해 봅시다.

예시 답 | 설문 조사 결과를 한눈에 알아볼 수 있도록 막대그래프나 원그래프로 제시하는 것이 효과적이다.

3 추가로 조사할 내용이 있다면 무엇인지 생각해 보고, 그 자료를 조사하려는 까닭을 이야기해 봅시다.

추가로 조사할 내용	조사하려는 까닭
오늘날 청소년의 평일 여가 시간 실태	우리 학교 학생들의 설문 조사 결과와 비교하기 위해서 오늘날 청소년들의 평일 여가 시간 실태를 알아보고자 한다.

찬찬샘 (핵심) 강의

■ **자료 정리 및 활용 방안:** 수집한 자료들은 주제와 목적에 맞게 항목별로 정리하고, 보완할 내용은 더 없는지도 파악하여 보고서를 쓸 기초 작업을 하는 것이지. 이런 활동을 바탕으로 글의 개요를 작성하면 보고서를 더욱 충실하게 쓸 수 있단다.

›핵심 포인트‹

자료 정리와 선별 및 내용 구성	• 인터넷 백과사전 조사: '여가'의 의미를 설명하며 여가 활동의 중요성을 강조하는 자료로 활용 • 면담 조사: 여가의 긍정적인 효과를 제시하며 청소년 여가 활동의 필요성을 보여 주는 자료로 활용	'처음' 단계에 활용
	• 설문 조사: 보고서 주제의 실제 사례를 보여 주는 자료로 활용 • 통계 조사: 설문 조사 자료와 비교하는 자료로 활용	'중간' 단계에 활용

지학이가 도와줄게! – 2①
보고서의 주제와 목적을 고려하여 수집한 자료들을 어떻게 활용하면 좋을지 생각해 보자. 이 활동을 바탕으로 개요를 작성하면 자료를 더욱 효과적으로 활용할 수 있어.

지학이가 도와줄게! – 2②
보고서에서 설문 조사의 결과를 표나 그래프로 제시하면 한눈에 알아보기 쉬워.

지학이가 도와줄게! – 2③
조사한 자료를 정리하면서 보고서의 주제나 목적과 관련하여 부족한 자료가 무엇인지 파악해 보자.

콕콕 확인 문제

6. 보고서 작성 절차 중 〈보기〉에 해당하는 단계는?

> **보기**
> 보고서의 주제가 '우리 학교 학생들의 평일 여가 활용 실태'이니까, **⑦**의 설문 조사 자료는 실제 사례를 보여 주는 자료로 활용할 수 있을 것 같아.

① 계획 세우기
② 자료 수집하기
③ 보고서 작성하기
④ 주제 및 목적 정하기
⑤ 자료 정리 및 분석하기

|서술형|
7. **⑦**의 자료를 그래프로 제시함으로써 얻을 수 있는 효과를 서술하시오.

3. 다음은 '우리 학교 학생들의 평일 여가 활용 실태' 조사 보고서입니다. 완성된 보고서를 바탕으로, 보고서의 구성 요소와 특성을 파악해 봅시다.

우리 학교 학생들의 평일 여가 활용 실태

○○ 모둠

처음 1. 조사 주제 및 목적

최근 한 인터넷 신문 기사에서 보도한 내용을 보면 오늘날 청소년들의 10명 중 3명은 평일 여가 시간이 2시간도 안 되는 것으로 나타났다. 이에 우리 모둠에서는 여가의 의미와 긍정적인 효과를 통해 여가의 중요성을 알아보고, 우리 학교 학생들과 오늘날 청소년들의 평일 여가 활용 양상을 비교·분석하여 우리 학교 학생들의 평일 여가 활용 실태를 탐구하였다.
<small>조사 주제 및 목적</small>

2. 조사 기간 및 조사 방법

(1) 조사 기간: 20○○년 ○월 ○일~○일

(2) 설문 조사

• 조사 대상: 우리 학교 학생 100명

• 조사 내용: 우리 학교 학생들의 평일 여가 활용 실태와 희망 여가 시간 및 활동

(3) 자료 조사

• 조사 방법: 인터넷 백과사전, 면담, 통계 자료 조사 등

• 조사 내용: 여가의 의미와 긍정적 효과, 오늘날 청소년들의 평일 여가 활용 실태

> **처음** 조사의 주제와 목적, 조사 기간 및 방법 제시

중간 3. 조사 결과

(1) 여가의 의미 → 문헌(인터넷 백과사전) 조사

한국민족문화대백과사전의 풀이에 따르면, 다양한 취미 활동을 할 수 있는 개인
<small>출처를 밝혀 보고서의 신뢰성을 높이고 쓰기 윤리를 지킴.</small>
의 자유로운 시간을 뜻한다.

(2) 여가의 긍정적 효과 → 면담 조사

면담 결과 청소년기의 여가 활동은 스트레스 해소와 기분 전환에 좋으며, 청소년의 건전한 성장과 발달에 도움이 된다는 것을 알 수 있었다. 여가의 긍정적인 효과에 관해 ○○○ 체육 선생님은 "학업 성취도 및 자아 존중감 향상에 긍정적인 영향을 미친다."라며 동적이고 적극적인 여가 활동을 권장하였다.
<small>인용 부호를 사용하여 다른 사람의 말을 드러냄.</small>

(3) 오늘날 청소년들의 평일 여가 활용 실태 → 통계 자료 조사

• 청소년의 평일 여가 시간 실태 → 막대그래프 활용

<small>– 통계청·여성가족부, 「2018 청소년 통계」</small>

○ **활동 제재 개관**

갈래: 보고서

성격: 설명적, 체계적

주제: 우리 학교 학생들의 평일 여가 활용 실태

특징

① 조사한 내용을 정확하고 객관적으로 기술함.

② 막대그래프, 표, 원그래프 등 시각 자료를 사용하여 내용을 효과적으로 제시함.

○ 조사 보고서에는 조사 시기와 대상, 방법 등을 반드시 밝혀야 한다.

➕ **보충 자료**
보고하는 글의 구성 요소

처음	조사, 실험, 관찰의 주제, 목적, 기간, 대상, 방법
중간	조사, 실험, 관찰의 과정 및 결과
끝	조사 내용 요약, 결론 제시, 조사자의 의견, 소감, 평가

오늘날 청소년의 평일 여가 활용 시간은 '1~2시간'이 가장 많았고, '1시간 미만', '2~3시간' 등의 순으로 나타났다.

• 청소년의 평일 여가 활동 실태(복수 응답) → 통계표 활용

컴퓨터 게임 · 인터넷 검색	텔레비전 시청	휴식	취미 및 자기 계발 활동	문화 · 예술 관람 및 참여	운동 및 운동 경기 관람	사회 및 기타 활동	관광 활동	기타
68.3	64.3	60.5	30.5	22.1	18.6	4.1	2.7	0.2

단위: 퍼센트(%)
— 통계청 · 여성가족부, 「2018 청소년 통계」

오늘날 청소년의 평일 여가 활동 양상은 주로 '컴퓨터 게임 · 인터넷 검색', '텔레비전 시청', '휴식' 등으로 단순하고 획일적인 형태로 나타났다.
모두가 한결같아서 다를 바 없는

(4) 우리 학교 학생들의 평일 여가 활용 실태 → 원그래프 활용

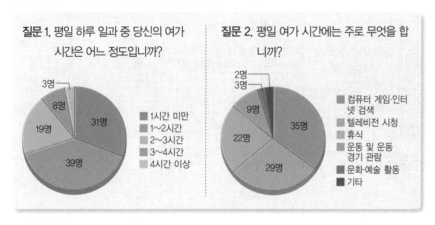

질문 1. 평일 하루 일과 중 당신의 여가 시간은 어느 정도입니까?

질문 2. 평일 여가 시간에는 주로 무엇을 합니까?

설문 조사 결과 우리 학교 대부분의 학생들은 평일에 '1시간 미만'에서 '1~2시간'의 여가 시간을 보내고 있었다. 그리고 『여가 활동은 '컴퓨터 게임 · 인터넷 검색(35명)', '텔레비전 시청(29명)'과 같은 정적인 활동 위주로 이루어지고 있었다.』
『 』: 면담 조사에서 체육 선생님이 동적이고 적극적인 여가 활동을 권장한 것과 대조적인 여가 활동 실태

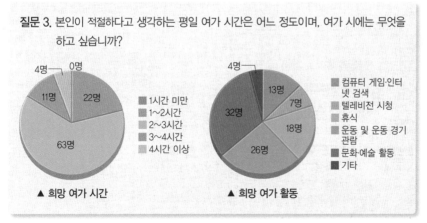

질문 3. 본인이 적절하다고 생각하는 평일 여가 시간은 어느 정도이며, 여가 시에는 무엇을 하고 싶습니까?

▲ 희망 여가 시간   ▲ 희망 여가 활동

우리 학교 학생 100명 중 과반수 이상의 학생들이 희망하는 평일 여가 시간은
절반이 넘는 수
'2~3시간'으로 나타났다. 이어 '1~2시간(22명)', '3~4시간(11명)' 등의 순으로 응

콕콕 확인 문제

8. 이 보고서에 대한 설명으로 옳은 것을 〈보기〉에서 모두 골라 그 기호를 쓰시오.

보기
ㄱ. 창의적인 주장과 근거로 독자를 설득함.
ㄴ. 자료의 출처를 밝혀 독자에게 신뢰를 줌.
ㄷ. 정확하고 간결한 문장으로 정보를 전달함.
ㄹ. 시각 자료를 활용하여 내용을 효과적으로 제시함.
ㅁ. 단일한 조사 방법을 사용하여 객관적인 결과를 얻음.

답하였다. 희망하는 여가 활동으로는 32명의 학생들이 '문화·예술 활동'을 선택하였고, 이어서 운동 및 운동 경기 관람(26명), 휴식(18명) 등의 순으로 응답하였다. 대부분의 학생들이 실제 여가 활동으로 응답했던 '컴퓨터 게임·인터넷 검색', '텔레비전 시청'은 13명, 7명으로, 상대적으로 선호도가 낮게 나타났다.

좋아하는 정도

중간 우리 학교 학생들의 여가 실태 조사를 통해 수집한 자료를 정리·분석하여 제시

끝 4. 평가 및 소감

이번 조사를 통해 오늘날 청소년들의 평일 여가 시간과 그 활동 양상을 우리 학교 학생들과 비교해 보았다. 『우리 학교 학생들의 평일 여가 시간은 오늘날 청소년들의 양상과 크게 다르지 않았다. 한편 우리 학교 학생들이 가장 희망하는 여가 활동은 문화·예술 활동으로, 실제 여가 시에 하는 활동과 다소 차이를 보였다.』
『 』: 조사 결과 요약

『이는 학생들이 희망하는 여가 활동을 할 수 있도록 여가 활동을 위한 충분한 시간과 외부 환경 조성 등의 지원이 필요함을 시사한다.』『학업 스트레스를 해소하고
『 』: 조사 결과에 대한 분석 및 평가   어떤 것을 미리 간접적으로 표현해 주다.
긍정적인 정서를 불러일으키는 적극적인 여가 활용을 통해, 우리 학교 학생들을 비롯한 오늘날의 청소년들이 보다 행복하고 건전하게 성장할 수 있었으면 좋겠다.』
『 』: 조사에 대한 소감

5. 참고 자료

• 한국민족문화대백과사전(http://encykorea.aks.ac.kr)

• 통계청·여성가족부, 「2018 청소년 통계」(2018)

끝 조사에 대한 평가 및 소감, 참고 자료 제시

---

1 이 보고서의 내용을 구성 요소에 따라 정리해 봅시다.

1. **조사 주제 및 목적**: 우리 학교 학생들의 평일 여가 활용 실태와 그 양상을 조사하고 여가의 중요성을 탐구함.

2. **조사 기간 및 조사 방법**:
   • 조사 기간: 20○○년 ○월 ○일~○일
   • 조사 방법: 설문, 인터넷 백과사전, 면담, 통계 자료 조사 등

3. **조사 결과**: 우리 학교 학생들의 평일 여가 활용 시간은 오늘날 청소년들의 양상과 크게 다르지 않았으나 우리 학교 학생들이 희망하는 여가 활동과 실제 여가 활동은 다소 차이를 보였음.

4. **평가 및 소감**: 학생들이 희망하는 여가 활동을 할 수 있도록 여가를 위한 충분한 시간과 외부 환경 조성 등이 필요함. 또한 적극적인 여가 활용을 통해 오늘날의 청소년들이 행복하고 건전하게 성장하기를 기대함.

5. **참고 자료**
   • 한국민족문화대백과사전
   • 통계청·여성가족부, 「2018 청소년 통계」

✨ 지학이가 도와줄게! - 3❶
보고서의 구성 요소에 따라 내용을 정리하며 보고서의 특성을 다시 한번 확인할 수 있어. 보고서의 구성 요소를 바르게 이해하고 있어야 실제 보고서를 쓸 때 제대로 계획할 수 있단다.

2 이 보고서를 통해 새롭게 알게 된 내용을 정리해 보고, '우리 학교 학생들의 평일 여가 활용 실태'에 관한 자신의 의견을 이야기해 봅시다.

예시 답 | 청소년의 여가 활동이 학업에도 긍정적인 영향을 미친다는 것을 새롭게 알게 되었다. 우리 학교 학생들은 평일 방과 후에 대부분 학원에 다니기 때문에 여가를 제대로 즐길 여유가 없었던 것 같다. 적당한 여가 활동은 학업에도 긍정적인 영향을 미치므로, 일주일에 두 번 정도라도 제대로 된 여가 활동을 해야 한다는 생각이 들었다.

🔸 지학이가 도와줄게! – 3 **2**

조사 보고서를 읽고 새롭게 알게 된 사실을 정리해 보고, 이에 관한 자신의 생각을 말해 보자. 이를 바탕으로 청소년의 여가 실태에 관한 새로운 탐구 주제를 만들어 볼 수도 있어.

3 다음 점검표를 바탕으로 이 보고서를 평가해 봅시다. **예시 답 |** 생략

평가 항목	평가 결과
❶ 보고서의 구성 요소가 잘 드러나 있는가?	☆☆☆☆☆
❷ 시각 자료를 적절하게 활용하였는가?	☆☆☆☆☆
❸ 내용을 알아보기 쉽고 간결하게 정리하였는가?	☆☆☆☆☆
❹ 자료 조사의 결과를 왜곡하거나 변형하지 않았는가?	☆☆☆☆☆
❺ 참고 자료의 출처를 정확히 기록하였는가?	☆☆☆☆☆

🔸 지학이가 도와줄게! – 3 **3**

제시된 평가 기준을 바탕으로 보고서를 평가해 보자. 보고서의 주제와 목적, 결과 등에 유의하여 평가하되, 쓰기 윤리를 잘 지켰는지도 살펴보도록 해.

✏️ **보고서의 특성**

보고서는 어떠한 사실이나 현상에 관한 관찰, 조사, 실험, 연구 등의 절차와 결과를 객관적으로 알리고자 일정한 형식에 맞추어 쓴 글입니다. 보고서를 작성할 때는 관찰, 조사, 실험, 연구 등의 주제와 목적, 기간, 대상 및 방법, 조사 결과, 참고 자료 등의 구성 요소를 포함하고, 절차와 결과가 잘 드러나도록 내용을 조직해야 합니다.

찬찬샘 핵심 강의

■ **보고서 쓰기**: 보고서를 쓸 때에는 형식에 맞추어 주제나 목적, 인원, 조사 기간과 방법, 조사 결과, 출처 등의 구성 요소를 잘 갖추어서 써야 해. 또한 절차와 결과가 잘 드러나도록 정확하고 명료한 표현으로 간결하게 서술해야 하지. 결과를 과장하거나 왜곡하지 않고 사실대로 제시하고, 참고한 자료의 출처도 명확하게 밝히는 등 쓰기 윤리도 지켜야 한단다.

❥핵심 포인트❥

보고서의 구성 요소	처음	조사·관찰·실험의 주제, 목적, 기간, 대상, 방법 제시
	중간	조사·관찰·실험의 과정 및 결과 제시
	끝	결과 분석, 조사자의 의견이나 소감, 평가 제시
보고서 쓸 때의 유의점	→	• 간략하고 명확한 표현을 사용함. • 절차와 결과가 잘 드러나게 씀. • 쓰기 윤리(출처 명시, 결과 왜곡이나 조작 금지)를 지킴.

콕콕 **확인 문제**

9. 이와 같은 글을 작성할 때 유의할 점으로 보기 <u>어려운</u> 것은?

① 구성 요소가 잘 드러나도록 작성한다.

② 사실을 왜곡하거나 변형하지 않아야 한다.

③ 내용 서술 방식은 명료하고 간결해야 한다.

④ 다른 사람의 자료를 인용할 때는 출처를 밝힌다.

⑤ 독자가 원하는 방향으로 내용을 제시해야 한다.

활동 3 절차와 결과가 드러나도록 보고하는 글 쓰기

|| 절차와 결과가 잘 드러나도록 보고서를 써 봅시다.

 1단계: 주제 및 목적 정하기

1. 개인적인 관심 분야나 장래 희망, 일상생활 등에서 조사 주제와 목적을 정해 봅시다. 예시 답 |

조사 주제	우포늪의 생태계
조사 목적	생태계가 잘 보전된 우포늪을 관찰하고, 그곳에서 생태계가 잘 보전되는 까닭이 무엇인지, 그러한 상태를 유지하기 위하여 어떤 노력이 필요한지를 알아보기 위해서

2단계: 조사 계획 세우기

2. 조사 주제와 목적을 고려하여 구체적인 조사 계획을 세워 봅시다. 예시 답 |

조사 기간	200○년 ○월 ○일～○일
조사 내용	우포늪에 사는 동식물의 모습과 겨울 철새의 모습
조사 방법	(1) 관찰 조사: 우포늪에 서식하는 새들과 식물의 모습 (2) 문헌 조사: 우포늪에 서식하는 동식물의 모습 (3) 인터넷 조사: 우포늪의 현황과 가치, 우포늪에 도래하는 겨울 철새들의 종류 (4) 면담 조사: 우포늪의 기능

찬찬샘 핵심 강의

■ **주제 및 목적 정하기:** 보고서의 '조사 주제'는 조사 활동의 전체를 간결하게 표현해 주는 제목과 같아. 따라서 전체 활동의 내용과 방법을 총괄적으로 제시하고, 독자의 관심을 끌 수 있도록 작성하는 것이 좋지. 또한 범위가 너무 넓은 내용으로 정하거나 다른 사람의 것을 그대로 베끼는 일은 하지 않아야 해. '조사 목적'은 조사를 통해 알아보고 싶은 점을 제시하는 것으로, 분명하고 간결하게 진술하는 것이 좋아.

▶핵심 포인트◀

조사 주제	• 전체 활동의 내용과 방법을 총괄적으로 제시 • 독자의 관심 유발
조사 목적	조사를 통해 알아보고 싶은 점을 명확하고 간결하게 서술

■ **조사 계획 세우기:** 보고서의 조사 기간과 조사 내용, 조사 방법을 정리하는 단계야. 이들은 모두 보고서에 들어갈 구성 요소들이므로 잘 정리해 두어야 해. 조사 방법이 정확하고 적절하지 않으면 보고서의 신뢰성을 잃게 된단다. 자신이 정한 주제와 목적에 어울리는 방법을 찾아 계획을 세우도록 하자.

❝ 학습 포인트
• 절차와 결과가 드러나는 보고서 쓰기

○ 활동 탐구
앞에서 학습한 내용을 바탕으로 직접 보고서를 작성하는 활동이다. 제시된 활동 순서에 따라 절차와 결과가 잘 드러나는 보고서를 작성하도록 한다.

✦ 지학이가 도와줄게! – 1
관심 분야, 장래 희망, 청소년의 일상생활 등에서 주제를 선정하면 보고서 쓰기가 좀 더 흥미로워지겠지? 그리고 조사 보고서를 쓸 때는 조사 주제와 목적을 올바르게 수립하는 것이 중요해.

✦ 지학이가 도와줄게! – 2
주제와 목적을 고려하여 조사 기간, 내용, 방법 등에 관한 구체적인 계획을 수립해 보자.

콕콕 확인 문제

10. 〈보기〉의 조사 주제와 목적을 고려하여 보고서를 쓰기 위한 계획으로 적절하지 <u>않은</u> 것은?

보기
• 조사 주제: 우포늪의 생태계
• 조사 목적: 생태계가 잘 보전된 우포늪을 관찰하고 우포늪의 생태계가 잘 보전되는 까닭을 알아보기 위해

① 우포늪의 기능과 가치에 대한 면담 조사
② 우포늪에 서식하는 동식물에 대한 문헌 조사
③ 우포늪에 서식하는 새들과 식물의 모습 관찰 조사
④ 우포늪에 도래하는 겨울 철새들에 대한 인터넷 조사
⑤ 우포늪의 개발이 지역 발전에 미치는 영향에 대한 현장 조사

3. 다양한 방법을 활용하여 자료를 조사하고, 그 내용을 정리해 봅시다. 예시 답 |

조사 방법	조사 내용	출처
관찰	우포늪에 서식하는 새들과 식물의 모습	
문헌	우포늪에는 다양한 물벌레, 파충류, 양서류가 살고 있기 때문에 이를 먹기 위해 여러 종의 철새들이 찾아온다. 환경부 지정 희귀 식물인 가시연꽃은 세계에서도 유일하게 파생종이 없는 단 한 종뿐인 일년생 수생 식물로, 우리나라 창녕 우포늪에만 대형 군락을 이루고 있다.	양은주, 김기대, 『환경교육』 23권 2호(2010, 99~100쪽 참조)
인터넷	우포늪은 75만 평의 국내 최대 규모의 늪지이며, 천연의 자연 경관을 간직하고 있어 자연환경 보전 지역으로 지정되어 있다. 우포늪의 겨울 철새는 큰기러기, 고니, 청둥오리, 쇠오리, 홍머리오리, 물닭 등이 있다. 겨울 철새들은 북극 지방의 혹독한 기후를 피해 10월쯤 남쪽으로 날아서 겨울을 지내는데, 우포에서는 이러한 겨울 철새들이 월동하는 모습을 흔히 볼 수 있다.	창녕군청 누리집 (http://www.cng.go.kr)
면담	• 질문: 우포늪은 어떤 기능을 하는 곳인가요? • 답변: 우포늪은 생물 다양성의 보고인 동시에 오염 정화, 퇴적물 보유, 홍수 조절, 기후 안정화 등의 기능을 합니다.	김○○(문화 관광 해설사)

📔 **4단계: 자료 정리 및 분석하기**

4. 3에서 조사한 자료를 정리하고, 결과를 분석해 봅시다. 예시 답 |

(1) 우포늪의 현황과 가치: 우포늪은 75만 평의 국내 최대 규모의 늪지이며, 천연의 자연 경관을 간직하고 있어 자연환경 보전 지역으로 지정되어 있다.

(2) 우포늪의 생태계: 우포늪에는 다양한 물벌레, 파충류, 양서류가 살고 있기 때문에 이를 먹기 위해 여러 종의 철새들이 찾아온다. 환경부 지정 희귀 식물인 가시연꽃은 세계에서도 유일하게 파생종이 없는 단 한 종뿐인 일년생 수생 식물로, 우리나라 창녕 우포늪에만 대형 군락을 이루고 있다.

▲ 가시연꽃

우포늪의 기능에 관하여 김○○ 문화 관광 해설사는 "우포늪은 오염 정화, 퇴적물 보유, 홍수 조절, 기후 안정화 기능을 한다."라며 새들에게뿐만 아니라 환경적으로도 도움이 된다고 하였다.

(3) 우포늪의 겨울 철새들: 우포늪의 겨울 철새는 큰기러기, 고니, 청둥오리, 쇠오리, 홍머리오리, 물닭 등이 있다. 겨울 철새들은 북극 지방의 혹독한 기후를 피해 10월쯤 남쪽으로 날아서 겨울을 지내는데, 우포에서는 이러한 겨울 철새들이 월동하는 모습을 흔히 볼 수 있다.

▲ 고니

찬찬샘 핵심 강의

■ **자료 수집과 정리 및 분석하기**: 조사 방법에 따라 자료를 수집할 때는 목적에 맞는 자료를 선별해야 해. 또한 조사 내용의 객관성을 위해 조사 과정을 잘 정리해 두어야 한단다.

✦ 지학이가 도와줄게! - 3
인터넷만 활용하기보다는 설문이나 면담, 답사 등 다양한 방법으로 관련 내용을 조사할 때 실제적이고 깊이 있는 내용을 얻을 수 있어. 조사한 자료를 정리할 때는 쓰기 윤리를 준수하여 조사한 내용의 출처를 명확히 밝히도록 하자.

✦ 지학이가 도와줄게! - 4
조사 보고서의 주제와 목적에 맞는 자료인지 판단하고, 조사한 결과를 정확하게 분석해야 해. 결과 분석이 부담스러울 때는 결과가 나타난 원인, 결과를 통해 알 수 있는 사실 등을 생각해 보자. 이를 통해 내용을 정리할 수 있을 거야.

콕콕 **확인 문제**

11. 자료를 수집하고 정리하면서 나눈 대화 내용으로 가장 적절한 것은?

① 지호: 인터넷으로 검색한 다양한 자료들은 마음대로 활용할 수 있어.

② 영아: 수집한 자료는 조사자의 주관적 관점으로 해석하고 정리해야 해.

③ 동민: 이 설문 조사는 우리가 예상한 결과와 어긋나니 수치를 변경하는 것이 좋겠어.

④ 윤아: 수집한 통계 자료는 줄글로 정리하는 것보다 도표나 그래프를 활용하는 것이 좋겠어.

⑤ 설훈: 조사 주제나 목적과 거리가 있더라도 독자가 흥미로워할 만한 자료를 넣어 줄 필요도 있어.

5. 앞에서 정리한 내용을 바탕으로, 절차와 결과가 드러나는 보고서를 작성해 봅시다. 예시 답 l

제목	우포늪의 생태계
조사 주제 및 목적	우리나라에서 생태계가 잘 보전되어 있는 우포늪의 현황을 살펴보고, 우포늪의 생태계를 지속적으로 보전하기 위해 어떠한 노력을 해야 하는지 고찰해 본다.
조사 기간	20○○년 ○월 ○일~○일
조사 대상 및 방법	(1) 관찰 조사: 우포늪에 서식하는 새들과 식물의 모습 (2) 문헌 조사: 우포늪에 서식하는 동식물의 모습 (3) 인터넷 조사: 우포늪의 현황과 가치, 우포늪에 도래하는 겨울 철새들의 종류 (4) 면담 조사: 우포늪의 기능
조사 결과	(1) 우포늪의 현황과 가치: 우포늪은 75만 평의 국내 최대 규모의 늪지이며, 천연의 자연 경관을 간직하고 있어 자연환경 보전 지역으로 지정되어 있다. (2) 우포늪의 생태계: 우포늪에는 다양한 물벌레, 파충류, 양서류가 살고 있기 때문에 이를 먹기 위해 여러 종의 철새들이 찾아온다. 환경부 지정 희귀 식물인 가시연꽃은 세계에서도 유일하게 파생종이 없는 단 한 종뿐인 일년생 수생 식물로, 우리나라 창녕 우포늪에만 대형 군락을 이루고 있다. ▲ 가시연꽃 우포늪의 기능에 관하여 김○○ 문화 관광 해설사는 "우포늪은 오염 정화, 퇴적물 보유, 홍수 조절, 기후 안정화 기능을 한다."라며 새들에게뿐만 아니라 환경적으로도 도움이 된다고 하였다. (3) 우포늪의 겨울 철새: 우포늪의 겨울 철새는 큰기러기, 고니, 청둥오리, 쇠오리, 홍머리오리, 물닭 등이 있다. 겨울 철새들은 북극 지방의 혹독한 기후를 피해 10월쯤 남쪽으로 날아와서 겨울을 지내는데, 우포에서는 이러한 겨울 철새들이 월동하는 모습을 흔히 볼 수 있다. ▲ 고니
평가 및 소감	천연의 자연 경관을 간직하고 있는 우포늪의 생태계와 겨울 철새들의 모습을 알아보았다. 우포늪은 국내 최대 규모의 늪지이며, 희귀종의 수생 식물이 살고 있을 만큼 물이 깨끗하다. 우포늪에 서식하는 동식물들과 겨울 철새들을 보호하기 위해서는 우포늪에 함부로 쓰레기를 버리지 않고, 환경을 보호하려는 인식을 가져야 할 것이다.
참고 자료	• 사진 출처: 창녕군청 누리집, △△△ • 자료 출처: 창녕군청 누리집(http://www.cng.go.kr), 양은주, 김기대, 『환경교육』 23권 2호(2010, 99~100쪽 참조)

찬찬샘 핵심 강의

■ **보고서 쓰기**: 구성 요소들을 잘 정리하면 절차와 결과가 잘 드러난 보고서를 쓸 수 있어. 조사한 내용은 한눈에 알아보기 쉽게 정리하고, 정리한 내용을 바탕으로 결과를 이끌어 내자. 소감이나 평가를 덧붙인 후에는 꼭 참고 자료를 넣어 쓰기 윤리도 지켜야 한단다.

✸ 지학이가 도와줄게! - 5

앞의 활동을 바탕으로 실제 보고서를 작성해 보자. 보고서의 구성 요소에 따라 조사의 과정과 결과가 간결하고 명확하게 드러나게 작성해야 해. 다양한 시각 자료를 활용하면 내용을 좀 더 효과적으로 전달할 수 있단다. 또한 조사 내용이나 결과는 사실을 바탕으로 작성해야 하며, 과장하거나 왜곡해서는 안 돼.

(콕콕) **확인 문제** ┄┄┄┄┄┄

12. 보고서를 평가하는 기준으로 적절하지 않은 것은?

① 조사 방법이 독창적인가?
② 주제와 목적에 맞는 자료로 구성했는가?
③ 참고 자료의 출처를 정확하게 밝혔는가?
④ 내용을 알아보기 쉽고 간결하게 정리했는가?
⑤ 조사 내용과 결과에 왜곡이나 변형이 없는가?

창의 · 융합 활동

▌ 다음 신문 기사를 참고하여 일상생활 속에서 접할 수 있는 다양한 쓰기 윤리 위반 사례를 조사해 보고, 이어지는 활동을 해 봅시다.

일상생활 속의 다양한 쓰기 위반 사례 조사하기

> 중·고등학교 학생들이 수행 평가 과제를 하면서 인터넷에 올라와 있는 글을 그대로 베끼거나 약간만 각색해 제출하는 등의 사례가 발생하고 있다. 학생들은 지필 시험을 준비하느라 시간이 없다 보니 짧은 시간에 손쉽게 과제를 해결할 수 있는 인터넷에 의존하는 비율이 높아졌고, 인터넷이 아니더라도 유명 작가의 글, 신문 기사 등을 그대로 표절해 제출하는 등의 행위가 일어나기도 한다.
>
> – 『한국경제』(2007. 10. 12.)

○ 활동 탐구
일상생활 속에서 접할 수 있는 쓰기 윤리 위반 사례를 조사하고, 직접 쓰기 윤리 규칙을 만들어 봄으로써 쓰기 윤리에 관한 책임과 의무를 느껴 보는 활동이다.

혼자 하기

1. 우리 주변에서 접할 수 있는 다양한 쓰기 윤리 위반 사례를 조사하여 친구들에게 소개해 봅시다. 예시 답ㅣ· 학교 과제인 독후감을 인터넷에서 베껴서 낸 사례
- 드라마 내용을 본인이 쓴 창작 소설처럼 소개한 사례
- 자료를 조사한 뒤 출처를 밝히지 않은 사례
- 설문 조사의 결과를 마음대로 왜곡한 사례

지학이가 도와줄게! – 1

쓰기 윤리는 학교 수행 평가 과제, 인터넷 게시글이나 댓글 등 다양한 종류의 글을 쓸 때 필요해.

함께하기

2. 1에서 조사한 내용을 바탕으로 '우리 반 쓰기 윤리 규칙'을 만들어 봅시다.

우리 반 쓰기 윤리 규칙

1. 다른 사람의 글을 허락 없이 베끼지 않는다.
2. 도서나 인터넷 등의 다양한 자료를 인용할 때는 출처를 반드시 밝힌다.
3. 조사한 자료의 결과를 마음대로 변형하거나 왜곡하지 않는다.
4. 자신이 쓴 글에 책임감을 가지고 독자들을 속이는 행위를 하지 않는다.
5. 다른 사람의 저작물을 존중하는 태도를 보인다.

지학이가 도와줄게! – 2

1에서 조사한 내용을 바탕으로 실제적인 쓰기 윤리 규칙을 만드는 활동이야. 활동을 통해 조사한 사례를 방지하기 위한 규칙이 될 수 있도록 하고, 쓰기 윤리를 준수하는 태도를 익히자.

함께하기

3. 다음 자료를 참고하여 '우리 반 쓰기 윤리 규칙'이 잘 드러나는 표어나 포스터를 만들어 봅시다.

예시 답ㅣ다른 사람의 글이 자신의 소유물이 되어서는 안 됩니다.

똑같이 찍어 내시면 안 됩니다!
상표 도용, 무단 복제는 반윤리적 · 사회적 · 국가적 범죄 행위입니다.

지식 재산은 21세기의 경쟁력입니다.

소유하고 있는 상표권은 안전하십니까?
오늘도 상표 도용과 불법 복제가 무단으로 자행될 수 있습니다.

지학이가 도와줄게! – 3

친구들과 함께 쓰기 윤리 규칙에 관한 표어나 포스터를 만들어 보자. 2의 내용 중 가장 중요하다고 생각되는 것을 하나 골라 표어나 포스터로 만들어 보면 좋을 거야. 이런 활동을 통해 쓰기 윤리에 대한 인식을 더욱 확고히 할 수 있단다.

소단원 콕! 짚고 가기

핵심 포인트

쓰기 윤리의 중요성을 알고 이를 준수하면서 글을 쓰는 태도가 필요해.

1. 저작권의 개념

① □□□	사람의 생각이나 감정을 표현한 결과물에 관해 그것을 표현한 사람에게 주는 권리로, 개인의 창작물에 관한 권리임.

2. 쓰기 윤리 지키기

표절하지 않고 인용하여 정직하게 쓰기	• 저작권자에게 허락을 받아야 함. • 글을 인용할 때는 ② □□ □□을/를 사용함. • 도서명, 저자명, 인터넷 사이트 주소 등 ③ □□을/를 명확히 밝혀 인용한 것임을 드러내야 함.
과장하거나 왜곡하지 않고 ④ □□에 근거하여 쓰기	• 실험이나 관찰, 조사 등을 할 때 그 과정이나 결과를 조작하여 자신에게 유리하게 작성하지 않음. • 자신에게 불리한 결과 혹은 자신이 의도한 결과에 어긋나는 내용 등을 의도적으로 누락하지 않음.

3. 보고하는 글 쓰기

(1) 보고서의 개념

⑤ □□□	어떠한 사실이나 현상에 관한 관찰, 조사, 실험, 연구 등의 절차와 결과를 객관적으로 알리고자 일정한 형식에 맞추어 쓴 글임.

(2) 보고서의 특성

⑥ □□□	내용과 결과가 사실에 근거하여 바르고 확실해야 함.
객관성	내용과 결과가 주관적이거나 한쪽에 치우치지 않고 누가 보아도 그러하다고 인정되어야 함.
체계성	내용과 결과가 일정한 원리에 따라 ⑦ □□□ 있게 조직되어야 함.
명료성	내용과 결과가 뚜렷하고 분명해야 함.
신뢰성	전문가의 견해나 사실 관계가 검증된 자료를 제시해야 함.

(3) 보고서 쓰기의 과정

자료를 수집할 때는 그 자료가 목적에 맞는지 확인해야 해.

계획 세우기	• 조사, 관찰, 실험이 가능한 보고서의 주제 정하기 • 기간, 방법, 준비물 등을 계획하기
⑧ □□ 수집하기	계획에 따라 실제로 조사, 관찰, 실험하며 자료 수집하기
자료 정리 및 분석하기	• 조사, 관찰, 실험한 내용을 과정과 절차가 잘 드러나도록 정리하기 • 정리한 내용을 분석하여 결과를 이끌어 내기
보고서 쓰기	• 구성 요소를 잘 정리하여 보고서 쓰기 • 관련 사진, 지도, 표, 그래프 등의 ⑨ □□□ □□ 활용하기

(4) 보고서의 구성 요소

보고서의 구성 요소 →	처음	조사·관찰·실험의 주제, ⑩□□, 기간, 대상, 방법 제시
	중간	조사·관찰·실험의 ⑪□□ 및 결과 제시
	끝	조사 내용 ⑫□□, 조사자의 의견이나 소감, 평가 제시

(5) 구성 요소에 따라 보고서 쓰기

예 '우리 학교 학생들의 평일 여가 활용 실태' 보고서 정리

처음	조사 주제 및 목적	우리 학교 학생들의 평일 여가 활용 실태와 그 양상을 조사하고 여가의 중요성을 탐구함.
	조사 기간 및 조사 방법	• 조사 기간: 20○○년 ○월 ○일~○일 • 조사 방법 – 설문 조사: 설문지를 제작하여 우리 학교 학생 100명을 대상으로 조사 – 자료 조사: 인터넷 백과사전, 면담, 통계 자료 조사 등
중간	조사 결과	우리 학교 학생들의 평일 여가 활용 시간은 오늘날 청소년들의 양상과 크게 다르지 않았으나, 우리 학교 학생들이 희망하는 여가 활동과 실제 여가 활동은 다소 차이를 보였음.
끝	평가 및 소감	학생들이 희망하는 여가 활동을 할 수 있도록 여가를 위한 충분한 시간과 외부 환경 조성 등이 필요함. 또한 적극적인 여가 활용을 통해 오늘날의 청소년들이 행복하고 건전하게 성장하기를 기대함.
	참고 자료	• 한국민족문화대백과사전 • 통계청·여성가족부, 「2018 청소년 통계」

(6) 보고서 작성 시의 유의점

• 관찰, 조사, 실험, 연구 등의 주제와 목적, 기간, 대상 및 방법, 조사 결과, 참고 자료 등의 구성 요소를 포함함.

• ⑬□□와/과 결과가 잘 드러나도록 내용을 조직함.

• 한눈에 알아보기 쉽게 그래프, 표, 사진 등의 시각 자료를 활용함.

• 자료 조사의 결과를 ⑭□□하거나 변형하지 않음.

• 참고 자료의 출처를 정확히 기록함.

정답: ① 저작권 ② 인용 부호 ③ 출처 ④ 사실 ⑤ 보고서 ⑥ 정확성 ⑦ 짜임새 ⑧ 자료 ⑨ 시각 자료 ⑩ 목적 ⑪ 과정 ⑫ 요약 ⑬ 절차 ⑭ 왜곡

[01~02] 다음 글을 읽고, 물음에 답하시오.

가 요즘, 다양한 매체에서 찾은 자료를 자신의 글인 것처럼 사용하는 경우가 자주 발생하고 있어서 문제가 되고 있습니다.

'한국저작권위원회 누리집(http://www.copyright. or.kr)'에서는 저작권을 '사람의 생각이나 감정을 표현한 결과물에 관해 그것을 표현한 사람에게 주는 권리'라고 설명하고 있습니다. 즉, 저작권은 개인의 창작물에 관한 권리이며, 그것을 함부로 쓰는 것은 저작자의 재산을 훔치는 행위라고 할 수 있습니다.

여러분, 남의 물건을 훔치는 행위를 어떻게 생각하세요? 그럼, 다른 사람의 글을 훔치는 행위는요?

저작권도 우리가 지켜야 할 윤리적 규범이라는 것, 모두 잊지 마세요.

나 다른 사람의 저작물을 사용할 때는 우선 저작권자의 허락을 꼭 받아야 합니다. 그런 뒤 출처를 명확히 밝힘으로써 인용한 것임을 드러내야 합니다. 자신의 블로그나 누리 소통망(SNS)에 신문 기사 등의 자료를 가져올 때도 주의해야 합니다. 반드시 신문사 또는 기자의 허락을 받고 출처를 밝혀야 한다는 사실을 잊지 마세요. 우리가 인터넷을 통해 쉽게 찾을 수 있는 음악 파일, 영화나 드라마, 사진 등의 자료, 블로그에 올린 글짓기 숙제나 독서 감상문도 모두 보호해야 할 대상입니다.

01. 이 글을 읽고 이해한 내용으로 적절하지 <u>않은</u> 것은?

① 저작권 침해 문제는 요즘 사회 현상 중 하나이다.
② 전문적인 저작자의 창작물만을 저작권 보호의 대상으로 한다.
③ 저작물이란 저작자가 자신의 감정이나 사상을 표현한 창작물이다.
④ 저작권 침해란 다른 사람의 지적 재산을 훔치는 비윤리적 행동이다.
⑤ 좋아하는 선수의 경기 영상을 자신의 블로그에 함부로 올리는 것도 저작권 침해 사례이다.

| 서술형 |

02. (나)에서 저작권을 침해하지 않고 다른 사람의 저작물을 활용하는 방법 2가지를 찾아 쓰시오.

03. 보고서에 대한 설명으로 적절한 것은?

① 자유로운 형식으로 작성하는 글이다.
② 글쓴이의 개성과 특성이 잘 드러나는 글이다.
③ 다른 사람의 생각, 태도 등을 변화시키려는 글이다.
④ 전문적인 지식과 능력을 갖춘 전문가가 작성하는 글이다.
⑤ 관찰, 조사, 실험한 내용의 절차와 결과가 드러나도록 쓰는 글이다.

04. 〈보기〉에서 보고서의 작성 과정을 순서대로 나열한 것은?

| 보기 |

ㄱ. 조사 주제와 대상, 기간, 조사 방법에 대한 계획 세우기
ㄴ. 조사 내용을 바탕으로 자료를 정리하고 분석하기
ㄷ. 조사 과정과 절차가 잘 드러나도록 보고하는 글 작성하기
ㄹ. 다양한 방법으로 관련 자료를 조사하여 자료 수집하기

① ㄱ → ㄴ → ㄷ → ㄹ
② ㄱ → ㄴ → ㄹ → ㄷ
③ ㄱ → ㄹ → ㄴ → ㄷ
④ ㄴ → ㄱ → ㄹ → ㄷ
⑤ ㄴ → ㄹ → ㄱ → ㄷ

05. 보고서 구성 단계에 따른 내용으로 적절하지 <u>않은</u> 것은?

처음	조사 주제·목적, 조사 기간과 대상, 방법 ⋯⋯①
중간	• 조사 내용에 대한 요약 ⋯⋯⋯⋯⋯⋯⋯②
	• 조사 결과 제시 ⋯⋯⋯⋯⋯⋯⋯⋯⋯③
	• 조사 결과 분석 ⋯⋯⋯⋯⋯⋯⋯⋯⋯④
끝	조사자의 의견, 소감, 평가 ⋯⋯⋯⋯⋯⑤

06. 보고서를 쓸 때 유의할 사항으로 적절하지 <u>않은</u> 것은?

① 자료의 출처를 명확하게 밝혀 쓴다.
② 정확하고 명료한 표현으로 간결하게 쓴다.
③ 내용과 결과를 사실에 근거하여 객관적으로 쓴다.
④ 목표에 맞추어 조사 결과와 분석을 수정해서 쓴다.
⑤ 전문가의 견해나 사실 관계가 검증된 자료를 사용한다.

[07~10] 다음 글을 읽고, 물음에 답하시오.

㉮ 최근 한 인터넷 신문 기사에서 보도한 내용을 보면 오늘날 청소년들의 10명 중 3명은 평일 여가 시간이 2시간도 안 되는 것으로 나타났다. 이에 우리 모둠에서는 여가의 의미와 긍정적인 효과를 통해 여가의 중요성을 알아보고, 우리 학교 학생들과 오늘날 청소년들의 평일 여가 활용 양상을 비교·분석하여 우리 학교 학생들의 평일 여가 활용 실태를 탐구하였다.

㉯ (1) 여가의 의미
한국민족문화대백과사전의 풀이에 따르면, 다양한 취미 활동을 할 수 있는 개인의 자유로운 시간을 뜻한다.
(2) 여가의 긍정적 효과
면담 결과 청소년기의 여가 활동은 스트레스 해소와 기분 전환에 좋으며, 청소년의 건전한 성장과 발달에 도움이 된다는 것을 알 수 있었다. 여가의 긍정적인 효과에 관해 ○○○ 체육 선생님은 "학업 성취도 및 자아 존중감 향상에 긍정적인 영향을 미친다."라며 동적이고 적극적인 여가 활동을 권장하였다.

㉰ • 청소년의 평일 여가 시간 실태

단위: 퍼센트(%)
■ 1시간 미만 ■ 1~2시간 ■ 2~3시간 ■ 3~4시간 ■ 4~5시간 ■ 5시간 이상

| 19.7 | 29.2 | 19.5 | 13.7 | 6.8 | 11.1 |

– 통계청·여성가족부, 「2018 청소년 통계」

오늘날 청소년의 평일 여가 활용 시간은 '1~2시간'이 가장 많았고, '1시간 미만', '2~3시간' 등의 순으로 나타났다.

㉱ 설문 조사 결과 우리 학교 대부분의 학생들은 평일에 '1시간 미만'에서 '1~2시간'의 여가 시간을 보내고 있었다. 그리고 여가 활동은 '컴퓨터 게임·인터넷 검색(35명)', '텔레비전 시청(29명)'과 같은 정적인 활동 위주로 이루어지고 있었다.

㉲ 우리 학교 학생 100명 중 과반수 이상의 학생들이 희망하는 평일 여가 시간은 '2~3시간'으로 나타났다. 이어 '1~2시간(22명)', '3~4시간(11명)' 등의 순으로 응답하였다. 희망하는 여가 활동으로는 32명의 학생들이 '문화·예술 활동'을 선택하였고, 이어서 운동 및 운동 경기 관람(26명), 휴식(18명) 등의 순으로 응답하였다.

㉳ 우리 학교 학생들이 가장 희망하는 여가 활동은 문화·예술 활동으로, 실제 여가 시에 하는 활동과 다소 차이를 보였다. 이는 학생들이 희망하는 여가 활동을 할 수 있도록 여가 활동을 위한 충분한 시간과 외부 환경 조성 등의 지원이 필요함을 시사한다. 학업 스트레스를 해소하고 긍정적인 정서를 불러일으키는 적극적인 여가 활용을 통해, 우리 학교 학생들을 비롯한 오늘날의 청소년들이 보다 행복하고 건전하게 성장할 수 있었으면 좋겠다.

| 서술형 |

07. 이 보고서의 '조사 주제 및 목적'을 한 문장으로 쓰시오.

08. 이 보고서의 내용을 분석한 것으로 적절하지 않은 것은?
① 인용 자료의 출처를 밝혀 글의 신뢰성을 높였군.
② 면담 조사 자료를 활용하여 여가 활용의 필요성을 강조하였군.
③ 보고서의 짜임상 (가), (나)는 '처음', (다)~(마)는 '중간', (바)는 '끝'에 해당하겠군.
④ 오늘날 청소년의 평일 여가 활용 시간을 조사하여 우리 학교 학생들과 비교하여 제시하였군.
⑤ 학생들이 주로 '컴퓨터 게임·인터넷 검색', '텔레비전 시청' 등의 여가 활동을 했던 것은 여가 시간이 부족해서였군.

09. 이 보고서에서 사용한 조사 방법이 아닌 것은?
① 면담 조사   ② 설문 조사
③ 현장 조사   ④ 통계 자료 조사
⑤ 인터넷 백과사전 조사

10. (라)와 (마)의 내용을 효과적으로 전달하기 위한 방법으로 가장 적절한 것은?
① 그래프를 활용한다.
② 사진 자료로 제시한다.
③ 동영상 자료를 추가한다.
④ 문장을 간략하게 서술한다.
⑤ 인터뷰 형식으로 구성한다.

단원+단원 〔통합과 적용〕

단원+단원, 이렇게 통합·적용했어요!

걷기를 보는 다양한 시각
동일한 화제를 다룬 여러 글을 읽으며 관점과 형식 파악하기

＋

쓰기 윤리와 보고하는 글 쓰기
쓰기 윤리를 준수하며 절차와 결과가 드러나도록 보고하는 글 쓰기

↓

대상에 관한 새로운 관점이 반영된 미술 작품을 조사하여 소개하는 글 쓰기

❙❙ 미술 작품 「샘」을 조사한 다음 자료를 읽고, 이어지는 활동을 해 봅시다.

마르셀 뒤샹, 「샘」

작가	마르셀 뒤샹(1887~1968)
제작 연도	1917년
종류	입체 작품
기법	혼합 재료
참고 자료	• 사진 출처: 서울문화재단, 『미적체험과 예술교육』 • 자료 출처: 『한국경제매거진』 제71호(2011. 4.) / 김향숙, 『서양 미술의 이해와 감상 2』

마르셀 뒤샹의 「샘」은 화장실에서 흔히 볼 수 있는 남성용 소변기를 받침대 위에 올려 출품한 작품이다. 작가는 일상생활에서 소재를 찾아 그 대상의 본래의 특성을 버리고 자신의 새로운 관점과 가치를 부여하여 예술 작품으로 만들어 냈다. 소변기가 화장실에 있을 때는 본래의 역할에 충실하겠지만, 작가는 대상을 받침대 위에 올려 둠으로써 사람들로 하여금 대상에 감추어진 예술성을 바라보도록 한 것이다.

1917년에 출품된 이 작품은 출품 당시 전시 불가 판정이 내려지는 등 논란이 일었지만, '대상'에 새로운 의미를 부여한 뒤샹의 예술적 사상은 지금까지도 많은 예술가들의 입에 오르내리고 있다.

---

1. 「샘」이라는 작품에서 작가는 대상을 어떠한 관점에서 바라보고, 어떠한 형식으로 표현하였는지 생각해 봅시다.

예시 답 ❙ 남자용 소변기를 받침대 위에 올려 두어, 일상적인 소재에 자신의 관점과 가치를 부여하여 대상을 하나의 예술 작품으로 바라보고 표현하였다.

2. 「샘」과 같이 대상에 관해 새로운 관점으로 표현한 미술 작품을 찾아보고, 이를 쓰기 윤리를 지키며 소개하는 글로 작성해 봅시다. 예시 답 ❙

제목	살바도르 달리, 「기억의 지속」		
작품 사진			
작품 소개	작가	살바도르 달리(1904~1989)	
	제작 연도	1931년	
	종류	유화	
	기법	캔버스에 유채	
작품 설명	「기억의 지속」은 초현실주의의 화가 살바도르 달리의 작품 중에서 가장 대표적인 작품이다. 그림 속의 해변은 달리의 고향인 에스파냐 카탈루냐의 해변이다. 사실적으로 묘사된 카탈루냐 해변을 배경으로 햇빛에 녹아내린 듯한 흐물흐물한 시계들이 놓여 있다. 작가가 녹아내린 치즈에서 영감을 얻었다는 이 시계는 멈추어 버린 시간에 관한 은유로, 시간이 의미를 잃은 영원의 공간을 만들어 낸다. 　이처럼 살바도르 달리는 대상을 새로운 시각으로 바라보아 의도적으로 왜곡하고, 낯선 형식으로 표현하였다.		
참고 자료	• 사진 출처: 뉴욕 현대미술관(http://www.moma.org) • 자료 출처: 『매일신문』(2018. 11. 5.) 참조		

대단원을 닫으며 정리와 점검

·학습 목표 점검하기·

❶ 걷기를 보는 다양한 시각

동일한 화제를 다룬 여러 글을 읽으며 관점과 형식 파악하기

- 동일한 화제를 다룬 여러 글을 읽을 때 관점 와/과 형식 의 차이를 파악 하며 읽으면, 글이 지니는 특성과 효과를 이해하는 데 도움이 된다.
- 「직립 보행」은 걷기에 관한 글쓴이의 경험과 깨달음이 담겨 있는 수필이고, 「걷기 운동의 효과와 방법」은 걷기 운동의 효과와 방법을 설명 하는 글이다.

⇒ **잘 모른다면**
233~235쪽의 목표 활동을 다시 한번 살펴보면 동일한 화제를 다룬 글들의 관점과 형식의 차이를 파악하는 데 도움이 될 거야.

❷ 쓰기 윤리와 보고하는 글 쓰기

쓰기 윤리를 준수하며 절차와 결과가 드러나도록 보고하는 글 쓰기

- 글을 쓰는 과정에서 지켜야 하는 윤리적 규범을 쓰기 윤리 (이)라고 한다.
- 보고하는 글을 쓸 때는 절차 와/과 결과 이/가 드러나게 글을 써야 하며, 조사 결과를 왜곡, 조작하거나 표절하지 않아야 한다.

⇒ **잘 모른다면**
244~246쪽의 활동 1을 통해 쓰기 윤리의 중요성을 파악할 수 있고, 247~253쪽의 활동 2를 통해 보고하는 글의 절차를 다시 한번 점검할 수 있을 거야.

·어휘력 점검하기·

다음에 제시된 단어와 〈보기〉의 뜻풀이가 바르게 연결되도록 알맞은 기호를 넣어 보자.

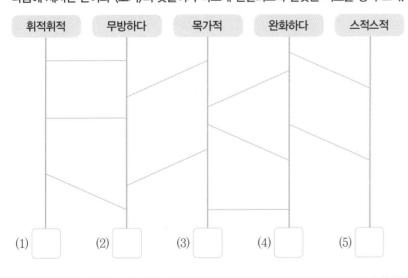

| 휘적휘적 | 무방하다 | 목가적 | 완화하다 | 스적스적 |

(1) ☐　(2) ☐　(3) ☐　(4) ☐　(5) ☐

┤ 보기 ├
- ㉠ 거리낄 것이 없이 괜찮다.
- ㉡ 걸을 때에 두 팔을 몹시 자꾸 휘젓는 모양.
- ㉢ 물건이 서로 맞닿아 자꾸 비벼지는 소리. 또는 그 모양.
- ㉣ 농촌처럼 소박하고 평화로우며 서정적인. 또는 그런 것.
- ㉤ 긴장된 상태나 급박한 것을 느슨하게 하다.

정답: (1) ㉡ (2) ㉣ (3) ㉢ (4) ㉠ (5) ㉡

[01~06] 다음 글을 읽고, 물음에 답하시오.

가 인간이 사유하게 된 것은, 모르긴 하지만 걷는 일로부터 시작됐을 것이다. 한곳에 멈추어 생각하면 맴돌거나 망상에 사로잡히기 쉽지만, 걸으면서 궁리를 하면 막힘없이 술술 풀려 깊이와 무게를 더할 수 있다. 칸트나 베토벤의 경우를 들출 것도 없이, 위대한 철인이나 예술가들이 즐겨 산책길에 나선 것도 따지고 보면 걷는 데서 창의력을 일깨울 수 있었기 때문일 것이다.

그런데 언제부턴가 우리들은 잃어 가고 있다. 이렇듯 당당한 직립 보행을. 인간만이 누릴 수 있다는 그 의젓한 자세를. 더 말할 나위도 없이 자동차라는 교통수단이 생기면서 우리들은 걸음을 조금씩 빼앗기고 말았다. 그리고 생각의 자유도 서서히 박탈당하기 시작했다. 붐비는 차 안에서는 긴장을 풀 수 없기 때문에 생각을 제대로 펴 나갈 수가 없다. 이름도 성도 알 수 없는 몸뚱이들에게 떠밀려 둥둥 떠 있어야 한다.

그리고 운전기사와 안내양이 공모하여 노상 틀어 대는 소음 장치 때문에 우리는 머리를 비워 주어야 한다. 차가 내뿜는 매연의 독소는 말해 봐야 잔소리이니 덮어 두기로 하지만, 편리한 교통수단이라는 게 이런 것인가. 편리한 만큼 우리는 귀중한 무엇인가를 잃어 가고 있다.

삼십 리 길을 걸어오면서, 이 넓은 천지에 내 몸 하나 기댈 곳을 찾아 이렇게 걷고 있구나 싶으니 새나 짐승, 곤충들까지도 그 귀소의 길을 방해해서는 안 되겠다는 생각이 들었다. 그들도 저마다 기댈 곳을 찾아 부지런히 길을 가고 있을 테니까.

나는 오늘 차가 없이 걸어온 것을 고맙고 다행하게 생각한다. 내가 내 길을 내 발로 디디면서 모처럼 직립 보행을 할 수 있었다.

언젠가 읽었던 한 시인의 글이 생각난다.

'현대인은 자동차를 보자 첫눈에 반해 그것과 결혼하였다. 그래서 영영 목가적인 세계로 돌아오지 못하게 되었다.'

나 건강한 삶은 우리 모두의 꿈이다. 모든 것을 다 가져도 건강을 잃으면 아무 소용이 없다. 건강하게 장수하기 위해서는 올바른 식생활과 규칙적인 운동이 필요하다. 만약 누군가 수많은 운동 중 몸에 좋은 운동을 한 가지만 추천해 달라고 한다면 나는 주저 없이 '걷기'라고 말하고 싶다. ㉠걷기 운동은 건강에 미치는 효과가 매우 뛰어나며 남녀노소 누구나 언제 어디서든 간편하게 할 수 있는 운동이기 때문이다.

걷기 운동을 하면 하체가 단련되고 여러 신체 기관의 기능이 좋아진다. 다리의 혈관과 신경은 다른 신체 기관에 밀접하게 연결되어 있어서, 걷기 운동을 습관화하면 다리의 근력이 좋아질 뿐 아니라 심장과 혈관, 호흡기 등의 기능이 강화된다. 또한 몸에 좋은 콜레스테롤의 농도를 높여 동맥 경화를 막아 주어 심장병, 고혈압 등을 예방하는 데에도 도움이 된다.

걷기는 두뇌 건강에도 도움이 된다. 걷는 동안에는 뇌 속에서 고통을 완화하는 기능을 가진 호르몬이 증가하는데, 이 호르몬은 우울증과 스트레스를 감소하고 기분을 좋게 해 준다. 또한 걷는 동안 뇌에 적절한 자극이 주어져 머리가 좋아질 뿐만 아니라 치매도 예방할 수 있다.

걷기는 대표적인 유산소 운동으로 다이어트에도 효과적이다. 인간은 체온 유지나 심장 박동 등 최소한의 생존을 위해 에너지를 소비하며, 일상생활에서도 일정 정도의 에너지를 소비한다. 그러나 소비하는 에너지보다 섭취하는 에너지가 더 많으면 영양 과잉 상태가 되는데, 사람마다 차이가 있지만 현대인은 보통 하루에 300킬로칼로리 정도의 과잉 에너지가 체내에 축적된다고 한다. 이렇게 축적된 에너지를 그대로 두면 비만이 될 수 있으므로 반드시 소비해야 하는데, 이때 가장 간편하고 효과적인 방법이 걷기 운동이다.

다

자연을 살리는 발견

자동차 배기가스는 지구 온난화의 원인이 됩니다.
가까운 거리는 걷거나, 자전거를 이용해 보세요!
자연을 지키고, 지구의 건강도 지킬 수 있답니다.
당신의 작은 실천으로 지구 온난화를 막을 수 있습니다.

01. (가)~(다)의 갈래상 특징에 대한 설명으로 적절한 것은?

① (가): 글쓴이가 현실에 있음 직한 일을 상상하여 쓴 글이다.

② (가): 독자에게 정보를 전달하기 위해 객관적으로 서술한 글이다.

③ (나): 글쓴이가 자신의 체험과 경험을 통해 깨달은 내용을 전달한 글이다.

④ (다): 사회적으로 잘 알려진 문제에 대해 짧게 비평한 글이다.

⑤ (다): 짧은 문구와 시각 자료를 사용해 핵심 내용만 인상적으로 전달한 글이다.

02. (가)~(다)의 내용과 일치하지 않는 것은?

① (가): 글쓴이는 삼십 리 길을 걸으며 직립 보행의 경험을 감사하게 생각하고 있다.

② (가): 자동차라는 교통수단은 사람들이 생각할 자유를 빼앗고 있다.

③ (나): 올바른 식생활과 규칙적인 운동은 건강한 삶을 위한 필수 조건이다.

④ (나): 인간은 유산소 운동을 할 때만 에너지를 소비할 수 있다.

⑤ (다): 가까운 거리는 걷거나 자전거를 이용해 이동하면 지구 온난화를 막을 수 있다.

※ [03~04] 〈보기〉를 참고하여 물음에 답하시오.

┌ 보기 ┐

어떤 화제나 대상에 관해 글쓴이가 가지고 있는 생각을 관점이라고 한다. 이때 관점은 찬성과 반대와 같은 입장의 차이일 수도 있고, 대상을 바라보는 다양한 시각일 수도 있다. 동일한 화제를 다룬 글이라도 글쓴이에 따라 다른 관점에서 쓰일 수 있고, 다양한 형식으로 표현될 수 있다.

03. (가)~(다)를 읽을 때 글쓴이의 관점을 파악하며 읽는 이유로 적절하지 않은 것은?

① 글쓴이를 좀 더 신뢰할 수 있게 되기 때문에

② 대상을 바라보는 글쓴이의 시각을 파악할 수 있기 때문에

③ 글쓴이가 전달하려는 내용이 무엇인지 알 수 있기 때문에

④ 글쓴이가 대상을 어떻게 생각하는지 파악할 수 있기 때문에

⑤ 글쓴이가 제시한 정보를 비판적으로 판단할 수 있기 때문에

04. (가)~(다)의 관점과 형식을 비교하며 읽은 독자의 반응으로 적절하지 않은 것은?

① (가)~(다) 모두에 '걷기'에 대한 글쓴이의 관점이 나타나 있군.

② (가)에 담긴 관점을 주장하는 글 형식으로 표현하면 더 효과적이겠군.

③ (가)~(다)의 글쓴이는 모두 '걷기'에 대해 긍정적인 관점을 취하고 있군.

④ (가)~(다)에 나타난 글쓴이의 관점을 비교하며 읽으니 글을 깊이 있게 읽게 되는군.

⑤ (다)의 글쓴이는 광고를 통해 걷는 것이 자연을 살리는 방법의 하나라는 생각을 효과적으로 드러내고 있군.

05. ㉠을 뒷받침하는 내용으로 보기 어려운 것은?

① 걷기를 습관화하면 다리의 근력을 키울 수 있다.

② 걷기 운동은 동맥 경화를 막아 주어 성인병 예방을 돕는다.

③ 걷는 동안에 고통을 줄여 주는 호르몬이 나와 사람의 기분을 좋게 한다.

④ 수많은 운동 중에서 걷기가 건강하게 장수하는 데 가장 좋은 운동이다.

⑤ 걷기는 몸에 과잉 에너지가 쌓일 경우 이를 간편하게 소비할 수 있는 운동이다.

┤ 서술형 ├

06. (다)에 담긴 '걷기'에 대한 관점을 주장하는 글의 형식으로 표현하고자 할 때, 이 형식이 효과적인 이유를 서술하시오.

[07~08] 다음 글을 읽고, 물음에 답하시오.

가 영화는 기본적으로 허구성을 지닌다. 따라서 역사적 배경을 토대로 하여 창작했더라도 그 영화의 내용이 실제 역사 속 그대로의 모습일 수는 없다. 영화 제작자들은 역사의 시대적 배경과 사건을 탐구해 인물과 이야기를 창조해 내고 개연성 있게 표현하는 사람일 뿐, 역사를 있는 그대로 담으려는 사람과는 거리가 멀다. 전문가들은 "문화가 다양한 형태로 발전하려면 자유로운 창작이 가능해야 한다."라며 "영화는 창작의 영역에 속하기 때문에 사실을 바탕으로 창작했을지라도 작가적 표현을 최대한 보장받아야 하며, 해당 영화에 관한 평가는 엄연히 관객의 몫이다."라고 강조했다.

나 ○○○ 감독님, 저는 행복중학교에 다니는 김서연입니다. 이번에 감독님께서 제작하신 영화를 보게 되었는데요, 영화의 내용 중에 역사적 사실과 다른 부분들이 있었습니다. 물론 영화는 사실을 바탕으로 한 허구적 예술 작품이지만, 우리나라의 역사적 상황을 배경으로 할 때는 역사의 명백한 사실만을 다루어야 한다고 생각합니다. 역사적 사실을 왜곡하게 되면 관객들이 우리나라의 역사를 잘못 받아들일 수도 있기 때문입니다.

07. (가)와 (나)에 대한 설명으로 적절하지 <u>않은</u> 것은?

① (가)와 (나)의 글쓴이는 동일한 문제에 대해 글을 쓰고 있다.
② (가)와 (나)의 글쓴이는 대상에 대해 서로 다른 관점을 보이고 있다.
③ (가)의 글쓴이는 영화 속의 역사는 자유로운 창작의 대상이라고 주장하고 있다.
④ (나)의 글쓴이는 영화 속 역사라도 사실을 왜곡해서는 안 된다고 주장하고 있다.
⑤ (가)보다는 (나)의 글쓴이가 택한 글 형식이 글쓴이의 관점을 더 잘 드러내 주고 있다.

|서술형| |고난도|

08. (가)와 (나)에 해당하는 글의 형식을 쓰고, 글쓴이의 주장을 드러내는 데 있어 각각의 형식이 갖는 강점을 서술하시오.

[09~10] 다음 글을 읽고, 물음에 답하시오.

우리가 사는 사회를 정보화 사회라고 하죠? 여러분들은 오늘 하루에도 다양한 매체를 통해 수많은 정보를 접하였을 것입니다. 이러한 정보 통신 기술의 발달은 누구나 다양한 분야의 정보 생산자가 될 수 있는 기회를 만들어 주었습니다. 지금 저도 저작권에 관해 관심을 가지고 여러 매체의 자료를 통해 공부한 뒤에, 제가 알고 있는 정보를 생산하고 있는 것이지요. 그러나 요즘, 다양한 매체에서 찾은 자료를 자신의 글인 것처럼 사용하는 경우가 자주 발생하고 있어서 문제가 되고 있습니다.

'한국저작권위원회 누리집(http://www.copyright.or.kr)'에서는 저작권을 '사람의 생각이나 감정을 표현한 결과물에 관해 그것을 표현한 사람에게 주는 권리'라고 설명하고 있습니다. 즉, 저작권은 개인의 창작물에 관한 권리이며, 그것을 함부로 쓰는 것은 저작자의 재산을 훔치는 행위라고 할 수 있습니다.

여러분, 남의 물건을 훔치는 행위를 어떻게 생각하세요? 그럼, 다른 사람의 글을 훔치는 행위는요?

저작권도 우리가 지켜야 할 윤리적 규범이라는 것, 모두 잊지 마세요.

09. 이 글의 글쓴이가 강조하고자 하는 바로 적절한 것은?

① 정보의 왜곡과 조작
② 글쓰기 과정의 중요성
③ 다른 사람의 저작물 보호
④ 글쓰기 능력을 기르는 방법
⑤ 다양한 자료의 공평한 활용

10. 이 글에서 말한 쓰기 윤리 침해 사례에 해당하는 것은?

① 영화 파일을 비용을 치르고 구입해서 봤다.
② 독후감을 작성해서 국어 선생님 블로그에 올렸다.
③ 친구의 그림을 친구의 허락을 받고 학급 홈페이지에 올렸다.
④ 인터넷에 널리 퍼진 그림과 비슷하게 그려 미술 숙제로 제출했다.
⑤ 수련회 기간의 날씨가 궁금해서 인터넷 기사를 검색한 뒤 친구들에게 전달했다.

11. 〈보기〉는 보고서를 쓰기 위해 조사한 결과를 정리하면서 학생들이 나눈 대화이다. 이 대화에서 어기고 있는 보고서 내용의 조건은?

┤ 보기 ┠

우진: 애들아, 우리 학교 학생 100명을 대상으로 한 설문 조사 결과를 보니, 아침밥을 먹는 친구들이 우리가 예상했던 것보다 많은 것 같아.

영미: 정말? 다들 안 먹고 오는 줄 알고, 아침밥을 먹어야 하는 까닭도 다 조사해 놓았는데…….

서진: 에이, 그냥 조사 결과를 조금 바꾸자. 어차피 결과는 우리만 알고 있으니까, 조금 수정해도 괜찮을 거야.

① 내용의 유창성   ② 내용의 정확성
③ 내용의 주관성   ④ 내용의 간결성
⑤ 내용의 체계성

[12~16] 다음 글을 읽고, 물음에 답하시오.

(㉠   )

〇〇 모둠

㉮ 조사 주제 및 목적

최근 한 인터넷 신문 기사에서 보도한 내용을 보면 오늘날 청소년들의 10명 중 3명은 평일 여가 시간이 2시간도 안 되는 것으로 나타났다. 이에 우리 모둠에서는 여가의 의미와 긍정적인 효과를 통해 여가의 중요성을 알아보고, 우리 학교 학생들과 오늘날 청소년들의 평일 여가 활용 양상을 비교·분석하여 우리 학교 학생들의 평일 여가 활용 실태를 탐구하였다.

㉯ 조사 기간 및 조사 방법

(1) 조사 기간: 20〇〇년 〇월 〇일~〇일

(2) 설문 조사
• 조사 대상: 우리 학교 학생 100명
• 조사 내용: 우리 학교 학생들의 평일 여가 활용 실태와 희망 여가 시간 및 활동

(3) 자료 조사
• 조사 방법: 인터넷 백과사전, 면담, 통계 자료 조사 등
• 조사 내용: 여가의 의미와 긍정적 효과, 오늘날 청소년들의 평일 여가 활용 실태

㉰ 조사 결과

(1) 여가의 의미

한국민족문화대백과사전의 풀이에 따르면, 다양한 취미 활동을 할 수 있는 개인의 자유로운 시간을 뜻한다.

(2) 여가의 긍정적 효과

면담 결과 청소년기의 여가 활동은 스트레스 해소와 기분 전환에 좋으며, 청소년의 건전한 성장과 발달에 도움이 된다는 것을 알 수 있었다. 여가의 긍정적인 효과에 관해 〇〇〇 체육 선생님은 "학업 성취도 및 자아 존중감 향상에 긍정적인 영향을 미친다."라며 동적이고 적극적인 여가 활동을 권장하였다.

(3) 오늘날 청소년들의 평일 여가 활용 실태
• 청소년의 평일 여가 시간 실태

단위: 퍼센트(%)

■ 1시간 미만 ■ 1~2시간 ■ 2~3시간 ■ 3~4시간 ■ 4~5시간 ■ 5시간 이상

| 19.7 | 29.2 | 19.5 | 13.7 | 6.8 | 11.1 |

– 통계청·여성가족부, 「2018 청소년 통계」

오늘날 청소년의 평일 여가 활용 시간은 '1~2시간'이 가장 많았고, '1시간 미만', '2~3시간' 등의 순으로 나타났다.

• 청소년의 평일 여가 활동 실태(복수 응답)

컴퓨터 게임·인터넷 검색	텔레비전 시청	휴식	취미 및 자기 계발 활동	문화·예술 관람 및 참여
68.3	64.3	60.5	30.5	22.1

운동 및 운동 경기 관람	사회 및 기타 활동	관광 활동	기타
18.6	4.1	2.7	0.2

단위: 퍼센트(%)   – 통계청·여성가족부, 「2018 청소년 통계」

오늘날 청소년의 평일 여가 활동 양상은 주로 '컴퓨터 게임·인터넷 검색', '텔레비전 시청', '휴식' 등으로 단순하고 획일적인 형태로 나타났다.

㉡ (4) 우리 학교 학생들의 평일 여가 활용 실태

설문 조사 결과 우리 학교 대부분의 학생들은 평일에 '1시간 미만'에서 '1~2시간'의 여가 시간을 보내고 있었다. 그리고 여가 활동은 '컴퓨터 게임·인터넷 검색(35명)', '텔레비전 시청(29명)'과 같은 정적인 활동 위주로 이루어지고 있었다.

우리 학교 학생 100명 중 과반수 이상의 학생들이 희망하는 평일 여가 시간은 '2~3시간'으로 나타났다. 이어 '1~2시간(22명)', '3~4시간(11명)' 등의 순으로 응답하였다. 희망하는 여가 활동으로는 32명의 학생들이 '문화·예술 활동'을 선택하였고, 이어서 운동 및 운동 경기 관람(26명), 휴식(18명) 등의 순으로 응답하였다. 대부분의 학생들이 실제 여가 활동으로 응답했던 '컴퓨터 게임·인터넷 검색', '텔레비전 시청'은 13명, 7명으로, 상대적으로 선호도가 낮게 나타났다.

라 **평가 및 소감**

이번 조사를 통해 오늘날 청소년들의 평일 여가 시간과 그 활동 양상을 우리 학교 학생들과 비교해 보았다. 우리 학교 학생들의 평일 여가 시간은 오늘날 청소년들의 양상과 크게 다르지 않았다. 한편 우리 학교 학생들이 가장 희망하는 여가 활동은 문화·예술 활동으로, 실제 여가 시에 하는 활동과 다소 차이를 보였다. 이는 학생들이 희망하는 여가 활동을 할 수 있도록 여가 활동을 위한 충분한 시간과 외부 환경 조성 등의 지원이 필요함을 시사한다. 학업 스트레스를 해소하고 긍정적인 정서를 불러일으키는 적극적인 여가 활용을 통해, 우리 학교 학생들을 비롯한 오늘날의 청소년들이 보다 행복하고 건전하게 성장할 수 있었으면 좋겠다.

마 **참고 자료**
- 한국민족문화대백과사전(http://encykorea.aks.ac.kr)
- 통계청·여성가족부, 「2018 청소년 통계」(2018)

12. 이 글을 분석한 내용으로 적절하지 않은 것은?

① 탐구·조사한 결과를 정리한 보고서이다.
② 보고서의 구성 요소를 모두 포함하여 내용을 구성하였다.
③ 인터넷 백과사전, 면담, 현장 답사, 통계 자료 조사 등의 조사 방법을 동원하였다.
④ 조사 결과 우리 학교 학생들이 희망하는 여가 활동과 실제 여가 활동이 차이를 보였다.
⑤ 오늘날 청소년들의 평일 여가 시간과 그 활동 양상을 우리 학교 학생들과 비교·분석하였다.

13. 이 글의 흐름으로 볼 때, ㉠에 들어갈 제목으로 가장 적절한 것은?

① 우리 학교 학생들의 희망 여가 시간
② 여가의 의미 및 여가의 긍정적 효과
③ 오늘날 청소년들의 평일 여가 활용 실태
④ 우리 학교 학생들의 평일 여가 활용 실태
⑤ 우리 학교 학생들과 오늘날 청소년들의 평일 여가 시간 차이

14. 이와 같은 글을 쓸 때 유의할 점과 거리가 먼 것은?

① 내용을 알아보기 쉽고 정확하게 쓴다.
② 조사자의 평가나 소감은 쓰지 않는다.
③ 조사 결과와 절차가 잘 드러나게 쓴다.
④ 내용 및 결과는 사실에 근거해야 한다.
⑤ 참고 자료의 출처를 정확하게 기록한다.

15. 이 글을 쓰기 위해 모둠원들이 세웠을 계획으로 적절하지 않은 것은?

① '여가'가 무엇인지 그 개념을 정확히 파악하는 게 좋겠어.
② 체육 선생님께 면담을 신청해 여가의 긍정적인 효과에 관해 여쭤봐야겠어.
③ 자료의 정확성을 위해 전교생에게 설문지를 일일이 나눠 주고 조사하는 게 좋겠어.
④ 우리 학교 학생들의 평일 여가 활용 양상과 희망 여가 시간 및 활동을 알아보기 위한 설문지를 만들어야겠어.
⑤ 통계 자료를 찾아서 오늘날 청소년들의 평균 여가 시간도 알아보고, 여가 시간을 어떻게 보내는지도 알아봐야겠어.

| 서술형 | | 고난도 |

16. (다)에서 ㉡의 내용을 제시하기에 효과적인 방식과, 그 방식을 통해 얻을 수 있는 효과를 서술하시오.

[01~03] 다음 글을 읽고, 물음에 답하시오.

㉮ 논밭이 텅 빈 초겨울의 들길을 휘적휘적 걸으니, 차 속에서 찌뿌드드하던 머리도 말끔히 개어 상쾌하게 부풀어 올랐다. 걷는 것은 얼마나 자유스럽고 주체적인 동작인가. 밝은 햇살을 온몸에 받으며 상쾌한 공기를 마음껏 마시고 스적스적 활개를 치면서 걷는다는 것은 참으로 유쾌한 일이다. 걷는 것은 어디에도 의존하지 않고 내가 내 힘으로 이동하는 일이다.

흥이 나면 휘파람도 불 수 있고, 산수가 아름다운 곳에 이르면 걸음을 멈추고 눈을 닦을 수도 있다. 길벗이 없더라도 무방하리라. 치수가 맞지 않는 길벗은 오히려 부담이 되니까, 좀 허전하더라도 그것은 나그네의 체중 같은 것. 혼자서 걷는 길이 생각에 몰입할 수 있어 좋다. 살아온 자취를 되돌아보고 앞으로 넘어야 할 삶의 고개를 헤아린다.

인간이 사유하게 된 것은, 모르긴 하지만 걷는 일로부터 시작됐을 것이다. 한곳에 멈추어 생각하면 맴돌거나 망상에 사로잡히기 쉽지만, 걸으면서 궁리를 하면 막힘없이 술술 풀려 깊이와 무게를 더할 수 있다. 칸트나 베토벤의 경우를 들출 것도 없이, 위대한 철인이나 예술가들이 즐겨 산책길에 나선 것도 따지고 보면 걷는 데서 창의력을 일깨울 수 있었기 때문일 것이다.

㉯ 건강한 삶은 우리 모두의 꿈이다. 모든 것을 다 가져도 건강을 잃으면 아무 소용이 없다. 건강하게 장수하기 위해서는 올바른 식생활과 규칙적인 운동이 필요하다. 만약 누군가 수많은 운동 중 몸에 좋은 운동을 한 가지만 추천해 달라고 한다면 나는 주저 없이 '걷기'라고 말하고 싶다. 걷기 운동은 건강에 미치는 효과가 매우 뛰어나며 남녀노소 누구나 언제 어디서든 간편하게 할 수 있는 운동이기 때문이다.

(중략)

모든 운동이 그렇듯이 걷기 운동도 자세가 중요하다. 걸을 때에는 상체를 바로 세우고 팔과 다리는 자연스럽게 앞뒤로 움직인다는 기분으로 걷는다. 이때 유의할 점은 걸을 때 지면에 닿는 발동작이다. 발뒤꿈치가 먼저 닿고 그다음 발바닥 전체가 닿은 뒤, 마지막으로 발의 앞 끝이 들리는 순서로 걸어야 한다. 이때 몸의 무게 중심은 발뒤꿈치에서 발바닥 바깥 부분으로, 다시 새끼발가락에서 엄지발가락 순서로 옮겨진다.

또 하나 중요한 것은 운동의 강도다. 보폭은 신장의 35~40퍼센트 정도로 하되 자연스럽게 내디딜 수 있는 정도면 된다. 빨리 걷기 위해 무리하게 팔을 흔들거나 다리를 뻗는 일은 삼가고, 평소보다 조금 빠르다는 느낌으로 걷는 것이 좋다. 이때 숨을 깊게 들이마시고 내쉬어야 에너지를 효율적으로 사용하고 운동 효과를 극대화할 수 있다. 걸으면서 깊은 호흡을 하는 것이 힘들다면 걷기 전 5분 동안 코로 숨을 깊게 들이마시고 내쉬는 훈련을 하도록 한다.

01. (가)와 (나)에 담긴 대상에 대한 글쓴이의 관점을 〈조건〉을 고려하여 서술하시오.

┤ 조건 ├
• (가)와 (나)에 담긴 글쓴이의 관점을 비교하는 형식으로 서술할 것.
• 80자 이내의 한 문장으로 서술할 것.

02. (가)와 (나)에 담긴 동일한 화제에 관해 두 글의 글쓴이와는 다른 관점과 형식으로 대상을 표현하려고 한다. 이때 어떤 관점을 어떤 형식으로 표현하는 것이 효과적일지를 그 까닭과 함께 서술하시오.

03. 동일한 화제를 다룬 글의 관점과 형식을 비교하며 읽을 때 독자가 얻을 수 있는 효과를 둘 이상 서술하시오.

01. 다음은 보고서를 쓰기 위한 계획을 세우며 나눈 대화이다. 대화 내용을 바탕으로 계획 세우기 단계에서 해야 할 일들을 서술하시오.

> 정화: 이번에 모둠별로 보고서를 써야 하잖아. 어떤 주제로 쓰는 것이 좋을까?
> 채연: 최근에 인터넷에서 오늘날 청소년들의 평일 여가 시간이 2시간도 안 된다는 기사를 봤어. 우리 학교 학생들은 어떨지 궁금해. 우리 학교 학생들의 평일 여가 시간이 얼마나 되는지 조사하는 것이 어때?
> 동명: 그거 괜찮다. 여가 시간에 어떠한 활동을 하는지도 조사하자.
> 정화: 그래. 설문지를 만들어서 조사하는 것이 좋겠어. 우리 학교 학생들 100명을 대상으로 조사하면 되겠지?
> 재현: 응. 그럼 나는 통계 자료를 바탕으로 오늘날 청소년들의 여가 시간과 활동에 관한 자료를 찾아볼게.
> 동명: 나는 인터넷 백과사전에서 여가의 의미를 찾아볼게. 채연이는 면담을 통해 여가의 긍정적인 효과를 조사해 줘.

[02~03] 다음 글을 읽고, 물음에 답하시오.

가 청소년의 평일 여가 시간 실태

단위: 퍼센트(%)

1시간 미만	1~2시간	2~3시간	3~4시간	4~5시간	5시간 이상
19.7	29.2	19.5	13.7	6.8	11.1

– 통계청 · 여성가족부, 「2018 청소년 통계」

오늘날 청소년의 평일 여가 활용 시간은 '1~2시간'이 가장 많았고, '1시간 미만', '2~3시간' 등의 순으로 나타났다.

나 우리 학교 학생들의 평일 여가 활용 실태

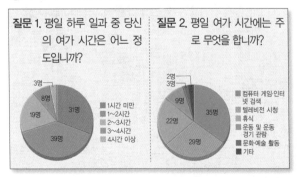

질문 1. 평일 하루 일과 중 당신의 여가 시간은 어느 정도입니까?

질문 2. 평일 여가 시간에는 주로 무엇을 합니까?

설문 조사 결과 우리 학교 대부분의 학생들은 평일에 '1시간 미만'에서 '1~2시간'의 여가 시간을 보내고 있었다. 그리고 여가 활동은 '컴퓨터 게임·인터넷 검색(35명)', '텔레비전 시청(29명)'과 같은 정적인 활동 위주로 이루어지고 있었다.

질문 3. ㉠

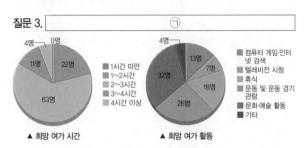

▲ 희망 여가 시간   ▲ 희망 여가 활동

[A] 우리 학교 학생 100명 중 과반수 이상의 학생들이 희망하는 평일 여가 시간은 '2~3시간'으로 나타났다. 이어 '1~2시간(22명)', '3~4시간(11명)' 등의 순으로 응답하였다. 희망하는 여가 활동으로는 32명의 학생들이 '문화 · 예술 활동'을 선택하였고, 이어서 운동 및 운동 경기 관람(26명), 휴식(18명) 등의 순으로 응답하였다. 대부분의 학생들이 실제 여가 활동으로 응답했던 '컴퓨터 게임 · 인터넷 검색', '텔레비전 시청'은 13명, 7명으로, 상대적으로 선호도가 낮게 나타났다.

02. 이와 같은 보고서를 쓸 때, 지켜야 할 쓰기 윤리 두 가지를 각각 한 문장으로 서술하시오.

03. ㉠에 들어갈 '질문 3'의 내용을 〈조건〉을 고려하여 서술하시오.

> ┤ 조건 ├
> • [A]의 내용을 바탕으로 서술할 것.
> • '질문 1, 2'와 같은 높임 표현을 유지할 것.

쓰기 윤리의 중요성 인식하기

> 이 글은 블로그 게시물인데, 오늘날 쓰기 윤리의 위기 상황을 지적하면서 저작권의 정의와 저작권 침해 사례, 그리고 저작물을 올바르게 사용하는 방법에 대해 설명하고 있다.

마음이 님의 블로그 | 이웃 블로그 | 바로가기 ▼

저작권 시대

인터넷 시대, 쓰기 윤리는 어디로

이 콩나물은 사면서
이 콩나물은 왜?

– 출처: 한국 음악 저작권 협회 홈페이지

예전부터 다른 사람의 글을 그대로 옮겨 오는 것은 자신의 양심을 파는 행위로 여겨져 왔습니다. 그런데 인터넷 매체가 발달함에 따라 남의 자료를 사용하는 것에 대한 경각심이 느슨해지고 있습니다. 검색을 통해서 다른 사람들의 창작물을 접하기도 쉬워지고, 개인 홈페이지나 블로그를 다양한 내용으로 채우고 싶은 마음도 커졌기 때문일 거예요. 하지만 다른 사람의 글을 허락 없이 함부로 올리는 것은 도둑질이나 다름없답니다. 인터넷 공간에 쉽게 자료를 올리거나 내려받을 수 있는 요즘, 우리는 다른 사람의 창작물을 사용하는 일에 조심 또 조심해야 합니다. 어떻게 하면 현명하게 자료를 활용할 수 있을지, 저작권에 대해서 자세히 알아보겠습니다.

저작권이란

강○○ 님의 저서 『저작권이란 무엇인가』에 따르면 저작권이란 '사람의 생각 또는 감정을 표현한 창작물을 보호하기 위해 그것을 창작한 사람에게 주는 권리'를 말합니다. 즉 만든 사람의 지적 재산을 보호하기 위한 권리이지요. 다양한 첨단 매체가 발달함에 따라 요즘은 책에 인쇄된 글만이 아니라 매체에 실린 글도 저작권이 있답니다. 우리가 인터넷을 통해 쉽게 찾을 수 있는 음악 파일, 뮤직비디오, 영화나 드라마, 연예인 사진 등의 자료, 블로그에 올린 글짓기 숙제나 독서 감상문도 모두 보호해야 할 대상이라는 것이지요. 이와 같이 누군가의 창작 행위로 만들어진 결과물인 저작물에 대한 권리를 저작권이라고 합니다.

저작권을 침해하는 경우는

① 표절은 저작권 침해에 해당합니다.

다른 사람의 저작물을 허락 없이 몰래 쓰는 행위를 표절이라고 합니다. 원작 또는 출처를 밝히지 않고 자기 것처럼 가장하는 행위이기도 하고요. 저작권 침해는 다른 사람의 저작물을 무단으로 이용하는 행위이기 때문에, 표절은 저작권 침해의 한 유형이라 할 수 있습니다.

② 자신도 모르게 저작권을 침해할 수도 있어요.

의도적인 표절뿐만 아니라 자신도 모르게 다른 사람의 자료를 사용하는 경우에도 저작권을 침해할 수 있어요. 특히 인터넷 게시판이나 개인 홈페이지 등에 음악이나 영상물 등을 올리는 것이 큰 문제가 된다는 것을 모르는 사람이 적지 않습니다. 어느 여학생은 중학생 때 블로그에 노래를 올린 적이 있는데, 그것이 나중에 크게 문제가 되어 세 번이나 고소를 당했다고 합니다. 그런데 고소를 당한 여학생은 자신의 행동이 저작권 침해에 해당한다는 사실을 몰랐다고 해요.

이렇듯 일상에서 무심코 행한 행동이 저작권 침해를 불러올 수 있어요. 이러한 일은 저작권 침해의 범위를 잘 알지 못해서 발생한 것이라 할 수 있습니다.

저작권을 침해하지 않으면서 저작물을 이용하는 방법

다른 사람의 자료를 사용할 때는 우선 저작권자의 허락을 꼭 받아야 합니다. 그런 뒤 출처를 명확히 밝힘으로써 인용한 것임을 드러내야 합니다. 블로그나 카페에 신문 기사를 가져올 때도 특히 주의해야 합니다. '바로 가기' 링크가 되어 있으니 저작권 침해가 아니라고 생각하는 사람이 많은데, 반드시 신문사 또는 기자의 허락을 받고서 출처를 밝혀야 한다는 사실을 잊지 마세요.

불법 다운로드... 하시겠습니까?

– 출처: 공익광고협의회

인터넷 공유 사이트에서 최신 영화를 내려받거나 올려 본 경험이 있나요? 내 것도 아닌 것을 함부로 올려서 공유하는 일은 절대 해서는 안 됩니다! 내가 만들지 않은 음악, 영화 등의 자료를 대가를 지급하지 않고 유포하는 행위는 그 분야에서 열심히 노력하는 많은 이들의 창작 의욕을 사라지게 하는 일이랍니다.

내 것은 내 마음대로! 남의 것은 꼭 허락을!

지금까지 저작권과 관련된 몇 가지 상식에 대해 알아보았습니다. 앞으로는 저작권에 대해 명확히 인식하고 저작물을 올바르게 이용하는 우리가 됩시다! '내 것'은 내 마음대로 할 수 있지만, '다른 사람의 것'은 함부로 사용해서는 안 되며, 사용할 때는

반드시 허락을 받아야 한다는 것을 꼭 잊지 마세요.^^

블로그 포스트는 하나의 저작물입니다.
이 글을 무단으로 도용하실 경우 민형사 처벌이 가능합니다.
가져가실 분은 꼭 쪽지 주세요.^_^

정답과 해설

중학교 국어 3-2

1 다양한 해석, 자신 있는 표현

(1) 시 읽기의 네 갈래 길 – 백석의 「멧새 소리」

콕콕 확인 문제

13~17쪽

1. ③ **2.** ④ **3.** ⑤ **4.** '명태'는 화자의 분신이자 자화상이다. / 화자가 자신을 '명태'와 동일시하고 있다. **5.** ② **6.** ③ **7.** ① **8.** 화자와 외부의 소통 가능성을 열어 주는 작은 길로 해석한다. **9.** ⑤ **10.** ②, ④ **11.** ② **12.** 독자의 경험을 중심으로 작품을 해석한다.

1. 이 시에는 명태를 말리고 있는 상황과 '길다랗고 파리한' 명태가 꽁꽁 얼어 있는 모습이 잘 나타나고 있으므로 전체적으로 시각적 심상이 나타나고 있다. 또한 '멧새 소리'라는 제목을 통해 청각적 심상을 더하고 있다. 그러나 이 시에서 공감각적 표현은 나타나지 않는다.

오답 해설

① '볕은 서러웁게 차갑다'라는 시구에서 역설적 표현이 나타나고 있다.
② 이 시에서 시적 화자는 자신이 보고 있는 것을 혼잣말하는 듯한 어조로 말하고 있다.
④ 시간적 배경은 '저물녘'이고, 명태가 '꽁꽁 얼어' 있는 것으로 보아 계절적 배경은 겨울임을 알 수 있다.
⑤ 시적 화자인 '나'가 표면적으로 드러나고 있다.

지식 창고 – 역설적 표현

표면적으로는 모순되거나 부조리한 것 같지만 그 표면적인 진술 너머에서 진실을 드러내고 있는 표현 방법이다. ⑩ 찬란한 슬픔의 봄, 소리 없는 아우성 등

2. 시의 앞부분인 1~4행에서는 명태를 말리는 객관적 상황이 나타나고 있고, 시의 뒷부분인 5~8행에서는 시적 화자와 명태가 동일시되면서 화자의 모습과 처지가 나타나고 있다.

3. 명태가 꽁꽁 얼어 있는 모습을 보면서 자신과 명태를 동일시하는 '나'의 모습이 그려지고 있어서 전체적으로 쓸쓸하고 적막한 분위기가 나타나고 있다. 분위기의 전환은 나타나지 않는다.

오답 해설

①, ② '문턱에 꽁꽁 얼어서'를 통해 화자가 문턱에서 누군가를 오래 기다렸음을 알 수 있으므로, 화자의 안타까운 상황이 제시되었다고 볼 수 있다.
③ '멧새 소리'라는 제목은 명태의 시각적 이미지에 깨끗하고 맑은 멧새의 청각적 울림을 더해 주고 있다.
④ '꼬리에 길다란 고드름'이 달린 명태의 부정적 상황은 창작 당시 우리 민족이 당면한 냉혹한 현실을 상징적으로 반영하고 있다고도 볼 수 있다.

4. 이 시의 화자는 꽁꽁 얼어서 '꼬리에 길다란 고드름'이 달려 있는 명태를 보면서 자신도 '문턱에 꽁꽁 얼어서 / 가슴에 길다란 고드름이 달렸다'고 표현하고 있다. 즉 화자는 '명태'를 자신과 동일시하고 있으며, 자신의 분신이자 자화상으로 보고 있다.

5. 1~3에서는 작품의 내용이나 표현을 중심으로 작품 자체에 주목하여 작품을 해석하고 있다.

6. 이 글에서 「멧새 소리」에서의 제목의 역할은 2~3에서 설명하고 있다. 2에서는 제목이 청각적 울림을 더해 주고 시의 의미를 풍요롭게 해 준다고 하였고, 3에서는 시의 적막한 분위기와 기다리는 마음을 강조하고 있다고 해석하고 있다.

7. 1에서는 시 「멧새 소리」가 탁월한 이미지를 구현했다고 해석하고 있고, 2~3에서는 '멧새 소리'라는 제목이 시의 의미를 풍요롭게 한다고 해석하고 있다.

8. 이 글의 글쓴이가 해석한 '멧새 소리'의 의미는, 3의 마지막 문장을 통해 직접적으로 제시되고 있다.

9. 이 글에서 글쓴이는 작품의 시대적 배경과 관련지어 작품을 해석하고 있으나, 풍자적인 관점이 드러나고 있는 것은 아니다.

오답 해설

①, ② 작품의 내용, 시인의 삶, 시대적 배경, 독자의 경험 등을 고려하여 시를 풍부하게 해석하고 있고, 각각의 해석에 대한 근거를 제시하고 있다.
③ 글쓴이는 시 「멧새 소리」를 읽는 재미를 설명하고 시의 깊은 의미를 해석함으로써 작품에 대한 긍정적인 태도를 보여 주고 있다.
④ 7에서 시에 관한 해석은 독자 스스로가 채워 넣는

이야기에서 완성됨을 말하며 여운을 남기고 있다.

지식 창고 – 풍자

　문학 작품에서 사회적 현상이나 현실을 과장, 왜곡, 비꼬는 방법으로 우스꽝스럽게 나타내고 웃음을 유발하는 표현 방법이다.

---

10. 시 속의 '명태'를 **4**에서는 '백석 자신의 모습'이라고 해석하고, **6**에서는 '암울한 우리 민족의 분신'이라고 해석하고 있다.

11. **6**은 시가 쓰인 시대적 배경을 중심으로 시를 해석하고 있다. 시가 창작될 당시는 일제 강점기로, 일본의 억압과 수탈이 심했고 우리 민족은 조국과 고향을 떠나 암울하게 살아야 했다. ②는 이 점을 근거로 「멧새 소리」에 우리 민족의 삶이 반영되어 있다고 해석하고 있다.

12. **7**의 '제일 커다란 울림은 독자 스스로가 채워 넣는 각자의 이야기에서 완성된다.'를 보면, 독자가 자신의 경험을 반영하여 시를 해석하는 방법을 제시하고 있다.

시험엔 이렇게!!
18~20쪽

1. ① **2.** ④ **3.** 시인의 삶을 중심으로 한 해석이다. **4.** ④

1. 화자는 시적 대상인 '명태'를 자신의 분신, 자화상으로 보고 있다. 즉 시적 대상과 화자가 대비되는 것이 아니라, 동일시되고 있다.

오답 해설
② 1행, 2~4행, 5행, 6~8행의 네 부분으로 나눌 수 있다.
③ 명태를 말리는 모습은 당시에는 흔히 볼 수 있는 풍경이었다.
④ 시의 앞부분에는 명태를 말리는 객관적인 상황이, 뒷부분에는 화자의 모습과 처지가 나타나고 있다.
⑤ 4행에 나타나고 있는 '고드름'은 냉혹한 현실을 암시하고 있고, 8행에 나타나고 있는 '고드름'은 화자의 쓸쓸함과 고독감을 상징적으로 드러내고 있다.

2. ④는 글쓴이의 해석이 아니라 해석에 대한 근거이다.

3. 〈보기〉는 고향을 떠나 외롭고 쓸쓸하게 살았던 시인 백석의 삶을 중심으로 시를 해석하고 있다.

---

4. 제시문은 시의 제목 '멧새 소리'를 자신의 꿈과 연관 지어 자신은 꿈이 있어서 외롭지 않다고 해석하고 있다. 이는 작품의 내용이 독자에게 전달되는 의미를 고려하여 작품을 해석한 것으로 볼 수 있다.

소단원 나의 실력 다지기
24~25쪽

1. ⑤ **2.** ④ **3.** ④ **4.** ⑤ **5.** 이미지가 탁월하고 의미가 풍요롭다. **6.** ③ **7.** ③ **8.** '명태'는 백석 자신의 모습이자 암울한 우리 민족의 분신을 의미한다. **9.** 시 읽기는 작품에서 출발하여 독자의 내면으로 돌아오는 여정이기 때문이다.

1. 당시 삶의 풍경이 드러나고는 있으나 향토색이 드러나는 시어가 사용된 것은 아니다.

오답 해설
① '나도 길다랗고 파리한 명태다'라는 표현으로 보아, 시적 화자인 '나'와 명태가 동일시됨을 알 수 있다.
② 꼬리에 고드름이 달린 명태, 가슴에 고드름이 달린 '나'의 모습을 통해 쓸쓸하고 적막한 분위기가 나타나고 있다.
③ '볕은 서러웁게 차갑다'에 화자의 서러움을 이입하여 표현하고 있다.
④ 명태 꼬리에 달린 '고드름'을 통해 암울한 현실을 암시하고 있다.

2. 비평문은 독자들에게 작품을 홍보하기 위한 목적이 아니라, 작품이 지닌 미적 가치를 분석적으로 평가하는 글이다.

3. (다)~(라)에는 시의 제목인 '멧새 소리'에 대한 해석이 나타나고 있는데, (가)의 제목이 자유로운 삶을 살고 싶은 화자의 소망을 드러낸다는 설명은 찾을 수 없다.

4. ㉠에는 따뜻한 '볕'을 '차갑다'라고 모순되게 표현하는 역설법이 쓰였다. ⑤는 먼 후일에도 절대 잊지 않겠다는 반어법이 쓰였다.

오답 해설
①, ②, ④ 모두 부정적 의미의 시어인 '어둠', '결별', '슬픔'을 각각 긍정적 의미의 시어인 '환희', '축복', '찬란한'과 연결하여 모순되게 표현한 역설법이 사용되었다.
③ 임이 '갔지마는' 임을 '보내지 아니하였'다고 모순되게 표현하고 있다.

지식 창고 – 반어법

　참뜻과는 반대되는 말을 하여 문장의 의미를 강화하는 표현법이다.

예 나 보기가 역겨워 / 가실 때에는 / 죽어도 아니 눈물 흘리오리다.

　→ 속마음은 임과의 이별에 대한 안타까움으로 울고 있지만 겉으로는 절대로 눈물을 흘리지 않겠다고 반대되게 표현하고 있다.

---

5. (나)~(라)는 작품 내용이나 표현을 중심으로 한 해석이다. (나)에서는 작품의 이미지가 탁월함을 밝히고 있고, (다)~(라)에서는 제목이 시의 의미를 풍요롭게 한다는 내용이 나타나고 있다.

6. (가)에는 시인의 삶을 중심으로 한 해석이 나타나고 있다. '고향을 떠나 외롭게 살아갔던 시인'이라고 시인의 삶을 언급하고 있는 것은 시인의 삶을 중심으로 한 해석으로 볼 수 있다.

오답 해설

①, ② 시대적 배경을 고려한 작품 해석이다.

④ 작품의 내용이 독자에게 전달되는 의미를 고려하여 작품을 해석하고 있다.

7. (다)에서는 시가 창작된 당시의 시대적 배경을 중심으로 한 해석이 나타나고 있다.

8. 시어 '명태'의 의미는 (가)와 (다)에 직접적으로 드러나고 있다. (가)에서는 '명태'를 시인 자신의 모습이라고 해석하고 있고, (다)에서는 '명태'를 암울한 우리 민족의 분신이라고 해석하고 있다.

9. ㉠에 대한 해석의 근거는 (라)의 마지막 문장을 통해 나타나고 있다. 즉 시 읽기가 작품에서 출발하여 자기 안으로 돌아오는 과정이기 때문에 작품을 해석할 때는 독자가 자신의 경험을 반영해야 한다는 것이다.

---

(2) 자신 있게 말하기

 콕콕 확인 문제　　　　　　　　　　29~38쪽

1. ②　**2.** ②　**3.** ⑤　**4.** ④　**5.** ③　**6.** ③　**7.** ①　**8.** ③

1. '선구'는 발표문을 외우기는 했으나, 그것을 발표하는 연습을 하지 않았다. 즉 말하기 연습 방법이 적절하지 않았다(㉠). 또한 '선구'는 친구들의 이야기를 듣고 부담감을 느끼며 불안해하고 있다(㉡). 모둠 친구들이 '선구'에게 발표를 부탁했을 때, '선구'는 말을 해 본 경험이 별로 없다며 걱정을 하고 있다(㉢).

2. 실수 없이 말해야겠다는 생각은 화자에게 더욱 부담감을 줄 수 있다. 또한 말할 내용을 빠짐없이 외우는 것보다는 실제 상황처럼 발표 연습을 해 보는 것이 말하기 불안을 해소하는데 더 효과적이다.

3. '파리'는 이상보다는 눈앞의 물질적 욕구와 쾌락을 추구하는 삶의 방식을 보이는 인물이다.

4. 이 소설의 작가는 '불나방'의 삶을 긍정적으로 보고 있으며, 눈앞의 욕망보다는 자유와 아름다움을 추구하며 이상을 이루려는 삶이 더 가치 있다는 주제를 전달하고 있다. 즉 자신의 이상이나 신념을 추구하는 삶이 더 의미 있다는 주제를 전달하고 있다.

5. '하루살이'는 '불나방'의 말을 들으며 고개를 끄덕이기는 하지만 끈끈이 띠에 붙어 있다가 자정이 되자 죽음을 맞이했다. 그러므로 자신의 의지대로 살았다고 볼 수 없다.

오답 해설

①, ⑤ '불나방'은 자신이 추구하는 자유와 아름다움을 위해 자신의 생명도 버리고 있다.

②, ④ '파리'는 끈끈이 띠의 아교풀을 먹으며 현실 속에서 가능한 것을 추구하는 삶의 방식을 보이고 있다.

6. 발표 주제나 자료 조사를 치밀하게 준비해야 하는 것은 적절하지만, 이것은 발표문을 작성하기 전 단계에서 해야 할 일이다.

7. 발표할 때에는 몸에 너무 힘을 주지 않도록 해야 하고, 몸을 구부리거나 기대는 자세는 삼간다.

8. 화자와 시선을 맞추면서 발표를 듣고 있음을 보여 주면 화자가 긴장감을 풀 수 있다.

4　　정답과 해설

1. ④ **2.** ⑤ **3.** ② **4.** 말을 잘해야 한다는 부담감이 너무 컸고, 말하기 연습 방법이 적절하지 않았으며, 여러 사람 앞에서 말을 해 본 경험이 부족했다. **5.** ① **6.** ⑤ **7.** ④ **8.** 눈앞의 욕망보다 자유나 아름다움을 추구하는 삶이 더 가치 있다.

1. 말하기 준비 상태가 미흡하여 말하기 불안이 생겨날 수도 있으나, 개인의 성향이나 부끄러움을 많이 타는 성격 등도 말하기 불안의 원인이 된다.

2. 말하기가 실제로 이루어지는 상황에서는 자신의 계획과는 달리 돌발적인 상황이 벌어질 수도 있다. 따라서 계획대로 실수 없이 말하려고 노력하다 보면 예상과는 다른 상황이 생겼을 때 말하기 불안이 더욱 심화될 수 있다.

3. 시선, 표정, 동작과 같은 비언어적 표현을 사용하면 말하기의 효과를 높일 수 있으므로, 말하기를 연습할 때나 실제 말하기를 할 때 비언어적 표현을 적절히 활용하는 것이 좋다.

4. '선구'는 여러 사람 앞에서 말을 해 본 경험이 별로 없어서 발표를 잘할 수 있을지에 대해 걱정하고 있다. 또한, 발표문을 보지 않고도 말할 수 있을 정도로 외우기는 했으나 따로 발표 연습을 하지는 않았다. 그리고 친구들이 발표를 잘할 것으로 기대하는 말을 많이 했기 때문에 말을 잘해야 한다는 부담감을 느끼게 되었다.

5. '불나방'은 자유와 아름다움이라는 가치를 추구하기 위해 자신의 목숨을 희생하는 것도 두려워하지 않는다.

오답 해설

② '일렁이는 촛불'이나 '끈끈이 띠'의 '아교풀'은 유혹의 대상을 의미한다.

③ 물질적 욕구나 눈앞의 쾌락을 추구하는 삶의 방식을 보여 주는 등장인물은 '파리'이다.

④ '파리'는 일상의 행복을 추구하며 소중한 생명을 지키는 것이 중요하다는 가치관을 따르고 있다고 짐작할 수는 있으나, 제시된 글에서는 그것을 '하루살이'에게 말하고 있지 않다.

⑤ '하루살이'는 불나방의 말을 듣고 고개를 끄덕이고 있으나, 자정이 될 무렵 죽음을 맞이했기 때문에 구속과 속박에서 벗어나겠다고 다짐했는지는 알 수 없다.

6. 추구하는 가치가 다른 등장인물들을 통해 작가는 눈앞의 욕망보다 자유와 아름다움을 추구하는 삶이 더 가치 있다는 주제를 전달하고 있다. 즉 '불나방'의 삶을 긍정적으로 보고 있다.

7. 문학 작품을 해석할 때에는 자신의 경험이나 배경지식, 가치관 등을 활용하여 작품을 주체적으로 해석하는 것이 중요하지만, 작가의 창작 의도나 작품 내적인 표현이나 내용, 작품이 독자에게 주는 의미 등을 중심으로 다양하게 해석할 수 있다.

8. 작가는 '불나방', '파리', '하루살이'의 삶의 방식을 통해 눈앞의 욕망보다는 자유와 아름다움을 추구하는 삶이 더 가치 있다는 주제를 전달하고 있다.

1. ③ **2.** ③ **3.** ② **4.** 화자와 외부의 소통 가능성을 열어 주는 **5.** ①, ③, ⑤ **6.** ⑤ **7.** ② **8.** 조국의 광복을 기다렸을 것이다. **9.** ⑤ **10.** ① **11.** ④ **12.** ④ **13.** ① **14.** ⑤

1. 이 글은 비평문으로 문학 작품에 대한 미적 가치를 분석적으로 평가하기 위한 글이다. 작품에 대한 글쓴이의 미적 경험을 드러내기 때문에, 작품에 대한 글쓴이의 주체적인 관점과 그에 대한 타당한 근거가 나타나게 된다.

2. (나)~(라)에서는 「멧새 소리」를 표현과 내용을 중심으로 해석하고 있다. '명태에 대한 묘사'라는 작품 내용과 '화자의 담담한 듯 쓸쓸한 어조'라는 표현상의 특징을 중심으로 작품을 해석하고 있다.

오답 해설

① 시인 백석의 삶을 근거로 작품을 해석하고 있다.

② 당시의 시대적 배경을 중심으로 해석하고 있다.

④ 독자의 경험을 중심으로 작품을 해석하고 있다.

⑤ 작품이 독자에게 주는 의미를 중심으로 해석하고 있다.

3. (가)의 제목을 '멧새 소리'라고 함으로써 얻는 효과는 (다)를 통해 잘 드러난다. (다)의 마지막 문장에서 시의 제목은 명태의 시각적 이미지에 청각적 울림을 더해 줄 뿐 아니라, 시의 의미를 풍요롭게 한다고 하였다.

4. (라)에서 '멧새 소리'와 '문턱'은 누군가를 기다리는 동안

안과 밖을 이어 주는 공간으로 설명되고 있다. 따라서 '멧새 소리'와 '문턱'은 화자와 외부의 소통 가능성을 열어 주는 통로가 된다고 볼 수 있다.

5. (가)는 시인의 삶을 중심으로 작품을 해석하고 있으며, (나)는 당시의 시대적 배경을 중심으로 작품을 해석하고 있다. (다)는 독자의 경험을 중심으로 작품을 해석하고 있다.

6. 이 시에서 시적 화자는 곧 시인 자신이고, 자신을 '명태'와 동일시하고 있다. 따라서 시인은 자신의 이미지를 시적 대상에 투영하고 있다고 볼 수 있다.

오답 해설
① (가)에서는 이 시에 시인의 섬세한 감성이 표현되어 있다고 하였다.
② (나)의 해석을 보면 '명태'는 암울한 우리 민족의 분신으로 볼 수 있으므로, 이 시에는 우리 민족의 삶이 반영되었다고 볼 수 있다.
③ (다)에서는 이 시의 해석은 독자 스스로가 채워 넣는 이야기를 통해 완성된다고 하였다.
④ (가)에 제시된 당시 시인의 삶으로 보아, 이 시에는 함흥의 겨울 정서와 명태의 상황이 묘사되고 있다고 볼 수 있다.

7. (다)의 '어떤 독자는 어릴 적 건넛마을 혹은 ~ 헤어진 그 누군가를 채워 넣어 읽을 것이다.'를 통해 이 글에서 다루고 있는 시가 누군가를 기다리는 안타깝고 쓸쓸한 정서를 노래하고 있음을 미루어 짐작할 수 있다. 이와 같은 정서가 나타난 것은 ②로, ②에는 엄마를 기다리는 어린아이의 쓸쓸하고 외로운 정서가 나타나고 있다.

오답 해설
① 죽음을 초월하여 달관한 모습을 보여 주는 시이다.
③ 소극적으로 그냥 기다리는 것이 아니라 적극적으로 기다림을 극복하는 모습을 보여 주고 있다.
④ 사랑이 끝난 아픔을 스스로 사랑이 되어 극복하는 모습을 보여 주고 있다.
⑤ 관심과 애정을 통해 발견하는 세상 모든 존재의 가치와 아름다움을 노래하고 있다.

8. (나)의 해석으로 볼 때, 당시 우리 민족이 기다린 것은 조국의 광복이라고 할 수 있다.

9. (나)에서 '선구'는 발표를 잘해 줄 것으로 기대하는 친구들의 말을 듣고 부담감을 크게 느꼈고, 그것은 말하기 불안으로 이어졌다.

오답 해설
① 청중은 학급 친구들이기 때문에 청중이나 말하기 환경이 친숙하지 않은 것은 아니다.
② '선구'가 겪은 말하기 불안은 누구나 겪을 수 있는 심리 현상에 해당한다.
③ '선구'는 발표문을 외우기는 했으나, 발표 연습을 적절하게 한 것은 아니다.
④ (가)에 '선구'가 청중의 반응을 걱정했다는 내용은 나타나지 않는다.

10. '나는 실수하지 않는 사람'이라는 생각은 말하기 불안을 더욱 심화시킬 수 있다. 누구나 실수를 할 수 있고 실수해도 괜찮다는 생각을 하면서 불안감을 떨쳐 내야 한다.

11. (다)에서 청자의 긍정적 반응은 화자에게 자신감을 부여하고 마음의 여유를 갖게 해 준다고 하였다. 그러나 화자와 눈이 마주쳤을 때 고개를 떨구거나 창밖으로 고개를 돌리면 화자는 자신의 발표 내용이 청자에게 받아들여지지 않는다고 생각하여 말하기 불안이 더욱 높아질 수 있다.

12. (나)는 시인의 삶을 중심으로 작품을 해석하고 있다. ④는 고향을 떠나 외롭게 생활했던 시인의 삶을 중심으로 작품을 해석하고 있다.

오답 해설
① 작품의 내용을 중심으로 작품을 해석하고 있다.
② 작품의 표현을 중심으로 해석하고 있다.
③ 작품이 창작된 시기, 당시의 시대적 배경을 중심으로 해석하고 있다.
⑤ 작품이 독자에게 주는 의미를 고려하여 작품을 해석하고 있다.

13. '파리'는 눈앞의 쾌락이나 욕망을 추구하는 사람, 자유롭지 않더라도 안정적인 삶을 추구하는 사람을 상징한다고 볼 수 있다. 따라서 '짧지만 큰 인기를 얻은 연예인'과는 다른 유형의 사람이라고 볼 수 있다.

② 자유는 없지만 안정적인 삶을 살아가고 있다는 점에서 '파리'와 유사한 유형의 삶이라고 볼 수 있다.

③ 눈앞의 욕구만을 추구하며 살아간다는 측면에서 '파리'와 같은 삶이라고 볼 수 있다.

④ 아름다움을 추구한다는 점에서 '불나방'과 같은 삶이라고 볼 수 있다.

⑤ 목숨을 희생할 각오를 하고 자신이 추구하는 이상을 위해 노력한다는 점에서 '불나방'과 같은 삶이라고 볼 수 있다.

14. ⑤는 '불나방'의 삶을 부정적인 측면에서 바라보고 있고, 나머지는 '불나방'의 삶을 긍정적인 측면에서 바라보고 있다.

① '불나방'은 자유로움을 추구하면서 자신의 의지대로 살아가는 삶을 살고 있다.

② 주어진 환경에만 안주하는 '파리'를 부정적으로 보고 있으므로, '불나방'의 삶을 긍정적으로 본다고 할 수 있다.

③ 편안하게 사는 것보다 힘겹더라도 자신의 신념과 이상을 추구하면서 살아가겠다는 의미이므로 '불나방'의 삶을 긍정적으로 보고 있다.

④ 자신의 신념을 위해 목숨까지 버리는 '불나방'의 삶을 긍정적으로 보고 있다.

논술형 평가 대비하기   52~53쪽

(1) 시 읽기의 네 갈래 길 – 백석의 「멧새 소리」
1. (나)는 작품 내용이나 표현을 중심으로 한 해석이고, (다)는 시인의 삶을 중심으로 한 해석이며, (라)는 시대적 배경을 중심으로 한 해석이다. **2.** 시인이 홀로 머물고 있던 함흥의 겨울 정서와 명태의 상황을 함축적으로 묘사하였다. **3.** 해석: 우리 민족의 삶을 반영하고 있다. 근거: 시가 창작될 당시는 일본의 억압과 수탈이 심했고, 우리 민족은 조국과 고향을 떠나 암울하게 살았다. **4.** 〈예시 답〉 나는 시인의 삶을 중심으로 한 해석이 가장 타당하다고 생각한다. 왜냐하면 가슴에 고드름을 달고 있는 시적 화자는, 당시 고향을 떠나 외롭게 생활했을 시인의 모습을 잘 드러낸다고 보기 때문이다. **5.** 〈예시 답〉 이 시가 창작된 시기인 1938년은 일제 강점기로, 일제의 수탈과 강압이 극에 달해 있던 때이다. 이러한 시대적 배경을 고려할 때 '멧새 소리'는 우리 민족이 기다

리는 희망의 메시지를 의미한다고 해석할 수 있다. 기다리는 조국 광복의 날이 쉽게 오지 않기에 화자는 가슴에 고드름을 매단 채 문턱을 서성이는 것이다. 비록 눈에 보이지는 않지만, 멧새 소리가 들리기에 화자는 고독하고 쓸쓸하지만은 않다. 어둠과 추위가 사라지면 해가 다시 떠오르고 따뜻한 볕이 드는 것처럼 화자는 조국의 광복이라는 희망의 메시지가 눈앞에 나타날 것을 확신하고 있다.

(2) 자신 있게 말하기
1. 〈예시 답〉 실수 없이 잘해야 한다는 생각을 버리고 평소에 이야기하는 것처럼 자연스럽게 발표를 하면 말하기 불안을 극복할 수 있을 거야. / 말하기 불안이 누구에게나 생길 수 있는 현상임을 받아들이고 사전 연습을 충분히 한다면 말하기 불안을 극복할 수 있을 거야. **2.** 청자의 긍정적 반응은 화자에게 자신감을 부여하고 마음의 여유를 갖게 해 주어, 화자가 준비한 내용을 좀 더 잘 전달할 수 있게 해 준다. **3.** 불나방은 자신의 이상을 이루기 위해 노력하는 사람을, 하루살이는 인생에 관한 긴 안목을 지니지 못한 사람을, 파리는 눈앞의 물질적 욕구와 쾌락을 추구하는 사람을 상징한다. **4.** 〈예시 답〉 나는 파리가 추구하는 삶의 방식에 가장 공감한다. 왜냐하면 불가능한 것을 꿈꾸지 않고 현실 속에서 가능한 것을 추구하는 삶이 더 가치 있다고 생각하기 때문이다.

(1) 시 읽기의 네 갈래 길 – 백석의 「멧새 소리」

1. (나)는 작품의 내용 및 표현, (다)는 시인의 삶, (라)는 시대적 배경을 중심으로 작품을 해석하고 있다.

평가 요소	확인(√)
(나)에 나타나고 있는 해석의 방법을 서술하였다.	
(다)에 나타나고 있는 해석의 방법을 서술하였다.	
(라)에 나타나고 있는 해석의 방법을 서술하였다.	

2. 시인의 삶과 관련하여 해석한 내용은 (다)에 나타나고 있는데, 그 근거로 시인이 머물렀던 함흥의 정서와 명태의 상황을 묘사했음을 밝히고 있다.

평가 요소	확인(√)
함흥의 겨울 정서를 드러냈음을 서술하였다.	
명태의 상황을 묘사했음을 서술하였다.	
35자 내외의 한 문장으로 서술하였다.	

3. (라)는 (가)를 시대적 배경과 관련지어 해석한 내용으로, (가)에는 우리 민족의 삶이 반영되고 있음을 밝히고 있고, 그 근거로 시가 창작될 당시의 우리 민족의 상황을 제시하고 있다.

평가 요소	확인(√)
시가 창작될 당시의 상황을 서술하였다.	
당시 우리 민족의 삶을 서술하였다.	
'해석'과 '근거'를 각각 한 문장으로 서술하였다.	

4. 시인의 삶을 중심으로 한 해석, 시대적 배경을 중심으로 한 해석, 작품의 내용이나 표현을 중심으로 한 해석 중에서 자신이 가장 타당하다고 생각하는 해석 방법을 쓰고 그 근거를 구체적으로 제시한다.

평가 요소	확인(√)
자신이 가장 타당하다고 생각하는 해석 방법을 밝혔다.	
타당하다고 생각하는 근거를 구체적으로 서술하였다.	
제시된 문장 조건에 맞게 서술하였다.	

5. 문학 작품의 다양한 해석 방법뿐 아니라 자신의 경험이나 가치관 등을 바탕으로 작품을 해석하되 타당한 근거를 구체적으로 제시한다.

평가 요소	확인(√)
문학 작품의 해석 방법과 자신의 경험 및 가치관 등을 바탕으로 주체적으로 작품을 해석하였다.	
해석에 대한 타당한 근거를 구체적으로 서술하였다.	
200자 내외로 서술하였다.	

(2) 자신 있게 말하기

1. 말하기 불안을 극복하기 위해서는 말하기 불안을 누구에게나 생길 수 있는 자연스러운 현상으로 받아들이고, 자신에게 있는 말하기 불안의 원인을 정확하게 파악할 필요가 있다. 먼저 불안을 이길 수 있도록 긍정적인 자기 암시를 하거나, 말하기 준비를 철저히 하여 자신감을 갖추는 것이 중요하다.

평가 요소	확인(√)
태도나 마음가짐과 관련하여 말하기 불안의 극복 방법을 서술하였다.	
50자 내외의 한 문장으로 서술하였다.	

2. 청자의 반응은 화자의 말하기 불안에 큰 영향을 미칠 수 있는데, 청자가 긍정적인 반응을 보이면 화자가 긴장감을 풀고 자신이 준비한 것을 더욱 잘 전달할 수 있도록 도울 수 있다.

평가 요소	확인(√)
청자의 긍정적 반응의 효과를 2가지 이상 포함하여 서술하였다.	
조건에 제시된 문장 형태로 서술하였다.	

3. 불나방은 자유와 아름다움을 추구하기 위해 불 속에 몸을 던지는 인물로 나타나고 있다. 즉 자신의 이상을 이루기 위해 노력하는 사람을 상징한다. 하루살이는 끈끈이 띠에 붙어 옴짝달싹 못 하다 자정이 되어 죽는 인물로 나타나고 있는데, 하루만 살다 죽는다는 습성으로 보아 인생에 대한 긴 안목을 지니지 못한 사람을 상징한다. 파리는 다가오는 죽음을 모른 채 끈끈이 띠에 붙어 열심히 아교풀만 빨아 먹는 인물로 나타난다. 즉 눈앞의 물질적 욕망이나 쾌락을 추구하는 사람을 상징한다.

평가 요소	확인(√)
불나방이 상징하는 인간 유형을 서술하였다.	
하루살이가 상징하는 인간 유형을 서술하였다.	
파리가 상징하는 인간 유형을 서술하였다.	
조건에 제시된 문장 형태로 서술하였다.	

4. 파리, 하루살이, 불나방이 추구하는 삶의 방식과 관련지어 가장 공감하는 인물의 삶의 방식을 제시하고, 그 이유를 포함하여 서술한다.

평가 요소	확인(√)
자신이 가장 공감하는 등장인물의 삶의 방식을 제시하였다.	
해당 삶의 방식에 공감하는 이유를 구체적으로 서술하였다.	
조건에 제시된 문장 형태로 서술하였다.	

② 통일 시대의 우리말

(1) 우리말의 음운

58~68쪽

콕콕 확인 문제

1. ③ 2. 공기 3. ③ 4. ② 5. ③, ⑤ 6. 발음, 최고점, 전설
7. ③ 8. ② 9. ① 10. ② 11. ③, ⑤ 12. 입, 코 13. ①
14. ㅂ, ㅃ, ㅍ 15. ② 16. ② 17. ① 18. ②, ③ 19. ④

1. '말'(㉠)과 '발'(㉡)은 'ㅁ'과 'ㅂ'의 차이로 인해 의미가 달라진다. 여기서 의미의 차이를 만들어 낸 'ㅁ'과 'ㅂ'을 음운이라고 하는데, 음운 중에서 분절 음운인 자음에 해당한다. 둘은 소리도 다르고 의미도 다르므로 ③은 적절하지 않다.

2. 소리를 낼 때 공기의 흐름이 방해를 받는지 아닌지에 따라 자음과 모음으로 나눌 수 있다.

3. 자음은 소리 날 때 공기의 흐름이 방해를 받으며 나온다. ③의 '앙'은 모음과 자음으로 이루어진 글자로, 발음할 때 공기가 방해를 받으며 나온다.

지식 창고 – 닿소리, 홀소리

자음은 홀로 발음되지 못하고 반드시 모음과 결합해야만 소리를 낼 수 있다. 그래서 자음을 '닿소리'라고 부르기도 한다. 반면에 모음은 자음과는 달리 홀로 발음될 수 있다. 그래서 모음을 '홀소리'라고 부르기도 한다.

---

4. 발음할 때 입술 모양이나 혀의 위치가 달라지는 모음을 이중 모음이라고 하고, 달라지지 않는 모음을 단모음이라고 한다. 제시된 모음 중 'ㅑ'는 입술 모양이나 혀의 위치가 달라지므로 이중 모음에 해당한다.

5. 단모음은 혀의 높이, 혀의 최고점 위치, 입술 모양에 따라 분류할 수 있다. 혀의 높이에 따라 모음을 분류하면 고모음, 중모음, 저모음으로 나눌 수 있는데, 이때 저모음에 해당하는 것은 'ㅐ', 'ㅏ' 두 개다.

오답 해설
① 'ㅣ'와 ② 'ㅡ'는 고모음, ④ 'ㅗ'는 중모음이다.

6. 'ㅣ, ㅔ, ㅟ'는 발음할 때 혀의 최고점 위치가 앞쪽에 있는 전설 모음에 해당한다.

7. 단모음은 발음할 때 입술 모양이 평평한가 둥근가에 따라 평순 모음과 원순 모음으로 나눌 수 있다. 그리고 원순 모음은 'ㅟ, ㅚ, ㅜ, ㅗ' 네 개다. ③의 'ㅓ'는 평순 모음에 해당한다.

8. 〈보기〉의 설명처럼 고모음, 후설 모음, 평순 모음의 특성을 모두 가진 모음은 'ㅡ'이다.

오답 해설
① 'ㅣ'는 고모음, 전설 모음, 평순 모음에 해당한다.
③ 'ㅟ'는 고모음, 전설 모음, 원순 모음에 해당한다.
④ 'ㅓ'는 중모음, 후설 모음, 평순 모음에 해당한다.
⑤ 'ㅐ'는 저모음, 전설 모음, 평순 모음에 해당한다.

9. 여린입천장과 혀의 뒷부분 사이에서 나는 소리는 여린입천장소리이다. 이에 해당하는 자음은 'ㄱ, ㄲ, ㅋ, ㅇ'이다.

10. 'ㅁ, ㅂ, ㅃ, ㅍ'은 발음할 때 두 입술이 만나서 소리가 만들어지는 입술소리에 해당한다.

11. 자음은 소리 내는 방식에 따라 파열음, 마찰음, 파찰음, 비음, 유음으로 나뉜다. 이중 'ㅅ, ㅆ, ㅎ'은 입안이나 목청 사이의 통로를 좁혀 그 틈 사이로 공기를 내보내 마찰을 일으켜 내는 소리인 마찰음에 해당한다.

12. 비음은 다른 자음들과는 달리 공기가 입뿐 아니라 코로도 나간다. 'ㅁ, ㄴ, ㅇ'이 비음에 해당한다.

13. 'ㄹ'은 유음에 속하는 유일한 자음이다.

14. 두 입술 사이에서 소리가 난 것은 입술소리라는 것이고, 공기의 흐름을 잠시 막았다가 터뜨리면서 내는 소리는 파열음을 말한다. 이처럼 입술소리이면서 파열음에 해당하는 자음은 'ㅂ, ㅃ, ㅍ'이다.

15. '세'에서 모음인 'ㅔ'는 단모음이다. 그러므로 발음할 때 입술 모양이나 혀의 위치가 달라지지 않아야 한다.

오답 해설
① '사탕'을 구성하는 모음은 'ㅏ'밖에 없는데, 이는 저모음이다.
③ '개'를 이루는 모음 'ㅐ'는 단모음이므로 발음할 때 입술 모양이나 혀의 위치가 달라지지 않아야 한다.
④ '세'를 이루는 'ㅔ'는 중모음, 전설 모음, 평순 모음의 특징을 가진 단모음이다.

⑤ '요'를 구성하는 모음 'ㅛ'는 이중 모음이므로 발음할 때 입술 모양이나 혀의 위치가 달라진다.

16. 자음은 소리의 세기에 따라 예사소리, 된소리, 거센소리로 나눌 수 있고, 소리의 세기에 따라 느낌의 차이를 만들기도 한다.

17. 하늘에서 내리는 '눈[雪]'과 사람의 신체 기관 중 하나인 '눈[眼]'은 글자 모양은 같지만, 소리의 길이에 따라 의미가 달라진다. 자음이나 모음처럼 쉽게 나눌 수 없는 '소리의 길이'와 같은 음운을 비분절 음운이라고 한다. 밑줄 친 다른 말들은 짧게 발음해야 하지만 하늘에서 내리는 '눈'은 길게 발음해야 한다.

18. 'ㅡ, ㅓ, ㅏ'는 입술 모양에 따라 분류하면 평순 모음에, 혀의 최고점 위치에 따라 분류하면 후설 모음에 해당한다.

오답 해설

① 고모음에는 'ㅣ, ㅟ, ㅡ, ㅜ'가 있다.

④ 'ㅡ, ㅓ, ㅏ'는 분절 음운인 모음에 해당한다.

⑤ 발음할 때 입술 모양이 달라지는 것은 이중 모음인데, 'ㅡ, ㅓ, ㅏ'는 단모음에 해당한다.

19. 발음할 때 입안이나 코안이 울리는 자음에는 비음인 'ㅁ, ㄴ, ㅇ'과 유음인 'ㄹ'이 있다. 한편 모음은 모두 울림소리이다. 따라서 '만남', '나무', '노래', '우리'는 울림소리로만 이루어진 단어이지만, '안경'의 'ㄱ'은 안울림소리이다.

소단원 나의 실력 다지기   72~73쪽

1. ② **2.** ③ **3.** ④ **4.** ⑤ **5.** ④ **6.** ㅜ **7.** ③ **8.** ④ **9.** ②
10. ⑤ **11.** ⑤ **12.** ① **13.** ③ **14.** ④

---

1. 음운은 말의 뜻을 구별해 주는 소리의 가장 작은 단위로, 자음과 모음처럼 쉽게 나눌 수 있는 분절 음운과 소리의 길이처럼 쉽게 분리되지 않는 비분절 음운으로 구분된다.

오답 해설

ㄴ. '강'은 'ㄱ+ㅏ+ㅇ'의 세 개의 음운으로 이루어져 있다.

ㄹ. '말'과 '발'에 의미 차이가 생기는 이유는 분절 음운인 자음이 서로 다르기 때문이다.

2. 국어의 분절 음운은 기본적으로 자음과 모음으로 나뉘는데, 자음은 소리날 때 공기의 흐름이 방해를 받으며 나오고, 모음은 소리날 때 공기의 흐름이 아무런 방해 없이 나온다. 그러므로 자음과 모음을 구별하는 기준은 공기의 흐름이 방해를 받는지 여부이다.

3. 모음은 발음할 때 입술 모양과 혀의 모양이 바뀌지 않는 단모음과, 변화가 있는 이중 모음으로 나뉜다. 'ㅏ, ㅓ, ㅜ'는 모두 단모음에 해당한다.

오답 해설

① 'ㅐ, ㅔ'는 단모음, 'ㅒ'는 이중 모음이다.

② 'ㅓ, ㅗ'는 단모음, 'ㅘ'는 이중 모음이다.

③ 'ㅡ'는 단모음, 'ㅢ, ㅠ'는 이중 모음이다.

⑤ 'ㅑ, ㅕ, ㅛ'는 모두 이중 모음이다.

지식 창고 – 이중 모음과 반모음

이중 모음은 반모음과 단모음이 결합하여 이루어진다. 반모음은 모음과 자음의 중간적 성격을 가진 음으로, 독자적으로는 소리를 낼 수 없다. 이는 본래 모음을 발음할 때보다 혀를 입천장에 더 접근시키면서도 자음을 발음할 때만큼은 접근시키지 않고 내는 소리이다.

---

4. 'ㅡ, ㅓ, ㅏ'는 단모음 중 후설 모음, 평순 모음의 특징을 갖고 있다. 하지만 각각을 발음할 때 혀의 높이는 차이를 보인다. 'ㅡ'는 고모음, 'ㅓ'는 중모음, 'ㅏ'는 저모음이다.

5. 전설 모음, 고모음, 평순 모음의 특징을 모두 가진 단모음은 'ㅣ'밖에 없다.

6. ㉠은 후설 모음이면서 원순 모음, 고모음인 모음이어야 한다. ㉠에 들어갈 모음은 'ㅜ'이다.

7. ㉡에는 중모음에 해당하는 단모음이 들어가야 한다. 표의 분류 기준에 맞춰 순서대로 나열하면 'ㅔ, ㅚ, ㅓ, ㅗ'이다.

8. ㉣에 제시된 자음은 모두 파열음이다. 그러므로 ㉣에서 'ㄷ'을 삭제하는 것은 적절하지 않다.

오답 해설

①, ② 파열음, 파찰음, 마찰음, 비음, 유음으로 자음을 나눌 때 적용한 기준은 '소리 내는 방식'이다.

③ 파열음은 공기의 흐름을 잠시 막았다가 터뜨리면서

내는 소리이다.

⑤ 자음을 소리 나는 위치에 따라 나눌 때 목청소리에 해당하는 것은 'ㅎ' 하나지만, 자음을 소리 내는 방법에 따라 분류하면 'ㅎ'은 'ㅅ, ㅆ'과 함께 마찰음에 속한다.

9. 센입천장소리는 센입천장과 혓바닥이 만나서 만들어지는 소리이며, 'ㅈ, ㅉ, ㅊ'이 센입천장소리에 해당한다. 'ㄷ, ㄸ, ㅌ'은 잇몸소리이다.

10. 자음을 소리 나는 위치에 따라 분류할 때 ⓐ와 관련 있는 것은 입술소리이고, 이에 해당하는 자음은 'ㅁ, ㅂ, ㅃ, ㅍ'이다.

11. 목청(ⓑ) 사이에서 나는 목청소리에 해당하는 자음은 'ㅎ'이다.

12. 자음이 비음으로만 이루어진 단어를 고르는 문제이다. 'ㅁ'이 비음이므로 '마음'은 비음으로만 이루어진 단어이다.

13. 자음은 소리의 세기에 따라 예사소리, 된소리, 거센소리로 나눌 수 있다. 된소리는 예사소리보다 강하고 단단한 느낌을 주고, 거센소리는 된소리보다 더 세고 거친 느낌을 준다. 이 순서대로 나열된 자음은 ③이다.

14. 일상에서 우리는 정확하지 않게 발음하는 경우가 많다. 특히 단모음을 이중 모음으로, 이중 모음을 단모음으로 발음하는 사람들이 많은데 이렇게 흔하게 범하는 실수를 만화로 구성한 것이다. 제시된 상황에서는 손님이 단모음 'ㅔ'를 이중 모음 'ㅖ'로 잘못 발음하여 아이스크림 3개가 아닌 아이스크림 세계가 만들어진 것으로 이해할 수 있다.

(2) 남북한의 언어와 통일 시대의 국어

콕콕 **확인 문제**　　　　　　　　　76~82쪽
1. 동일한 언어를 사용하고 **2.** ③ **3.** ③ **4.** ② **5.** ⑤ **6.** ⑤
7. ③ **8.** ① **9.** ⑤

1. 북한의 큰할아버지가 남한에 사는 손녀딸이 보낸 편지를 읽고 통곡했다는 내용을 통해 큰할아버지가 편지의 내용을 읽고 모두 이해했음을 알 수 있다. 이처럼 오랜 세월 동안 떨어져 한 번도 만나본 적이 없는 손녀딸의 편지를 읽고 큰할아버지가 통곡했던 이유는 남북한이 한국어와 한글이라는 같은 언어를 사용하고 있기 때문이다.

2. 남북한은 원래 한민족이며 단일한 언어와 문자를 사용했지만 분단 이후 오랜 시간 단절되면서 어휘나 표현의 차이가 생겼다. 그렇기 때문에 남북한 언어에 관심을 가져야 하는 이유는 통일 이후의 언어적 혼란을 줄이고 의사소통의 어려움을 최소화하기 위해서이지, 남한과 북한 각각의 발전을 위해서가 아니다.

3. 남한에서는 외래어를 그대로 받아들여 쓰는 경우가 많지만, 북한에서는 외래어를 순화시켜 쓰는 경우가 많다. 남한에서는 외래어인 '패스'를 그대로 받아들여 쓰지만, 북한에서는 이를 '연락'으로 다듬어 쓰고 있다.

4. 남북의 언어는 어휘뿐 아니라 말하기 방식에서도 차이를 보인다. 대화에서 남한 사람의 의도는 헤어질 때 하는 인사 표현으로, 관계 유지를 위한 친교의 의도를 담고 있다. 이를 북한 사람은 있는 그대로 실제 약속의 의미로 받아들이고 있다. 대화를 통해 알 수 있듯이 남한에서는 관계 유지를 위한 간접 화법을 익숙하게 쓰지만, 북한에서는 이러한 말하기가 익숙하지 않아 의사소통 과정에서 오해가 생기기도 한다.

5. 남북한 어휘 중에는 같은 담화 표현이라도 다르게 쓰이는 말들이 존재한다. 'ㅡㅂ시다'의 경우가 그러한데, 제시된 설명을 통해 남한에서는 말하는 사람보다 나이가 많거나 직위가 높은 사람에게는 쓰지 않는 표현이, 북한에서는 웃어른에게도 사용할 수 있는 표현이라는 것을 알 수 있다.

6. 남한 점원이 북한 손님의 말을 듣고 기분이 언짢아진 이유는 남한에서는 '가지가지 한다'라는 표현이 부정적으

로 사용되고 있기 때문이다. 북한에서 온 손님은 좋은 의도로 한 말이었으나 북한어에 대해 잘 모르는 점원은 이를 부정적으로 받아들인 것으로 유추할 수 있다.

7. 남한 점원과의 대화하기에 앞서 북한 이탈 주민이 '다양한 물건들이 많아서 좋았습니다.'라고 설명한 것을 고려하면, ⓒ은 '물건이 다양하게 참 많아요.'라고 고치는 것이 적절하다.

8. 신문 기사는 남한과 북한이 단일팀을 이루어 탁구 대회에 출전한 상황을 다루고 있다. 남한에서는 문화·예술과 체육 분야에서 외래어가 많이 사용되는데, 외래어를 다듬어서 사용하는 북한 선수들의 경우 남한의 경기 용어가 낯설게 느껴졌을 것이다. 마찬가지로 남한 선수들도 북한 탁구 용어의 의미를 이해하기 어려웠을 것이다. 하지만 선수들은 경기를 해 나가며 서로의 탁구 용어에 익숙해졌다고 하였다. 그러나 이 기사를 통해 북한이 남한에 비해 탁구 강국인지는 알 수 없다.

9. 『겨레말큰사전』은 남과 북이 공동으로 편찬하는 최초의 우리말 사전이다. 이 사전은 통일 이후의 언어적 혼란을 줄이기 위해 편찬하고 있으므로 통일 이전에 남북한 언어 차이를 줄이는 데 활용하고자 한다는 ⑤는 적절하지 않다.

86~87쪽

1. ⑤ 2. ② 3. ② 4. 괜찮아요. / 좋아요. 5. ③ 6. 〈예시답〉 인사치레로 한 말이었는데 북한 사람이 식당을 알아봤다고 말하자 남한 사람은 당황하거나 미안함을 느꼈을 것이다. 7. ③ 8. 남한의 운동 경기 용어는 외래어로 되어 있는 경우가 대부분인데, 북한에서는 그에 해당하는 용어를 다듬어 고유어로 표현하는 경우가 많다. 9. ④

1. 남한에 사는 손녀딸은 이산가족 상봉 행사에 참여하는 남쪽의 작은할아버지를 통해 큰할아버지께 편지를 전달했다. 즉, 통일이 되기 전이지만 작은할아버지와 큰할아버지가 만날 수 있었으므로 ⑤는 적절한 내용이 아니다.

2. 신문기사를 보면 북쪽의 큰할아버지는 남쪽의 손녀딸이 보낸 편지를 읽었기 때문에 통곡한 것을 확인할 수 있

다. 큰할아버지가 통곡한 까닭은 남북이 단일 언어와 문자를 사용하고 있어서(ㄱ), 남북한 사람들은 별다른 통역 없이 의사소통할 수 있었기(ㄹ) 때문이다.

오답 해설

ㄴ. 남북한의 언어는 분단 이후 어휘적인 면에서 많이 달라졌다. 그러나 이 신문 기사를 통해 이를 확인하기는 어렵다.

ㄷ. 남북한 언어는 높임법이 발달한 양상은 다르지만 이 기사를 통해 어느 쪽의 높임법이 더 발달했다고 말할 수는 없다.

3. (가)를 통해 남한에서는 '오징어'라고 부르는 대상을 북한에서는 '낙지'라고 부른다는 것을 알 수 있다. 즉, (가)에서는 동일한 대상을 지칭하는 말이 달라 의사소통에 문제가 생기고 있다.

4. 남자가 웃고 있는 것으로 볼 때, ㉠은 긍정적인 의미를 지니고 있다고 추측할 수 있다. ㉠은 북한 사람들이 매우 흔하게 사용하는 표현으로 '괜찮다. 좋다.'라는 의미를 지닌다.

5. 남북한 학생들의 대화를 통해 '바쁘다'라는 단어가 북한과 남한에서 다른 의미로 쓰인다는 것을 알 수 있다.

6. (가)는 남북한의 말하기 방식의 차이를 보여 주는 상황이다. 남한 사람들은 헤어질 때 인사말로 관계 유지를 위한 최고의 표현을 자주 하는 편인데, 북한 사람들은 이러한 간접 화법에 익숙하지 않다.

7. 선생님이 당황한 이유는 남한에서는 윗사람에게 쓰지 않는 '-ㅂ시다'라는 표현을 학생이 자신에게 썼기 때문이다. 이를 통해 '-ㅂ시다'의 활용에 있어 남한과 북한에 차이가 있음을 알 수 있다.

8. 남한어와 북한어가 어휘적으로 가장 큰 차이를 보이는 부분이 외래어 분야이다. 북한에서는 외래어를 최대한 다듬어서 사용하는 데 비해, 남한에서는 외래어를 그대로 받아들여서 쓰는 경우가 많기 때문이다. 외래어가 많이 사용되는 문화, 예술, 체육 분야에서 이러한 차이가 두드러진다.

지식 창고 – 북한의 말다듬기 운동

북한의 한글 전용 정책은 문맹 퇴치 운동의 하나로 추진되었다. 1953년 이후부터는 교과서를 비롯한 출판물에 한

자를 사용하는 것을 금지했다. 이러한 정책은 '말다듬기'와 '문화어' 운동으로 이어졌는데 그 핵심은 어려운 한자어나 외래어를 고유어로 바꾸는 일이었다.

----

9. 『겨레말큰사전』은 단순히 언어의 동질성을 부각하여 우리가 하나의 민족임을 알리기 위해 만들어지는 것이 아니라, 남북한 언어의 이질성을 극복하고 통일 이후의 언어적 혼란을 줄이기 위한 목적으로 만들어지는 사전이다. 이러한 사전 편찬 작업을 통해 많은 이들이 남북 통일이 불가능한 일이 아니며, 의사소통이 원활하게 이루어져야 다른 부분의 차이도 쉽게 극복할 수 있다고 생각하고 있음을 알 수 있다.

대단원 평가 대비하기   90~93쪽

1. ③ **2.** ⑤ **3.** ④ **4.** ② **5.** ② **6.** ③ **7.** ④ **8.** ② **9.** ⑤
10. ① **11.** '박박'보다 '빡빡'이 더 세고 강한 느낌이 든다. 'ㅂ'은 예사소리이고, 'ㅃ'은 된소리이기 때문에 이러한 차이가 만들어진 것이다. **12.** ③ **13.** ② **14.** ② **15.** ⑤ **16.** ③
17. ④ **18.** ③ **19.** ③

1. '말'은 'ㅁ+ㅏ+ㄹ'로 이루어져 있고, '물'은 'ㅁ+ㅜ+ㄹ'로 이루어진 말이다. '말'과 '물'을 구성하는 음운은 서로 다르고, 단어의 의미 또한 같지 않다.

오답 해설
① '말'은 'ㅁ+ㅏ+ㄹ'로 이루어져 있고, '물'은 'ㅁ+ㅜ+ㄹ'로 이루어져 있으므로 음운의 개수는 각각 3개씩이다.
② 음운은 말의 뜻을 구분해 주는 가장 작은 단위로 음운 하나가 빠지면 의미의 차이가 발생한다.
④ '말'과 '물'은 모음이 서로 달라 뜻이 달라진 경우이다.
⑤ '발'과 '말'은 'ㅂ'과 'ㅁ'으로 인해 뜻이 달라진 경우이다.

2. 같은 형태의 글자라고 하더라도 소리의 길이에 따라 의미가 달라지기도 한다. 이때 소리의 길이는 쉽게 분리되지 않는 음운이므로 비분절 음운이라고 한다. 사람이 입으로 하는 '말[言]'은 길게 발음하고, 동물인 '말[馬]'은 짧게 발음해야 한다.

3. 모음은 발음할 때 공기의 흐름이 방해를 받지 않고 순조롭게 나온다. 이러한 모음의 특징을 고려할 때 ⓐ~ⓒ에 들어갈 말로는 ④가 적절하다.

4. 모음은 발음하는 동안 입술 모양이나 혀의 위치가 달라지는 이중 모음과 달라지지 않는 단모음으로 나눌 수 있다. 제시된 설명은 이중 모음에 대한 것으로 'ㅑ, ㅘ, ㅢ'는 모두 이중 모음에 해당한다.

오답 해설
① 'ㅏ, ㅓ': 단모음 / 'ㅐ': 이중 모음
③ 'ㅗ, ㅡ': 단모음 / 'ㅖ': 이중 모음
④ 'ㅐ': 단모음 / 'ㅕ, ㅞ': 이중 모음
⑤ 'ㅚ, ㅟ': 단모음 / 'ㅝ': 이중 모음

5. 'ㅟ'는 전설 모음, 원순 모음, 고모음이다. 'ㅔ'는 전설 모음, 평순 모음, 중모음이다. 'ㅏ'는 후설 모음, 평순 모음, 저모음이다. 각각의 이러한 특징을 고려할 때 이 세 모음을 분류한 기준은 '발음할 때 혀의 높이'이다.

6. 모음 중에 단모음, 단모음 중에 저모음이면서 전설 모음에 해당하는 것을 고르는 문제이다. 따라서 제시된 모든 물음에 '예'로 답할 수 있는 음운은 'ㅐ'이다.

오답 해설
① 'ㅣ'는 고모음, 전설 모음, 평순 모음에 해당한다.
② 'ㅟ'는 고모음, 전설 모음, 원순 모음에 해당한다.
④ 'ㅏ'는 저모음, 후설 모음, 평순 모음에 해당한다.
⑤ 'ㅓ'는 중모음, 후설 모음, 평순 모음에 해당한다.

7. 센입천장소리는 센입천장과 혓바닥이 만나서 내는 소리이다. 그러므로 ④는 적절하지 않다.

8. 윗잇몸(ⓐ)은 혀끝과 만나면 잇몸소리를 내는데(ⓐ), ㄴ, ㄷ, ㄹ은 잇몸소리에 해당한다(ⓒ).

9. 목청(ⓑ)에서 소리 나는 자음은 'ㅎ'이다.

10. 'ㅇ'은 소리를 낼 때 공기가 입뿐 아니라 코로도 나가는 비음이다. 'ㅇ' 외에 ㄴ, ㅁ도 비음에 해당한다.

11. 자음은 소리의 세기에 따라 예사소리 – 된소리 – 거센소리로 나눌 수 있다. '박박'에는 예사소리 'ㅂ'이, '빡빡'에는 된소리 'ㅃ'이 쓰이고 있는데, 이 음운의 차이가 느낌의 차이를 만든다.

12. 제시된 자음은 모두 단모음이다. 이들은 입술 모양이 둥근지 평평한지에 따라 평순 모음인 'ㅣ, ㅔ, ㅓ'와 원

순 모음인 'ㅜ, ㅚ'로 나눌 수 있다.

13. 'ㅡ, ㅣ, ㅜ'는 모두 단모음 중 고모음에 해당한다.

14. 북한에서 '바쁘다'는 '힘에 부치거나 참기 어렵다.'라는 뜻으로 쓰인다. 그러므로 밑줄 친 말을 남한어로 바꾸면 '공부하는 게 힘에 부친다.'가 된다.

15. 남한과 북한은 오래전부터 분단 상태이지만 기본적으로 같은 언어를 사용하는 한민족이다. 그래서 어휘나 문법적인 면에서 다소 차이가 있지만, 남한 사람과 북한 사람은 별다른 통역 없이 의사소통할 수 있다.

16. 〈보기〉의 상황으로 볼 때 남한 사람은 남한에서는 '오징어'라고 부르는 대상을 북한에서는 '낙지'라고 부르는 것을 몰랐던 상황이므로 남한어를 소개하기 위해 말을 했다고 볼 수 없다.

오답 해설

① 〈보기〉의 상황을 바탕으로 할 때, 남한 사람은 북한어에 대해 잘 알지 못함을 알 수 있다.

② 남한에서는 '낙지'와 '오징어'라는 단어가 각각 존재하고 가리키는 대상도 다르다.

⑤ 남한에서는 '도시락'이라고 부르는 대상을 북한에서는 '곽밥'이라고 부른다. 이것 또한 같은 대상을 지칭하는 말이 남북한이 다른 예이다.

17. 남한에서는 관계 유지를 위해 인사치레로 말을 하기도 하는데, 북한 사람들은 이러한 간접 화법에 익숙하지 않다. 이러한 말하기 방식의 차이를 보여 주는 상황은 ④이다.

18. 북한에서는 외래어를 순화시켜 사용하는 경우가 많은데 남한에서는 그대로 받아들여 쓰는 경우가 많다. 이로 인한 남북한 사람들 간 의사소통의 어려움을 이 신문 기사에서 확인할 수 있다.

19. 남한과 북한의 언어는 기본적으로 동질성을 갖고 있지만, 분단 이후 오랜 시간이 흐른 만큼 이질성 또한 갖고 있다. 그러나 우리는 본래 같은 민족이므로 통일 이후를 생각할 때 서로의 언어에 관심을 두고 이질성을 극복하기 위해 더욱 노력해야 한다.

(1) 우리말의 음운

1. '세 개'의 'ㅐ'는 입술 모양이나 혀의 위치가 달라지지 않게 발음해야 하는 단모음인데, 이중 모음인 'ㅖ'로 잘못 발음했기 때문이다. **2.** (가)의 '박박'에서 'ㅂ'은 예사소리이고, (나)의 '빡빡'에서 'ㅃ'은 된소리이다. 그래서 (가)보다 (나)에서 때를 미는 동작이 더 세고 강한 느낌이 든다. **3.** 발음할 때 입술 모양이나 혀의 위치가 달라지지 않는 단모음이면서, 발음할 때 입술을 동그랗게 오므리는 원순 모음에 해당한다. **4.** 〈보기〉는 혀의 뒷부분과 여린입천장 사이에서 소리 나는 자음인 여린입천장소리이다. **5.** ㉠(허끝)이 자음을 소리 내기 위해서는 윗잇몸과 만나야 하며, 이렇게 해서 만들어진 자음으로는 'ㄴ, ㄷ, ㄸ, ㅌ, ㄹ, ㅅ, ㅆ'이 있다. **6.** 음운이란 말의 뜻을 구별할 수 있게 해 주는 소리의 가장 작은 단위를 말한다. '잘'과 '줄'의 의미가 다른 이유는 음운 'ㅏ'와 'ㅜ'가 다르기 때문이다.

(2) 남북한의 언어와 통일 시대의 국어

1. 남북한은 동일한 언어를 사용하기에 남한의 손녀딸이 쓴 편지글을 북한의 큰할아버지가 무리 없이 읽을 수 있었을 것이고, 이로 인해 손녀딸의 생각과 마음을 알 수 있었기 때문이다. **2.** 북한에서는 외래어를 다듬어서 쓰는 경우가 많다. 예를 들어 북한에서는 운동 경기 중 주고받는 '사인'을 '표시'로 순화시켜 사용한다. **3.** 남한에서 '-ㅂ시다'는 말하는 사람보다 나이가 많거나 직위가 높은 사람에게는 사용할 수 없는 표현인데, 북한 학생이 '그만합시다.'라고 말해서 당황한 것이다. **4.** 여러 가지 물건이 참 많네요. **5.** 〈예시 답〉 서로의 언어 차이를 인정한다. / 서로의 언어에 관심을 둔다. / 남북한 언어 중 의미 차이가 적은 말을 사용한다. 등 **6.** 〈예시 답〉 통일이 되었을 때 예상되는 남북한 언어의 이질성을 극복하는 데 도움을 줄 것이다. / 남북 교류가 활발해진 요즘 남북한 사람들이 겪는 의사소통의 어려움을 해소할 수 있을 것이다. 등

(1) 우리말의 음운

1. 일상 속에서 단모음을 이중 모음으로, 이중 모음을 단모음으로 잘못 발음하는 사람들이 많다. 보통은 대화 맥락 속에서 의미를 파악할 수 있기 때문에 의사소통하는 데 큰 문제가 없는 경우가 많다. 하지만 정확하게 발음해야 이해할 수 있는 로봇의 특성을 고려할 때, 제시된 것과 같은 문제 상황이 생긴 이유는 단모음 'ㅐ'를 발음할 때 입술 모양이나 혀의 위치를 움직여 이중 모음으로 발음했기 때문임을 알 수 있다.

평가 요소	확인(√)
'ㅐ'가 단모음임을, 'ㅖ'가 이중 모음임을 파악하였다.	
단모음과 이중 모음을 발음하는 방법을 바르게 이해하였다.	
우리말 모음 체계를 고려해 문제의 원인을 바르게 서술하였다.	

2. 우리말 자음 중 일부는 소리 나는 위치와 방법은 같지만 소리의 세기에 따라 예사소리 된소리, 거센소리로 나눌 수 있다. 이러한 자음들은 소리의 세기에 따라 느낌이 달라진다.

평가 요소	확인(√)
자음을 소리의 세기에 따라 분류하였다.	
예사소리와 된소리를 파악해 특징을 비교하였다.	
소리의 세기의 차이가 어떤 느낌의 차이를 만드는지 비교하여 서술하였다.	

3. 모음은 발음할 때 입술 모양이나 혀의 위치가 달라지느냐의 여부에 따라 단모음과 이중 모음으로 나눌 수 있다. 또한 혀의 높이, 혀의 최고점 위치, 입술 모양 등에 따라 다시 분류할 수 있다. 제시된 모음들은 모두 단모음이고, 발음할 때 입술을 동그랗게 오므리는 원순 모음에 해당한다.

평가 요소	확인(√)
단모음과 이중 모음의 특징을 파악하였다.	
입술 모양에 따라 단모음을 분류하였다.	
제시된 모음의 특징 두 가지를 바르게 서술하였다.	

4. 자음은 소리를 내는 방법과 소리 나는 위치에 따라 분류할 수 있다. 제시된 자음들을 소리 나는 위치에 따라 나누면 여린입천장과 혀 뒤쪽이 만나서 만들어 내는 소리에 해당한다.

평가 요소	확인(√)
〈보기〉의 자음이 소리 나는 위치를 파악하였다.	
〈보기〉의 자음을 소리 내는 데 필요한 발음 기관을 파악하였다.	
소리 나는 위치에 따른 자음의 명칭을 포함해서 한 문장으로 서술하였다.	

5. 혀끝과 윗잇몸 사이에서 잇몸소리가 만들어지는데, 'ㄴ, ㄷ, ㄸ, ㅌ, ㄹ, ㅅ, ㅆ'이 잇몸소리에 해당한다.

평가 요소	확인(√)
잇몸소리의 특징을 파악하였다.	
잇몸소리에 해당하는 자음을 3개 이상 제시하였다.	
한 문장으로 서술하였다.	

6. 음운이란 말의 뜻을 구별할 수 있게 해 주는 소리의 가장 작은 단위이다. 자음과 모음처럼 쉽게 나누어지는 분절 음운도 있고, 소리의 세기처럼 쉽게 나누어지지 않는 비분절 음운도 있다.

평가 요소	확인(√)
음운의 개념을 이해하였다.	
음운의 특성을 파악하였다.	
적절한 예를 들어 음운에 관해 설명하였다.	

(2) 남북한의 언어와 통일 시대의 국어

1. 남한의 손녀딸이 보낸 편지를 북한의 큰할아버지가 읽고 통곡한 이유는 편지의 내용이 큰 감동을 주었기 때문이었을 것이고, 이는 큰할아버지가 편지를 읽는 데 별 어려움이 없었음을 의미한다. 즉, 신문 기사는 남북한 언어의 동질성을 확인할 수 있는 상황을 보여 주고 있다.

평가 요소	확인(√)
편지로 남한 사람과 북한 사람이 무리 없이 의사소통할 수 있었음을 파악하였다.	
남북한 언어의 동질적 측면에 대해 이해하였다.	
한 문장으로 서술하였다.	

2. 남한어와 북한어는 어휘적 측면에서 많은 차이를 보이는데, 그중 외래어 관련된 어휘가 크게 다르다. 북한에서는 외래어를 순화시켜 쓰는 경우가 많고, 남한에서는 외래어를 그대로 받아들여 쓰는 경우가 많기 때문이다.

평가 요소	확인(√)
외래어를 순화시켜 쓰는 북한어의 특징에 대해 파악하였다.	
이를 뒷받침할 수 있는 적절한 예를 한 가지 이상 제시하였다.	

3. 제시된 상황은 높임법과 관련해 북한과 남한의 차이를 보여 주고 있다. '-ㅂ시다'는 남한에서 나이가 많거나 직위가 높은 사람에게는 쓰지 않는 표현인데, 북한에서는 나이 많은 사람에게도 쓸 수 있는 표현이다. 선생님은 이러한 차이를 알지 못했기 때문에 당황한 것임을 알 수 있다.

평가 요소	확인(√)
북한 학생의 말에서 어색한 부분을 파악하였다.	
같은 표현이 남한과 북한에서 어떻게 다르게 쓰이는지 이해하였다.	
선생님이 당황한 이유를 북한어의 특징을 고려해 바르게 서술하였다.	

4. 이 상황을 통해 '가지가지로 한다.'가 남한에서는 부정적으로 쓰이지만 북한에서는 좋은 의도를 담은 표현으로 쓰인다는 것을 알 수 있다. 가게를 둘러보고 난 손님의 마음을 고려해 ㉠을 남한어로 고치면 '물건의 종류가 다양하다.', '여러 가지 물건이 많다.' 정도가 적절하다.

평가 요소	확인(∨)
대화의 상황을 이해하였다.	
손님의 의도를 파악하였다.	
손님의 의도를 고려해 북한어를 남한어로 바르게 고쳤다.	

5. 남북한 언어의 차이는 상대방을 곤란하게 하는 문제로 발전될 수 있다. 서로의 오해를 줄이고 의사소통을 원활하게 하기 위해서는 서로의 차이를 인정하고 서로의 언어에 관심을 가지려는 노력이 필요할 것이다.

평가 요소	확인(∨)
남북한 언어가 이질성을 갖고 있음을 이해하였다.	
남북한 언어의 이질성을 극복해야 할 필요성을 이해하였다.	

6. 『겨레말큰사전』은 통일 이후를 준비하는 언어적 노력이 담긴 사전이다. 사전의 취지와 특징을 고려할 때 『겨레말큰사전』은 통일 이후 예상되는 남북한 언어의 이질성을 극복하고, 남북 교류가 활발해진 요즘 남북한 사람들이 겪는 의사소통의 어려움을 해소하는 데 도움을 줄 것이다.

평가 요소	확인(∨)
『겨레말큰사전』의 취지를 바르게 이해하였다.	
『겨레말큰사전』이 남북한 언어의 이질성을 극복하는 데 어떤 도움을 줄지 이해하였다.	
남북한의 상황을 고려할 때 『겨레말큰사전』이 어떤 역할을 할지 바르게 서술하였다.	

❸ 조정하며 읽고, 근거를 들어 토론하기

(1) 동물의 권리에 관하여

콕콕 확인 문제

101~106쪽

1. ⑤ **2.** ② **3.** ④ **4.** 동물과 인간이 맺는 관계의 변화로 인해 동물을 대하는 인간의 자세가 달라지면서 발생한 개념이다. **5.** ② **6.** ① **7.** ③ **8.** 동물의 범위를 정하기 어려운 까닭(동물의 범위를 정하는 문제가 복잡한 까닭)을 예시의 방법으로 설명하여 내용 이해를 돕고 있다. **9.** ⑤ **10.** ② **11.** ③ **12.** ③ **13.** ⑤ **14.** 존중과 공존에 기반을 두고 동물권에 관한 논의를 발전적으로 전개해야 함을 주장하고자 한다. / 존중과 공존에 기반을 두고 동물권에 관한 논의를 시작해야 함을 설득하고자 한다.

1. 글쓴이가 말하고자 하는 중심 내용, 즉 글의 주제는 본격적으로 글을 읽기 전에는 파악하기 어렵다. 글의 중심 내용은 글을 모두 읽은 후에 파악하는 것이 적절하다.

2. ❶에서 인권이라는 개념은 '자연적으로 형성된 개념이 아니라, 오랜 시간에 걸쳐 생성되고 발전해 온 개념', 즉 '역사적·사회적 개념'이라고 하였다.

오답 해설
① ❷의 '자칫 인권을 보장받지 못하고 있는 사람들의 처지를 외면하는 것으로 오해를 살 수도 있고'라는 부분에서 알 수 있다.
③ ❷에서 '동물과 인간이 맺는 관계의 변화로 인해' 동물권에 대해 논의해야 하는 시점에 이르렀다고 한 데서 알 수 있다.
④ ❶의 '인권은 모든 인간이 인간다운 삶을 누리기 위해 노력하는 과정 속에서 발전해 온 역사적·사회적 개념인 것이다.'라는 문장을 통해 알 수 있다.
⑤ ❷의 '동물이므로 당연하게 지니는 권리가 있다고 하는 주장은 아직 모든 사람에게 인정받지 못하고 있다.'라는 문장을 통해 알 수 있다.

3. '동물의 권리를 과연 모든 사람이 인정하고 있을까?'(ㄴ)에 대한 답은, ❷의 '동물이므로 당연하게 지니는 권리가 있다고 하는 주장은 아직 모든 사람에게 인정받지 못하고 있다.'라는 문장에 나와 있다. '우리는 왜 지금 동물

권에 대해 논의를 해야 할까?'(ㄹ)에 대한 답은 **2**의 '동물과 인간이 맺는 관계의 변화로 인해 그들을 대하는 우리의 자세가 달라지면서 동물권에 관해서도 논의해야 하는 시점에 이른 것은 분명하다.'라는 문장에서 확인할 수 있다.

오답 해설

ㄱ. **2**에서는 동물을 대하는 인간의 자세가 달라졌다고만 했을 뿐, 동물을 대하는 인간의 태도가 어떻게 달라졌는지에 대한 구체적인 설명은 제시하지 않았다.

ㄷ. **2**에서는 동물과 인간이 맺는 관계가 변화했다고만 했을 뿐, 동물과 인간이 맺는 관계가 어떤 식으로 변화했는지에 대한 구체적인 설명은 제시하지 않았다.

4. **2**의 마지막 부분에 제시되어 있듯 역사적·사회적 개념으로서의 동물권은 '동물과 인간이 맺는 관계의 변화로 인해 그들을 대하는 우리의 자세가 달라지면서' 발생한 개념이라고 할 수 있다.

5. **3**의 동물이 '충분하지는 않더라도 지적 능력이나 감정을 지니고 있다는 점에 주목하는지'라는 구절을 통해 이 글에서는 동물에게도 지적 능력이 있다고 봄을 알 수 있다.

오답 해설

① **3**의 '동물도 인간과 똑같이 고통을 느낀다는 점에 주목하는지'라는 구절을 통해 알 수 있다.

③ **3**에서 '인간의 존엄성, 자유와 평등 같은 인권의 핵심 개념'을 언급하였다.

④ **4**에서 인간은 생물학적 유사성이 100퍼센트에 가까운데 반해 동물의 경우는 동물군이나 개체 간의 차이가 매우 커서 동물의 범위를 정할 때 문제가 제기될 수 있다고 했다.

⑤ **5**에서 '단지 인간이 그들(동물)을 지나치게 가혹하게 대하는 측면이 있으니 그 부분을 개선하자는 것이 대세'라고 한 데서 알 수 있다.

6. 동물권과 관련하여 예전에 들은 적이 있는 관련 기사를 떠올리는 것은 관련 배경지식을 활성화하는 것으로, 글을 읽기 전의 활동으로 적절하다.

지식 창고 – 세계 동물권 선언

　　1978년 10월 15일 프랑스 파리 유네스코 본부에서 공포된 것으로, 제1조는 '모든 동물은 태어나면서부터 평등한 생명권과 존재할 권리를 가진다.'라고 명시하고 있다.

7. '동물권과 관련한 쟁점들'(㉠)에는 **3**에 언급된 동물이 인간과 동등한 지위를 갖는지의 문제, **4**에 언급된 동물의 범위를 어디까지로 봐야 하는가의 문제, 그리고 **5**에 언급된 동물에게 권리라는 용어를 쓰는 과정에서의 문제가 있다.

오답 해설

ㄴ. 동물의 특징에 대해 논의하는 문제는 **3**~**5**에 언급되지 않았다.

ㄷ. **5**에서 동물을 '책임과 의무를 지지 않는 존재'라고 하였으므로 동물에게 책임과 의무를 지우는 문제는 쟁점으로 성립하기 어렵다.

8. **4**에서는 동물의 범위를 정하기가 왜 어려운가를 설명하기 위해 '개, 고양이와 새우, 달팽이', '모기나 헬리코박터' 등을 구체적인 예로 들어 독자들이 내용을 쉽게 이해하도록 돕고 있다.

9. 보편적 차원에서 논의하는 관점은 동물에게 인간과 똑같은 권리를 부여하자는 것이 아니라, 모든 동물을 같은 위치에 놓고 권리를 논의하자는 것을 말한다.

10. **7**에서는 동물권에 관한 논의의 대립적인 두 관점을 대조적으로 보여 주며, 비교의 방법을 사용하여 동물권과 인권의 유사성을 바탕으로 동물권에 관한 논의의 두 관점을 설명하고 있다. 또한 '오랜 시간 정을 주고 온갖 경험을 함께한 내 강아지와 인터넷에서 오늘 처음 알게 된 어느 유명 배우의 고양이'를 구체적인 예로 들어 동물권 논의의 두 관점을 독자가 이해하기 쉽게 설명하고 있다.

오답 해설

ㄷ은 인과, ㄹ은 정의의 설명 방법으로, **7**에서는 모두 쓰이지 않았다.

11. '이런 개념'(㉠)이란 '인권'과 같은 차원의 '동물권'을 말하는 것으로, 글쓴이는 일반인들이 동물권 논의에 대해 불편함을 느낄 수 있음을 인정하고 있다.

12. ㉡은 모든 동물에게 차별 없이 권리를 부여하자는 것이므로 동물권을 보편적 차원에서 논의하는 관점에 해당한다.

오답 해설

① 보편적 차원의 논의이므로 반려동물뿐만 아니라 식용 동물, 사역 동물, 산업 동물, 실험동물, 야생 동물 등 모든 동물에 해당하는 논의라고 할 수 있다.

② 글쓴이는 ⓒ과 같은 논의가 '다분히 시기상조로 보인다.'라고 하면서 오늘날 대부분의 사람에게 인정을 받기는 어려울 것이라고 예측하고 있다.

④ **6**에서 동물권에 대한 논의는 권리의 당사자인 동물이 아니라 권리를 부여하는 인간이 주체가 된다는 점에서 특징적이라고 하였으므로, ⓒ을 동물이 주체가 되어 권리를 부여하는 것으로 보는 것은 적절하지 않다.

⑤ ⓒ은 모든 동물을 같은 위치에 놓고 권리를 논의하는 것이므로 개별적 관계가 아닌 보편적 차원에서 논의하는 관점에 해당한다.

13. 모르는 단어를 국어사전에서 찾아가며 그 뜻을 이해하고 그것을 바탕으로 문장의 의미를 파악하는 활동은 읽는 중 활동에 더 적합하다고 할 수 있다.

14. 이 글은 주장하는 글로, 글쓴이가 주장하려는 바는 **8**의 마지막 문장에 드러나 있다. 글쓴이는 여기에서 각자의 관점이나 처지가 어떠하든, 이용과 파괴가 아닌 존중과 공존에 기반을 두고 동물권에 관해 발전적으로 논의를 전개할 필요가 있다는 것을 주장하고 있다. 즉 글쓴이는 동물권에 관한 발전적 논의의 필요성을 주장하고 이에 대한 독자의 동의를 이끌어 내기 위해 이 글을 썼다고 할 수 있다.

시험엔! 이렇게!!   107~110쪽

1. ① 2. 존중과 공존에 기반을 두고 동물권에 관해 발전적으로 논의를 전개해야 한다. 3. ⑤ 4. ③ 5. 동물권의 의미
6. ③ 7. ⑤ 8. 〈예시 답〉 백과사전이나 인터넷 검색 등을 통해 글의 내용과 관련된 참고 자료를 찾아보고 그것을 활용하여 내용을 이해하며 읽는다.

1. 서론에서 역사적·사회적 개념으로서의 동물권의 의미에 대해 알 수 있다.

2. 결론에서 글쓴이는 존중과 공존에 기반을 두고 동물권에 관해 발전적으로 논의를 전개해야 한다고 주장하고 있다.

3. 글쓴이의 생각과 자기 생각을 비교하는 활동은 글을 읽는 중이나 읽은 후에 활용할 수 있는 읽기 전략에 해당한다.

4. 글을 읽는 중 글쓴이의 주장을 무조건 수용하기보다는 그 타당성과 적절성을 따져 보며 비판적으로 읽는 것이 올바른 태도이다.

5. 이 글의 처음인 서론의 소제목은 '역사적·사회적 개념으로서의 인권과 동물권'으로, 인권과 동물권을 비교하면서 동물권이 동물과 인간이 맺는 관계의 변화로 인해 동물을 대하는 인간의 자세가 달라지면서 발생한 개념임을 말하고 있다. 따라서 첫 부분에서는 '동물권의 의미'에 대해 정리하는 것이 적절하다.

6. 글을 읽을 때에는 읽기 과정뿐만 아니라 읽기 상황을 구성하는 독자, 글, 읽기 환경도 점검과 조정의 대상이 될 수 있다. 하지만 글쓴이가 처한 상황은 글을 읽는 과정에서 독자가 점검하고 조정할 수 있는 대상이 아니다.

7. 읽기 과정을 점검하고 조정해야 하는 상황은 읽기가 잘 이루어지지 않는 문제 상황과 관련된다. 글을 읽는 속도가 빨라서 적은 시간에 많은 글을 읽을 수 있는 것은 성공적인 읽기 활동에 해당하기 때문에 점검과 조정이 필요한 상황으로 보기 어렵다.

8. '활동 2'의 제시문을 참고하면, 글을 읽다가 글의 내용과 관련된 배경지식이 부족하여 글의 내용을 이해하기 어려울 때는 그 배경지식을 보완해 줄 수 있는 관련 자료를 찾아보며 읽어야 한다.

소단원 **나의 실력 다지기**   123~125쪽

1. ① 2. ② 3. (다), (라), (마) 4. ④ 5. 구체적인 예를 들어 대상에 대한 이해를 돕는 예시의 방법으로 설명하였다. 6. ⑤
7. ⑤ 8. ③ 9. 동물권에 관한 논의의 필요성 10. ⑤ 11. ③
12. 책의 내용을 올바르게 이해하기 위해서이다. / 책의 내용을 깊이 있게 이해하기 위해서이다.

1. (가)와 (나)에서는 인권과 동물권의 유사성을 바탕으로 역사적·사회적 개념으로서의 인권과 동물권에 대해 서술하고 있다. 따라서 두 대상의 유사성을 중심으로 설

명하는 비교의 방법이 쓰였다고 할 수 있다.

2. 글쓴이의 생각과 자신의 생각을 비교해 보는 활동은 글을 읽는 중이나 글을 다 읽은 후에 이루어지는 활동에 해당한다. 글을 읽기 전은 글쓴이의 생각을 파악하기 전이므로 글쓴이의 생각과 자신의 생각을 비교하는 활동을 하기는 어렵다.

3. (다)는 동물권과 관련한 논의의 핵심 쟁점인 '동물이 인간과 동등한 지위를 갖는가?'의 문제를 서술하고 있고, (라)는 '동물을 어디까지로 봐야 하는가'의 문제를, (바)는 동물에게 '권리라는 용어를 쓰는 과정'에서 생기는 오해와 관련된 쟁점을 서술하고 있다.

오답 해설
(바) 동물권 논의의 특징을 서술하고 있다.
(사) 동물권에 관한 논의의 두 가지 대립되는 관점을 서술하고 있다.

4. 동물권에 관한 논의의 관점은 (사)에 제시되어 있다. '개별적 관계에 따라 논의하는 관점'은 대상 동물과 인간과의 관계에 따라 그 권리의 내용을 달리하여 논의하는 관점(ㄹ)이고, '보편적 차원에서 동물권을 논의하는 관점'은 모든 동물을 같은 위치에 놓고 권리를 논의하는 관점(ㄴ)이다.

오답 해설
ㄱ. (바)에서 동물권에 관한 논의는 권리의 당사자인 '동물'이 아니라 권리를 부여하는 인간이 주체가 된다는 점에서 특징적이라고 했으므로, 권리를 부여하는 주체를 동물로 놓고 논의한다는 것(ㄱ)은 틀린 내용이다.
ㄷ. (마)에서 글쓴이는 동물의 권리를 주장한다고 해서 동물에게 선거권을 주거나 아파트 분양권을 주자고 말하는 것은 아닐 것이라고 하고 있다. 이를 통해 동물에게 인간과 똑같은 권리를 부여하자는 것이 동물권에 대한 논의는 아님을 짐작할 수 있다.

5. (라)에서는 동물의 범위를 정하기가 왜 어려운 논의인가를 설명하기 위해 예시의 방법을 사용하고 있다. 또한 (바)에서는 동물권에 관한 논의는 권리의 당사자인 '동물'이 아니라 권리를 부여하는 인간이 주체가 되며, 결국 인간과 동물의 관계가 논의의 출발점이 됨을 설명하기 위해 예시의 방법을 사용하고 있다.

6. 이 글은 독자를 설득하는 것을 목적으로 하는 주장하는 글이다. 하지만 이 글에 전문가의 말을 그대로 끌어와 인용하는 방법은 사용되지 않았다.

오답 해설
①, ② 동물권과 관련된 쟁점들, 동물권에 관한 논의의 관점 등을 제시함으로써 동물권에 관한 발전적 논의가 필요하다는 주장을 논리적으로 펼치고 있다.
③ (다)에서 동물권에 관한 논의의 두 관점을 설명하기 위해 동물권과 인권에 관한 논의의 유사성을 바탕으로 구체적인 예를 들어 설명하고 있다.
④ (가)는 역사적·사회적 개념으로서의 동물권을 소개하는 부분으로 서론에 해당하며, (나)와 (다)는 동물권과 관련된 쟁점들과 동물권에 관한 논의의 관점을 다룬 부분으로 본론에 해당하며, (라)는 동물권에 관한 논의의 필요성을 다룬 부분으로 결론에 해당한다.

7. 글쓴이가 이 글을 통해 말하고자 하는 바는 결론인 (라)의 마지막 문장에 제시되어 있다. 글쓴이는 (가)에서 역사적·사회적 개념으로서의 동물권의 의미에 관해 설명한 후, (나)와 (다)에서 동물권에 관한 논의가 어려운 까닭을 서술하고, 이를 바탕으로 (라)에서 존중과 공존에 기반을 두고 동물권에 관해 발전적으로 논의를 시작해야 한다는 주장을 펼치고 있다.

8. 글을 읽고 난 후 자신이 읽기 전 단계에서 읽는 목적을 설정하지 않았음을 확인하고 이를 조정하여 목적을 정한 후 다시 글을 읽었다고 했으므로, 이는 자신의 읽기 과정을 점검하고 조정한 사례에 해당한다.

오답 해설
① 읽는 중에 글의 주요 내용을 정리한 활동에 해당한다.
② 읽은 후에 더 알고 싶은 내용을 찾아본 활동에 해당한다.
④ 읽은 후에 글의 전체 내용을 요약한 활동에 해당한다.
⑤ 읽은 후에 글쓴이의 생각과 독자의 생각을 비교해 보는 활동에 해당한다.

9. (라)는 각자의 관점이나 처지가 어떠하든 이용과 파괴가 아니라 존중과 공존에 기반을 두고 동물권에 관한 논의를 시작해야 한다고 밝히고 있다. 따라서 동물권에 관한 논의의 필요성을 다루고 있는 부분이라고 할 수 있다.

10. 제시된 내용은 이 글에 제시되어 있지 않은 동물권을 둘러싼 시사 문제나 동물권 보장을 위해 활동하는 시민 단체에 대한 정보를 조사한 활동을 담고 있다. 이는 글을 읽은 후에 더 알고 싶은 내용을 찾아보는 활동이다.

11. ⓐ의 '맺다'는 '관계나 인연 따위를 이루거나 만들다.' 의 뜻으로 쓰였다. 이와 같은 의미로 쓰인 것은 ③이다.

오답 해설

① '물방울이나 땀방울 따위가 생겨나 매달리다.'라는 의미이다.
② '하던 일을 끝내다.'라는 의미이다.
④ '끄나풀, 실, 노끈 따위를 얽어 매듭을 만들다.'라는 의미이다.
⑤ '열매나 꽃망울 따위가 생겨나거나 그것을 이루다.' 라는 의미이다.

12. 글을 읽다 보면 읽은 내용이 제대로 이해되지 않는 등 여러 가지 문제가 생길 수 있는데, 이때 자신의 읽기 과정을 점검하고 조정하는 것이 필요하다. 즉, 자신의 읽기 과정에 어떤 문제가 있는지 파악하고, 그 문제를 해결할 수 있는 적절한 방법을 찾아 읽기 과정을 조정하면 글의 내용을 올바르게 이해할 수 있다. 따라서 글의 내용을 올바르게 이해하거나 깊이 있게 이해하기 위해서 읽기 과정의 점검과 조정이 필요하다고 할 수 있다.

(2) 논리적인 토론

> **콕콕 확인 문제**
>
> 132~137쪽
>
> **1.** ⑤ **2.** ㉠: 입론, ㉡: 최종 발언 **3.** 근거의 출처를 밝히지 않았으므로 신뢰성이 떨어진다. **4.** ④ **5.** ④ **6.** ② **7.** ①
> **8.** 〈예시 답〉 반대 측 토론자는 발언 순서와 시간을 지켜 주세요.

1. 이 토론의 논제는 '우리 사회에서 사람들 사이의 경쟁을 그만두어야 한다.'이다. 이 논제에 대한 반대 측의 입장은, 경쟁을 그만두어서는 안 된다는 것이다. 따라서 우리가 행복하지 않은 것은 경쟁 때문이 아니라 경쟁이 공평하지 않아서이므로 공정한 경쟁을 하는 방안을 고민해야 한다는 것이 반대 측이 입장으로 적절하다.

2. 토론에서 사회자가 논제를 제시한 다음, 사회자의 진행에 따라 찬성 측과 반대 측의 토론자가 입론을 한다. 입론은 찬성 또는 반대 입장에서 자기 측의 주장이 옳다는 것을 근거를 들어 내세우는 것이다. 입론이 끝나면 토론자들이 서로에 대한 반론을 하게 되고, 반론한 후에 최종 발언이 이어진다. 최종 발언은 토론 과정에서 드러난 쟁점을 정리하고, 자기 측의 주장과 근거가 옳다는 것을 다시 강조하는 것이다. 최종 발언 후에는 배심원의 평가를 통해 토론의 결과를 판정하게 된다.

3. 신뢰성은 제시한 자료가 믿을 만한지, 자료의 출처가 명확한지 등을 평가하는 기준이다. 그런데 반대 측에서 내세운 '경쟁은 인간의 본능이며 경쟁 없이는 발전을 할 수 없다.'라는 근거는 그 출처가 제시되어 있지 않아 신뢰할 수 없다.

4. 토론은 공동의 문제를 해결하기 위한 합리적인 의사소통 행위라고 할 수 있다. 따라서 개인에게 이익을 줄 수 있는지는 토론의 논제를 정할 때 고려할 점과 거리가 멀다.

5. 무인 방범 카메라의 감시 기능으로 인해 학생들의 긴장감과 불안감이 높아지는 것은 무인 방범 카메라 설치의 부작용에 해당한다. 따라서 이 근거는 무인 방범 카메라 설치에 반대하는 주장의 근거로 적절하다.

오답 해설

①, ⑤ 무인 방범 카메라 설치의 효과를 보여 주는 내용에 해당하므로, 무인 방범 카메라 설치에 찬성하는 주장의 근거로 적절하다.
②, ③ 무인 방범 카메라 설치로 인해 제기될 수 있는 사생활 침해 문제 등을 예방하거나 해결하기 위한 대책에 해당하므로, 무인 방범 카메라 설치에 반대하는 입장의 예상 반론에 반박할 자료로 활용할 수 있다.

6. 토론에 참여한 찬성 측과 반대 측 토론자들의 토론 과정과 결과를 평가하는 것은 배심원들의 역할에 해당한다. '반론'은 양측 입장을 평가하는 것이 아니라, 상대측 주장의 논리적 약점을 찾아내어 이를 반박함으로써 자기 측 주장의 정당성을 강화하는 것이다.

7. 입론은 토론을 시작하면서 찬성 측과 반대 측 토론자가 논제에 대한 기본적인 입장을 밝히는 것으로, 찬성 또

는 반대의 입장에서 논리적 근거를 들어 자기 측 주장이 옳음을 내세우는 것이다. 상대측 주장을 경청하며 상대측의 입장을 이해하고 반박하는 것은 반론 과정에서 이루어지는 활동이다.

8. 사회자가 찬성 측의 반론을 들을 순서임을 안내하였으나, 반대 측 토론자는 이러한 사회자의 진행을 따르지 않고 반론할 시간이 부족했다며 추가 발언을 하려고 한다. 토론에서는 사회자의 진행에 따라 사회자가 지정하는 대로 발언 순서와 시간을 지켜 토론해야 하는데 반대 측 토론자가 이를 어겼으므로, 이러한 태도를 지적하고 규칙을 지킬 것을 당부하는 말을 하는 것이 적절하다.

142~144쪽

소단원 나의 실력 다지기

1. ⑤ 2. ⑤ 3. ② 4. ㄱ, ㄴ 5. •찬성 측: 경쟁하지 않고도 좋은 결과를 낳을 수 있으며, 오히려 경쟁이 여러 가지 부작용을 낳기도 한다. •반대 측: 경쟁은 인간의 본능이며, 개인의 능력을 최대치로 발휘하게 하여 사회의 발전을 이끈다. 6. ② 7. 우리 사회에서 사람들 사이의 경쟁을 그만두어야 한다. 8. ④ 9. ⑤ 10. 재화는 식량에만 국한되는 것이 아니므로 식량 문제를 들어 협력이 옳은 방향이라고 한 점은 타당성이 떨어진다.

1. 토론의 핵심인 반론을 할 때는 합리적인 근거를 제시하면서 상대방 논리의 허점을 지적할 수 있어야 한다. 이를 잘하기 위해서는 상대방 주장을 경청하는 것이 기본이다. 상대측 의견을 잘 들으면서 상대방의 주장을 논리적으로 판단할 수 있어야 적절한 반론이 가능해진다. 따라서 상대측 의견을 듣기보다는 자기 의견을 내세우는 데 초점을 맞춰야 한다는 것은 토론의 특징으로 볼 수 없다.

2. 토론 과정에서는 논제에 대해 대립적인 입장을 지닌 찬성과 반대 측이 상대측 입장의 허점을 조목조목 논리적으로 반박하면서 자기 측 입장의 정당성을 강하게 부각하면, 배심원은 이러한 토론 과정을 지켜보면서 어느 쪽 주장이 더 타당하고 논리적인지를 평가해야 한다. 따라서 사전에 사회자와 찬반 양측이 모여 토론할 내용을 미리 조율하는 것은 적절하지 않다. 사전에는 양측이 각자가 지닌 입장의 정당성을 입증할 수 있는 근거

자료를 충분히 확보하는 것이 중요하다.

3. (가)에서 토론의 논제는 '우리 사회에서 사람들 사이의 경쟁을 그만두어야 한다.'로 제시한 것을 고려할 때, 찬성 측에서는 경쟁의 문제점이나 부작용, 경쟁이 아닌 다른 방식이 가져오는 긍정적 측면이나 효과 등을 근거로 제시할 수 있다. 따라서 경쟁 없이도 좋은 결과를 얻을 수 있다는 것은 경쟁의 불필요함을 뒷받침하는 근거가 될 수 있으므로 적절하다.

4. '수남'은 유명한 철학자인 아리스토텔레스의 말을 인용하여 인간의 본능은 경쟁이 아니라, 서로 협력하고 의존하면서 사회적 관계를 맺는 것이라고 말하고 있다. 또한 경제협력개발기구의 국제학업성취도평가 결과를 바탕으로 협동의 효과를 주장하고 있다. 따라서 근거의 출처를 신뢰할 수 있으며(ㄱ), 근거의 내용이 주장을 적절하게 뒷받침하고 있어서 이치에 맞다(ㄴ)고 평가할 수 있다.

오답 해설

ㄷ. 경쟁이 아닌 협동의 효과를 근거로 내세워 경쟁을 그만두어야 한다는 주장을 하고 있으므로, '수남'이 내세운 반론의 근거는 주장과 잘 연결되고 있다.
ㄹ. 고대 그리스의 철학자 아리스토텔레스의 말은 오래 전부터 알려진 명언에 해당하는 것으로, 최근의 연구 결과가 아니다.

5. 찬성 측의 입론은 (나)에 제시되어 있는데, '지윤'은 경쟁하지 않고도 얼마든지 좋은 결과를 낼 수 있으며, 오히려 경쟁이 여러 가지 부작용을 낳기도 한다고 주장하며 논제에 대해 찬성하는 입장을 내세우고 있다. 반대 측 입론은 (다)에 제시되어 있는데, '경수'는 경쟁은 인간의 본능이며, 경쟁이 개인의 능력을 최대치로 발휘하게 하고 개인과 사회는 그것을 통해 발전을 이끌 수 있다며 논제에 반대하는 태도를 분명히 밝히고 있다.

6. (나)에서 '지윤'은 상대측이 채용과 같은 특별한 상황에서 경쟁 없이는 좋은 결과를 낳기 어렵다고 반론하자 이를 비판하면서, 채용 같은 경우에도 채용을 준비하는 사람들이 협동해서 좋은 결과를 만들 수 있다고 반론하고 있다. 따라서 '지윤'이 채용과 같은 특별한 상황은 논의에서 배제할 것을 요청하고 있다는 것은 이 토론의 내용을 잘못 이해한 것이다.

오답 해설

① (가)에서 '미란'은 사람들이 추구하는 아름다운 것과 좋은 것은 대개 한정되어 있으며, 이를 얻기 위해 사람들은 경쟁을 하게 된다고 주장하고 있다.

③ (나)에서 '경수'는 '협력을 통해 좋은 결과를 낼 수 있다'는 '지윤'의 주장은 인정하면서도, 채용이라는 특수한 상황에서 경쟁은 불가피하다고 주장하며 자신의 입장을 굽히지 않고 있다.

④ (다)에서 '미란'은 경쟁 자체를 없앨 수는 없기 때문에 보완이 필요하다고 주장하며, 경쟁을 피하기보다는 공정한 경쟁을 추구하는 방안을 찾아야 한다고 주장하고 있다.

⑤ (라)에서 '지윤'은 '경쟁 자체를 없애는 것은 불가능하겠지만'이라고 말함으로써 경쟁의 불가피성을 인정하면서도 불필요한 경쟁은 그만두어야 한다고 주장하고 있다. 그러면서 모두가 행복할 수 있는 사회를 만들기 위해 경쟁보다는 협력과 연대를 통한 발전이 중요함을 강조하고 있다.

7. 이 토론에서는 경쟁의 필요성에 관해 토론을 하고 있는데, 찬성 측은 경쟁을 그만두고 협력과 연대를 통한 발전을 추구해야 한다고 주장하고 있고, 반대 측은 경쟁은 필요하므로 보완을 통해 공정한 경쟁을 추구해야 한다고 주장하고 있다. 따라서 이 토론의 논제는 '우리 사회에서 사람들 사이의 경쟁을 그만두어야 한다.'라고 볼 수 있다.

8. (가)와 (나)에서는 찬성 측과 반대 측이 질문과 답변을 주고받으면서 상대측에 반론을 펴고 있고, (다)와 (라)에서는 반대 측과 찬성 측이 토론 과정에 드러난 쟁점을 정리하면서 각자의 주장과 근거가 옳다는 최종 발언을 하고 있다. 따라서 (나)와 (다) 사이의 ㉠에서 사회자는 반론을 끝내고 최종 발언이 이어지도록 하는 진행 발언을 해야 한다.

9. 토론은 기본적으로 협력적 말하기가 아니라 대립적 말하기라고 할 수 있다. 즉, 논제에 대한 찬반 입장을 지닌 양측의 토론자들이 각자의 주장과 근거가 옳음을 내세우며 상대를 설득하는 말하기이다. 참여자들이 협력하여 공동의 문제에 대한 구체적인 해결책을 마련하는 말하기는 토의에 해당한다.

10. (가)에서 '수남'은 상대측이 한정되어 있는 가치 있는 재화를 얻기 위해 경쟁은 불가피하다고 말하자, 이에 대한 반론으로 경쟁이 아닌 협력을 통해 가치 있는 재화를 얻을 수 있음을 입증하기 위해 세계 식량 문제를 근거로 들고 있다. 하지만 가치 있는 재화는 식량에만 국한되는 것이 아니므로 식량 문제를 근거로 들어 협력이 옳은 방향이라고 주장한 것은 근거의 내용이 주장을 긴밀하게 뒷받침하지 못해 타당성이 떨어진다고 평가할 수 있다.

대단원 평가 대비하기   147~149쪽

1. ④ **2.** ① **3.** ⑤ **4.** ① **5.** 존중과 공존에 기반을 두고 동물권에 관한 발전적 논의를 전개해야 한다. **6.** ④ **7.** ④ **8.** ⑤ **9.** ④ **10.** 토론의 배경과 논제를 소개한다. / 토론 절차에 따라 토론을 진행한다. / 토론자들에게 발언 기회를 공평하게 제공한다. / 중립적 입장에서 공정하게 토론을 진행한다. 등

1. 글을 '읽는 중'에는 문단별 주요 내용을 메모하며 읽고, 글을 '읽은 후'에 그 메모한 내용을 바탕으로 하여 전체 내용을 요약하는 것이 적절하다. 따라서 글의 전체 내용을 요약하는 활동은 글을 읽고 난 후에 하는 것이 좋다.

2. (가)에서는 역사적·사회적 개념으로서의 동물권을 설명하기 위해 인권과 동물권을 비교하는 방법을 사용하고 있다. 인권이 오랜 시간에 걸쳐 생성되고 발전해 온 개념인 것처럼, 동물권 역시 동물과 인간이 맺는 관계의 변화로 인해 동물을 대하는 인간의 자세가 달라지면서 발생한 개념이라고 설명하고 있다(ㄱ). (가)~(라)에서는 모두 소제목을 제시하여 글의 주요 내용과 구성을 한눈에 파악할 수 있도록 하고 있으며, 독자는 소제목을 활용하여 배경지식을 활성화할 수 있다(ㄴ).

오답 해설

ㄷ, ㄹ. 이 글은 동물권에 관한 논의를 둘러싼 핵심 쟁점과 대립적 관점을 소개하고 있을 뿐, 동물권 자체에 관한 찬반 주장과 그 근거를 제시하거나 동물권에 관한 논의의 역사를 시간의 흐름에 따라 제시하고 있지는 않다.

3. 글쓴이는 동물권에 관한 논의가 필요하며, 존중과 공존

에 기반을 둔 동물권에 관한 논의를 시작해야 한다고 주장하고 있을 뿐, 모든 동물에게 동물권을 인정해야 한다고 주장하고 있지 않다. 오히려 (다)에서 '현재의 인권 개념처럼 어떤 상황에서든 누구에게나 차별 없이 적용되는 동물의 권리를 인정하는 것은 다분히 시기상조로 보인다.'라고 주장하는 것을 보면, 글쓴이는 모든 동물에게 동물권을 인정해야 한다는 입장에 대해 부정적인 태도를 보이고 있음을 짐작할 수 있다.

오답 해설
① (가)에서 글쓴이는 '동물권에 관해서도 논의해야 하는 시점에 이른 것은 분명하다.'라고 했고, (라)에서 '각자의 관점이나 처지가 어떠하든, 이용과 파괴가 아니라 존중과 공존에 기반을 두고 동물권에 관해 발전적으로 논의를 전개해야 할 것이다.'라고 하였다.
② (가)에서 역사적·사회적 개념으로서의 동물권의 의미를 알 수 있다. '동물과 인간의 맺는 관계의 변화로 인해 그들을 대하는 우리의 자세가 달라지면서' 발생한 개념이 동물권이라고 정리할 수 있다.
③ (나)에서 동물권과 관련된 쟁점들을 소개하고 있으므로, 쟁점의 의미를 정확히 알면 글의 내용을 이해하는 데 도움을 받을 수 있다.
④ (가)에서 동물권의 의미를, (나)와 (다)에서 동물권에 관한 논의가 어려운 까닭을, (라)에서 동물권 논의의 필요성을 파악할 수 있다.

4. 〈보기〉는 글을 읽은 후에 자신의 읽기 과정을 점검하고 조정하는 내용을 담고 있다. 글을 읽기 전에 읽는 목적을 정하지 않고 읽었다는 것을 점검하고, 이를 조정하여 글 읽기의 목적을 설정한 후 글을 다시 읽었다.

5. 글쓴이의 주장은 (라)의 마지막 부분에 제시되어 있다. 동물권 논의를 둘러싼 쟁점과 대립적 관점을 서술한 후, 이제는 '각자의 관점이나 처지가 어떠하든, 이용과 파괴가 아니라 존중과 공존에 기반을 두고 동물권에 관해 발전적으로 논의를 전개해야 할 것'이라고 주장하고 있다.

6. 〈보기〉에 제시된 토론 절차는 '최종 발언' 단계에 관한 설명이다. (바)에서 '미란'은 반대 측의 최종 발언자로서 토론 과정에서 드러난 쟁점을 정리하면서 반대 측 입장의 주장이 옳다는 것을 강조하고 있으며, (사)에서 '지

윤'은 찬성 측의 최종 발언자로서 찬성 측 주장의 정당성을 다시 한번 강조하고 있다.

7. 반대 측은 경쟁은 필요하므로 보완을 통해 공정한 경쟁을 추구해야 한다고 주장하고 있다. 그런데 교육에서는 경쟁이 아닌 방식으로 학업 성취 수준을 높일 수 있다는 ⓓ의 정리 내용은 경쟁의 불필요성을 보여 주는 것으로, (마)에서 찬성 측이 핀란드의 사례를 들어 경쟁이 아닌 협동을 통해 좋은 결과를 낳을 수 있다고 말한 것에 해당하는 내용이다. 따라서 ⓓ는 반대 측이 아닌 찬성 측 근거로 적절하다.

오답 해설
ⓐ (나)에서 찬성 측의 '지윤'이 제시한 입론의 근거이다.
ⓑ (마)에서 찬성 측의 '수남'이 제시한 반론의 근거이다.
ⓒ (다)에서 반대 측의 '경수'가 제시한 입론의 근거이다.
ⓔ (라)에서 반대 측의 '미란'이 제시한 반론의 근거이다.

8. 찬성 측은 경쟁 대신 협력과 연대를 통한 발전을 추구해야 한다는 주장을 하고 있다. 친구와 협력하며 공부해 좋은 결과를 얻은 것은 경쟁이 아닌 협력과 연대의 힘을 보여 주므로, 찬성 측 주장의 근거가 될 수 있다.

오답 해설
① 경쟁을 피할 수 없다는 입장이므로 경쟁을 없앨 수 없다는 반대 측 입장으로 볼 수 있다.
② 경쟁의 장점을 보여 주고 있으므로 경쟁이 필요하다는 반대 측 입장으로 볼 수 있다.
③, ④ 반대 측은 경쟁은 피할 수 없으므로 보완을 통해 공정한 경쟁을 추구해야 한다고 주장하고 있으므로, 공정한 경쟁을 위한 보완이 필요하다거나 경쟁에서 밀려나는 사람들을 도울 보완책 마련이 필요하다는 생각은 반대 측 입장에 해당한다.

9. 반론을 펴기 위해서는 상대방 입장과 논리를 정확하게 파악하는 것이 선행되어야 한다. 그렇게 해야 상대방 입장의 논리적 약점이나 오류를 찾아내어 반론을 펼 수 있기 때문이다. 따라서 상대측 말을 듣는 것이 매우 중요하므로, 상대측 말을 듣기보다 자기 측 근거 보완에만 집중하면 제대로 된 반론을 펼 수 없다.

10. (가)에서 사회자는 토론의 배경과 논제를 소개하고 있다. (가), (나), (마), (아)에서 사회자는 토론 절차에 따라 토론을 진행하면서 찬성 측과 반대 측의 토론자들에

게 발언 기회를 공평하게 제공하고 있다. 토론 전반에서 사회자는 찬성과 반대 중 어느 한쪽 편을 들지 않고 중립적 입장에서 절차에 따라 공정하게 토론을 진행하고 있음을 알 수 있다.

150~151쪽

논술형 평가 대비하기

(1) 동물의 권리에 관하여

1. ㉡ 동물권과 관련된 핵심 쟁점, ㉣ 동물권에 관한 논의의 필요성 **2.** ㉠ 예시를 활용해 내용 이해를 돕고 있어. ㉡ 참고 자료 활용하기 / 국어사전 찾아보기 **3.** (1) 동물과 인간이 맺는 관계의 변화로 인해 동물을 대하는 인간의 자세가 달라졌기 때문이다. (2) 이용과 파괴가 아니라 존중과 공존에 기반을 두고 논의를 해야 한다.

(2) 논리적인 토론

1. 찬성 측과 반대 측이 입론을 하고, 상대측의 입론에 대해 서로 반론을 한 후, 양측이 각각 최종 발언을 한다. **2.** 경쟁은 인간의 본능이며 개인과 사회의 발전을 이끌 수 있다. **3.** • 찬성 측 주장: 모두의 행복을 위해 불필요한 경쟁을 멈추고 협력과 연대를 통한 발전을 추구해야 한다. • 반대 측 주장: 경쟁은 앞으로도 계속될 것이니, 경쟁을 없앨 것이 아니라 보완을 통해 공정한 경쟁을 추구해야 한다. **4.** 상대측 주장과 근거의 오류를 지적하고, 자신 측의 입론을 보강하는

(1) 동물의 권리에 관하여

1. (나)는 동물권에 관한 논의의 핵심 쟁점으로 '과연 동물이 인간과 동등한 지위를 갖는가?'라는 문제에 관해 소개하고 있다. (라)는 '각자의 관점이나 처지가 어떠하든, 이용과 파괴가 아니라 존중과 공존에 기반을 두고 동물권에 관해 발전적으로 논의를 전개해야 할 것'이라고 주장하며 동물권에 관한 논의의 필요성을 강조하고 있다.

평가 요소	확인(√)
(나)의 중심 내용을 바르게 고쳐 서술하였다.	
(라)의 중심 내용을 바르게 고쳐 서술하였다.	
(가), (다)의 형식에 맞춰 명사로 끝나게 서술하였다.	

2. (다)에서는 인간과 동물의 관계가 동물권에 관한 논의의 출발점임을 예를 들어 설명하고 있다. 또한 '권리'라는 용어의 정확한 뜻을 찾아보는 활동은 참고 자료를 활용하거나 국어사전을 찾아보는 읽기 방법으로, 글을 읽는 중 활용할 수 있다.

평가 요소	확인(√)
㉠의 내용으로 예시의 설명 방법에 관해 서술하였다.	
㉡의 내용으로 참고 자료나 국어사전 등을 찾아보는 방법을 서술하였다.	
㉠은 완성된 문장으로, ㉡은 '~기'로 끝나는 명사형으로 서술하였다.	

3. (1)에 대한 답은 (가)에서 찾을 수 있다. 글쓴이는 (가)에서 '동물과 인간이 맺는 관계의 변화로 인해 그들을 대하는 우리의 자세가 달라지면서, 동물권에 관해서도 논의해야 하는 시점에 이른 것은 분명하다.'라고 말하고 있다. (2)에 대한 답은 (라)에서 찾을 수 있다. 글쓴이는 '각자의 관점이나 처지가 어떠하든, 이용과 파괴가 아니라 존중과 공존에 기반을 두고 동물권에 관해 발전적으로 논의를 전개해야' 한다는 입장을 분명히 하고 있다.

평가 요소	확인(√)
(1)에 대한 답을 (가)의 내용을 바탕으로 정확하게 서술하였다.	
(2)에 대한 답을 (라)의 내용을 바탕으로 정확하게 서술하였다.	
(1)과 (2)의 답을 각각 완성된 한 문장으로 서술하였다.	

(2) 논리적인 토론

1. 사회자는 (가)에서 찬성 측의 입론에 이어 '반대 측의 입론도 들어 보겠'다고 했고, 양측의 입론이 끝나자 '1차 반론'이 이어짐을 알리고 있다. (나)에서는 반대 측의 최종 발언이 끝나자 찬성 측의 최종 발언을 지시하고 있다. 따라서 입론, 반론, 최종 발언으로 이어지는 토론의 절차를 확인할 수 있다.

평가 요소	확인(√)
'입론', '반론', '최종 발언'이라는 단어를 사용하여 서술하였다.	
'입론, 반론, 최종 발언'의 3단계를 토론의 절차에 맞게 서술하였다.	
완성된 문장으로 서술하였다.	

2. (가)에서 반대 측의 '경수'는 경쟁이 인간의 본능이며 경쟁은 개인과 사회의 발전을 이끈다는 것을 근거로 들어 경쟁을 그만두어야 한다는 논제에 대한 반대 입장을 분명히 내세우고 있다.

평가 요소	확인(√)
반대 측의 근거로 '경쟁은 인간의 본능'임을 서술하였다.	
반대 측의 근거로 '경쟁이 개인과 사회의 발전을 이끌 수 있다.'라는 내용을 서술하였다.	
완성된 문장으로 서술하였다.	

3. (나)에서 반대 측의 '미란'은 경쟁 자체를 없앨 수는 없으므로 보완을 통해 공정한 경쟁을 함께 추구해 나가야 한다고 최종 발언을 하고 있다. 찬성 측의 '지윤'은 이와 반대로 불필요한 경쟁을 그만두고 경쟁이 아닌 다른 방식, 즉 협력과 연대를 통해 모두가 행복한 사회를 만들어가야 한다며 최종 발언을 하고 있다.

평가 요소	확인(√)
찬성 측의 주장으로 경쟁이 아닌 협력과 연대의 가치를 서술하였다.	
반대 측의 주장으로 경쟁의 필요성 인정과 보완을 통한 공정한 경쟁의 추구에 대해 서술하였다.	
찬성 측과 반대 측 주장을 각각 완성된 문장으로 서술하였다.	

4. 반론의 핵심은 상대방 입장의 허점을 논리적으로 반박하면서 자기 측의 입장을 반대 측의 입장에서 강하게 부각하는 것이다. 따라서 반론의 구체적 방법으로는 상대측 주장과 근거의 오류, 허점, 약점 등을 지적하는 것과 그것을 통해 자기 측의 주장을 보강하는 것을 들 수 있다.

평가 요소	확인(√)
반론의 구체적 방법 두 가지를 서술하였다.	
'오류', '입론'이라는 단어를 사용하여 서술하였다.	
'~하는'의 형태로 서술하였다.	

④ 문학에 담긴 어제와 오늘

(1) 묵화(墨畵)

콕콕 확인 문제   157쪽

1. ⑤ **2.** ③ **3.** ④ **4.** ② **5.** '–고'라는 연결 어미와 쉼표로 시행을 마무리하며 '–고.'를 세 번 반복한다.

1. 이 시는 선경후정의 시상 전개 방식을 취하고 있다. 앞부분인 1~2행에는 할머니가 소 목덜미에 손을 얹는 행동이 구체적인 장면으로 묘사되어 있고, 뒷부분인 3~6행에는 그런 행동을 하는 할머니의 심정이 할머니와 소의 교감을 통해 드러나고 있다.

오답 해설

① 이 시의 화자는 시 속에 드러나 있지 않다.

② 할머니가 물먹는 소를 다독이고 있는 모습이 한 폭의 그림처럼 형상화되어 있을 뿐, 공간의 이동은 나타나 있지 않다.

③ 3~6행은 할머니와 소가 실제로 주고받은 대화라고 보기 어렵다.

④ 할머니와 소가 함께 있는 모습이 담담하게 묘사되어 있을 뿐, 다양한 감각의 심상은 사용되지 않았다.

2. '이 하루도 / 함께 지났다고, / 서로 발잔등이 부었다고,'라는 표현에서 할머니와 소가 고된 농사일을 하며 하루 종일 시간을 함께 보냈음을 알 수 있다.

오답 해설

①, ② 할머니와 소는 고된 하루를 함께 보낸 후 서로를 위로하고 있다. 4~6행에 쓰인 '–고'라는 연결 어미를 통해 이렇게 둘이 함께하는 삶이 계속 이어져 왔고 앞으로도 이어질 것임을 짐작할 수 있다.

④ 이 시에는 할머니와 소만 등장하기 때문에 할머니가 다른 가축을 기르는지는 확인할 수 없다.

3. 이 시에는 할머니와 소가 힘겹고 고단한 삶을 함께 나누며 서로를 위로하고 정서적으로 교감하는 모습이 그려져 있다.

4. '서로 발잔등이 부었다고,'에서는 할머니가 발잔등이 부을 정도로 고된 농사일을 하며 고단한 삶을 살고 있음을 알 수 있고, '서로 적막하다고,'에서는 할머니가 외로

운 삶을 살고 있음을 알 수 있다.

5. '함께 지났다고.', '서로 발잔등이 부었다고.', '서로 적막하다고.'에서 행을 끝맺을 때 '-고'라는 연결 어미와 쉼표를 반복하여 사용하고 있다. 특히 '-고,'의 반복을 통해서는 운율이 만들어지고 있다.

시험엔 이렇게!!

158~159쪽

1. ② 2. 할머니와 소의 고된 삶이 반복될 것이고, 둘의 교감이 지속될 것임을 암시한다. 3. ② 4. ②

1. 할머니와 소는 하루 종일 고된 농사일을 하고 나서 서로를 위로하고 있다. 따라서 할머니와 소는 힘겹고 고단한 삶을 함께 나누고 있다고 할 수 있다.

오답 해설

① 할머니와 소는 농사일을 함께하며 살아가는 존재이므로, 할머니가 소를 팔아서 생계를 이어 간다고 볼 수 없다.

③ '발잔등이 부었다'는 것은 그만큼 농사일이 힘들었음을 보여 주는 것이지, 소가 병에 걸렸다는 것을 의미하지는 않는다.

④ 할머니와 소는 힘든 하루를 함께 보냈다. 따라서 소가 농사일을 대신 해 주어 할머니가 편안하게 살고 있다고 보기는 어렵다.

⑤ 고된 하루를 마친 후 할머니와 소는 서로를 위로하고 있을 뿐, 여유를 누리고 있다고 보기는 어렵다.

2. 문장을 끝맺는 종결 어미가 아니라 다음에 이어질 내용이 나오는 연결 어미를 사용하고, 마침표 대신 쉼표로 끝을 맺고 있기 때문에 이런 장면이 늘 반복될 것처럼 느껴진다. 즉 할머니와 소의 고된 삶이 반복되고 둘의 교감도 계속 이어질 것임을 암시하는 효과가 있다.

3. 묵화는 먹으로 짙고 엷음을 이용하여 그린 그림인 수묵화를 말하는데, 화려하지 않고 담담하게 대상을 표현하며, 배경색을 따로 칠하지 않아 여백의 미가 느껴지는 특징을 지닌다. 이런 묵화처럼 이 시도 세부적인 묘사나 구체적인 배경을 생략한 채 절제된 언어로 담담하게 내용을 전달하고 있어서 여백의 미가 느껴진다. 인물 간에 주고받는 대화가 없는 것은 맞지만, 그것과 묵화의 특징과는 직접적인 관련이 없다.

4. 할머니와 소는 힘든 삶을 '함께' 나누며 서로 '위로'하고 '교감'하고 있으므로 '동반자'적 관계에서 삶을 함께하고 있다고 볼 수 있다. 따라서 이 시는 고통을 참고 견디는 끈기와 인내의 가치보다는 함께 나누며 살아가는 삶의 가치에 대해 이야기하고 있다고 할 수 있다.

소단원 나의 실력 다지기

163쪽

1. ② 2. ⑤ 3. ② 4. ① 5. ③ 6. 가족 / 친구 / 동반자, 할머니와 소는 고단한 삶을 함께 나누며 서로 위로하고 교감하며 살아가고 있기 때문이다.

1. 1~2행에서는 할머니가 소 목덜미에 손을 얹는 장면을 객관적으로 그려 내고 있고, 3~6행에서는 할머니가 느끼는 고달픔과 외로움이 소와의 교감을 통해 표현되고 있다.

2. 4~6행에서는 종결 어미 대신 연결 어미를, 마침표 대신 쉼표를 반복하여 시상을 마무리하였으므로, 4~6행의 내용이 앞으로도 계속 반복될 것임을 암시한다고 할 수 있다(③, ④). 따라서 할머니의 태도 변화를 예측한 것은 잘못된 추측이라고 할 수 있다.

오답 해설

① 종결 어미와 마침표로 마무리하지 않고, 연결 어미와 쉼표로 끝냈기 때문에 독자는 여운을 느낄 수 있다.

② 연결 어미인 '-고'라는 음절을 반복하여 운율을 만들어 내고 있다.

3. 할머니와 소의 삶이 고되고 외롭고 쓸쓸하다는 점에서 슬픔이 느껴지지만, 할머니와 소가 그 힘든 삶을 함께하며 서로 위로하고 교감하며 살아가는 모습에서는 따뜻함이 느껴진다.

4. 반려견으로 키웠던 개를 버리는 사람들이 많아지는 현실은 서로 교감하며 정을 나누고 사는 삶과는 대조적인 모습이라고 할 수 있다.

오답 해설

②, ③, ④, ⑤ 사람이 동물, 식물, 돌, 야생화 등과 더불어 살아가는 모습을 보여 주고 있다.

5. ㉠의 뒤에 이어지는 내용을 통해 할머니가 고된 하루를 함께 보낸 소를 위로하기 위해 소 목덜미를 어루만지고 있음을 알 수 있다.

(2) 그 시절 우리들의 집

167~171쪽

1. ① 2. ③ 3. ④ 4. ④ 5. 아낙이 어느 날 밤 집에서 넷째 아들을 낳았다. 6. ② 7. ⑤ 8. ② 9. ④ 10. 석양의 북새나 굴뚝 연기를 통해 비가 올 날씨임을 예상할 수 있다. / 비가 온 날 저녁에 지렁이가 밤새 운다는 것을 안다. 11. ③ 12. 자연 13. ④ 14. ⑤ 15. '그'의 이야기가 특수한 개인의 이야기가 아니라 '우리' 모두의 보편적 이야기임을 드러내 준다.

1. 이 글의 갈래는 수필이다. 수필은 글쓴이가 일상에서 경험하거나 느끼고 생각한 것을 자유로운 형식으로 쓴 산문 문학의 한 갈래이다.

오답 해설
②, ③은 소설, 희곡, 시나리오와 같은 산문 문학, ④는 설명문, ⑤는 논설문의 특징에 해당한다.

2. ③에서 아낙은 저녁상을 차린 후에 아이 낳을 채비를 하기 시작한다. 그리고는 ④에서 안방 바닥에 짚을 깔고 그 위에 드러누워 아이를 낳는다. 아이를 낳을 때 다른 자식들이 아낙 곁에 있었다는 내용은 제시되어 있지 않다.

3. 아낙은 저녁 준비를 하고 있을 때 산기를 느낀다. 그런데도 서두르지 않고 침착하게 저녁 준비를 계속하더니, 저녁상을 다 차린 후에 홀로 아이 낳을 준비를 한 후 안방에서 아기를 낳는다. 이를 통해 출산을 생활의 한 부분으로 자연스럽게 받아들이고 있음을 알 수 있다.

오답 해설
① 아들과 딸을 차별하는 내용은 찾아볼 수 없다.
② ④에서 아내는 아기를 낳고, 남편은 그런 아내를 위해 첫국밥을 끓여서 아내에게 들여놓아 주고 나서는 사립문에 금줄을 매달아 아들의 출생을 알린다. 아내와 남편 각자의 역할을 보여 주고 있을 뿐, 둘의 관계가 불평등하다고 볼 만한 내용은 없다.
③ 아기를 집에서 낳은 이유가 가난 때문이라고 볼 근거가 없다. 출산을 자연의 이치에 순응하는 자연스러운 삶의 과정으로 받아들였기 때문에 집에서 아기를 낳은 것이다.
⑤ 아낙은 혼자서 출산 준비를 하고 안방에 누워 아기를 낳았다. 이웃들이 도왔다는 내용은 찾아볼 수 없다.

4. ①~④에는 아낙이 넷째 아들을 집에서 출산하는 과정이 서술되어 있다. 따라서 집은 한 생명이 태어나는 공간, 즉 탄생과 시작이 있는 소중한 공간이라고 할 수 있다.

5. ①에서 아낙은 저녁 식사를 준비하던 중에 산기를 느낀다. ②에는 아낙의 남편과 아이들의 평온한 일상의 모습이 그려져 있다. ③에는 아낙이 저녁상을 차리고 홀로 출산을 준비하는 내용이 서술되어 있다. ④에서는 아낙이 안방에서 넷째 아들을 낳고, 남편은 그런 아낙을 위해 미역국을 끓이고 아들의 탄생을 알리고 있다. 따라서 이 글의 중심 사건은 어느 날 밤 아낙이 집에서 넷째 아들을 낳은 것이라고 정리할 수 있다.

6. 이 글에서는 '그의 어머니', '그의 아버지', '그', '그의 형제들'과 같은 3인칭 표현을 사용하여 그들의 이야기를 들려주고 있다. 따라서 수필임에도 불구하고 글쓴이의 주관적 생각이나 느낌을 직접 드러내지 않고 이야기의 객관성을 확보하고 있다.

7. ⑤에는 '그'가 태어난 토담집의 건축 과정이 드러나 있다. 먼저 집짓기의 첫 번째 순서로, 판판한 주춧돌 위에 튼튼한 나무로 기둥을 세우고 지붕을 만드는 과정이 나타나 있다. 이어서 나무로 만든 살 위에 흙을 바르고 짚을 엮어 지붕을 완성한 다음에 벽을 만들고, 구들장을 놓아 방바닥을 만들고, 마지막으로 송판으로 마루를 만드는 과정이 차례대로 제시되어 있다.

8. ⑥~⑧에는 '그'와 '그의 형제들'이 토담집에서 나고 자라면서 자연과 함께한 추억들이 서술되어 있다. 또한 토담집에서 봄, 여름, 가을, 겨울의 다양한 냄새와 소리와 맛과 색깔과 형태들을 선명하게 경험하면서 자연과 조화를 이루며 살았던 삶의 모습이 그려져 있다.

9. ⑦의 '그곳에는 많은 비밀이 있었다.'에서 '비밀'은 '자연 속에 감춰진 비밀들'을 말하는 것이다. 집의 구조가 복잡하다는 내용은 제시되어 있지 않다.

오답 해설
① ⑤에서 토담집을 지을 때, 판판한 주춧돌 위에 소나무로 기둥을 세우고, 황토에 논흙을 섞고 짚을 썰어 지붕 흙을 만들었다고 하였다.
② ⑥에서 '그와 그의 형제들은 바로 그 집에서 나고 그 집에서 컸다.'라고 하였다.
③ ⑥에서 '그'는 '몹시 힘들고 고달픈 도시에서' 생활하

면서 종종 토담집에서의 '소중한 그 추억들을 끄집어내 보고는 했다'고 하였다.

⑤ **5**에서 토담집은 '그의 아버지와 어머니가 신접살림을 나면서 손수 지은 집이었다.', '마을 남정네들은 집 짓는 것을 돕고 아낙들은 음식을 만들었다.'에서 알 수 있다.

10. '그'가 토담집에서 깨달아 간 자연 속에 감춰진 비밀들은 '그'가 유년 시절 토담집에서 경험했던 것들로, **8**에 두 가지 예가 제시되어 있다. '그'는 '석양의 북새, 혹은 낮게 깔리는 굴뚝 연기를 보고' 비가 올 날씨임을 예상하여 비설거지를 했으며, '비가 온 날 저녁에는 또 지렁이가 밤새 운다는 것'을 알 수 있었다고 하였다.

11. **9**~**10**에서 '그'는 '그 집'을 떠나 도시에서 살아가는 자신과 자신의 아이의 삶을 통해 오늘날의 집의 모습에 대해 이야기하고 있다. '그 집'과 달리 지금의 '그'와 '그의 아이'의 집에서는 '사계절이 불분명하고 오감이 불분명하다'고 서술하고 있는데, 이를 통해 오늘날 아파트로 대표되는 도시의 집에서는 사계절이나 낮과 밤의 변화를 느끼기 어렵다는 것을 알 수 있다.

12. **9**~**10**을 통해 과거의 집과 비교할 때 오늘날의 집에서는 자연과 함께하며 자연의 섭리를 따르는 삶을 살기가 어렵다는 것을 알 수 있다. 즉 오늘날 현대인의 삶은 자연과 조화를 이루는 자연 친화적 삶에서 멀어졌음을 알 수 있다.

13. **11**~**13**에서 글쓴이는 어머니의 죽음과 함께 탄생과 죽음이 있었던 '그 집'이 역사에서 사라지게 되었음을 아쉬워하고, '우리들의 집'도 마찬가지로 탄생과 죽음이 없기에 쓸쓸한 집이 되어 버렸음을 안타까워하고 있다. **12**의 '그 집'이 **13**에서는 '우리들의 집'으로 자연스럽게 바뀌고 있는 것으로 볼 때, 글쓴이가 말하고자 하는 바는 '우리들의 집', 즉 오늘날 우리들의 삶의 모습에 관한 것이라고 할 수 있다.

14. '성주신'은 '집을 다스리는 신'으로, 사람의 운명을 결정하는 것과는 관련이 없다.

15. **12**의 '그 집'이 **13**에서는 '우리들의 집'으로 바뀜으로써 '그 집'에 관한 이야기가 한 집만의 특수한 이야기가 아니라 '우리' 모두의 보편적 이야기임을 효과적으로 드러내고 있다.

1. ⑤ **2.** 3인칭 시점을 활용하여 '그'의 이야기를 들려주고 있다. **3.** ② **4.** 이 글에 나타난 집은 일생을 함께하는 삶의 한 부분이지만, 〈보기〉에 나타난 집은 재산 증식의 수단이다. **5.** ④

1. '그'의 집안의 가정 형편이 어떠했는가에 대해서는 구체적으로 서술되어 있지 않다. 이 글에 나타난 토담집에서의 삶은 가난하고 궁핍한 삶이 아니라 자연과 조화를 이루는 자연 친화적 삶이다.

2. 〈보기〉에서는 '그'와 '그의 형제들' 등과 같은 3인칭 표현을 사용하여 이야기를 서술하고 있다. 즉 3인칭 시점을 활용하여 '그'의 이야기를 독자에게 들려주고 있다.

3. 이 글에서 묘사되는 토담집은 자연의 비밀을 알아가는 곳으로, 자연의 변화를 온몸으로 느끼며 자연과 함께하는 삶이 이루어지는 공간이다. 또한 한 사람의 출생과 죽음이 있는 공간이기도 하다. 토담집에 살면서 고난과 시련을 겪고 이를 극복하는 과정에 대한 내용은 나와 있지 않다.

4. 이 글에 나오는 집은 사람이 태어나고 자라고 죽는 공간이다. 그야말로 탄생부터 죽음까지 한 사람의 일생을 함께하는 공간이다. 하지만 〈보기〉에 제시된 집은 투기의 대상으로서 재산을 불리기 위한 수단일 뿐이다.

5. 이 글에서 글쓴이는 고향을 떠난 초등학교 5학년 때를 회상하고 있다. '명원네 대모'가 '나'의 할머니와 어머니가 쓰던 장독을 머리에 이고 뒤를 따랐고, '트럭 위에도 대모의 머리에도 선택받지 못한 독과 항아리 들'만 집에 남았다고 하였다. 따라서 이사를 갈 때 모든 장독들을 집에 두고 떠났다는 서술은 적절하지 않다.

오답 해설

①, ② '나'는 세월이 한참 흐른 뒤 장독이 '한 집안이 여전히 존재하고 있음을 상징하는 증표'라는 것을 깨달았다고 하였다. 이를 통해 과거에는 장독이 집집마다 존재했고, 그 장독은 한 집안의 존재를 상징했음을 알 수 있다.

③ 오늘날에는 '길 떠난 가장의 안전을 염원하며 장독대를 닦는 아낙 역시 없다.'라는 서술을 통해 과거에는 어머니가 가족의 안전을 바라며 장독대를 닦기도 했음을 알 수 있다.

⑤ 이 글의 마지막 부분에 '장독대와 함께 떠나보낸 우리 고유의 정과 사랑은 지금 어느 곳을 떠돌고 있을까.'라는 서술을 통해 장독대가 있던 시절에는 우리 고유의 정과 사랑이 있었음을 짐작할 수 있다.

179~181쪽

소단원 **나의 실력 다지기**

1. ④ **2.** ④ **3.** ② **4.** 오늘날에는 대부분 병원에서 출산을 하지만 과거에는 집에서 아기를 낳았다. / 오늘날에는 대부분 먹을 것을 슈퍼에서 구하지만 과거에는 집의 텃밭에서 직접 재배하였다. **5.** ⑤ **6.** ③ **7.** ② **8.** '그'는 사계절과 아침저녁과 오감이 분명한 삶을 살았지만, '그'의 아이는 사계절과 아침저녁과 오감이 불분명한 삶을 살고 있다. / '그'는 자연의 변화를 분명히 느끼며 자연의 섭리에 순응하는 삶을 살았지만, '그'의 아이는 자연과 단절된 상태로 자연의 이치를 거스르는 삶을 살고 있다. **9.** ⑤ **10.** ② **11.** ② **12.** '그'에서 '우리들'로 시점을 바꾸어 서술하였다. 그러한 시점의 변화를 통해 '그'와 관련된 이야기가 특수한 이야기가 아니라 우리 모두의 보편적 이야기임을 효과적으로 드러낸다.

1. 수필은 일반적으로 글쓴이가 '나'로 등장하여 자신의 주관적인 생각이나 느낌을 직접 드러낸다. 하지만 이 글은 수필임에도 불구하고 3인칭 시점을 사용하여 '그'의 이야기를 들려주고 있으며, 이러한 독특한 서술 방식을 통해 이야기의 객관성을 확보하고 있다.

오답 해설
① '아낙'은 '그'의 어머니이지 글쓴이가 아니다.
② 아낙이 넷째 아들을 낳는 과정을 보여 주고 있을 뿐, 아낙의 심리 변화를 자세히 서술하고 있지 않다.
③ 아낙이 심리적 갈등은 드러나지 않는다.
⑤ 비유적 표현 대신 일상적인 언어를 사용하여 아낙의 출산 과정을 담담하게 서술하고 있다.

2. (라)에서 남편은 아내가 넷째 아들을 낳자 첫국밥을 끓여서 아내에게 들여놓아 준 뒤, 사립문 양쪽에 대나무를 세우고 새끼줄에 검은 숯과 붉은 고추를 끼워 대나무에 매달아 아들이 태어났음을 알리고 있는데, 이는 아이가 태어나면 금줄을 매달아 아이의 탄생을 알리고 부정한 것의 침범을 막는 우리의 풍습을 보여 준다.

3. (가)~(라)에는 아낙이 집에서 넷째 아들을 출산하는 과정이 서술되어 있다. 넷째 아들을 낳은 곳은, (마)에 나오듯이, '그'의 부모가 손수 지은 토담집이다.

4. 〈보기〉와 이 글의 내용을 대조해 보면 오늘날과 다른 과거의 집의 기능을 확인할 수 있다. 오늘날에는 대부분 집이 아닌 병원에서 태어나지만 과거에는 집에서 출산이 이루어졌음을 알 수 있다. 또한 이 글에서 아낙이 저녁을 준비하는 과정을 보면, 먹을 것을 슈퍼에서 구하는 오늘날과 달리 과거에는 먹을 것을 집의 텃밭에서 직접 재배했음을 알 수 있다.

5. (다)에서 '그 집'이 '그'에게 '작은 우주'였던 까닭은, '그 집'에서 살아가면서 자연 속에 감춰진 무한한 비밀들을 깨달을 수 있었기 때문이다. '우주'라는 표현은 집의 크기와는 상관이 없는 말이다.

6. (나)의 '그 집의 봄 여름 가을 겨울. 봄 여름 가을 겨울의 아침과 낮과 저녁과 밤이 그 집 아이들의 성장에 함께 있었다.'라는 말에서 자연과 함께하는 자연 친화적 삶의 모습을 확인할 수 있다(ㄱ). 또한 (나)의 '그와 그의 형제들은 바로 그 집에서 나고 그 집에서 컸다.'라는 말에서 집이 생명이 탄생하고 한 사람의 인생이 시작되는 공간이었음을 알 수 있다(ㄴ). 그리고 (다)의 '그 집은 그 집 아이들에게 작은 우주'였으며 그래서 '그는 그 집에서 크면서 자연 속에 감춰진 비밀들을 깨달아 갔다.'라는 말에서 집이 단순한 거주 공간이 아니라 아이들이 자연의 비밀을 경험하고 깨달아 가는 세계였음을 알 수 있다(ㄹ).

오답 해설
ㄷ. 토담집의 공간 배치에 대해서는 이 글에 따로 서술되어 있지 않다.

7. ㉠은 (다)와 (라)에 구체적으로 서술되어 있는, 글쓴이가 유년 시절에 토담집에서 경험한 것들을 가리킨다. 즉, 이는 자연의 비밀들을 깨닫고 자연의 변화를 오감으로 느낀 경험들을 의미한다.

8. (라)와 (마)에는 과거와 현재의 삶, '그'와 '그의 아이'의 삶이 대조적으로 서술되어 있다. '그'는 '봄과 여름과 가을과 겨울과 아침과 낮과 저녁과 밤'이 뚜렷한 삶을 살았지만 '그의 아이'는 '모든 것이 불분명'한 삶을 살고 있다. 또한 '그'는 계절의 변화에 따라 자연의 섭리에 순응하는 삶을 살았지만, '그'의 아이는 '여름에 긴팔 옷을 입고 겨울에 반팔 옷을 입'으면서 자연과 단절된 상태로 자연의 이치를 거스르는 삶을 살고 있다.

9. 글쓴이는 (다)에서 오늘날의 삶은 '모든 것이 불분명'한 삶이라고 이야기하고 있다. '사각진 콘크리트 벽 속에 살고 있는' 아파트에서의 삶은 과거 토담집에서의 삶과 달리 자연의 변화를 느낄 수 없고, 자연의 섭리를 따를 수 없기에 모든 것이 명료하지 않은 것이다. 글쓴이는 이러한 오늘날 '우리들의 집'을 과거의 집과 대조하며 오늘날 아파트에서의 삶의 모습에 대한 아쉬움을 드러내고 있다.

10. (가)와 (나)에는 과거의 집에서의 삶의 모습이 서술되어 있고, (다)와 (라)에는 과거의 삶의 모습과는 대조되는 오늘날의 집에서의 삶의 모습이 서술되어 있다. (마)~(사)에도 탄생과 죽음이 있었던 과거의 '그 집'과 탄생과 죽음이 없는 오늘날 '우리들의 집'이 대조적으로 서술되어 있다.

11. 글쓴이는 (바)에서 '그 집, 노란 그 집에 탄생과 죽음이 있었다.'라고 서술하면서 '그 집 안주인'의 죽음으로 인해 '그 집의 역사는 그렇게 끝이 난 것이다.'라고 이야기하고 있다. 또한 (가)에서 '그가 과거에 '그 집에서 나고 그 집에서 컸다.'라고 서술하고 있다. 이를 통해 과거의 집은 한 사람의 탄생과 성장, 죽음을 함께했음을 알 수 있다.

12. (가)~(바)는 '그'의 이야기를 서술하고 있지만 (사)에 와서는 '우리들'로 시점을 바꾸어 서술하고 있다. 이를 통해 '그'에 얽힌 이야기가 특정 개인의 특수한 이야기가 아니라 우리 모두가 겪고 있는 보편적 이야기임을 인상적으로 드러내고 있다.

(3) 심청전

185~197쪽

콕콕 확인 문제

1. ④ **2.** ⑤ **3.** ⑤ **4.** ② **5.** 뱃사람들이 인당수를 지날 때 제물로 바치기 위해 15세 처녀를 산다는 말을 듣고 심청이 아버지의 눈을 뜨게 하기 위해 자신의 몸을 팔고 공양미 3백 석을 받았다. **6.** ② **7.** ② **8.** ③ **9.** ① **10.** 내가 인당수 제물로 팔려 간다는 사실을 알면 아버지가 가슴 아파하실 테니 아버지를 안심시켜 드리기 위해 거짓말을 했어. **11.** ① **12.** ⑤ **13.** ③ **14.** ④ **15.** 홀로 남게 될 아버지가 걱정된다면 아버지의 눈을 뜨게 하겠다며 자신의 목숨을 파는 대신 눈먼 아버지 곁에서 아버지를 정성껏 봉양하는 것이 진정한 효라고 할 수 있다. **16.** ② **17.** ⑤ **18.** ③ **19.** 심청이 배를 타고 가서 인당수에 빠져 죽게 될 것이다. **20.** 공양미 3백 석 **21.** ④ **22.** ① **23.** 심 봉사는 '장사도 좋지마는 사람 사다 제사하는 데 어디서 보았느냐?'라고 말하며 개인의 이익을 위해 사람의 목숨을 사서 제물로 바치는 뱃사람들의 이기적이고 비정한 면모를 비난하고 있다. **24.** ① **25.** ⑤ **26.** ② **27.** ④ **28.** ① **29.** ① **30.** ② **31.** ①

1. 이 글은 이야기 밖에 있는 서술자가 인물의 심리나 사건의 속사정까지 다 알고 구체적으로 서술하는 3인칭 전지적 시점을 취하고 있다. 주인공이 서술자가 되어 사건을 전개하는 것은 1인칭 주인공 시점에 해당한다.

2. 앞을 못 보는 심 봉사가 눈을 뜨고 싶어서 몽운사에 쌀 3백 석을 시주하겠다고 약속한 것은 우연히 어느 중을 만나서 일어난 일이다. 평소 심 봉사가 심청과 함께 절에 다니며 소원을 빌어 왔다는 내용은 제시되어 있지 않다.

3. 심청이 자기 몸을 팔고 아버지와 이별하게 되는 까닭은, 가난에서 벗어나기 위해서가 아니라 아버지의 눈을 뜨게 하려면 공양미 3백 석이 필요했기 때문이다. 따라서 가난 때문에 심청이 아버지와 함께 살지 못하게 되었다고 보기는 어렵다.

오답 해설

①, ② 남경 뱃사람들은 바다를 오가며 장사를 하는 사람들로, 인당수를 무사히 건너기 위해 15세 처녀를 제물로 바치려고 하고 있다. 이를 통해 알 수 있는 삶의 모습이다.

③, ④ 심청은 앞을 못 보는 아버지를 위해 공양미 3백 석을 지성으로 불공하면 눈을 뜰 수 있다고 믿고 있다.

따라서 부처와 같은 신적 대상에 대한 믿음을 가지고, 절에 시주를 하면서 소원을 비는 문화가 있었다고 볼 수 있다.

4. 심 봉사는 지나가던 중에게서 쌀 3백 석을 시주하면 눈을 뜰 수 있다는 말을 듣고 앞뒤 생각 없이 덜컥 시주하겠다는 약속을 해 버린다. 그러고는 뒤늦게 이 일을 후회하며 근심한다. 이러한 행동을 통해 심 봉사가 말과 행동에 신중함이 부족하며 경솔한 인물임을 알 수 있다.

5. 심청은 남경 뱃사람들이 15세 처녀를 산다는 말을 듣고 귀덕 어미를 시켜 구체적인 사정을 알아본다. 인당수를 무사히 지나려면 제물로 사람을 바쳐야 한다는 것을 알게 되자, 심 봉사의 눈을 뜨게 하려고 스스로 제물이 되기로 뱃사람들에게 약속하고 공양미 3백 석을 몽운사에 시주한다.

6. ❷에서 심 봉사는 심청이 장 승상 댁 노부인의 수양딸로 가게 되었다는 말을 듣고 잘되었다며 좋아하고 있다.

7. 이 글에는 '나'가 등장하지 않는다. 따라서 서술자가 이야기 밖에 있는 3인칭 시점에 해당하는데, 인물의 심리나 사건의 속사정을 자세히 알고 전지적 위치에서 서술하고 있으므로 3인칭 전지적 시점이다. 그런데 '심청같이 타고난 효녀가~거짓말로 속여 대답한다.'와 같이 서술자가 이야기 속에 개입하여 심청에 대한 생각을 직접 드러내고 심청을 옹호하고 있으며, '아무리 효녀라도 마음이 온전하겠는가.'라며 서술자가 이야기 속에 개입하여 심청의 심정을 헤아리며 공감을 표현하고 있다.

8. ❷에서 심청은 아버지를 안심시켜 드리기 위해 거짓말을 하고 있다. 즉 자신이 뱃사람들에게 팔려 인당수에 제물로 바쳐질 것이라는 사실을 아버지가 알면 걱정할까 봐 아버지를 위해 선의의 거짓말을 하고 있는 것이다. 또한 ❸에서 심청은 죽음을 앞둔 절박한 상황에서도 아버지의 옷을 지으며 혼자 남을 아버지를 걱정하고 있다. 이러한 말과 행동을 통해 심청이 아버지를 배려하고 걱정하고 있으며, 아버지에 대한 효심이 깊은 인물임을 알 수 있다.

9. 심 봉사는 심청의 거짓말을 의심하지 않고 사실로 받아들인다. 심청이 죽게 되는 마당에 심청의 거짓말을 사실로 알고 기뻐하는 모습을 통해 심 봉사의 순진하고 어리숙한 면모를 짐작할 수 있다.

오답 해설
② 심 봉사는 공양미 3백 석을 구하는 대신 심청이 잘사는 집의 수양딸로 들어가는 것에 대해 기뻐하고 있다. 하지만 이것만 가지고 평소에 심 봉사가 심청이 장 승상 댁 수양딸로 들어가기를 바라고 있었다고 보기는 어렵다.
③ 심 봉사는 자신은 눈을 뜰 수 있고 심청은 고생 없이 살 수 있게 되어 좋아하고 있는 것일 뿐, 심청의 말이라 무조건 찬성하고 있다고 보기는 어렵다.
④ 심 봉사는 '양반의 자식으로 몸을 팔았단 말이 듣기에 괴이하다'고 하긴 했지만, 그래도 '장 승상 댁 수양딸로 팔린 거'라서 잘되었다고 말하고 있다. 따라서 양반으로서의 체면을 가장 중시한다고 보긴 어렵다.
⑤ 심 봉사는 심청의 말이 거짓이라는 것을 전혀 모르고 있다.

10. ❷에서 서술자는 '심청같이 타고난 효녀가 어찌 아버지를 속이랴마는, 어찌할 수 없는 형편이라 잠깐 거짓말로 속여 대답한다.'라고 말했다. 즉 아버지가 사실을 알면 크게 걱정하고 가슴 아파하실까 봐 아버지를 안심시키려고 거짓말을 한 것임을 알 수 있다.

11. ❹에는 행선 일을 하루 앞두고 심청이 느끼는 심정이 심청의 말과 행동을 통해 구체적으로 드러나 있는데, 자신이 죽게 될 일에 대한 두려움과 아버지와의 이별에 대한 슬픔이라는 심리적 갈등이 주를 이루고 있다.

12. 심청은 자신이 인당수에 빠져 죽게 되면 수궁으로 가게 될 것이라고 말하며, 이미 돌아가신 어머니는 황천에 계실 테니 죽고 나서도 어머니를 만나기가 쉽지 않을 거라며 한탄하고 있을 뿐, 황천에 가 계신 어머니를 원망하고 있는 것은 아니다.

13. ㉠은 시간을 붙잡아 두고 싶은 심청의 마음이 잘 드러나는 부분이다. 떨어지는 해를 붙들고 떠오르는 해를 묶어 두어 시간이 지나가는 것을 막고 싶어 하는 모습을 통해 심청이 느끼는 절망감과 두려움을 짐작할 수 있다.

14. ㉡에는 반복법, 대구법, 연쇄법 등이 사용되었다. 〈보기〉의 ㄱ은 활유법, ㄴ은 대구법, ㄷ은 반어법, ㄹ은 연쇄법에 대한 설명이므로, ㉡에 사용된 표현법은 ㄴ과 ㄹ이다.

ㄱ. 활유법은 생명이 없는 무생물을 생명이 있는 생물처럼 나타내는 표현법이다. ㉡에는 활유법이 나타나지 않는다.

ㄷ. 반어법은 겉으로 표현한 내용과 속마음에 있는 내용을 서로 반대로 말함으로써 독자에게 인상을 강하게 주고 문장의 변화를 주는 표현법이다. ㉡에서 반어법은 찾아볼 수 없다.

15. **4**에서 심청은 자신이 죽은 뒤에 홀로 남게 될 아버지를 걱정하면서 슬퍼하고 있다. 이런 행동을 비판적 관점에서 본다면, 홀로 남을 아버지를 걱정하는 것보다는 눈먼 아버지 곁에서 평생 아버지를 정성껏 봉양하는 것이 더 효도하는 것이라고 평가할 수 있을 것이다.

16. **5**에서 뱃사람들은 배 떠나는 날이 되어 심청을 데리고 빨리 출발해야 하는 상황이지만, 심청의 효심과 딱한 사정을 생각하여 심청이 아버지를 위한 마지막 진짓상을 차려 드리도록 배려하고 있다.

17. **5**에서 '(심청은) 저 죽을 일 생각하니 정신이 아득하고 몸이 떨려 밥을 먹지 못하고 물렸다.'라고 서술하고 있다. 따라서 심청이 자신의 죽음을 두려워하고 있음을 확인할 수 있다.

18. 꿈에 대하여 심 봉사는 '무슨 좋은 일이 있을란가 보다.'라고 긍정적으로 해석하는 반면, 심청은 '저 죽을 꿈'이라고 부정적으로 해석하고 있다(ㄱ). 이에 심청은 자신이 처한 상황과 반대되는 아버지의 꿈 이야기에 슬픔과 비참함이 더 커졌을 것이다(ㄷ). 하지만 심 봉사는 심청이 곧 죽게 될 것임을 전혀 모른 채 심청이 장 승상 댁 수양딸로 가게 될 거라고 생각하며 즐거워하고 있다(ㄹ).

ㄴ. 심 봉사의 꿈은 심청이 곧 죽게 될 것을 암시하는 역할을 하고 있을 뿐, 심 봉사가 심청의 운명을 바꾸는 역할은 하지 못한다. 이어지는 내용에서도 심 봉사는 심청이 팔려 가는 것을 막지 못한다.

ㅁ. **5**에 나오는 꿈은 심청이 아니라 심 봉사가 꾼 꿈이므로 심청의 마음이 표현된 것으로 해석하는 것은 적절하지 않다.

19. **5**에서 심청은 아버지에게 마지막 진짓상을 올린 후 인당수에 제물로 팔려 가는 상황에 처해 있음을 알 수 있다. 따라서 ㉠은 심청이 '죽을 꿈'이라고 할 수 있다. 즉 꿈의 내용은 뱃사람들에게 제물로 팔려 가 인당수에 빠져 죽게 될 것을 암시하고 있다.

20. 심 봉사는 공양미 3백 석을 불전에 시주하면 자신의 소원인 눈을 뜨는 일이 가능할 것이라고 생각하고 시주를 약속하였다. 그리고 뱃사람들 입장에서 공양미 3백 석은 인당수에 바칠 제물인 심청을 사기 위해 치러야 할 대가이다. 또한 심청의 입장에서는 아버지의 눈을 뜨게 하는 데 필요한 재물이기도 하다.

21. 심 봉사가 동네 사람들에게 서운해하는 장면은 나타나 있지 않다.

① 심 봉사는 심청이 죽는다면 자신도 살아갈 이유가 없다며 '너하고 나하고 함께 죽자.'라고 말한다. 이를 통해 하나뿐인 딸이 죽게 되어 슬픔과 절망감을 느끼고 있음을 알 수 있다.

② 심 봉사는 뱃사람들에게 욕을 퍼부으며 그들의 비정함을 비난하고 자신의 소중한 딸을 빼앗아 간 뱃사람들을 원망한다.

③ 심 봉사는 '어떤 놈의 팔자길래 사궁지수 된단 말이냐?'라고 말하며 아내와 자식을 잃고 늙은 홀아비로 살아갈 자신의 신세를 한탄한다.

⑤ 심 봉사는 '자식 죽여 눈을 뜬들 그게 차마 할 일이냐?'라고 말하며 딸의 희생으로 자신이 눈을 뜨게 되는 것은 인간으로 차마 할 수 있는 일이 아니라며 죄책감을 느낀다.

22. ㉠에는 '마라 마라,(4) 못 하리라.(4) 아내 죽고(4) 자식 잃고(4) 내 살아서(4) 무엇하리?(4)'에서 4·4조의 운율이 나타나고 있다. 이를 통해 운문체가 나타나는 판소리계 소설의 특징을 확인할 수 있다.

23. 심 봉사는 뱃사람들을 '네 이놈 상놈들'이라고 부르며 욕을 퍼붓고 있다. '장사도 좋지마는 사람 사다 제사하는 데 어디서 보았느냐?'라고 말하며 자신의 딸을 제물로 바쳐서 장사를 하려는 뱃사람들의 이기적이고 비정한 면모를 비난하고 있다.

24. 실학사상은 17세기 중엽 이후에 조선의 변화와 개혁을 주장하던 새로운 사상으로 「심청전」에는 반영되어 있지 않다.

25. ⑤는 이 글에서 실제로 일어난 일이 아니므로 영상으로 만들어 내용 이해를 돕는 것은 적절하지 않다.

26. 심청이 제물로 팔려 간다는 것은 안 심 봉사는 딸을 대신하여 자신이 죽겠다고 하고 있다. 따라서 심청이 자신의 몸을 제물로 팔아 아버지의 눈을 뜨게 해 줄 공양미를 마련한 것에 대해 ②와 같은 질문으로 비판할 수 있을 것이다.

27. 뱃사람들은 심청의 효심과 심 봉사의 딱한 사정을 생각하여 심 봉사의 일생에 도움이 될 수 있도록 쌀과 돈, 의복 등을 마련해 주고 있다.

28. 심청은 아버지를 위해 자신의 목숨을 바치기로 한다. 자신의 하나뿐인 목숨을 바쳐 아버지의 눈을 뜨게 하려는 심청의 모습은 부모에 대한 지극한 효를 형상화한 것이라고 할 수 있다.

29. 관포지교(管鮑之交)는 '관중과 포숙의 사귐'이란 뜻으로, 우정이 아주 돈독한 친구 관계를 이르는 말이다. 따라서 이 글의 주제인 효와 관련이 없는 한자 성어이다.

오답 해설
② 망운지정(望雲之情)은 구름을 바라보며 그리워한다는 뜻으로, 타향에서 고향에 계신 부모를 생각하거나 멀리 떠나온 자식이 어버이를 사모하며 그리는 정을 뜻한다.
③ 반포지효(反哺之孝)는 까마귀 새끼가 자란 뒤에 늙은 어미에게 먹이를 물어다 주는 효성이라는 뜻으로, 자식이 자라서 부모를 봉양하는 것을 말한다.
④ 풍수지탄(風樹之嘆)은 효도를 다하지 못한 채 어버이를 여읜 자식의 슬픔을 이르는 말이다.
⑤ 혼정신성(昏定晨省)은 저녁에는 잠자리를 보아 드리고 아침에는 문안을 드린다는 뜻으로, 자식이 아침저녁으로 부모의 안부를 물어서 살핌을 이르는 말이다.

30. 승상 부인은 심청이 제물로 팔려 가게 되었음을 알게 되자, 진작 알았다면 도와주었을 거라며 지금이라도 쌀 3백 석을 내줄 테니 뱃사람들을 따라가지 말라고 제안

한다. 이런 말과 행동을 통해 승상 부인은 다른 사람의 어려움을 외면하지 않고 도우려는 공동체적 사고방식을 가진, 마음이 따뜻한 인물임을 알 수 있다.

31. 아버지의 눈을 뜨게 하려고 자신의 목숨을 바치기로 한 결정을 바꾸지 않는 심청의 모습에서 깊은 효심을 확인할 수 있다(ㄱ). 또한 심청은 승상 부인의 제안에 대해 그 제안을 받아들이면 뱃사람들의 입장이 곤란해질 것을 염려하고 있다(ㄴ). 그리고 한번 정한 약속은 끝까지 지켜야 한다며 신의를 중시하는 태도를 보이고 있다(ㄹ).

1. ④ **2.** 개인의 이익을 위해 사람을 제물로 삼는 이기적이고 비정한 성격의 인물들이다. **3.** ④ **4.** 효 **5.** ③ **6.** ② **7.** 심 봉사의 딱한 처지를 쌀과 돈 같은 물질로 해결하려는 태도는 오늘날의 물질 만능주의적 사고방식에 가까운 비정한 모습이다.

1. 뱃사람들은 심청이 떠나는 날, 심청의 지극한 효심에 감동하여 혼자 남게 될 심 봉사를 딱하게 여기며 심 봉사를 위해 쌀, 돈, 의복 등을 제공해 준다. 즉 이 재물은 뱃사람들이 심 봉사를 위해 써 달라고 마을 사람들에게 맡긴 것이지, 마을에 기부한 것은 아니다.

2. 〈보기〉에서 뱃사람들은 바다를 무사히 왕래하며 장사를 계속하여 이익을 얻기 위해 인당수에 바칠 제물이 필요하자, 제물로 삼을 사람을 돈을 주고 사려고 한다. 따라서 개인적 이익을 위해 사람을 제물로 삼는 이기적이고 비정한 인물이라고 할 수 있다.

3. 승상 부인은 심청이 처한 어려움을 알게 되자 심청을 돕기 위해 쌀 3백 석을 기꺼이 내놓으려고 한다. 이러한 모습은 이웃의 어려움을 외면하지 않고 정의를 실천하는 사람들을 떠올리게 한다.

4. 심청은 아버지의 눈을 뜨게 하려고 자신의 목숨을 내놓는 결정을 한다. 아버지를 위해 유교적 덕목인 효를 몸소 실천한 인물이라고 할 수 있다.

5. 심청은 자신이 목숨까지 바꿀 수 있을 정도로 효에 절대적인 가치를 부여하고 있다. 심청이 보여 준 부모를 위하는 진심 어린 마음을 통해 세대 간의 대화가 사라지고 가정불화가 심해지며 효에 대한 인식이 점차 약해져 가는 오늘날의 현실을 돌아볼 수 있다.

오답 해설

① 심청이 아버지를 위해 자신을 희생하는 것은 사회 정의와는 관련이 없다.

② 심청이 효를 위해 자신의 목숨을 버린 것은 생명의 소중함을 제대로 인식하지 못한 것으로 비판받을 수 있는 부분이다.

④ 심청이 부모를 위해 자식이 희생하여 몸소 효를 실천하였다.

⑤ 심청은 효라는 자신의 신념을 위해 목숨을 버렸다고

할 수 있다. 그런데 이런 행동의 정당성을 평가하는 것은 심청의 행동에 대한 긍정적 평가가 아니라, 그 잘잘못을 따져 보자는 것이기 때문에 비판적 평가라고 할 수 있다.

6. 심청은 가난에서 벗어나기 위해 자신을 제물로 바친 것이 아니라, 아버지의 눈을 뜨게 하기 위해 목숨을 내놓은 것이다.

7. 뱃사람들이 홀로 남게 될 심 봉사를 위해 물질적 도움을 주는 것은, 심 봉사에 대한 인간적 배려라고 긍정적으로 평가할 수도 있다. 하지만 심 봉사가 진정으로 원하는 것은 자신의 딸을 살려 주는 것임을 고려할 때, 뱃사람들의 행동은 심 봉사의 딱한 처지를 물질로 해결하려는 물질 만능주의적 사고방식에서 나온 것이라고 비판적으로 평가할 수도 있다.

1. ⑤ **2.** ④ **3.** ③ **4.** 돌이킬 수 없는 상황임을 뜻하는 말로, 심청은 자신이 죽을 것이 두렵고 홀로 남게 될 아버지가 걱정되지만 이미 돌이킬 수 없는 상황임을 알고 마음을 추스르고자 한다. **5.** ① **6.** ③ **7.** ① **8.** 날이 새면 심청이 뱃사람들에게 자신을 제물로 바치기로 약속한 날이 되어 목숨을 잃기 때문이다. **9.** ② **10.** ① **11.** ① **12.** 심 봉사가 '장사도 좋지마는 사람 사다 제사하는 데 어디서 보았느냐?'라고 비난하는 것을 보면, 뱃사람들은 개인의 이익을 위해 사람의 목숨까지 빼앗는 이기적이고 비정한 인물이다. / 심 봉사가 '철모르는 어린아이 나 모르게 유인하여 값을 주고 산단 말이냐?'라고 비난한 것을 보면, 뱃사람들은 사람의 목숨을 돈과 바꿀 수 있다고 생각하는 물질 만능주의적 사고방식을 가지고 있는 비정한 인물이다. **13.** ④ **14.** ⑤ **15.** ③ **16.** 부모에 대한 효심이 깊고, 타인을 배려할 줄 알며, 신의를 지키는 것을 중시한다.

1. (가)에서 심청은 '공양미 3백 석을 지성으로 불공하면 눈을 떠 보리라.'라고 말하였다. 즉 심 봉사가 눈을 뜨기 위해서는 공양미 3백 석을 시주해야 할 뿐, 심 봉사가 스님이 될 필요는 없다.

오답 해설

① (가)에서 심청이 집안 형편이 어려워 공양미 3백 석을 장만할 길이 없다고 한 것에서 가난한 형편임을 알 수 있다. 또한 (나)에서 심 봉사가 '양반의 자식으로 몸

을 팔았단 말이 듣기에 괴이하다'고 말한 것에서 심 봉사와 심청이 양반 신분임을 알 수 있다.

② (나)에서 심청은 자신이 제물로 팔려 가는 대신 공양미 3백 석을 얻었다는 사실을 심 봉사가 알면 걱정할까 봐 거짓말을 하고 있다.

③ (나)에서 심 봉사는 심청의 말이 거짓임을 알아채지 못하고 '그 일 매우 잘되었다.'라고 말하며 기뻐하고 있다.

④ (가)에서 심청이 뱃사람에게 '내 몸을 팔려 하니 나를 사 가는 것이 어떠하실는지요?'라고 말하자 뱃사람들은 이를 허락하고 공양미 3백 석을 몽운사로 보낸다.

2. 뱃사람들은 개인적인 이익을 위해 인당수에 바칠 제물을 구하러 다닌다. 따라서 돈을 위해서라면 어떤 일도 서슴지 않는 사람이라고 비판적으로 평가할 수 있다.

3. 〈보기〉는 고전 소설에서 나타나는 '서술자의 개입'에 대해 설명한 내용이다. ⓒ에서는 서술자가 이야기 안에 개입하여 심청을 타고난 효녀라고 평가하며, 심청이 거짓말을 할 수밖에 없는 상황임을 변호하고 있다.

4. 엎질러진 물은 다시 담을 수 없고, 쏘아 놓은 화살은 다시 되돌릴 수 없다는 뜻에서 ⓐ는 돌이킬 수 없는 상황을 나타내는 관용 표현으로 쓰인다. 심청이 자신의 죽음과 아버지와의 이별을 생각하며 괴로워하다가 ⓐ와 같이 말한 까닭은, 이미 돌이킬 수 없는 상황임을 인식하고 마음을 추스르기 위한 것임을 알 수 있다.

5. 이 글은 판소리계 소설로, 운문체와 산문체가 혼합되어 나타나고 있다. 특히 4·4조의 운율이 곳곳에서 드러나 운율이 느껴지는 운문체의 사용을 확인할 수 있다. (가)에서 심청이 아버지 옷을 짓는 장면을 서술할 때 '춘추 의복 상침 겹것, 하절 의복 한삼 고의 박아 지어 들여놓고, 동절 의복 솜을 넣어 보에 싸서 농에 넣고, 청목으로 갓끈 접어 갓에 달아 벽에 걸고'라고 표현한 부분, (나)에서 '네가 울면 날이 새고, 날이 새면 나 죽는다.'라고 표현한 부분 등에서 확인할 수 있다.

6. 심청은 죽음을 앞둔 상황에서도 아버지를 걱정하고 아버지를 위해 옷을 지으며, 아버지와의 이별을 슬퍼하며 아버지를 위해 진짓상을 정성스럽게 차려 올린다. 이런 행동을 통해 심청이 진심으로 아버지를 위하는 효성스러운 딸이라는 것을 알 수 있다. 그러나 심청이 잠든 아

버지 곁에서 밤을 지새우며 자신의 신세를 한탄하는 것은 아버지를 위하는 것과는 관련이 없다.

7. '온전하다'는 '잘못된 것이 없이 바르거나 옳다.'라는 뜻을 지닌 말로, '정신이 온전하다', '마음이 온전하다' 등의 형태로 쓰인다.

8. (나)의 시간적 배경은 심청이 뱃사람들에게 약속한, 자신이 제물로 팔려 가는 날의 전날 밤이다. 따라서 날이 새면 심청이 뱃사람들을 따라가 인당수에 빠져 죽게 될 것이기 때문에 '날이 새면 나 죽는다.'라고 말한 것이다.

9. (가)에서 심 봉사는 심청의 상황을 전혀 눈치채지 못한 채, 자신이 꾼 꿈이 심청이 수양딸로 가게 되는 좋은 일을 암시하는 것이라며 즐거워하고 있다. 하지만 (나)에서 심청이 곧 죽게 될 것임을 알게 되자 슬픔과 절망감으로 절규하고 있다.

오답 해설

①, ③ 심청이 곧 죽게 된다는 상황은 (가)와 (나) 모두에서 변화가 없다. 따라서 심청은 (가)와 (나) 모두에서 슬픔과 절망감을 느끼고 있다.

④ (가)에서는 심청의 내적 갈등이 주를 이룬다.

⑤ (가)는 심청이 사실을 말하지 않은 상태에서 사건이 전개되는 상황이고, (나)는 심청이 사실을 말한 뒤에 심 봉사가 괴로워하는 내용을 담고 있다.

10. (가)에서 심 봉사는 자신의 딸이 곧 죽게 될 상황임을 전혀 눈치채지 못하고 반찬이 좋고 좋은 꿈을 꾸었다며 기뻐하고 있다. 이를 통해 심 봉사의 순진하고 어리숙한 면모를 확인할 수 있다.

11. 심청은 '저 죽을 꿈인 줄 짐작'했으나 아무것도 모르는 아버지를 위해 ㉠과 같이 둘러대고 있다. 따라서 심청은 그 꿈을 진짜로 좋은 꿈이라고 생각한 것이 아니라, 자신의 실제 속마음과는 반대로 말한 것이라고 할 수 있다.

12. (나)에서 심 봉사는 심청이 뱃사람들에게 제물로 팔려 가게 되었음을 알고는 뱃사람들을 맹비난한다. '장사도 좋지마는 사람 사다 제사하는 데 어디서 보았느냐?'라고 비난하는 말을 근거로 하면, 뱃사람들이 개인의 이익을 위해 사람의 목숨까지 빼앗는 이기적이고 비정한 인물이라고 비판할 수 있다. 또한 심 봉사가 '철모르는

어린아이 나 모르게 유인하여 값을 주고 산단 말이냐?'
라고 비난하는 말을 근거로 하면, 뱃사람들이 사람의
목숨을 돈과 바꿀 수 있다고 생각하는 물질 만능주의적
사고방식을 가지고 있는 비정한 인물이라고 비판할 수
도 있다.

13. (가)에는 심청의 효성에 감동하여 뱃사람들이 혼자 남
을 심 봉사를 위해 배려하는 내용이 나온다. 그리고 (나)
에는 승상 부인의 제안에도 불구하고 아버지를 위해 목
숨을 바치려는 심청의 모습이 제시되어 있다. 이를 통
해 당시는 부모에 대한 효라는 유교적 덕목이 중시되는
사회였음을 알 수 있다.

14. 승상 부인은 심청을 구하기 위해 자신의 재산을 기꺼
이 내놓으려고 한다. 이렇게 어려움에 처한 심청을 돕
고자 하는 승상 부인의 따뜻하고 자비로운 마음은 주변
의 소외된 이웃을 돕는 사람들의 따뜻한 마음을 떠올리
게 한다.

오답 해설

①, ④ 승상 부인은 심청의 효성을 인정하면서도 '네가
살아 세상에 있어 하는 것만 같겠느냐?'라고 말하며 죽
음으로 하는 효보다 심청의 목숨이 더 중요하다고 말하
고 있다.

② 승상 부인은 심청을 돕고자 한 것이지 자신의 재산
을 사회에 기부하려 한 것이 아니다.

③ 승상 부인은 심청에게 옳지 않은 것에 맞서 싸우라
고 이야기하지 않았다.

15. ㉢은 심청이 공양미 3백 석에 제물로 팔려 가는 것을
가리킨다. 심청은 뱃사람들에게 자기 몸을 팔아 공양미
3백 석을 몽운사로 보낼 때 이런 사실을 승상 부인에게
알리지 않았는데, ㉢은 이를 가리키는 것이다.

16. 아버지를 위해 자신의 목숨을 버리는 데서 깊은 효심
이, 뱃사람들이 곤란해질 것을 염려하는 데서 타인을
배려할 줄 아는 성품이 나타나며, 약속을 어기는 것을
못난 사람들이 하는 짓이라고 여기는 태도에서 신의를
지키는 것을 중시하는 성격이 드러나고 있다.

---

1. ③ **2.** ⑤ **3.** ① **4.** ③ **5.** 주변 대상과 함께 삶을 보내
면서 서로 위로하고 교감하며 사는 삶의 가치 **6.** ① **7.** ①
8. ① **9.** ③ **10.** ③ **11.** 이제 그는 자연의 변화를 분명하
게 느낄 수 없는, 자연과 단절된 공간에서 자연의 이치를 거
스르며 살아가고 있다. **12.** ① **13.** ② **14.** ⑤ **15.** ⑤
16. ④ **17.** ④ **18.** 이 글에서는 심청이 아버지를 위해 자
신의 목숨을 내놓는 모습을 통해, 〈보기〉에서는 자신을 낳고
길러 주신 부모의 은덕을 칭송하는 내용을 통해 부모에 대
한 '효'라는 윤리적 가치를 중시하고 있음을 알 수 있다.

1. 1~2행은 할머니가 물먹는 소 목덜미에 손을 얹은 장면
을 묘사하였고, 3~6행은 할머니와 소의 교감을 보여
준다. 즉 전반부에서 구체적인 장면을, 후반부에서 인
물의 정서를 드러내는 선경후정의 시상 전개 방식이 사
용되었다.

오답 해설

① 할머니와 소가 함께 있는 모습은 농촌 마을에서 쉽
게 볼 수 있는 사실적인 풍경이다.

② 할머니와 소의 고단하고 적막한 삶에서 슬픈 느낌을
받을 수 있지만, 희망을 잃은 절망적인 정서가 느껴진
다고 보기는 어렵다.

④ 행의 길이가 모두 비슷하지는 않으며, 주로 '-고'를
반복하여 운율을 형성하고 있다.

⑤ 비유적 표현은 사용되지 않았다.

2. 3~6행을 통해 할머니가 소와 교감하며 살고 있으며,
외로움을 느끼고 있음을 알 수 있다. 따라서 이 부분을
통해 인물의 정서를 짐작할 수 있다.

3. '서로 발잔등이 부었다고,'에서 발등이 부어오를 정도로
할머니와 소가 고단한 농사일을 함께했음을 짐작할 수
있다. 또한 '이 하루도 / 함께 지났다고,'에서 할머니와
소는 평소 그렇게 힘든 하루를 함께 이어가고 있음을
알 수 있다. 따라서 이 시에는 힘든 하루 일을 마친 할
머니와 소의 고달픈 삶이 나타나 있다고 할 수 있다.

4. '이 하루도 / 함께 지났다고,'에 쓰인 보조사 '도'를 통해,
이렇게 할머니와 소와 함께한 날이 처음이 아니라 그동
안 계속되어 왔음을 알 수 있다. 따라서 ㉢이 함께한다
는 것의 소중함을 처음 깨달은 날이라고 보긴 어렵다.

5. 이 시의 할머니와 소가 힘겹고 고단한 하루하루의 삶을

함께 나누는 모습에서 함께하는 삶, 서로를 위로하고 교감하며 사는 삶의 소중한 가치를 발견할 수 있다.

6. 이 글은 일반적인 수필과 달리 서술자인 '나'가 등장하지 않는다. 대신 '그'를 등장시켜 그의 삶을 독자에게 들려주는데, 이때 그의 내면 심리를 섬세하게 묘사하기보다는 그의 과거와 현재의 삶을 담담하게 보여 주고 있다.

오답 해설

②, ③ '그'의 과거의 삶과 현재의 삶을 대비하여 보여 줌으로써 과거의 자연 친화적 삶과는 대조되는 오늘날 도시에서의 삶의 모습을 성찰하게 하고 있다.

④ 이 글에는 '나'가 등장하지 않는다. 대신 3인칭 시점을 사용하여 '그'의 이야기를 들려주는 형식을 취하고 있다.

⑤ 이 글의 중심 소재는 '그'가 어린 시절을 보낸 '토담집'에 얽힌 사연이다. 토담집에서 자연의 변화를 느끼며 자연에 순응하며 살았던 삶의 모습을 중심으로 이야기를 펼쳐가고 있고, 그런 토담집에서의 삶과 오늘날 아파트에서의 삶을 대비시켜 토담집에서의 삶이 지닌 가치에 대해 생각하게 한다.

7. 이 글은 글쓴이의 기억 속에 존재하는 과거 토담집에서의 삶을 통해 현대인들이 잃어버린 집의 소중한 의미를 일깨우고 있다. 글쓴이는 이 글에서 자연에 순응하며 살았던 토담집에서의 삶의 모습이 사라져 가는 것을 아쉬워하며 오늘날 삶의 모습을 돌아보게 한다.

8. 이 글에 나타난 '토담집'은 오늘날에는 찾아보기 어려운 집의 모습으로, 글쓴이는 과거 '토담집'에서 살았던 사람들의 자연 친화적 삶의 가치를 오늘날의 관점에서 되돌아보게 한다. 〈보기〉에 나타난 '장독대' 역시 오늘날에는 찾아보기 어려운 것으로, 과거에 집집이 갖춰져 있었던 장독의 의미와 가치를 오늘날의 관점에서 되돌아보게 한다.

오답 해설

② 〈보기〉에서는 장독대가 사라지면서 우리 고유의 정도 사라진 현실을 안타까워하고 있다. 하지만 이 글에서는 자연으로부터 멀어진 삶에 대해 안타까움을 드러내고 있을 뿐, 이웃 간의 정에 대해서는 따로 언급하지 않았다.

③, ④ 이 글은 자연 친화적 삶에 대한 그리움을, 〈보기〉는 장독대와 함께 우리 고유의 정과 사랑이 사라진 것에 대한 아쉬움을 전하고 있다. 그러나 이 글과 〈보기〉 모두 진정한 가족의 의미나 어머니들의 삶의 지혜를 다루고 있지는 않다.

⑤ 이 글은 과거의 자연 친화적 삶에 더 가치를 두고 있고, 〈보기〉도 과거 장독대와 함께하며 우리 고유의 정과 사랑을 나누며 살아왔던 과거의 삶에 더 가치를 두고 있다.

9. (다)는 '그'와 '그의 형제들'이 토담집에서 태어나고 자라면서 쌓아온 집에 관한 추억에 대해 이야기하고 있고, (라)는 '그'가 토담집에서 자라면서 자연의 비밀들을 깨닫고 자연과 조화를 이루며 살아온 삶에 관해 이야기하고 있다. 따라서 모두 자연 친화적 삶의 태도를 보여 주고 있다고 할 수 있다. ③의 시조도 자연 속에서 자연과 함께하는 자연 친화적 삶의 모습을 보여 주고 있다.

오답 해설

① 이별한 임에 대한 애틋한 그리움을 노래하고 있다.

② 임을 향한 변치 않는 마음인 일편단심을 노래하고 있다. 여기에서의 '임'은 고려 왕조의 임금을 뜻하므로 고려에 대한 충성심을 노래한 것으로 해석할 수 있다.

④ '까마귀'와 같은 나쁜 무리와 어울리는 것을 경계해야 한다는 메시지를 담고 있다.

⑤ 이별한 임에 대한 그리움을 담고 있는 노래로, 이 시조에 등장하는 임은 조선의 임금 '단종'을 뜻하며 이런 관점에서는 임금과 이별한 애절한 마음을 노래한 것으로 해석할 수 있다.

10. (다)와 (라)에서는 토담집에서 자라며 자연과 함께하는 삶을 경험했던 '그'의 어린 시절에 대해 서술하고 있다.

오답 해설

① (마)에서 토담집을 떠난 '그'가 현재 '그의 아이'와 함께 도시의 아파트에서 살고 있음을 알 수 있다.

② (다)에서 '그'는 토담집에서 태어나고 자랐다고 했다. 하지만 (마)에서 '그의 아이'는 병원에서 태어났다고 했다.

④ (다)에서 그가 자라난 집은 토담집이라고 했고, (마)에서 그의 아이는 '아파트, 그 사각진 콘크리트 벽 속'에서 살고 있다고 했다.

⑤ (사)에서 '그'와 '그의 아이'가 현재 사는 집은 탄생과

죽음이 없는 쓸쓸한 집임을 알 수 있다.

11. ㉠의 '모든 것이 불분명하다.'는 바로 앞 (라)의 마지막 문장의 내용과 대조된다. (라)에서 '그'가 토담집에서 살아갈 때에는 자연의 변화를 뚜렷이 느낄 수 있었기 때문에 모든 것이 명료했다고 했다. 하지만 (마)의 ㉠에서는 '그 집'을 떠난 후로 모든 것이 불분명해졌다고 했으므로, ㉠은 자연의 변화를 분명하게 느낄 수 없게 되었음을 의미한다. ㉠에 이어지는 문장에서도 아침과 저녁, 사계절과 오감이 불분명하다고 서술하고 있는데, 이는 현재 '그'가 자연과 단절된 공간에서 자연의 이치를 거스르며 살아가고 있음을 의미한다.

12. (마)에서 승상 부인이 쌀 3백 석을 내줄 테니 뱃사람들을 따라가기로 한 것을 취소하라고 제안하지만, 심청은 그렇게 되면 뱃사람들이 곤란해질 것이고 한번 정한 약속은 지키는 것이라며 제안을 거절하고 있다. 이를 통해 심청이 타인을 배려할 줄 알며 신의를 중시하는 성격임을 알 수 있다.

오답 해설

② (라)에서 심 봉사는 딸이 죽게 된 것을 알았음에도 불구하고 절규하기만 할 뿐 딸을 구해 내지는 못한다.

③ (라)를 보면, 뱃사람들이 심청을 속인 것이 아니라 심청이 아버지의 눈을 뜨게 하려고 스스로 자신의 몸을 제물로 판 것임을 알 수 있다.

④ '임기응변'은 그때그때 처한 사태에 맞추어 즉각 그 자리에서 결정하거나 처리한다는 뜻인데, 이 글에는 뱃사람들의 행동을 임기응변으로 볼 만한 근거가 제시되어 있지 않다.

⑤ (마)에서 장 승상 댁 부인은 어려움에 처한 심청을 도와주려고 하고 있다.

13. (가)에서 심청이 승상 부인의 수양딸로 팔려 간다는 말은 아버지를 안심시키기 위해 한 거짓말이다. 심청은 자신이 거짓말을 한 것을 (라)에서 아버지에게 솔직하게 고백하고 사실을 말한다. 따라서 '재혁'의 말은 적절하지 않다. 또한 (마)에서 심청이 아버지에게 하직 인사를 하고 떠나려고 할 때 승상 부인이 소식을 듣고 시비를 보내어 심청을 불렀다고 서술하고 있다. 따라서 심청이 승상 부인의 말을 듣고도 아버지 곁을 떠나지 못하고 시간을 끌었다는 '찬수'의 말 역시 적절하지 않다.

14. 이 글은 고전 소설로, 과거 조선 시대의 삶의 모습이 반영된 작품이다. 따라서 이 작품의 배경을 통해 과거의 삶의 모습이 어떻게 반영되어 있는지를 파악하며 읽는 것이 적절하다.

15. ㉠의 '죽을 일'이란 심청이 공양미 3백 석을 받고 인당수 제물로 팔려 가는 일로, (라)와 (마)에서 구체적으로 제시되고 있다.

16. ㉡의 앞부분에는 심청이 자신이 죽게 될 일과 아버지와 이별할 일에 걱정이 되어 식음을 전폐하고 있는 상황이 나와 있다. ㉡의 뒷부분에는 '이러다간 안 되겠다.'라고 마음을 추스르며 '아버지 의복 빨래나 해 두리라.'라고 다짐하고 아버지를 위해 옷을 짓는 내용이 나와 있다. 따라서 ㉡에는 심청이 자신이 처한 상황이 이미 돌이킬 수 없는 것임을 깨닫고 이를 받아들이는 상황과 어울리는 의미의 속담이 나와야 한다. 이에 해당하는 것은 한번 저지른 일을 다시 고치거나 중지할 수 없음을 비유적으로 이르는 의미의 속담인 ④이다.

오답 해설

① 어려운 일이나 고된 일을 겪은 뒤에는 반드시 즐겁고 좋은 일이 생긴다는 말이다.

② 별안간 엉뚱한 말이나 행동을 함을 비유적으로 이르는 말이다.

③ 값이 같거나 같은 노력을 한다면 품질이 좋은 것을 택한다는 말이다.

⑤ 일정한 원칙이 없이 둘러대기에 따라 이렇게도 되고 저렇게도 될 수 있음을 비유적으로 이르는 말이다.

17. ㉢에서 심 봉사는 심청이 죽게 된다는 사실을 모른 채, 승상 부인 댁 수양딸로 가게 되는 줄만 알고 자신이 좋은 꿈을 꾸었다며 기뻐하고 있다. (가)에서 심청은 아버지가 사실을 알게 되면 걱정하실까 봐 안심시키려고 거짓말을 한 것일 뿐, 아버지를 완벽하게 속이기 위한 치밀함을 보인다고 보기는 어렵다.

18. 이 글의 중심 사건은 심청이 아버지의 눈을 뜨게 하기 위해 자신의 목숨을 바치는 것이다. 〈보기〉 역시 자신을 낳고 기른 부모의 은혜가 크고 깊음을 노래하고 있다. 따라서 두 글은 모두 유교적 덕목인 '효'의 가치를 형상화하고 있다고 할 수 있다.

(1) 묵화(墨畵)

1. 할머니는 힘든 농사일을 하며 외롭게 살고 있지만 곁에서 힘든 일을 도와주며 항상 함께해 주는 소가 있어 위안을 얻고 있다. 이처럼 주변 대상과 삶을 함께 나누면서 서로 위로하고 교감하며 사는 삶의 가치는 예나 지금이나 변함없이 소중한 가치라고 할 수 있다. 2. 세부적인 묘사나 배경을 생략한 채 인생의 고단함과 적막함을 절제된 언어로 담담하게 표현하여 한 폭의 묵화가 연상되고, 여백의 미가 느껴지기 때문이다. 3. 매일 반복될 것이고, 할머니와 소의 교감이 지속될 4. 발잔등이 부을 만큼 힘든 농사일을 마치고 적막하다고 하는 할머니와 소

(2) 그 시절 우리들의 집

1. 이 글은 3인칭 시점을 활용하여 '그'의 이야기를 들려주는 형식으로 서술함으로써 이야기의 객관성을 확보하고 있다. 2. (가)에는 자연의 변화를 온몸으로 느끼며 자연의 섭리에 순응하며 살아가는 삶의 모습이 드러나 있지만, (나)에는 자연의 변화를 느끼지 못하며 자연의 이치를 거스르며 살아가는 삶의 모습이 드러나 있다. 3. '그'의 어머니의 죽음 이후 더 이상의 탄생과 죽음이 없어진 '그 집'처럼, 오늘날 우리들의 집에도 탄생과 죽음이 없을 것이기 때문이다.

(3) 심청전

1. 홀로 남게 될 아버지를 걱정하면서도 아버지를 정성껏 봉양하려 하지 않고 자신을 제물로 팔았고, 자신 때문에 딸이 죽게 되었다며 평생 죄책감에 괴로워할 심 봉사의 입장을 배려하지 않았기 때문이다. 2. 뱃사람들이 바다를 건널 때 사람을 돈을 주고 사서 제물로 바치는 풍습이 있었다. 3. 심 봉사가 진정으로 원하는 것은 자신의 딸을 살려 주는 것임을 고려할 때, 뱃사람들의 행동은 심 봉사의 딱한 처지를 물질로 해결하려는 물질 만능주의적 사고방식에서 나온 것이라고 할 수 있다.

(1) 묵화(墨畵)

1. 이 시는 할머니와 소가 힘겹고 고단한 하루하루의 삶을 함께 나누는 모습을 그리고 있다. 이렇게 주변의 대상과 삶을 함께하며 서로 위로하고 교감하며 사는 삶의 가치는 오늘날까지 변하지 않는 가치라고 할 수 있다.

평가 요소	확인(√)
'위로', '교감', '함께' 등의 단어를 사용하여 가치를 서술하였다.	
할머니와 소의 관계를 보여 주는 내용을 서술하였다.	
이 시에 담긴 할머니와 소의 삶의 모습을 서술하였다.	

2. 이 시에는 할머니와 소의 모습에 대한 구체적인 묘사나 할머니와 소가 있는 장소에 대한 구체적인 설명이 없다. 이렇게 세부 묘사나 배경을 생략한 채 할머니와 소의 고단한 삶을 절제된 언어로 담담하게 표현하고 있어서, 화려하지 않고 담담하게 대상을 표현하는 묵화를 연상시킨다. 시인이 이 시의 제목을 '묵화'라고 지은 까닭도 이러한 특징과 관련지어 이해할 수 있다.

평가 요소	확인(√)
'생략', '절제된 언어', '담담한 표현', '여백의 미' 등과 같은 말을 사용하여 서술하였다.	
〈보기〉의 내용과 관련지어 서술하였다.	
완성된 한 문장으로 서술하였다.	

3. '-고'라는 연결 어미와 쉼표의 반복이 주는 효과를 주제와 관련지어 생각한다면, 4~6행의 내용인 할머니와 소와의 교감이 앞으로도 반복되고 계속될 것임을 암시한다고 할 수 있다.

평가 요소	확인(√)
'반복'이라는 단어를 사용하여 서술하였다.	
주제와 관련지어 서술하였다.	
빈칸에 들어가 자연스러운 문장이 되도록 서술하였다.	

4. 이 시에서 느껴지는 슬픈 분위기는 할머니와 소가 힘들고 고단한 삶, 외롭고 쓸쓸한 삶을 살고 있다는 것과 관련된다. 따라서 이들의 고달프고 적막한 삶을 근거로 들어 서술해야 한다.

평가 요소	확인(√)
슬픈 분위기를 뒷받침하는 내용을 서술하였다.	
시에 표현된 삶의 모습을 서술하였다.	
빈칸에 들어가 자연스러운 문장이 되도록 서술하였다.	

(2) 그 시절 우리들의 집

1. 이 글은 〈보기〉에서 설명하는 일반적인 수필의 특징과 달리 글 속에 '나'가 등장하지 않는다. 대신 3인칭 시점을 사용하여 '그'의 이야기를 들려주고 있으며, 이런 독특한 서술 방식을 통해 이야기의 객관성을 확보하는 효과를 얻고 있다.

평가 요소	확인(√)
'3인칭 시점'이라는 말을 사용하였다.	
'나'가 아닌 '그'의 이야기를 들려주는 형식이라고 서술하였다.	
객관성을 확보했다는 내용의 표현 효과를 서술하였다.	

2. (가)에는 '그'가 자연의 비밀들을 깨달아 가면서 과거 토담집에서 자연과 함께하는 삶의 모습이 서술되어 있다. 반면 (나)에는 아침과 저녁, 사계절 등 자연의 변화를 느끼지 못하며 살아가는 오늘날 아파트에서의 삶의 모습이 서술되어 있다.

평가 요소	확인(∨)
(가)의 내용을 바탕으로 자연 친화적 삶에 관해 서술하였다.	
(나)의 내용을 바탕으로 자연의 이치를 거스르는 삶에 관해 서술하였다.	
'반면' 또는 '하지만' 등의 접속어를 활용하여 (가)와 (나)를 대조적으로 서술하였다.	

3. (다)에서 서술하고 있는 '그 집'의 변화는, '그'의 어머니의 죽음 이후 '그 집'에는 더는 사람들이 살지 않을 것이기 때문에 탄생과 죽음 또한 더 이상 일어나지 않는다는 것이다. 그리고 오늘날에는 탄생과 죽음이 대부분 병원에서 이루어지기 때문에 우리들의 집에서도 탄생과 죽음이 일어나지 않을 것이므로 우리들의 집을 쓸쓸한 집이라고 표현한 것이다.

평가 요소	확인(∨)
'그 집'에 일어난 변화를 서술하였다.	
변화된 '그 집'과 '우리들의 집'의 공통점을 서술하였다.	
완성된 문장으로 서술하였다.	

(3) 심청전

1. (가)에는 심청이 자신이 죽고 난 후 혼자 남게 될 아버지를 걱정하는 내용이 나오고, (나)에는 심청이 아버지의 눈을 뜨게 하려고 공양미 3백 석에 자신의 몸을 팔았다는 사실을 아버지에게 알리자 심 봉사가 절규하는 내용이 나온다. (가)의 내용은 아버지가 걱정된다면 죽을 것이 아니라 아버지 곁에서 아버지를 봉양하는 것이 진정한 효라는 주장의 근거가 될 수 있으며, (나)의 내용은 자신 때문에 딸이 죽게 되었다고 괴로워하는 심 봉사의 입장을 배려하지 않은 심청의 행동은 진정한 효로 보기 어렵다는 비판의 근거가 될 수 있다.

평가 요소	확인(∨)
제시된 해석을 적절하게 뒷받침할 만한 근거를 서술하였다.	
(가)와 (나)의 내용을 바탕으로 두 가지 근거를 모두 서술하였다.	
완성된 한 문장으로 서술하였다.	

2. (나)에는 상인들이 장사를 위해 돈을 주고 심청을 제물로 바치는 내용이 나온다. 오늘날에는 찾아보기 어려운 풍습으로, 이 작품에 반영된 과거의 삶의 모습을 보여 주는 부분이다.

평가 요소	확인(∨)
사람을 제물로 바치는 풍습에 관해 서술하였다.	
완성된 한 문장으로 서술하였다.	

3. (다)에는 뱃사람들은 심청의 효심과 심 봉사의 딱한 처지를 생각하여 심 봉사를 위해 물질적 지원을 해 주는 내용이 제시되어 있다. 이를 부정적·비판적 관점에서 평가한다면, 심 봉사가 진정으로 원하는 것은 심청을 데려가지 않는 것임을 알면서도 이를 외면한 채 물질로만 문제를 해결하려 했다고 뱃사람들을 비판할 수 있다.

평가 요소	확인(∨)
뱃사람들의 행동을 부정적·비판적 관점에서 서술하였다.	
물질로 문제를 해결하려는 뱃사람들의 행동을 문제점으로 지적하였다.	
완성된 문장으로 서술하였다.	

5 다르게 보고, 바르게 쓰기

(1) 걷기를 보는 다양한 시각

225~231쪽

콕콕 확인 문제

1. ③ 2. ② 3. ④ 4. ⑤ 5. ④ 6. ④ 7. ①, ③ 8. 인간에게 사유의 계기를 마련해 준다. 9. ① 10. ② 11. ② 12. ⑤ 13. 건강에 미치는 효과가 뛰어나며 모든 사람이 언제 어디서나 간편하게 할 수 있는 운동이기 때문이다. 14. ① 15. ① 16. ⑤ 17. ②

1. 이 글은 수필로, 글쓴이가 겪은 일상의 의미 있는 경험에 대한 생각이나 깨달음을 글쓴이의 개성을 담아 자유롭게 쓴 글이다.

   오답 해설
   ①은 희곡, ②는 소설, ④는 시, ⑤는 설명문에 대한 설명이다.

2. 글쓴이는 볼일을 보기 위해 산에서 가장 가까운 광주시로 나와 우체국과 시장 등에서 볼일을 본 뒤, 돌아가는 버스 편이 마땅치 않아 다른 곳으로 가는 버스를 일단 탄다. 그리고 도중에 내려 산으로 돌아가는 길에 삼십 리 길을 걸은 것이다.

3. 글쓴이가 초겨울의 들길을 걷고 있는 이유는, 산에서 가장 가까운 도시인 광주에 와 볼일을 본 뒤 돌아가려고 하는데 차 시간이 맞지 않자 다른 곳으로 가는 차를 타고 도중에 내려 삼십 리 길을 걷게 되었기 때문이다.

4. 글쓴이가 어떤 관점으로 '걷기'를 보는지를 파악하였는지 묻는 문제이다. 글쓴이는 ②와 ③에서 걷기의 의미를 밝히고, 이를 긍정적으로 생각하며 그 가치를 높이 평가하고 있다.

   오답 해설
   ① 도시에 대한 글쓴이의 관점이 드러날 뿐 도시에 적응하지 못해 산에서 산다는 내용은 확인할 수 없으며, 글쓴이가 승려임을 고려할 때 ①은 적절하지 않다.
   ② 글쓴이는 생각이나 가치관이 맞지 않는 길벗은 오히려 부담되어 혼자 걸어도 상관없다고 말하고 있는 것이지, 무조건 길벗을 부담스럽게 여기며 혼자 걷기를 즐

기는 것이 아니다.
   ③ 글쓴이는 도시의 삶은 시끄러움과 먼지를 일으키며 돌아가고 있다고 하고 있으므로 도시인의 삶을 긍정적으로 본다고는 할 수 없다.
   ④ 글쓴이가 걷기의 단점을 언급한 부분은 찾아볼 수 없다.

5. 〈보기〉는 글쓴이의 관점을 파악하며 읽는 방법에 대해 말하고 있다. 글을 읽으면서 글쓴이와 독자의 관점이 일치하는지를 파악하는 것은 글의 관점을 파악하며 읽는 것과는 거리가 멀다.

6. 글쓴이는 삼십 리 길을 걸어 돌아오면서 새나 짐승, 곤충들도 저마다 기댈 곳을 찾아 부지런히 길을 간다고 여기며 그 길을 방해하면 안 되겠다는 깨달음을 얻고 있다. 그러나 글쓴이가 새나 짐승, 곤충들을 보살피는 마음이 중요하다는 생각을 하는 것은 아니다.

   오답 해설
   ①, ③ 글쓴이는 우리가 현대 문명의 대표격인 자동차로 편리함을 얻었지만 그만큼 귀중한 걸음과 생각의 자유를 빼앗겼다며 현대 문명을 비판적으로 바라보고 있다.
   ②, ⑤ ④를 보면, 글쓴이는 멈추어 있을 때와 달리 걸으면서 궁리하면 막힘없이 술술 풀려 깊이와 무게를 더할 수 있다고 하였다. 그리고 글쓴이는 삼십 리 길을 걸어 돌아오면서 걷기의 의미와 가치를 발견하고 있다.

7. 글쓴이는 ④에서 칸트나 베토벤의 경우를 예로 들어 철인과 예술가들이 산책을 즐겨 한 이유를 밝히고 있다. ❼에서는 한 시인의 글을 제시하여 자동차라는 편리한 교통수단을 주로 이용하게 되면서 깊이 생각하며 걸을 기회를 잃게 되었다는 점을 강조하고 있다.

8. ④에서 글쓴이는 인간이 사유하게 된 것은 걷는 것에서 시작되었을 거라고 하였다. 이는 글쓴이가 생각하는 걷기의 가치가 담긴 말로, 이를 통해 글쓴이가 걷기가 인간에게 사유의 계기를 마련해 준다고 생각함을 알 수 있다.

9. 이 글은 걷기 운동의 긍정적 효과를 설명하고 있는 설명문이다.

   오답 해설
   ② 글쓴이는 설명 대상인 걷기 운동에 대해 긍정적인 관점을 드러내고 있다.

③ 촌평에 대한 설명이다. 촌평은 어떤 사건이나 사실에 대한 개인적인 의견을 짧게 드러내는 글을 말한다.

④ 이 글에서는 사회 현상을 설명하고 있지는 않다.

⑤ 수필에 대한 설명이다.

10. 이 글의 '중간 1'에서 글쓴이는 걷기 운동의 효과를 세 가지로 정리하여 소개하고 있다.

11. ②에서 글쓴이는 걷기 운동은 몸에 좋은 콜레스테롤의 농도를 높여 동맥 경화를 막아 주어 심장병, 고혈압 등을 예방하는 데에 도움이 된다고 하였다. 즉 걷기 운동이 모든 콜레스테롤의 농도를 높이는 것이 아니므로 ②와 같은 진술은 적절하지 않다.

오답 해설

①은 ③, ③, ⑤는 ①, ④는 ④에서 알 수 있다.

12. ②~④에서 글쓴이는 걷기 운동의 효과를 문단별로 하나씩 설명하고 있는데, 각 문단의 첫 문장이 중심 내용이고 나머지 문장들이 이를 뒷받침하는 문장들이다. 즉 세 문단 모두 의학적으로 인정된 내용들로 중심 문장을 뒷받침하고 있으므로, 중심 내용에 대한 과학적인 근거를 제시하고 있다고 볼 수 있다.

13. 글쓴이가 걷기 운동을 추천하는 까닭은 ㉠ 다음에 이어지는 내용에서 확인할 수 있다.

14. 글의 형식이 지니는 특성과 효과를 파악하여 이해하고 읽을 때 글을 더 잘 이해할 수 있다.

15. 이 글의 글쓴이는 걷기 운동을 추천하기 위해 걷기 운동의 효과와 방법에 관한 정보를 전달하고 있다.

16. 걷기의 올바른 자세에 대한 정보는 ⑤에 나타나 있는데, 이에 따르면 발뒤꿈치가 먼저 닿고 그다음 발바닥 전체가 닿은 뒤, 마지막으로 발의 앞 끝이 들리는 순서로 걸어야 한다.

17. 이 글의 글쓴이는 자신의 걷기 체험을 바탕으로 글을 쓴 것이 아니라 과학적이고 객관적인 사실을 바탕으로 걷기의 효과와 방법을 설명하고 있다.

시험엔 이렇게!!

232~235쪽

1. ⑤ **2.** ⑤ **3.** 설명하는 글은 걷기의 효과와 방법을 독자에게 객관적으로 전달하기에 적절한 형식이기 때문이다.

4. ④ **5.** ①

1. (나)에서 걷기는 하체뿐만 아니라 두뇌를 포함한 여러 신체 기관의 기능을 강화하는 데 도움이 되며, 다이어트에도 효과적이라고 하였다.

2. (가)의 글쓴이는 '걷기'를 체험하며 삶을 돌아보면서 걷기의 가치를 발견하고 있고, (나)의 글쓴이는 '걷기'를 건강을 위한 간편하면서도 효과적인 운동의 한 방법으로 바라보고 있다. 그러므로 (가)와 (나) 모두 '걷기'라는 공통 화제에 대해 긍정적인 관점을 취하고 있음을 알 수 있다.

3. 설명하는 글은 사람들에게 정보를 전달하기 위해 설명 대상에 대해 객관적으로 서술한 글이다. (나)의 글쓴이는 걷기의 효과와 방법을 구체적이고 사실적으로 설명하려고 설명문 형식을 선택하였다.

4. 이 공익 광고에서는 지구의 환경을 위해서 가까운 거리는 걷거나 자전거를 이용할 것을 권하고 있지만, 걷기나 자전거만을 이용하라고 말하고 있지는 않다.

오답 해설

① 이 광고에서는 자동차 배기가스가 지구 온난화의 원인이 된다고 하고 있다.

② 이 광고는 공익 광고이다. 공익 추구를 목적으로 하는 공익 광고는 사람들의 생각을 변화시켜 잘못된 점을 반성하게 한다.

③ 자동차의 배기가스가 환경 오염을 일으킨다는 자료를 근거로, 걷기를 통해 자동차의 배기가스를 줄인다면 지구 온난화를 막을 수 있다는 주장을 제시하고 있다.

⑤ 이 광고에는 주장과 근거가 드러나 있으므로, 광고에 나타난 관점을 주장하는 글 형식으로 표현해도 효과적일 것이다.

5. 신문 기사에서는 '영화는 기본적으로 허구성을 지닌다.'라고 하고 있고, 편지글에서도 '물론 영화는 사실을 바탕으로 한 허구적 예술 작품'이라고 하고 있으므로, 이 두 글의 글쓴이들은 '영화는 허구성을 지닌 예술 작품'이라는 데에는 모두 동의하고 있음을 알 수 있다.

오답 해설

②, ④, ⑤는 신문 기사 내용과, ③은 편지글의 내용과 관련된 진술이다.

소단원 나의 실력 다지기

1. ④ 2. ③ 3. ⑤ 4. 글쓴이는 자신이 체험한 일을 바탕으로 깨달은 내용인 걷기의 가치를 이야기하고자 이 글을 썼다. 5. ② 6. ⑤ 7. ③ 8. ② 9. ⑤ 10. ① 11. ⑤ 12. (가): 걷기는 생각의 자유를 누릴 수 있게 한다. (나): 걷기 운동은 올바른 자세와 강도가 중요하며, 규칙적으로 꾸준히 하는 것이 좋다.

1. (라)에서 글쓴이는 사유의 뜻과 의의를 말하고 있는 것이 아니라 자신이 생각하는 걷기의 가치를 이야기하고 있다. 즉 걷기는 인간에게 사유의 계기를 제공한다는 것이 (라)의 내용이다.

2. 글쓴이의 관점이란 글쓴이가 대상을 바라보는 시각이나 생각, 태도 등을 말한다. 글쓴이는 자신의 관점을 효과적으로 드러낼 수 있는 글의 형식을 선택하는데, 이 글이 수필임을 고려할 때 글에 드러난 글쓴이의 관점을 파악하기 위해 글에 매체 자료가 사용되었는지를 파악하며 읽는 것은 글의 관점을 파악하며 읽는 방법으로는 적절하지 않다.

3. 걷기가 운동 중에 가장 효과적이고 간편한 운동이라는 내용은 이 글에 나타나 있지 않다.

   오답 해설

   ①, ②는 (나)에서, ③은 (라)에서, ④는 (다)에서 각각 확인할 수 있다.

4. 이 글은 인생이나 자연 또는 일상생활에서의 느낌이나 체험, 깨달음 등을 생각나는 대로 쓴 산문인 수필이다. 이 글의 글쓴이가 수필이라는 형식을 통해 글을 쓴 까닭은 자신이 경험한 일을 통해 깨달은 걷기의 가치를 이야기하고 싶었기 때문이다.

5. 이 글은 설명하는 글이다. 설명하는 글은 사람들에게 정보를 전달하기 위해 객관적으로 서술한 글이다.

   오답 해설

   ①은 건의문, ③은 보고문, ④는 주장하는 글, ⑤는 기사문을 쓰는 목적에 해당한다.

6. (다)를 보면, 걸을 때에는 상체를 바로 세우고 팔과 다리는 자연스럽게 앞뒤로 움직이며 걷는다고 하고 있다.

   오답 해설

   ①은 (나)에서, ②는 (가)에서, ③은 (마)에서, ④는 (라)에서 각각 알 수 있다.

7. (마)에서 글쓴이는 걷기 운동의 효과를 '300킬로칼로리를 소비하는 데 충분하다.'와 같이 수치를 활용해 강조하고 있다.

8. (라)에서는 걸을 때의 보폭과 빠르기에 관해 설명하고 있으므로, ㉠에 들어갈 말로 가장 어울리는 것은 운동의 센 정도를 의미하는 '강도'이다.

9. (가)와 (나)는 모두 '걷기'라는 동일한 화제를 다루고 있지만 걷기의 가치는 서로 다르게 서술하고 있다. (가)는 걷기를 사유의 계기를 마련해 준다는 점에서 가치 있게 보고 있고, (나)는 건강을 위한 운동의 측면에서 걷기를 바라보고 있다.

10. 〈보기〉는 (가)와 (나)의 형식을 비교하여 읽는 과정에서 독자가 떠올린 생각이다. 주제를 감동적으로 참신하게 표현할 수 있다는 것은 설명하는 글의 특성과는 거리가 멀다. 설명하는 글은 사람들에게 정보를 전달하기 위해 객관적으로 서술한 글이다. (나)의 글쓴이는 걷기의 효과와 방법을 구체적, 사실적, 체계적으로 설명하기 위해 이 형식을 선택하였을 것이다.

11. 대상은 동일하지만 관점과 형식이 다른 글을 비교하여 읽으면, 대상에 대하여 다양하게 살펴봄으로써 사고의 폭을 넓힐 수 있을 뿐만 아니라 그에 대한 자신의 의견도 분명히 밝힐 수 있다.

12. (가)의 글쓴이는 인간만이 누릴 수 있는 걷기의 가치를 서술하고 있으며, (나)의 글쓴이는 걷기의 올바른 자세와 실천 방법을 설명하고 있다.

(2) 쓰기 윤리와 보고하는 글 쓰기

콕콕 확인 문제

1. ④ 2. ② 3. ③ 4. ㄱ, ㄹ, ㄴ, ㄷ 5. ⑤ 6. ⑤ 7. 설문 조사 결과를 한눈에 알아볼 수 있다. 8. ㄴ, ㄷ, ㄹ 9. ⑤ 10. ⑤ 11. ④ 12. ①

1. 블로그 글에서 '누구나 다양한 분야의 정보 생산자가 될 수 있는 기회를 만들어 주었'다고 한 것은 '정보 통신 기술의 발달'이다.

2. 매체 자료를 인용할 때는 다른 사람의 글이나 자료임을

나타내기 위해 작은따옴표(' '), 큰따옴표(" ") 등의 인용 부호를 사용해야 한다.

오답 해설

① 내가 만든 자료인 것처럼 가장하는 행동은 쓰기 윤리에 어긋난다.

③ 방송 뉴스나 신문 기사도 저작권자의 허락 없이는 사용할 수 없다.

④ 다른 사람의 연구 자료를 인용할 때는 과장하거나 왜곡하지 않고 사실대로 제시해야 한다.

⑤ 전문적인 작가가 작성한 자료가 아니라도 인용한 자료의 출처를 반드시 밝혀야 한다.

지식 창고 – 표절과 패러디, 그리고 저작권

'표절'은 다른 사람의 저작물의 전부나 일부를 그대로 또는 그 형태나 내용을 다소 변경하여 자신의 것처럼 제공 또는 제시하는 행위를 의미한다. '패러디'는 저작물에 대한 비평적 모방이라고 할 수 있으며, 평면적이거나 소비적인 모방이 아닌 입체적이면서 생산적인 모방이라는 점에서 표절과는 다르다. 따라서 패러디는 저작권 침해로부터 보호되고, 특별한 출처를 명시할 의무가 없는 것으로 보고 있다. 그러나 저작권법을 엄격하게 적용할 경우에는 저작권 침해의 소지가 발생할 수 있으므로, 패러디를 할 경우에도 원저작자의 권리를 침해하는 일이 없도록 주의를 기울여야 한다.

---

3. 조사한 결과를 바꾸거나 조작하는 것은 보고서의 사실성과 신뢰성을 떨어뜨리는 행위로, 쓰기 윤리에 어긋난다. 예상했던 결론과 다르더라도 결과 분석을 바탕으로 방향을 수정하는 것이 바람직하다.

4. 보고서는 '계획 세우기 → 자료 수집하기 → 자료 정리 및 분석하기 → 보고서 쓰기'의 일정한 절차에 따라 작성한다.

5. 조사 계획서는 조사를 계획하는 단계에 쓰는 것이므로, 여기에 조사 보고서 작성 후 점검 과정에서 필요한 조사 평가가 들어가는 것은 적절하지 않다.

6. 수집한 자료를 분석하며 어떻게 활용할 수 있을지 생각하고 있으므로 보고서 작성 절차 중 '자료 정리 및 분석하기'에 해당한다.

7. 주로 시각 자료로 많이 활용하는 그래프는 대상의 변화

과정이나 분포 양상을 한눈에 알아보기 쉽게 드러낸다는 점에서 효과적이다. 특히 보고서에서는 설문 조사의 결과를 표나 그래프로 제시하는 것이 좋다.

8. 이 보고서는 정확하고 간결하게 정보를 전달하고 있으며(ㄷ), '한국민족문화대백과사전', '통계청·여성가족부' 등 자료의 출처를 밝히고 있다(ㄴ). 또한 막대그래프, 원그래프, 표 등 시각 자료를 활용하여 내용을 한눈에 보기 쉽게 효과적으로 제시하였다(ㄹ).

오답 해설

ㄱ. '우리 학교 학생들의 평일 여가 활용 실태'를 조사하여 그 결과를 객관적으로 전달해 주는 보고서이다.

ㅁ. 설문 조사, 문헌 자료 조사, 면담, 통계 자료 조사 등 다양한 조사 방법을 사용하고 있다.

9. 보고서의 내용은 독자가 원하는 방향이 아니라 보고서의 주제와 목적, 조사 방법과 결과에 따라 제시되어야 한다.

10. '우포늪의 개발이 지역 발전에 미치는 영향에 대한 현장 조사'는 '우포늪의 생태계 보전'이라는 조사 주제와 목적을 고려하면 보고서 쓰기 계획과는 거리가 멀다.

11. 보고서에서 통계 자료를 표나 그래프를 활용하여 제시하면 내용을 한눈에 볼 수 있어 내용 전달에 효과적이다.

12. 보고서의 조사 방법은 주제와 목적에 맞는 것인지를 평가해야 한다.

소단원 나의 실력 다지기　260~261쪽

1. ②　2. • 저작권자의 허락을 받고 사용한다. • 출처를 밝히고 사용한다.　3. ⑤　4. ③　5. ②　6. ④　7. 우리 학교 학생들의 평일 여가 활용 실태와 그 양상을 조사하고 여가의 중요성을 탐구한다.　8. ③　9. ③　10. ①

1. 전문적인 저작자의 창작물만 저작권의 보호를 받는 것이 아니라, 저작자가 누구든 자신의 생각이나 감정을 표현한 창작물이라면 모두 저작권 보호의 대상이 된다.

2. (나)에서는 다른 사람의 저작물을 사용할 때는 우선 저작권자의 허락을 받고 자료의 정확한 출처를 밝힘으로써 인용한 것임을 드러내야 한다고 하였다.

3. 보고서는 다른 사람에게 알리기 위한 목적으로 어떤 주제에 대하여 관찰, 조사, 실험한 내용을 절차와 결과가 드러나도록 쓰는 글이다.

오답 해설

① 보고서는 일정한 형식에 따라 작성하는 체계적인 글이다.

② 보고서는 절차와 결과를 정확하고 간결하게 객관적으로 표현하는 글이므로 글쓴이의 개성과 특성이 잘 드러나는 글이라 할 수 없다.

③ 보고서는 관찰, 조사, 실험 내용의 절차와 결과에 대한 정보를 다른 사람에게 알려 주기 위한 목적으로 쓰는 글이다. 다른 사람의 생각이나 태도 등을 변화시키려는 목적으로 쓰는 글은 논설문이다.

④ 보고서는 어떤 주제에 대한 관찰, 실험, 조사한 과정과 결과를 적은 글이므로 전문가가 아니어도 작성할 수 있다.

4. 보고서 작성 과정은 '계획 세우기 → 자료 수집하기 → 자료 정리 및 분석하기 → 보고서 쓰기'이다.

5. 조사 내용에 대한 요약은 보고서 구성 단계 중 '끝' 부분에서 제시한다.

6. 실험이나 관찰, 조사 등을 할 때 그 결과나 분석 내용을 목표에 맞춰 수정하는 것은 자료 왜곡에 해당한다. 이는 보고서의 신뢰성을 떨어뜨릴 뿐만 아니라 쓰기 윤리에도 어긋나는 행동이다.

7. (가)의 뒷부분에 '여가의 중요성을 알아보고', '우리 학교 학생들의 평일 여가 활용 실태를 탐구하였다.'며 보고서의 '조사 주제 및 목적'을 제시하였다.

8. (나)는 조사 결과를 적은 것이므로 구성 단계상 '중간' 부분에 해당한다.

9. 이 보고서에는 현장을 직접 방문하여 조사하는 방법은 사용되지 않았다. (나)의 (1)은 인터넷에서 한국민족문화대백과사전을 조사한 것이고, (2)는 체육 선생님과의 면담 조사 결과이다. (다)는 통계청의 통계 자료 조사이고, (라)와 (마)는 학생들의 설문 조사 결과이다.

10. (라)와 (마)는 전체에 대한 각 부분의 비율을 한눈에 알아보기 쉽도록 원그래프를 활용하여 제시하는 것이 효과적이다.

1. ⑤ **2.** ④ **3.** ① **4.** ② **5.** ④ **6.** 자동차의 배기가스가 환경 오염을 일으킨다는 자료를 근거로 활용해, 걷기를 통해 자동차 배기가스를 줄인다면 지구 온난화를 막을 수 있다는 주장을 제시할 수 있기 때문이다. **7.** ⑤ **8.** (가)는 신문 기사이고, (나)는 편지글이다. (가)의 신문 기사는 전문가의 의견을 인용하여 글쓴이의 주장을 뒷받침하며 보도하기에 적절한 형식이고, (나)의 편지글은 특정 대상에게 친근감 있게 이야기하듯 글쓴이의 주장을 드러내는 데 효과적이다. **9.** ③ **10.** ④ **11.** ② **12.** ③ **13.** ④ **14.** ② **15.** ③ **16.** 우리 학교 학생들의 평일 여가 시간과 여가 활동 실태, 희망 여가 시간과 희망 여가 활동을 각각 보여 주는 원그래프를 제시한다. 이를 통해 설문 조사 결과를 한눈에 쉽게 파악하도록 전달할 수 있다.

1. (다)는 광고문으로, 짧은 문구와 그림과 같은 시각 자료를 사용하여 핵심 내용만을 인상적으로 전달하고 있어, 말하고자 하는 바를 한눈에 파악할 수 있게 한다.

오답 해설

①, ③ (가)는 글쓴이가 자신의 체험과 경험을 통해 깨달은 내용을 서술한 수필이다. 현실에 있음 직한 일을 상상하여 쓴 글은 소설과 같은 산문 문학의 갈래상 특징에 해당한다.

② 글쓴이가 독자에게 정보를 전달하기 위해 사실적이고 객관적으로 서술한 글은 (나)이다.

④ 촌평에 대한 설명이다.

2. (나)의 글쓴이는 인간은 체온 유지나 심장 박동 등 최소한의 생존을 위해서도 에너지를 소비하며, 일상생활에서도 일정 정도의 에너지를 소비한다고 하고 있다.

3. 글쓴이의 관점이나 의도를 파악하면 글쓴이가 전달하고자 하는 내용이 무엇인지, 글쓴이가 제시한 정보가 정확한지 아닌지 등에 대해 알 수 있다. 그러나 글쓴이의 관점이나 의도를 알았다고 해서 글쓴이를 좀 더 신뢰할 수 있게 되는 것은 아니다.

오답 해설

② 글쓴이의 관점이나 의도를 알면 대상을 보는 글쓴이의 시각을 파악할 수 있다.

③ 관점이나 의도를 알아야 글쓴이가 전달하고자 하는 내용이 무엇인지 정확하게 알 수 있다.

④ 관점이나 의도를 알면 글쓴이가 대상을 어떻게 생각

하는지 정확하게 파악할 수 있다.

⑤ 글쓴이의 관점이나 의도 등을 생각하며 글을 읽어야 지식이나 정보를 비판적으로 판단할 수 있다.

4. (가)의 글쓴이는 걷기를 체험하며 삶을 돌아보았고, 이를 통해 걷기의 가치를 발견하고 있다. 이렇게 글쓴이가 자신의 경험을 통한 깨달음을 전달하기에는 주장하는 글보다는 수필이 더 적절하다고 볼 수 있다.

5. ㉠은 글쓴이가 걷기 운동을 추천하는 이유이다. 따라서 이를 뒷받침하려면 걷기 운동이 건강에 미치는 긍정적 영향과 걷기가 누구나 언제 어디서든 할 수 있는 간편한 운동이라는 내용과 관련되어야 하며, 이때 뒷받침 내용은 사실적이고 객관적인 진술이어야 한다. (나)의 글쓴이는 건강하게 장수하기 위해서는 규칙적인 운동이 필요한데, 이때 수많은 운동 중에서 몸에 좋은 운동을 추천하라면 걷기를 추천하겠다고 하였다. 그러나 수많은 운동 중에서 걷기가 건강하게 장수하는 데 가장 좋은 운동이라는 내용은 나타나 있지 않다.

6. (다)는 광고로 지구 온난화를 막는 방법으로 걷기를 바라본 글쓴이의 관점이 드러나 있다. 이러한 관점을 유지하면서 주장하는 글 형식으로도 표현할 수가 있는데, 자동차의 배기가스가 환경 오염을 일으킨다는 자료를 근거로 활용해 걷기를 통해 자동차 배기가스를 줄인다면 지구 온난화를 막을 수 있다는 주장을 제시할 수 있기 때문이다.

7. (가)와 (나)의 글쓴이는 동일한 쟁점에 관해 글 형식을 달리하여 자신의 관점을 효과적으로 드러내고 있으므로, (가)보다 (나)의 글 형식이 글쓴이의 관점을 더 잘 드러내 준다는 진술은 적절하지 않다.

오답 해설

① (가)와 (나)의 글쓴이는 모두 '역사적 사실을 바탕으로 한 영화'에 관한 문제에 대해 글을 쓰고 있다.

②, ③, ④ (가)에서는 역사적 사실을 바탕으로 한 영화일지라도 영화 내용이 실제 역사랑 똑같을 수는 없다는 관점을, (나)에서는 영화 속 역사적 사실은 왜곡되면 안 된다는 관점을 취하고 있다.

8. (가)는 전문가의 의견을 인용하여 신뢰를 얻고 있는 신문 기사이고, (나)는 자기 생각을 친근감 있게 이야기하

듯 말하고 있는 편지글이다.

9. 이 글의 글쓴이는 쓰기 윤리 중 저작권에 관한 내용을 강조하고 있다. 저작권은 개인의 창작물에 관한 권리이고, 타인의 저작권을 함부로 쓰는 것은 저작자의 재산을 훔치는 행위와 같다고 하고 있다.

10. 인터넷에 있는 저작물을 비슷하게 베낀 것은 표절에 해당하는 행위이다. 표절은 저작권 침해에 해당한다.

지식 창고 – 표절

다른 사람의 글이나 생각 등을 마음대로 베껴 쓰거나, 다른 사람의 글을 인용한 후 출처를 명확하게 밝히지 않는 행위를 표절이라고 한다.

11. 〈보기〉의 대화에서 서진이는 자신이 예측한 대로 결과가 나오지 않아서 결과를 조작하려고 한다. 이는 정보를 왜곡하는 행위로, 사람들에게 거짓된 정보를 주는 것이므로 내용이 정확해야 한다는 보고서 내용이 갖추어야 할 조건을 어기는 행위라 볼 수 있다.

12. 이 보고서를 만들기 위해 조사자들이 한 자료 조사 방법은 설문 조사, 인터넷 백과사전 조사, 면담 조사, 통계 자료 조사이다. 현장 답사와 같은 조사 방법은 취하지 않았다.

오답 해설

① 이 글은 '우리 학교 학생들의 평일 여가 활용 실태'를 조사해 여가의 중요성을 탐구한 보고서이다.

② 이 글은 보고서의 구성 요소인 조사 주제 및 목적, 조사 기간 및 조사 방법, 조사 결과, 평가 및 소감, 참고 자료 등의 요소를 모두 포함하고 있다.

④ (다)의 조사 결과에 따르면 학생들의 실제 여가 활동인 '컴퓨터 게임·인터넷 검색', '텔레비전 시청'은 상대적으로 선호도가 낮게 나타났다.

⑤ (라)의 평가 및 소감을 보면, (다)의 조사 결과를 바탕으로 오늘날 청소년들의 평일 여가 시간과 그 활동 양상을 우리 학교 학생들과 비교·분석하고 있음을 알 수 있다.

13. '조사 주제 및 목적'을 보면, 이 글은 '우리 학교 학생들의 평일 여가 활용 실태'를 탐구하기 위해 쓴 보고서임을 알 수 있다.

14. 이 보고서에서도 알 수 있듯이, 조사자가 보고서를 직접 작성할 때는 조사 결과를 분석하여 그 결과에 대한 평가나 조사와 보고서 작성 과정에서 느낀 소감을 덧붙일 수 있다.

15. (나)에 나와 있는 설문 조사 대상을 보면 '우리 학교 학생 100명'으로 한정되어 있음을 확인할 수 있다. 따라서 전교생에게 설문지를 일일이 나눠 주고 조사하자는 계획을 세웠다고 볼 수 없다.

오답 해설

① (다)의 조사 결과에서는 백과사전을 활용해 여가의 개념을 정의하고 있다.

② (다)의 조사 결과에서는 면담을 통해 여가의 긍정적 효과에 대한 체육 선생님의 말씀을 인용하고 있다.

④ (나)의 '(2) 설문 조사' 대상 및 내용에서 확인할 수 있다.

⑤ (다)의 '(3) 오늘날 청소년들의 평일 여가 활용 실태'에서 확인할 수 있다.

16. 원그래프는 전체에 대한 각 부분의 비율을 원 모양으로 나타낸 시각 자료로서, 문자로만 전달할 때보다 내용을 효과적으로 전달해 준다.

(1) 걷기를 보는 다양한 시각
1. (가)의 글쓴이는 걷기를 체험하면서 삶을 돌아보며 걷기의 가치를 발견하고 있는 반면, (나)의 글쓴이는 걷기를 간편하면서도 효과적인 운동의 한 방법으로 바라보고 이를 설명하고 있다. **2.** 〈예시 답〉 자동차 배기가스가 지구 환경을 파괴하고 있는 요즘, 가까운 거리를 걷는 것은 지구를 살리는 생활 속 작은 실천이라는 관점을 광고문 형식으로 작성하려고 한다. 광고문은 걷기에 대한 이런 관점을 인상적인 문구와 시각 자료로 표현해 사람들의 생각을 변화시키기에 효과적인 형식이기 때문이다. **3.** 글을 깊이 있게 읽을 수 있다. / 대상에 대한 다양한 관점을 이해함으로써 사고의 폭을 넓힐 수 있다. / 대상에 대한 자신의 관점을 뚜렷하게 가질 수 있다. 등

(2) 쓰기 윤리와 보고하는 글 쓰기
1. 조사 주제, 조사 동기 및 목적, 조사 대상, 조사 내용, 조사 방법 등을 정한다. **2.** 조사 자료를 왜곡하거나 과장하지 않는다. / 조사한 자료의 출처를 밝힌다. 등 **3.** 본인이 적절하다고 생각하는(희망하는) 평일 여가 시간은 어느 정도이며, 여가 시에는 무엇을 하고 싶습니까?

(1) 걷기를 보는 다양한 시각

1. (가)의 글쓴이는 걷기를 체험하며 삶을 돌아보았고 이를 통해 생각의 자유를 누릴 수 있는 걷기의 가치를 발견하고 있다. 그리고 (나)의 글쓴이는 걷기를 간편하면서도 효과적인 운동의 한 방법으로 바라보면서 걷기의 방법을 소개하고 있다.

평가 요소	확인(√)
두 글에 담긴 글쓴이의 관점을 바르게 비교하여 서술하였다.	
80자 이내의 한 문장으로 서술하였다.	
맞춤법에 맞게 서술하였다.	

2. 공익 광고는 사람들의 생각을 변화시켜 잘못된 점을 반성하게 하는 것을 목적으로 만들어지므로, 지구 환경을 살리기 위해 걷기를 생활화하자는 관점으로 글을 쓰기에 적절한 형식이라고 볼 수 있다. 광고문은 짧은 문구와 그림과 같은 시각 자료를 사용하여 핵심 내용만을 인상적으로 전달해 말하고자 하는 바를 한눈에 파악할 수 있게 한다.

평가 요소	확인(✓)
(가), (나)에 담긴 공통된 화제에 대해 다른 관점과 다른 글 형식을 제시하였다.	
정해진 관점에 효과적인 글 형식을 적절한 까닭과 함께 제시하였다.	
맞춤법과 문맥에 맞게 서술하였다.	

3. 글의 관점과 형식 비교하며 읽기의 의의를 두 가지 이 상 서술하면 된다. 여러 글의 관점과 형식을 비교하면 서 각각의 관점과 형식 면에서 어떤 특성과 효과를 지 니는지 파악하며 읽으면 글을 폭넓고 깊이 있게 이해하 고 창의적으로 감상할 수 있다.

평가 요소	확인(✓)
글의 관점과 형식 비교하며 읽기의 의의를 바르게 제시하 였다.	
독자가 얻을 수 있는 효과를 둘 이상 서술하였다.	
맞춤법에 맞게 서술하였다.	

(2) 쓰기 윤리와 보고하는 글 쓰기

1. 제시된 대화 내용을 보면 학생들은 보고서를 쓰기 위해 조사 계획을 세우고 있다. 이러한 계획 세우기 단계에 서 학생들은 조사 주제, 조사 동기 및 목적, 조사 내용, 조사 방법 등을 정하고 있는데, 이 밖에도 조사 기간 등 을 정할 수 있다.

평가 요소	확인(✓)
대화 내용에 담긴 항목을 모두 바르게 서술하였다.	
맞춤법에 맞게 서술하였다.	

2. 보고서는 조사나 관찰, 실험의 과정을 통해 결과를 도 출하는 것이므로, 조사에서 드러난 결과를 사실대로 정 리하여 제시해야 한다. 또한 다양한 자료를 참고하거나 인용하는 경우가 많은데, 이때에는 반드시 출처를 밝혀 적어야 한다.

평가 요소	확인(✓)
쓰기 윤리 두 가지를 모두 바르게 서술하였다.	
쓰기 윤리를 각각 한 문장으로 서술하였다.	
맞춤법에 맞게 서술하였다.	

3. [A]는 '질문 3'에 대한 우리 학교 학생 100명의 응답을 분석하여 나타낸 조사 결과 내용이다. 내용을 보면 학 생들이 희망하는 평일 여가 시간과 희망하는 여가 활동 을 분석하고 있으므로, 이에 적절한 설문지 질문은 '본 인이 적절하다고 생각하는(희망하는) 평일 여가 시간은 어느 정도이며, 여가 시에는 무엇을 하고 싶습니까?' 정 도일 것이다.

평가 요소	확인(✓)
[A]의 내용을 바르게 파악하여 이를 바탕으로 서술하였다.	
'질문 1, 2'와 같은 높임 표현으로 서술하였다.	
맞춤법에 맞게 서술하였다.	